AUGSBURGER BEITRÄGE ZUR LANDESGESCHICHTE
BAYERISCH-SCHWABENS

Band 3

Augsburger Beiträge zur Landesgeschichte Bayerisch-Schwabens

Band 3

Reihe 7 der Veröffentlichungen
der Schwäbischen Forschungsgemeinschaft bei der
Kommission für bayerische Landesgeschichte
in Verbindung mit dem Lehrstuhl für bayerische
Landesgeschichte an der Universität Augsburg
Schriftleitung: Pankraz Fried

Jan Thorbecke Verlag Sigmaringen
1985

Miscellanea Suevica Augustana

Der Stadt Augsburg
dargebracht zur 2000-Jahrfeier 1985

Herausgegeben
von Pankraz Fried

Mit Berichten aus der
landesgeschichtlichen Forschung
in Augsburg

Jan Thorbecke Verlag Sigmaringen
1985

CIP-Kurztitelaufnahme der Deutschen Bibliothek

Miscellanea Suevica Augustana: d. Stadt Augsburg dargebr. zur 2000-Jahrfeier 1985; mit Berichten aus d. landesgeschichtl. Forschung in Augsburg / hrsg. von Pankraz Fried. – Sigmaringen: Thorbecke, 1985.
(Veröffentlichungen der Schwäbischen Forschungsgemeinschaft bei der Kommission für Bayerische Landesgeschichte: Reihe 7, Augsburger Beiträge zur Landesgeschichte Bayerisch-Schwabens; Bd. 3)
ISBN 3-7995-7503-0

NE: Fried, Pankraz [Hrsg.]; Schwäbische Forschungsgemeinschaft: Veröffentlichungen der Schwäbischen Forschungsgemeinschaft bei der Kommission für Bayerische Landesgeschichte / 07

GEDRUCKT MIT UNTERSTÜTZUNG DER UNIVERSITÄT AUGSBURG

Gesamtherstellung: M. Liehners Hofbuchdruckerei GmbH & Co., Sigmaringen
Printed in Germany · ISBN 3-7995-7503-0

Inhalt

Vorwort 7

Joachim Jahn
Topographie, Verfassung und Gesellschaft der mittelalterlichen Stadt – das Beispiel Augsburg 9

Wilhelm Liebhart
»in spiritualibus ac temporalibus«: Klosterreform, Wirtschaft und Herrschaft am Beispiel von St. Ulrich und Afra 43

Norbert Hörberg
Die geistesgeschichtliche Bedeutung von St. Ulrich und Afra im 11. und 12. Jahrhundert 51

Katharina Sieh-Burens
Bürgermeisteramt, soziale Verflechtung und Reformation in der freien Reichsstadt Augsburg 1518 bis 1539 61

Wolfgang Wüst
Von »offnen lastern«, »excommunication« und »bueßfertigen christenmenschen«. Eine hochstiftisch-augsburgische Polizeiordnung vom 30. Mai 1606 89

Volker Dotterweich
Die Fürstabtei Kempten und die nachtridentinische Ordensreform 97

Franz-Rasso Böck
Aus der geistigen Kulturarbeit des ehemaligen Benediktinerklosters St. Mang zu Füssen: Wissenschaftliche Tätigkeit der Konventualen 111

Arnold Schromm
Aufklärungsliteratur in der ehemaligen Stiftsbibliothek Heilig-Kreuz zu Donauwörth 119

Wolfgang Wüst
Fürstbischöfliche Amts- und Staatsführung im Hochstift Augsburg unter Clemens Wenzeslaus (1768–1803) 129

Richard Merz
Die »Erdbeschreibung des Herrn Abbten zu Sagan« nebst einer »Anmerkung« des J. N. v. Grossmann. Eine Beschreibung der Markgrafschaft Burgau aus dem 18. Jahrhundert 147

Peter Fassl
Ludwig August Riedinger (1809–1879) – Techniker, Industriegründer und sozialer Unternehmer. Mit einem autobiographischen Anhang 155

Walter Grabert
Johann Nepomuk von Raiser und die Vorgeschichte des Historischen Vereins für Schwaben 175

Helmut Steinsdorfer
Marquard Barth (1809–1885) – ein Vorkämpfer der deutschen Einheit in Freiheit aus Bayerisch Schwaben 191

Bernhard Hagel
Geschichte des Bayerischen Kreistagsverbandes (1919–1933) 215

Pankraz Fried
Das Ereignis im Otterwald am 11. Januar 1611. Eine Weichenstellung in der schwäbischen Bildungsgeschichte 243

BERICHTE
Lehrstuhl für Bayerische Landesgeschichte – Bericht über die Studienjahre 1982/83–1984/85 249

Schwäbische Forschungsgemeinschaft bei der Kommission für bayerische Landesgeschichte: 1983–1985 253

Register 263

Vorwort

»Miscellanea Suevica Augustana« – das könnte zunächst einfach verstanden werden als die lateinische Übersetzung unseres Reihentitels »Augsburger Beiträge zur Landesgeschichte Bayerisch-Schwabens«. Doch soll dieser Titel für den 3. Band der Reihe mehr sein und anzeigen. »Suevica« – das meint zunächst die schwäbischen Beiträge, die sich in diesem Band finden und in der Hauptsache in zwei Seminaren in Ottobeuren entstanden sind, wo wir auf Einladung der Vereinigung der Freunde der Abtei Ottobeuren tagen durften. (Siehe den Bericht S. 249 ff.) In diesem Band ergab sich die Gelegenheit, einen Teil der Referate zu dokumentieren und damit zugleich der Abtei und der Vereinigung unseren Dank abzustatten.

»Augustana« – das hat im Jahr des zweitausendjährigen Jubiläums der Stadt Augsburg seinen besonderen Klang und will zum Ausdruck bringen, daß der Band mit seinen Beiträgen zur Augsburger Geschichte insbesondere der feiernden Stadt Augsburg gewidmet ist. Stadtgeschichte und Landesgeschichte sind, seitdem es die Wissenschaft von der geschichtlichen Landeskunde gibt, aufs engste miteinander verbunden, so sehr, daß heute Landesgeschichte ohne Stadtgeschichtsforschung praktisch ein Torso wäre. Deshalb ist es der jungen universitären Langesgeschichte, dem Beispiel der Schwäbischen Forschungsgemeinschaft und der Tradition schwäbischer Geschichtsschreibung[1] folgend, von Anfang an ein Anliegen gewesen, Stadtgeschichte in die Forschungsarbeit einzubeziehen. In erster Linie natürlich die Geschichte der jungen – alten Universitätsstadt Augsburg selbst, darüber hinaus natürlich das reiche städtische Leben in der Vergangenheit im Bereich des heutigen bayerischen Schwaben. Augsburg und die übrigen Städte bieten dabei immer wieder hervorragende und einzigartige Anschauung, Modell und Exempel stadtgeschichtlicher Entwicklung zugleich. Neben einer Reihe von Zulassungs- und Magisterarbeiten ist bis jetzt die Dissertation von Wilhelm Liebhart über die »Reichsabtei St. Ulrich und Afra 1006–1803 – Studien zu Besitz und Herrschaft« als Beitrag der Augsburger Landesgeschichte 1981 im Druck erschienen. Zu ihr wird sich heuer noch der komplette erste Band der Regesten der Bischöfe und des Domkapitels von Augsburg gesellen, bearbeitet von Wilhelm Volkert und herausgegeben von der eng mit der universitären Landesgeschichte verbundenen Schwäbischen Forschungsgemeinschaft.

Die von der Landesgeschichte betriebene Stadtgeschichtsforschung bildet nur einen Teil der an der Universität Augsburg von den historischen, geographischen und sonstigen Fächern betriebenen stadtgeschichtlichen Bemühungen. Es ist das großangelegte Gemeinschaftswerk der von den Universitäts- und Stadthistorikern zum Jubiläum unter der unermüdlichen Koordination von Gunther Gottlieb herausgegebenen Geschichte der Stadt Augsburg zu

1) Vgl. P. Fried, Traditionen bayerisch-schwäbischer Landesgeschichtsforschung (ZBLG 40) 1977, 625–639

nennen, auf die hier nur verwiesen sei; die übrigen Aktivitäten sind in der Broschüre »Forschungsschwerpunkt ›Historisch-geographische Regionalforschung in Schwaben‹, 2. Kurzbericht März 1985« verzeichnet. Hier wird von neuem schmerzlich die schon viel beklagte Lücke im Fächerspektrum offenbar, die mit dem Fehlen einer Professur für Vor- und Frühgeschichte bzw. Römische Provinzialgeschichte in der ehemaligen Hauptstadt Raetiens gegeben ist. Möge dieser Band und die 2000-Jahrfeier der Stadt Augsburg ein erneuter Anstoß und Appell an die Verantwortlichen sein, den festlichen Worten die entsprechenden Taten folgen zu lassen!

Augsburg, im Juli 1985 *Pankraz Fried*

Topographie, Verfassung und Gesellschaft der mittelalterlichen Stadt – das Beispiel Augsburg

VON JOACHIM JAHN

Seit der Publikation des seinerzeit grundlegenden und wegweisenden Werkes von Hans Planitz über die mittelalterliche Stadt[1] ist die Diskussion über städtisches Werden und Wesen nicht mehr verstummt. Untersuchungen einzelner Städte und vergleichende Studien[2] haben Grundtendenzen, aber auch lokale Besonderheiten der deutschen Stadtentwicklung im Mittelalter aufgezeigt. Eingehendere, moderne Analysen bedeutender süddeutscher Städte[3] liegen aber zumeist nicht vor. Der Aufbau der räumlichen Strukturen der mittelalterlichen Städte[4], die Verteilung der herrschaftlichen, wirtschaftlichen und kultisch-religiösen Schwerpunkte im Stadtgebiet (z. B. Kirchen, Klöster und Spitäler, Pfalzen, Königshöfe, Märkte und Vorstädte, Ministerialensitze und Patrizierbauten) sind noch zu wenig erforscht, als daß sich bereits jetzt ein allgemeiner Typus der deutschen mittelalterlichen Stadt rekonstruieren ließe. Auch verfassungsgeschichtliche Fragen, wie die nach der Herkunft und der Zusammensetzung des frühen Bürgertums, müssen noch eingehender untersucht werden. Am Beispiel der Topographie und der Gesellschaftsentwicklung Augsburgs bis zum ausgehenden 13. Jahrhundert soll diesen Problemen im folgenden nachgegangen werden.

1 Hans PLANITZ, Die deutsche Stadt des Mittelalters, Köln 1954 (5. Aufl. 1980).

2 Hier sei nur verwiesen auf die Arbeiten von Heinz Stoob, Carl Haase, Karl Bosl, Erich Maschke, Walter Schlesinger und deren Schülern, z. B.: Walter SCHLESINGER, Beiträge zur deutschen Verfassungsgeschichte des Mittelalters, Bd. 2: Städte und Territorien, Göttingen 1963; Walter SCHLESINGER, Bischofssitze, Pfalzen und Städte im deutschen Itinerar Friedrich Barbarossa (Aus Stadt- und Wirtschaftsgeschichte Südwestdeutschlands, Festschrift Erich Maschke zum 75. Geburtstag), Stuttgart 1975, S. 1–56; Berent SCHWINEKÖPER, Königtum und Städte bis zum Ende des Investiturstreits. Die Politik der Ottonen und Salier gegenüber den werdenden Städten im östlichen Sachsen und in Nordthüringen (Vorträge und Forschungen, Sonderbd. 11), Sigmaringen 1977; Heinz STOOB, Forschungen zum Städtewesen in Europa, Bd. 1, Köln–Wien 1970; Helmut JÄGER, Franz PETRI, Heinz QUIRIN (Hg.), Civitatum Communitas. Studien zum europäischen Städtewesen, 2 Teile (Festschrift für Heinz Stoob zum 65. Geburtstag), Köln–Wien 1984.

3 Immer noch grundlegend: W. ZORN, Augsburg, Geschichte einer deutschen Stadt, München 1981; Das Sammelwerk: Geschichte der Stadt Augsburg von der Römerzeit bis zur Gegenwart, hg. von Gunther GOTTLIEB u. a., Stuttgart 1984, kann und will solche Detailanalysen nicht ersetzen; vgl. zu Augsburg Karl BOSL, Historische Probleme einer europäischen Stadt: Augsburg (Francia 6), 1978, S. 1–19; Augsburg, in: Lexikon des Mittelalters, Bd. I, München und Zürich 1980, Sp. 1211–1218 (Lit.). Vgl. auch: P. FASSL, Literaturberichte, in: ABLG II, S. 280ff.

4 Erich HERZOG, Die ottonische Stadt, Berlin 1964.

I

Wie seit dem Frühmittelalter prägt noch heute der »topographische Dualismus« von Dom und Kirche St. Ulrich (St. Afra) das Erscheinungsbild Augsburgs[5]. Im ausgehenden 6. Jahrhundert war dem Reisenden und Pilger Venantius Fortunatus allerdings nur das Grab der heiligen Afra bekannt[6], bei dem sich hohe geistliche und weltliche Würdenträger bestatten ließen[7]. Die Kirche blieb bis ins hohe Mittelalter die bevorzugte Grablege der Augsburger Bischöfe. Angeblich war an dieser Stelle auch der – legendäre? – erste Bischof namens Dionysius bestattet, dessen Grab noch im 13. Jahrhundert eine Stätte religiöser Verehrung war[8]. Sicher nicht zufällig trug Dionysius den gleichen Namen wie der fränkische Reichsheilige – Augsburg soll ja einer späteren Überlieferung nach durch den Merowingerkönig Dagobert I. (623 bis 639) zum Bischofssitz erhoben worden sein[9]. Die Mönche von St. Ulrich gedachten seiner jedenfalls als einzigem fränkischen Herrscher in ihren Gebeten[10].

Dieser an sich ein wenig unsicheren Tradition läßt sich entnehmen, daß die Afrakirche und mit ihr der Platz Augsburg im Frühmittelalter in das Frankenreich integriert waren[11]. Vielleicht war die Afrakirche mit der *cella memoriae* der Heiligen die erste Kathedralkirche des Bistums.

Auf den gesicherten Boden der schriftlichen Überlieferung gelangt man erst im 8. Jahrhundert. Im Jahr 738 schlug Papst Gregor III. dem Bonifazius die *civitas* Augsburg als Tagungsort für eine Synode der baierischen und alamannischen Bischöfe vor[12], die allerdings nicht stattfand. Doch läßt sich daraus auf die Bedeutung des Ortes in der ersten Hälfte des 8. Jahrhunderts schließen. Danach scheint Augsburg aber in eine Krise geraten zu sein, denn Bischof Wikterp (Wiggo) hielt sich kaum mehr in seiner Metropole, sondern mit Vorliebe in Benediktbeuren, Füssen, Kempten oder in Epfach auf, wo er um 772 auch verstorben ist[13]. Ist dies allein Quellenmangel oder hat Wikterp Augsburg bewußt gemieden? Infolge seiner Lage an der alamannisch-baierischen Grenze[14] und aufgrund seiner großen strategischen Bedeutung als Bischofs- und somit als Herrschaftssitz wird Augsburg unmittelbar in die Auseinandersetzungen zwischen Karolingern und Agilolfingern um die Vorherrschaft in Süddeutschland einbezo-

5 Wolfgang HÜBENER, Siedlungskontinuität und Bedeutungswandel zwischen Spätantike und Mittelalter im Augsburger Raum (Jb. des Vereins für Augsburger Bistumsgeschichte, 18. Jg.), Augsburg 1984, S. 162–198.

6 Karl-Ludwig AY, Altbayern bis 1180 (Dokumente zur Geschichte von Staat und Gesellschaft in Bayern, hg. v. Karl BOSL, Bd. I/1), München 1974, S. 77 Nr. 4.

7 Joachim WERNER (Hg.), Die Ausgrabungen in St. Ulrich und Afra in Augsburg 1961–1968 (Münchener Beiträge zur Vor- und Frühgeschichte, Bd. 23), München 1977.

8 Monumenta Boica (= MB) 22, S. 219 und MB 23, S. 11; Die Urkunden des Reichsstifts St. Ulrich und Afra in Augsburg 1023–1440 (bearb. v. Richard HIPPER), Augsburg 1956, Nr. 35 (1258 Jan. 9).

9 Immo EBERL, Dagobert I. und Alemannien. Studien zu den Dagobertüberlieferungen im alemannischen Raum (ZWLG 42), 1983, S. 7–51.

10 MG Necr. I S. 120 zu Jan. 19, dem Todestag Dagoberts I.

11 Friedrich PRINZ, Augsburg im Frankenreich (bei J. WERNER, wie Anm. 7), S. 375 ff.

12 Karl-Ludwig AY, Altbayern (wie Anm. 6), S. 92 f. Nr. 47.

13 Friedrich ZOEPFL und Wilhelm VOLKERT, Die Regesten der Bischöfe und des Domkapitels von Augsburg, Bd. 1 (wird fortgesetzt), Augsburg 1955–1974 (zitiert: RBA), Nr. 1–8; Hans-Uwe RUMP, Füssen (Hist. Atlas von Bayern, Teil Schwaben, Heft 9), München 1977, S. 36 ff.

14 Pankraz FRIED, Zur Entstehung und frühen Geschichte der alamannisch-baierischen Stammesgrenze am Lech (DERS., Augsburger Beiträge zur Landesgeschichte Bayerisch-Schwabens, Bd. 1), Sigmaringen 1977, S. 47–67.

gen[15]. Wikterp scheint dem daraus entstehenden militärischen Druck auf Augsburg ausgewichen zu sein, er hatte vielleicht auch für die eine oder andere Seite Partei ergriffen. Vor diesem politischen Hintergrund muß man auch die Errichtung und vorübergehende Existenz eines (Augsburger Teil-) Bistums in Neuburg an der Donau sehen.

Kurz vor dem entscheidenden Jahr 788 – das die Absetzung des Bayernherzogs Tassilo III. brachte – erschien Karl der Große selbst mit einem Heer vor Augsburg und schlug sein Lager auf dem Lechfeld auf[16]. Auch später befand sich der Heeressammelplatz auf dem Lechfeld außerhalb Augsburgs. Dort gab es im Gegensatz zu den beengten Verhältnissen innerhalb der bischöflichen Burgstadt keine oder nur geringfügige Versorgungsprobleme. Lagerplätze des königlichen Heeres außerhalb der Pfalzorte oder der Bischofssitze sind nicht ungewöhnlich, wie die Beispiele Mainz (Lager bei den Marauen), Worms (Auen auf dem gegenüberliegenden Rheinufer), Paderborn (bei den Lippequellen) oder Regensburg (Wiesen bei Barbling)[17] zeigen.

Bis zum ausgehenden 8. Jahrhundert und noch darüber hinaus bleibt die innere Entwicklung Augsburgs und seiner Verfassungsstrukturen völlig im Dunkeln. Der Dom mit seinem Marienpatrozinium wird erstmals während des Episkopats des Bischofs Sintpert (um 778 bis um 807) erwähnt[18], und dann sprechen die Quellen von einem Neubau, worauf ebenfalls die jüngsten Ausgrabungen schließen lassen[19]. Womöglich hat man zu diesem Zeitpunkt – nach dem karolingischen Sieg über Tassilo und der Eingliederung Bayerns in das Frankenreich – mit der Verlegung der Kathedralkirche in den Bereich der ehemaligen Römerstadt zu rechnen, ähnlich wie dies in Regensburg geschah.

Topographische Einzelheiten des mittelalterlichen Augsburg berichtet erst der Biograph des heiligen Ulrich, der Dompropst Gerhard[20]. Er bezeichnet Augsburg ausnahmslos als *civitas*, worunter die Domburg zu verstehen ist. Der Ort erscheint als eine Siedlung, die beim Regierungsantritt Ulrichs nur unzulänglich durch Wälle und morsche Holzzäune geschützt war[21] – freilich schrieb Gerhard nach der Erfahrung mit dem Ungarneinfall. Er erzählt vom Wiederaufbau des Domes und anderer – nicht näher bezeichneter – Gebäude durch den Bischof, nachdem Augsburg während der Regierungszeit des Bischofs Hiltine (909 bis 923) durch eine Feuersbrunst in Mitleidenschaft gezogen worden war[22]. In der *civitas* lagen neben dem Dom und den Wohngebäuden des Bischofs – die Gerhard nicht als *palatium* bezeichnet – die Kirchen St. Johannes und St. Ambrosius. Letztere barg zu Ostern das Grab Christi[23]. In der Nähe von

15 Joachim JAHN, Augsburg Land (Hist. Atlas von Bayern, Teil Schwaben, H. 11), München 1984, S. 189f.

16 Reichsannalen zu 787 (Ausgewählte Quellen zur deutschen Geschichte des Mittelalters, Bd. 5), Darmstadt 1980, S. 54 – zum Lechfeld s. Joachim JAHN, Schwabmünchen – Geschichte einer schwäbischen Stadt, Schwabmünchen 1984, S. 15–18.

17 Michael GOCKEL: Karolingische Königshöfe am Mittelrhein (Veröffentlichungen des Max-Planck-Instituts für Geschichte, Bd. 31), Göttingen 1970, S. 150; Peter SCHMID, Regensburg – Stadt der Könige und Herzöge im Mittelalter (Regensburger Hist. Forschungen, Bd. 6), Kallmünz 1977, S. 102f.

18 RBA Nr. 25.

19 Walter SAGE, Die Ausgrabungen in der Krypta des Domes (Jb. des Vereins für Augsburger Bistumsgeschichte, 15. Jg.), Augsburg 1981, S. 115–140.

20 Vita sancti Oudalrici (Ausgewählte Quellen, Bd. 22, übersetzt von Hatto KALLFELZ), Darmstadt 1973, S. 45–167.

21 Vita S. 68.

22 Vita S. 58.

23 Vita S. 74.

St. Ambrosius befand sich eine Halle *(scena)*, über deren Funktion Gerhard allerdings nichts mitteilt[24]. Über die Lage des Armenhospitals *(hospitiolum pauperum)* macht Gerhard keine näheren Angaben[25].

Die wichtigste Verkehrsverbindung war die alte via Claudia, die den Mauerring mit zwei Toren im Norden und Süden der Bischofsburg durchbrach[26]. Zum Lech hin scheint die Domburg sich mit einem dritten Tor geöffnet zu haben[27]. Dieser Kernbereich der bischöflichen Domstadt hat sich im heutigen Straßenbild im Verlauf von Kornhausgasse, Hoher Weg, Peutingerstraße mit anschließendem Fronhofbereich (Dienstgebäude der Regierung von Schwaben) erhalten. Eine spätere Erweiterung – wohl des 11. Jahrhunderts – spiegelt sich wider als Ellipse zwischen Kohler-, Jesuiten- und Äußerer Pfaffengasse, Springergäßchen, Mauerberg, Obstmarkt und Hafnerberg.

Das Grab der heiligen Afra lag zur Zeit Ulrichs am zweiten römischen Meilenstein südlich der *civitas*[28], war aber in das geistliche Leben Augsburgs einbezogen. Denn dort feierte der Bischof am Palmsonntag einen Teil der Osterliturgie. Anschließend zog er zum Perlachhügel (usque ad *collem qui dicitur Perleihc*), wo er sich mit einer Ansprache (Predigt?) an die Domherren[29], die aus der civitas kommenden *cives* und an Gläubige aus umliegenden Ortschaften *(oppida circumiacentia)* wandte[30]. Ebenso wurde der Ostermontag nicht im Dom, sondern in der Afrakirche feierlich begangen[31]. Schließlich bereitete Ulrich sich und seinem in Dillingen verstorbenen Neffen Adalbero das Grab bei St. Afra[32].

Bereits 955 scheint es in der unmittelbaren Umgebung Augsburgs ein Frauenkloster oder zumindest eine klosterähnliche Gemeinschaft frommer Frauen gegeben zu haben, denn während der Belagerung Augsburgs durch die Ungarn suchen dort *religiosae mulieres* Schutz[33]. Für gewöhnlich lebten sie wohl in der *cella*, die 969 von Bischof Ulrich in das Damenstift St. Stephan umgewandelt wurde[34]. Dieses ist der Nachfolger einer alten Galluskirche, die mit ihren Pfarrechten[35] als kirchlicher Mittelpunkt einer kleinen ländlichen Siedlung nordwestlich der Domburg, eines oppidum im Sinne Gerhards[36], angesehen werden kann.

Selbst die Ungarneinfälle bis zum Jahr 955 vermochten den raschen Aufschwung Augsburgs nicht nachhaltig zu beeinträchtigen. Seiner wachsenden Bedeutung als lokaler und regionaler

24 Vita S. 74.
25 Vita S. 68.
26 Vita S. 106.
27 Vita S. 104, vgl. zur Augsburger Topographie Detlev SCHRÖDER, Augsburg (Hist. Atlas von Bayern, Teil Schwaben, H. 10), München 1975.
28 Vita S. 112.
29 Fratres canonicorum de Augusburc erscheinen bereits in der ersten Hälfte des 9. Jahrhunderts im Reichenauer Verbrüderungsbuch: Rudolf SCHIEFFER, Die Entstehung von Domkapiteln in Deutschland (Bonner hist. Studien), Bonn 1976, S. 168.
30 Vita S. 70.
31 Vita S. 76.
32 Vita S. 112ff. und 134.
33 Vita S. 106.
34 RBA Nr. 140 und 144; Wilhelm VOLKERT, Die Gründungsgüter des Frauenstifts bei St. Stephan in Augsburg, Augsburg 1969, S. 14.
35 W. VOLKERT (wie Anm. 34), S. 14f. und 55.
36 Als oppida bezeichnet Gerhard in den miracula s. Oudalrici die Orte Bobingen, Aitingen und »Affelterah« (Apfeltrach?): MG SS 4, S. 420–422; vgl. vita Oudalrici S. 58 u. 70.

Zentralort entsprach die Verleihung des Münz- und wohl auch des Marktrechts durch das Königtum[37] noch im 10. Jahrhundert. Während des Episkopats Ulrichs oder wenig später ließen hier sogar bayerische Herzöge Münzen prägen[38], obwohl Augsburg unzweifelhaft im Herzogtum Schwaben lag[39]. Warum Augsburg gegen Ende des 10. Jahrhunderts als bayerische Münzstätte tätig war, läßt sich vorerst nicht klären.

Bis zu Beginn des 11. Jahrhunderts hatte die Augsburger Kirche durch Schenkungen umfangreiche Liegenschaften erworben, die sich in weiter Streulage von Westdeutschland bis nach Südtirol[40] hinzogen. Deren zentrale Verwaltung befand sich sicherlich in Augsburg selbst, auch wenn sie in den Quellen zunächst nicht genannt wird – eine Folge der Vernichtung des bischöflichen Archives[41]. Die Überschüsse aus den hochstiftischen Villikationen[42], darunter der für das Meßopfer notwendige, aber auch sonst gern getrunkene Wein, Getreide und andere landwirtschaftliche und handwerkliche Produkte[43], sind wohl schon im 10. Jahrhundert nach Augsburg geliefert und dort umgeschlagen worden. Vom entsprechenden Verwalter, dem *maior villicus,* berichtet eine Quelle zwar erst aus dem Jahr 1099[44], doch ist damit nur der terminus ante quem namhaft gemacht. Für den Warenumschlag und den Lokalmarkt benötigte man Dienstleute, Knechte und Mägde, Handwerker, Müller, Schmiede, Transportarbeiter, Fuhrleute usw., von denen die Quellen anders als in Regensburg[45] aber schweigen. Vereinzelt werden ein Bäcker *(pistor panis)* und ein Schmied *(faber)*[46] genannt. Immerhin wissen wir trotz der schlechten Überlieferung, daß die Wertach zu dieser Zeit schon überbrückt war[47] und daß Bischof Heinrich I. eine neue Brücke über den Lech schlagen ließ[48], womit Augsburgs Lage im Schnittpunkt mehrerer wichtiger Straßen deutlich unterstrichen wird.

Von der Augsburger Bevölkerung weiß Gerhard nur wenig zu berichten – er nennt sie undifferenziert *cives.* Teile der bischöflichen *familia* saßen in den *oppida* um Augsburg, also in

37 Das Marktrecht wird unter Bezug auf eine (verlorene) Vorurkunde erstmals 1030 Jan. 17 erwähnt: MG D Ko II Nr. 194.

38 Neben den Ulrichsdenaren sind Augsburger Münzen bekannt, die auf der Kreuzseite einen (bayerischen) »Henricus dux« und auf der Kirchenseite »Odalricus episcopus« als Münzherren nennen; sie tragen ferner die Umschrift »AC«, was als »Augusta Civitas« gedeutet wird, s. Elisabeth Nau, Numismatik und Geldgeschichte (Blätter für deutsche Landesgeschichte 118), 1982, S. 322–382, hier S. 346 Anm. 39 (nach Gerhard Hatz); Wolfgang Hahn, Beiträge zu einem Stempelcorpus der bayerischen Münzen des 10. Jahrhunderts, 4. Die Augsburger Münzprägung in den Jahren 950–978 (Jahrbuch für Numismatik und Geldgeschichte, hg. v. der Bayerischen Numismatischen Gesellschaft, 31./32. Jg.), Kallmünz 1981/82, S. 117–126.

39 Vita Oudalrici S. 158.

40 Urkunden Hochstift Augsburg (wie Anm. 44), Nrr. 7, 11, 12. RBA Nr. 177.

41 Joachim Jahn, Kirche und Adel im ostschwäbisch-westbayerischen Gebiet um 1100 (Jahresbericht 1982 des Heimatvereins des Landkreises Augsburg), Augsburg 1984, S. 233–425.

42 Joachim Jahn, Schwabmünchen (wie Anm. 16), S. 27 u. 49ff.

43 Vgl. die Angaben des hochstiftischen Urbars von 1316, das aber ältere Zustände überliefert: MB 34b, S. 351–415.

44 MB 33a, S. 13 – der bischöfliche Maierhof erscheint erstmals anläßlich seiner Verpfändung, 1259 Jan. 2: MB 33a, S. 90; Die Urkunden des Hochstifts Augsburg (bearb. von Walther E. Vock), Augsburg 1959, Nr. 73.

45 Karl Bosl, Die Sozialstruktur der mittelalterlichen Residenz- und Fernhandelsstadt Regensburg (Vorträge und Forschungen, Bd. 11), Stuttgart 1966, S. 93–213.

46 MG SS 4, S. 420f.

47 MG SS 4, S. 423.

48 Vita Oudalrici S. 160f.

den bischöflichen Grundherrschaften[49]. In der Domburg selbst lebten neben den Geistlichen vor allem die adeligen *vasalli* des Bischofs[50]. In Zeiten der Bedrohung sammelte der Bischof dort auch seine *milites,* die sonst wie die *servi, mancipia* und *proprii* auf dem flachen Land saßen[51].

Mit dem Episkopat des hochadeligen Ulrich, eines entfernten Verwandten des sächsischen Königshauses[52], war Augsburg verstärkt in den Mittelpunkt des königlichen Interesses und der königlichen Politik gerückt – nicht zuletzt infolge seiner Lage an der wichtigen Heeres- und Handelsstraße nach Italien. Kaiserin Adelheid hielt sich längere Zeit in Augsburg auf[53] und unterstützte den Wiederaufbau des eingestürzten Domes[54]. Herzog Heinrich IV. von Bayern, der spätere König Heinrich II., bestattete im Oratorium des heiligen Ulrich bei St. Afra die Eingeweide Kaiser Ottos III. (1002) und schenkte dieser Kirche hundert Höfe aus seinem bayerischen Eigengut[55]. Bei der – vermutlich bald darauf erfolgenden – Umwandlung in eine Benediktinerabtei erhielt St. Afra neben anderen Besitzungen auch zwei Mühlen in der – hier erstmals erwähnten – Vorstadt Augsburgs *(in suburbio)*[56].

Das Interesse des Herrscherhauses an Augsburg zeigte sich deutlich in der Erhebung Brunos, des Bruders König Heinrichs II., zum Augsburger Bischof (1006)[57]. Unter seiner Regierung erlebte Augsburg eine glanzvolle Versammlung der Großen des Reiches, bei der Thietmar zum Bischof von Merseburg gewählt und vom König investiert wird[58]. Dies geschah nach Thietmars eigenen Worten in der *capella Brunonis episcopi,* worunter kaum eine Seitenkapelle des Domes verstanden werden kann; vielleicht ist diese *capella* mit der Kirche St. Johannes identisch, wofür einige Argumente sprechen.

Kurz vor seinem Tod schenkte Bruno seiner Domkirche umfangreichen Besitz in und um Straubing, eine Salzquelle in Reichenhall und viele Leibeigene, die der bischöflichen *familia* eingefügt wurden[59]. Etwa zur selben Zeit wurden die domkapitlischen Güter von denen des Hochstifts abgetrennt, und für beide Besitzgruppen etablierten sich besondere Verwaltungen[60]. Man kann dies besonders gut am Auftreten eines eigenen Vogtes für das Domkapitel[61] verfolgen.

Die Trennung der Kirchen in Hochstift, Domkapitel und St. Ulrich–St. Afra und deren gesonderte Güterverwaltungen bedingte das Auseinandertreten in einzelne kirchliche *familiae,* die wiederum durch Schenkungen aus königlicher oder adeliger Hand ergänzt, erweitert und in

49 Vita S. 58 und 70.
50 Vita S. 96.
51 Vita S. 106.
52 Dazu zuletzt Adolf LAYER, Heiliger und Adelssippe. Zur Ausbreitung des hochmittelalterlichen Ulrichskultes (Land und Reich, Stamm und Nation, Festgabe für Max Spindler zum 90. Geburtstag, hg. von Andreas KRAUS, Bd. 1), München 1984, S. 355–373.
53 RBA Nr. 198.
54 RBA Nr. 197.
55 RBA Nr. 214.
56 Wilhelm LIEBHART, Die Reichsabtei St. Ulrich und Afra zu Augsburg (Hist. Atlas von Bayern, Teil Schwaben, Reihe II, Heft 2), München 1982, S. 15.
57 RBA Nr. 217.
58 Thietmar: Chronicon (Ausgewählte Quellen, Bd. 9), Darmstadt 1974, S. 286 (cap. VI/40).
59 RBA Nr. 261 und 263.
60 Joachim JAHN, Kirche und Adel (wie Anm. 41).
61 RBA Nr. 261 mit Erläuterung und Nr. 263 (Mangold).

ihrer Zusammensetzung verändert wurden[62]. Mit jedem neuen Grundbesitz kamen ja auch neue Leibeigene *(mancipia, servi, ancillae)* unter die Herrschaft der einzelnen Kirchen. Hatte schon die familia des Bischofs Ulrich unter einem legitimen Recht gelebt[63], das sie gegen Übergriffe schützte, so bildeten sich nun eigene Rechtskreise für die verschiedenen *familiae*. Bischöfe und andere Herren sahen sich im 11. und 12. Jahrhundert gezwungen, bei der Bewältigung militärischer Anforderungen und der Verwaltungsaufgaben auf Angehörige ihrer *familiae* zurückzugreifen, nachdem sich der Adel weitgehend aus den kirchlichen Diensten auf seine fast autonomen Herrschaften auf dem Land zurückgezogen hatte. Diesen neuen Typus des Militärs und Beamten fanden die Herren in der obersten Schicht der unfreien *familia*, die als Verwaltungsfachleute der Villikationen bereits einschlägige Erfahrungen gesammelt hatten. Zwar saß die breite Masse der noch schollegebundenen Unfreien weiterhin auf dem Land, doch zogen vor allem die Kirchen viele Dienstmannen in die werdende Stadt, wo sie das Ursubstrat der städtischen Bevölkerung bildeten[64]. Damit boten die Kirchen Chancen des gesellschaftlichen Aufstiegs an. Dienst bedeutete auch und vor allem Verdienst im doppelten Sinn des Wortes, und er ermöglichte die Emanzipation aus den ursprünglich sehr engen Banden der *familia*. Gegen Zahlung eines bestimmten Zinses konnten sich die durch solche Tätigkeiten in Handwerk, Lokalhandel oder Verwaltung und Militär mobiler und selbstbewußter gewordenen Unterschichten unmittelbar dem Heiligen einer Kirche als ideellem Leibherrn unterstellen. Damit waren ältere Bindungen hinfällig, und diese Zensualen gewannen eine gewisse Freizügigkeit, vor allem aber die freie Verfügbarkeit über ihren Arbeitsertrag, nach mittelalterlichem Verständnis eine wichtige Form der Freiheit.

Die erste überlieferte Übereignung in die Zensualität einer Augsburger Kirche stammt aus dem Jahr 1046: Ein adeliges Ehepaar schenkte einen hörigen Knecht *(servus)* und eine leibeigene Magd *(ancilla)* aus ihrer familia an den Augsburger Dom, konkret der heiligen Maria. Zum Zeichen ihrer Freilassung aus der adeligen *familia* haben die beiden Zensualen entsprechend dem (Augsburger) Zensualenrecht *(lege censuali)* dem Marienaltar jährlich einen Denar zu erlegen – ein im Vergleich zu anderen Landschaften und anderen kirchlichen Zensualen geringer Betrag. Den Vorgang des Übertritts aus der adeligen *familia* in die kirchliche Zensualität beurkundeten u. a. der Augsburger Hochstiftsvogt und der *quaestor* genannte Burggraf[65]. Beide hatten als Hoch- bzw. Niederrichter mit den Zensualen zu tun; sie übten stellvertretend für die neue Herrin, die Jungfrau Maria, die Herrschaftsrechte über die Zensualen aus, gewährten ihnen aber auch Schutz.

Mit dieser rechtlich begründeten Institution der Zensualität[66] wuchs das gesellschaftliche

62 Z. B. Schenkung von Todtenweis an St. Ulrich durch Kunigunde, die Gemahlin Heinrichs II. (Bestätigung durch Konrad II): Urk. St. Ulrich Nr. 3.

63 Joachim JAHN, Augsburg Land (wie Anm. 15), S. 104 ff.

64 Karl BOSL, Die wirtschaftliche und gesellschaftliche Entwicklung des Augsburger Bürgertums vom 10. bis zum 14. Jahrhundert (Sitzungsberichte der Bayerischen Akademie der Wissenschaften, phil.-hist. Klasse, Jg. 1969, H. 3), München 1969; Karl-Heinz SIEBER, Die Entwicklung der Augsburger Gesellschaft bis zum Jahre 1368: Geschichte der Stadt Augsburg von der Römerzeit bis zur Gegenwart (wie Anm. 3), S. 181–187.

65 Original im Stadtarchiv Augsburg, Urkundensammlung zu 1046; Druck: MB 33a, S. 5; leicht fehlerhaftes Regest: RBA Nr. 274.

66 Knut SCHULZ, Zum Problem der Zensualität im Hochmittelalter (Beiträge zur Wirtschafts- und Sozialgeschichte des Mittelalters, Fs. f. H. Helbig zum 65. Geburtstag), Köln–Wien 1976, S. 86–127; Knut

Ansehen der entsprechenden Gruppen, und deren soziale Chancen nahmen zu. So hören wir 1055 von einer der bischöflichen *familia* angehörenden, aus Augsburg stammenden Frau, die – mit einem Priester verheiratet – dem Kloster Benediktbeuren einen wertvollen Codex schenkte, also wohl intellektuellen Kreisen zuzurechnen ist[67].

Mit dem Instrument der Zensualität steigerten die Kirchen gewollt oder ungewollt die Attraktivität der Stadt. Ein kaum zu hoch einzuschätzender Zustrom an Menschen vom Land war die Folge, der sich nicht zuletzt an der Gründung neuer Kirchen und Pfarrsprengel sowie an einer lebhaften Bautätigkeit ablesen läßt. So hatte schon Bischof Bruno im Gebiet zwischen Domburg und St. Afra das Chorherrenstift St. Moritz gegründet[68], dem er dadurch besonderen Rang zu verleihen suchte, daß er das Gotteshaus zu seiner Grablege bestimmte[69]. Offenbar hatte sich hier schon gegen Ende des 10. Jahrhunderts ein weiterer Siedlungskern gebildet. Um 1060 begann Bischof Heinrich II. dann mit dem Umbau von Dom und Bischofspfalz[70]. Sein Nachfolger, Bischof Embriko, baute gleichzeitig an St. Ulrich, St. Stephan, St. Gertrud und St. Martin und vollendete den Neubau der Kathedrale[71]. Die Augsburger Annalen berichten aber nicht nur von der Bautätigkeit Embrikos, sondern wissen auch zu vermelden, der Bischof habe drei neue Klöster gestiftet. Dabei scheint es sich neben St. Gertrud (1071 geweiht) um St. Peter (um 1060 entstanden) und um St. Martin zu handeln, das erst zu dieser Zeit erwähnt wird, als Kirche aber schon lange bestanden haben mag – den gelehrten Augsburger Humanisten des beginnenden 16. Jahrhunderts galt es als die älteste Kirche der Stadt[72].

Eine zeitweilige Zäsur dieses glanzvollen Aufstiegs Augsburgs brachte der Investiturstreit mit sich, der aber letztlich auch dynamische Entwicklungen begünstigte[73]. Er mobilisierte das Interesse einer neuen Öffentlichkeit und griff infolge seines grundsätzlichen Charakters in die sozialen und mentalen Verhältnisse nahezu aller Schichten der Bevölkerung ein. So ist es kein Zufall, wenn nach dem Tode Embrikos der »bessere und größere Teil« der Augsburger Dienstmannschaft aktiv handelte und sich gegen eine königliche Entscheidung stellte[74]. Zusammen mit den Domherren entschied sich dieser gregorianische Flügel der Dienstmannschaft bei der ersten überlieferten Augsburger Bischofswahl für den Propst von St. Moritz, Wigolt, und damit gegen den königlichen Kandidaten Siegfried. Dieser stammte allerdings selbst aus der höchsten Schicht der kirchlichen Ministerialität, aus einer Familie, die später die Marschälle von Donnersberg stellte[75]. Wigolt dürfte im bayerischen Teil des Bistums beheima-

SCHULZ, Zensualität und Stadtentwicklung im 11./12. Jahrhundert (Beiträge zum hochmittelalterlichen Städtewesen, hg. v. Bernhard DIESTELKAMP), Köln–Wien 1982, S. 73–93; Karl BOSL, Frühformen der Gesellschaft im mittelalterlichen Europa, München–Wien 1954, S. 156–203.

67 Femina de Augusta civitate ex familia sancte Marie: F. L. BAUMANN, Die Benediktbeurer Urkunden bis 1270 (Sitzungsberichte der bayr. Akademie der Wissenschaften, phil-hist. Classe), München 1912, S. 30f.

68 RBA Nr. 233.

69 RBA Nr. 262.

70 RBA Nr. 290.

71 MG SS 3, S. 129 (Annales Augustani); RBA Nr. 312, 316, 317.

72 Die Chroniken der deutschen Städte vom 14. bis ins 16. Jahrhundert, Göttingen (Nachdruck) 1965, Bd. 23, S. 4 (Clemens Sender); Bd. 4, S. 290.

73 Josef FLECKENSTEIN (Hg.), Investiturstreit und Reichsverfassung (Vorträge und Forschungen, Bd. 17), Sigmaringen 1973.

74 RBA Nr. 346 (Bertholdi Annales).

75 RBA Nr. 341, 342.

tet gewesen sein[76] und gehörte wohl ebenfalls zur hochstiftischen *familia*[77]. Freilich setzte sich König Heinrich IV. mit seinem ehemaligen Kapellan Siegfried schließlich durch. Da aber Wigolt zunächst nicht bereit war, auf seine Würde zu verzichten, mußte Augsburg mit dem ersten Schisma seiner Geschichte leben, das – wie wir eben gesehen haben – die hochstiftische familia in zwei Parteien spaltete. Beide Gruppen gewannen während der folgenden Auseinandersetzung rasch an Einfluß, Macht und Ansehen bei ihren Anhängern und auch bei den jeweiligen Herren. Nicht zufällig läßt sich daher die Emanzipation der Augsburger Dienstmannschaft besonders gut im und unmittelbar nach dem Investiturstreit beobachten, dessen soziale und mentale Auswirkungen kaum hoch genug veranschlagt werden können.

Wigolt vermochte seine Position in Augsburg nicht zu behaupten und zog sich in ein befestigtes Kastell bei Füssen zurück[78]. Unter der Herrschaft Siegfrieds wurde Augsburg zu einem Vorposten königlicher Macht und als solcher mehrmals Ziel von Angriffen der gregorianischen Partei. Im Sommer 1080 und nochmals 1081 wurden die Vorstädte *(suburbana)* zerstört, das Kloster St. Moritz ging in Flammen auf[79]. Als Rache für die Einäscherung der welfischen Burg Kirchsiebnach durch Bischof Siegfried, den Stauferherzog Friedrich I. von Schwaben und den um Augsburg reich begüterten Pfalzgrafen Rapoto[80] eroberte Welf IV. die jetzt *urbs* genannte Domburg, wobei seine Truppen das »Domkloster« *(claustrum canonicorum,* das gemeinsame Haus der Domherren) ausraubten, im Refektorium und in den übrigen Amts- oder Lagergebäuden *(officinae)* ihr Lager aufschlugen und alle für den Unterhalt der Kanoniker gelagerten Vorräte aufbrauchten. Im Bereich des Fronhofes *(curtis episcopalis)* zerstörten sie die Kirchen oder Kapellen St. Michael, St. Peter und St. Lorenz, die bischöfliche Pfalz *(palatium)* und andere Gebäude[81].

Einen weiteren Angriff im Jahr 1087 konnten die Augsburger *cives* noch abwehren, doch wurde die Bischofsburg *(urbs)* 1088 erneut zerstört und Bischof Siegfried nach Ravensburg in die Gefangenschaft abgeführt. Abziehende welfische Truppen trugen schließlich die Burgmauern (= Stadtmauern) bis auf das Fundament ab[82]. 1093 versuchten welfische Bayern erneut, Augsburg in ihre Gewalt zu bringen, scheiterten aber am Widerstand der *cives*[83]. Doch fielen zwei Jahre später die Vorstädte *(suburbana)* mit ihren Kirchen – wohl St. Peter, St. Moritz und St. Afra – einer Feuersbrunst zum Opfer[84].

Diese Kämpfe und Katastrophen bedeuteten zweifellos eine schwere Zeit für Augsburg. Langfristig gesehen haben sie aber auch zum gesellschaftlichen Aufstieg der Dienstmannschaft beigetragen, die nun stark beansprucht wurde. Sie wurde nicht nur zu militärischen Leistungen herangezogen, sondern trat nun auch bei Rechtsgeschäften in den Vordergrund. So erscheinen erstmals im Jahr 1085 dreißig namentlich genannte *servientes* des Bischofs noch vor den Domherren als Zeugen bei einer Güterübertragung[85]. Die sich hier abzeichnende Oberschicht

76 Joachim JAHN, Kirche und Adel (wie Anm. 41), S. 258f.
77 MG SS 3, S. 129 – die Aussage der Quelle ist nicht eindeutig: Wigolt ex familia ecclesie constituitur.
78 RBA Nr. 346.
79 MG SS 3, S. 130.
80 Joachim JAHN, Kirche und Adel (wie Anm. 41).
81 MG SS 3, S. 130f.
82 MG SS 3, S. 132f.
83 MG SS 3, S. 134.
84 MG SS 3, S. 134.
85 BayHStA KU Habach Nr. 3; RBA Nr. 352.

der *familia* gewinnt allmählich Konturen: 1099 heißt es, die Ministerialen stammten aus der gehobenen *familia*[86]. Und um 1100 galt das Recht *(conditio)* der bischöflichen servientes als vorbildlich für die Leibeigenen der Peterskirche am Perlach[87]. Im 12. Jahrhundert konnten *mancipia* dann so an eine Kirche übergeben werden, *ut ea lege fruantur quam ceteri eiusdem altaris ministeriales*[88], d. h. sie stiegen übergangslos vom Stand der Leibeigenschaft und Schollegebundenheit in den der Ministerialität auf. Ebenso erschienen in der ersten Hälfte des 12. Jahrhunderts (1121) erstmals ministerialische Inhaber bischöflicher Hofämter wie der Truchseß (Adalbert von Leitershofen) oder der Kämmerer (Marquard)[89]. Gesellschaftlich gesehen waren die hochstiftischen Ministerialen mit der ersten frühbürgerlichen oder besser vorbürgerlichen Schicht identisch, denn sie werden mit den *concives* in einem Atemzug genannt[90]. Das Selbstbewußtsein des werdenden Bürgertums äußerte sich nicht zuletzt darin, daß schon 1115 ein civis die Zivilcourage hatte, den umstrittenen Bischof Hermann anzuklagen[91]. An der Spitze der städtischen Ministerialität erscheint der *urbis prefectus* oder *comes urbanus* genannte Burggraf[92].

Die Zensualität erwies sich aber auch für verarmte, d. h. schutzlose Freie als außerordentlich attraktiv; sie übergaben sich selbst in die mehr oder minder formale Abhängigkeit von einer Kirche, die ihnen dafür Schutz und Schirm vor mächtigen Adeligen und Ministerialen garantierte. Die Augsburger Domkirche sicherte ihnen ihren neuen Status durch Urkunden *(chartae)*[93]. Auch diese ehemaligen Freien zahlten den in Augsburg üblichen Rekognitionszins von einem Denar. Das gleiche galt auch für die dem Kloster St. Ulrich übergebenen Zensualen, die sich bevorzugt auf dem Gries *(in harena)* bei der Abtei niederließen[94].

Die bischöflichen *milites et ministeriales* hatten 1132 ihre Wohnsitze in der Domburg oder in deren Nähe[95], sicher am südlichen Rand der Bischofsstadt an der heutigen Peutingerstraße, wo sich wichtige Ministerialensitze feststellen lassen. Daran schloß sich das älteste Augsburger *suburbium* an, die Wohngegend von Kaufleuten und Krämern *(vendentes et ementes)*, und hier ist auch der älteste Augsburger Markt zu suchen[96], dessen Erscheinungsbild im wesentlichen von Lokal- und Regionalhändlern[97], aber auch schon von Fernhandelskaufleuten[98] geprägt wurde.

Die in Augsburg sitzenden Ministerialen und Zensualen gehörten in erster Linie zu den *familiae* des Hochstifts, der Domkirche und des Klosters St. Ulrich, aber auch zu denen anderer Klöster, deren Überlieferung leider nicht so gut ist wie die der Großkirchen. In diesen familiae waren die geschenkten und gekauften Leibeigenen sowie die sich selbst übergebenen Freien

86 RBA Nr. 371.
87 MB 33a, S. 6 f.
88 MB 22, S. 70.
89 MB 33a, S. 16.
90 MB 33a, S. 17–19; MB 22, S. 107.
91 RBA Nr. 409.
92 RBA Nr. 465; Urk. Hochstift Augsburg Nr. 22.
93 Urkunden Hochstift Augsburg Nr. 29, 31, 32, 33, 34; MB 33a, S. 31.
94 MB 22, S. 128.
95 RBA Nr. 475 (Codex Udalrici).
96 Zu erschließen aus den erwähnten forenses campanae: RBA Nr. 475.
97 Heuhändler (vendentes fenum): Urk. Hochstift Augsburg Nr. 33.
98 Fernhandel nach Köln wird im ersten Stadtrecht von 1156 erwähnt.

aufgegangen. Welche mentalen Auswirkungen diese sehr bunte Zusammensetzung[99] auf die innere Struktur der *familiae* hatte, kann beim jetzigen Forschungsstand nicht entschieden werden. Viele Ministerialen, darunter solche, die in gehobenen bischöflichen Verwaltungsämtern tätig waren, zogen sich im Lauf des 12. Jahrhunderts aufs Land zurück, saßen dort in ihren Burgen und Häusern und benannten sich nach diesen Sitzen (um Augsburg beispielsweise von Bobingen, Erringen, Göggingen, Oberhausen, Pfersee, Oberndorf, Donnersberg, Wellenburg)[100]. Die Namengebung in der Stadt erfolgte dagegen nach anderen Kriterien. Für die Bildung der sogenannten Nachnamen wurden hier Berufsbezeichnungen oder topographische Punkte (Wohnsitze) ausschlaggebend. Die Nachnamen lassen daher in dieser frühen Phase ihrer Entstehung eindeutige Rückschlüsse auf die ausgeübten Berufe oder auf die Wohnsitze der frühen bürgerlichen Schicht zu. Aus dem Traditionskodex des Klosters St. Ulrich[101] kennen wir daher Waibel, Münzmeister, Heuhändler[102], Kürschner, Kastner, Schuster, Bäcker, Sattler, Wildwerker, Fischer, Müller, Brückenaufseher *(pontinarius)*, Ärzte, Köche, Kramer, Semmler, Goldschmiede, Zöllner oder Bader. Nach ihren Wohnsitzen benannten sich u. a. folgende Familien: de (oder iuxta oder ante) Porta = vom Burgtor, vom Turm, aus der Gasse (de Vico), de Androna, supra Valle, de Harena (vom Gries), von St. Stephan, von St. Severin oder vom Markt (de Foro).

Der starke Zustrom auswärtiger Ministerialen und Zensualen aus allen möglichen Grundherrschaften[103] führte im 12. Jahrhundert zu einem raschen Bevölkerungswachstum. In der zweiten Hälfte dieses Jahrhunderts wurde der Bereich der heutigen Altstadt ummauert, St. Ulrich lag nun innerhalb des Mauerrings[104]. Das Gebiet zwischen alter Domburg und dem Kloster im Süden wurde nun überbaut. Allerdings zeigen die Namen von Angehörigen der Führungsschichten, daß der Siedlungsschwerpunkt dieser Oberschicht noch immer hart südlich der Bischofsburg im Bereich des ältesten *suburbium* lag.

Dank der Zensualität und der gebotenen gesellschaftlichen Aufstiegschancen begann sich die werdende Stadt als gesellschaftliches System vom Umland abzuheben. Diese Entwicklung wurde schließlich mit der Aufzeichnung des in der Stadt geltenden Rechtes im Jahre 1156 durch Friedrich Barbarossa[105] anerkannt und sanktioniert, nachdem es bis dahin immer wieder zu Übergriffen der Hochstiftsvögte auf den städtischen Rechtskreis gekommen war. Nach dem Stadtrecht erscheint der Bischof noch relativ unangefochten als Stadtherr: Jede Störung des Stadtfriedens *(violator pacis urbanae)* ist bei ihm mit der hohen Strafgebühr von zehn Talenten zu büßen. Auf Bitten, d. h. aber auch unter Mitsprache der Ministerialen, der *urbani* wie der gesamten Bevölkerung der *civitas* bestimmt der Bischof den Burggrafen und den Münzmeister. Bei der Ernennung des Leutpriesters (Dompriesters) sprachen auch die Domherren ein

99 MB 22, S. 70.

100 Beispiele bei Joachim JAHN, Augsburg Land (wie Anm. 15), S. 142–153.

101 MB 22, passim; eine neue Edition ist in Vorbereitung.

102 Urk. Hochstift Augsburg Nr. 33, alle anderen Angaben wie Anm. 101.

103 So hielten sich in Augsburg Zinspflichtige des Klosters Schäftlarn (Die Traditionen des Klosters Schäftlarn, bearb. v. Alois WEISSTHANNER, QE nF Bd. 10, München 1953, Nr. 474) und des Hochstiftes Freising auf (Die Traditionen des Hochstifts Freising, bearb. v. Theodor BITTERAUF, QE nF Bd. 5, München 1909, Nr. 1584q).

104 MG SS 17, S. 428; MB 22, S. 122 u. 185.

105 MG D F I Nr. 147; Wolfram BAER, Das Stadtrecht vom Jahre 1156 (Geschichte der Stadt Augsburg, wie Anm. 3), Stuttgart 1984, S. 132–134.

Wörtchen mit. Erhob sich gegen Vogt oder Burggrafen eine allgemeine Klage, so konnte der Bischof sie absetzen.

Die bischöfliche Münze konnte auch als Bank genutzt werden: Nach Köln ziehende Kaufleute hatten das Recht, bis zu zehn Mark Silber einzuwechseln.

Der Zins von den Hofstätten war jeweils an Michaeli an den Bischof abzuführen, der auch das Geleitrecht in Augsburg hatte. Reiste der Bischof an den Königshof, dann gaben ihm die *urbani* zehn Talente Zehrgeld, ging er dagegen mit einem Italienzug oder zu seiner eigenen Weihe nach Rom, so wurde er von den *civitatenses* unterstützt. In dieser Differenzierung nach Leistung scheint sich noch die alte Trennung von *civitas* und *suburbium* widerzuspiegeln, die im Stadtrecht sonst nicht aufrechterhalten ist. Das Hochgericht hatte der Vogt inne, der nur zu den drei echten Dingen nach Augsburg kommen durfte, wenn er nicht ausdrücklich gerufen wurde. Seine Rechtsprechung hatte sich am Recht der Bürger *(urbanorum justicia)* zu orientieren. Für seinen Unterhalt während des Aufenthalts in Augsburg kamen Bäcker, Metzger und Bannwirte auf; zusätzlich erhielt er die Hälfte jedes in Augsburg umgeschlagenen Maßes Salz.

Ebenso war der bischöfliche Niederrichter, der Burggraf, an das Recht der Bürger gebunden. Er hatte u. a. die Aufsicht über den Umgang mit Lebensmitteln, so mit Brot, Fleisch und Bier. Seine Amtleute waren die Büttel oder Waibel *(precones)*, aber auch die Wurstmacher, denen die Bewachung der Friedensbrecher oblag.

Die *urbani* werden vor allem den Zensualen zugeordnet. Sie besaßen Hofstätten und waren allein dem Stadtgericht verpflichtet. Ein Zensuale konnte sogar eine Frau niederen Standes heiraten und ging dennoch seiner rechtlichen und damit gesellschaftlichen Position nicht verlustig, wenn er zu den drei gebotenen Dingen erschien und seinen Zins zahlte. Bei seinem Tod fiel das Besthaupt an den Bischof, das Arbeitsgewand an den Waibel. Die *urbanorum justicia* regelt also im wesentlichen die Verhältnisse der Zensualen.

Die gesellschaftliche Struktur der Augsburger Bevölkerung im ausgehenden 12. Jahrhundert erschließt sich aber erst dann deutlicher, wenn man neben das erste Stadtrecht von 1156 zwei andere Quellen – eine Vereinbarung zwischen Bischof und Bürgern von 1251[106] und das Stadtrecht von 1276[107] – hält und diese vergleichend interpretiert.

Der Vergleich vom 9. Mai 1251 kam zustande, nachdem Bischof Hartmann mit seinem Versuch gescheitert war, die unter staufischer Herrschaft stark reduzierte bischöfliche Stellung in der Stadt wieder zu etablieren und die wachsende Selbständigkeit der Bürgergemeinde wieder zurückzudrängen. Seine Finanzprobleme und der bürgerliche Widerstand standen diesem Vorhaben des Bischofs jedoch im Wege. Im Vergleich verzichtete Bischof Hartmann nicht nur auf die militärische Gewalt über alle Stadttore *(portas urbis seu civitatis)*, also in der gesamten Stadt, sondern einigte sich mit den Bürgern auch über den rechtlichen Status der Stadtbewohner *(conditiones ipsorum civium)*, wobei im wesentlichen ältere Bestimmungen und Gewohnheiten aufgezeichnet wurden. Die Vereinbarungen von 1251 gingen noch in das rudolfinische Stadtrecht von 1276 ein. Durch vergleichende Interpretation der genannten Quellen gewinnt man einen recht guten Überblick über den Aufbau der Augsburger Bevölkerung um 1200. Sie setzte sich aus sechs großen Gruppen zusammen:

106 Urkundenbuch der Stadt Augsburg, hg. von Christian MEYER, 1. Bd., Augsburg 1874, S. 9–11.
107 Das Stadtbuch von Augsburg, insbesondere das Stadtrecht vom Jahre 1276, hg. von Christian MEYER, Augsburg 1872.

1. *Eigenleute* (cives servilis conditionis), *die ihrem Leibherrn jährlich bis zu zwölf Pfennige Zins zu zahlen hatten;*
2. *Verlehnte Eigenleute* (servi in feodum dati), *die ihrem Leib- oder Lehensherrn jährlich bis zu vier Trank Met geben mußten*[108].

Angehörige dieser beiden Gruppen konnten zu ihren Lebzeiten von ihren Herren aus Augsburg zurückgeholt werden; geschah dies nicht, oder fanden sie in Augsburg ihren Tod, dann erbten ihre Frauen oder sonstige Verwandte *(agnati vel cognati)* die gesamte Hinterlassenschaft. Waren Erben ›bürgerlichen Rechts‹ *(secundum consuetudinem civium)* nicht vorhanden, dann traten an deren Stelle als Ersatzerben die Leib- oder Lehensherren.

3. *Zensualen einer Kirche zahlten den gewöhnlichen, in Augsburg einen Denar betragenden Zins. Nach ihrem Tod fiel ihr bestes Kleid, das sie in der Kirche oder auf dem Markt zu tragen pflegten, an den Waibel (1156), den Zinsmeister* (magister censuum, so 1251) *oder an die entsprechende Kirche. Waren nach Stadtrecht berechtigte Erben nicht vorhanden, dann fiel die gesamte hinterlassene Habe der Zensualen an die jeweilige Kirche.*
4. *Ministerialen und Freie* (liberae personae) *hatten die gleichen Leistungen wie alle anderen Bürger zu erbringen, aber auch nicht mehr. Wenn Ministerialen einer Kirche ohne Erben starben, so fiel deren Erbe an das Gotteshaus.*
5. *Geistliche und* milites *hatten sich am gemeinsamen Recht* (ius commune) *und an den üblichen Gewohnheiten* (bonas consuetudines) *zu orientieren, gehörten aber nicht mehr zur bürgerlichen Gesellschaft.*
6. *Amtleute des Bischofs, sein Gefolge* (familia), *die »Beamten« der Domherren und der Klöster zählten nicht zu den Bürgern und zahlten daher auch keine Steuern, sofern sie keine Handelsgeschäfte* (negotiationes) *betrieben.*

Die frühbürgerliche Augsburger Gesellschaft um 1200 setzte sich also aus Eigen- und Lehenleuten auch fremder Herren, aus Zensualen aller möglichen Kirchen, aus Ministerialen und Freien zusammen. Essentielles Kriterium der Zugehörigkeit zum Bürgerschaftsverband scheint die Veranlagung zur städtischen Steuer gewesen zu sein. Es handelte sich um ein nach unten und zum Land hin offenes System; eine Abschließung gleich gegenüber welchem Personenkreis scheint es nicht gegeben zu haben. Der Zugang zum Bürgerrecht stand anscheinend jedem offen.

Das 1246 erstmals erwähnte Augsburger »burchrecht« *(jus commune civitatis)* ist kein eigentliches Bürgerrecht, sondern bezeichnet die Rechtsform der Güterübertragung in der Stadt, aber auch den vom städtischen Grundbesitz zu leistenden Zins[109]. Hält man dem gegenüber, daß Güterverkäufe auf dem Land bei Eigenbesitz nach Landesrecht, bei Lehenbesitz nach Lehenrecht vorgenommen werden, dann erschließt sich der Sinn des Burgrechts – es ist das in der Burg = Stadt geltende Recht des Immobilienverkehrs. Daraus kann aber nicht automatisch geschlossen werden, daß Inhaber von städtischen Grundstücken auch Nutznießer des Bürgerrechts gewesen sind. Vielmehr sind beide Sphären, Burgrecht und Bürgerrecht als

108 Diese Abgabe ist 1276 durch die Zahlung von sechs Pfennigen abgelöst: Stadtbuch Augsburg, S. 59f.
109 1260 schenkt Reingoz Cerdo (Gerber) dem Kloster Oberschönenfeld aus freiem Antrieb sein Augsburger Haus secundum consuetudinem civitatis. Reingoz und seine Frau Mechthild lassen sich den Besitz anschließend auf Lebenszeit verleihen. Nach deren Tod soll ihr Neffe Ulrich Fritach das Gut gegen einen Zins von 1 lb dn und 6 dn pro censu iuris civily quod volgariter dicitur burchreht genießen: Stadtbuch, S. 324f.

Kriterium der Zugehörigkeit zum bürgerlichen Verband, säuberlich auseinander zu halten. Freilich wird diese theoretisch mögliche Unterscheidung dadurch nicht gerade erleichtert, daß sich bereits im Hochmittelalter terminologische Überschneidungen finden. So bezeichnet auch in Augsburg »burchreht« die Form des innerstädtischen Immobilienverkehrs *und* die Zugehörigkeit eines einzelnen zum städtisch-bürgerlichen Rechtskreis. Für die Rechtsform der Überfertigung im Güterverkehr wird gegen Ende des 13. Jahrhunderts dann auch der Terminus ›nach Stadtrecht‹ (»stet reht«)[110] angewandt. 1286 erfolgte eine Güteraufgabe »nach der stet gewonhait ze Auspurch«, die Überfertigung aber »nachs landes reht, als man eigen auf dem lande staeten sol«, da der Besitz außerhalb der Stadt beim Steg nach Hanorai lag[111].

Das »burchreht« als Bezeichnung der rechtlichen Zugehörigkeit zur Genossenschaft oder Gemeinschaft der Bürger ist weder an Grundbesitz gebunden noch durch diesen definiert. Im Stadtrecht von 1276 wird der Kreis von Personen, die das »burcreht« empfangen können, in derselben Weise beschrieben wie in der Vereinbarung von 1251[112].

Die sich an diesen Artikel anschließenden Novellen, die noch dem 13., spätestens aber dem beginnenden 14. Jahrhundert entstammen, zeigen die großzügige Aufnahmepolitik der Stadt. War beispielsweise ein Grundholde seinem Herrn ohne dessen rechtmäßigen Abschied, d. h. ohne Entlassung aus dem grundherrschaftlichen Verband, entlaufen, so konnte der Herr vor dem Augsburger Vogt Klage erheben. Damit erreichte er aber nicht etwa die Rückholung des Grundholden, sondern nur dessen rechtmäßige Entlassung nach »des dorfes rehte«. Darüber hinaus mußte sich der Herr sogar verpflichten, den Grundholden nach Abschluß dieses Verfahrens wieder wohlbehalten nach Augsburg zurückzubringen. Die Rückholung eines entlaufenen Grundholden in den Grundherrschaftsverband war damit nicht möglich[113]. Es handelt sich hier um ein probates Mittel zur Zersetzung der ländlichen Fronhofverfassung und der feudalen Gesellschaftsordnung; diese Vorschrift begünstigte die räumliche und damit die gesellschaftliche Mobilität der Unterschichten in extremer Weise. Erst mit einer späteren Novellierung gestattete der Augsburger Rat den Herren (Grund- und Leibherren), ihre (entlaufenen) Grundholden und Amtleute (Ministerialen) binnen Jahresfrist nach der Bürgerrechtsverleihung noch »anzusprechen«, d. h. in den grundherrschaftlichen Verband zurückzuholen. Damit war der weit verbreiteten Landflucht[114] zumindest auf dem Papier Einhalt geboten worden. Allerdings verfielen nach Ablauf der Jahresfrist alle herrschaftlichen Ansprüche an einen Bürger und dessen Nachkommen[115]. Jeder Eigenmann, Lehensmann oder Zinser – wir erkennen die Schichten von 1251 wieder – hatte sich offen zu seiner Herrschaft zu bekennen; verleugnete er sie, so konnte ihn die Herrschaft mit sieben, mindestens aber mit vier Verwandten mütterlicherseits (das Recht der ärgeren Hand) zu sich zitieren. Saß jemand auf diese Weise »verstohlen« in der Stadt, so verlor er bei entsprechender Klage der Herrschaft den städtischen Schutz für Leib und Gut. Er wurde aus der bürgerlichen Gesellschaft ausgestoßen – man sollte keine Geschäfte mehr mit ihm abschließen[116].

110 Urkundenbuch Augsburg I S. 74.
111 Urkundenbuch Augsburg I S. 79 f.
112 Stadtbuch Augsburg S. 59 f.
113 Stadtbuch Augsburg S. 60 – selbst Totschläger konnten das Bürgerrecht erlangen (S. 83).
114 Karl-Heinz Spiess, Zur Landflucht im Mittelalter (Hans Patze [Hg.], Die Grundherrschaft im späten Mittelalter, 2 Bde. [VuF 27], Bd. 1), Sigmaringen 1983, S. 157–204.
115 Stadtbuch Augsburg S. 61.
116 Stadtbuch Augsburg S. 62.

Die Aufnahme in das »burchrecht« geschah vor dem Vogt und mindestens zwei der vier Ratspfleger und einem weiteren Ratgeber. Hatte der Kandidat keinen Krieg (Streit) mit anderen Parteien und war er kein »amptman«, dann erhielt er von diesem Gremium das Bürgerrecht ohne Einschränkungen. Traf hingegen einer dieser Hinderungsgründe zu, dann mußte die Aufnahme vor dem ganzen Rat geschehen, war aber nicht unmöglich. Der Kandidat hatte sich bereitzuerklären, mindestens fünf Jahre lang ein »getrůwer burger« zu sein und mit der Stadt zu heben und zu legen, also die bürgerlichen Pflichten auf sich zu nehmen und Steuern zu zahlen. Fand sich kein Bürger, der bereit war, dem Kandidaten einen guten Leumund zu bescheinigen, so hatte dieser einen heiligen Eid über seine fünfjährige Anwesenheitspflicht abzulegen. Vorzeitiges Ausscheiden aus dem Bürgerrechtsverband war mit der Strafgebühr von 5 lb dn belegt. Die Aufnahme in das Bürgerrecht wurde mit der Eintragung in den Steuerbrief (Steuerbuch) besiegelt, worin schließlich das entscheidende Kriterium für die Zugehörigkeit zur Bürgerschaft sichtbar wird: die Verpflichtung zur regelmäßigen Bezahlung der Steuer[117]. Die fiskalischen Interessen der Stadt sind unverkennbar. Eine ordnungsgemäße Steuerzahlung gewährte theoretisch auch den Zugang zum Rat[118] und zum Gericht[119], doch ist es eine Binsenweisheit, daß sich auch im mittelalterlichen Augsburg ökonomische Potenz, gesellschaftlicher Status und politische Macht paarten. Im übrigen kam Steuerverweigerung einem Berufsverbot gleich[120].

Das rudolfinische Stadtrecht von 1276 kennt noch eine weitere Möglichkeit der Stadtsässigkeit: Wenn ein »biderber man« (braver Mann), ohne das Bürgerrecht empfangen zu haben, ein Jahr lang in Augsburg saß und »hofstiwer ond herstiwer« erlegte, dann war er in allen Belangen der städtischen Rechtsprechung unterworfen, genoß aber wohl auch den städtischen Schutz[121].

Somit galten zunächst alle in der Stadt ansässigen, Steuer zahlenden und formal ins Bürgerrecht aufgenommen Personen als Bürger. Tatsächlich verengte sich der Bürgerbegriff rasch auf die tonangebenden, den Rat und die wichtigsten Ämter beherrschenden Familien[122], die sich als die eigentlichen »burger« empfanden und die mit einem Sammelbegriff als ›Geschlechter‹ und seit dem Humanismus als Patrizier bezeichnet werden. Diese Ambivalenz des Bürgerbegriffs, der zudem einer historischen Dynamik unterworfen war, gilt es zu beachten. Zur Unterscheidung von den »burgern« (Patriziern) nannten sich die übrigen Bürger nach ihrer bevorzugten Erwerbsquelle Handwerker oder das »antwerck«, das Substrat der späteren Zünfte.

117 Stadtbuch Augsburg S. 60f.
118 Stadtbuch Augsburg S. 72.
119 Stadtbuch Augsburg S. 74.
120 So verbot der Rat die Beschäftigung eines Zimmermanns und eines Maurers, die sich der Steuerzahlung entzogen hatten: Stadtbuch Augsburg S. 74.
121 Stadtbuch Augsburg S. 61. – Noch Mitte des 15. Jahrhunderts beklagten sich geistliche und weltliche Herren über die Aufnahme ihrer »arm leute und hindersassen« in Augsburg, wo ihnen die Bürger Schutz gewährten, sie damit widerspenstig und ungehorsam gegenüber ihren Herrschaften machten. Freilich wurden diese Hintersassen keine Bürger mehr, suchten aber die städtische Protektion gegen den intensiveren herrschaftlichen Zugriff der Feudalherren. Wegen des daraus sich entspinnenden Konflikts verbot der Rat seinen Bürgern schließlich die Aufnahme von Munt- und Eigenleuten mit Ausnahme (eigener) Grundholden: Stadtbuch Augsburg S. 294f.
122 Peter GEFFCKEN, Soziale Schichtung in Augsburg 1396–1521, Diss. masch. München 1983.

II

Gegen Ende des 11. Jahrhunderts hatten sich bedeutende Machtpositionen um Augsburg verschoben. Die dominierende Herrschaft der Rapotonen-Diepoldinger am Lech[123] war von der welfischen abgelöst worden. Beiderseits des Flusses entstand um die Zentren Ziemetshausen und Mering-Peiting (mit dem Gunzenlee) ein ausgedehnter welfischer Herrschaftskomplex[124]. Darüber hinaus gewannen die Welfen eine Art Oberhoheit über die Augsburger Hochstiftsvögte aus dem Hause Schwabegg und erlangten damit auch in der Stadt Augsburg eine zwar indirekte, aber nicht weniger wirksame Position. Ostschwaben und Westbayern waren mit einem dichten Netz welfischer Ministerialensitze überzogen.

Mit den Schwabeggern beherrschten die Welfen weite Landstriche westlich Augsburgs zwischen Schwabmünchen-Türkheim im Süden und Lützelburg im Norden – sie umklammerten Augsburg gewissermaßen von allen Seiten. Während der welfisch-staufischen Auseinandersetzungen suchte König Konrad III. (1138 bis 1152) Augsburg aus dieser welfischen Umklammerung zu lösen und die Stadt in seine Gewalt zu ziehen. In seiner Regierungszeit wurde eine Urkunde auf das Jahr 972 gefälscht, in der erstmals vom Augsburger Königshof die Rede ist[125].

Den Augsburger Königshof lokalisiert man an der Stelle des späteren Imhofschen Patrizierhauses an der Ecke Obstmarkt/Hoher Weg (heute Gebäude der Stadtwerke)[126]. Diesen Komplex verlieh 1246 Graf Gottfried von Hohenlohe, einer der zuverlässigsten staufischen Parteigänger, in Gegenwart König Konrads IV. seinem getreuen *(fidelis)* Augsburger Bürger Otto Bogner, dem späteren Burggrafen (gestorben 1261/62). Dieser hatte sich dafür zu verpflichten, den nach Augsburg kommenden Hohenlohern das Haus als Herberge zur Verfügung zu stellen. Die Verleihung fand im Hohenlohischen Haus selbst statt und wurde von einer stattlichen Reihe Augsburger Bürger bezeugt[127].

Aus den Umständen der Verleihung hat man auf die Identität des Hohenlohischen Gebäudes mit dem Königshof geschlossen. Nun berichtet aber Graf Gottfried in der genannten Urkunde ausdrücklich, daß er den Besitz von einem Herrn *(dominus)* Ulrich de Porta, einem Sohn des Ebo de Porta, erworben habe, womit das Reich oder der König als unmittelbare Vorbesitzer nicht in Frage kommen. Selbst die Anwesenheit Konrads IV. bei der Übertragung der Hofstätte an Otto Bogner beweist nicht zwingend königliche Rechte an diesem Grundstück oder an seinen Baulichkeiten. Die Lehenshoheit der Hohenloher darüber blieb bis in das 16. Jahrhundert erhalten[128]. 1305 erscheint das Grundstück im Besitz des Johannes d. J.

123 Joachim JAHN, Kirche und Adel (wie Anm. 41); unabhängig davon kam Wilhelm LIEBHART (wie Anm. 56) zu ähnlichen Ergebnissen über die Position der Rapotonen um Augsburg.

124 Eine Übersicht bietet Rudolf GOES, Die Hausmacht der Welfen in Süddeutschland, Diss. masch. Tübingen (1960).

125 MG DO I Nr. 453 mit Vorbemerkung.

126 Detlev SCHRÖDER nach Vorarbeiten von Walter Groos (wie Anm. 27), S. 102–104.

127 Urkundenbuch Augsburg I S. 5–7.

128 1430 belehnt Kraft von Hohenlohe den Konrad von Knöringen mit dem »Leutfrid geseße zu Augspurg uff dem hohen wegen gelegen bey sankt Endliesberg herfüre biß zu dem thore« (= das alte Burgtor): Deutsche Städtechroniken Bd. 4, S. 235 Anm. 2; 1558 Juni 28 löst Balthasar Eggenberger die Lehenschaft der Grafen von Hohenlohe ab: Paul v. STETTEN, Geschichte der adelichen Geschlechter in der freyen Reichs-Stadt Augsburg, Augsburg 1762, S. 426–428.

Schongauer[129], dessen Vorfahre, Heinrich (I) Schongauer, die Schwester des Burggrafen Otto Bogner geehelicht hatte und der 1262 selbst Burggraf geworden war[130]. 1346 befindet sich der Komplex im Besitz des Johannes (III) Schongauer, bei dem auch die Tochter des Konrad Portner wohnte, von dem es im Domnekrolog heißt, er habe am Hohen Weg ›residiert‹. Seine nördlich angrenzenden Nachbarn waren nach Ausweis des Steuerbuches von 1346 H. medicus, Ulr(ich) Kramer und die Klotzingerin. 1351 ist das Haus Schongauers schon an Johannes Luitfrid übergegangen, anstelle des Arztes H. erscheint seine Tochter, die Vlentalerin, dann Utz Kramer und Hans Klotzinger[131]. Andererseits ist bekannt, daß Ulrich Lacher der Kramer 1351 ein vom Domkapitel lehenbares Haus auf dem Hohen Weg zwischen des Luitfrids Haus und des Vogts Hof besaß[132]. Der Hof des Vogtes ist in den Augsburger Steuerbüchern natürlich nicht verzeichnet, weil von dort keine Abgaben an den Stadtsäckel flossen. Anhand der Einträge in den Steuerbüchern und zeitlich paralleler Quellen läßt sich der Bereich um den Vogthof bis in das 15. Jahrhundert verfolgen.

1351 besaß Elisabeth, die Tochter des verstorbenen Meisters Heinrich des Arztes, als domkapitlisches Lehen ein halbes Haus auf dem Hohen Weg zwischen des Vogtes Hof und dem Steinhaus des Luitfrid[133]. Der Hof des Vogtes befand sich demnach zwischen den Anwesen des Arztes und des Kramers. 1359 ist im Steuerbuch nördlich von Ulrich Kramer der Walshouer eingetragen; 1367 verkaufen Werner Walshouer und seine Frau Anna ein Ewiggeld aus ihrem Haus und ihrer Hofsache »daz gelegen ist ze Auspurg uf dem hohen wege, zwischen Hainrich des Schulers dez Nadlers hofsache und dez Walshouers seligen kint hus und hofsach, do wir ietzo mit wesen inn sien ... und daz unser lehen ist von dem Reiche also daz man einem vogt hie ze Auspurg elliu iar darus geben sol in swez gewalt es kumt fuentzehen pfennig uf sant Michelstag...«[134]. Westlich des Hohen Weges in unmittelbarer Nähe des Vogthofes begegnen somit im 14. Jahrhundert Reichslehen. Dies gilt auch für den nördlich anschließenden Bereich bis zur Ecke der Peutingerstraße: 1432 verkaufen die Pittinger ihr Haus, Hofsach und Gesäß zu Augsburg auf dem Hohen Weg vor der St. Johanneskapelle am Egg mit allem Zubehör, ausgenommen die »Cram« (die Heinrich Koch gehört), ein rechtes Lehen von eines Reiches Vogt zu Augsburg[135]. Detlev Schröder zeigte, daß dieser Bereich noch um 1800 vom Reich zu Lehen geht.

Um 1300 wurde die Schwester eines Augsburger Domherren *in gradibus iuxta publicam curiam ... versus sanctum Iohannem* bestattet[136]. Die *publica curia*, der Augsburger Königshof, lag demnach gegenüber der St. Johanneskapelle, in einem Bereich, dessen Reichslehenbarkeit gerade erwiesen werden konnte. Beim Königshof kann es sich aber nicht um den Hohenlohischen Besitz handeln (nach der alten Häusereinteilung D 83), der ja erst von den de Porta erworben wurde. Kern des Königshofes scheint vielmehr der Vogtshof gewesen zu sein (D 84),

129 Urkundenbuch Augsburg I S. 162 (»hous bi dem alten bůrgetor«). – Für eine Reihe von Hinweisen und Urkundenexzerpten danke ich Dr. Peter Geffcken.
130 Vock, Urkunden Hochstift Augsburg, Nr. 77 (vgl. Nr. 78).
131 Stadtarchiv Augsburg (StAA) Steuerbuch 1346 fol. 12c im Steuerviertel »von dem alten burgtor gen dem frontor« und Steuerbuch 1351 fol. 12d.
132 1351 Sept. 13: BayHStA Domkapitel Augsburg Urk. 307.
133 BayHStA Domkapitel Augsburg Urk. 308.
134 StAA Steuerbuch 1359 fol. 10a; 1367 Mai 25: StAA Hospitalarchiv VIII/88.
135 BayHStA Reichsstadt Augsburg Urk. 1649.
136 MB 35a, S. 116.

wo sich bis 1945 der sogenannte Königsturm oder Afraturm erhob. Der Königshof lag also innerhalb der alten Domburg am Hohen Weg in der Nähe der St. Johanneskapelle. So gesehen gewinnt auch die Funktion dieser Kapelle bei der Investitur Thietmars zum Bischof von Merseburg einen neuen Sinn – St. Johann wurde zumindest dieses eine Mal als königliche Kapelle beansprucht.

Das Augsburger Domkapitel hatte in diesem Bereich schon im 12. Jahrhundert Grundstücke erworben[137] und damit ältere Zusammenhänge zerstört. Ursprünglich bildete vielleicht der gesamte Komplex zwischen heutiger Peutingerstraße, Hohem Weg, Obstmarkt und Johannesgasse eine Einheit, worauf nicht zuletzt die dichte Lage der Reichszinslehen hindeutet[138]. Im Süden wurde der königliche Bereich mit dem Burgtor abgeschlossen, das wohl mit jener *porta* identisch ist, an der königliche Jäger *(venatores regis)* die beiden vom Abt von Ottobeuren zu liefernden Jagdhunde in Empfang nehmen, wie die im 12. Jahrhundert entstandene, auf 972 datierte Urkunde berichtet[139]. Vielleicht kann man den so umschriebenen Augsburger Königshof sogar mit der in der Biographie Bischof Ulrichs erwähnten scena bei St. Johannes in Verbindung bringen, so daß man schließlich doch bereits im 10. Jahrhundert mit starker königlicher Präsenz in Augsburg zu rechnen hätte. Der südlich von St. Johannes archäologisch nachgewiesene Spitzgraben und die dort aufgefundene Tuffmauer deuten ja auf ein größeres befestigtes Gebäude an dieser Stelle hin[140].

Vorbesitzer des Hohenlohischen Grundstückes (D 83) waren die de Porta, welche der bischöflichen Ministerialität angehörten. Somit könnte auch der Grundbesitz bischöfliches Lehen gewesen sein (vor 1246), wogegen aber spricht, daß im engeren Bereich des Dombezirkes im 13. Jahrhundert kein einziger Fall einer Aufgabe bischöflichen Besitzes an Laien bekannt ist. Im Gegenteil, Bischof und Domkapitel erwarben hier sogar systematisch Ministerialensitze, wie noch zu zeigen sein wird. Wahrscheinlicher ist daher der Fall, daß auch das Grundstück D 83 direkt neben dem Burgtor Reichslehen gewesen und an einen bischöflichen Ministerialen ausgetan war – die Grenzen zwischen der Reichs- und der Reichskirchenministerialität sind nicht nur im Augsburger Gebiet im 12. und 13. Jahrhundert fließend gewesen.

Die de Porta nennen sich in deutscher Übersetzung korrekt ›vom Burgtor‹ und sind entgegen der in der Literatur verbreiteten Ansicht nicht mit den Portnern identisch. Sie hatten das militärische Kommando über die Stadttore (Burgtore) inne. Dagegen waren die Portner nördlich der alten Domburg ansässig; lediglich Konrad Portner residierte am Hohen Weg. Die das Burgtor auch im Siegel führenden de Porta saßen also unmittelbar neben dem (südlichen) Burgtor. Im 12. Jahrhundert scheinen sie Burg- und Frauentor in ihrer Gewalt gehabt zu haben[141]; sie beherrschten mithin die wichtigsten Ausgänge der alten Stadt. Man geht kaum fehl, in ihnen die militärischen Stadtkommandanten aus der bischöflichen Dienstmannschaft zu sehen. Kognatisch scheinen sie mit den de Augusta verwandt gewesen zu sein[142]. Beide Sippen

137 MB 35a, S. 34, 38, 58.

138 D. Schröder, Augsburg, S. 255 Karte Nr. 2.

139 MG D O I Nr. 453.

140 D. Schröder, Augsburg, S. 36 f.; auf dem Stadtplan von 1521 von Jörg Seld erscheint südlich der St. Johanneskapelle ein mächtiges Gebäude, vielleicht ein Nachfolgebau der scena ulrikanischer Zeit. Freilich wurde gerade in diesem Bereich im 15. Jahrhundert viel gebaut, wie ein Blick in die zeitgenössischen Stadtchroniken zeigt.

141 Ebo de meridionali porta und Marquart de porta aquilonari: MB 33a, S. 32 f.

142 Das ergibt sich aus verschiedenen Einträgen im ulrikanischen Traditionskodex: MB 22, S. 55 ff.

erscheinen des öfteren in der Umgebung der Schwabegger, also der Hochstiftsvögte. Hinter den dürren Aussagen der Quellen wird hier ein wenig von der realen Präsenz der Vögte in Augsburg sichtbar. Die de Porta stellten zweifellos eine der bedeutendsten Ministerialenfamilien im Augsburg des 12. Jahrhunderts. Ihre näheren Verwandten heißen bezeichnenderweise vom Steinhaus (de Lapidea Domo) oder von der Gasse (de Vico), womit im Grunde nur der Hohe Weg gemeint sein kann – in der Benennung der einzelnen Sippen spiegelt sich also die Topographie der alten Stadt entschieden wider. Sie alle hatten ihren Ansitz in diesem ältesten und wichtigsten Bereich der Stadt, im *suburbium* Augsburgs und noch in der Domburg. Die Verbindung dieser Familien und ihres Wohn- wie Wirkungsbereiches zu den Welfen wird noch um eine Nuance deutlicher, wenn man berücksichtigt, daß die der welfischen Dienstmannschaft entstammende Adelheid von Rammingen dem Kloster St. Ulrich durch die Mitwirkung des Konrad von Androna – auch er aus dem Umkreis der de Porta – ein Haus unmittelbar vor dem Stadttor schenkte[143].

Das Steinhaus *(domus lapidea)*, nach dem sich eine dieser Familien nannte, dürfte mit dem gleichnamigen domkapitlischen Gebäude des 12./13. Jahrhunderts identisch sein, das unmittelbar neben dem Burgtor bei der St. Leonhardskapelle lag[144]. Einen Hof im Stadttor *(curia in porta civitatis)* schenkte um 1200 der Archidiakon Swigger von Baisweil dem Domkapitel[145]. Die Baisweiler gehörten aber wiederum zur Dienstmannschaft der Schwabegger[146].

Damit hat sich der Kreis unserer Überlegungen geschlossen: Der Bereich unmittelbar um das südliche Burgtor bis hin zum Schwalbeneck befand sich bis zum 13. Jahrhundert in der Hand von militärischen Beauftragten der Vögte, die ihren Hof westlich des Hohen Weges auf reichslehenbarem Boden hatten[147].

Neben dem Königshof existierte in Augsburg freilich auch eine bischöfliche Pfalz, wie wir schon gesehen haben. Residierte zu Augsburg ein königsfreundlicher Bischof, so wurden Rechtshandlungen von Reichsministerialen sogar in Gegenwart des Königs auch in der bischöflichen Pfalz vorgenommen[148]. König und Bischof wirkten einträchtig zusammen. Hingegen versuchte der antistaufische Bischof Hartmann – im Gegensatz zu seinen Vorgängern[149] – in den königlichen Bereich einzudringen. Während der Regierungszeit des schwachen Konradin urkundet er in der *curia* bei der St. Johanneskapelle[150], in der Johanneskirche selbst[151]

143 MB 22, S. 76f.

144 MB 35a, S. 8, 22, 36, 43, 123, 127, 138, 147.

145 MB 35a, S. 31.

146 Friedrich ZOEPFL, Das Bistum Augsburg, historisch und statistisch beschrieben, Bd. 9, Augsburg 1934/39, S. 117, 143 Nr. 24 und 147 Nr. 54.

147 Paul VON STETTEN war so schlecht nicht informiert, wenn er angibt, 1286 habe der Vogt seinen Sitz im Königshof gehabt: Geschichte der Heil. Röm. Reichs Freyen Stadt Augspurg, Frankfurt–Leipzig 1743, 1. Bd., S. 80f.

148 Schenkung des Swigger von Mindelberg »apud Augustam in palacio domini episcopi presente inclito Romanorum rege Conrado et consentiente...«: 1246: MB 8, S. 28.

149 Ausstellungsort bischöflicher Urkunden ist »Augusta«, die civitas Augusta, der Dom oder die bischöfliche Pfalz: vgl. Die Urkunden des Reichsstifts Kaisheim, bearb. v. H. HOFFMANN, Augsburg 1972, Nrr. 1, 22, 48, 58, 68, 69, 138, 164, 192, 203, 357, 358, 72 und 109.

150 Urkunden Kaisheim Nr. 163.

151 Urkunden Hochstift Augsburg Nr. 77 (bezeichnenderweise bei der Verpfändung des Burggrafenamtes an die Schongauer).

und schließlich in der *curia, que regis dicitur*[152]. Als Konradin 1266 selbst in Augsburg weilte und sich von Hartmann mit der Augsburger Vogtei belehnen lassen mußte, geschah dies auf quasi neutralem Boden, zwischen dem bischöflichen und königlichen Bereich, auf dem Friedhof vor dem Dom *(in gradibus ecclesie Augustensis)*[153].

III

Adelgoz III., der letzte Hochstiftsvogt aus dem Haus Schwabegg, erlag auf dem Romzug Friedrich Barbarossas 1167 einer Seuche. Friedrich zog die Vogtei als erledigtes Reichslehen kurzerhand ein und übertrug sie seinem gleichnamigen Sohn, dem Schwabenherzog. Von nun an stand die werdende Bürgergemeinde unter königlich-herzoglicher Vogtei (Hochgerichtsbarkeit). Folgerichtig sprach Herzog Friedrich die Augsburger als seine ›geliebten Bürger‹ *(dilectis urbanis)* an[154]. Der herrschaftlichen Bindung Augsburgs an die Staufer fügte Kaiser Friedrich I. eine spirituelle Komponente hinzu, indem er 1182 der geistlichen Bruderschaft des Klosters St. Ulrich und Afra beitrat[155].

Zusätzlich zur Vogtei und den Besitzungen der Schwabegger erwarb Friedrich Barbarossa 1167/81 die welfischen Liegenschaften und Dienstmannen. Der Lechrain wurde eine staufische *terra imperii*[156]. Gestützt auf den reichen Besitz um Augsburg und auf die Augsburger Hochstiftsvogtei, erhoben die staufischen Könige schließlich einige ihrer Parteigänger auf den Augsburger Bischofsstuhl, so 1208 Siegfried von Rechberg und 1227 Siboto von Seefeld[157].

Augsburg war von einer bischöflichen zu einer königlichen Vogteistadt geworden, und dies bedeutete einen glanzvollen Wiederaufstieg der Stadt. Schon 1183 wurde die abgebrannte Ulrichskirche größer und schöner wiedererrichtet; das Stift St. Georg erhielt einen eigenen, von dem der Domkirche abgetrennten Pfarrsprengel[158] – die Stadt breitete sich nach Nordwesten aus. 1187 weihte man die dreischiffige Pfeilerhalle der Peterskirche am Perlach[159]. Der Bereich zwischen der Grottenau und St. Georg wurde der Besiedlung erschlossen, und 1199 erhielt das dortige Stift Hl. Kreuz, das erst um 1160 nach Augsburg verlegt worden war, ebenfalls einen eigenen Pfarrsprengel[160]. Bereits gegen Mitte des 12. Jahrhunderts hatte sich auf dem Gries *(in harena)* bei St. Ulrich eine weitere Vorstadt *(suburbium)* gebildet, wo sich auf frischem Rodungsboden vor allem Zensualen des Klosters, darunter Spielleute und Hutmacher, niedergelassen hatten[161].

Die staufische Vogteiherrschaft über die Stadt sollte sich als probates Mittel für den Aufstieg des Bürgertums und dessen Emanzipation von der bischöflichen Herrschaft erweisen. So griffen die Bürger *(urbani)* nach der Ermordung König Philipps (1208) nachweislich erstmals in das politische Geschehen im Augsburger Umland ein: Von der königlichen (!) Burg Schwabegg aus plünderten sie bischöfliche Besitzungen in der Straßlandschaft und griffen sogar den

152 Die Urkunden des Klosters Oberschönenfeld, bearb. v. K. PUCHNER, Augsburg 1953, Nr. 22.
153 Urkunden Hochstift Augsburg Nr. 85.
154 Urkundenbuch Augsburg I S. 1.
155 MB 22, S. 193–195.
156 J. JAHN, Augsburg Land (wie Anm. 15), S. 70–102.
157 F. ZOEPFL, Das Bistum Augsburg und seine Bischöfe im Mittelalter, München 1956, S. 159 ff.
158 F. ZOEPFL, Bistum Augsburg, S. 147.
159 Wolfgang ZORN, Augsburg – Geschichte einer deutschen Stadt, Augsburg ^{2}1972, S. 90.
160 F. ZOEPFL, Bistum Augsburg (wie Anm. 156), S. 155.
161 MB 22, S. 128.

hochstiftischen Vorort Schwabmünchen an. Freilich zerstörte im Gegenzug der selbst stauferfreundliche Bischof Siegfried die Burg Schwabegg[162].

Der Staufer Friedrich II. weilte nicht weniger als dreizehnmal in Augsburg, und er hielt hier vier Hoftage ab[163]. Augsburg sonnte sich in königlicher Gunst und schritt auf dem Weg von einer königlichen Vogteistadt zur Königsstadt rasch voran. Dank seiner Lage war es ein wichtiger Baustein im territorialpolitischen Konzept der Staufer[164]. In der königlichen Kanzlei Heinrichs (VII.) erschien Augsburg 1231 als *urbs regia*[165], sicher nicht nur Ausdruck der königlichen Unterstützung der bürgerlichen Bewegung in den Bischofsstädten, sondern Niederschlag einer realen historischen Entwicklung. Die Kunde von Augsburg als einem der Hauptorte staufischer Reichslandpolitik gelangte bis nach Italien: Rolandinus von Padua lobte es als *civitas scilicet imperatoris in Alemania et semper imperii propria mansio*[166].

Diese Entwicklung fußte nicht zuletzt auf der Finanzkraft seiner Bürger, derer das stets in Geldverlegenheiten steckende Königtum dringend bedurfte. Als Vogtherren waren die Staufer in der Lage, die Bürger zu Steuerleistungen heranzuziehen. 1231 gestand Heinrich (VII.) Bischof Siboto die Hälfte der *precariae seu collectae* der Augsburger *cives* zu[167].

1241 erscheint Augsburg in der Reichssteuerliste, war aber von der Abgabe befreit, da es von einem verheerenden Brand heimgesucht worden war[168].

Unter staufischer Herrschaft verschoben sich auch die Gewichte innerhalb der Bürgerschaft. Die alte Führungsschicht, die sich aus kirchlichen Zensualen und Ministerialen zusammengesetzt hatte, wurde weitgehend entmachtet, aus der Stadt verdrängt und durch staufische Gefolgsleute ersetzt. Mit dem ausgehenden 12. Jahrhundert waren die bis dahin tonangebenden Schichten im wesentlichen verschwunden. ›Newcomers‹ aus ehemals welfischen, nun staufischen und damit königlichen Orten begannen die Szene zu beherrschen, so die Schongauer, Weilheimer (aus Weilheim bei Unterglauheim an der Donau), die Hurlocher (aus Hurlach) oder die Lau(g)inger. Anhänger oder Gefolgsleute der Staufer werden auch die Stolzhirsch gewesen sein, die sich nach einer *curia* benannten (lateinisch heißen sie *Curialis Cervi)*, wobei der Augsburger Königshof ebenso in Frage kommt wie die *curia imperatoris* in Ustersbach, die sich bis 1277 als Lehen im Besitz der Familie befand[169]. Vereinzelt waren die neuen Familien zwar mit den alten Führungsleuten versippt, doch verdanken sie ihren Aufstieg in Augsburg in erster Linie ihrer Nähe zum Königtum.

Die Grenzen zwischen der Reichs- und der Reichskirchenministerialität waren durchlässig, die führenden Familien beider *familiae* waren eng miteinander verwandt. Ein typisches

162 MG SS 23, S. 372 (Ursberger Chronik).

163 Zusammenstellung der Königsaufenthalte bei G. KREUZER, Die Hoftage der Könige in Augsburg im Früh- und Hochmittelalter (Pankraz FRIED, Augsburger Beiträge, wie Anm. 14), S. 83–120, hier S. 112f.

164 Franz X. VOLLMER, Reichs- und Territorialpolitik Kaiser Friedrichs I., Diss. masch. Freiburg/Br. 1951; Karl BOSL, Die Reichsministerialität der Salier und Staufer – Ein Beitrag zur Geschichte des hochmittelalterlichen deutschen Volkes, Staates und Reiches (Schriften der MGH Bd. 10/1,2), Stuttgart 1950/51.

165 MB 22, S. 206.

166 MG SS 19, S. 60.

167 MB 30a, S. 180.

168 Elenchus fontium historiae urbanae, ed. C. VAN DE KIEFT et J. F. NIERMEIJER, Leiden 1967, S. 261 Nr. 166.

169 BayHStA Domkapitel Augsburg Urk. 45; MB 33a, S. 138f.

Beispiel aus Augsburg ist die Ehe einer Schwester des Augsburger Bischofs mit dem gleichzeitig amtierenden Burggrafen, dessen Tochter den Reichstruchsessen Eberhard von Waldburg heiratete[170]. Die in Augsburg anzutreffenden Liegenschaften der Reichsdienstmannen scheinen aber eher auf alten Reichsbesitz als auf erheiratete, bischöflich lehenbare Güter zurückzugehen. Ganz deutlich ist dies beim Hof der Schenken von Winterstetten, einem Lehen des Albert von Neifen, den diese erst 1299 dem Domkapitel veräußern *(curiam nostram in Augusta sitam iuxta ecclesiam episcopalem)*[171]. Selbst in der unmittelbaren Umgebung des Domes war der Bischof keineswegs alleiniger Grundherr. Ähnlich dürfte es sich mit den Zinslehen der Trauchberg-Waldburger[172] verhalten.

Betrachten wir noch einmal den Bereich des alten *suburbium*, nun unter dem Gesichtspunkt ministerialischer Ansitze: Da findet sich beispielsweise neben der Residenz des Burggrafen Otto das Grundstück des Heinrich von Staufen. Gegen Ende des 13. Jahrhunderts hat dann Bischof Siegfried von Algishausen, der von der burggräflichen Familie abstammte, weite Teile des Bereiches westlich des Hohen Weges in seiner Hand – sie waren auf dem Erbweg an ihn gefallen; dazu zählten der sogenannte Burggrafenturm mit dem angrenzenden Archiv (Wirkungsstätte des *tabularius*), ein Bäckerhaus sowie die neben dem *turris civitatis* (sicherlich der spätere Königsturm) liegende, ehedem dem Marschall von Donnersberg gehörende Hofstätte[173]. Siegfried von Algishausen war selbst mit den Donnersbergern und den Truchsessen von Waldburg verwandt[174].

Auch der überwiegende Teil der in der Hohenlohischen Urkunde von 1246 genannten bürgerlichen Zeugen dürfte in diesem Kernstadtbereich ansässig gewesen sein. Zumindest bei einem von ihnen können wir den Beweis führen: 1346 lebt unmittelbar neben dem Hohenloher Grundstück der Arzt Meister Heinrich[175]. Im 13. Jahrhundert befand sich die Apotheke, wo der Arzt Albert und der *magister* Salomon wohnten, unmittelbar neben dem Burgtor[176] – und dieser Albert *(physicus)* erscheint als Zeuge der Beurkundung von 1246. Als unmittelbarer Nachbar und angesehener Bürger ist er zu diesem Rechtsgeschäft herangezogen worden, und er weilte in der unmittelbaren Gegenwart des Königs. Die Gegend um das Burgtor stellte somit im 12. und 13. Jahrhundert mit Abstand das ›vornehmste‹ Augsburger Stadtviertel dar. Dienstmannen des Reiches, der Reichskirche und Bürger lebten und wohnten hier einträchtig nebeneinander. In der ersten Hälfte des 13. Jahrhunderts war der gesamte Komplex in der Hand staufischer Familien – ein für die Verfassungsgeschichte und -topographie der Stadt Augsburg doch recht interessantes Ergebnis.

Wahrscheinlich gehörte auch der Schönfelder Hof, der Stadthof des Zisterzienserinnenklosters Oberschönenfeld, ursprünglich zu den reichsministerialischen Liegenschaften in Augsburg[177]. Das Kloster ist eine gemeinsame Gründung des Reichsdienstmannes und schwäbischen Kämmerers Volkmar von Kemnat mit dem bischöflichen Ministerialen Heinrich

170 Urkunden Kaisheim Nr. 48, 49.
171 BayHStA Domkapitel Augsburg Urk. 85; vgl. MB 35a, S. 71.
172 D. Schröder, Augsburg, S. 102.
173 MB 35a, S. 150.
174 J. Jahn, Augsburg Land, S. 147.
175 StAA Steuerbuch 1346 fol. 12c.
176 MB 35a, S. 17 und 93.
177 Urkunden Oberschönenfeld Nr. 6.

Fraß[178]. Es ist nicht auszuschließen, daß Volkmar bei der Gründung dem Kloster seinen Hof in Augsburg übertrug, der nachweislich zu den ältesten Besitzungen der Zisterze gehört.

Im alten Kernstadtgebiet ist auch der Hof der Markgrafen von Burgau zu suchen, der noch vor 1300 an den Domherrn Dietrich von Hauenstein kam, welcher ihn in einen ›Residenzhof‹ umwandelte[179].

Nördlich der Domburg besaßen im 13. Jahrhundert die Wittelsbacher einen Hof mit Severinskapelle (heutige Karmelitergasse; in unmittelbarer Nähe des Hofes der Portner)[180]. Bereits 1172 erscheint ein Marquard von St. Severin unter welfischen Dienstmannen[181], und man könnte versucht sein, aus der Kombination beider Quellenaussagen auf die Existenz eines bayerischen Herzogshofes in Augsburg zu schließen, der in dieser Eigenschaft von den Welfen auf die Wittelsbacher übergegangen wäre. Damit hätte auch die bayerische Münzprägung im Augsburg des 10. Jahrhunderts eine plausible Erklärung gefunden. Doch war der Besitzvorgänger der Bayernherzöge ein Graf Calhoh (Kadalhoh)[182], dessen Name auf die Kirchberger (Niederbayern) weist[183]. Frühe Kirchberger des beginnenden 13. Jahrhunderts lassen sich im Umkreis des staufischen Königtums nachweisen, so 1200 in Ulm[184] oder 1214 in Augsburg[185]. Auch hier scheint also Reichsgut vorangegangen zu sein.

Nördlich des Frauentores befand sich ferner der Stadthof des Klosters Kaisheim[186], das spätestens seit der ersten Hälfte des 13. Jahrhunderts in Augsburg begütert war[187]. In unmittelbarer Nähe lag die Residenz der Portner, die dort – im 14. Jahrhundert – wie Grafen Hof gehalten haben sollen[188]. Das nicht im Bistum Augsburg gelegene Kloster Schäftlarn besaß ebenfalls einen Hof in der Stadt[189].

Noch im zentralen Bereich südlich der Domburg, auf dem Kesselmarkt, stand die dem fränkischen Reichsheiligen geweihte Martinskirche. Östlich davon erstreckte sich das unregelmäßige Rechteck des alten Augsburger Judenviertels (zwischen Obstmarkt, Karolinenstraße, Karlsstraße, der ehemaligen Judengasse und dem Kesselmarkt)[190]. Eine ausgeprägte räumliche Segregation der Juden von den Wohnsitzen der bürgerlichen Führungsschicht hat es im 12. Jahrhundert offenbar nicht gegeben. Da die Juden unter Königsschutz standen, kann man auch für diesen Bereich eine königliche Oberhoheit annehmen. Vor 1288 kam der gesamte Komplex mit dem Judenhaus (Synagoge), den Häusern der Krämer *(institarum)* und der Weißgerber *(calciatorum)* an das Augsburger Domkapitel[191].

Im 12. Jahrhundert war auch der im 10. Jahrhundert noch unbesiedelte Raum innerhalb der

178 J. Jahn, Augsburg Land, S. 91 und 313.
179 MB 35a, S. 43 f.
180 Urkundenbuch Augsburg I S. 111 f.
181 Urkunden St. Ulrich Nr. 9.
182 Urkundenbuch Augsburg I S. 117 f.
183 Franz Tyroller, Genealogie des altbayerischen Adels im Hochmittelalter, hg. v. W. Wegener, Göttingen, 1962–1969, S. 244–248.
184 MB 29a, S. 500.
185 MG Const. II, S. 63 Nr. 52.
186 D. Schröder, Augsburg, S. 129.
187 Urkunden Kaisheim Nr. 114, 358, 388.
188 MB 35a, S. 100; Deutsche Städtechroniken Bd. 4, S. 307.
189 Traditionen Schäftlarn Nr. 474 mit Vorbemerkung.
190 D. Schröder, Augsburg, S. 104.
191 Urkunden Hochstift Augsburg Nr. 73; vgl. MB 35a, S. 4, 106, 156.

Domburg östlich des Hohen Weges längst überbaut. Hier lag die angeblich von Bischof Siegfried I. (1001 bis 1006) geweihte Ägidienkapelle mit der *area residens* des Kapellenpriesters und einem anschließenden Domherrenhof[192]. Mit dem Stift St. Gertrud hatte Bischof Embriko 1071 an der Ostwand des Domes ein weiteres kirchliches Institut innerhalb der Domburg errichtet[193]. Diesem Stift gegenüber entstanden im 12. Jahrhundert einige der wichtigsten Domherrenhöfe, so die von Dekan, Propst, Kustos und Kellerer. Zwischen dem Hof des Domdekans und dem Domportal trat eine Quelle an die Erdoberfläche, welche einen Mühlenbetrieb speiste[194] – die Wasserversorgung innerhalb der Domburg war somit gesichert. Das Marktgeschehen spielte sich auf der alten Römerstraße, am Hohen Weg, ab: Zum Residenzhof des Dompropstes gehörte ein Verkaufstisch *(locus mensalis)* am Markt *(in foro)*[195].

Im Lauf der weiteren Entwicklung verschob sich der Schwerpunkt der bürgerlichen Stadt allmählich weiter nach Süden, worin sich nicht zuletzt die Emanzipation des Bürgertums von der bischöflichen Herrschaft ausdrückt. Allerdings führte auch die ständige Zunahme der Bevölkerungszahl zur Erschließung neuer Wohngebiete, wofür sich das Gebiet zwischen dem alten *suburbium* vor der Domburg und St. Ulrich im Süden, bei St. Moritz und am Perlach besonders gut eignete (Hochlage).

Der Perlachhügel hatte bereits zu Zeiten des Bischofs Ulrich eine nicht zu übersehende Rolle im geistlichen Leben der Stadt gespielt. Es ist gewiß kein Zufall, wenn ein Bote dem Leichenzug Ulrichs auf dem Perlach begegnet sein soll[196], sondern dies erklärt sich aus der kultischen Funktion dieses Ortes. 1080 lag die Peterskirche bereits inmitten einer der Vorstädte Augsburgs. Die Kirche war rund zwanzig Jahre früher, um 1060, gegründet worden. Die erste überlieferte Güterschenkung an sie nahm bezeichnenderweise Swigger von Balzhausen, ein enger Verwandter der Schwabegger, vor[197]. Möglicherweise geht die Gründung der Kirche und des Stifts auf die Schwabegger selbst zurück, die hier auf eigenem oder auf Kirchenboden als Hochstiftsvögte handelten. Im 11. Jahrhundert befand sich neben St. Peter noch eine Kirche oder Kapelle St. Felix am Perlach[198].

Die Indizien legen es nahe, den Gerichtssitz der Augsburger Hochstiftsvögte in unmittelbarer Nähe der Peterskirche am Perlach zu lokalisieren, wo im 13. Jahrhundert das bürgerliche Gericht tagte. Spätestens seit 1237 führte die Gemeinschaft der Bürger ihr eigenes Siegel, das ein offenes Stadttor mit der sogenannten Stadtpir zeigt[199] – wir erinnern uns an das Stadttor im Siegel der de Porta. Das Siegel der Bürger *(sigillum civitatum)* wird bald zum Siegel der Stadt *(sigillum civitatis)*[200], die bürgerliche Genossenschaft hatte einen rechtlichen und auch einen territorialen Ausdruck gefunden. Deren Herrschaft über den städtischen Grund und Boden äußerte sich nicht zuletzt darin, daß Grundstücksangelegenheiten im Bereich der engeren bürgerlichen Stadt um den Perlach und um St. Moritz nunmehr im öffentlichen Gericht vor den

192 MB 35a, S. 111, 190; F. Zoepfl, Das Bistum Augsburg (wie Anm. 157), S. 147.
193 MG SS 3, S. 128; MB 33a, S. 8–10.
194 MB 35a, S. 189 f.
195 MB 35a, S. 107; vgl. Deutsche Städtechroniken, Bd. 5, S. 215 Anm. 2.
196 Vita Oudalrici, S. 150.
197 MB 33a, S. 6 f.
198 Deutsche Städtechroniken 22, S. 453 f.; vgl. MG SS 3, S. 130.
199 BayHStA KU Steingaden 44.
200 Urkundenbuch Augsburg I S. 6.

Bürgern *(coram civibus)* entschieden wurden[201]. Oberster Repräsentant der Bürgergemeinde war der Stadtvogt, dessen Amt bald nach der Einziehung der Hochstiftsvogtei durch die Staufer geschaffen worden war. Die rechtliche Gesamtheit der Bürger wurde durch den Ausdruck *advocatus omnesque burgenses et populus Augustensis*[202] umschrieben. Der erste bedeutendere Stadtvogt, Heinrich Fraß (von Wolfsberg), stammte zwar aus der bischöflichen Dienstmannschaft[203], war aber zweifellos ein königlicher Beauftragter. Als mit dem Grafen Hartmann von Dillingen ein Gegner der Staufer den Augsburger Bischofsstuhl bestieg, nahm man den Stadtvogt sofort aus den Reihen der Reichsministerialen (Konrad Spannagel)[204]. Unter diesem Aspekt erscheint die Stadtvogtei als bedeutendstes Amt Augsburgs, als wichtiges Herrschaftsmittel, aber auch als Schlüssel zur bürgerlichen Emanzipation.

Tagungslokal des bürgerlichen Gerichts – das bereits 1243 über Güter der Witwe eines bischöflichen Ministerialen entschied – war zunächst die Peterskirche am Perlach[205]. Das südlich davon stehende Rathaus *(domus civium)* wird erst 1260 erwähnt, und der Wortlaut der Urkunde legt den Schluß nahe, es sei erst kurz vor dieser ersten Nennung erbaut worden[206]. Zwischen diesem neuen Rathaus und der Peterskirche verlief ein Graben, bei dem sich einst *(quondam)* die Gerichtsstätte *(pretorium)*[207] befand[208], wobei es sich um das Gericht des Hochstiftsvogts bzw. des Stadtvogts handeln dürfte.

Wegen der Baumaßnahmen am Rathaus geriet die Bürgergemeinde übrigens mit den Stiftsherren von St. Peter in Streit, den Bischof Hartmann schlichtete. Dabei erfahren wir von ersten feuerpolizeilichen Bestimmungen sowie von der Existenz von vier Verkaufsständen *(instite)* zwischen St. Peter und Rathaus, an denen Fisch verkauft wurde – noch heute heißt der Platz Fischmarkt. Den Neubau des Rathauseinganges genehmigte der Propst von St. Peter erst, nachdem sich die *cives* verpflichtet hatten, einen jährlichen Zins zu entrichten; das Rathaus stand also zumindest teilweise auf kirchlichem Boden.

Diese Urkunde nennt auch den Verwalter des Rathauses, den *procurator*, eine Amtsbezeichnung, die der staufischen Reichsverwaltung entnommen wurde und damit allein schon die Bedeutung der staufischen Vogteiherrschaft über Augsburg für die rechtliche und gesellschaftliche Entwicklung des Bürgertums unterstreicht. Etwa gleichzeitig mit dem *procurator* erscheinen in der Augsburger Überlieferung *consules*[209], die 1260 gemeinsam mit *cives* eine Grundstücksübereignung an das Kloster Oberschönenfeld bestätigen[210]. An ihrer Spitze steht bezeichnenderweise der reichsministerialische Stadtvogt Konrad Spannagel.

Bis zur Mitte des 13. Jahrhunderts hatte sich das Marktgeschehen vom alten *suburbium* vor dem Burgtor zum Platz vor dem Perlach verlagert. Dort entstanden nun Kramläden *(institae)*

201 Stadtbuch Augsburg S. 319f. (1235).
202 Urkundenbuch Augsburg I S. 2 (1239).
203 Joachim JAHN, Augsburg Land, S. 136–142.
204 Joachim JAHN, Augsburg Land, S. 50.
205 Urkunden Kaisheim Nr. 93.
206 Urkundenbuch Augsburg I S. 19f.
207 Pretorium als Gericht in anderen Städten vgl. Elenchus fontium historiae urbanae (wie Anm. 168), S. 450, 451, 453, 471, 480, 482, 549.
208 Urkundenbuch Augsburg I S. 19f.
209 Urkundenbuch Augsburg I S. 15–17.
210 Stadtbuch Augsburg S. 324f.

und Brotbänke[211]. Besitzer der Kramerhäuser waren Bürger wie Eberhard Gershofer oder Hermann Schongauer[212]. Auch die Mundoffen waren *inter institas* begütert[213]. Dem Leutpriester Ulrich Spinnelaer gehörten sieben *institas* mit den entsprechenden Hofstätten[214], die er vermutlich als Familienerbe übernommen hatte[215]. Gerade an diesen Besitzungen offenbart sich die Schwerpunktverlagerung der bürgerlichen Siedlung nach Süden, zum Perlach hin. Neben den Krämern ließen sich aber auch Weißgerber dort nieder: So schenkte ein Reinold dem Augsburger Domkapitel die *stacio ciste calciatorum iuxta Berlaicum*[216], und 1264 legte man bei den *calciatores qui vulgariter dicuntur wizemaler* eine unterirdische Abwasserleitung an[217]. Neben den *cistae* der Weißgerber hatte der aus der frühen Bürgerschicht des 12. Jahrhunderts stammende Konrad Fundan seinen Verkaufstisch; er und seine Frau Agnes waren auch Besitzer des *cubiculum calceamentorum* auf dem Markt *(hic in foro)*[218]. Ein anderes – älteres? – Weißgerberhaus lag in der Nähe des Judenviertels[219].

Die Bürgergemeinde hatte sich räumlich immer weiter vom bischöflichen Machtbereich entfernt. Nach dem Tod des letzten bedeutenden Staufers, Kaiser Friedrichs II., im Jahr 1250 sahen sich die Bürger dem mächtigen, wenn auch finanzschwachen Bischof Hartmann gegenüber, ein Konflikt um die Stadtherrschaft war kaum zu vermeiden. Die Bürger vermochten diese Auseinandersetzung schließlich für sich zu entscheiden. Schon 1251 mußte ihnen Bischof Hartmann die Gewalt über die Stadttore, und damit die militärische Gewalt in der gesamten Stadt, abtreten[220]. Die kirchlichen familiae wurden von der bürgerlichen Sphäre abgegrenzt, obwohl diese noch für Aufsteiger aus der Unfreiheit offenstand. 1254 erhielten Bürger und Angehörige der bischöflichen *familia* getrennte Gerichte[221], und 1266 grenzte Konradin die ulrikanische familia vom bürgerlichen Herrschaftsbereich ab[222]. Dies sind Anzeichen für das Abklingen des gewaltigen gesellschaftlichen Umschichtungsprozesses des 11. bis 13. Jahrhunderts. Die einzelnen Herrschaften suchten die von ihnen Beherrschten wieder fester an sich zu binden; verschiedene herrschaftliche und gesellschaftliche Sphären traten stärker auseinander. Doch ließ sich die Mobilität der Unterschichten mit solchen rechtlichen Maßnahmen nur unzulänglich eindämmen – immer wieder kam es gerade in der zweiten Hälfte des 13. Jahrhunderts zu Eheschließungen zwischen Hörigen verschiedener *familiae*[223].

Bedeutende Vertreter der im 12. Jahrhundert noch stadtsässigen Ministerialen waren in den Ritterstand aufgestiegen, z. B. die de Porta[224]. Viele von ihnen, nun ›Herren‹ genannt, errichteten sich in der näheren Umgebung Augsburgs ausgedehnte Herrschaften, wie die

211 MB 35a, S. 42, 45, 50, 78.
212 MB 35a, S. 109.
213 MB 35a, S. 113.
214 MB 35a, S. 134.
215 Vgl. den Adelbero Spinnelaer des 12. Jahrhunderts: MB 22, S. 93.
216 MB 35a, S. 115.
217 Urkundenbuch Augsburg I S. 23 f.
218 MB 35a, S. 16.
219 MB 35a, S. 9, 102.
220 Urkundenbuch Augsburg I S. 9–11.
221 Urkundenbuch Augsburg I S. 12–14.
222 MB 22, S. 223 f.
223 MB 22, S. 212 f.
224 Urkunden Kaisheim Nr. 67; MB 33a, S. 66.

Kämmerer von Wellenburg[225]. Diese Niederadeligen und die Oberschicht des Bürgertums – selbst aus der Ministerialität kommend – gelten gesellschaftlich als gleichrangig und erscheinen daher nebeneinander als Zeugen bei Rechtsgeschäften[226].

Am 4. Mai 1254 mußte Bischof Hartmann schließlich darauf verzichten, die Zölle in und außerhalb der Stadt zu erhöhen. Gleichzeitig gestand er den Bürgern die Erhebung eines Ungeldes zu[227]. Hier liegen die Anfänge einer städtischen Finanzverwaltung, deren wichtigste Einnahmequelle das Ungeld für lange Zeit bleiben sollte[228]. Größer als der kollektive Reichtum der Stadt war freilich der einzelner Bürger. Wenn sie auch aus der staufischen Verwaltung stammten, so waren sie doch schon frühzeitig im Fernhandel engagiert gewesen wie etwa die als Weinhändler hervortretenden Schongauer[229]. Der umfangreiche Augsburger Wein- und Getreidehandel, der durch Zölle und Ungelder reiche Einnahmen brachte, hatte sich zunächst aus den Transporten von kirchlichen Grundherrschaften – vor allem aus Südtirol – entwickelt und war über die Augsburger ›Weinstraße‹ gelaufen[230]. An diesem Verkehrsweg lag der Ort Pestenacker, wo Heinrich Schongauer einen Hof mit Weinfuhren vom Kloster Benediktbeuren zu Lehen hatte[231]. Heinrich Schongauer war einer der wichtigsten Finanziers des Augsburger Bischofs, der ihm als Sicherheit für die gewährten Kredite die Augsburger Bischofsmühle, Besitz in Bobingen, die Wertachbrücke mit ihren Einkünften, den bischöflichen Maierhof neben dem Haunstetter Tor, den Stadtzoll und schließlich auch das Burggrafenamt verpfänden mußte[232]. Zur gleichen Zeit (1262) wurde erstmals ein Augsburger Bürger, Liupold Stolzhirsch, Stadtvogt[233] – die wichtigsten Ämter und Einnahmequellen befanden sich in bürgerlichen Händen.

Zwischen Bischof, dem König und dessen Erben sowie der Bürgerschaft kam es in den 60er und 70er Jahren des 13. Jahrhunderts zu einem erbitterten Ringen um die Augsburger Vogtei(en), das man nur dann richtig verstehen kann, wenn man die Vogtei als eines der bedeutendsten Herrschaftsmittel ansieht. Am 6. Februar 1264 nahm Konradin Augsburg auf Ersuchen der Bürger in seinen Schutz, wobei er andeutete, daß er mit der Regelung der Vogteiverhältnisse nicht einverstanden sei und deshalb ein Fürstengericht angerufen habe[234]. Vorerst kam es aber doch noch zu einem Kompromiß mit Bischof Hartmann, der Konradin am 3. Oktober 1266 mit der Vogtei der Stadt, der umliegenden Ortschaften und allen Zugehörungen ausschließlich für seine Person, nicht aber für das Reich belehnte[235]. Konradin mußte dabei

225 Joachim JAHN, Zur Geschichte der Herrschaft Wellenburg von der Mitte des 14. bis zum Ende des 16. Jahrhunderts (Jahresbericht 1978/79 des Heimatvereins des Landkreises Augsburg), Augsburg 1979, S. 156–174.

226 Urkunden Kaisheim Nr. 96 (1244); MB 33a, S. 74f. (1246).

227 Urkundenbuch Augsburg I S. 12–14.

228 Hermann KELLENBENZ, Die Finanzen der Stadt Augsburg im Jahre 1495 (Land und Reich..., Fs. Max Spindler (wie Anm. 52), S. 429–446.

229 Acta Tirolensia, 2. Bd., 1. Theil, hg. v. Hans VON VOLTELINI, Innsbruck 1899, bes. Nr. 656, 684, 751, 683, 872, 879, 886, 919 (1237).

230 Joachim JAHN, Kirche und Adel (wie Anm. 41), S. 316.

231 Franz Ludwig BAUMANN, Die Benediktbeurer Urkunden bis 1270 (Sitzungsberichte der kgl. bayer. Akademie der Wissenschaften, phil-hist. Classe), München 1912, S. 30f.; MB 7, S. 40.

232 MB 33a, S. 81, 91f., 95f., 97.

233 Urkunden Kaisheim Nr. 167.

234 MB 30a, S. 337–340.

235 MB 30a, S. 345; Urkunden Hochstift Augsburg Nr. 85.

versprechen, die Freiheiten der Geistlichen und deren Hörigen *(familiis)* zu achten, die Steuern nur mit Genehmigung des Bischofs zu erheben und sie mit ihnen zu teilen, die bischöflichen Rechte an Zoll, Münze, Burggrafenamt, Taferne und Stadtfrieden nicht einzuschränken, die Abgaben von Juden und Christen innerhalb und außerhalb der Stadt nicht zu verändern, die Vogtei nicht zu teilen, sie weder zu verpfänden noch zu verleihen, außer an einen bischöflichen oder königlichen Dienstmann oder an einen Bürger. Vogtei bedeutet hier nicht nur den Schutz und Schirm über die kirchlichen und königlichen Hintersassen, sondern bezieht sich bereits auf einen territorialen Bereich, auf den Bezirk der Stadt und seines Umlandes, auf die spätere Straße im Süden Augsburgs und auf die spätere Reichslandvogtei im Norden der Stadt.

Im Widerspruch zu diesem Vertrag setzte Konradin schon drei Wochen später die Bayernherzöge Ludwig II. und Heinrich XIII. zu seinen Universalerben ein[236]. Und am 30. November 1266 überließ er dem (Stadt-) Vogt, dem *magister civium*, den *consules* und der gesamten Bürgergemeinde Augsburgs den Judenschutz, unterstellte damit die Juden der städtischen Gerichtsbarkeit[237]. Schließlich verpfändete Konradin kurz vor seinem Aufbruch nach Italien die Stadtvogtei und die Burg Schwabegg mit der Straßvogtei an Herzog Ludwig II. von Bayern[238], dem er bereits 1266 die Orte Donauwörth, Mering, Peiting, Schongau, Ammergau und Füssen überschrieben hatte[239]. Damit war der gesamte ehemals welfische, dann staufische Lechrain von der Mündung des Flusses in die Donau bis zu den Alpen in die Hände der Wittelsbacher gelangt. Augsburg war auf dem Papier von allen Seiten von wittelsbachischem Besitz umklammert, und es bestand die Gefahr, Augsburg könnte auf den Rang einer bayerischen Landstadt herabsinken. Angesichts dieser drohenden Gefahr schlossen sich ungeachtet ihrer sonstigen Interessengegensätze Bischof, Domkapitel und Stadt am 18. September 1267 zu einem Defensivbündnis gegen die Bayernherzöge zusammen. Ludwig II. versuchte nach dem Tode Konradins in Neapel noch, die Pfandschaften einzuziehen, scheiterte aber am geschlossenen Widerstand der verbündeten Parteien. Nach einer Schlacht bei Hammel westlich Augsburgs mußte Ludwig II. beim Friedensschluß vom 31. März 1270 auf die Vogtei verzichten; allein der ehemalige Sitz der Hochstiftsvögte, die Burg Schwabegg, blieb bayerisch und wurde einer der wittelsbachischen Vorposten in Schwaben[240].

Der Bischof war bei der Abwehr der bayerischen Bestrebungen, in seinem Interessengebiet Fuß zu fassen, auf die Unterstützung der Bürger angewiesen. Diese erkannten ihre Chance und verfolgten während der gesamten Auseinandersetzung ihre eigenen Ziele weiter. Schon 1269 hatte Bischof Hartmann die Zustimmung der *civium nostrorum pociorum* bei der Entscheidung über das weitere Schicksal der Vogtei einholen müssen[241]. Allerdings hatte es während des Streits um die Vogtei auch Parteiungen innerhalb der Bürgerschaft gegeben, da einige Bürger entgegen der generellen Vereinbarung mit Bischof und Domkapitel ihren Vorteil bei Bayern gesucht hatten. Namentlich Friedrich und Johannes Burggraf, Siboto und Liutpold Stolzhirsch – die beide schon Stadtvögte gewesen waren –, Heinrich Prewo und Heinrich von

236 Karl-Ludwig Ay, Dokumente (wie Anm. 6), Bd. I/2, S. 140 Nr. 90.
237 Stadtbuch Augsburg S. 335f.
238 Quellen und Erörterungen zur bayerischen und deutschen Geschichte, Bd. V S. 224.
239 Karl-Ludwig Ay, Dokumente (wie Anm. 236), S. 140 Nr. 89.
240 Urkunden Hochstift Augsburg Nr. 92.
241 Urkunden Hochstift Augsburg Nr. 91.

Igling waren Anhänger Bayerns, töteten sogar bei der Schlacht von Hammel einige ihrer Mitbürger, doch wurde ihnen 1270 Straffreiheit zugesichert und die Rückkehr nach Augsburg gestattet.

Die Augsburger Bürger hatten gemeinsam mit Bischof und Domkapitel nicht nur die Gefahr der bayerischen Umklammerung der Stadt abgewehrt, sondern sie verfolgten bei diesen Auseinandersetzungen stets ein für das Wirtschaftsleben der Stadt sehr wichtiges Ziel, nämlich die Handelsfreiheit. 1270 mußte Herzog Ludwig II. den *cives* wieder den freien Zugang zur Friedberger Salzniederlage einräumen, den er ihnen während des Krieges versperrt hatte. Darüber hinaus konzedierte er ihnen den freien Handel auf den bayerischen Straßen und Flüssen; umgekehrt durften bayerische Kaufleute in Augsburg und in den Territorien des Bischofs wieder ungehindert Handel treiben[242].

Von ihrem Bischof errangen die Bürger innerhalb weniger Jahre weitgehende Zugeständnisse, so das Ungeld von Wein und anderen Handelsgütern[243], den Judenschutz[244] und das Münzrecht[245]. Die Stadtvogtei durfte der Bischof ohne Zustimmung der Bürger, seiner *castellani* oder seiner *familia* an keinen Fremden mehr übertragen[246].

IV

Gesellschaftliche Aufstiegschancen und die vergleichsweise gute rechtliche Position bürgerlicher wie nichtbürgerlicher Gruppen führten zu einem starken Anwachsen der Augsburger Bevölkerung. In der zweiten Hälfte des 13. Jahrhunderts hielt man – sicherlich nicht ohne Stolz und Befriedigung – im Stadtbuch fest, daß sich »mit gottes hilfe diu stat gemeret hat und der liute mer worden sint«[247]. Die vom Land zuwandernde Bevölkerung ließ sich zum größten Teil in neuen Stadtvierteln nieder. So wurden die Gegend beim Sträffinger Tor, die Jakobervorstadt beim Lech und die Vorstadt bei St. Severin angelegt[248]; die sogenannte Grottenau wird 1283 erstmals erwähnt[249]. Es waren vor allem die Ärmeren, die sich in den Vorstädten vor dem Frauentor, in den Pfarreien St. Georg und St. Stephan, vor dem Sträffinger und vor dem Haunstetter Tor niederließen. Aber auch bei ihnen finden sich Ansätze einer gemeindlichen Organisation[250]. Das Stadtrecht von 1276 galt jedoch nur innerhalb des Stadtetters, der im 13. Jahrhundert erst die Vorstädte auf dem Gries südöstlich von St. Ulrich und Afra, bei St. Jakob und nördlich der ehemaligen Domburg vor dem Frauentor umfaßte.

Die rasche Bevölkerungszunahme machte sozialpolitische Maßnahmen erforderlich. So wurden für die Versorgung der Siechen, Kranken und Armen neue Spitäler wie das Heilig-Geist-

242 Urkunden Hochstift Augsburg Nr. 92.
243 MB 33a, S. 121 f. (1270 Dez. 10).
244 Stadtbuch Augburg S. 336 f. (1271).
245 MB 33a, S. 126 (1272 Febr. 27).
246 MB 33a, S. 126.
247 Stadtbuch Augsburg S. 71.
248 Urkundenbuch Augsburg I S. 89.
249 Urkundenbuch Augsburg I S. 56 und 65.
250 1304 verwahrten sich die »besten und eltesten« der Vorstädte gegen die Beanspruchung ihrer Viehweide durch den bei St. Moritz wohnenden Konrad Lang als Zubehör seines Gutes Lechhausen: Urkundenbuch Augsburg I S. 159.

Hospital[251] oder das 1264 erstmals genannte Leprosenspital zu St. Servatius auf dem Gries[252] errichtet. Die Spitäler besaßen wie Kirchen ebenfalls Leibeigene[253] und sind somit gleichfalls als Kristallisationszentren bestimmter Gesellschaftsschichten anzusehen.

Die mittelalterliche Gesellschaft Augsburgs war nicht ausschließlich männlich dominiert. Es finden sich anfangs keine rechtlichen Vorschriften, die die Lage der Frau beeinträchtigt hätten. Steuerzahlende Frauen waren im Besitz des Bürgerrechts, verfügten über ihre Erbgüter oder ihre Mitgift[254] und stellten selbständig Urkunden aus, die sie allerdings meist nicht selbst siegeln konnten. Ihr Anteil am Wirtschaftsleben war gering, und die städtischen Ämter blieben ihnen verschlossen. Möglichkeiten gesellschaftlichen Aufstiegs boten Nonnenklöster; die sozial sehr bewegte Zeit des bürgerlichen Aufbruchs war auch eine Ära der mentalen Unruhe, die sich nicht zuletzt in religiösen Bewegungen artikulierte. Bürgerinnen fanden sich zu kleinen religiösen Gruppen zusammen, aus denen die späteren Franziskanerinnenklöster vom Dritten Orden hervorgingen: Maria Stern, St. Martin und St. Klara an der Horbruck[255]. Um 1235 bildete sich der Konvent der Schwestern von der willigen Armut bei St. Ursula in der Vorstadt – eine Ordensregel nahmen die Frauen aber erst 1394 an[256]. Leider kennen wir die Zusammensetzung der frühen Konvente zuwenig, um über die gesellschaftliche Herkunft der Nonnen weitergehende Aussagen machen zu können. Vermutlich stammten sie vor allem aus den unteren und mittleren Schichten des Bürgertums.

Etwa 1245 entstand das Dominikanerinnenkloster St. Katharina auf dem Gries *(in harena)*, das rasch mit reichem Grundbesitz ausgestattet wurde und insofern eher herrschaftlichen Charakter hatte[257]. Schon die Erstdotation mit Wörishofen durch Christina von Fronhofen und die Erlaubnis Bischof Sibotos für seine Ministerialen, dem Kloster Grund und Boden zu übereignen, zeigen die charakteristischen Züge einer ministerialischen Klostergründung und unterstreichen deren herrschaftsbildende Zielsetzung. Dazu fügt sich recht gut die Verlegung vom Gries in die Innenstadt südlich von St. Moritz an die heutige Katharinengasse bereits wenige Jahre nach der Gründung (1251).

Am Ostende des Milchberges (ehemalige Weite Kirchgasse) ließ sich Anfang der 60er Jahre des 13. Jahrhunderts das Dominikanerinnenkloster St. Margareth nieder, das 1241 von dem Archidiakon und Vizedom der Augsburger Kirche, Ulrich, auf seinem Erbbesitz Leuthau bei Schwabmünchen gegründet worden war[258]. 1262 werden die Nonnen (Benediktinerinnen) von St. Nikolaus erstmals genannt – ebenfalls auf dem Gries, wo ihnen der Brückenaufseher Ulrich *(Ulricus Pontenarius)* Gebäude zur Verfügung stellte[259].

Die Grundlinien der städtischen Topographie waren gegen Ende des 13. Jahrhunderts

251 Rolf Kiessling, Bürgerliche Gesellschaft und Kirche in Augsburg im Spätmittelalter. Ein Beitrag zur Strukturanalyse der oberdeutschen Reichsstadt (Abhandlungen zur Geschichte der Stadt Augsburg, Bd. 19), Augsburg 1971, S. 159ff.

252 Urkundenbuch Augsburg I S. 23 und 32; R. Kiessling (wie Anm. 251), S. 168.

253 1277 gestattete das Kapitel von St. Moritz die Ehe einer ihrer Leibeigenen mit einem Hörigen des Heilig-Geist-Spitals unter der Bedingung, daß die aus dieser Verbindung hervorgehenden männlichen Nachkommen zwischen beiden Institutionen geteilt würden: Urkundenbuch Augsburg I S. 42f.

254 Urkundenbuch Augsburg I S. 269f. (Ehevertrag von 1331).

255 R. Kiessling (wie Anm. 251), S. 37; Urkundenbuch Augsburg I S. 94 (St. Martin).

256 R. Kiessling, S. 38.

257 J. Jahn, Augsburg Land, S. 384.

258 J. Jahn, Schwabmünchen, S. 84f.

259 Urkundenbuch Augsburg I S. 21.

vorgezeichnet und sollten sich bis ins 19. Jahrhundert kaum mehr verändern. Mit dem rudolfinischen Stadtrecht von 1276 kam auch die städtische Verfassungsgeschichte zu einem vorläufigen Abschluß. Bei seinem Versuch der Wiederherstellung verlorengegangener Reichsrechte stützte sich Rudolf nicht zuletzt auf das aufstrebende Bürgertum. Das während des Interregnums verschleuderte Reichsgut zog Rudolf wieder an sich. Die Augsburger Vogtei heißt von nun an Reichsvogtei, der Stadtvogt des Königs Vogt. Augsburg war von einer königlichen zu einer Reichsvogteistadt geworden, erreichte aber erst im beginnenden 14. Jahrhundert den Status einer Reichsstadt[260].

Mit dem Rudolfinum von 1276 (und seinen fortlaufenden Ergänzungen) kam der lange Prozeß der Stadtwerdung auch im rechtlichen Sinne zum Abschluß. Das Stadtrecht beanspruchte einen Gültigkeitsbereich von zwanzig Meilen um Augsburg für die Bürger und deren Hintersassen. Stellvertreter des Königs war der Stadtvogt, für die bürgerlichen Besitzungen auf dem Lande waren eigene »Ausvögte« vorgesehen. Die Gerichtsbarkeit des Vogtes erstreckte sich auf alle Bürger, über alle, die in der Stadt ein eigenes Haus besaßen – erst jetzt erscheint die Stadtsässigkeit als Kriterium der Zugehörigkeit zum bürgerschaftlichen Verband. Die jährlich drei Gerichtssitzungen des Vogtes fanden beim ersten Termin in der bischöflichen Pfalz, die anderen beiden Male im »dinchhuse« statt. Er richtete Mord und Totschlag, Brandstiftung und Diebstahl, Notzucht und schweren Straßenraub, Gold- und Silberfälschung, Ketzerei, Zauberei, üble Nachrede, Meineid und eine Reihe anderer Delikte. Die Zuständigkeit des Vogtes überschnitt sich auf einigen Gebieten mit der des Burggrafen, des Niederrichters, der täglich zu Gericht saß. Er hatte die Aufsicht über Lebensmittelhändler wie Wirte, Bäcker, Metzger, auch über die Hucker und Weißgerber, über alle Verkäufe, Pfändungen und Zinsleistungen. Er überwachte den rechten Gebrauch von Maß und Gewicht und sorgte für ein geregeltes Verhältnis zwischen Bürgern und deren Dienstboten *(Ehalten)* – ein Nachklang der Zuständigkeit des *magister censuum* und des Waibels für die Zensualen.

Das institutionalisierte bürgerliche Rechtsprechungs- und Herrschaftsorgan war der geschworene Rat, der aus zwölf ›ehrbaren‹ Männern bestehen sollte – »der besten unde der witzegisten die hie sind«, eine kaum zu realisierende Idealforderung. Den Handel regulierte der Rat mit Hilfe von zwölf Zwischenhändlern *(Unterkäufel)*, von denen sechs für Wein, Salz und Honig, vier für Gewand (aus Seide oder Wolle), das italienische Handelsgut, Silber, Kupfer, Zinn, Blei, Eisen, Unschlitt, Schmierfette, den Geldwechsel, und die beiden übrigen für Leinwand, Zwillich und Garn zuständig waren. Der gesamte Handel in der Stadt stand somit unter obrigkeitlicher Aufsicht. Die Ratsdiener, die Waibel, waren auch an der Steuereintreibung beteiligt. Der Henker übte nicht nur sein Amt als Scharfrichter aus, sondern er beaufsichtigte auch die Dirnen und bewachte nächtens das am Kornmarkt gelagerte Getreide. Der Zöllner besteuerte importierte Waren an der oberen Lechbrücke, am Sträffingertor und an der Wertachbrücke; er kassierte den Michaelizins von den Hofstätten – 1156 noch eine an den Bischof abzuführende Abgabe. Die Bürgerschaft hatte sich mit diesen Organen ein brauchbares Instrumentarium der Verwaltung und Rechtsprechung geschaffen.

Augsburg war in erster Linie noch ein Regional- und Lokalmarkt, auf dem Produkte der ländlichen Grundherrschaften umgeschlagen wurden. Das beim Handel abzuführende Ungeld bildete eine der wichtigsten Einnahmequellen der Stadt. Im Rudolfinum von 1276 wurden

260 Urkundenbuch Augsburg I S. 196–198.

ferner die handwerklichen Tätigkeiten ersten Normen unterworfen. Die Weiterverarbeitung tierischer Produkte spielte keine besondere Rolle im städtischen Wirtschaftsleben, wie die Bestimmungen über die Weißgerber, Rindschuster, Alpuzzer (Schuhflicker) oder Lederer zeigen. Der Handel mit Leinwand und deren Verarbeitung hatten schon einen bedeutenden Umfang angenommen. Die Münze diente den Fernhändlern weiterhin als Wechselbank, die Devisen aus Frankreich, den Niederlanden, Franken, Bozen und Venedig bereithielt und damit die wichtigsten Ziele des Augsburger Fernhandels im ausgehenden 13. Jahrhundert benennt. Aus Oberitalien wurden Wachs, Feigen, Öl, Heringe und andere Fische, vor allem aber Gewandstoffe importiert, wobei besonders die Flößerei auf dem Lech und der Wertach erwähnt werden müssen. Für den Weitertransport von den Floßländen in die Stadt sorgten acht städtische Träger, die als Lohnarbeiter beschäftigt wurden; zusätzlich oblag ihnen die nächtliche Bewachung des Perlachturmes. Neben Wein und Salz war das Getreide eines der wichtigsten Handelsprodukte – allein zwölf städtische Messerer waren mit dem Auswiegen beschäftigt. Zehn Mühlen besorgten die Weiterverarbeitung des Getreides: Mühle beim Haunstetter Tor, Kreuzmühle, Pfladerlachmühle, Bischofsmühle, Wolfmühle, Schwallmühle, Kresselsmühle, Geumühle (spätere Reinmühle), Spitalmühle »ze Hanorei« und des Rotigers Mühle. Sie alle lagen wie die meisten Energie verbrauchenden Handwerksbetriebe an den verschiedenen Lechkanälen[261].

Insgesamt vermittelt das Stadtrecht von 1276 den Eindruck von einem blühenden bürgerlichen Gemeinwesen im ausgehenden 13. Jahrhundert.

*

Wir brechen hier ab, denn mit dem Stadtrecht von 1276 hat der strukturgeschichtliche Überblick über Augsburgs Stadtentwicklung vom Frühmittelalter bis zum ausgehenden 13. Jahrhundert einen historisch begründbaren Abschluß gefunden. Als Ergebnis läßt sich zusammenfassend formulieren:

Die frühmittelalterliche Siedlung Augsburg ging unmittelbar aus einer spätantiken Anlage hervor, wobei mit Kontinuität eher bei St. Afra als im Bereich um den späteren Dom zu rechnen ist (Kult- und Siedlungskontinuität). Dem Dom scheint erst gegen Ende des 8. Jahrhunderts seine dominierende religiöse und herrschaftliche Rolle zugewachsen zu sein. St. Afra (später St. Ulrich und Afra) und St. Maria bestimmten nicht nur als bauliche Erscheinungen, sondern vor allem als herrschaftliche, religiöse, kultische, wirtschaftliche Zentren das Erscheinungsbild der Stadt, und sie sind auch die Kristallisationskerne der frühen Augsburger Gesellschaft. Das älteste Suburbium bildete sich innerhalb der Domburg zwischen dem südlichen Burgtor und dem Bereich Dom – St. Johannes. Hier läßt sich auch der königliche Komplex spätestens im 13. Jahrhundert dingfest machen, also zu einer Zeit, zu der überhaupt erste Aussagen über Besitzverhältnisse in Augsburg möglich sind. Verschiedene Indizien deuten auf königliche Rechte an diesem Bereich bereits im 10. Jahrhundert hin. Dem Königshof, dem späteren Vogtshof, scheint die St. Johanneskapelle zeitweilig als königliche Kapelle zugeordnet gewesen zu sein. Hier lebten auch die aus Ministerialen und Zensualen zusammengesetzten frühesten *cives*, hier entwickelte sich das früheste ›bürgerliche‹ Leben. In der Zensualität fanden sich verarmte, schutzlose Freie mit verschenkten Hörigen *(servi, ancillae)* zusammen, die ihren

261 Alle Angaben nach dem Stadtbuch Augsburg, bes. S. 62ff.

ideellen Leibherren, den Heiligen der Kirchen, den Rekognitionszins von einem Denar zu entrichten hatten. Um den Kernbereich der alten Stadt gruppierten sich Ministerialensitze und Klosterhöfe.

Verfassungsgeschichtlich durchlief Augsburg die Phasen von der bischöflichen zur königlichen Vogteistadt über die Reichsvogteistadt zur Reichsstadt. Im 12. und beginnenden 13. Jahrhundert stand die Stadt nahezu jedem Zuzügling, gleich welcher Herkunft, offen. Der Erwerb des Bürgerrechts war anscheinend nur an die Bereitschaft zur Teilnahme an den gemeinsamen Verpflichtungen und Leistungen, vor allem zur Steuerzahlung, gebunden. Erst im Rudolfinum scheint sich der Begriff des Bürgers auf den hausbesitzenden Stadtbewohner zu verengen.

Anschluß an den internationalen Fernhandel fand Augsburg erst im ausgehenden 12. und dann besonders im 13. Jahrhundert. Aber auch jetzt stand seine Funktion als Lokal- und Regionalmarkt (die mir noch nicht eingehend untersucht zu sein scheint) im Vordergrund des Augsburger Wirtschaftslebens. Die zunehmende Emanzipation des Bürgertums von der bischöflichen Herrschaft schlug sich auch räumlich nieder: Der Schwerpunkt der bürgerlichen Siedlung verschob sich immer weiter nach Süden, vom Südrand der Domburg zum Perlach, zu St. Moritz und schließlich, im 15./16. Jahrhundert, zum Weinmarkt, der heutigen Maximilianstraße[262].

Am Beispiel Augsburgs ließ sich zeigen, wie verfassungs- und gesellschaftsgeschichtliche Entwicklungen ihren Ausdruck in der städtischen Topographie finden. Die Verfassungstopographie ist mithin ein Kernstück der mittelalterlichen Stadtgeschichte.

262 Ernst Piper, Der Stadtplan als Grundriß der Gesellschaft. Topographie und Sozialstruktur in Augsburg und Florenz um 1500 (campus-Forschung, Bd. 305), Frankfurt/New York 1982.

»in spiritualibus ac temporalibus« Klosterreform, Wirtschaft und Herrschaft am Beispiel von St. Ulrich und Afra

von Wilhelm Liebhart

Der schwäbische Reichskreis zählte um 1800 im Gebiet zwischen Iller und Lech acht Reichsabteien und Reichsstifte, nämlich Elchingen, Irsee, Kaisheim, Ottobeuren, Roggenburg, St. Ulrich und Afra, Ursberg, Wettenhausen, das Fürststift Kempten, die Reichskartause Buxheim und das Damenstift Lindau, die überwiegend, aber nicht ausschließlich auch dem schwäbischen Reichsprälatenkollegium angehörten[1]. Ihre Funktion in der Verfassungswirklichkeit des Alten Reiches im Spätmittelalter und in der Frühen Neuzeit ist bis heute ungeklärt. Im von der Deutschen Forschungsgemeinschaft geförderten Forschungsschwerpunkt »Probleme der Sozial- und Verfassungsgeschichte des Heiligen Römischen Reiches im späten Mittelalter und in der Frühen Neuzeit«[2] behandelt Armgard von Reden-Dohna vergleichend die soziale Zusammensetzung und politische Funktion der schwäbischen Reichsprälaten im Zeitalter des Barock. Ihr erster Forschungsüberblick[3] läßt aber vermuten, daß es – aus welchen Gründen auch immer – besonders um die heute in Baden-Württemberg liegenden Stifte geht. Eine vergleichende Analyse der ostschwäbischen Reichsklöster vom Spätmittelalter bis zur Säkularisation stellt also nach wie vor ein dringendes Desiderat der Forschung dar. Die »württembergischen« Reichsstifte und Reichsabteien sind zudem auch monographisch durch 1. ordensgeschichtliche[4], 2. besitz- und herrschaftsgeschichtliche[5] und 3. verfassungsgeschichtliche Arbeiten[6] aus jüngerer Zeit besser erforscht als die bayerisch-schwäbischen. Auch hier scheint die »bayerische« Forschung im Rückstand. Ansätze machte sie neuerdings mit dem Sammelband zur Geschichte des kleinen Reichsstiftes Irsee[7]. Zum Teil schließt der Historische

1 A. von Reden-Dohna, Reichsstandschaft und Klosterherrschaft. Die schwäbischen Reichsprälaten im Zeitalter des Barock, Wiesbaden 1982 (Institut f. Europäische Geschichte Mainz Vorträge 78), S. 8f.

2 P. Moraw/V. Press, Probleme der Sozial- und Verfassungsgeschichte des Heiligen Römischen Reiches im späten Mittelalter und in der Frühen Neuzeit (13.–18. Jahrhundert). Zu einem Forschungsschwerpunkt, Zeitschrift für Historische Forschung 2 (1975), S. 96–108.

3 Wie Anm. 1.

4 Zum Beispiel O. Beck, Die Reichsabtei Heggbach. Kloster, Konvent, Ordensleben. Ein Beitrag zur Geschichte der Zisterzienserinnen, Sigmaringen 1980.

5 Vgl. etwa P. Scherer, Reichsstift und Gotteshaus Weingarten im 18. Jahrhundert. Ein Beitrag zur Wirtschaftsgeschichte der südwestdeutschen Grundherrschaft, Stuttgart 1969.

6 W. Setzler, Kloster Zwiefalten. Eine schwäbische Benediktinerabtei zwischen Reichsfreiheit und Landsässigkeit. Studien zu ihrer Rechts- und Verfassungsgeschichte, Sigmaringen 1979.

7 Das Reichsstift Irsee. Vom Benediktinerkloster zum Bildungszentrum. Beiträge zu Geschichte, Kunst und Kultur, Weißenhorn 1981.

Atlas von Bayern, Teil Schwaben, Reihe 1, die mißliche Lücke, öffneten doch die Atlasbände Memmingen[8], Kempten[9], Lindau[10] und neuerdings Günzburg[11] den Blick für die Herrschafts- und Besitzgeschichte Ottobeurens, Kemptens, des Damenstifts Lindau und Wettenhausens[12]. Die von mir bewußt gemachte Einschränkung, daß der Historische Atlas von Bayern lediglich teilweise die Lücke schließe, liegt in der Konzeption des Grundlagenwerks begründet, das von modernen Landkreisen ausgeht. Innerhalb der Herrschaftsgeschichte eines bayerischen Landkreises können Besitz und Herrschaft eines Klosters im Rahmen seiner Gesamtgeschichte nur partiell Platz finden. Daneben erscheint vielfach die bloße Herrschaftsgeschichte losgelöst vom Gesamtzusammenhang von Wirtschaft, Gesellschaft, Politik, Kunst, Religion und Kultur als Hauptzweck klösterlichen Lebens schlechthin. Der Beschluß der Kommission für bayerische Landesgeschichte, den alten Plan der Reihe 2 des Historischen Atlasses von Bayern wiederaufzunehmen, welche die gesamte Herrschaft in den Mittelpunkt stellt, ist deshalb als Fortschritt zu begrüßen. Eine These und ihre Verifizierung mögen die Wichtigkeit, die Besitz- und Herrschaftsgeschichte in die Gesamtgeschichte eines Klosters einzubetten, am Beispiel der Augsburger Reichsabtei St. Ulrich und Afra[13] veranschaulichen und die Interdependenz von Herrschaft (hier Grundherrschaft), Wirtschaft, Kultur und Religion vor Augen führen. Die These lautet: »Klosterreform fördert Herrschaft und Wirtschaft«. Sie möchte damit auch einen kleinen Anstoß zu einer vergleichenden Darstellung der ostschwäbischen Reichsabteien geben.

Genau 800 Jahre wirkten an den Gräbern der Augsburger Bistumspatrone Afra, Simpert und Ulrich Mönche des hl. Benedikt. Innerhalb dieses großen Zeitraumes lassen sich fünf Reformphasen feststellen:

Gorze-Cluny

Im Zeichen der Klosterreformbewegung von Gorze-Cluny[14] stand die Umwandlung des alten Klerikerstifts St. Afra in ein Benediktinerkloster durch Bischof Bruno von Augsburg (1006–1029), Bruder Kaiser Heinrichs II. Die genauen Umstände und Motive sind uns selbst durch die reiche Klostergeschichtsschreibung nicht genau überliefert worden. Die Frühzeit liegt nach wie vor im Dunkeln[15].

8 P. Blickle, Memmingen, München 1967 (HAB Teil Schwaben Heft 4).

9 P. Blickle, Kempten, München 1968 (HAB Teil Schwaben Heft 6).

10 M. Ott, Lindau, München 1968 (HAB Teil Schwaben Heft 5).

11 W. Wüst, Günzburg, München 1983 (HAB Teil Schwaben Heft 13).

12 Kloster Wettenhausen. Beiträge aus Geschichte und Gegenwart im Rückblick auf sein tausendjähriges Bestehen 982–1982, Weißenhorn 1983.

13 W. Liebhart, Die Reichsabtei St. Ulrich und Afra zu Augsburg (1006–1803). Studien zu Besitz und Herrschaft, München 1982 (HAB Teil Schwaben Reihe 2 Heft 2). Zusammenfassend: W. Liebhart, Sankt Ulrich und Afra. Aspekte aus der Geschichte des Klosters, Augsburg 1983 (Katholische Akademie Augsburg, Akademie-Publikation Nr. 65).

14 Zum Hintergrund: K. Hallinger, Gorze-Kluny. Studien zu den monastischen Lebensformen und Gegensätzen im Hochmittelalter, 2 Bde., 1950/1951. Nd. 1971.

15 N. Hörberg, Libri Sanctae Afrae. St. Ulrich und Afra zu Augsburg im 11. und 12. Jahrhundert nach Zeugnissen der Klosterbibliothek, Göttingen 1983 (Studien zur Germania Sacra 15), S. 185–212.

Hirsau

Der Investiturstreit zog das bischöfliche Kloster hinein in die Auseinandersetzung zwischen Kaiser und Papst, in der die Abtei seit 1109 Partei für die Kurie ergriff. Abt Egino und vor allem sein zweiter Nachfolger und Kampfgefährte Udalschalk (1127–1151/52) führten die Hirsauer Klosterreform nach dem Vorbild St. Blasiens[16] ein. Was hieß damals Klosterreform, und wodurch zeichnete sie sich aus? Kennzeichen waren die Forderung nach freier Abtwahl, die Beachtung neuer, ursprünglich von Cluny inspirierter *consuetudines*, die Suche des römischen Schutzes bis zur *traditio* und schließlich die Einführung eines Konversentums neuen Typs[17] neben der traditionellen Oblation adeliger Söhne. Eine Urkunde Papst Alexanders III. von 1177[18] sanktionierte die seit 1109 eingetretene Entwicklung, ohne aber eine Lösung von der bischöflichen Abhängigkeit herbeizuführen.

Melk

Am Ende der spätmittelalterlichen Krisenzeit steht der Anschluß an die Reformbemühungen des Konzils von Konstanz (1414–1418). Schon 1417 begannen erste Reformbemühungen, 1432, 1458 und 1506 fanden in St. Ulrich Mainzer Provinzialkapitel der Benediktinerklöster statt, siebenmal präsidierten Augsburger Äbte solchen Provinzialkapiteln in Mainz (1418), Würzburg (1464), Bamberg (1464, 1467 und 1512), Erfurt (1470) und Seligenstadt (1496). Schon im ersten Viertel des 15. Jahrhunderts übernahm St. Ulrich die Melker Reform, mit den Reformkreisen um Kastl und Bursfeld kam es wenig später in Berührung. Widerstand im Kloster leisteten die Mönche adeliger Herkunft, so daß selbst ein in den Melker Gewohnheiten erfahrener Abt wieder »rückfällig« wurde. Pest und Resignation machten nach den Worten des Klosterchronisten Wilhelm Wittwer den Weg für den endgültigen Sieg der Reform im Jahre 1458 frei, die nun entschieden der »lepra proprietatis« ans Zeug ging. Für die folgenden Jahrzehnte von 1460 bis 1520 setzte sich der Begriff »Klosterhumanismus«[19] durch, eine Bezeichnung für die Verknüpfung von klösterlicher Frömmigkeit und neuer Wissenschaftspflege. Geschichtsschreibung, Schreib- und Buchkunst, Buchdruck, Briefstilistik, Astronomie, Kunstförderung und Musik standen in Blüte, Kontakte zu Humanisten wie den Brüdern Adelmann von Adelmannsfelden, Ellenbog, Oekolampadius, Peutinger und Pirkheimer

16 Vgl. dazu allgemein H. Jakobs, Der Adel in der Klosterreform von St. Blasien, Köln 1968 (Kölner Historische Abhandlungen 16). Zur Langzeitwirkung Clunys siehe H. Richter (Hg.), Cluny. Beiträge zu Gestalt und Wirkung der cluniazensischen Reform, Darmstadt 1975 (Wege der Forschung CCXLI).

17 Auf das hochmittelalterliche Konverseninstitut machte aufmerksam G. Grundmann, Adelsbekehrungen im Hochmittelalter: Conversi und nutriti im Kloster, in: Adel und Kirche. Gerd Tellenbach zum 65. Geburtstag dargebracht von Freunden und Schülern, hg. von J. Fleckenstein und Karl Schmid, Freiburg 1968, S. 325–345. Grundmann lehnt aber den Begriff eines neuen Konversentums, wie ihn H. Jakobs einführte, ab.

18 Monumenta Boica 22, S. 187–192. Zum Verhältnis Kurie und Kloster noch immer A. Brackmann, Kurie und Kloster im 12. Jahrhundert, in: Gesammelte Aufsätze, Darmstadt 1967², S. 422–436.

19 Zur Reformbegrifflichkeit dieser Zeit: J. F. Angerer, Zur Problematik der Begriffe: Regula – Consuetudo – Observanz, in: Studien und Mitteilungen zur Geschichte des Benediktinerordens 88 (1977), S. 312–323. Einen guten Überblick bietet J. Bellot, Das Benediktinerstift St. Ulrich und Afra in Augsburg und der Humanismus, in: Studien und Mitteilungen zur Geschichte des Benediktinerordens 84 (1973), S. 394–406.

wurden eifrigst unterhalten, die Klöster Thierhaupten (1468), Fultenbach (1471), Ottobeuren (1471, 1477), Kühbach (1467) und Holzen (1469) zumeist erfolgreich reformiert.

Trient

Der Sieg Kaiser Karls V. über die Schmalkalden führte 1548 die Mönche nach elfjährigem, bewegten Exil in Bayern nach Augsburg zurück. 52 Jahre, bis zur Jahrhundertwende, regierte Abt Jakob Köplin, der nicht nur 1557 erstmals Anspruch auf Exemtion, Reichsunmittelbarkeit und Reichsstandschaft gegenüber dem Bischof erhob[20], sondern auch seine Abtei von Grund auf reformierte. Er gilt deshalb nach Placidus Braun als »zweiter Schöpfer« des Klosters. Ähnlich wie in Weingarten[21] sicherten apostolische und bischöfliche Visitationen (1573, 1579 und 1593) und das Studium der Mönche an den jesuitischen bzw. jesuitisch geprägten Universitäten Dillingen und Ingolstadt die Durchführung der Katholischen Reform im Geiste des Tridentinums. Mehr als die Hälfte etwa aller 26 Konventualen des Jahres 1617[22] hatte in Dillingen (10) und Ingolstadt (4) studiert. St. Ulrich erreichte in den Jahrzehnten von 1560 bis 1620 zwar nicht mehr die geistige und kulturelle Bedeutung wie im 15. Jahrhundert und mußte in der Reichsstadt dem evangelischen St. Anna und den Jesuiten mit Ausnahme der Musikpflege den Vorrang überlassen, aber die Vorreiterrolle für den Benediktinerorden in Süddeutschland kam der früherer Zeiten gleich. Augsburger Mönche gingen als Äbte nach Metten, Lambach, Anhausen und Schwarzach, die Abtei nahm aktiven Anteil an Kongregationsplänen der Zeit, trat 1618 auch der Konföderation zur Gründung der Universität Salzburg bei und entsandte von Anfang an Lehrpersonal an die Salzach. Ein vorzüglicher Bibliothekskatalog von 1616 gibt Aufschlüsse über den gewichtigen Bestand an Handschriften und Büchern, den Kaspar Bruschius, Marcus Welser, Heinrich Canisius und Matthäus Rader mit Gewinn heranzogen. Alles in den Schatten stellte in diesen Jahrzehnten die Musikpflege, welche neben den historiographischen und hagiographischen Arbeiten etwa Karl Stengels überregionale Anerkennung durch Orlando di Lasso oder den Venezianer Giovanni Gabrieli[23] fand.

Barock

St. Ulrich und Afra hatte das Glück, während und nach dem Dreißigjährigen Krieg in Bernhard Hertfelder (1632/35–1664) einen Abt vom Format Jakob Köplins zu besitzen. 1643/1644 errang er endgültig die Reichsunmittelbarkeit und Reichsstandschaft. Als Visitator der Benediktinerklöster in der Diözese Augsburg trug er zum geistlichen Wiederaufbau bei, drei seiner Konventualen erhielten die Abteien von Neresheim (1669), Thierhaupten (1671) und Fultenbach. Die Jahre um 1730 zeigten die Abtei zum letzten Mal in geistlicher und geistiger Blüte. Reichsprälat Willibald Popp (1694–1735) stellte vermehrt Lehrpersonal für Salzburg frei und förderte Wissenschaft und Geschichtsschreibung, wofür der Augsburger Bistumshistori-

20 H. Endrös, Reichsunmittelbarkeit und Schutzverhältnisse des Benediktinerstifts St. Ulrich und Afra in Augsburg vom 11. bis zum 17. Jahrhundert, Diss. phil. München 1934, passim.

21 R. Reinhardt, Restauration, Visitation, Inspiration. Die Reformbestrebungen in der Benediktinerabtei Weingarten von 1567 bis 1627, Stuttgart 1960.

22 Liste bei Liebhart, Reichsabtei (wie Anm. 13), S. 212.

23 Bellot (wie Anm. 19), S. 404.

ker Korbinian Khamm pars pro toto erwähnt sein soll. Das Reichsstift lebte damals schon über seine Verhältnisse, die barocke Repräsentationssucht gerade unter Popp verlangte ihren Preis. Die sich in den Folgejahren anbahnende Finanzkrise lähmte schließlich das geistige Leben. Ein Besucher konstatierte 1784 einen trostlosen Zustand, wenn er schreibt: »Es scheint, als sorgte niemand für Bibliothek ... und ... für Wissenschaften. Ich halte gewiß dafür, wer dieses Stift vor zwanzig Jahren gesehen hat und das Geschehen mit den gegenwärtigen Umständen vergleichen wollte, der würde glauben, er sei nicht mehr in dem einst so berühmten Kloster. Soweit nämlich fallen Stifter von ihrer Größe herab, wenn entweder die Vorsteher keine Ökonomen sind oder die Glieder desselben uneinig und getrennt sind...«[24]. Gerade der letzte Satz eines neutralen Beobachters stellt eine Beziehung zwischen Wirtschaft und Geistesleben her, die es in einem zweiten Schritt und Gang durch die Klostergeschichte zu hinterfragen gilt. Entsprach den Reformperioden eine vergleichbare wirtschaftliche Entwicklung? Wir stellten fünf Phasen fest: 1. die Gründungszeit, 2. das 12. Jahrhundert als Jahrhundert der Hirsauer Reform, 3. das 15. Jahrhundert bis zum Vorabend der Reformation, 4. die Zeit von 1560 bis 1620 und schließlich 5. die Wiederaufbauzeit nach dem Dreißigjährigen Krieg bis zum Kulminationspunkt barocker Klosterkultur um 1730.

1. Der Großgrundbesitz wurde im frühen 11. Jahrhundert durch eine schmale bischöfliche Gründungsausstattung festgelegt, von Kaiser Heinrich II. und den Rapotonen-Diepoldingern aber beachtlich vermehrt, so daß die Benediktiner um 1100 in knapp 60 Siedlungen circa 230 Hufen mit 11 Fronhöfen als Zentren besaßen.

2. Um 1165 verzeichnete das früheste Urbar schon in 222 Siedlungen rund 470 Hufen[25]. Binnen 65 Jahren hatte sich der Großgrundbesitz verdoppelt, die Streuung nach Orten verdreifacht. Dahinter stehen nach Ausweis des Traditionsbuches[26] plötzliche, nach der Jahrhundertwende einsetzende Traditionen zunächst kleinerer Edelfreier im Umkreis der Welfen, der Andechser und des Augsburger Bischofs und schließlich zur Jahrhundertmitte hin solche der bischöflich-hochstiftischen, der welfischen, der andechsischen, der pfalzgräflich-wittelsbachischen und ronsbergischen Ministerialität[27]. Als Stiftungsmotive kristallisieren sich die Sorge für das Seelenheil und das Totengedenken, der 2. Kreuzzug, traditionelle Oblationen und außergewöhnliche Konversionen heraus. Die Klosterreform und ihre damit verbundene gesellschaftliche Öffnung hatten die Abtei für den Adel und die Ministerialität beiderseits des Lechs attraktiv gemacht, sie waren für religiöse Ideale aktiviert worden. Die verstärkte Wirtschaftskraft ermöglichte von 1183 bis 1187 den Wiederaufbau der abgebrannten romanischen Basilika.

3. Um 1400 überwand St. Ulrich die spätmittelalterliche Krisenzeit, zwischenzeitlich eingetretene Besitzverluste waren ausgeglichen worden[28]. Die Reformbemühungen wirkten sich unmittelbar auf die Wirtschafts- und Verwaltungspraxis aus, forderten sie doch eine klare Rechnungs- und Haushaltsführung, die in St. Ulrich um 1400 nachweisbar ist. Nicht zufällig

24 Bericht des Salzburger Benediktiners Konstantin Kampfer, abgedruckt bei H. Dussler (Hg.), Reisen und Reisende in Bayerisch-Schwaben und seinen Randgebieten in Oberbayern, Franken, Württemberg, Vorarlberg und Tirol. Reiseberichte aus elf Jahrhunderten 1, Weißenhorn 1968, S. 268–269.

25 Monumenta Boica 22, S. 131–152. Analyse bei Liebhart, Reichsabtei (wie Anm. 13), S. 92–98.

26 BayHStA München, Bestand Augsburg, St. Ulrich KL 5.

27 Liebhart, Reichsabtei (wie Anm. 13), S. 36–83.

28 A. a. O., S. 126–128.

begann 1419 die erste, bis 1484 reichende, ununterbrochene Reihe der Klostergültbücher. Die modernere Wirtschaftsverwaltung durch einen Großkeller und einen Kastner scheint in dieser Zeit ältere Organisationsformen abgelöst zu haben. Dennoch befanden bischöfliche Visitatoren um die Jahrhundertmitte den wirtschaftlichen Zustand nicht zum besten, obwohl der Klosterchronist Wilhelm Wittwer besonders die Herrschafts- und Wirtschaftspolitik dieser Zeit pries. Auch Urkunden unterstreichen dies. Sie zeigen erstmals Konzentrationstendenzen im Bereich der Grundherrschaft, den Erwerb von möglichst geschlossenem Grundbesitz und eine plötzlich einsetzende Herrschaftsintensivierung durch Kauf von Vogtei, Gericht, Zwing und Bann zum Zwecke der Ortsherrschaft. Dies zwang zur Einstellung eines Gelehrten Rates und zur Einrichtung des Kanzler- oder Oberamtes, dessen erster Amtsträger 1478 nachgewiesen ist. Sämtliche finanziellen Überschüsse nahm von 1467/74 bis 1526 der Neubau der dreischiffigen, spätgotischen Basilika in Anspruch, weshalb die grundherrliche Erwerbspolitik schon um 1500 zum Stillstand kam. Die finanzielle Kraft war zu Beginn der Reformation erschöpft, seit 1505 lief ein Schuldentilgungswerk. 1537 kam mit der Einführung der Reformation in Augsburg und durch die Flucht des Konvents jede Wirtschaftspolitik zum Erliegen.

4. Zehn Jahre nach der Rückkehr aus dem Exil begann unter Abt Jakob Köplin eine neue Ära grundherrlicher Erwerbspolitik[29]. Bis zum Ende des Jahrhunderts kaufte die Abtei für 45 000 fl Hofmarken, Wälder und Einzelgüter vornehmlich in Bayern an. Die Ausrichtung nach Bayern war eine direkte Folge der Reformationsereignisse. Abt Jakob konzentrierte sich auf die alten Schwerpunkte im Aichacher, Schrobenhausener, Friedberger und Landsberger Gebiet, stockte auf oder rundete ab. Woher kamen die finanziellen Mittel? Denn das Kloster nahm auch wieder den Kirchenbau auf, woran sich die Fugger von Kirchberg-Weißenhorn mit vier Grabkapellen beteiligten. 1594 wurden der Turm, 1603 der Chor und 1612 schließlich die Innenausstattung vollendet. Die Finanzmittel stammten überwiegend aus dem Verkauf von Überschußgetreide auf den städtischen Märkten. Zum Vergleich einige spätere Zahlen: Im Haushaltsjahr 1624/25 nahm St. Ulrich neben 13359 Eiern, 197 Gänsen, 829 Hennen, 1288 Hühnern, 344 Käse, 5 Lämmer, 2 Kitzen, 1 Kalb und 7 Pfund Flachs 23 000 hl Getreide ein. Dies war das Siebenfache der Menge, die etwa beim kleinen Birgittenkloster Altomünster im benachbarten Oberbayern einliefen. Altomünster brachte davon 53 Prozent zum freien Verkauf. Die ulrikanische Verkaufsrate kennen wir bedauerlicherweise nicht, sie dürfte aber nur wenig darunter gelegen haben. Auf durchschnittlich 27 000 fl beliefen sich von 1623 bis 1630 Einnahmen und Ausgaben mit leichter negativer Tendenz[30]. Die Einkünfte müssen in früheren Jahren noch größer gewesen sein. Weingarten, das im Gegensatz zu St. Ulrich und Afra ein großes Territorium besaß, verbuchte im gleichen Zeitraum 50 000 fl Einnahmen und 36 000 fl Ausgaben, erwirtschaftete danach jährlich 14 000 fl Überschuß[31]. In den späten dreißiger Jahren erreichte St. Ulrich dann kriegsbedingt nur noch 37 Prozent der Vorkriegseinnahmen.

5. Um so erstaunlicher ist der Wiederaufstieg nach dem Krieg. Obwohl Abt Bernhard Hertfelder erst in seinem Todesjahr 1664 83 Prozent der Vorkriegseinkünfte erreichte, kaufte er für 45 000 fl zwei große Hofmarken in Kurbayern und Pfalz-Neuburg an und löste endgültig die Rechte des Augsburger Bischofs ab, welche die reichsunmittelbare Stellung behindert hatten[32].

29 A. a. O., S. 182–187.
30 Zahlen bei Liebhart, a. a. O., S. 205.
31 Reinhardt (wie Anm. 21), S. 144, Beilage 1.
32 Liebhart, Reichsabtei (wie Anm. 13), S. 212–223.

Die vor dem Krieg begonnene Arrondierungspolitik mit dem Hochstift und dem Domkapitel schloß er für drei in der Markgrafschaft Burgau liegende Ortsherrschaften ab. Er verzichtete auf Streubesitz, um über geschlossenen Altbesitz landesherrliche Rechte wie Vogtei, Steuer, Musterung und Erbhuldigung einzutauschen. Eine Ablösung in Geld hätte die finanziellen Möglichkeiten überstiegen. In den folgenden sieben (!) Jahrzehnten bis 1730 brachte die Reichsabtei nur noch 38300 fl für Grunderwerb auf, da immer größere Summen in barocke Repräsentations- und Kirchenbauten abflossen. Abt Willibald Popp[33] führte geradezu einen »Bauboom« herbei, als er sechs Patronatskirchen barockisieren, Pfarrhöfe, Amtshäuser, Zehntstädel und die obere Augsburger Lechbrücke renovieren und umbauen ließ. Bei seinem Tod zeichnete sich schon der Beginn einer langanhaltenden Finanzkrise ab, welche die Reichsabtei beinahe in den Ruin geführt hätte.

Fassen wir zusammen:

Die These »Klosterreform fördert Herrschaft und Wirtschaft« ließ sich am Fall St. Ulrich und Afras, abgesehen von der dunklen Gründungszeit, für vier Reformphasen konstatieren: Der Hirsauer Reform des 12. Jahrhunderts entsprach eine Verdoppelung des Großgrundbesitzes innerhalb von sechs Jahrzehnten, die Melker Reform des 15. Jahrhunderts trug zur Überwindung der spätmittelalterlichen Krisenzeit bei, die Wirtschaftsverwaltung wurde reformiert und neu organisiert, der Großgrundbesitz in Schwaben durch Vogtei, Niedergericht, Zwing und Bann intensiviert. Der Wiederaufbau einmal nach den Wirren der Reformationszeit und dann nach dem Dreißigjährigen Krieg beschränkte sich nicht nur auf das geistliche und geistige Leben, sondern erfaßte auch das Wirtschaftsleben des Klosters. Mit dem Erwerb von Hofmarken in Bayern und Pfalz-Neuburg richtete sich die junge Reichsabtei nach Bayern aus. Über Ortsherrschaften in der Markgrafschaft Burgau erwarb man landesherrliche Rechte. Allen vier Reformperioden entsprachen Großbauten: 1187 und 1474 bis 1612 erstanden neue Klosterkirchen, in der Zeit nach 1648 ein Konventbau und im frühen 18. Jahrhundert Neu- und Umbauten von Patronatskirchen, Amtshäusern und Zehntstädeln. Immer standen starke Äbte an der Spitze der Abtei wie Udalschalk im 12. Jahrhundert, Melchior Stamham im 15. Jahrhundert, Jakob Köplin im 16. Jahrhundert, Bernhard Hertfelder im 17. Jahrhundert und zuletzt Willibald Popp im frühen 18. Jahrhundert. Ihr Anteil ist nicht zu unterschätzen, was strukturgeschichtliche Studien leider oft übersehen. Die Regel des hl. Benedikt betont die herausragende Gewalt und Funktion des gewählten Abtes, was oft zum Segen, oft zum Verderben gereichte. Klosterreform und Wirtschaft, spiritualia und temporalia standen in engem Zusammenhang. Ohne Reform des geistlichen Klosterlebens gab es auch keine erfolgreiche Wirtschaftsführung, deren Erfolge wiederum die wirtschaftliche Basis des Gemeinschaftslebens bildeten.

33 A. a. O., S. 259–264.

Die geistesgeschichtliche Bedeutung von St. Ulrich und Afra im 11. und 12. Jahrhundert

von Norbert Hörberg

Wenn man davon ausgeht, daß die Klöster für das mittelalterliche Geistesleben von hervorragender Bedeutung waren, so darf man vermuten, daß auch ein Kloster wie St. Ulrich und Afra zu Augsburg in eben dieser Epoche Entsprechendes geleistet hat. Von dieser Annahme her möchte ich 1. allgemein über die Frühgeschichte des ostschwäbischen Benediktinerklosters sprechen. Ich werde 2. die geistigen Interessen der Mönche behandeln, womit ich den eigentlichen Beitrag zum Gegenstand unseres Seminars »Klosterkultur« zu leisten hoffe, und versuche 3. schließlich eine Antwort auf die Frage zu geben, wie hoch die geistesgeschichtliche Bedeutung von St. Ulrich und Afra zu veranschlagen ist.

Das Thema wird zeitlich auf das 11. und 12. Jahrhundert eingegrenzt. Dies waren die ersten beiden Jahrhunderte des Bestehens von St. Ulrich und Afra als Benediktinerkloster. Der Beginn ist durch das nicht eindeutig fixierbare und von den späteren Klosterchronisten für 1012 wohl falsch angenommene Gründungsdatum markiert. Der Endpunkt meines Betrachtungszeitraums ergibt sich in etwa aus der Bildungsgeschichte durch eine Veränderung im Studienprogramm: Patristik und die *septem artes liberales,* bis dahin die Grundlagen der Bildung in den Klöstern, wurden durch die Aristoteles-Rezeption erweitert, was zur Scholastik überleitete. In der Geschichte von St. Ulrich und Afra ist nach 1200 eher ein wirtschaftlicher Rückgang zu verzeichnen, was auch ein Erlahmen in den geistigen Interessen nach sich zog. Bevor ich auf die Benediktinergründung beim Grab der hl. Ulrich und Afra zu sprechen komme, sei ein kurzer Blick auf die Vorgeschichte gestattet[1].

1 Auf Belege, soweit sie Argumentation und Arbeitsergebnisse betreffen, wird hier größtenteils verzichtet, weil sich das Referat auf meine Dissertation »St. Ulrich und Afra im 11. und 12. Jahrhundert. Studien zur Geschichte des Augsburger Benediktinerklosters unter besonderer Berücksichtigung der bibliothekarischen Überlieferungen«, Augsburg 1981, stützt, wo die Nachweise im einzelnen angeführt sind. Die Dissertation ist erschienen als »Libri sanctae Afrae. St. Ulrich und Afra zu Augsburg im 11. und 12. Jahrhundert nach Zeugnissen der Klosterbibliothek« (Studien zur Germania Sacra 15), Göttingen 1983.

I. Zur Entwicklung des Klosters

1. Die vorbenediktinische Epoche

Über das Afragrab haben wir als älteste Quelle jene viel zitierte, knappe Notiz bei Venantius Fortunatus[2], die belegt, daß im 6. Jahrhundert in Augsburg die heilige Märtyrerin Afra verehrt wurde. Ihr Begräbnisort ist an der Stelle nachgewiesen, wo später das Kloster gegründet wurde. Die älteste, sehr kurze Klosterchronik wurde erst im 12. Jahrhundert geschrieben. Dieses *Chronicon breve episcoporum Augustensium et abbatum sanctae Afrae*[3], im wesentlichen eine Aufzählung der Namen der Bischöfe und Äbte, hat zu Bischof Wikterp (8. Jahrhundert) einen längeren Zusatz, der auf eine Kanonikergemeinschaft beim Afragrab schließen lassen könnte. Danach sei der Allgäumissionar Magnus nach Augsburg gekommen, habe Bischof Wikterp im Kloster *(cenobium)* der hl. Afra angetroffen und habe beim Dom *(ad sanctam Mariam)* und beim genannten Kloster *(ad sanctam Afram)* das kanonische Leben *(vita canonica)* geordnet oder angeordnet *(ordinare)*. Es ist dies eine entweder mißverstandene oder auch bewußt falsch übernommene Mitteilung aus der Magnusvita. Diese Angaben sind also nicht sonderlich geeignet, eine Auskunft über die Art der Gemeinschaft zu geben, die vor den Benediktinern beim Afragrab den seelsorglichen Dienst versah. Fest steht, daß St. Afra mit der Bischofskirche eng verbunden war. Bischof Simpert (gest. 807?), Nidker (gest. 830?), Adalpero (gest. 909) und schließlich der hl. Ulrich (gest. 973) wurden in der Kirche der hl. Afra beigesetzt. Die Ulrichsvita vom Ende des 10. Jahrhunderts spricht von einem Propst und einer *congregatio* bei St. Afra[4], also vermutlich Kanonikern, die dem Bischof unterstanden. Diese Kanonikergemeinschaft muß gegen Ende des 10. Jahrhunderts sowohl in geistlicher Hinsicht wie personell in schlechter Verfassung gewesen sein, wenn man der Klostergeschichte des Priors Adilbert vom Anfang des 13. Jahrhunderts[5] glauben darf, so daß erwogen wurde, die Kanoniker durch Benediktinermönche zu ersetzen. Dies sei »unter Bischof Bruno« geschehen, also zwischen 1006 und 1029. Seit Wilhelm Wittwer, dem Chronisten des 15. Jahrhunderts, nimmt man in der Klostergeschichtsschreibung das Jahr 1012 an.

2. Die Umwandlung des Kanonikerstifts in ein Benediktinerkloster

Ich möchte die Argumente im einzelnen nicht vortragen, die mich veranlassen, den Zeitpunkt der Umwandlung vor das Jahr 1012 zu datieren. Nach Angabe der frühesten Quellen, des Chronicon aus dem 12. Jahrhundert und der Klostergeschichte Adilberts vom Anfang des 13. Jahrhunderts, wären die Benediktiner »zur Zeit des Bischofs Bruno«, also frühestens 1006, angekommen. Doch handelt es sich hierbei nach dem historischen Kontext nur um eine ungefähre Zeitbestimmung. Gewisse Umstände sprechen dafür, daß die Besiedelung des Klosters durch Benediktiner schon von den Bischöfen Liutold (gest. 996) und Gebehard (gest. 1000), jedenfalls um die Jahrtausendwende, in die Wege geleitet wurde. Eine Gründungs-

2 Vita sancti Martini lib. IV; MG Auctores antiquissimi IV S. 368.

3 MG SS XIV S. 556–559. Auch als *Catalogus episcoporum Augustensium et abbatum sanctae Afrae* in MG SS XIII S. 278–280.

4 MG SS IV S. 393 und 419f.

5 Ungedruckt. Augsburg, Archiv des Bistums, Hs K 80.

urkunde fehlt, und es ist denkbar, daß der Übergang vom Kanonikerstift zum Benediktinerkloster fließend erfolgte, d. h., daß Mönche (aus Tegernsee) hier schon zu wirken begannen, ehe die Gründung in Reginbald einen eigenen Abt erhielt und aus der Abhängigkeit vom Mutterkloster entlassen wurde. Ich hebe an diesem Vorgang drei Dinge hervor, die mir bemerkenswert erscheinen.

Erstens: Das Kloster stand von vorneherein in der Gunst der Könige. Herzog Heinrich IV. von Bayern, der spätere König Heinrich II. und Gründer von Bamberg, ließ die Eingeweide des verstorbenen Kaisers Otto III. im Oratorium des hl. Ulrich beisetzen, als der Leichenzug, von Italien kommend, auf dem Weg nach Aachen Augsburg berührte. Er schenkte der Kirche beträchtliche Güter aus seinem väterlichen Erbe in Bayern. Sein Nachfolger Konrad II. bestätigte einen Klosterbesitz in Todtenweis 1033. Dies ist gleichzeitig die älteste erhaltene Urkunde des Klosters[6]. Fridebold, der zweite Abt des Afraklosters, war Vertrauter und Beichtvater Heinrichs II., und eine Evangelienhandschrift des Klosters wurde von Kaiserin Kunigunde geschenkt.

Zweitens: Die Gründung des Benediktinerklosters bei St. Afra muß im Zusammenhang mit der gorzischen Klosterreform gesehen werden. Diese Reformrichtung wird auch als »Reichsmönchtum« charakterisiert. Die Klöster hatten ein gutes Verhältnis zur Reichsgewalt und zum Bischof. Sie suchten »in einigen Fällen... die klösterliche Freiheit gerade durch den Schutz des Bischofs und/oder des Königs zu sichern«[7]. Es spricht also auch im Falle von St. Ulrich und Afra für ein gorzisches Reformkloster, wenn es von den Königen tatkräftig unterstützt wurde. Außerdem wirkten die Ortsbischöfe und das Mutterkloster bei der Gründung zusammen. Eine kleine Mannschaft Tegernseer Mönche hatte während der Regierungszeit Bischof Liutolds im Salvatorkloster zu Feuchtwangen Fuß zu fassen versucht, war aber an verschiedenen Widrigkeiten gescheitert und wieder nach Tegernsee zurückgekehrt. Bischof Liutold starb 996. Ihm folgte Gebehard, bislang Abt in Ellwangen. Im Gratulationsbrief, den der Tegernseer Abt Gozbert an Gebehard schrieb, bat er ihn um Wohlwollen für die Tegernseer Mönche. Außerdem rief er ihm, dem Benediktiner-Bischof, ins Bewußtsein, doch die mönchischen Ideale nicht zu vergessen. Das läßt an Reformideale denken. Auf jeden Fall kann man aus diesem Brief folgern, daß die Verbindung Tegernsees auch nach dem abgebrochenen Feuchtwanger Unternehmen mit dem Augsburger Bischof lebendig und eine erneute Benediktinerpflanzung um oder in Augsburg im Gespräch blieb. Dadurch scheint sich die spätere Klostertradition bei St. Ulrich und Afra zu bestätigen, die von zwölf Mönchen spricht, die als Gründertruppe aus Tegernsee herübergekommen seien[8].

Drittens: Der Gründungsabt von St. Afra war Reginbald, der auch als Abt in dem ebenfalls vom Kanonikerstift zum Benediktinerkloster umgewandelten Ebersberg bezeugt ist, bevor ihm König Heinrich II. die Leitung der Abtei Lorsch anvertraute[9]. Schließlich bestieg er als Bischof

6 Monumenta Boica XXII Nr. 3 S. 167; R. HIPPER, Die Urkunden des Reichsstiftes St. Ulrich und Afra in Augsburg 1023–1440, Augsburg 1956 Nr. 3 S. 2; DK II 191 S. 253.

7 R. KOTTJE/B. MOELLER, Ökumenische Kirchengeschichte 2, Mainz ^{3}1983 S. 64.

8 Ausdrücklich Corbinian Khamm im 18. Jahrhundert. Wie eine neuere germanistische Untersuchung zur Handschrift Kiel, Universitätsbibliothek, K. B. 145 (Reginbald-Handschrift) zeigt, überwiegen im Glossenbestand bairische Dialektmerkmale, die geeignet sind, die Beziehungen zu Tegernsee zu unterstreichen. B. KÖLLING, Kiel UB. Cod. Ms. K. B. 145. Studien zu den althochdeutschen Glossen (Studien zum Althochdeutschen 1), Göttingen 1983, S. 234.

9 *Chronicon Eberspergense,* MG SS XX S. 13.

den Stuhl von Speyer. Er starb 1039. Über seine Herkunft gab es verschiedene Meinungen: »aus einem alten Benediktinerkloster« (Wilhelm Wittwer), »aus St. Gallen« (Corbinian Khamm, Placidus Braun), »aus der Augsburger Geistlichkeit« (Friedrich Zoepfl), »aus dem Kloster Tegernsee« (Romuald Bauerreiß). Wahrscheinlich stammte er aus dem Geschlechte der Grafen von Dillingen, der Sippe des heiligen Ulrich, und war im Kloster Tegernsee ausgebildet worden. Daher rührte seine Bekanntschaft mit dem berühmten Froumund von Tegernsee. Wir kennen Briefe, die zwischen Reginbald und Froumund gewechselt wurden, wissen von einem Bücherleihverkehr und Pergamentlieferungen. Das bedeutet: Wenn bislang die Gründung von Tegernsee aus in der Klostertradition bekannt war, so spricht nunmehr vieles dafür, daß auch der erste Abt mit Tegernsee aufs engste verbunden war. Durch den geistigen Austausch, den er mit dem Tegernseer Froumund pflegte, und über seinen Bücherbesitz erahnen wir auch etwas vom ideellen Aspekt der Klostergründung.

Nach Reginbalds Weggang hören wir im Afrakloster weder von bedeutenderen Äbten noch Mönchen. Der siebente Abt des Klosters, Adelhalm (nach der Mitte des 11. Jahrhunderts), hatte sich im Kloster St. Emmeram zu Regensburg aufgehalten und war mit dem gelehrten Otloh befreundet. Als profilierte Persönlichkeiten treten später Abt Egino (1109–1120) und Udalschalk (1127–1151) hervor. Unter ihnen wurde im Kloster die cluniazensisch-hirsauische Reform eingeführt.

3. Das Kloster seit der Hirsauer Reform

Gegen Ende des 11. Jahrhunderts hatte es das Kloster mehrfach hinnehmen müssen, daß der Bischof die Äbte bestimmte, bis die Mönche 1109 in Egino einen Mann ihrer Wahl als Abt gewinnen konnten. Egino war im Afrakloster großgeworden, hatte aber nach Ausbruch des kirchlichen Schismas durch die Erhebung Wiberts von Ravenna zum Gegenpapst (1080) wegen der Pressionen durch den Bischof das Kloster verlassen müssen und war nach St. Blasien im Schwarzwald ins Exil gegangen. Später war er mehrere Jahre im Dienste Bischof Gebehards von Konstanz gewesen und hatte sich dann abermals in ein Kloster, vermutlich nach St. Georgen im Schwarzwald, zurückgezogen. Beide Klöster zählen zur jungcluniazensischen Reformrichtung (Hallinger). St. Blasien war geprägt von Fruttuaria in Oberitalien, St. Georgen war 1093 von Hirsau gegründet worden. Egino hatte bei diesen Aufenthalten in den Schwarzwaldklöstern die Reform kennengelernt und begann nun in St. Afra als kanonisch gewählter Abt *(ordine inthronizatus)* die »Dornen der Laster, die übermäßig gewachsen waren«, wie sein Biograph Udalschalk sagt, herauszureißen und die Sprößlinge der Tugend zu pflegen, indem er bewirkte, daß der Ort durch echte Bekehrung *(bona conversatio)* wieder zum Blühen kam.

Der genannte Udalschalk, Abt von St. Afra und langjähriger Vertrauter Eginos, führte das Reformwerk im Sinne der inneren Erneuerung fort. Er hatte seine Anregungen an hirsauisch beeinflußten Orten des Konstanzer Raumes empfangen. Unter Udalschalk konsolidierte sich das Reformwerk. Die Konfrontation des Klosters mit den Augsburger Bischöfen, die unter Abt Egino und dem lange Jahre im Schisma verharrenden Bischof Hermann ihre Spitze erreicht hatte, war abgeklungen. Das Kloster hatte seinen Status stärken können. Das zeigt die Tendenz des Klosterchronisten, der in den siebziger Jahren des 12. Jahrhunderts die im Kloster vorhandene Chronik des Bischofs Otto von Freising um die einheimische Bischofs- und

Abtreihe ergänzte[10]. Der Chronist versucht, die Rechte des Klosters gegenüber den Bischöfen zu verteidigen und dabei St. Afra von der Gründungsausstattung her als dem Domstift ebenbürtig darzustellen. Das Verhältnis zum König scheint auch in dieser Zeit gut gewesen zu sein. Bei der Weihe der Neubauten (nach einem Brande) 1187 war Friedrich Barbarossa selbst mit dreien seiner Söhne zugegen und trug bei der gleichzeitig vollzogenen Überführung des hl. Ulrich zusammen mit drei Bischöfen den Leib des Heiligen zu seiner neuen Begräbnisstätte.

II. Die geistigen Interessen der Mönche

1. Dichtkunst und Musik

Abt Reginbald hatte im Kloster Tegernsee offensichtlich eine gediegene Bildung erhalten. Wir kennen aus der Klosterbibliothek wenigstens vier Bücher, die den Besitzvermerk »St. Afra – Reginbald« tragen. Wahrscheinlich handelt es sich nur um einen Teil der Schriften, die Reginbald besaß, ins Kloster mitbrachte oder beschaffen ließ. Sie liefern dennoch einige Hinweise auf geistige Interessen.

Da ist zunächst ein dogmatischer Traktat[11], der in der Mitte des 5. Jahrhunderts von Arnobius dem Jüngeren gegen den Monophysitismus geschrieben wurde. Die ulrikanische Handschrift ist eine der ältesten dieses Traktats; als Schriftheimat wird von Bernhard Bischoff[12] Nordwestdeutschland angenommen. Außer den dem Buch eingefügten Aufzeichnungen über wirtschaftliche Einnahmen des Klosters gibt der dogmatische Traktat keine besonderen Hinweise, etwa auf eine schulische Verwendung.

Anders die Handschriften mit den Werken des christlichen Dichters Prudentius (gest. nach 405). Die eine hat den Besitzvermerk Reginbalds[13]. Eine zweite Prudentiushandschrift[14], mit größter Wahrscheinlichkeit auch im Afrakloster beheimatet, verbindet den christlichen Dichter mit der Vita Martini des Paulinus v. Périgueux, was auf Schullektüre hinweist. Prudentius war in den mittelalterlichen Klöstern stark verbreitet, die Kombination mit Paulinus v. Périgueux kommt bereits in vorkarolingischen Ansätzen zur Bildung eines Schullektürekanons vor. Außerdem enthalten die ulrikanischen Prudentiushandschriften sehr viele Glossen, einerseits lateinische Kommentierungen am Rande (Scholien), andererseits althochdeutsche Wortglossen, meist interlinear über den lateinischen Begriffen eingeschrieben. Die Glossen wurden teilweise beim Abschreiben des Textes aus der Vorlage in die Kopie mitübernommen, es kamen aber vermutlich auch neue bei der Lektüre dazu. Aufgrund dieser Tatsache lassen sich Beziehungen von Handschriften untereinander feststellen, und wir stoßen im Falle unserer Prudentiushandschriften auf eine Gruppe, die im 10./11. Jahrhundert im süddeutsch-schweizerischen Raum beheimatet war. Der Urbestand der althochdeutschen Glossen dieser Gruppe stammt wahrscheinlich aus Vorlagen, die im Kloster St. Gallen im 9. Jahrhundert geschrieben

10 *Chronicon breve,* vgl. Anm. 3.

11 Augsburg, Archiv des Bistums, Hs K 13: *Conflictus Arnobii et Serapionis de deo uno et trino.*

12 Die südostdeutschen Schreibschulen und Bibliotheken der Karolingerzeit 1: Die bayerischen Diözesen, Wiesbaden [3]1974 S. 15.

13 Kiel, Universitätsbibliothek, K. B. 145: *Prudentii opera.*

14 Paris, Bibliothèque nationale, Nouv. acqu. lat. 241.

wurden. Zu dieser Gruppe gehören neben den Prudentiushandschriften aus St. Ulrich und Afra eine solche des Klosters Tegernsee und eine aus St. Emmeram in Regensburg[15]. Die Prudentiusglossierung der Augsburger Handschriften gilt als eine der reichsten[16]. Damit steht das Afrakloster lebendig in der Tradition von St. Gallen als einem Zentrum der Prudentiusüberlieferung. Der in Augsburg erreichte Stand der Glossierung wurde seinerseits wiederum an den St. Emmeramer Prudentius weitergegeben. Man sieht, wie sich die Mönche des Klosters St. Ulrich und Afra an Prudentius geschult haben. Die Glossen sind dabei weniger theologisch oder literarisch auslegend, sondern beschränken sich weitgehend auf das Textverständnis. Sie kommentieren griechische Begriffe und Namen. Es zeigt sich ein starkes Anwachsen der deutschen Worterklärungen, vielleicht für einen Leserkreis unter den Mönchen und Schülern, der zunehmend der muttersprachlichen Brücke zum Verständnis des Dichters bedurfte.

Ein weiteres Interessengebiet wird aus den Büchern Reginbalds erkennbar. Die kleine Schrift Bedas *De ratione calculi,* eine Art Rechenbuch mit Multiplikationstabellen, und mehr noch zwei größere musiktheoretische Traktate[17] verweisen auf Gegenstände des Quadriviums im System der *septem artes liberales.* Der eine der Traktate ist die theoretische Abhandlung des Boethius über die Musik *De institutione musica,* die »das am meisten kopierte Musiklehrbuch des Mittelalters« (Smits-van-Waesberghe) war. Sie baute mit Hilfe der Arithmetik und Geometrie das System der Töne im Sinne der pythagoreischen Stimmung auf. Der Traktat des Boethius wird durch die mehr praktisch orientierte Musica Enchiriadis ergänzt, deren Verfasser man nicht kennt, die aber im 11. Jahrhundert in Süddeutschland eine erstaunliche Verbreitung fand – ein Viertel aller bekannten Handschriften dieses Traktats stammt aus dem Gebiet des heutigen Bayern. Das Exemplar Reginbalds gehört zu den frühesten, die in dieser Region beheimatet sind. Die Musica Enchiriadis brachte drei für die Zeit neuartige Dinge, nämlich eine Notenschrift, die die Abstände der Töne genau erkennen läßt, weiter die Verwendung von Notenlinien und eine Beschreibung mehrstimmigen Musizierens.

Im gleichen Codex sind noch einige kleinere, bemerkenswerte Stücke zur Musik enthalten, darunter ein Traktat in althochdeutscher Sprache über die Mensurierung der Orgelpfeifen und eine Beschreibung des Monochords, das als Musikinstrument oder didaktisches Anschauungsmittel eingesetzt wurde. Kurzum: Ein deutliches Interesse an der Musik ist zu beobachten, ob mehr im Hinblick auf ihre Theorie im Sinne des Artes-Faches oder im Hinblick auf ihre praktische Funktion im klösterlichen Leben – zu denken ist vor allem an den liturgischen Gesang –, mag dahingestellt bleiben.

Hinweise auf geistige Interessen können wir des weiteren auch dem Briefwechsel entnehmen, den Abt Reginbald mit Froumund von Tegernsee führte, immer vorausgesetzt, daß der »R« bzw. »Reginbald« in der Froumundschen Briefsammlung mit unserem Abt identifiziert werden kann[18]. Unter den Büchern, die zwischen Augsburg einerseits und Tegernsee andererseits ausgeliehen wurden, befanden sich die Arithmetik und die *Consolatio philosophiae* des Boethius. Es begegnen die Autoren Horaz, Persius, vielleicht auch Juvenal und Statius. Von Cicero werden die Invektiven auf Sallust erwähnt. Der Eindruck, daß ein Interesse an antiken Autoren bestand, wird dadurch bestätigt, daß sich solche auch unter den noch erhaltenen oder

15 Clm 18 922 bzw. Clm 14 395.
16 Vgl. B. Kölling, wie Anm. 8.
17 Wolfenbüttel, Herzog-August-Bibliothek, Cod. 72 Gud. lat.
18 Vgl. N. Hörberg (wie Anm. 1), S. 195–204.

in der bibliothekarischen Überlieferung nachgewiesenen Handschriften finden: Senecabriefe an Lucilius und Paulus, Ciceros Schrift über die Freundschaft und die Invektiven zwischen Sallust und Cicero[19] sowie die Metamorphosen des Ovid[20]. Diese Titel können allerdings nicht mit letzter Sicherheit in der Bibliothek des 11. Jahrhunderts nachgewiesen werden, wenngleich sie von der Schrift her das entsprechende Alter haben, aus St. Ulrich überliefert sind und die Umstände für alten Bibliotheksbestand sprechen. Abschließend ist festzuhalten, daß sich die geistigen Interessen im Kloster am Beginn sehr stark mit der Person des Gründungsabtes Reginbald verbinden. Andere literarisch bedeutsame Äbte oder Mönche treten im 11. Jahrhundert nicht hervor.

Von Abt Adelhalm, der im 3. Viertel des 11. Jahrhunderts regierte und gelehrte Beziehungen zum Kloster St. Emmeram in Regensburg hatte, wissen wir von Wilhelm Wittwer, also aus einer späteren Quelle, daß er eine *sphera* (Himmelskugel) bauen ließ. Man darf es vielleicht als vagen Hinweis auf Beschäftigung mit astronomischen Gegenständen verstehen. Außerdem trägt der Teil einer Handschrift[21] seinen Namen, der das erste Buch der Institutionen Cassiodors (gest. um 580) enthält, der Einführung in die Theologie. Das zweite Buch Cassiodors widmet seine sieben Kapitel den *septem artes liberales.* Dieses Buch aber fehlt in der Adelhalm-Handschrift, und es fragt sich, ob der Artes-Teil ursprünglich vorhanden war und dann verlorenging, oder ob dieser Teil immer schon fehlte, etwa weil auf ihn kein Wert gelegt wurde. Die Überlieferung versagt am bildungsgeschichtlich entscheidenden Punkt.

2. Geistliche Lesung

Vorherrschend scheint im 11. Jahrhundert die hagiographische Literatur gewesen zu sein. Es läßt sich nicht eindeutig nachweisen, ob das Kloster ein Exemplar der Ulrichsvita in der ersten Fassung, der Fassung des Gerhard, besaß. Einige Hinweise in den bibliothekarischen Überlieferungen sprechen dafür. Dagegen war die Ulrichsvita, wie sie der Reichenauer Abt Berno im 11. Jahrhundert auf Bitten des Abtes Fridebold von Augsburg verfaßt hat, zwei- bis dreimal vorhanden[22]. Außerdem bekam das Kloster im 11. Jahrhundert eine Neufassung der Magnusvita, die der gelehrte Otloh von St. Emmeram für Abt Adelhalm anfertigte. Beginnend mit der Ulrichsvita des Berno legte man im 11. Jahrhundert eine Vitensammlung an, das »hagiographische Hausbuch« (W. Berschin)[23]. Im Verlaufe des 11. und 12. Jahrhunderts wurden in diesem Buch die Conversio und Passio der hl. Afra, die Vita und Passio des hl. Narzissus (des Bekehrers der hl. Afra), die Vita Bischof Adalberos, Konrads von Konstanz und ein Ulrichsoffizium gesammelt.

19 Wolfenbüttel, Herzog-August-Bibliothek, Cod. 335 Gud. lat.

20 München, Bayerische Staatsbibliothek, Clm 4409 und evtl. London, British Library, Harrleian Ms. 2610.

21 Rom, Biblioteca Apostolica Vaticana, Cod. Palat. lat. 274.

22 Basel, Universitätsbibliothek, Ms. B VIII 32, Clm 4414 fol. 253^v erwähnt und wie Anm. 23.

23 Wien, Österreichische Nationalbibliothek, Cod. 573.

3. *Eigene literarische Leistungen*

Im 12. Jahrhundert glänzt vor allem Abt Udalschalk (1127–1151) als Literat. Sein bekanntestes Werk ist die Schrift, die unter dem Titel *De Eginone et Herimanno* bekannt ist[24]. Im Bibliotheksverzeichnis von 1616 lautet der Titel *Eginonis abbatis gesta,* was vermutlich die ältere, vielleicht authentische Überschrift ist und der literarischen Eigenart des Buches eher gerecht wird. Udalschalk schrieb nämlich eine Biographie, in deren Mittelpunkt Abt Egino als Held der Erzählung steht, der am Kontrastbild des tyrannischen Bischofs verherrlicht werden soll. Formal ist das Werk so angelegt, daß in den Lauf der Vitenerzählung dokumentarische Texte eingestreut werden. Damit erweist sich Udalschalk stärker als Chronist denn als Vitendichter. Der Zug zum Dokumentarischen läßt sich auch daraus ablesen, daß in mehrere Bücher der Udalschalkzeit Abschriften von Briefen und Urkunden, Notizen und Einträge zur aktuellen Klostergeschichte gemacht wurden, die spätere Klosterchronisten als Quelle benützen konnten. Wir haben die Handschriften leider nicht mehr, kennen aber verschiedene solche Notizen.

Der Dichter Udalschalk begegnet wieder in Viten des Bischofs Konrad von Konstanz und des Bischofs Adalbero von Augsburg, des Vorvorgängers des hl. Ulrich, einem Offizium (liturgische Texte: Antiphonen, Responsorien nach den Bedürfnissen des Stundengebets) auf den hl. Konrad und einem solchen auf den hl. Ulrich und in Versen, mit denen Kirche und Räumlichkeiten des Klosters ausgeschmückt wurden. Schließlich tat sich Udalschalk als Musiker hervor. Die genannten Offizien wurden von ihm vertont. Dabei bediente er sich der Metzer Neumierung, womit er einen neuen Weg beschritt. Mit ihm als Musiker eng verbunden ist der lateinische Codex 334 der Sammlung Gude in Wolfenbüttel, ein musiktheoretisches und gesangspraktisches Handbuch – Handbuch schon durch sein handliches Oktav-Format –, dessen Zusammenstellung Udalschalk vielleicht selbst veranlaßt hat, das er vielleicht benützt hat. Es stellt eine planmäßige Sammlung von Musiktraktaten und Gesangsteilen dar und enthält am Ende Udalschalks *Registrum tonorum,* einen Tonar, d. h. die Auflistung der Antiphonanfänge nach Tonarten und ihren Abwandlungen.

4. *Das Schrifttum der Klosterreform*

Mit Udalschalk zog die Hirsauer Reform endgültig ins Kloster ein. Hat sich dies auch in der Literatur niedergeschlagen? Leider gibt es unter den Bücherbeständen des Klosters kein Exemplar der Consuetudines einer bestimmten Reformrichtung[25]. Die Bücher enthalten einige Hinweise auf Reformbeziehungen. Im Buch mit Augustins Psalmenkommentar stand ein Brief eines Hirsauers an den Augsburger Abt über eine Mönchsangelegenheit. Wir wissen nur von

24 MG SS XII S. 429–448.

25 Rolf Schmidt fand beim Klosterhistoriker Carl Stengel von St. Ulrich und Afra (1611) einen Hinweis auf verschiedene Traktate des Wilhelm von Hirsau und auf eine Pergamenthandschrift *De caeremonijs monasterij Cluniacensis in duobus libris,* die früher im Kloster vorhanden waren. Vgl. R. Schmidt, Reichenau und St. Gallen. Ihre literarische Überlieferung zur Zeit des Klosterhumanismus in St. Ulrich und Afra zu Augsburg um 1500 (Sonderband der »Vorträge und Forschungen«, hg. v. Konstanzer Arbeitskreis für mittelalterliche Geschichte 33), Sigmaringen 1984.

dem Brief, kennen nicht seinen Inhalt. Der Clm 4317 mit Auszügen aus verschiedenen Kirchenvätern, für das 12. Jahrhundert als Buch im Besitze des Klosters gut bezeugt, hat auf der letzten Seite ein Fragment des Papstwahldekrets von 1059 und davor einen Text des Exsultet, des österlichen Jubelgesangs, dargebracht bei der Weihe der Osterkerze. In der Version, wie sie in St. Afra verwendet wurde, fehlt der Passus von der Seligpreisung der Schuld Adams *O felix culpa*... Abt Hugo von Cluny hatte diesen Passus auszulöschen befohlen und seinen liturgischen Gebrauch untersagt. Es liegt nahe anzunehmen, St. Ulrich und Afra habe diese Version gebraucht, weil es ein Reformkloster cluniazensisch-hirsauischer Richtung geworden war.

Deutlicher, wie mir scheint, wird das Anliegen der Hirsauer Reform im Bücherbestand selbst sichtbar. Soweit uns dieser bekannt ist, kamen im 12. Jahrhundert keine lateinischen Klassiker hinzu, auch Schriften zu den *septem artes* fehlen. Dagegen treten patristische Texte in den Vordergrund, unter denen Schriften Augustins und Gregors d. Großen – das zeigt auch der Vergleich mit anderen Reformklöstern – einen besonderen Platz einnehmen. Vielleicht verdient der Jobkommentar Gregors, genannt Moralia, herausgehoben zu werden. Ursprünglich handelte es sich um Vorträge, die Gregor als päpstlicher Apokrisiar in Konstantinopel in den Jahren 579–586 vor Mönchen gehalten hat[26]. Jean Leclercq hat dargelegt, welchen Einfluß dieses Werk Gregors auf die Spiritualität des benediktinischen Mönchtums im Mittelalter hatte[27]. Auch Cluny hatte sich an Gregor orientiert[28], und die Moralia und andere seiner Schriften kehren in den Katalogen der Reformklöster immer wieder.

Eine weitere Beobachtung betrifft das *Registrum tonorum* Udalschalks. Im Vorwort dessen, der diesen Tonar nach dem Tod Udalschalks aufschrieb, wird gesagt, daß Udalschalk in der Tradition eines Wilhelm von Hirsau und seiner Nachfolger verbindlich eine neue (bereinigte) Art des Psalmodierens eingeführt habe, also eine Reform des liturgischen Gesangs veranlaßt hat[29]. Ähnliche Tonare gab es in anderen Reformklöstern. Eine Spur führt auch zum Kloster Ottobeuren. Die Musikhandschrift Clm 9921 aus dem 11. bzw. 12. Jahrhundert enthält einen Tonar, der dem Werk Udalschalks sehr ähnlich ist. Die gesamte Anlage der Ottobeurer Handschrift zeigt in der Auswahl der Stücke deutlich Parallelen zur ulrikanischen musiktheoretischen Handschrift. Das legt nahe, an Abt Isengrim von Ottobeuren (1145–1180) als Vermittler zu denken, der in St. Ulrich und Afra Mönch gewesen war[30].

26 Jean LECLERCQ, Wissenschaft und Gottverlangen, 1957. Dt. Düsseldorf [1]1963 S. 36.

27 A. a. O. S. 36ff.

28 A. a. O. S. 35.

29 Diese Beobachtung würde sich in K. HALLINGERS These fügen, daß bei grundsätzlicher Übereinstimmung im Reformanliegen mit Cluny andere Reformklöster die liturgischen Steigerungen von Cluny nicht mitvollzogen haben. Vgl. K. HALLINGER, Überlieferung und Steigerung im Mönchtum des 8.–12. Jahrhunderts (Studia Anselmiana 68/1979) S. 125–187.

30 Vgl. W. IRTENKAUF, Das Tonar von Ottobeuren (Ottobeuren. Festschrift zur 1200-Jahrfeier der Abtei, hg. von Aegidius KOLB und Hermann TÜCHLE, 1964) S. 165–169.

III. Die geistesgeschichtliche Bedeutung von St. Ulrich und Afra

So bleibt zum Schluß die Frage, welche geistesgeschichtliche Bedeutung in jener Epoche und im süddeutschen Gebiet – im Reich wäre wohl zu viel gesagt – das Kloster St. Ulrich und Afra hatte. Man stellt für beide Jahrhunderte fest, daß die Zeugnisse geistig-geistlichen Lebens mit Einzelpersönlichkeiten verbunden sind wie mit dem ersten Abte Reginbald und im 12. Jahrhundert vor allem mit Udalschalk. Aber das Kloster war insgesamt nicht reich an literarisch Großen. Gelegentlich wechselte ein Abt oder Mönch in ein anderes Kloster über, beispielsweise Isengrim nach Ottobeuren oder Abt Adelhalm, der vermutlich im Anschluß an St. Afra noch Abt in Ottobeuren und danach in Weingarten wurde. Dabei wanderten vielleicht Bücher mit. Aus dem Briefwechsel Reginbalds mit Froumund von Tegernsee wissen wir von ausgetauschten Büchern. Aber die Beziehungen zu anderen Klöstern blieben vereinzelt.

Auch die Schreibstube (Skriptorium) scheint nicht sehr bedeutend gewesen zu sein. In keiner der erhaltenen Handschriften geben Schreibervermerke Hinweise auf hauseigene Produktion. Aus den übrigen bibliothekarischen Überlieferungen sind lediglich die Namen von drei Schreibern bekannt. Bei einigen Handschriften und ihrer Glossierung können paläographische Verbindungen hergestellt werden. Aber die Argumente reichen nicht für den Nachweis einer Schreibschule.

Schließlich ist auch eine Klosterschule größeren Formats nicht nachzuweisen. Von Abt Egino wissen wir, daß er im Kloster selbst groß wurde. Also ist er dort auch unterrichtet worden. Die respektable Glossierung der Prudentius-Handschriften weist auf intensive Sprachkunde hin. Die Werke des Dichter waren nicht nur eine beliebte geistliche Lektüre, sondern galten auch formal als Übungstext[31]. Allerdings enthält die Bibliotheksliste, soweit sie rekonstruierbar ist, keine Grammatik wie Donat und Priscian. Natürlich muß stets mit der Ungunst der Überlieferung gerechnet werden.

Ein gewisser Schwerpunkt lag auf dem Studium und der Pflege der Musik – schon zu Reginbalds Zeit. Vielleicht kam den Mönchen von St. Ulrich und Afra vor allem nach der jungcluniazensischen Reform unter Abt Udalschalk in der Musik und musikalischen Ausgestaltung der Liturgie eine gewisse führende Position zu. Es bleibt aber insgesamt der Eindruck, daß das geistig-geistliche Leben im Kloster um den Kult seiner Heiligen zentriert war, insbesondere der hl. Ulrich und Afra, an deren Gräbern es gegründet und zu deren Verherrlichung es bestimmt war.

31 Vgl. B. Kölling (wie Anm. 8).

Bürgermeisteramt, soziale Verflechtung und Reformation in der freien Reichsstadt Augsburg 1518 bis 1539

VON KATARINA SIEH-BURENS

Trotz eines heute bestehenden Grundkonsenses über die Bedeutung der Reformation für die innere Entwicklung der städtischen Gemeinwesen sind in der Frage nach den Ursachen des Durchsetzungsvermögens der reformatorischen Bewegung in den Städten beachtliche Meinungsverschiedenheiten festzustellen[1]. Während die ältere, seit Ende der fünfziger Jahre vorrangig von B. Moeller vertretene Vorstellung »die geistige und auch religiöse Komponente des Geschehens« hervorhebt, wird neuerdings, ausgehend vom Verständnis der Reformation als »sozialer Bewegung« und vom zentralen Stellenwert der sozialen Schichtung, der »soziale Antagonismus« in den Städten zur Zeit der Reformation als »vorherrschender Sachverhalt« angeführt[2]. Mit der Berücksichtigung des Komplexes von sozialen Beziehungen bei der Ausbildung der verschiedenen religionspolitischen Gruppen scheint aber eine Möglichkeit gegeben, darüber hinaus eine neue Bestimmung der Triebkräfte des Reformationsprozesses vorzunehmen.

Aus verschiedenen Gründen bieten sich im Falle der Reichsstadt Augsburg die Inhaber des Bürgermeisteramtes als Untersuchungsgruppe an. Entscheidend ist die politische Bedeutung des paritätisch von Zünftlern und Patriziern besetzten Amtes. Innerhalb der Stadtverfassung nehmen die Bürgermeister die Funktion von zentralen Integrationspersonen der verschiedenen sozialen und politischen Korporationen ein[3]. Sie gehören allen Ratsgremien an, vom Stadtparlament, dem Großen Rat, über die eigentliche Regierung, dem Kleinen Rat, bis zum engen Kreis der tatsächlichen politischen Führung, den Dreizehnern. Sie stehen der gesamten Verwaltung vor, nehmen die bedeutenden städtischen Kloster- und Spitalpflegschaften wahr und repräsentieren das Gemeinwesen nach außen[4]. Trotz einer grundsätzlich kollektiven Führung räumen damit die Aufgaben, Kompetenzen und die gesellschaftliche Bedeutung des

1 Dazu: H.-C. RUBLACK, Forschungsbericht Stadt und Reformation, in: Stadt und Kirche im 16. Jahrhundert, hg. B. MOELLER, SVRG, Bd. 190, Gütersloh 1978, S. 8–27; eine gewisse Ergänzung bildet der Sammelband: Stadtbürgertum und Adel in der Reformation. Studien zur Sozialgeschichte der Reformation in England und Deutschland, hg. W. J. MOMMSEN, Veröff. d. Dt. Hist. Inst. London, Bd. 5, Stuttgart 1979.

2 B. MOELLER, Stadt und Reformation, in: Stadtbürgertum und Adel, a. a. O., S. 28 f., insbesondere zur Untersuchung von Th. A. BRADY, Ruling Class, Regime and Reformation at Strasbourg 1520–1555, Leiden 1978.

3 Zur Stadtverfassung: P. DIRR, Studien zur Geschichte der Augsburger Zunftverfassung 1368–1548, in: Zs. d. Hist. Vereins f. Schwaben, (ZHVS), Bd. 39, 1913, S. 144–243; K. SIEH-BURENS, Die Augsburger Stadtverfassung um 1500, in: ZHVS, Bd. 77, 1983, S. 125–149.

4 Die erhaltenen Ratsämterlisten vermitteln ein genaues Bild von den verschiedenen Tätigkeiten der Bürgermeister.

Bürgermeisteramtes seinen Inhabern umfassende Möglichkeiten für entscheidende politische Einflußnahme und individuelle Machtentfaltung ein. Diese Schlüsselstellung im politischen Aufbau der Reichsstadt prädestiniert sie für eine politische und gesellschaftliche Führungsrolle[5].

Im Hinblick auf die Glaubensfrage werden ferner einzelne Bürgermeister bereits in den zeitgenössischen Chroniken mehr oder weniger deutlich als maßgebliche Förderer oder aber entschiedene Gegner der Reformation dargestellt[6]. Dies hat auch F. Roth in seiner noch heute grundlegenden Arbeit zur Augsburger Reformationsgeschichte überzeugend darstellen können; er hat dabei insbesondere ihren sozialen Hintergrund, ihre individuelle religiöse Haltung und ihre Zugehörigkeit zu den verschiedenen religionspolitischen Gruppen untersucht[7].

Neben der offensichtlich großen politischen Bedeutung der Bürgermeister bei der Einführung der Reformation in Augsburg erscheint die Eingrenzung auf die dreizehn Bürgermeister der Jahre 1518 bis 1539 auch aus pragmatischen Gründen sinnvoll[8]. Einerseits wird so eine überschaubare Größe erreicht, andererseits enthalten die Quellen am ehesten Angaben über diese »prominenten« Personen.

Die zeitliche Eingrenzung folgt historischen Ereignissen. 1518 weilt Luther anläßlich seines Verhörs durch Cajetan in der Reichsstadt und knüpft während seines Aufenthaltes wichtige Kontakte zu Augsburger Bürgern. 1538 wird das Patriziat vermehrt. Der Zeitpunkt, wenige Jahre nach der offiziellen Einführung der Reformation, macht einen Zusammenhang wahrscheinlich.

Kurz noch einige Bemerkungen zur angewandten Methode und den benutzten Quellen. Die »historische Verflechtungsanalyse«, ein von W. Reinhard durch die Rezeption sozialwissenschaftlicher Verfahrensweisen entwickelter theoretischer Neuansatz zur Erforschung historischer Eliten, liefert mit ihrer inhaltlichen, analytischen und begrifflichen Bestimmung des »network« die methodisch-theoretischen Grundlagen[9]. Im Gegensatz zum bisher verwendeten Elitenbegriff, bei dem Beziehungstypen wie Verwandtschaft, Verschwägerung und Geschäftspartnerschaft lediglich als Identifikationsfaktoren für die Eliten- bzw. Schichtenzugehörigkeit angesehen werden, erhalten soziale Interaktionen in der Verflechtungsanalyse einen zentralen

5 Der Konflikt um den Bürgermeister Ulrich Schwarz 1478 macht die Machtfülle dieses Amtes offensichtlich. Dazu: G. PANZER, Ulrich Schwarz, der Zunftbürgermeister von Augsburg 1422–1478, Diss. München 1913.

6 Vgl. z.B.: Rem-Chronik, in: Die Chroniken der deutschen Städte, hg. v. d. hist. Komm. bei d. Bayr. Akad. d. Wiss., Bd. 25 (Augsburg, Bd. 5), S. 115; Preu-Chronik, ebd., Bd. 29 (Augsburg Bd. 6), S. 46.

7 F. ROTH, Augsburger Reformationsgeschichte, 4 Bde., München 1901/11.

8 Nach StadtA Augsburg, Schätze, Nr. 49a/b, Ratsämterbuch, ergibt sich für das Bürgermeisteramt folgende Besetzung: Ulrich Arzt (Kaufmann) 1523, 25, 27; Anton Bimmel (Weber) 1529, 31; Hans Haintzel (Kaufmann) 1534, 36; Georg Herwart (Patrizier) 1538; Ludwig Hoser (Salzfertiger) 1519, 21; Simprecht Hoser (Salzfertiger) 1538; Hieronymus Imhof (Kaufmann) 1518, 20, 22, 24, 26, 28, 30, 32, 34; Georg Langenmantel (Patrizier) 1519, 21; Ulrich Rehlinger (Patrizier) 1521, 23, 25, 27, 29, 31, 33, 35; Wolfgang Rehlinger (Patrizier) 1534, 36, 39; Mang Seitz (Weber) 1531, 33, 35, 37, 39; Georg Vetter (Patrizier) 1518, 20, 22, 24, 26, 28, 30, 32 und Hans Welser (Patrizier) 1537.

9 W. REINHARD, Freunde und Kreaturen. »Verflechtung« als Konzept zur Erforschung historischer Führungsgruppen. Römische Oligarchie um 1600, Schriften d. Phil. Fachbereiche d. Univ. Augsburg, hg. J. BECKER/H. STOPP, Nr. 14, München 1979. – Ein ähnliches sozialgeschichtliches Verständnis liegt den Forschungen von P. Moraw zugrunde. Dazu: P. MORAW, Personenforschung und deutsches Königtum, in: Zs. f. Hist. Forsch., Bd. 2, 1975, S. 7–18, insbesondere S. 16f.

Stellenwert als konstitutive Momente für die Rekrutierung und Integration von Gruppenmitgliedern. Kern des Reinhardschen Modellentwurfs ist die Identifizierung der grundlegenden frühneuzeitlichen Beziehungstypen Verwandtschaft, Landsmannschaft, Freundschaft und Patronage. Im Falle der Augsburger Bürgermeister ermöglicht die spezifische Quellenlage allerdings nur eine genaue Ermittlung des Beziehungstypes »Verwandtschaft« mittels des vorhandenen umfangreichen genealogischen Materials. Für die Rekonstruierung weiterer sozialer Verflechtungen wirkt sich das Vorherrschen amtlicher Schriften negativ aus. Allerdings lassen sich in der offiziellen Korrespondenz des Rates, insbesondere im Briefwechsel zwischen einzelnen Bürgermeistern und Ratsgesandten, trotz des weitgehend sachbezogenen Inhaltes vereinzelt Anzeichen für einen persönlichen und vertraulichen Kontakt zwischen Briefschreiber und -empfänger erkennen[10]. Sie reichen von allgemeinen Grußbotschaften von Familie zu Familie, Erkundigungen nach dem Gesundheitszustand und Wohlergehen des Adressaten sowie kurzen Mitteilungen über das eigene Befinden des Absenders bis zur Weitergabe geheimer Nachrichten. Dies gilt auch für die Korrespondenzen der Reformatoren, vor allem von Blaurer, Bucer, Luther und Zwingli mit einzelnen Augsburger Bürgern[11]. Ferner enthalten die überwiegend schematisierten Ehren- und Stammbücher einzelner Familien verstreut persönliche Aufzeichnungen und geben Auskunft über private Beziehungen[12].

Im allgemeinen muß aber eine über die Verwandtschaft hinausgehende weitere Beschreibung des sozialen Beziehungsnetzes über Indizien erfolgen.

Dies sind primär Vormundschafts- und Pflegeschaftsverhältnisse sowie Tätigkeiten im Rahmen einer Testamentsvollstreckung. Der treuhänderische Charakter dieser Aufgaben setzt ein besonderes Vertrauensverhältnis zwischen den Parteien voraus[13]. Auch bei Tätigkeiten als Siegler und Zeuge privater Rechtsgeschäfte, vor allem bei der Aufsetzung eines Heiratsbriefes, kann grundsätzlich von einer näheren freundschaftlichen Beziehung ausgegangen werden[14]. Einen besonderen Stellenwert nehmen in der sozialen Verflechtung die Beziehungen ein, die sich aus einer wirtschaftlichen Zusammenarbeit in gemeinsamen Handelsgesellschaften oder aus der Tätigkeit als Handelsfaktor ergeben[15]. Weitere Aufschlüsse über soziale Kontakte können auch Nachbarschaftsverhältnisse, Bürgschaften, Rechtsbeistände sowie jegliche Arten von Fürsprache oder Unterstützung und vor allem Protektion liefern.

Vor dem Hintergrund der vielfältigen sozialen Kennzeichnung jedes einzelnen Bürgermeisters gilt es, neue Kausalzusammenhänge aufzudecken, die das Durchsetzungsvermögen der Reformation in Augsburg erklären. Das Erkenntnisinteresse zielt dabei besonders darauf

10 StadtA Augsburg, Literaliensammlung.

11 T. Schiess, Briefwechsel der Brüder Thomas und Ambrosius Blarer, Freiburg 1908–22; J. V. Pollet, Martin Bucer. Etudes sur la correspondance, 2 Bde., Paris 1958–62; Martin Luther, Weimarer Ausgabe, 4. Abt. Bd. 1–14, 1930–70; H. Zwingli, Sämtliche Werke, hg. E. Egli u. a., Leipzig 1905 ff.

12 Z. B.: Deren von Stetten Geschlechterbuch, Stettenjahrbuch, Bd. 2, hg. A. Hämmerle, Privatdruck München 1955.

13 Vgl. G. Simnacher, Die Fuggertestamente des 16. Jahrhunderts, Studien zur Fuggergeschichte, Bd. 16, Tübingen 1960, S. 52.

14 Vgl. ebd., S. 55.

15 Hierzu vor allem: R. Ortner, Der Handelsgehilfe, im besonderen der Faktor des süddeutschen Kaufmanns im 15. und 16. Jahrhundert, Diss. München 1932; E. Lutz, Die rechtliche Struktur süddeutscher Handelsgesellschaften in der Zeit der Fugger, 2 Bde., Studien zur Fuggergeschichte, Bd. 25, Tübingen 1976.

hin, zu ermitteln, inwieweit die reformatorische Bewegung bisherige soziale Beziehungsnetze stabilisierte, veränderte oder neue entstehen ließ.

Die Jahre 1518 bis 1539 lassen sich in drei Zeitabschnitte gliedern: auf die erste Phase, die gekennzeichnet ist durch das Vordringen der reformatorischen Lehre in die Ratsspitze (1518–1530), folgen die Jahre der Auseinandersetzung um die offizielle Einführung der Reformation durch den Rat (1530–1537) und schließlich die ebenfalls vom Rat in die Wege geleiteten gesellschaftlichen Folgewirkungen der Reformation in den Jahren 1538/39.

1. Phase: Vordringen der reformatorischen Lehre (1518–1530)

Die personelle Besetzung des Bürgermeisteramtes steht bis 1530 in deutlicher Kontinuität zur vorreformatorischen Zeit. Der Kleine Rat bestätigt zunächst regelmäßig im vorgeschriebenen Zweijahresrhythmus die langjährigen und bewährten Bürgermeister Ludwig Hoser und Hieronymus Imhof aus den Zünften sowie Georg Langenmantel und Georg Vetter aus dem Patriziat[16]. Als Georg Langenmantel 1521 stirbt, wird Ulrich Rehlinger sein Nachfolger, der kein Neuling in der politischen Führung der Reichsstadt ist und außerdem einer patrizischen Familie entstammt, die seit Generationen ihren Sitz im Rat behauptet. Bürgermeister Ludwig Hoser, der sich ebenfalls seit 1521 aus Altersgründen zunehmend aus der Politik zurückzieht, wird 1523 von dem Kaufmann und Schwäbischen Bundeshauptmann Ulrich Arzt abgelöst, der bereits zu Beginn des Jahrhunderts mit ihm abwechselnd das zünftische Bürgermeisteramt innehatte[17]. Auch die Wahl des Weberzunftmeisters Anton Bimmel, der 1527 dem verstorbenen Ulrich Arzt ins Amt folgt, ist unter dem Aspekt der Kontinuität zu sehen, denn auch dieser wohlhabende Zünftler ist seit vorreformatorischer Zeit Ratsherr. Ohne Ausnahme sind die Bürgermeister dieser Zeit Repräsentanten einer Gesellschaftsschicht, die ihren politischen Führungsanspruch seit Jahrzehnten behauptet[18]. Dies schlägt sich nieder in ihrer Zugehörigkeit zu angesehenen und etablierten Ratsfamilien aus dem Patriziat bzw. den Zünften, ihren Steuerleistungen als Indiz für Vermögen und Besitz sowie ihren umfangreichen Heiratsverbindungen.

Um diese Bürgermeister gruppieren sich, durch mehr oder weniger enge familiäre Bande gefestigt, zahlreiche weitere Mitglieder der Augsburger Oligarchie[19]. Besonders hervorstechend sind die verwandtschaftlichen Beziehungen der Fugger zu Ulrich Arzt, der Welser zu

16 W. Wettges, Reformation und Propaganda, Bochumer Historische Studien, Bd. 17, Stuttgart 1978, S. 30 spricht von einer »hohen Kontinuität der Amtsinhaber, trotz des rotierenden Prinzips der Stellenbesetzung«.

17 Ulrich Arzt war bereits 1504 bis 1512 wiederholt gewählt worden. Mit seiner Ernennung zum Schwäbischen Bundeshauptmann scheidet er aus dem Amt aus.

18 Hier seien von den »zahllosen« Untersuchungen zur Augsburger Führungsschicht, besonders der wirtschaftlichen, hervorgehoben: F. Blendinger, Die wirtschaftlichen Führungsschichten in Augsburg 1430–1740, in: Deutsche Führungsschichten der Neuzeit, Bd. 6, hg. G. Franz, S. 51–86; G. Frhr. v. Pölnitz, Jakob Fugger, 2 Bde., Tübingen 1949/52; J. Strieder, Zur Genesis des modernen Kapitalismus. Forschungen zur Entstehung der großen bürgerlichen Kapitalvermögen am Ausgang des Mittelalters und zu Beginn der Neuzeit, zunächst in Augsburg, München 1935².

19 Die Verwandtschaftsverhältnisse wurden ermittelt aufgrund der Angaben in: StadtB Augsburg, Cod 2° Aug 2, P. B. Moehner, Genealogia familiarum Patriciarum Augustanum; StadtA Augsburg, Stammtafeln von A. Werner, ergänzt und berichtigt von F. Lilienthal, verschiedenen Familiengenealogien sowie Genealogisches Handbuch des in Bayern immatrikulierten Adels, Bd. VII, Neustadt 1961.

Georg Vetter, der Baumgartner zu Ulrich Arzt und Hieronymus Imhof, der Herwart zu Anton Bimmel, der Ehem zu Hieronymus Imhof, Georg Langenmantel und Ulrich Rehlinger sowie der Höchstetter zu Ulrich Rehlinger. Damit verfügen führende kaufmännische Persönlichkeiten wie Jakob Fugger, Hans Baumgartner und Ambrosius Höchstetter neben ihrer eigenen Tätigkeit als Ratsherren über einen weitgehend unmittelbaren und informellen Zugang zur politischen Entscheidungsinstanz der Reichsstadt. Die Bürgermeister sind somit auch als potentielle politische Interessensvertreter ihrer jeweiligen Familienverbände anzusehen.

In diese politische Konstellation wird mit dem Aufkommen der reformatorischen Lehre ein neuer Bestimmungsfaktor getragen. Dabei zeigt sich deutlich, daß die Bildung religionspolitischer Gruppen in der Ratsführung an die aus vorreformatorischer Zeit überkommenen Beziehungsnetze anknüpft. Aufgrund der geistigen Strömungen der Zeit finden Luthers Gedanken besonderes Interesse im humanistisch gebildeten Klerus und Bürgertum[20]. Unter den Mitgliedern der »sodalitas literaria« sind vor allem die Theologen Bernhard Adelmann, Johann Frosch und Veit Bild beeindruckt. Aber auch der Stadtsyndikus Conrad Peutinger scheint zunächst Luther mit Sympathie entgegengetreten zu sein[21]. Diesem Personenkreis können ebenfalls die Bürgermeister Ludwig Hoser und Georg Langenmantel zugerechnet werden. Für ihren persönlichen Kontakt zum Humanistenkreis, neben den aus ihrem Amt resultierenden Beziehungen zu Conrad Peutinger, sprechen Indizien[22]. Ein Brief Luthers weist ferner darauf hin, daß der Kanoniker Christoph Langenmantel, ein Sohn des patrizischen Bürgermeisters, dem Reformator 1518 nach dem Scheitern der Gespräche mit Cajetan bei seiner heimlichen Flucht aus der Reichsstadt behilflich ist[23]. Es ist zu vermuten, daß die beiden Bürgermeister auch zu dem Kreis von Ratsherren gehören, den Luther während seines Aufenthaltes näher kennenlernt[24].

Obwohl es Luther gelingt, gefördert durch seinen persönlichen Aufenthalt in Augsburg, einen festen Kreis von Anhängern zu gewinnen, wendet sich bereits sehr früh ein Teil der Bürgerschaft der schweizerisch-zwinglianischen Reformationsrichtung zu, dazu zählt auch der Bürgermeister Ulrich Rehlinger[25]. Für diese Entwicklung, die Augsburg kirchenpolitisch von seinen reichsstädtischen Nachbarn wie Nürnberg entfremdet, sind verschiedene, eng miteinander verbundene Faktoren verantwortlich. Augsburgs positive Haltung zur Lehre Zwinglis bringt indirekt die stammesmäßige Verbundenheit der schwäbisch-alemannischen Region mit

20 Dazu ausführlich: F. Roth, Reformationsgeschichte I, a. a. O., S. 50f.; W. Wettges, Reformation und Propaganda, a. a. O., S. 84.

21 P. Joachimsen, Peutingeriana, in: Festgabe für C. Th. v. Heigel, München 1903, S. 273ff.

22 StadtA Augsburg, Steuerbücher 1506, f. 46b, zahlt Ludwig Hoser für die Familie des Stadtarztes und Sodalen Hans Oth die Steuer. StadtA Augsburg, Stadtgerichtsbücher, 1507, p. 29, erscheint Georg Langenmantel am 4. Februar 1507 als Pfleger des Adoptivsohnes von Adolf Occo, ebenfalls Stadtarzt und Sodale, darüber hinaus sein Nachbar. Zur personellen Zusammensetzung der humanistischen Vereinigung: E. König, Peutingerstudien, Freiburg 1914, S. 22 Anm. 1.

23 WA Br, I 1923 S. 255 Nr. 113, Dankschreiben Luthers an Christoph Langenmantel vom 25. November 1518.

24 Ebd., S. 209 Nr. 97, Luther an Spalatin am 10. Oktober 1518.

25 F. Roth, Reformationsgeschichte I, a. a. O., S. 102, Anm. 2,: »Der eifrigste Förderer der Reformation«.

den elsässischen und schweizerischen Alemannen zum Ausdruck[26]. Diese »ethnologische Bindung« wird durch eine weitgehende Übereinstimmung im verfassungsrechtlichen Aufbau der alemannischen Städte ergänzt[27]. Die starke Beteiligung der zünftischen Bürgerschaft an der Stadtpolitik ist ein gemeinsames Kennzeichen von Städten wie Augsburg, Straßburg und Zürich. Zwingli scheint diese geistig-politische Verbundenheit der alemannischen Städte schon früh erkannt zu haben, denn bereits 1524 sucht er den Kontakt zu Augsburger Bürgern[28]. Das persönliche Engagement Zwinglis, der bald auch Beziehungen zu Ulrich Rehlinger unterhält, verdrängt zunehmend die ursprünglich gute Verbindung Luthers zur Augsburger Führungsschicht[29].

Eine weitere wichtige Voraussetzung für die wachsende Bedeutung der Lehre Zwinglis in der Reichsstadt findet sich in der umfangreichen sozialen Verflechtung der Bürgerschaft mit den Einwohnern der elsässischen und schweizerischen Städte. Eine zentrale Vermittlerrolle spielt dabei die Baseler Universität, die von zahlreichen Augsburger Bürgersöhnen besucht wird[30].

Besonders rege gestalten sich die Kontakte zu Straßburg, wo Martin Bucer, trotz aller theologischen Eigenständigkeit, zunächst weitgehend die Ansichten Zwinglis teilt, wenn er auch dessen kompromißlose Haltung gegenüber Luther ablehnt[31].

Auf eine engere soziale Beziehung Augsburgs zu Straßburg weist ein Statut der Augsburger Herrentrinkstube hin, wonach neben den Patriziern von Nürnberg und Ulm auch diejenigen aus Straßburg bevorzugt in die exklusive ständische Vereinigung aufgenommen werden sollen[32]. Wiederholte Verhandlungen der beiden städtischen Ratsorgane über Erbschaftsangelegenheiten und Strafdelikte ihrer Bürger geben ebenfalls Auskunft über die Intensität der Kontakte[33]. Einschließlich der Mitglieder der politischen Führung lassen sich bei vielen Augsburgern Verbindungen zu Straßburger Bürgern nachweisen. Stadtschreiber Konrad Peutinger steht in freundschaftlichem Einvernehmen mit seinem Straßburger Amtskollegen Sebastian Brant[34]. Bürgermeister Ulrich Arzt ist weitläufig verwandt mit einer Straßburger Familie[35]. Jakob Fugger unterhält wie viele andere Handelsherren enge und vertrauensvolle Geschäftsbeziehungen zur reichen Kaufmannsfamilie Prechter[36].

26 Auf die Bedeutung der stammesmäßigen Verbundenheit für die zwinglianische Ausrichtung der süddeutschen Städte hat B. MOELLER, Reichsstadt und Reformation, SVRG, Bd. 180, Gütersloh 1962, S. 63–65 eindringlich hingewiesen.

27 Vgl. ebd., S. 64f.

28 Z III S. 494–502, Eine Epistel an die Brüder zu Augsburg, Dezember 1524.

29 Zu Zwinglis Beziehung zu Ulrich Rehlinger: F. ROTH, Reformationsgeschichte I, a. a. O., S. 102, Anm. 3. Ein Vergleich mit der regen Korrespondenz zwischen Luther und Nürnberg macht deutlich, daß der Reformator, trotz seiner engen Beziehungen zu einzelnen Augsburgern, die Reformation in dieser Reichsstadt mit wesentlich weniger persönlichem Einsatz verfolgt.

30 H. G. WACKERNAGEL, Matrikel der Universität Basel, Bd. I, 1460–1529, Basel 1951.

31 Zum Verhältnis Bucer–Zwingli vor allem: G. W. LOCHER, Die Zwinglische Reformation im Rahmen der europäischen Kirchengeschichte, Göttingen 1979, S. 458.

32 StadtA Augsburg, Patrizier und Geschlechter, ad 41, p. 11.

33 Vgl. z. B.: StadtA Augsburg, Literaliensammlung, 9. Juni 1508, Ott Sturm und der Rat zu Straßburg an den Rat zu Augsburg; sowie dieselben 6. Oktober 1508 und 28. April 1514, Ludwig Böcklin und der Rat zu Straßburg an den Augsburger Rat.

34 Vgl. E. KÖNIG, Peutingerstudien, a. a. O., S. 68f.

35 StadtA Augsburg. Literaliensammlung, 21. August 1518, Straßburger Rat an Ulrich Arzt betreffend Erbschaft Bernhard Rot.

36 G. Frhr. v. PÖLNITZ, Jakob Fugger I, a. a. O., S. 144f. sowie weitere Angaben im Register.

Es ist bezeichnenderweise das soziale Beziehungsnetz des zwinglianischen Bürgermeisters Ulrich Rehlinger, das die Intensität der Verbindungen zu Straßburg offenlegt. Der Verwandte seiner Ehefrau, Sigmund Gossembrot, Humanist und ehemaliger Augsburger Bürgermeister, ist Mitte des 15. Jahrhunderts in das Straßburger Johanneskloster eingetreten[37]. Um 1503 heiratet sein Verwandter Bernhard Rehlinger die Straßburgerin Richardis Misbeck, eine Angehörige der Sippe des Stettmeisters Jakob Sturm[38]. Vermutlich trägt diese Verwandtschaft auch erheblich dazu bei, daß sich die aus dem Amt ergebenden Kontakte zwischen Ulrich Rehlinger und Jakob Sturm zu einem engen und persönlichen Verhältnis entwickeln[39].

Zu diesem reformatorisch gesinnten patrizischen Familienverband knüpft auch der reiche Zünftler Anton Bimmel durch Verheiratung einer Tochter familiäre Beziehungen[40]. Bei seiner Wahl ins Bürgermeisteramt 1529, ein Jahr nach der Eheschließung, mag auch dies eine Rolle gespielt haben.

Die Außenverflechtung Augsburgs zu Straßburg wird gefördert durch eine lebhafte Kooperation im kulturellen und kirchenpolitischen Bereich seit Ende des 15. Jahrhunderts, in deren Mittelpunkt der humanistisch geprägte Reformwille steht. So predigt 1488 in Augsburg der bekannte Straßburger Theologe Geiler von Kaisersberg, der sowohl mit Sigmund Gossembrot wie auch mit dem Augsburger Bischof Friedrich von Zollern befreundet ist[41]. Auch Ottmar Nachtigall, der von Jakob Fugger geförderte Lektor von St. Ulrich und spätere Prediger bei St. Moritz, stammt aus Straßburg[42]. Die religiöse Ausrichtung nach Straßburg wird ferner im Zusammenhang mit der Täuferbewegung sichtbar, die seit ungefähr 1525 vornehmlich über Straßburg nach Augsburg dringt[43].

Dieser auffallende soziale Bezug zur Wirkungsstätte Bucers weist deutlich auf den Lösungsweg für die gegen Ende der zwanziger Jahre zunehmende Konfrontation zwischen Lutheranern und Zwinglianern hin, denn Bucer strebt den Ausgleich der verschiedenen reformatorischen Gruppen an.

Als weiteres Charakteristikum für die Entwicklung der reformatorischen Bewegung in Augsburg erscheint eine bereits früh einsetzende, weitgehend übereinstimmende Haltung in der Glaubensfrage innerhalb eines Beziehungsnetzes. So ist auffällig, daß sich gerade in der Verwandtschaft einzelner reformatorischer Bürgermeister vermehrt engagierte Neugläubige finden[44]. Dies gilt im entgegengesetzten Sinn auch für das soziale Umfeld des strikt antireformato-

37 Ausführlich: K. SCHÄDLE, Sigmund Gossembrot. Ein Augsburger Kaufmann, Patrizier und Frühhumanist, Diss. München 1938.

38 Vgl. T. A. BRADY, Ruling Class, a. a. O., S. 85, Anm. 111.

39 F. ROTH, Reformationsgeschichte II, a. a. O., S. 119.

40 StadtB Augsburg, Cod H 11, Bimmelsche Stammesbeschreibung.

41 Dazu ausführlich: R. KIESSLING, Bürgerliche Gesellschaft und Kirche in Augsburg im Spätmittelalter. Ein Beitrag zur Strukturanalyse der oberdeutschen Reichsstadt, Abh. zur Geschichte der Stadt Augsburg, Bd. 19, Augsburg 1971, S. 30f.

42 F. ROTH, Reformationsgeschichte I, a. a. O., S. 15.

43 Dazu vor allem F. UHLAND, Täufertum und Obrigkeit in Augsburg im 16. Jahrhundert, Diss. Tübingen 1972; C. P. CLASEN, The Anabaptists in South and Central Germany, Switzerland and Austria. Their names, occupations, places of resistence and dates of conversion 1525–1618, The Menonite Historical Society 1978.

44 Z. B. gelten Mitglieder der Familien Ehem, Manlich, von Stetten, Honold und Welser als reformatorisch, vgl. F. ROTH, Reformationsgeschichte I, a. a. O., Registerangaben.

rischen Ulrich Arzt[45]. Angesichts seiner Verschwägerung mit den führenden altkirchlich gesinnten Kaufmannsfamilien Fugger und Baumgartner sowie der ebenfalls sich zur traditionellen Kirche bekennenden Druckerfamilie Ratdolt wird der Einfluß des familiären Bereichs für die Einnahme einer bestimmten religiösen Haltung besonders offensichtlich[46].

Dieses Erscheinungsbild läßt darauf schließen, daß die Ausbreitung reformatorischen Gedankengutes weitgehend entlang der durch soziale Verflechtung vorgegebenen Kommunikationslinien erfolgt. Die sozialen, politischen und religiösen Strukturen tragen somit entscheidend dazu bei, daß die Bürgermeister zu Führern der verschiedenen religionspolitischen Gruppen werden: der »Katholik« Ulrich Arzt, die Lutheraner Georg Vetter und Hieronymus Imhof sowie die Zwinglianer Ulrich Rehlinger und Anton Bimmel. Für diese Führungsrolle ist ferner bedeutsam, daß einige Bürgermeister besonders enge und freundschaftliche Kontakte zu geistlichen Vertretern ihrer jeweiligen Glaubensrichtung unterhalten. So pflegen Ulrich Rehlinger und Anton Bimmel vertrauensvolle Beziehungen zu Augsburgs maßgebendem Prediger Michael Keller[47]. Seit der Ankunft des zwinglianischen Theologen in Augsburg zu Beginn der zwanziger Jahre wird er von ihnen protegiert und gegen Widersacher beschützt.

Demgegenüber muß für Ulrich Arzt die enge Bindung an seinen geistlichen Bruder Bernhard, einem engsten Berater des Eichstätter Bischofs, bestimmend sein[48]. Diese Verflechtungen beeinflussen das Image der Bürgermeister in der Bürgerschaft, in der einerseits Michael Keller zunehmend als unumschränkt anerkannter Vertreter der neuen Lehre gilt, und andererseits Bernhard Arzt durch seine maßlose Pfründenanhäufung zur Zielscheibe heftigster Kritik wird. Außerdem können sie sich durch diese Vertrauenspersonen und Berater wichtiges »theologisches Rüstzeug« für die religiöse Auseinandersetzung aneignen. Auch wenn sich zeigt, daß bereits früh die Tendenz zu religiöser Übereinstimmung innerhalb der verschiedenen Beziehungsnetze der Führungsschicht besteht, bleibt dennoch genügend Spielraum, um eine soziale Abgrenzung gegenüber andersdenkenden bisherigen Bezugspersonen zu verhindern. In den sozialen Kontakten der Bürgermeister zu Vertretern der jeweiligen konträren Glaubensrichtung wird dies sichtbar. So ändert sich nichts an dem guten Einvernehmen des Bürgermeisters Ulrich Arzt zu seinem »besunder gutten freundt« Haug Marschalk, dem Augsburger Pfennigmeister, als dieser sich zum leidenschaftlichen Verfechter reformatorischer Lehren entwickelt[49]. Auch die Beziehung des Bürgermeisters zu seinem Schwiegersohn Georg

45 F. Blendinger, Ulrich Artzt, in: Lebensbilder aus dem bayerischen Schwaben, Bd. 6, 1958, S. 122f., zu seiner Glaubenshaltung.

46 Zur Gesinnung des Hans Baumgartner: F. Roth, Reformationsgeschichte I, a. a. O., S. 8; zu den Fuggern, insbesondere Jakob Fugger: G. Frhr. v. Pölnitz, Jakob Fugger I, a. a. O., S. 469ff. Zur Familie Ratdolt: P. Geissler, Erhard Ratdolt, in: Lebensbilder aus dem bayerischen Schwaben, Bd. 9, 1966, S. 135f.

47 Vgl. F. Roth. Reformationsgeschichte I, a. a. O., S. 102, Anm. 2 sowie weitere Angaben im Register; ferner Ders., Zur Lebensgeschichte des Meisters Michael Keller, Prädikant in Augsburg, in: BBKG, Bd. 5, 1899, S. 149–163.

48 Zur Beziehung des Bernhard Arzt zum Eichstätter Bischof: Th. Neuhofer, Gabriel v. Eyb, Fürstbischof von Eichstätt 1455–1535, in: Sammelblatt des Hist. Ver. Eichstätt, Bd. 48, 1933, S. 13f.; zur Gestalt des Bernhard Arzt: F. Roth, Reformationsgeschichte I, a. a. O., S. 92f.

49 Vgl. StadtA Augsburg Literaliensammlung, Korrespondenz des Ulrich Arzt mit Haug Marschalk im Juni 1526. Noch nach 1532 beruft sich der Pfennigmeister in einer Bittschrift an den Rat auf den verstorbenen Ulrich Arzt, der »main grosse mue und arbait auch getreen fleis und ersparung gemainer stat (zu) nutz bei mir gespurt und erkennt, hat er mir in zeit seines lebens vertrostung und zusagen gethan, mir

Wieland, einem Zwölfer der Kaufleute und entschiedenen Lutheraner, läßt keine Veränderungen erkennen[50]. Ähnliches gilt für den Zwinglianer Ulrich Rehlinger, der weiterhin zu seinem antireformatorisch eingestellten Verwandten Ambrosius Höchstetter in freundschaftlich-familiärer Beziehung steht[51]. Sogar einem guten Verhältnis zu den Fuggern und Baumgartnern scheint seine reformatorische Gesinnung nicht abträglich zu sein, denn er wird von beiden in Testamentsangelegenheiten hinzugezogen[52]. Ähnliche Beziehungen lassen sich für die übrigen Bürgermeister nachweisen[53].

Die dargelegten Kennzeichen der sozialen Verflechtung der Augsburger Bürgermeister müssen zu einem neuen Verständnis der Religionspolitik der Führungsspitze in dieser Zeit beitragen. Nur äußerlich betrachtet handelt es sich um einen Zickzackkurs, der ziellos abwechselnd Eingriffe im Sinne einer von Kaiser und Papst diktierten antireformatorischen Politik einerseits und Zugeständnisse an die reformatorische Bewegung andererseits beinhaltet, die schließlich in der eigenwilligen Haltung der Reichsstadt auf den Reichstagen von Speyer und Augsburg gipfeln[54].

Die kirchenpolitischen Entscheidungen sind als Folge der unterschiedlichen religiösen Ansichten in der Ratsführung anzusehen. Die quasi »paritätische« Besetzung des Bürgermeisteramtes durch Vertreter aller Religionsgruppen, gestützt durch den Rückhalt in gleichgesinnten sozialen Gruppen, und die Beratung durch kompetente Theologen ermöglichen, daß die unterschiedlichen Standpunkte Berücksichtigung finden. Die sozialen Kontakte zu religiös andersdenkenden Bürgern fördern in den ersten Jahren der Reformation ein geistiges Klima der Toleranz.

Nicht zuletzt auch die übereinstimmende Bindung aller Führungsgruppenmitglieder an das Kapital, die eine allgemeine Unterordnung der Religionsfrage unter wirtschaftliche Erwägungen begünstigt, verhindert das Aufbrechen offener religiöser Konflikte.

Diese religiösen und sozialen Verhältnisse führen zunächst bis zu den sozialpolitischen Unruhen der Jahre 1524/25 zu einem bewußt neutralen Verhalten der Obrigkeit in der kirchenpolitischen Kontroverse. Bürgermeister und Rat sind bemüht, gegenüber altkirchlichem Klerus und reformatorischen Prädikanten »Extreme in beide Richtungen zu vermeiden«[55]. Die Glaubenshaltung des einzelnen wird als individuelle Entscheidung respektiert, die vornehmlich im privaten Bereich wirksam ist. Diese religionspolitische Haltung begünstigt auch das Verhalten des Bischofs Christoph von Stadion, der selbst wegen seiner humanistischen

bei ainem erbarn rath hilflich und erspreißlich zu sein«, zitiert nach F. ROTH, Wer war Haug Marschalk, genannt Zoller von Augsburg, BBKG, Bd. 6, 1900, S. 232.

50 Siehe zur Glaubenshaltung des Georg Wieland: F.-H. SCHUBERT, Die Reformation in Augsburg, in: Augusta 955 bis 1955, München 1955, S. 283–300.

51 StadtA Augsburg, Personenselekt, Heiratsbriefkonzept vom 4. April 1526 zwischen Felizitas Rehlinger und Bernhard Walter. Demnach sind von seiten der Braut Vater, Bruder und Ambrosius Höchstetter Zeugen. Zur Religionshaltung des Ambrosius Höchstetter: Sender-Chronik, in: Die Chroniken der deutschen Städte, a. a. O., Bd. 25, S. 220.

52 Vgl. K. O. MÜLLER, Quellen zur Handelsgesellschaft der Paumgartner 1480–1570, Deutsche Handelsakten des Mittelalters und der Neuzeit, Bd. 9, Wiesbaden 1955, S. 12, Nr. 17; G. SIMNACHER, Fuggertestamente, a. a. O., S. 54.

53 Hierbei ist vor allem die bereits angeführte Verschwägerung des Hieronymus Imhof im Jahre 1520 mit den Baumgartnern zu nennen.

54 Hierzu ausführlich F. ROTH, Reformationsgeschichte I, a. a. O., S. 276ff.

55 H. LUTZ, Conrad Peutinger, a. a. O., S. 202.

Gesinnung, eigenen Reformeifers und einer noch nicht gefestigten politischen Stellung gegenüber der reformatorischen Bewegung zunächst eine zurückhaltende Position einnimmt[56].

Den religionspolitischen Prämissen entspricht es, daß der Rat die Veröffentlichung der Bulle »Exsurge Domine« zwar zu verzögern sucht, sich aber verpflichtet, »in sollich sachen erberglich vnd wie sich gepürt halten« zu wollen[57]. Auch die verschiedenen Ratserlasse, die den Druck reformatorischer Schriften regeln, verdeutlichen diese Politik[58]. Wiederholt stellt sich ferner die Obrigkeit gegenüber dem Domkapitel schützend vor reformatorisch gesinnte Prediger[59]. Als führender Verfechter dieser Politik erweist sich der reformatorisch gesinnte Bürgermeister Ulrich Rehlinger, der in fast allen Konflikten als Sprecher des Rates auftritt.

Zu einer entscheidenden Korrektur dieser um Ausgleich bemühten Politik führen die 1524 ausbrechenden sozialen Unruhen, eine Folge der sich rapide verschlechternden sozio-ökonomischen Bedingungen, die die Gefahren einer Verbindung von religiösen Anliegen und sozialpolitischer Kritik offensichtlich werden lassen[60]. Zum auslösenden Faktor wird die Auseinandersetzung um den Barfüßermönch Johannes Schilling, dessen beunruhigend fanatische Äußerungen den Rat veranlassen, seine Absetzung beim Ordensprovinzial durchzusetzen[61]. Seine empörten Anhänger, vornehmlich verarmte Weber, beschuldigen daraufhin nicht nur den Rat einer reformationsfeindlichen Haltung, sondern klagen vor allem die Bürgermeister Ulrich Arzt, Georg Vetter, Hieronymus Imhof und Ulrich Rehlinger als »eitel Ketzer« an[62].

Nur durch geschicktes Vorgehen wissen sich die Bürgermeister in dieser gefährlichen Situation zu bewähren. In ständiger Rücksprache mit dem Großen Rat sichern sie sich die politische Zustimmung der zünftischen Führungsgremien für ihre Entscheidungen, so daß »die Revolte von 1524 an der Oberschicht der Zünfte keinerlei Rückhalt« findet[63].

Als sich nach der vom Rat gebilligten Rückkehr des umstrittenen Mönches zeigt, daß der Aufstand sich völlig von seinem zunächst primär religiösen Anliegen entfernt hat und zu einer ausschließlich obrigkeitsfeindlichen Agitation mit sozialrevolutionärem Programm entwickelt, greift die Obrigkeit autoritär und rücksichtslos mit Verhaftung und Hinrichtung der Rädelsführer durch[64].

Diese Unruhen von 1524 verdeutlichen dem Rat, daß die bislang verfolgte kirchenpolitische

56 Dazu ausführlich: H.-P. Schmauch, Christoph von Stadion (1478–1543), Bischof von Augsburg (1517–1543) und seine Stellung zur Reformation, Diss., München 1956, S. 18–55.

57 Zitiert nach: H. Lutz, Conrad Peutinger, a. a. O., S. 165. Dazu auch F. Roth, Reformationsgeschichte I, a. a. O., S. 63f.

58 W. Wettges, Reformation und Propaganda, a. a. O., S. 61: »In der Zensurpolitik wird die tolerante Haltung der Ratsmehrheit gegenüber der Reformbewegung sichtbar.«

59 F. Roth, Reformationsgeschichte I, a. a. O., S. 72f., 123f.

60 Nach F. Hartung, Die Augsburger Vermögenssteuer und die Entwicklung der Besitzverhältnisse im 16. Jahrhundert, in: Schmollers Jahrbuch, Bd. 19, 1895, S. 875, Tabelle V, steigt der Anteil der »Besitzlosen« zwischen 1512 und 1526 von 45,2 % auf 54,1 % der Bevölkerung.

61 Dazu ausführlich: W. Vogt, Johann Schilling, der Barfüsser Mönch und der Aufstand im Jahre 1524, in: ZHVS, Bd. 6, 1879, S. 1–32; ferner P. Broadhead, Populare Pressure for Reform in Augsburg, 1524–1534, in: Stadtbürgertum und Adel, a. a. O., S. 80f.

62 Vgl. W. Vogt, Johann Schilling, a. a. O., S. 16.

63 H. Lutz, Conrad Peutinger, a. a. O., S. 235.

64 Vgl. W. Vogt, Johann Schilling, a. a. O., S. 11f.

Neutralität nicht länger aufrecht erhalten werden kann[65]. Im Interesse der städtischen Sicherheit und der eigenen Führungsposition gilt es zu vermeiden, daß sich das Unbehagen an der Kirche zu einer grundsätzlichen Kritik an den politischen und sozialen Zuständen entwickelt. Die Religionspolitik des Rates wird deshalb verändert im Hinblick auf eine entschlossene Verfolgung der Politik des »mittleren Weges«[66]. Sie beinhaltet eine entschieden reformatorische Haltung, ohne die Toleranz gegenüber den altkirchlich gesinnten Bürgern und Klerikern aufzugeben. Dazu ist vor allem erforderlich, daß das Verhältnis zu den reformatorischen Predigern enger gestaltet wird. Deshalb erfolgt die Anstellung städtisch besoldeter Prädikanten, voran Ulrich Rehlingers Berater Michael Keller[67].

Der religionspolitische Wandel der Ratsführung manifestiert sich 1525 in der offiziellen Teilnahme führender Ratsherren, darunter Ulrich Rehlinger, an der Vermählung von Urbanus Rhegius, dem neben Michael Keller bedeutendsten Prädikanten[68]. Der Gegensatz zur ersten Priestertrauung von 1523 ist offensichtlich[69]. Die Hochzeitsfeier bezeugt demonstrativ die engen sozialen Kontakte zwischen der reformatorischen Ratsgruppe und den geistlichen Führern der reformatorischen Bewegung in Augsburg.

Die politischen Konsequenzen dieser Verflechtung zeigen sich in den Auseinandersetzungen um die aufrührerischen Bauern und die nach Augsburg dringende Lehre der Täufer. Die Mehrzahl der vom Rat besoldeten reformatorischen Prädikanten erweist sich als Interessensvertreter der Obrigkeit. Sie bemüht sich um einen mäßigenden Einfluß auf die Bürgerschaft[70].

Die außenpolitischen Folgen der Politik des »mittleren Weges« werden ebenfalls im Verlauf des Bauernkrieges wirksam. Obwohl die Reichsstadt Mitglied des Schwäbischen Bundes ist und mit Ulrich Arzt sogar einen Bundeshauptmann stellt, distanziert sie sich von der »Vernichtungsstrategie« des Bundes[71]. Einerseits erreicht sie dies durch die Ablehnung von geforderten Bundesanleihen und Truppenkontingenten, andererseits durch ein umsichtiges Verhalten gegenüber den mit den Bauern sympathisierenden Zünftlern[72]. Obwohl die Altgläubigen, voran Ulrich Arzt, offen diese Politik kritisieren, bleibt man ihnen gegenüber in einer toleranten Haltung, auch als 1527 mit dem Tod des Bürgermeisters die Altgläubigen endgültig

65 Auf diese Bedeutung der Unruhen weist eindringlich P. BROADHEAD, Populare Pressure, a. a. O., S. 83 hin.

66 Zur Politik des »mittleren Weges«, eines von Conrad Peutinger geprägten Begriffes: H. LUTZ, Conrad Peutinger, a. a. O., S. 222, 318.

67 F. ROTH, Reformationsgeschichte I, a. a. O., S. 127f.

68 Vgl. ebd., S. 295; M. LIEBMANN, Urbanus Rhegius und die Anfänge der Reformation, RST, Heft 117, Münster 1980, S. 194f. Als ein weiteres Zeichen der »öffentlichen Bekenntnisbereitschaft« zur neuen Lehre ist ein zeitgenössisches Gemälde zu werten, das die Austeilung des Abendmahles unter beiderlei Gestalt Weihnachten 1525 in der St. Anna Kirche an Mitglieder der Familien Vöhlin, Rehlinger, Langenmantel, Haug und Peutinger durch Urbanus Rhegius und Johannes Frosch darstellt; vgl. H. LUTZ, Conrad Peutinger a. a. O., S. 228.

69 Vgl. Christoph Gerungs Bericht über die erste Priestertrauung 1523, abgedruckt: E. SEHLING, Die evangelischen Kirchenordnungen des 16. Jahrhunderts, Bd. XII, Tübingen 1963, S. 33f.

70 Vgl. F. ROTH, Reformationsgeschichte I, a. a. O., S. 174. Für ihre tatkräftige Unterstützung erhalten sie am 11. Januar 1528 eine Geldverehrung, dazu: M. LIEBMANN, Urbanus Rhegius, a. a. O., S. 197–200.

71 Zur »Vernichtungsstrategie« des Bundes; I. METZGER, Leonhard Eck, Wegbereiter und Begründer des frühabsolutistischen Bayern, München 1980, S. 108–129.

72 Vgl. dazu W. VOGT, Correspondenz des schwäbischen Bundeshauptmannes Ulrich Artzt von Augsburg, aus den Jahren 1524 und 1525, in: ZHVS, Bd. 6, 1879, S. 281–400, Bd. 7, 1880, S. 233–372, Bd. 9, 1882, S. 1–62, Bd. 10, 1883, S. 1–300.

zugunsten der Zwinglianer aus der Führungsspitze ausscheiden[73]. Sein Amtsnachfolger, der Zwinglianer Anton Bimmel, setzt sich wie Ulrich Rehlinger für eine konsequente Verfolgung des »mittleren Weges« ein.

Ziel dieser Politik ist die Sicherung der reichsstädtischen Freiheit, die Garantie der politischen Stellung im Reichsverband, die Gewährleistung der wirtschaftlichen Entwicklung und der Schutz des sozialen Friedens in der Stadt. Hinter diesen allgemein stadtpolitischen Gesichtspunkten, die zu einer weitgehend loyalen Haltung gegenüber dem Kaiser führen, stehen weiterhin grundsätzliche wirtschaftliche Erwägungen, die altkirchlich und reformatorisch gesinnte Ratsherren miteinander verbinden. Kernpunkt ist die gemeinsame wirtschaftliche Bindung an die Habsburger[74]. Von erheblicher Bedeutung ist aber auch die ständige öffentliche Diskussion um die Monopolgesellschaften, die Augsburgs ökonomische Grundlagen bedroht[75]. Ein erfolgreiches Bestehen in diesem Streit erfordert vor allem die Unterstützung des Kaisers.

Zwangsläufig treibt die Politik des »mittleren Weges« die Reichsstadt aber in eine Isolation innerhalb des Reichsverbandes, denn dort bilden sich zunehmend mehr oder weniger geschlossene religionspolitische Gruppen aus, denen sich Augsburg nicht anschließt. Die »Doppelstrategie zwischen Solidarität mit dem wachsenden evangelischen Bündnisblock und kommerzieller Absicherung gegenüber dem Kaiserhof« verhindert einerseits 1529 den offiziellen Beitritt zu den »protestierenden« Ständen, andererseits bewirkt sie 1530 die Ablehnung des Reichstagsabschiedes[76].

Diese Politik muß damit auch im innerstädtischen Bereich auf vermehrte Kritik stoßen. Zwar hat der »mittlere Weg« zum Durchbruch der reformatorischen Bewegung in Augsburg beigetragen, aber da letztlich die entscheidenden reformatorischen Konsequenzen ausbleiben, mangelt es nicht nur bei den Prädikanten an Verständnis für die Politik der Ratsführung. Der sich zuspitzende Abendmahlsstreit trägt dazu bei, daß sich religiöse Übergriffe mehren[77]. Damit zeichnet sich gegen Ende der zwanziger Jahre auch ein Ende der Politik des »mittleren Weges« ab.

73 Z. B. StadtA Augsburg, Literaliensammlung, 21. Mai 1525, Ulrich Arzt an Rat: »Ich hab bisher sorg getragen, ir wurdet veranlagt daß ir die veind auß vnd ein last wandeln«, sowie viele andere kritische Stellen in seinen Briefen an den Rat; dazu auch: F. BLENDINGER, Ulrich Artzt, a. a. O., S. 128f.

74 Nicht nur die altkirchlich gesinnten Fugger, Baumgartner und Höchstetter kooperieren engstens mit den Habsburgern, sondern gerade auch die Gesellschaften der Neugläubigen wie Anton Bimmel und Christoph Herwart. Dies ergeben deutlich die Untersuchungen von G. Frhr. v. PÖLNITZ; vgl. insbesondere DERS., Anton Fugger I, a. a. O., S. 155ff.

75 Dazu vor allem: R. KÖNIG, Peutingerstudien, a. a. O., S. 122ff.; H. LUTZ, Conrad Peutinger, a. a. O., S. 215ff. G. BLAICH, Die Reichsmonopolgesetzgebung im Zeitalter Karls V. Ihre ordnungspolitische Problematik, Stuttgart 1967.

76 H. LUTZ, Augsburg und das Reich 1518–1555, in: Welt im Umbruch, Augsburg zwischen Renaissance und Barock, Bd. 1, Augsburg 1980, S. 41.

77 Dazu: F. ROTH, Reformationsgeschichte I, a. a. O., S. 305–314.

2. Phase: Offizielle Einführung der Reformation (1530–1537)

Der Reichstag von 1530 markiert nicht nur auf Reichsebene einen historischen Einschnitt, sondern auch in der religionspolitischen Entwicklung der Reichsstadt Augsburg[78]. Stimmengewinne der zwinglianischen Gruppe im Rat zu Lasten der Katholiken und Lutheraner erleichtern einen religionspolitischen Kurswechsel. Das Ergebnis der Ratswahlen von 1531, das acht altkirchlich gesinnte Ratsherren gegen Neugläubige vorwiegend zwinglianischer Prägung austauscht, macht das personelle Übergewicht der Zwinglianer im Rat deutlich[79].

Im Mittelpunkt der Religionspolitik der kommenden Jahre stehen das Ringen um die Einheit im Glauben und die offizielle Einführung der Reformation durch den Rat. Für deren Verlauf gehen die maßgeblichen Impulse von den Inhabern des Bürgermeisteramtes aus. Eine wichtige Rolle spielt erneut die soziale Verflechtung der Amtsträger. Die eindeutige Bevorzugung reformatorischer, vor allem zwinglianischer Bewerber aus dem Umkreis einzelner Bürgermeister bei der Ernennung neuer Stadtadvokaten zählt zu den hervorstechendsten Merkmalen.

Bis 1530 haben vorrangig Stadtschreiber Conrad Peutinger und Stadtsyndikus Johann Rehlinger die juristische Beratung der politischen Führung wahrgenommen. Ihre zunehmend kritische Haltung zur reformatorischen Bewegung belastet aber unweigerlich ihr Verhältnis zum Rat[80]. Damit stellt sich zwangsläufig die Frage nach einer personellen Umbesetzung.

Um einen offenen Bruch mit den verdienten und angesehenen Stadtadvokaten zu vermeiden und wohl auch um die angespannte politische Atmosphäre nicht zu belasten, behalten sie formell ihre Funktionen bei[81]. Tatsächlich aber finden sie in den folgenden Jahren kaum noch Verwendung in städtischen Angelegenheiten. Statt dessen werden neue, politisch genehme Juristen angestellt, deren soziales Umfeld deutliche Bezüge zu den zwinglianischen Bürgermeistern Ulrich Rehlinger und Anton Bimmel aufweist. Es ist zu vermuten, daß der in den zwanziger Jahren zu verzeichnende Machtgewinn der Bürgermeister durch ihre Stellung als religionspolitische Führer ihnen die notwendigen Voraussetzungen schafft, um gezielte Personalpolitik zu betreiben.

Mit der Anstellung des reformatorisch gesinnten Juristen Johann Hagk aus Dinkelsbühl 1530 setzen die personalpolitischen Veränderungen ein[82]. Fünf Jahre später wird er offiziell Nachfolger Conrad Peutingers im Stadtschreiberamt. Der neue Stadtadvokat ist mit einer Augsburgerin aus der Kaufmannsfamilie Rem verheiratet, mit der auch der Bürgermeister Ulrich Rehlinger verschwägert ist. Auch der im Sommer 1531 angestellte lutherisch gesinnte Konrad Hel ist über seine Ehefrau, eine geborene Lauginger, mit diesem Bürgermeister weitläufig verwandt[83].

Ebenfalls 1531 tritt der Zwinglianer Balthasar Langnauer in städtische Dienste, ein Schwager des Johann Hagk, der ebenso wie dieser dem Umfeld des Ulrich Rehlinger

78 Zu neueren Untersuchungen über die Bedeutung des Reichstages von 1530: H. Neuhaus, Der Augsburger Reichstag des Jahres 1530, Ein Forschungsbericht, in: Zs. f. Hist. Forsch., Bd. 9, 1982, Heft 2, S. 167–211.

79 Dazu: F. Roth, Reformationsgeschichte II, a. a. O., S. 12f.

80 Vgl. ebd., II., S. 4; H. Lutz, Conrad Peutinger, a. a. O., S. 316.

81 Ebd.

82 Hierzu und zum folgenden: F. Roth, Reformationsgeschichte II, a. a. O., S. 107, Anm. 15, S. 281.

83 Vgl. ebd., S. 6, Anm. 12.

zuzuordnen ist[84]. Darüber hinaus hat er über seinen Verwandten Johann Langnauer, Teilhaber der Bimmel-Gesellschaft, auch Zugang zum Beziehungsnetz des Anton Bimmel[85]. Ausschlaggebend für die Ernennung des Claudius Pius Peutinger, eines Sohnes des Stadtschreibers, zum Stadtadvokaten 1534 dürften nicht nur die gesellschaftliche Stellung und das Ansehen seines Vaters sein, sondern vor allem seine reformatorische Gesinnung und die verwandtschaftliche Beziehung zu Ulrich Rehlinger über die verschwägerte Familie Lauginger[86].

Für Lukas Ulstätt, der 1535 eine Stadtadvokatenstelle annimmt, lassen sich ebenfalls Indizien einer sozialen Verflechtung mit der Familie Rehlinger finden[87]. Mit Georg Frölich, einem ehemaligen Kanzleischreiber aus Nürnberg, wird 1536 ein weiterer, in Augsburg bisher nicht tätiger Jurist eingestellt[88]. Dieser weiß sich geschickt zu einem unentbehrlichen politischen Berater der Führungsgruppe, vor allem für den Neuling Georg Herwart, zu machen[89].

Ebenso deutlich wie bei der Einstellung neuer städtischer Bediensteter tritt die Entschlossenheit der Ratsführung zu personellen Veränderungen bei der Berufung neuer Prädikanten zutage. Auch hierbei erweisen sich die Bürgermeister Ulrich Rehlinger und Anton Bimmel als federführend[90]. Als Ergebnis ihrer engen persönlichen Kontakte zur Straßburger Führung, insbesondere zu Bucer, erfolgt die gezielte Berufung von Straßburger Prädikanten, vornehmlich ehemaliger Bucer-Schüler[91]. Als erster wird Wolfgang Musculus, Prediger am Straßburger Münster, gewonnen[92]. Ihm folgt bald sein Freund Bonifazius Wolfart[93].

Bereits im Sommer 1532 sind insgesamt fünf Straßburger Theologen in Augsburg tätig[94]. Das Übergewicht der zwinglianisch-bucerischen Prädikanten ist offensichtlich. Bald können sie ihren Einfluß auf die Ratspolitik durch die Intensivierung ihrer Kontakte zur politischen Führung verstärken. Vor allem Michael Keller gelingt es, unter den Ratsherren weitere Anhänger zu finden. Außer seinem langjährigen Vertrauten Ulrich Rehlinger und Anton Bimmel zählen bald auch die politisch bedeutendsten Bürgermeister der dreißiger Jahre, Mang Seitz, Hans Welser und Georg Herwart, zu seinem engeren Förderkreis[95]. Mit dem Sohn des verstorbenen Bürgermeisters Ludwig Hoser, Simprecht Hoser, der als Baumeister ebenfalls der politischen Führung angehört, fühlt sich Bonifazius Wolfart besonders verbunden[96].

84 Vgl. ebd., S. 6, Anm. 13.

85 Zur Bimmel-Gesellschaft: J. Strieder, Genesis, a. a. O., S. 139–145.

86 Ausführlich zu seiner Person: F. Roth, Zur Lebensgeschichte des Augsburger Stadtadvokaten Dr. Claudius Pius Peutinger, in: ARG, Bd. 25, 1928, S. 99–127, 161–255.

87 Vgl. F. Roth, Reformationsgeschichte II, a. a. O., S. 198, Anm. 118.

88 Zu ihm: M. Radlkofer, Leben und Schriften des Georg Frölich – Stadtschreibers zu Augsburg von 1537–1548, in: ZHVS, Bd. 27, 1900, S. 40–132; O. Clemen, Zur Biographie des Georg Frölichs, in: ZHVS, Bd. 30, 1903, S. 75f.

89 Vgl. F. Roth, Reformationsgeschichte II, a. a. O., S. 431.

90 Dazu: K. T. Keim, Schwäbische Reformationsgeschichte bis zum Augsburger Reichstag, Tübingen 1855, S. 295.

91 Vgl. J. V. Pollet, Martin Bucer, a. a. O., S. 226–229.

92 Dazu ausführlich: F. Roth, Zur Berufung des Ambrosius Blaurer, des Wolfgang Musculus und Balthasar Keufelin nach Augsburg im Dezember 1530, in: BBKG, Bd. 8, 1902, S. 257.

93 F. Roth, Reformationsgeschichte II, a. a. O., S. 11.

94 Nach K. T. Keim, Schwäbische Reformationsgeschichte, a. a. O., S. 278, predigen Bonifazius Wolfart bei St. Anna und St. Moritz, Wolfgang Musculus bei Hl. Kreuz, Sebastian Mair bei St. Georg, Theobald Nigri sowie Johann Heinrich Held von Tieffenau bei St. Ulrich.

95 Vgl. F. Roth, Reformationsgeschichte II, a. a. O., S. 311, 431 u. a. Stellen.

96 Vgl. ebd., S. 67, 85, 431.

Diese umfangreiche personelle Verstärkung der zwinglianisch-bucerischen Predigergruppe schafft eine wichtige Prämisse, um der auf reformatorischen Ausgleich bedachten Lehre Bucers zum Durchbruch zu verhelfen.

Dazu tragen auch die mit Beginn der dreißiger Jahre einsetzenden Veränderungen unter den Bürgermeistern bei, die mit dem Vordringen neuer politischer Führungskräfte gekennzeichnet werden können. Für das Ausscheiden der meist langjährigen Amtsinhaber sind Tod, Alter und Korruption die Ursachen.

Die Reihe der Amtswechsel setzt mit dem plötzlichen Tod Anton Bimmels 1531 ein. Durch seinen Tod sieht sich die zwinglianische Ratsgruppe einer ihrer wichtigsten Führer beraubt[97]. Der Lutheraner Georg Vetter, seit 1514 regelmäßig wiedergewählt, scheidet als nächster Amtsinhaber aus. 1532 bekleidet er zum letzten Mal das Amt und stirbt drei Jahre später. Mit ihm verliert die Ratsführung zwar keine ihrer herausragenden Persönlichkeiten, aber seine regelmäßige Wiederwahl läßt auf eine große Anhängerschaft im Rat schließen.

Erheblich bedeutsamer ist der freiwillige Rücktritt des Zwinglianers Ulrich Rehlinger aus dem Amt 1537. Alter und Krankheit veranlassen ihn, den Rat um eine Befreiung vom Amt zu bitten[98]. Allerdings garantiert die weitere Zugehörigkeit zum Dreizehnergremium auch weiterhin seinen dominierenden Einfluß. Mit dem Lutheraner Hieronymus Imhof verliert die politische Führung ein weiteres langjähriges Mitglied 1534. Sein unrühmliches Ausscheiden aus dem Rat wegen Unterschlagung städtischer Gelder zeichnet ein dunkles Bild von der Korruption der politischen Elite[99].

Anstelle dieser ausscheidenden Bürgermeister, für die eine enge Bindung an die Augsburger Kaufmannschaft bestimmend gewesen ist, rücken Bürger nach, die zum Teil erhebliche soziale Unterschiede zu ihren Amtsvorgängern aufweisen.

Auf eine deutliche Zäsur weist die Wahl des Mang Seitz zum Nachfolger Anton Bimmels 1531 hin. Mit ihm wird erstmalig ein bisher unbedeutender Zünftler gewählt, der aufgrund seines geringen Vermögens, seiner handwerklichen Tätigkeit als Weber und seines ausschließlich kleinzünftischen sozialen Umfeldes zur unteren Mittelschicht gehört[100]. Ausschlaggebend dafür ist sein starkes Engagement als überzeugter Zwinglianer[101]. Aber auch seine gute Verbindung zum Prädikanten Michael Keller wird dies begünstigt haben[102]. Mit seiner Ernennung wird die von Anton Bimmel eingeleitete Entwicklung verstärkt fortgesetzt, daß mit dem Übergang des zünftischen Bürgermeisteramtes von der Kaufleutezunft an die Weberzunft eine weitere Öffnung der Ratspolitik für die reformatorische Bewegung verbunden ist[103].

Auch die Wahl des Patriziers Wolfgang Rehlinger zum Nachfolger Georg Vetters 1534 bedeutet einen Wandel in der personellen Besetzung des Amtes. Mit ihm gelangt »ain junger

97 K. T. Keim, Schwäbische Reformationsgeschichte, a. a. O., S. 297, Gereon Sailer an Bucer am 25. Januar 1531: »At ille subitanea morte nobis ereptus est, in magnum evangelii detrimentum«. Um seinen persönlichen Einsatz für die reformatorische Lehre zu ehren, wird ihm eine aufwendige Inschrift in der St. Anna Kirche gesetzt.

98 Dazu: F. Roth, Reformationsgeschichte II, a. a. O., S. 310.

99 Ebd., S. 101, Anm. 2.

100 Vgl. oben Anm. 97: Annunciatur electus consul, scilicet praeter spem omnium homo pauper textor, nihil tale somnians«.

101 Ebd., »totus quantus evangelicus«.

102 Vgl. J. V. Pollet, Martin Bucer, a. a. O., S. 235, Anm. 3.

103 Dazu: W. Wettges, Reformation und Propaganda, a. a. O., S. 31.

man zwischen 27 und 28 jahen« in das höchste Stadtamt[104]. Dies widerspricht der Tradition, ausschließlich ältere und langjährige Ratsherren zu wählen. Seine Ausbildung als Jurist und die ihm nachgesagte Gelehrsamkeit machen darüber hinaus sichtbar, daß der Bedarf der politischen Führung an gebildeten und in Rechtsangelegenheiten versierten Männern, wie er in der Berufungswelle neuer Stadtadvokaten zum Ausdruck kommt, auch zunehmend Auswirkungen auf die Anforderungen an einen Bürgermeister hat. Auf seine Wahl müssen sich ferner auch seine entfernte Verwandtschaft mit Ulrich Rehlinger und vor allem seine familiären Kontakte zu Straßburg positiv auswirken[105]. Die Tatsache, daß er nicht der vorherrschenden zwinglianisch-bucerischen Glaubensrichtung angehört, sondern sich zum Luthertum bekennt, unterstreicht das Gewicht der angeführten sozialen Merkmale. Von Wolfgang Rehlinger erhofft sich der Rat aufgrund seiner juristischen Ausbildung, seines sozialen Umfeldes und seiner Jugend die notwendige Sachkenntnis, persönliche Kontakte, Durchsetzungsvermögen und Dynamik, die für eine Beilegung der anhaltenden religiösen Konflikte notwendig sind.

Die übrigen neugewählten Bürgermeister der Jahre 1530 bis 1537, Hans Haintzel als Nachfolger Hieronymus Imhofs 1536 und Hans Welser als Nachfolger Ulrich Rehlingers 1537, lassen im Vergleich zu Mang Seitz und Wolfgang Rehlinger nur geringe soziale Unterschiede zu ihren Vorgängern erkennen. Ebenso wie diese gehören sie der Augsburger Kaufmannschaft an und leben sogar in direkter Nachbarschaft zu ihnen in den wohlhabenden Wohnbereichen der Reichsstadt[106]. Bemerkenswert ist aber, daß mit ihnen wiederum Neubürger der Reichsstadt gewählt werden: Hans Haintzel stammt aus Ulm und Hans Welser aus Nürnberg[107]. Im Hinblick auf die politische Annäherung der Städte Nürnberg, Ulm und Augsburg während der dreißiger Jahre kommt diesem Sachverhalt eine besondere Bedeutung zu. Beide gelten als strikte Gegner der alten Kirche[108].

Trotz mancher sozialer und persönlicher Unterschiede der neuen politischen Kräfte sind sie aber alle fest in die bisherige Führungsgruppe integriert. Sie verfügen größtenteils über soziale Kontakte zu ihr, vor allem durch Verschwägerung, oder aber sie teilen zumindest ein reformatorisches Engagement. Die personellen Veränderungen in der Führungsspitze seit 1530 bedeuten deshalb keinen Bruch in der politischen Kontinuität. Sie sind vielmehr Ergebnis der sich langsam verändernden politischen Verhältnisse angesichts des fortschreitenden Reformationsprozesses.

Mit diesem Vordringen neuer politischer Führungskräfte in das Bürgermeisteramt sind Veränderungen im sozialen Beziehungsnetz der Bürgermeisterfamilien eng verbunden. So mehren sich die Anzeichen, die für den Aufbau familiärer Kontakte zu gesellschaftlich niedriger gestellten Bürgern und für die teilweise Durchbrechung der »sozialen Inzucht« bei der

104 Preu-Chronik, a. a. O., S. 58; dazu und zum folgenden auch: F. Roth, Reformationsgeschichte II, a. a. O., S. 150f.

105 Sein Vater ist der anfangs angeführte Bernhard Rehlinger, verheiratet mit Richardis Misbeck von Straßburg.

106 Hans Haintzel wohnt im Steuerbezirk »Vom Zimmerleute Haus«, dort wohnen auch Ulrich Rehlinger und Georg Vetter.

107 Zu Hans Haintzel: P. v. Stetten d. J., Geschichte der adelichen Geschlechter in der freyen Reichsstadt Augsburg, Augsburg 1762, S. 226; zu Hans Welser: J. M. v. Welser, Die Welser, Bd. 1, Nürnberg 1917, S. 293.

108 Dazu: F. Roth, Reformationsgeschichte II, a. a. O., S. 8, 310.

Konstituierung neuer Verwandtschaftsbeziehungen im Umfeld der Führungsgruppe sprechen[109]. Diese Annahme wird bestätigt durch die neugeschlossenen Ehen in der Bürgermeisterfamilie Hoser, von der nach Ludwig Hoser mit Simprecht Hoser 1538 erneut ein zünftischer Bürgermeister gestellt wird. Die dritte Generation der Familie wird ausschließlich mit mittelständischen Zünftlern verheiratet, die zwar vermögend sind, aber politisch und gesellschaftlich nicht der eigentlichen Elite zugerechnet werden können und teilweise sogar nicht einmal den Großzünften der Kaufleute, Weber und Salzfertiger angehören[110].

Offenkundig wird diese Tendenz zur sozialen Öffnung nach unten auch im Familienkreis des patrizischen Bürgermeisters Wolfgang Rehlinger. Zwei seiner Geschwister heiraten Angehörige der Salzfertiger- bzw. Krämerzunft. Die neuen Verwandten besitzen zwar ein beträchtliches Vermögen, sitzen aber erst in der ersten Generation im Rat. Von dem bisher geltenden Prinzip der gesellschaftlichen Ebenbürtigkeit wird demnach offensichtlich teilweise abgerückt. Mit gewissen Einschränkungen gilt dies auch für die Heiratsverbindungen der Kinder des Ulrich Rehlinger. Bereits in den zwanziger Jahren hat er ausschließlich zu reichen Zünftlern, die als »Empörkömmlinge« gelten, Verwandtschaftsbeziehungen geknüpft. Zwar gehören sie zur wirtschaftlichen Führungsschicht, nicht aber zum engeren Kreis der bisherigen politischen Führung. In den dreißiger Jahren setzt sich diese Tendenz fort.

Ein Vergleich dieser beiden Mitglieder des Familienverbandes der patrizischen Rehlinger mit einem anderen Zweig macht den Unterschied deutlich. Der kaiserliche Rat Hans Rehlinger vermählt seine Kinder mit Angehörigen der Familien Fugger, Turso und Villinger. Führt man den Tatbestand an, daß sowohl Hans Rehlinger als auch die Fugger, Turso und Villinger als altkirchlich gesinnt gelten, wird ein neues konstitutives Moment für die Bildung von Verwandtschaftsverhältnissen durch Eheschließung sichtbar.

Die Vermutung, daß der Faktor Glaubenshaltung in der reformatorischen Führungsgruppe gegenüber einem traditionellen Standesdenken an Bedeutung gewinnt, beweist die Tatsache, daß die meisten der neuen Verwandten als reformatorisch eingestellt gelten[111]. Die genauere Untersuchung ihrer Glaubenshaltung zeigt ferner, daß eine grundsätzlich positive Beurteilung der Reformation entscheidend ist, denn die Eheschließungen im Kreise der reformatorischen Bürgermeister verbinden lutherisch und zwinglianisch-bucerisch eingestellte Familienverbände. Die bereits in früheren Jahren zu verzeichnende soziale Verflechtung zwischen beiden reformatorischen Gruppen wird also weiter fortgesetzt, sogar intensiviert.

Die in diesen Zeitraum fallenden Eheschließungen der Kinder des Zwinglianers Ulrich Rehlinger verdeutlichen dies wiederum. Denn neben den bereits angeführten Verbindungen zu reformatorisch gesinnten Zünftlern verheiratet er zwei seiner Kinder mit Angehörigen der lutherischen Führungsgruppe, die interessanterweise dem Patriziat angehören[112]. Auf seine engen persönlichen Kontakte zu lutherisch gesinnten Kreisen im Rat weist ferner seine Tätigkeit

109 Zum Begriff: H. MITGAU, Geschlossene Heiratskreise sozialer Inzucht, in: Deutsches Patriziat 1430–1740, Deutsche Führungsschichten der Neuzeit, Bd. 2, a. a. O., S. 1–27.

110 Zu den Quellen für diese und die folgenden Ermittlungen siehe die Angaben unter Anm. 18 und 19.

111 Die individuelle religiöse Haltung läßt sich ermitteln aufgrund der Angaben bei ROTH sowie D. LANGENMANTEL, Historie des Regiments in des Heil. Röm. Reichs Stadt Augspurg... bis auf unsere Zeit, Frankfurt und Leipzig 1725.

112 Vgl. Anm. 110 und 111. Es handelt sich um die Familien des Ulrich Welser und Andres Rem.

als Zeuge eines Heiratsvertrages hin, der zwei prominente lutherisch gesinnte Familien verbindet[113].

Im sozialen Umfeld des Zwinglianers Hans Haintzel zeigt sich ein ähnliches Bild. In den dreißiger Jahren werden zwei seiner Nichten mit Lutheranern verheiratet[114]. Auch die erwähnten Vermählungen im familiären Umfeld des Lutheraners Wolfgang Rehlinger bestätigen diese Tendenz.

Im Gegensatz zu der kontinuierlich zu verfolgenden sozialen Verflechtung der beiden reformatorischen Ratsgruppen zeigen sich deutliche Symptome, die für eine Distanzierung zwischen reformatorischen und altkirchlichen Personenkreisen sprechen. So werden in diesen Jahren im Umfeld der Bürgermeister keine neuen Ehen mit »Katholiken« eingegangen. Die angeführte Heiratspolitik des kaiserlichen Rates Hans Rehlinger kann als Beispiel für die soziale Absonderung der altkirchlich gesinnten Mitglieder der Augsburger Führungsschicht angesehen werden, ebenso die Verehelichungen im Kreise der Fugger und Baumgartner[115].

Auch ist es auffällig, daß in der Auseinandersetzung um den in Bankrott geratenen, altkirchlich gesinnten Ambrosius Höchstetter jegliche Anzeichen einer Hilfeleistung seitens seines Verwandten Ulrich Rehlinger fehlen[116]. Die dem Beziehungsnetz des Bürgermeisters angehörenden Stadtadvokaten Johann Hagk und Balthasar Langnauer lehnen sogar ab, der Ehefrau des Höchstetters Rechtsbeistand zu leisten[117].

Die politische Dimension des dargelegten entscheidenden Bedeutungsgewinnes einer überzeugten reformatorischen Gesinnung zeigt sich nun in der konkreten Entwicklung der Jahre nach 1530. Unter Führung der Bürgermeister werden auf sehr behutsame Weise wichtige Veränderungen der bisherigen Religionspolitik vorgenommen. Dazu tragen die vielfältigen Beziehungen der politischen Führung zu Straßburg, zu den Augsburger Prädikanten und zur jeweils konträren reformatorischen Gruppe maßgeblich bei. So finden immer wieder zwischen den Protestanten religiöse Vermittlungsgespräche statt[118]. Ziel ist die offizielle Einführung der Reformation im Sinne der wahren Lehre Gottes und im Interesse des »gemain nutz«. Hierfür treten vor allem in den ersten Jahren die Bürgermeister Ulrich Rehlinger, Anton Bimmel und Mang Seitz ein sowie später die nachfolgenden Wolfgang Rehlinger und Hans Welser. In ihren Bestrebungen werden sie unterstützt vom Großen Rat, den Prädikanten und besonders von dem Stadtschreiber Georg Frölich sowie dem Stadtarzt Gereon Sailer, die beide zu den wichtigsten städtischen Gesandten werden. Die im Verlauf der Reformationsjahre weiter anwachsende Machtfülle der Bürgermeister kommt der Durchsetzung ihrer religionspolitischen Zielsetzungen zugute[119].

113 StadtA Augsburg, Literaliensammlung, Nachträge 1534, Heiratsbriefkonzept zwischen der Tochter des Konrad Herwart und Christoph Sulzer.

114 Vgl. oben Anm. 110 und 111.

115 Die genealogischen Ermittlungen zu diesen Familien erfolgten aufgrund von G. NEBINGER, Genealogie des Hauses Fugger von der Lilie, Stammtafeln, Studien zur Fuggergeschichte, Bd. 16, Tübingen 1978, K. O. MÜLLER, Quellen zur Handelsgesellschaft der Paumgartner, a. a. O.

116 Zum Konkurs der Höchstetter vor allem: E. KERN, Studien zur Geschichte des Augsburger Kaufmannshauses der Höchstetter, in: ARG, Bd. 26, 1935, S. 162–199.

117 StadtA Augsburg, Literaliensammlung, 1528, Nr. 6, undatiertes Schriftstück.

118 So lädt der Rat im Februar 1531 alle Prädikanten zu einem Religionsgespräch ein. Dazu: F. ROTH, Reformationsgeschichte II, a. a. O., S. 13f.

119 Diese nahezu unumschränkte Macht der Bürgermeister gipfelt in der Konstituierung eines geheimen Rates, bestehend aus den führenden Politikern Wolfgang Rehlinger, Ulrich Rehlinger, Mang Seitz, Hans

Ausgehend von dieser Machtbasis und gestützt auf die kontinuierliche soziale Verflechtung der reformatorischen Gruppen beginnt sich eine Religionspolitik durchzusetzen, die in Richtung des von Bucer vertretenen Glaubensverständnisses weist. Die persönlichen Kontakte der Augsburger Führung zu Bucer begünstigen diese Entwicklung, die durch die dargelegten personalpolitischen Entscheidungen eingeleitet wird. Über die neuen Prädikanten hat die Führung der oberdeutschen Reformation, neben Bucer vor allem auch Ambrosius Blaurer, verstärkte Möglichkeiten der Einflußnahme, denn diese informieren sie ständig über die Entscheidungen der Ratsführung, die Stimmung im Volke und die anstehenden Probleme[120]. So hält Bucer auch in Absprache mit den Prädikanten und der politischen Führung im Juni 1531 zur Unterstützung der auf reformatorische Einheit hinarbeitenden Religionspolitik in der Reichsstadt seine eindrucksvolle »Friedenspredigt«, in deren Mittelpunkt er einen eindringlichen Appell an den Gemeinschaftsgeist der Bürgerschaft stellt[121].

Zunächst aber gärt es noch weiter unter der Oberfläche einer vom Rat 1531 formal durchgesetzten Aufhebung des Abendmahlstreites[122]. Immer noch werden auf den Kanzeln der Kirchen heftige Streitgespräche über die wahre Lehre ausgetragen, auf die sich das erneute Erstarken der Täuferbewegung erschwerend auswirkt. Zum anderen, und das dürfte wesentlicher sein, boykottieren einzelne Mitglieder der Ratsführung, vor allem Lutheraner, die verfolgte Religionspolitik[123]. Diese religiösen Verhältnisse weisen darauf hin, daß die enge soziale Verflechtung der beiden reformatorischen Gruppen ein Maß an Rücksicht und religiösem Freiraum bewirkt, das letztlich den Reformationsprozeß lähmt.

Derartige Widerstände bestärken die amtierenden Bürgermeister Ulrich Rehlinger und Mang Seitz in ihrer Auffassung, daß endlich die Reformationsfrage in enger Zusammenarbeit mit den Prädikanten gelöst werden muß. Es ist deshalb kein Zufall, daß nur wenige Tage nach ihrer erneuten Wahl ins Bürgermeisteramt die Prädikanten, einschließlich des Lutheraners Michael Weinmair, am 21. Januar 1533 den Dreizehnern eine Supplikation einreichen, in der sie eindringlich die baldige obrigkeitliche Einführung der Reformation fordern[124]. Mit der Konstituierung eines sechsköpfigen Religionsausschusses und der Erstellung juristischer Gutachten beginnt die langwierige Auseinandersetzung um das »ius reformandi« des Rates[125].

Zur gleichen Zeit gehen von »außenpolitischen« Entwicklungen wesentliche Impulse für weitere religionspolitische Maßnahmen aus. Der Zerfall des Schwäbischen Bundes, jahrzehnte-

Haintzel, Simprecht Hoser und Hans Welser. Er ist eine Weiterführung des Religionsausschusses und entsteht um 1536. Dazu: F. ROTH, Reformationsgeschichte II, a. a. O., S. 287.

120 Die Korrespondenz der Gebrüder Blaurer vermittelt ein anschauliches Bild von der Bedeutung der Prädikanten als Informanten, dazu: Th. SCHIESS, Briefwechsel, a. a. O.

121 Dazu: F. ROTH, Reformationsgeschichte II, a. a. O., S. 19, J. V. POLLET, Martin Bucer, a. a. O., S. 228.

122 Vgl. F. ROTH, Reformationsgeschichte II, a. a. O., S. 15. Zu den Verhältnissen in Augsburg ferner: Wolfgang Musculus an Ambrosius Blaurer am 16. Januar 1532, abgedruckt in: Th. SCHIESS, Briefwechsel, a. a. O., Bd. 1, S. 313f.

123 Nach F. ROTH, Reformationsgeschichte II, a. a. O., S. 51f., 94ff., sind es vor allem Hieronymus Imhof und Konrad Rehlinger.

124 Der Text der Supplikation ist abgedruckt in: K. WOLFART, Die Augsburger Reformation in den Jahren 1533/34, Leipzig 1901, Neudruck Aalen 1972, S. 127–130.

125 Dazu neben K. WOLFART, Die Augsburger Reformation, a. a. O., auch W. HANS, Gutachten und Streitschriften über das ius reformandi des Rates vor und während der Einführung der offiziellen Kirchenreform in Augsburg (1534–1537), Augsburg 1901.

lang die bestimmende politische Größe in der oberdeutschen Region, wird zum auslösenden Faktor[126]. Augsburg, bisher maßgeblich am Schwäbischen Bund beteiligt, sieht sich veranlaßt, zur eigenen externen Sicherung ein neues Bündnis einzugehen. Am 7. Mai 1533 schließt die Reichsstadt mit Nürnberg und Ulm einen zunächst geheimgehaltenen, auf zehn Jahre befristeten Dreistädtebund[127]. Der Bündniszweck ist rein defensiv. Obwohl die Religionsfrage nicht angesprochen wird, ist das Bündnis eine Antwort auf die Zuspitzung des konfessionellen Konfliktes im Reich.

Der Versuch des Augsburger Rates, die äußere Isolation zu überwinden und so für die anstehenden religionspolitischen Entscheidungen im Innern Rückhalt zu gewinnen, wird auch in den eingeleiteten Verhandlungen mit der Ulmer Ratsführung um den Beitritt Augsburgs zum Schmalkaldischen Bund sichtbar[128]. Mit der Delegierung der wichtigen Verhandlungsgespräche an den Stadtsyndikus Johann Hagk manifestiert sich erneut die Tragweite der personalpolitischen Veränderungen zu Beginn der dreißiger Jahre. Durch ihn kann Bürgermeister Ulrich Rehlinger die Verhandlungen in seinem Sinne beeinflussen.

Gestützt auf diese außerstädtischen Veränderungen setzt die Ratsführung ihre Bemühungen um die Erneuerung des reichsstädtischen Kirchenwesens fort. Erneut bewährt sich die seit langem kontinuierlich praktizierte intensive Zusammenarbeit mit dem Großen Rat in der Religionsfrage. Das positive Einvernehmen muß zudem als Konsequenz der nachgewiesenen sozialen Beziehungen von Mitgliedern der Ratsführung zur zünftischen Mittelschicht sowie der Repräsentation der unteren Schichten im Bürgermeisteramt durch den Weber Mang Seitz angesehen werden. Am 29. Juli 1534 erfolgt nach Abstimmung im Großen Rat endlich die Verabschiedung des Reformationsmandates[129] unter der Beteiligung des Stadtvogtes. Diese Handlungseinheit weist nicht nur auf die zunehmende Einbeziehung des Stadtvogtamtes in den Autoritätsbereich des Rates hin, sondern vor allem auf die reformatorische Gesinnung des Stadtvogtes Alexander Bästler[130]. Dabei teilt er mit den Bürgermeistern Ulrich Rehlinger und Mang Seitz eine persönliche Bindung an den Stadtprädikanten Michael Keller. Diese Übereinstimmung ermöglicht es, dem Reformationsmandat durch die formelle Bestätigung des vom Kaiser eingesetzten Stadtvogtes volle Rechtsgültigkeit zu verleihen.

Deutlich ist im Reformationsmandat der Einfluß des um Aussöhnung und Verständigung bemühten Bucer zu spüren[131]. Auch die Institutionalisierung des Laienelementes durch die Einsetzung von Kirchenpröpsten 1535 ist auf den schweizerisch-bucerischen Einfluß zurückzuführen[132]. Die personelle Zusammensetzung des Kreises der ersten Kirchenpröpste verstärkt diesen Eindruck durch deutliche Bezüge zum sozialen Umfeld des Bucer-Freundes Ulrich

126 Zur Auflösung des Schwäbischen Bundes: E. Bock, Der Schwäbische Bund und seine Verfassungen 1488–1534, Untersuchungen zur deutschen Staats- und Rechtsgeschichte, hg. J. v. Gierke, Breslau 1927, Neudruck 1968.

127 Hierzu: K. Weisser, Das Bündnis der drei Reichsstädte Ulm, Augsburg und Nürnberg 1533–1547, in: Ulmer Historische Blätter, Nr. 1, S. 3f., Nr. 4, S. 5–7.

128 Vgl. K. Wolfart, Die Augsburger Reformation, a. a. O., S. 130–133, Die Instruktion des Johann Hagk.

129 Abgedruckt in: E. Sehling, Evangelische Kirchenordnungen, a. a. O., S. 44f.

130 Hierzu und zum folgenden: F. Roth, Reformationsgeschichte II, a. a. O., S. 188.

131 Hervorzuheben sind dabei: 1. die Begrenzung der obrigkeitlichen Zuständigkeit, 2. der besondere Stellenwert der »Gemeinschaftsethik« und 3. der ausdrückliche Verweis auf die Aufgaben der Armenpflege. Zu diesen Aspekten bucerischer Theologie: B. Moeller, Reichsstadt und Reformation, a. a. O., S. 44–47.

132 Vgl. F. Roth, Reformationsgeschichte II, a. a. O., S. 195.

Rehlinger[133]. Von diesem entschlossenen Eingreifen der Ratsführung in das Kirchenwesen geht eine spürbar einigende Kraft auf das Gemeinwesen aus, die es nun ermöglicht, zwischen den Zwinglianern und Lutheranern in der Abendmahlslehre zu einer Lösung zu gelangen[134]. Mit dem Beitritt zum Schmalkaldischen Bund am 20. Januar 1536 und der Annahme der Wittenberger Konkordie im Mai 1536 wird die völlige Integration der Reichsstadt in die Reihe der protestantischen Stände vollzogen.

Nun gilt es, auch die letzten Bastionen der altkirchlichen Lehre zu beseitigen. Seit 1535 dringt Bucer in seinen Schriften auf die endgültige Verdrängung der katholischen Lehre aus der Reichsstadt[135]. Es ist bezeichnend für die Rolle der Bürgermeister im Reformationsverlauf der Reichsstadt, daß die Impulse für die völlige Abschaffung der »papistischen Confession« von einem Bürgermeister ausgehen. In Absprache mit seinem engsten politischen und religiösen Berater Michael Keller legt der neugewählte Bürgermeister Hans Welser 1537 bei seinem Amtsantritt in einer Art politischem Offenbarungseid seine Auffassung vom Bürgermeisteramt dar[136]. Das »hailig evangelium zu erweittern« sieht er als seine oberste Pflicht an[137]. Angesichts dieses reformatorischen Eifers und eines fast »missionarischen« Selbstverständnisses erscheint es konsequent, daß nur wenige Tage nach seiner Wahl der Große Rat seinem Antrag auf völlige Abschaffung der katholischen Lehre in den restlichen dem Bischof unterstehenden Kirchen stattgibt[138]. Die von Bürgermeister Hans Welser ergriffene Initiative zieht den Schlußstrich unter eine Entwicklung, die über den religionspolitischen Aspekt hinaus zu einer Erweiterung des städtischen Machtbereiches führt. Mit der Verdrängung der bischöflichen Gewalt wird der Weg zur Ausbildung eines reichsstädtischen Souveränitätsprinzips beschritten, dessen oberste Repräsentanten die Bürgermeister sind[139].

3. Phase: Gesellschaftliche Folgewirkungen der Reformation (1538/39)

Ein Jahr nach dem Abschluß der Reformation in der Reichsstadt Augsburg wird 1538 eine Vermehrung des Patriziats vorgenommen. Die dichte zeitliche Abfolge erscheint augenfällig und läßt auf einen unmittelbaren Zusammenhang schließen.

Eingeleitet wird das Vorhaben durch die neugewählten Bürgermeister Georg Herwart und Simprecht Hoser, zwei Ratsherren, die entscheidend an der Durchführung der Reformation in Augsburg beteiligt gewesen sind und deren Wahl maßgeblich von Michael Keller betrieben wird[140].

Der religionspolitische Bezug der Patriziervermehrung wird von Bürgermeister Herwart in

133 Nach StadtA Augsburg, Ratsbücher, Bd. 16, p. 104, Eintrag vom 17. Juni 1535 sind die ersten Kirchenpröpste der Stadtarzt Ambrosius Jung, Stephan Eiselin, Hans Lutz, Hans Umgelter und Marx Ehem.

134 Dazu und zum folgenden: F. Roth, Reformationsgeschichte II, a. a. O., S. 241–263.

135 Vgl. W. Hans, Gutachten a. a. O., S. 44–51; J. V. Pollet, Martin Bucer, a. a. O., S. 232.

136 Dazu: F. Roth, Reformationsgeschichte II, a. a. O., S. 339f.

137 Ebd., S. 139.

138 Vgl. ebd., S. 312f.

139 J. Jahn, Studien zur Verfassungs- und Bevölkerungsgeschichte der Reichsstadt Augsburg bis zur Einführung der Reformation, München 1976 (unveröffentlichte Magisterarbeit, einzusehen im Stadtarchiv), S. 81–83, sowie W. Wettges, Reformation und Propaganda, a. a. O., S. 66–68, weisen nachdrücklich auf diesen Wirkungszusammenhang von Souveränitätsentfaltung und Reformationsverlauf hin.

140 Vgl. F. Roth, Reformationsgeschichte II, a. a. O., S. 431.

den Ratssitzungen des 16. und 17. Oktobers 1538 angedeutet[141]. In der Begründung für die geplante Vermehrung weist er eindringlich auf die Zeitumstände hin, in denen man »durch göttliche gnad, ainen wahren rechten glauben, kirchendienst und ceremoni ... erlangt« habe[142]. Andauernde religiöse Probleme und die angespannte politische Lage in »Teutschland« erforderten, daß »dise statt wol notdurfftig were viler verstendiger gotzfürchtiger und frommer Menner in furfallender geschefften Inner und ausserhalbn der Statt zue geprauchen«[143]. Damit könne »mer ainigkeit und also fursechung und verhuetung viler pöser practickh auch sonst allerley schedlicher eingerissen unordnung besserung erraucht« werden[144]. Um dies zu ermöglichen und den Intrigen der »gaistlichen und dero anhenger« zuvorzukommen, gelte es, die Geschlechtervermehrung schnell und unverzüglich durchzuführen[145].

In der personellen Zusammensetzung der neuen Patrizier wird ebenfalls die religionspolitische Motivierung offenkundig[146]. Mit Marx Ehem, Ulrich Sulzer, Hans und Dominikus Honold sowie den Brüdern Ambrosius und Ulrich Jung finden herausragende Persönlichkeiten der reformatorischen Bewegung in Augsburg, sowohl der ursprünglich lutherischen wie zwinglianischen Richtung, Aufnahme ins städtische Patriziat. Von den neununddreißig neuen Geschlechterfamilien gelten insgesamt achtundzwanzig als reformatorisch gesinnt[147]. Die Teilnahme des Stadtprädikanten Michael Keller an den entscheidenden Ratssitzungen unterstreicht den religionspolitischen Bezug[148].

Außer ihrer überwiegend reformatorischen Gesinnung zeichnet die 1538 in das Patriziat aufgenommene Personengruppe auch eine deutliche soziale Ausrichtung auf die Bürgermeister und ihre Familien aus. Bürgermeister Hans Haintzel, bisher der Kaufleutezunft angehörend, sowie sein Bruder Anton gehören ebenso zu den neuen Patriziern wie die Söhne des ehemaligen Bürgermeisters Hieronymus Imhof. Besonders hervorstechend ist die starke Berücksichtigung von Angehörigen der Familie Ulrich Rehlinger. Unter den neuen Patriziern sind mehrere seiner Schwiegersöhne bzw. andere weitläufige Verwandte[149]. Mit Hans Vöhlin von Memmingen wird ein naher Verwandter des Bürgermeisters Georg Herwart unter die Geschlechter aufgenommen. Sogar zum sozialen Beziehungsnetz des Simprecht Hoser lassen sich Verbindungen nachweisen, denn der Stadtarzt Ulrich Jung ist mit dessen Tochter verheiratet.

Obwohl der Rat mit der Patriziervermehrung offensichtlich vorrangig religionspolitische Ziele verfolgt, läßt er aber nüchterne wirtschaftliche Erwägungen nicht außer acht. Mit der

141 StadtA Augsburg, Patrizier und Geschlechter, Nr. 47, Forma erweiterung der Geschlecht, wie die durch Herren Burgermaister Georgen Herwart und Herrn Simprecht Hoser am 16. und 17. Octobris Anno 1538 an einen Erbarn klainen und großen Rat bracht und nachvolgend alle sach gehandelt ist.

142 Ebd., f. 4v.

143 Ebd., f. 6r.

144 Ebd., f. 6r.

145 Ebd., f. 21r.

146 Die neuen Patrizier werden namentlich in der Urkunde vom 15. März 1539 aufgeführt, Kopie u. a. StadtA Augsburg, Literaliensammlung 1538.

147 A. Werner, Das Augsburger Patriziat, in: Der Sammler, Nr. 78, 1909, S. 6.

148 Vgl. StadtA Augsburg, Patrizier und Geschlechter, ad. 41, Die Herrentrinkstube betreffend anno 1539, p. 3, 54, 80. Auf eine Mitarbeit des Michael Keller deutet ferner eine Randnotiz im Ratsbuch, dazu: F. Roth, Reformationsgeschichte II, a. a. O., S. 340.

149 Zu den genealogischen Angaben vgl. oben Anm. 19.

Berücksichtigung der reichen katholischen Kaufmannsfamilien Fugger, Baumgartner und Arzt versucht die politische Führung, einer möglichen Abwanderung dieser wichtigen Steuerzahler entgegenzuwirken[150].

Wie sehr man bemüht ist, trotz aller religiösen Kontroversen die Beziehungen zu den Fuggern positiv zu gestalten und damit den Nutzen aus ihrer wirtschaftlichen Leistungsfähigkeit für das Gemeinwesen zu sichern, verdeutlicht deren steuerliche Sonderstellung in diesen Jahren. So wird ihnen 1528 erlaubt, den jährlichen Steuerbetrag erst von 1535 an in Monatszahlungen rückwirkend zu zahlen[151]. Im selben Jahr, also ein Jahr nach dem Reformationsmandat vom 29. Juli 1534, werden nicht nur die genauen Modalitäten für die Zahlung der Steuerschulden geregelt, sondern auch ein neues Steuerabkommen geschlossen[152]. Daß diese steuerrechtlichen Sonderbedingungen als geschickter Schachzug der Ratsführung gegenüber den maßgeblichen katholischen Kaufmannsfamilien gedacht ist, beweist ein ähnliches Abkommen der Stadt mit den Baumgartnern[153]. Als sich die reformatorisch gesinnten Kaufleute Christoph von Stetten und Sebastian Neidhart hierauf ebenfalls um eine günstigere Steuerregelung bemühen, wird ihr Anliegen abgelehnt. Die katholischen Fugger und Baumgartner bleiben die einzigen Steuerzahler, denen in den dreißiger Jahren eine Sonderstellung eingeräumt wird.

Diese besondere Behandlung der reichsten Kaufmannsfamilien muß auch im Zusammenhang mit dem umfangreichen Netz wirtschaftlicher Beziehungen gesehen werden, das diese Familien unterhalten und das sie mit Mitgliedern aller politischen, religiösen und sozialen Gruppen verbindet. Bis zu den Angehörigen der reformatorischen Ratsführung erstreckt sich der Kreis ihrer Handels- und Finanzpartner. Besonders wichtig sind dabei die wirtschaftlichen Verbindungen zu einzelnen Bürgermeistern und deren sozialem Umfeld. Im Gegensatz zu den privat-familiären Kontakten der Bürgermeister zu katholischen Bürgern während der Reformationsjahre ist eine kontinuierliche wirtschaftliche Verflechtung zu verfolgen. Die fragmentarisch erhaltene Generalabrechnung der Fugger-Gesellschaft vom 31. Dezember 1539 liefert genaue Angaben zu den Geschäftsverbindungen der Fugger[154]. Unter den Debitoren befinden sich der Bürgermeister Georg Herwart sowie sein Amtskollege und reformatorischer Glaubensgefährte Hans Welser, der als Vorstand des Familienunternehmens wiederholt in Geldgeschäften mit den Fuggern steht[155]. Zwar gibt es keinen Beleg für eine direkte wirtschaftliche Beziehung der Fugger zu Ulrich Rehlinger, aber mehrere Personen seiner Verwandtschaft wie der Vater seines Schwiegersohnes Ulrich Welser sowie Mitglieder der Familien Walter und von Stetten sind in der Generalabrechnung aufgeführt[156]. Auch Bürgermeister Hans Haintzel betreibt rege Wechselgeschäfte mit den Fuggern[157], ebenso der 1538 erstmalig ins Amt

150 Dazu F. ROTH, Reformationsgeschichte II, a. a. O., S. 431 f. – Die versöhnliche Geste gegenüber diesen ist um so dringlicher geworden, seitdem Anton Fugger, der bereits seit 1534 im »freiwilligen Exil« in Weißenhorn lebt, vom Kaiser im Februar 1537 Privilegien verliehen worden sind, die ihn und seine Familie ohne Verlust des Bürgerrechts »aller bürgerlichen Pflicht und Eid« gegenüber Augsburg entbinden, dazu: G. Frhr. v. PÖLNITZ, Anton Fugger II, Tübingen 1958, S. 41 f.

151 Dazu: ebd., Bd. I, a. a. O., S. 336; J. HARTUNG, Die Belastung des Augsburger Großkapitals durch die Vermögenssteuer des 16. Jahrhunderts, in: Schmollers Jahrbuch, Bd. 19, 1895, 112.

152 Vgl. J. HARTUNG, Belastung, a. a. O., S. 115.

153 Ebd., S. 115, hierzu und zum folgenden.

154 Dazu ausführlich: G. Frhr. v. PÖLNITZ, Anton Fugger II, a. a. O., S. 126, 466–470, Anm. 253.

155 Vgl. ebd., S. 430, Anm. 189, sowie weitere Angaben im Register.

156 Vgl. ebd., S. 409, Anm. 134, S. 469, Anm. 253.

157 Vgl. ebd., S. 409, Anm. 134, sowie weitere Angaben im Register.

gewählte Simprecht Hoser einschließlich zahlreicher Personen seines sozialen Umfeldes wie sein Kompagnon Marx Miller[158]. Lediglich Bürgermeister Mang Seitz steht deutlich außerhalb dieser wirtschaftlichen Verflechtungen; berücksichtigt man seinen sozialen Standort, ist dies leicht zu erklären.

Die Aufnahme der reichen katholischen Kaufmannsfamilien in das Patriziat erweist sich somit als Folge der intensiven wirtschaftlichen Zusammenarbeit der Ratsführung mit ihnen, sei es aus Gründen des »gemain nutz« oder persönlicher Vorteile. Aus diesem Grund müssen die obersten Repräsentanten der Stadt als maßgebliche Befürworter einer Standeserhebung dieser Bürger angesehen werden. Die mit der Geschlechtervermehrung einhergehende Stärkung des gesellschaftlichen Ansehens der reformatorisch gesinnten Führungsgruppenmitglieder wird durch ein solches Verhalten nicht berührt.

Es wäre unzutreffend, würde man die Patriziervermehrung von 1538 allein auf diese Motive zurückführen, denn es besteht die objektive Notwendigkeit, den gravierenden Mangel an patrizischen Ratsherren zu beheben, um das Funktionieren der Stadtverfassung weiter zu sichern. Von den ursprünglich fünfzig Patrizierfamilien sind zweiundvierzig ausgestorben, und von den Verbliebenen sind viele zu alt oder zu krank, um in Ratsgeschäften Verwendung zu finden[159]. Außerdem entziehen sich viele bewußt der Teilnahme an der Stadtpolitik, insbesondere den Religionsangelegenheiten[160]. Ferner wird die Wahl patrizischer Ratsherren erschwert durch die Bestimmung, daß engste Blutsverwandte nicht gleichzeitig im Rat sitzen dürfen[161].

Durch diesen Sachverhalt gelingt es der Ratsführung, ihren angestrebten Eingriff in das Patriziat funktional zu begründen. Damit werden die dominierenden religions- und wirtschaftspolitischen Motive sowie die starke Bevorzugung von Personen ihres eigenen sozialen Umfeldes weitgehend verdeckt. Um die Fundamente des politischen Lebens zu garantieren und »nit allein der Religion halb« sei es nötig, eine Patriziervermehrung vorzunehmen, um die Wahl der zwölf patrizischen Ratsherren auch weiterhin zu gewährleisten[162].

Auch ohne die Berücksichtigung der zugrundeliegenden Intentionen stellt die Standeserhebung einen zentralen Eingriff in den sozialen und politischen Aufbau der Reichsstadt dar. Sie verändert ihre bisherigen traditionell und rechtlich bedingten Strukturen, löst alte, seit Generationen überkommene Rangordnungen auf und schafft letztlich ein neues Gefüge. Deshalb erscheint es nur zwangsläufig, daß es bis zur endgültigen juristischen Absicherung des Vorhabens fast ein halbes Jahr dauert, obwohl die Ratsführung bereits bei der ersten Vorstellung ihres Planes im Rat ein genaues Konzept vorlegt, in dem die einzelnen Bedingungen für eine Aufnahme ins Patriziat dargelegt werden[163].

Demnach dürfen sich bewerben:

1. Personen aus Familien, die mindestens seit fünfzig Jahren der Mehrergesellschaft, einer zwischen Zünften und Patriziat rechtlich genau fixierten Sozialstellung, angehören;
2. Adelige und Angehörige der Reichsritterschaft;
3. Patrizier aus Ulm, Straßburg und Nürnberg[164].

158 Vgl. ebd., S. 296, Anm. 10, S. 298, Anm. 12, sowie weitere Angaben im Register.
159 StadtA Augsburg, Patrizier und Geschlechter Nr. 47, f. 7.
160 Ebd., f. 8.
161 Ebd., f. 7.
162 Ebd., f. 8.
163 Ebd., f. 9.

Diese Aufnahmebedingungen knüpfen sichtlich an die traditionellen Voraussetzungen zur Mitgliedschaft in der sogenannten Herrentrinkstube, dem Versammlungsort der Patrizier und ihrer Sippschaft.

Der vom Kleinen Rat am 16. Oktober gebilligte Vorschlag stößt aber im Großen Rat zunächst auf erhebliche Kritik[165]. Die alteingesessenen Patrizier sehen im Vorhaben des Rates einen massiven Eingriff in die Autonomie ihrer Standesorganisation und bestreiten das Recht der Obrigkeit im Interesse des »gemain nutz«, eine Änderung der Geschlechterordnung vorzunehmen. Die Zünftler ihrerseits befürchten, daß ihnen die fähigsten Mitglieder genommen werden und dies zu einem gefährlichen Machtgewinn der Patrizier führen kann.

Nachdem die verschiedenen Meinungen diskutiert worden sind, einigt sich der Große Rat, unter stärkerer Berücksichtigung zünftischer Anliegen, auf folgende Bedingungen:
1. die vorgesehenen Vermögensklauseln aufzuheben;
2. den neuen Patriziern aus anderen Städten erst nach zehn Jahren die Ratsfähigkeit zuzusprechen[166].

Nach neuerlichen Verhandlungen wird am 14. November 1538 den Mitgliedern der Herrentrinkstube durch die amtierenden Bürgermeister und ihre Kollegen aus dem Vorjahr offiziell der Ratsbeschluß mitgeteilt. Die Bewerber sollen sich binnen 31 Tagen bei einem hierfür eingesetzten Ausschuß melden[167]. Nachdem der Kleine Rat einzeln über die Bewerber abgestimmt hat, wird der Herrentrinkstube am 15. Dezember das namentliche Ergebnis mitgeteilt[168]. Wenige Tage später soll die Vereidigung der neuen Patrizier erfolgen, so daß noch vor den nächsten Ratswahlen im Januar 1539 die neuen Patrizier offiziell feststehen[169].

Kaum ist aber die Liste der neuen Standesgenossen bekannt, setzt eine heftige Diskussion unter den Mitgliedern der Gesellschaft ein. Gegenstand der allgemeinen Kritik sind drei Familien, die nicht die aufgestellten Bedingungen erfüllen[170]. Gegen ihre Aufnahme ins Patriziat spricht ihre umstrittene bisherige Zugehörigkeit zur Mehrergesellschaft. Insbesondere ihre Verschwägerung mit nichttrinkstubenfähigen Kaufmannsfamilien und ihre lediglich erkauften Adelsbriefe werden als schwerwiegende Hinderungsgründe angeführt.

Als die Abstimmung aller Mitglieder der Herrentrinkstube über die Rechtmäßigkeit ihrer Standeserhebung zeigt, daß sich lediglich die nächste Verwandtschaft der umstrittenen Familien

164 Ebd., f. 9–13.

165 Ebd., f. 13–21; StadtA Augsburg, Schätze, Nr. 30. Bericht von Merung der geschlechter von herrn in diesem 1538 Jar furgenommen... beschriben durch Marx Pfister, Stubenmeister, p. 1; P. v. STETTEN, Adeliche Geschlechter, a. a. O., S. 155.

166 Vgl. StadtA Augsburg, Schätze, Nr. 30, f. 1; Patrizier und Geschlechter, Nr. 47, f. 24v.

167 Zu den Ratsverhandlungen: StadtA Augsburg, Geheime Ratsbücher, Dreizehnerprotokolle, p. 175; Patrizier und Geschlechter, Nr. 47, f. 22–25.

168 Zur Abstimmung: StadtA Augsburg, Geheime Ratsbücher, Dreizehnerprotokolle, p. 217–220. Notizen vom 11. Dezember 1538.

169 In der Eidesleistung verzichten die neuen Patrizier auf ihre vom Kaiser verliehenen Privilegien. Der Rat seinerseits weist nachdrücklich darauf hin, daß in Zukunft keine weiteren Standeserhebungen vorgenommen werden sollen. Vgl. StadtA Augsburg, Patrizier und Geschlechter, Nr. 41, p. 8, Nr. 47, f. 26–31.

170 Hierzu und zum folgenden StadtA Augsburg, Patrizier und Geschlechter, Nr. 41, p. 10–14; Schätze, Nr. 30, p. 9–12.

für sie ausspricht, legt die Gesellschaft beim Rat Einspruch ein[171]. Gleichzeitig wenden sich aber auch die angegriffenen neuen Patrizier dorthin[172]. Sie finden vor allem bei den Bürgermeistern Georg Herwart, Simprecht Hoser und Wolfgang Rehlinger Beistand, deren sozialem Umfeld sie auch bezeichnenderweise zuzuordnen sind[173].

Nach wiederholten Verhandlungen entschließt sich die Ratsführung zu einem Kompromiß, der eine nur bedingte Aufnahme der Familien ins Patriziat vorsieht und sie vor allem für die nächste Generation an verschiedene Bedingungen knüpft[174].

Bei der daraufhin am 27. und 28. Februar 1539 erfolgenden einzelnen Befragung aller neuen und alten Patrizier über ihre Haltung zum »mitel« stellt sich die Mehrheit hinter den Einigungsvorschlag[175]. Trotzdem bedeutet dieses Abstimmungsergebnis aber für die vorrangig für diesen Beschluß verantwortlichen Bürgermeister eine Niederlage. Die namentliche Protokollierung der Abstimmung zeigt nämlich, daß zum Teil die nächsten Verwandten sich gegen den Kompromiß aussprechen. Dies veranlaßt den Rat, alle patrizischen Ratsherren bis auf die Bürgermeister, von den folgenden Verhandlungen auszuschließen.

Um bei einer weiteren Befragung keine erneute Niederlage zu erhalten, greift die Ratsführung zu massiven Mitteln. Den ablehnenden Patriziern wird Ungehorsam gegenüber der Obrigkeit und Vernachlässigung bürgerlicher Pflichten vorgeworfen[176]. Trotz dieser harten und fast diskriminierenden Beschuldigungen führt die zweite Abstimmung zu keiner Änderung des Meinungsbildes. Erneut ist im namentlich festgehaltenen Ergebnis »ganz erbärmlich« zu sehen, daß wiederum »der Sun wider den Vatter, bruder wider bruder, Tochterman wider seine schweher« stimmen[177].

Nun sieht sich der Rat aber zu entschlossenen Schritten veranlaßt. Er untersagt der Herrentrinkstube jegliche weitere Diskussion über die Patriziervermehrung. Nachdrücklich mahnt Bürgermeister Mang Seitz, den Ratsbeschluß als endgültige Entscheidung anzunehmen[178].

Am 15. März 1539 kann der Rat endlich die formelle Urkunde über die Patriziervermehrung ausstellen. Der Zwist ist damit aber noch immer nicht ganz ausgetragen. Einige Mitglieder der Herrentrinkstube sehen sich durch die Anschuldigungen des Rates in ihrer Ehre gekränkt und fordern eine Zurücknahme[179]. Obwohl Bürgermeister Wolfgang Rehlinger die vorgetragenen Vorwürfe energisch zurückweist und die Patrizier zu beschwichtigen sucht, führt die Auseinandersetzung zu einem offenen Tumult in der Herrentrinkstube. Fünf Patrizier weigern sich sogar, ihre Aufgaben als Ratsherren weiter wahrzunehmen. Die Ratsführung sieht sich zu weiteren beschwichtigenden Äußerungen gezwungen. In einer letzten versöhnlichen Stellungnahme findet der Konflikt sein Ende, wenn auch weitere Folgen nicht ausbleiben. So

171 StadtA Augsburg, Patrizier und Geschlechter, Nr. 41, p. 13ff.

172 Vgl. StadtA Augsburg, Patrizier und Geschlechter, Nr. 47, 32–34; Supplikation des David Dettigkofer an den Rat.

173 Die umstrittene Familie Jung ist, wie bereits angeführt, mit den Rehlingern und Hosern verschwägert.

174 Vgl. StadtA Augsburg, Patrizier und Geschlechter, Nr. 47, f. 46.

175 Namensliste mit Votum: ebd., f. 46v–53r.

176 Ebd., f. 55–58.

177 StadtA Augsburg, Patrizier und Geschlechter, Nr. 41, p. 73.

178 StadtA Augsburg, Patrizier und Geschlechter, Nr. 47, f. 53–55.

179 Hierzu und zum folgenden: StadtA Augsburg, Patrizier und Geschlechter, Nr. 41, p. 85–100; Nr. 47, f. 61–66; Schätze, Nr. 30, p. 71–80.

entschließen sich zwei der protestierenden Patrizier zur Aufgabe ihres Bürgerrechts. Die drei umstrittenen neuen Patrizier treffen trotz des Ratsbeschlusses auf ständige Gegnerschaft in der patrizischen Gesellschaft[180].

Aber nicht nur in der Herrentrinkstube zeigen sich negative Folgen der Patriziervermehrung. Mit dem Bau einer Kaufmannsstube beabsichtigen die bei der Standeserhebung übergangenen, im Kaufmannsgewerbe tätigen Zünftler, sich einen eigenen, von der Herrentrinkstube unabhängigen exklusiven Versammlungsort zu schaffen[181]. Der empfindlichen Verringerung der Kaufleutezunft versucht der Rat ebenfalls durch eigenmächtige Ernennung von neuen Mitgliedern zu begegnen[182]. Diese Maßnahme trifft auf ähnlich heftigen Widerstand wie zuvor in der Herrentrinkstube, denn auch die Zünftler sehen sich in ihrem Grundprinzip der freien Mitgliederwahl beeinträchtigt. Hinzu kommt eine erneute Nichtberücksichtigung von Statuten. In der nun ausbrechenden neuerlichen Kritik an der Gesellschaftspolitik des Rates verbinden sich somit Zunftinteressen und persönliche Motive.

Zur zentralen Gestalt dieser Zünftlergruppe im Rat wird in der Folgezeit der Kürschner Jakob Herbrot, unter dessen Führung sich die Kaufmannsstube politisch organisiert[183]. Da er enge soziale Kontakte zur bisherigen Führungsgruppe besitzt, bleibt auch in den folgenden Jahren bis 1548 die politische Kontinuität gewahrt[184].

Mit der Geschlechtervermehrung findet der Reformationsprozeß in Augsburg seinen gesellschaftspolitischen Abschluß. Sie wird gemeinsam von den zünftischen und patrizischen Bürgermeistern initiiert und durchgeführt[185]. Die 1538 erfolgte Etablierung einer neuen, vorwiegend reformatorisch gesinnten Elite ist dabei nicht frei von eigennützigen Interessen der obersten Amtsträger, wie die starke Präsenz ihrer Familienangehörigen unter den neuen Patriziern zeigt.

Allerdings erweist sich diese gesellschaftliche Reform nur als teilweiser Erfolg der politischen Führung. Im Gegensatz zu der politischen Eintracht unter den obersten Repräsentanten der Stadt zeigt sich nämlich, daß innerhalb der Führungsschicht, unabhängig vom religiösen Standort, in Standesfragen erhebliche Unterschiede bestehen, die nur während der Reformationsjahre durch religionspolitische Prioritäten überdeckt wurden.

So treffen die Bürgermeister in ihrem engsten Familienkreis auf Gegner ihrer auf sozialen Ausgleich bedachten Politik, mit denen sie in Religionsangelegenheiten intensiv zusammengearbeitet haben. Ihre oft weitreichende soziale Verflechtung kann folglich die religiöse Erneuerung beschleunigen, nicht aber überkommenes Rollenverständnis, Sozialprestige und Standesdünkel ausräumen. Auch in der neu etablierten reformatorischen Elite findet sich eine starke Gruppe, die sich gegen sozialen Wandel und soziale Mobilität ausspricht.

180 StadtA Augsburg, Schätze, Nr. 30, p. 80; David Dettigkofer gibt schließlich 1541 resigniert sein Bürgerrecht auf. Vgl. StadtA Augsburg, Steuerbücher, 1540, f. 50d, Eintrag vom 15. März 1541.

181 Zum Bau der Kaufmannsstube: StadtA Augsburg, Kaufmannschaft und Handel, Fasz. IV, Nr. 25/8.

182 Hierzu und zum folgenden: StadtA Augsburg, Reichsstadt Zünfte, Nr. 148, Zunftbuch der Kaufleute, p. 165ff.

183 Siehe dazu A. RIEBER, Patriziat, a. a. O., S. 313f. Zu Jakob Herbrot insbesondere: P. HECKER, Der Augsburger Bürgermeister Jakob Herbrot und der Sturz des zünftischen Regiments in Augsburg, in: ZVHS, Bd. 1, 1874, S. 34–98.

184 Über die Familie Jenisch ist er mit Simprecht Hoser verschwägert.

185 Darauf weist ausdrücklich hin: StadtB Augsburg, Cod. 2° Aug. 28, Bl. 911–1065, Georg FRÖLICH, Geschichte und Handlung so sich in Erweiterung der ehrbaren Geschlechter verloffen..., in seiner Vorrede.

Resümee

Im Wechselspiel von religiöser Überzeugung, Machtstreben, Amtskompetenz und sozialen Abhängigkeiten werden die Augsburger Bürgermeister in den rund zwanzig Jahren der Auseinandersetzung um die Reformation zu den zentralen politischen Gestalten der Reichsstadt. Ihr biographischer Hintergrund aus der vorreformatorischen Zeit legt die Grundlage für die weitere Entwicklung im Glaubensstreit. Anknüpfend an die bestehenden Beziehungsnetze und vor allem verstärkt durch die persönlichen Bindungen einzelner Amtsinhaber an reformatorische bzw. altkirchliche Geistliche setzt die Bildung religionspolitischer Gruppen ein.

Ein umfangreiches und vielfältiges Geflecht von Verbindungen zwischen den Anhängern der neuen und alten Kirchenlehre trägt maßgeblich zu einer Entschärfung der innerstädtischen Verhältnisse bei. So wird zunächst ein geistiges Klima der Toleranz begünstigt. Als sich gegen Ende der zwanziger Jahre doch religiös bedingte soziale Abgrenzungen abzeichnen und die Reformation dann auch offiziell anerkannt wird, erweisen sich wirtschaftliche Verflechtungen, einerseits mit dem Kaiserhof, andererseits mit den altkirchlich gesinnten Mitbürgern, als verbindendes Moment innerhalb der Führungsschicht. Als weiterer stabilisierender Faktor tritt ein von der individuellen Konfessionszugehörigkeit unabhängiges elitäres Standesdenken hinzu, wie es in der Auseinandersetzung um die Geschlechtervermehrung deutlich wird. Diese Bedingungen programmieren letztlich bereits für die kommenden Jahre Konflikte, auf die sich das durch die Reformation bedingte Vordringen neuer Führungskräfte erschwerend auswirken muß.

Die Untersuchung der sozialen Verflechtung der Augsburger Bürgermeister im Zusammenhang mit dem Reformationsverlauf hat die Relevanz der sozialen Beziehungen für die Konstituierung von Führungsgruppen, hier insbesondere religionspolitischer Gruppen, verdeutlicht. Damit hat sie zugleich die Annahme widerlegt, der Schichtenantagonismus sei die treibende Kraft des Reformationsverlaufs. Vielmehr erweist sich die Kontinuität der sozialen Verflechtung von reformatorisch gesinnten Gruppen innerhalb der Augsburger Führungsschicht als entscheidend. Die Ausbreitung der reformatorischen Lehre entlang der durch soziale Kontakte vorgegebenen Kommunikationsstränge wird offensichtlich. Den Erfolg der Reformation bestimmen weitgehend die Bürgermeister in ihrer Eigenschaft als religionspolitische Interessensvertreter ihrer Beziehungsnetze.

Von »offnen lastern«, »excommunication« und »bueßfertigen christenmenschen«

Eine hochstiftisch-augsburgische Polizeiordnung vom 30. Mai 1606

VON WOLFGANG WÜST

»Wir übertreffen die Juden in Wucher, die Türken in Völlerei und Trunksucht, die Heiden in Geiz und Schlechtigkeit, die Tiere in Unzucht und Ausschweifung. (...) Unsere Kirchen sind nicht Bethäuser, sondern Schwätz-, Kauf- und Tanzhäuser«[1]. Diese selbstkritischen Worte, mit denen der Jesuite Petrus Canisius (1521–1597) noch 1559, im Jahre seiner Berufung als Augsburger Domprediger, die Reformbemühungen des Konzils von Trient (1545–1563) in der mehrheitlich lutheranischen Reichsstadt lauthals propagierte, waren fester Bestandteil einer gegenreformatorischen Glaubensbotschaft, die im Hochstift Augsburg für die folgenden Jahrhunderte Teil der bischöflich-landesherrlichen Mandatspolitik werden sollte[2]. Der Inhalt der im Anhang edierten Polizeiordnung von 1606[3] unter Fürstbischof Heinrich V. von Knöringen[4] kann deshalb zwar nicht als Neubeginn einer religiös-katholischen Erneuerungswelle interpretiert werden, aber doch als ein früher, umfassender Ansatz des Landesherrn, auf der Rechtsgrundlage des Augsburger Religionsfriedens von 1555 als moralische Instanz aufzutreten. Um die 21 Artikel aus dem Jahre 1606 in den geistes- und territorialgeschichtlichen Kontext der frühen Neuzeit einordnen zu können, sei es gestattet, einen Blick auf die gegenreformatorischen Aktivitäten im Hochstift vor 1606 zu werfen – also in einem Zeitraum, in dem sich die Regierungsbehörden und der bischöfliche Hof durch die Übersiedlung nach Dillingen bereits dem Einfluß lutherischer Prediger entzogen hatten.

Der Weg des Hochstifts zu konfessioneller Homogenität[5] setzte noch in der ersten Hälfte

1 Bernhard DUHR, Geschichte der Jesuiten in den Ländern deutscher Zunge im XVI. Jahrhundert, Bd. 1, Freiburg 1907, S. 81.

2 Georg SCHREIBER (Hg.), Das Weltkonzil von Trient. Sein Werden und Wirken, 2 Bde., Freiburg 1951. Vgl. außerdem zum Wechselspiel von Reformation und Staatlichkeit: Andreas KRAUS, Le développement de la puissance de l'état dans les principautés Allemandes (XVIe–XVIIe s.), in: Revue d'histoire diplomatique 89 (1975), S. 298–319.

3 BayHStA, Hochstift Augsburg, NA, Akt 588a.

4 Joseph SPINDLER, Heinrich V. von Knöringen, Fürstbischof von Augsburg (1598–1646), in: Jahrbuch d. Historischen Vereins Dillingen 24 (1911), S. 1–138. Die Polizeiordnung von 1606 bleibt in diesem Beitrag unerwähnt.

5 Wolfgang REINHARD, Konfession und Konfessionalisierung in Europa, in: Bekenntnis und Geschichte. Die Confessio Augustana im historischen Zusammenhang (Schriften der phil. Fakultäten der Universität Augsburg 20), München 1981, S. 165–189.

des 16. Jahrhunderts ein. Kardinal Otto Truchseß von Waldburg (1543–1573)[6] sollte für das gesamte süddeutsche Gebiet zum Mittelpunkt der Gegenreformation werden. Er berief u. a. drei Diözesansynoden nach Dillingen, gründete dort 1549/51 eine Universität, die er 1563 gegen den Widerstand seines Domkapitels den Jesuiten übereignete, und er hatte 1552 in Rom die Gründung des Collegium Germanicum maßgeblich mitinitiiert, in dem seitdem eine neue katholische Bildungselite heranwuchs. Schließlich führte die Errichtung einer Druckerei[7] 1550 in Dillingen zu der gewünschten Unabhängigkeit von den etablierten Verlagshäusern in den reformierten Reichsstädten Augsburg und Ulm.

Jener gegenreformatorische Elan sollte aber auch unter seinen Nachfolgern nicht abbrechen. So hatte sich z. B. Johann Egolf von Knöringen (1573–1575)[8] öffentlich zur Stabilisierung der katholischen Amtskirche gegen das Konkubinat unter Klerikern, wider den »Wucher« im Sinne einer generellen Zinserhebung und wider lutherische und calvinistische »Irrlehren« ausgesprochen. Allerdings konnte unter seinem kurzen Episkopat die Gründung einer »Societas Jesu« in Augsburg durch die geplante Translation des Heilig-Kreuz-Klosters an die Jesuiten gegen den Widerstand des Domkapitels nicht durchgesetzt werden. Sein Nachfolger Marquard von Berg (1575–1591)[9] wandte sich wiederum gegen jegliches Konkubinat in der Geistlichkeit und ließ die Befolgung dieses Mandats wohlweislich durch regelmäßige Visitationen in den Pfarreien und Klöstern überwachen. Er sorgte ferner für eine Verbreitung katechetischer Lehrwerke, schränkte den Besuch in Wirts- und Spielhäusern ein und unterstützte schließlich die Gründung des Jesuitenkollegs St. Salvator in Augsburg 1579 bis 1582 nachhaltig[10].

Blieb die geistige Erneuerung im Hochstift von seiten des Landesherrn bislang auf Einzelmandate beschränkt, so wurden unter Bischof Johann Otto von Gemmingen (1591–1598) erstmals Generalmandate erlassen, die sich der Ausbreitung der Reformation sowohl mit einem Sanktionskatalog gegen »Sektirer« als auch mit einer moralischen Erneuerung ländlicher und städtischer Verhaltensnormen entgegenstellten. Die Polizeiordnung von 1606 knüpfte deshalb an diese Traditionen an, die zwar seit dem Konzil von Trient in allen gegenreformatorischen Ländern in mehr oder weniger intensiver Form erlassen wurden, die aber im Falle des Hochstifts Augsburg wegen der von den benachbarten reichsstädtisch-reformatorischen Hochburgen Augsburg und Ulm ausgehenden »Gefahr« eine besonders strikte Auslegung erfahren sollten. Nur so ist auch die Anweisung zu verstehen, daß die Pfarrer bei Verlust ihrer Pfründen gehalten waren, unter Bruch des Beichtgeheimnisses alle diejenigen Personen den herrschaftlichen Beamten zu melden, die sich für einen »Lutheraner oder andern Sectisten« ausgaben.

6 Friedrich Zoepfl, Kardinal Otto Truchseß von Waldburg (Lebensbilder aus dem Bayerischen Schwaben 4), München 1955, S. 204–248.

7 Otto Bucher, Sebald Mayer: Der erste Dillinger Buchdrucker (1550–1576), in: Jahrbuch d. Historischen Vereins Dillingen 54 (1952), S. 107–129.

8 Otto Bucher, Johann Egolf von Knöringen (Lebensbilder aus dem Bayerischen Schwaben 6), München 1958, S. 323–334.

9 Otto Bucher, Bischof Marquard von Berg (Lebensbilder aus dem Bayerischen Schwaben 7), München 1959, S. 173–182.

10 Wolfram Baer, Die Gründung des Jesuitenkollegs St. Salvator (Die Jesuiten und ihre Schule St. Salvator in Augsburg 1582), Augsburg 1982, S. 17–22.

Hochstüfft Augsburgische Pollicey Ordnung vom 30. Mai 1606[11]

Wir von gottes genaden Hainrich (V. von Knöringen), bischoffe zue Augspurg (1598–1646), entbieten allen und jeden unsern pflegern, burgermaistern, vögten, pröbsten, ambtleüthen, richtern und gerichten und gemainlich allen denjenigen, so unß und unserm hochen stifft Augspurg mit weltlicher obrigkhait und dienstpflichten underworffen und zuegethan seyen, unsern g(nädigen) grueß und alles guetts zuvor.

Obgleichwol durch unser geehrte liebe herren vorfaren, regierende herren und bischöffe, hochgedachter unser hochen stifft, auß sonderer vätterlichen sorgfaltigkhait und zue underschidlichen malen und zeiten allerhandt heilsamme, nuzliche ordnungen und mandaten, beede in gaistlichen und weltlichen sachen, was zue verzier und zeitlicher wolffardt auch erhaltung guetter policej-, frid-, ainig- und erbarkhait under deren von gott und ergebnen underthanen und insessen dienstlich und fürdersam sein mögen, verfassen, außgehn und publicieren lassen, deren ain guetter thail auch von unß in zeit unserer bishero getragnen regierung erneuert, in etlichen stuekhen vermehret und ebenfals zue menigkhlichs wissen und gehorsammer durchgehender volg verkhünden lassen. So müessen wir iedoch mit nit geringem bedauren vermerckhen, das deren nit durchaus gelobt und nachgangen, sonder maistenthails in missbrauch und vergessenhait gestelt werden, auch hierwider allerhandt unordtnungen und leichtfertigkhaiten, sambt andern mehr sträfflich lastern und misshandlung einreissen und im schwang gehn, dardurch der gerechte zorn gottes erweckhet und seine göttliche allmacht zue den vor aug(en) schwebenden järlichen und schier teglichen straffen mit krieg, wirrung, gefahrlichen kranckhaiten, ungewitter, zwispalt und abfall von unser wahren allain seeligmachenden catholischen apostolischen glaubens bewegt wurde. Wann wir dann diß alles zue erinnerlichen gemüet gefüert und uns dabey unsers ambts und berueffs auch dabey dessen erinnert, das unß nach gottes wortt und gebott wir allen durch sein göttliche fürsehung vorgesezte obrigkhaiten und vorsteher seiner allmacht und rechten gericht für diejenige, so unß zue regieren anbevohlen, rechenschafft zuelegen obgelegen seye.

Alß haben wir fernern umbgang nit nemmen sollen noch mögen, die hir oben angezogne unser herren vorfordern und unsere zue underschidlichen zeiten aufgerichte ordnung, außgangne mandaten und bevelch, sambt was wir nach iezigen leüffen und zeiten zue anstellung aines guetten, wolgeordneten und gott wolgefelligen regiments ferners von nöthen und dienstlich zue sein erachten khönden, in dise gemaine policey ordnung zuesamen zue tragen und in allen unsers stiffts herrschaften, ämbteren, stetten und fleckhen zue gleichmessiger haltung und observanz von newen publiecieren zue lassen, auch sambt und sonderlich hiemit alles ernsts aufferlegende dise unser newe policey ordnung in ewer jedes anbevohlnem ambt auff ain gewissen bestimbten tag, wann das volckh am maisten beisamen versamblet ist, offentlich verlesen zue lassen, und sovil aines jeden berueff, standt, handtierung und person betrifft, stätt und unverbrüchlich zue halten, darwider nit zue thuen, einbinden und gegen den überfahrern mit denen diser ordnung einverleibten straffen oder sonsten nach befundtnen dingen und aines jeden verwürckhung unnachläßlich und ohne verschon verfahren.

So lieb ewer jedem ist, unser ung(nad) und mehre straff und einsehens zuvermeiden.

1. Von Religion und gaistlichen Sachen

Und demnach dann, erstens, ainer jeden christlichen obrigkhait nach außweißung gottes gebot, in sonderhait aufferlegt ist, ihre anbevohlne christliche herdt zue rechter wahrer religion und glauben, ohne wellichen man die seeligkhait nit erlangen khan, zue weisen und zue laiten. So wellen ordnen und sezen wir, das alle diejenige so uns und unserm hochen stifft Augspurg mit obrigkhait underworffen, darinnen wohnen und hausen oder khünfftigkhlich in dessen gebiett ir beharrliches haimbwesen zue suchen und zue haben bedacht weren, sich zue unserer wahren catholischen, apostolischen und römischen kirchen, derselben glauben, lehr, satzungen und gebotten bekhennen, auch denselben in allen und jeden articuln und stuekhen nachkhomen, ir leben, thuen und lassen darnach richten, auch ire haußgenossen, weib, kind und ehehalten dahin aufferziehen, halten und weisen.

2.

Dahero auch hinfüro niemandt, was standts, landts, wesens und berueffs der immer seye, sich mit haußheblichen wesen, es gehe gleich mit annemen deß burgerrechts oder allain einwohner und gastsweis niderzuelassen gestattet werde. Er habe dann glaubwürdige urkundt auffzuelegen, das er in angedeüter

11 Am 20. April 1627 wurde das Mandat ohne Textzusätze erneuert.

catholischen religion erboren und erzogen sey oder da er an sectischen ortten geboren und iemanden in ainer andern secten anhengig gewesen ware, der alle nachforen und inhalt der synododisch statuten vor deß ortts, allda er sich hinzuebegeben vorhabens ist, pfarherrn professionem fidei und hinfüro dabey zuebeharren versprechung thuen.

3. Gebrauch verbottner Büecher
Und damit solchen desto steiffer gelobt und alles einreissen verbottner verfürischer lehren, secten und opinionen desto besser verhuetet werde, sollen alle schriften und büecher, so mehrberüert catholischen religion nit gemeß und an sectichen ortten und von glaubens sachen getruckht und außgangen weren, allerdings verbotten und abgeschafft und weder deren behaltung noch gebrauch khainem unserer underthanen und inwohnern, was standts und wesens der (auch) seye, zuegelassen werden, sonder unsere pfleger und beambten mit (dem) zuethuen jedes orths pfarherren und gaistlichen vorsteher, hierauf guette fleissige inquisition und obacht halten, und wo sie ainen erfüeren, welch dergleichen verbottne büecher und schrifften in seinem hauß oder sonsten hette oder dessen mit dem geringsten verdacht bezichtiget were, denselben sollen sie alßbaldt beschiekhen, ine (= ihn) hierumben zue red stellen und solcher büecher, wie zuegleich seines glaubens thuen unnd lassens halber alles ernsts und bey seinen unß gelaisten pflichten und aydt befragen und examiniren mit dem ernstlichen bevelch solche seine verbottne oder verdechtige büecher, ohne ainichen falsch, betrug und abgang zue irer der obrigkhait und ambtleüthen handen zue liffern, oder da ainer sich dessen verwidern wolte oder sie sonsten derenthalben ain mißtrawen in ihne sezten, demselben sollen sie ohne verzug in das hauß fallen, kästen und truehen durchsuchen und die büecher, so sie gefunden, zue iren handen nemen, unß oder unsern gaistlichen officiern zue Augsspurg neben bericht der persohn und seiner glaubens bekhandtnus, auch thuen und lassens beschaffenhait zuesenden und beschaidts darüber erwartten.

4. Järliche Beicht und Communion
Nit weniger soll allen und jeden unsern underthanen, burgern und inwonern hiemit ernstlich und bey dem gehorsam unserer wahren catholischen apostolischen kirchen eingebunden sein, derselben sazungen gemäß auffs wenigst alle jar umb die hailige österliche zeit ire sündt, iren verordtneten seelsorger und pfarrern oder mit dessen erlaubnus ainen andern qualificierten und approbierten priestern, nach christlichem catholischem gebrauch, zue beichten und zue der hailigen communion deß wahren leibs und bluetts unsers haylandts und seeligmachers Jesu Christi zue gehn.

Darauff dann allen und jeden unsern pfarrherren und beichtvättern, bey verlust irer pfarren und pfruenden, eingebunden sein soll, ire inländische pfarkinder, so ihnen gebeichtet, fleissig in notam zue nemen und da sie jemandt erfüeren, der disem nit nachkhommen, derselben iedes orths pflegern oder ambtman nambhafft machen, die denselben dann alßbaldt für sich erfordern (= zu sich zitieren), die ursachen seines underlassens erkhundigen und ime zue dessen schuldig verrichtung ainen gewissen termin ansezen, oder da es andere bedenckhen hette, oder sich ainer dessen gar verwaigern wolte, solches unß oder unsern vicarium unverlangt gelangen lassen, oder da sich ainer gahr für ainen *Lutheraner oder andern* sectisten angeben oder sie solches sonsten vermerckhen wurden, demselben seine habende, ligende oder fahrende güetter zu verkhauffen und inner jarsfrist unser und unsers stifftsgebiett und herrschaften zue raumen, bey vermeidung anderer unß vorbehaltner wilkhürlicher straff aufferlegen und das deme alß würckhlich nachgesezt werde, ir wachbar guett aufmerckhen haben.

5. Flaischessen und andere verbottne Speisen zue vermeiden
Es sollen auch unsere underthanen, burger und zuegewandten sich zue der hailigen fasten und aller anderer von der kirche gebandten fasttägen alles flaischessens und anderer verbottner speiß genzlich enthalten und solches niemanden, der dessen von der gaistlichen obrigkhait nit sonderbare erlaubnus hette, gestattet werden, auch allen und jeden unsern würdten und gastgeben hiemit ernstlich aufferlegt, an verbottnen tägen dergleichen verbottne speisen, weder frömbden noch haimbschen, weder aigen willens noch auf beschehen, begeren und anmuethen, es geschehe dann mit der obrigkhait vorwissen und vergünstig fürzuesezen noch volgen zue lassen, sonder unsre beamten und vorgesezte hierauff ebenmessiges aufsehen haben, die überfahrer (= Übertreter), es wer solches in unserm territorio oder under anderer obrigkhait, für übergangen das erstemal per 10 fl., das ander per 20 fl. und das drittemal mit ausschaffung auß unserm gebiett abstraffen oder die sach mit nothwendigem bericht an unß gelangen lassen.

6. Haltung (von) Sonn- und Feyrtägen
Ferner soll allen und jeden unsern ambtleüthen und nachgesezten obrigkhaiten auch pfarherren und seelsorgern hiemit ganz ernstlichen aufferlegt sein, angelegnes fleiß darob zue halten sein, das die gebottne sonn- und feyrtäg mit anhörung der predig und heilsammen wordt gottes auch besuchung der hailigen meß und andern von der hailigen catholischen kirche eingesezten auch in unserer dioces gebreüchigen gottesdienst von menigkhlich gehalten und gehailiget werde.

7. Under werendem Gottßdienst alleß Spacieren, Zuesammenrottieren und Dergleichen verbotten
In sonderheit aber wellen wir das hinfüro so man an sonn- und feyrtag in der kirchen das hailige ambt der meß haltet, auch das wortt gottes prediget, sich menigkhlich, so nit durch kranckhait oder andere ehrhaffte erhebliche ursachen verhindert würdet, zue der kirchen verfüege, dem hailigen gottesdienst mit christlicher andacht biß zum endt beywohne, hirzwischen alles auß- und einlauffen, unnüze geschwäz sowol in alß ausser der kirchen, wie zuegleich das spacieren und gemaine versamblen alter und junger leüthen auf den fronhoff, gassen und pläzen vermitten noch in annehen weeg, gestattet werde, sonder die ambtleüth durch die büttel und amtsknecht hierauff ir fleissige achtung geben lassen, und da dergleich umblauffens, geschwez, zuesamenlauffens oder anderer muettwill auf der gassen oder in häusern geschehen oder gespürt wurde, die leüth, sie seyen jung oder alt, in die kirchen schaffen lassen, und die verbrecher und ungehorsamme, nach gestaltsame der sachen, mit dem stockh oder umb gelt unnachleßlichen abstraffen.

Auff das auch hierinnen desto fleissigere ordtnung gehalten und dem von wenigkhlich gelebt werde, soll an gebottnen fest- und feyrtägen under werenden gottsdienst, sowol in würdts- und pier- alß andern privathäußern alles zechen, spilen oder andere versamblungen, sie geschehen kurzweil oder sonsten erlaubter handtierungen halber, wie auch alles fahren, reiten und andere handt- und fardtarbaith, mit jetten, graß- oder samenabschneiden, heimbtragen, item hew, stro(h), holz und anders aufladen, zuesambt dem lerchen-, wachtlen- und andere vogelfangen und waidtwerckh von niemandt gebraucht oder geüebt, sonder hiemit alles ernsts verbotten und unsere jedes orts vorgesezte gaistliche und weltliche officieren in g(nade) erinnert sein, da sie dergleichen sehen, hören oder in erfahrung bringen wurden, die übertretter unnachleßlich abzuestraffen.

8. Haltung der Feyrabende
Alß auch bishero der mißbrauch hat allerorten eingerissen, das man an sambstägen, auch andern gebottnen feyrabenden, nit allain biß auf vesperzeit, sonder zuegleich wie an andern unverbottnen tägen mit aller arbeith sowol zue veldt alß in heüßern, stadlen und werckhstätten, ja in würdts- und pierheüßern, tanzpläz und schießstätten, mit zechen, spilen, schreyen, juchzen, tanzen, singen ohne underschid fürgefahren würde, so gebieten wir, das wann hailigen sambstag und andern gebottnen feyrabend die vesper verleütet worden, sich menigkhlich auß dem veldt auch läden und werckhstätten zue hauß verfüege und sich aller angedeüter arbaith enthalte und aintweders zue der vesper gange oder sich sonsten in seinem hauß mit seinem gesindt und ehehalten still und eingezogen verhalte. In sonderhait soll an feyrabenden, an wellichen ohne das hochzeiten auch offentliche tänz zuehalten allerdings verbotten ist[12], item sonn- und feyrtägen nach geleüter vesper berüerte offentliche und haimbliche tanzen, spilen, zechen, item fecht- und springschuelen oder andere dergleichen versamblung und kurzweil genzlich abgeschaft und von jedes orths vorgesezten ambtman(n)en und obrigkhait hierauff guette achtung geben und gegen den uberfarern mit turm, stockh, in die geigen spannen, auch gelt oder anderer straff nach gestaltsamme deß verbrechens ohne hinder sich sehen verfahren werden.

9. Lehr deß Cåthechißmi
Und demnach zue erhaltung und eüffnung unser christlichen catholischen religion auch pflanzung guetter sitten und tugenden bey den underthanen nichts fürstendigers noch nothwendigers ist, dann das die ainfeltige blüende tugent in den haubtpuncten unßers catholischen glaubens fleissig und wo(h)l underweißen und zue gottes forcht und haltung seiner hailigen gebott gezogen und gelaitet werde. So wellen wir dißfals die von unsern lieben herren vorfahren derenthalben hievor publicierte hailsame ordtnung aller orthen fleissig gehalten und solcher caterhißmues oder kinderlehr durch die pfarherren angestelt, in den stetten alle sonn- unnd feyrtäg durch das ganze jar, auf dem landt aber zum wenigisten von anfang der Fasten biß Corporis Christi (Fronleichnam), und dann von Michaelis biß Trium Regum (Dreikönigstag)

12 Der Relativsatz steht in Klammern.

ohne underlaß gelehrt werde, und damit die pfarherren solches einzuestellen desto wenig ursach haben, sollen jedes orths obrigkhait und beamten ire ambtsunderthanen alß eltern und haußvätter mit ernst dahin halten, das die kinder auch erwachßner ehehalten fleissig zue solcher kinderlehr geschiekht und geschaffet werden, oder da solches von inen underlassen wurde, gebüerliches einsehen und straff gegen denselben fürgenommen werde. Eß sollen auch die prediger nach jedes orths vermerckhender notturfft nit underlassen, sowol auff offner canzel alß auch etwan in der beicht und sonderbaren vermanungen das volckh in nothwendigen stuekhen und articuln unsers wahren glaubens und lehr zue underweißen und abzuerichten.

Im fahl aber bey den pfarherren hierinnen saumbsal erschinen, sollen die selbige unß oder unsern vicario zue gebüerlichem einsehen durch die ambtleüth denuntiert werden, wie auch im gegenfal die pfarherren, da inen von den ambtleüth nit, wie obvermelt, schuldige hilff und handtraichung erwißen wurde, solches an unß gelangen zue lassen, hiemit bevelch haben, dagegen wir bey ainem und dem andern thail ernstliche andung fürzuenemen nit underlassen werden.

10. Schuelen
So will dann zue ebenmessiger pflanzung und erhaltung wahrer religion und anderer gott gefelliger lobwürdiger auffziehung der jugent nit wenigen den schuelen gelegen sein, derowegen wir hiemit alle unsere nachgeordnete obrigkhaiten und ambtleüth in g(nad) und mit bevehlenden ernst vermanen thuen, allen angelegnen fleiß fürzuekheren, damit die schuelen latinisch und teütsch mit guetten qualificierten fleissigen gottsförchtigen und beschaidnen schuelmaistern und lehrern besezt und fürsehen werden, dieselbige auch unverbottne lehren und büecher gebrauchen und die jugendt sowohl in lesen und schreiben alß dem cåtechismuo underweisen und zue gottsforcht, erbar- und frombkhait ziehen.

11. Verschickhung der Kinder und Jugendt zue catholischen Schuelen, Diensten und Handwerckhern
Damit auch in unserm stifft und dessen weltlichen territorio alle verfüerische kezerische lehr und irthumben umb sovil besser verhüetet und das volckh in wahren glauben auferzogen werde, ordnen und gebieten wir hiemit noch malen, das unserm im negst verwichnen 1603 jar deroselben publicierten mandat, aller ortten strackhs gelebt und nachkhommen werde, das namblichen hinfüro bey straff ewigen verweiß des stiffts khainer unser underthan, es seye vatter, mutter, vormünder, ire söhn, töchter oder pflegkinder an orth und end, da die catholische apostolische römische religion, deren gottsdienst und ceremonien nit in offnen gebrauch ist, weder zue schuelen noch diensten, handtierung oder handtwerckhen verschickhen und verdingen sollen, sonder da solche alberaith der orthen weren, die sollen von inen alßbaldt widerumb abgefordert und an andere orth, da die catholische religion gehalten würdet, verschickht und gethan werden.

12. Kinder sollen ohne vorwissen der Obrigkhait nit in die Frömbde verschickht werden
Eß soll auch hinfüro khainem unser underthanen erlaubt sein, seine kinder oder pupillen, manlichen oder weiblichen geschlechts, in die frömbde zue schuelen, diensten, handtwerckh zuverschickhen. Sie haben sich dann zuvor bey iren fürgesezten ambtman angemelt und anzaig gethan, wo sie daselbig hinzueschickhen bedacht seyen mit angehenckhten versprechen unserm angezognen mandat dißfalß vestigkhlich nachzuekhommen.

13. Verheüratung der Kinder an sectische Orth
Ebenmessiger straff deß ausschaffens sollen auch diejenige underworffen sein, welche ire kinder und zuegewandte an sectische orth wissentlich verheuraten oder in ainichen weeg hilff, rath oder thatt darzue geben noch dasselbig abzuewehren und zuverhindern sich nach möglichhait befleissen. Darunder wir auch die ambtleuth, welchen dergleichen verheuratungen angelegens fleiß abzuewehren hiemit aufferlegt ist, hierinnen aber fahrlessig erfunden werden, gemaint und begriffen haben wellen.

Da aber ain kind ohne vorwissen und zuethuen der eltern oder vormünder oder auch sonsten jemandts unserer underthanen aigens willens sich an solche orth begebe, dem soll nit allain von dem seinigen so lang er sich alda aufhelt, bey angezaigt ernstlicher straff khain hilff noch handtraichung beschehen, sonder auch dazue seiner wider anhaimbschkhunfft oder sonsten einer jarsfrist seinethalber khain glaubwürdiger schein zue osterlicher zeit verrichter catholischen beicht und communion fürgebracht werden möchte, der – oder dieselben sollen hierdurch mit der that ire burgerrecht oder vatterlandt verwürckht und verfallen haben, auch hinfüro anderst nit dann für frembdling und außlender gehalten und in solchen ihrem haimet ohne unser sonderbare erlaubnus einzuekhommen nit mehr zuegelassen werden.

14. Eltern, deren Kinder in der Frembde sein, sollen derselben Beichtzedel den Ambtleüthen järlichen übergeben

Diejenige aber, die ire kinder an c̊atholischen oder auch anderen ortten, da beede religion in gebrauch, in schuelen und diensten auch handtwerckhen haben, sollen järlich nach pfingsten iren ambtleüthen von den beichtvattern und pfarherren desselben orths glaubwürdigen schein aufweisen, das sie zue österlicher zeit nach christlicher ordtnung gebeicht und das hochwürdige sacrament deß altars empfangen haben, solchen schein für sich selbsten den ambtleuthen und pfarherren überschickhen. Geschehe aber das nit, so sollen die außwesenden nach verfliessung deß jars ebenmessig deß vatterlandts und dessen recht und gerechtigkhait enteüssert, auch für frömbdling und außlender zue menigkhlichs wissen offentlich verrüefft und gehalten werden, nicht desto wenig die eltern, da ainich saumbsall oder gefahr irenthalber eingeloffen were, nach gelegenhait desselben gestrafft werden.

15. Den von catholischer Religion abgefallnen Underthanen khaine Mannrecht mitzuethailen

Bey wellichen dann weiter unser will und mainung, das denjenigen, so obangezaigter massen, ir vatterlandt verwürckht ohne unser vorwissen und erhalten sondern beschaid weder mannrecht noch geburttsbrieff oder dergleichen abschid mitgethailt werde.

16. Eltern sollen irer außwesenden Kinder den Ambtleüthen jährliche Designation zuestellen

Und damit solches alles desto stätter und fleissiger volzogen werde und wir jederzeit aigentlich wissen mögen, welcher orthen sich unsere underthanen in der frömbde aufhalten, wellen und bevehlen wir, das alle und jede deß stiffts underthanen jerlichen umb Johannis Baptista (24. Juni) von den ambtleüthen erfordert werden und bey iren aiden anzaigen, was und wievil ain jeder kinder oder pflegkinder habe, wie iedes mit namen haisst, wo es sich dasselbe ganze jar aufgehalten habe und derenthalben, so ausser irer haimet (Heimat) geweßen, glaubhaffte beicht- und communionzedel auflegen, und sollen die ambtleüth solcher außweßenden namen mit preisicierung der ortten, wo sie gewesen, fleissig aufzaichnen und solche verzaichnus und beichtzedel unß jerlichen auf St. Ulrici (4. Juli), deß hailigen bischoffstag, hiehero übersenden.

17. Kinder, so an sectischen Orthen seyen, sollen durch ire Eltern abgefordert werden

Wo sich dann auß solcher jerlich designation und anzaig der abwesenden personen wenig oder vil befinde, so an gahr lutherischen oder uncatholischen ortten sich aufhielten, soll deren eltern, vormündern oder obern, lauth obangeregten articuls, alles ernsts und bey gemelter straff und gefahr eingebunden werden, solche alßbaldt abzueforderen, und das sie sich anderstwohin, alda sie den catholischen gottsdienst und hailige sacramenta zue gebrauchen und zue niessen gelegenhait haben, hirzue verfüegen, bey vermeydung angedeüter verwürckhung ires burgerrechts und vatterlandtsgerechtigkhait, angewisen werden. So gedenckhen wir gleichfals gegen den ambtleüthen auf derselben hierinnen verspüerten saumbsall gebüerende straff vorzuenemmen.

18. Aberglaubische Segen und Mittel abgeschafft

Alß uns dann auch mehrfeltig vorkhommen, was massen an etlichen orten unsers stiffts, vorab auf dem landt, die underthanen sich allerdhandt verbottner aberglaubischer segen gebrauchen, auch in iren fürfallenden nöthen und zuestenden an iren leiber auch vieh und güetern, anstatt der natürlichen und von gott geordneten mitteln, bey den zaubern und wahrsagern hilff und rath suchen, welches aber der ehre gottes und verordtnung der catholischen kirche höchlich zuewider und derowegen von khainer christlichen obrigkhait zuegestatten. Also soll hiemit solcher aberglaubischer mißbrauch, deß segensprechens, bey unsern underthanen genzlich abgethan, auch darbey dem ambtleüthen bevohlen sein, auf solche zauberer, segensprecher und wahrsager, mann- oder weibspersonen, fleissiges aufmerckhen, neben jedesorths pfarherren, zue haben, und da deren aine oder mehr in erfahrung gebracht wurde, die solle unß angezaigt werden, gebüerendes einsehen gegen derselben haben vorzuenemmen.

19.

Damit dann fürter unsere gethrewe underthanen nit allein in lebenszeiten zue christlicher wahrer lehr, tugendt unnd erbaren, gottseeligen wandel angewisen, sonder auch in iren todtsnöthen mit den hailigen sacramenten nach catholischem gebrauch und ceremonien gebüerlichen versehen und dißfals an seiner seelenhail niemandt vernachthailt noch verkhürzt werde, so ordnen und bevehlen wir hiemit ernstlich, das hiefüro, sobaldt jemandts in ainem hauß erkhranckhet, die haußleüth und inwoner, bey ernstlicher straff, solches alßbaldt den pfarherrn kundtpar machen und damit nit verziehen, biß die kranckhait den kranckhen die vernunfft oder seine menschliche sinn oder auch gahr die seel hinnimbt, inmassen auch die pfarer und seelsorger auf beschehene anzaig oder selbst erfarne gefahrliche kranckhaiten irer anvertrawten pfarrkhindter hierinnen khain verzug noch saumbsal und sich ires pfarrlichen ambts mit besuchung und erweißung und versehung der kranckhen gebrauchen wollen.

20.
Dieweil aber nach lehr und ordnung unser wahren cȧtholischen kirchen und der hailigen concilien diß hochhailigiste sacrament deß allerhailigisten leichnams Jesu Christi alß der höchste und werdiste schaz der kirchen nit mißbraucht, nach denjenigen so sich durch vorgehende bueß und starckhen vorsaz fürter sich der sünden nach menschlicher möglichait zu enthalten und sein leben zue bessern billig nit geraicht werden soll. So ordnen und bevehlen wir, das solches allen denjenigen, so in offnen schanden und lastern, alß concubinat, ehebruch, zauberey, wucherey, steele(n) und dergleichen, unbueßfertigs leben und wandel füeren und darinn verharren noch davon absolviert seyen, item welche mit wissentlichem bann und excommunication der kirchen behafftet, nach dessen durch ordenliche mittel entlediget und absolvirt sein sowohl bey gesundem leben alß in ihren todtsnöthen geraicht werde. Sie erzaigten sich dann mit christlicher beicht und rhew irer sünden, wie ainem bueßfertigen und gehorsammen christenmenschen gebüert. In welchem fehlen (= Fällen) zue iedes pfarherren und seelorgers discretion gestelt sein solle, sich dißfals nach den hailigen kirchensazungen zu verhalten.

21. Die in offnen Lastern, in Excommunication ohne Bueß und Absolution sterben, sollen nit auf daß geweicht Erdtrich begraben werden
Welche Personen auch in solchen lastern und excommunication, sonderlich aber in wissentlichen irthumb, in glaubens sach ohne vorgehende beicht, bueß und absolution, da sie solche gehaben mögen, hinsterben, die sollen nach außweisung der hailigen canonen nit auf das geweicht erdtrich zue andern in gott verstorbnen christen begraben werden, sonder solcher begräbnus allerdings beraubt sein, ungeacht was standt und würden die gewesen seyen. Wo aber ain solche person mit wissenden oder unwissenden dingen auf das geweicht were begraben worden, der soll widerumb außgegraben und sein cörper oder gebain anderstwohin under die erden gelegt werden, und unsere ambtleüth neben jedes orths pfarherren hierauf ihr fleissig aufmerckhen bestellen.

Die Fürstabtei Kempten und die nachtridentinische Ordensreform[1]

VON VOLKER DOTTERWEICH

Walther Peter Fuchs zum 80. Geburtstag

In einem Bericht des Luzerner Nuntius Ladislao d'Aquino an die römische Kurie aus dem Jahre 1613 findet sich ein aufschlußreiches Resümee über den Zustand der Benediktiner- und Zisterzienserabteien im Bereich der Schweizer Nuntiatur, die unter anderem die Bistümer Basel und Konstanz und damit auch das Oberelsaß und einen Teil von Schwaben umfaßte. »Kein anderer Orden«, schrieb d'Aquino anerkennend, »hat in diesen Gegenden so viele Klöster wie der Benediktinerorden. Die Prälaten von Kempten und Murbach zählen zu den vier ersten Reichsäbten, sind Fürsten und befehlen über Städte, Festungen und andere Orte. Der Abt von St. Gallen ist imstande, innerhalb von acht bis zehn Tagen 1200 Soldaten zu stellen [...]. Der Abt von St. Blasien soll ein jährliches Einkommen von 150000 Gulden haben, die Äbte von Muri, Fischingen, Rheinau, Einsiedeln und viele andere 10000 bis 15000.« Ansehen, politische Macht und materieller Wohlstand der Abteien täuschten ihn jedoch nicht darüber hinweg, daß es, ein halbes Jahrhundert nach dem Trienter Konzil, in seiner Nuntiatur noch immer zwei Klassen von Benediktinerklöstern gab, nämlich *reformati* und *disreformati,* das heißt solche, die sich der katholischen Reformbewegung angeschlossen hatten, und solche, die sich derselben noch immer entzogen[2].

Zu den Reformklöstern zählte er vorrangig diejenigen, die sich zur Durchführung der Konzilsdekrete zu Partikular-Kongregationen vereinigt und auf diesem Wege einem periodisch zusammentretenden Generalkapitel mit einem gewählten Präses, eigenen Visitatoren und verbindlicher Konstitution unterstellt hatten. Namentlich die Klöster der Helvetischen Benediktiner-Kongregation, darunter St. Gallen, Einsiedeln und Muri, aber auch Rheinau, Fischingen, Pfäfers und Engelberg, zeichneten sich nach den Worten des Nuntius durch gemeinsames

1 Um Quellen- und Literaturnachweise erweiterte Fassung eines Vortrags anläßlich des Landesgeschichtlichen Seminars »Probleme der Klostergeschichte Schwabens und Altbayerns« (2.–4. 5. 1984) in der Benediktinerabtei Ottobeuren.

2 Kap. V: »Stato spirituale della nuntiatura de' Suizzeri« (Bibliothek Corsini, Rom, Cod. 40 F 30, und HStA Stuttgart, Acta Congregationis Suevicae, Miss. Weingarten 91). Dazu L. v. RANKE, Die römischen Päpste III (Sämtliche Werke 39), ^{6}1874, 104*; R. MOLITOR, Aus der Rechtsgeschichte benediktinischer Verbände. Untersuchungen und Skizzen. II: Verbände von Kongregation zu Kongregation. Verband und Exemtion, 1932, 208f. Übersetzung nach der Handschrift der Bibliothek Corsini (datiert auf 1612) bei J. G. MAYER, Skizze einer Geschichte der schwäbischen und schweizerischen Benedictiner-Congregation (StMOSB 9), 1888, 583. – Ladislao d'Aquino, Bischof von Venatro (1581–1621), war von 1608–1613 Nuntius in der Schweiz, seit 1616 Kardinal; dazu: H. FOERSTER, Der Nuntius L. d'Aquino und die Schweiz (Zs. f. Schweiz. Kirchengeschichte 27), 1933, 3–18, 81–99, 182–200.

monastisches Leben, würdige Verrichtung des Officiums, Disziplin und gewissenhafte Erfüllung der benediktinischen Regel aus. Innerhalb der Schwäbischen Benediktiner-Kongregation sprach er Weingarten den ersten Rang zu. Die Abtei habe eine der schönsten Kirchen in Deutschland, verfüge über viele fähige Leute (*qualificati*) und lasse ihre Alumnen bei den Jesuiten in Dillingen ausbilden. Abt Georg Wegelin sei einer »der besten, gelehrtesten und ausgezeichnetsten Prälaten« des Landes, ein Mann, auf den die Reformpartei rechnen könne[3].

Zu den schwarzen Schafen seines Amtsbereichs, den *disreformati*, rechnete d'Aquino das schweizerische Disentis, vor allem aber die Abtei Murbach im Elsaß und die Fürstabtei Kempten im Allgäu. In Murbach habe er den Abt ermahnen müssen, den Habit zu tragen und die *vita communis* der Konventualen wiederherzustellen. Nur die Pest habe ihn zur Abreise genötigt und daran gehindert, die Reform des Klosters selbst in die Hand zu nehmen. In Kempten, resümierte er, sei es schwierig, überhaupt etwas zu erreichen. Denn diese Abtei sei vom Sitz der Schweizer Nuntiatur zu weit entfernt und zugleich »sehr stolz«[4].

Konkreter informieren zwei Visitationsberichte aus dem Jahre 1594 über den inneren Zustand der Fürstabtei Kempten. Den ersten verfaßte Erzabt Petrus Paulus de Benalli[5]. Benalli bereiste zwischen 1592 und 1595 die deutschen Benediktinerabteien in der Absicht, sie zu einer umfassenden Kongregation (Union) zusammenzuschließen. In Kempten visitierte er das Kloster. Er fand Anlaß genug, den Mitgliedern des Konvents eindringlich ins Gewissen zu reden. »Nonnen, Frauenzimmern sowie Andersgläubigen«, mahnte er vor seiner Abreise, sei künftig der Zutritt zum Kloster unter allen Umständen zu verwehren; den Klosterschlüssel dürfe niemand anderer führen als der Abt; der tägliche Weinkonsum sei um die Hälfte zu reduzieren; den jüngeren Mitgliedern des Stifts aber sei das Studium der Theologie und der Philosophie nahezulegen.

Dem nur wenige Tage vor seinem Eintreffen in Kempten gewählten Abt Johann Adam Renner von Allmendingen stellte Benalli das beste Zeugnis aus[6]. Zu Unrecht, wie Monate später eine zweite Visitation durch den Luzerner Nuntius Hieronymus Graf Portia zutage

3 MAYER, Skizze (wie Anm. 2), 382ff., 573ff. und 584. Zu den Beschlüssen des Tridentinums (25. Sitzung, 8. Kapitel: Klöster) vgl. R. MOLITOR, Aus der Rechtsgeschichte benediktinischer Verbände. I: Verbände von Kloster zu Kloster, 1928, 319f.; M. HEIMBUCHER, Die Orden und Kongregationen der katholischen Kirche, 1933, 229ff. – Zur Helvetischen Benediktiner-Kongregation vgl. G. MEIER, Die schweizerische Benediktiner-Kongregation in den ersten drei Jahrhunderten ihres Bestehens (Katholische Schweizerblätter 18), 1902, 138–147; C. HUNKELER, Ursprung und Eigenart der schweizerischen Benediktiner-Kongregation (Benediktinische Monatsschrift 25), 1949, 265–273. – Zur Schwäbischen Benediktiner-Kongregation, die durch den Nuntius erstmals 1580 konfirmiert wurde, vgl. R. REINHARDT, Restauration, Visitation, Inspiration. Die Reformbestrebungen in der Benediktinerabtei Weingarten von 1567 bis 1627, 1960, 193ff.; DERS., Die Auswirkungen der nachtridentinischen Kirchenreform auf die wirtschaftliche Entwicklung der Klöster in Oberschwaben (Bll. f. dt. Landesgeschichte 109), 1973, 124–138; G. SPAHR, Die schwäbische Benediktiner-Kongregation vom hl. Joseph. Geschichte und Gestalt (StMOSB 83), 1972, 291–337.

4 MAYER, Skizze (wie Anm. 2). Zu Murbach: A. GATRIO, Die Abtei Murbach im Elsaß II, 1895.

5 HStA München, Fürststift Kempten, NA, Nr. 1885; dazu J. ROTTENKOLBER, Die Reformversuche im Stifte Kempten am Ende des 16. Jahrhunderts (Allgäuer Geschichtsfreund 12), 1915, 1–36; DERS., Geschichte des hochfürstlichen Stiftes Kempten (Allgäuer Geschichtsfreund 34/35), 1932–1933, 101ff. (zit. ROTTENKOLBER, Stift Kempten); H. TÜCHLE, Abtei und hochfürstliches Stift Kempten. Bilder aus einer tausendjährigen Geschichte (StMOSB 81), 1970, 393ff.

6 HStA München, Fürststift Kempten, NA, Nr. 1885, 13. Zur Mission Benallis vgl. R. MOLITOR, Rechtsgeschichte II (wie Anm. 2), 37ff. und 43.

brachte[7]. Des Prälaten Leben, bemängelte der Kardinal, solle vor allem auf das eigene und seiner Untertanen Seelenheil gerichtet sein, hauptsächlich auf die Rückkehr zu geordnetem Leben nach der benediktinischen Regel. Durch diese allein könne das Kloster seine frühere Achtung und sein altes Ansehen zurückgewinnen. Alles, was dem »göttlichen Gesetz« zuwiderlaufe, müsse mit Stumpf und Stiel ausgerottet werden: der Zutritt verdächtiger Personen zum Kloster, das leichtfertige Schwören, Zank und Hader, die gewissenlose Veräußerung des Klosterguts, die Mißachtung von Fastengeboten und der Gebetszeiten, Jagdvergnügungen, Trinkgelage, Ausschweifungen in Spiel und Tanz. Habe bisher jeder der Konventsherren ein eigenes Wohnhaus beansprucht, so sei nun ein gemeinsames Wohngebäude mit einzelnen Zellen und ein Refektorium zur Einnahme der gemeinsamen Mahlzeiten zu errichten. Weltliche Kleidung, Ringe, Ketten, Korallenarmbänder, silberne Knöpfe und Spangen müßten abgelegt, der Gottesdienst wieder würdig gehalten werden. Nur gut veranlagte und sittlich einwandfreie Novizen seien in das Stift aufzunehmen, und zwar ohne Rücksicht auf Alter und Stand.

Kein Zweifel, Kempten, das politisch noch immer mächtigste Kloster des oberschwäbischen Raumes, erlebte in den Jahrzehnten nach dem Trienter Konzil, als sich in den benachbarten Abteien Schwabens, am Rhein, am Bodensee und in der inneren Schweiz die monastische Reform durchzusetzen begann, seinen Tiefstand[8]. Es stellt sich die Frage nach den Ursachen dieser so ungleichzeitigen Entwicklung. Diese sind zunächst und vor allem in der Geschichte des Klosters selbst zu suchen. Denn auch im umfassenden Ordensverband, in der Kirchenprovinz, selbst im Strome säkularer Bewegungen bleibt die einzelne Mönchsgemeinschaft Individualität, geprägt durch die religiös-geistige, soziale und politische Landschaft, der sie angehört, immer aber durch diejenigen, die in ihr leben, die sie führen und ergänzen. Indes, nicht nur in Kempten stießen die monastischen Reformbemühungen auf Abwehr. Die beiden exemten Adelsstifter Murbach und Fulda zum Beispiel verschlossen sich mit ähnlicher Beharrlichkeit noch im 17. Jahrhundert der nachtridentinischen Reform. Exemtion, adelige Exklusivität und Ablehnung der Reformbeschlüsse des Tridentinums befanden sich in Kempten, Murbach[9] und Fulda[10] beisammen. Die Vermutung, sie stünden auch in einem inneren Zusammenhang, liegt

7 HStA München, Fürststift Kempten, NA, Nr. 1886, 8a.

8 Frühere, von innen heraus sich regende Ansätze zur Besserung der klösterlichen Disziplin sowie zur Hebung der theologischen und philosophischen Bildung der Konventualen unter den Fürstäbten Pilgrim von Wernau (1434–1451), dessen Neffen Johann von Wernau (1460–1481), Johann von Raitnau (1507–1523) und Wolfgang von Grünenstein (1535–1557) waren nur vorübergehend erfolgreich und konnten nicht verhindern, daß das monastische Leben im Jahrhundert der Reformation nahezu vollkommen erstarb. Zur fortschreitenden Auflösung der klösterlichen Lebensform seit dem Spätmittelalter vgl. ROTTENKOLBER, Stift Kempten (wie Anm. 5), 55ff.; TÜCHLE, Abtei Kempten (wie Anm. 5), 396f. Zur nachtridentinischen Reform des Benediktinerordens in Schwaben und in der Schweiz vgl. neben der oben Anm. 2 genannten Literatur besonders Ph. SCHMITZ und R. TSCHUDY, Geschichte des Benediktinerordens IV: Die äußere Entwicklung des Ordens vom Konzil von Trient bis zur Mitte des 20. Jahrhunderts, 1960, 106ff.; J. G. MAYER, Das Konzil von Trient und die Gegenreformation in der Schweiz II, 1903, 154ff.

9 Zu Murbach: GATRIO, Murbach II (wie Anm. 4), 113ff. und 247ff.; J. SCHMIDLIN, Religiös-sittliche Verfassung und Reformbestrebungen in den alten Orden des Elsaß am Vorabend des Dreißigjährigen Krieges (Archives de L'Église D'Alsace 1), 1946, 165ff.; P. VOLK, Die Fürstabtei Murbach und die Straßburger Benediktiner-Kongregation (Archiv f. elsässische Kirchengeschichte 11), 1936, 175–192.

10 Zu Fulda: G. RICHTER, Zur Reform der Abtei Fulda unter dem Fürstabte Johann Bernhard Schenk von Schweinsberg (1623–1632), 1915; DERS., Die bürgerlichen Benediktiner in der Abtei Fulda von 1627–1802, 1911; J. LEINWEBER, Das Hochstift Fulda vor der Reformation, 1972, 266ff.

der folgenden Untersuchung zugrunde. Diese stellt die Frage (1.) nach der kirchenrechtlichen Stellung der Fürstabtei Kempten, (2.) nach ihrem Charakter als »Adelsinstitut«, sodann (3.) nach dem Verhältnis von monastischer und adelig-ständischer Lebensform, schließlich (4.) nach dem Widerspruch zwischen Adelsprivileg und religiös-kirchlicher Reformidee.

1.

Kirchenrechtlich war Kempten exemt, das heißt, es unterstand Rom unmittelbar, ohne der Diözesangewalt eines Bischofs unterworfen zu sein. Obgleich es namentlich im 16. und 17. Jahrhundert über den Umfang dieses Privilegs zwischen den Fürstäbten und den Bischöfen von Augsburg und Konstanz zu heftigen Auseinandersetzungen kam, war die Exemtion der klösterlichen »familia« und die Freiheit der Abtswahl spätestens seit dem 15. Jahrhundert gesichert[11].

Kempten war bekanntlich eine karolingische Gründung, ein königliches Eigenkloster, das schon frühzeitig Immunität, Besteuerungsrecht, Zwing und Bann über seine Hintersassen, zum Teil auch die Befreiung von öffentlichen Diensten und der Heeresfolge erlangt hatte. Nach germanischem Eigenkirchenrecht stand es dem König zu, erledigte Abtsstellen neu zu besetzen. Die Freiheit der Abtswahl wurde erstmals von Ludwig dem Frommen im Jahre 839 und dann wiederholt in den Jahren 939 und 963 verbrieft, nicht selten aber von der weltlichen Gewalt mißachtet und durch die pure Akklamation des Konvents ersetzt. Verschiedene Fälschungen aus dem 11. und 12. Jahrhundert verdeutlichen das Streben des Reichsklosters, sich angesichts der niedergehenden Königsmacht dem Apostolischen Stuhl unmittelbar zu unterstellen. Das älteste nachweisbare Schutzprivileg erteilte Papst Gregor IX. im Jahre 1233. Aber es gibt keine sicheren Anhaltspunkte dafür, daß sich das Kloster damit der Diözesangewalt entzogen hätte.

Eine Bulle Papst Martins V. aus dem Jahre 1419, ausgestellt an den Abt von Ottobeuren, enthält erstmals die Formel: *monasterium Campidonense Sanctae sedi immediate subiectum*[12]. Sodann sicherte Papst Sixtus IV., der sich bemühte, die beherrschende Stellung des Adels innerhalb der kirchlichen Hierarchie zu festigen, im Jahre 1483 die Exemtion der Abtei durch ein umfangreiches Privileg: *monasterium ipsum et illius abbatem et conventum ac monachos, colonos, subditos et personas* [...] *ab omni dominio, iurisdictione et superioritate episcopi constantiniensis* [...] *et aliorum ordinariorum de novo prorsus eximimus et totaliter liberamus* [...][13]. Er befreite das Gotteshaus, seine Äbte und Konventualen, seine Bauern und Bediensteten – das heißt, die im Dienste des Klosters stehenden und auf klösterlichen Gütern tätigen Personen, nicht aber die Kemptener Stiftsuntertanen – von der Gerichtsbarkeit und Hoheit des Konstanzer und jedes anderen Bischofs. Die bei der Neubesetzung der Prälatur an das Bistum Konstanz zu entrichtenden Annaten sollten künftig entfallen. Stattdessen erhob die römische Kurie ihrerseits erhebliche Gebühren. Sie beliefen sich im Jahre 1535 auf 461, im Jahre

11 Was Kempten spiritualiter an Privilegien besaß, faßt im wesentlichen eine Bulle Papst Pius' VI. aus Anlaß der 1000-Jahrfeier der Abtei vom 22. April 1777 zusammen: Archiv des bischöflichen Ordinariats Augsburg, Stift Kempten OSB, Privilegia et Exemptiones, 1483–1778, Nr. 5; dazu MOLITOR, Rechtsgeschichte II (wie Anm. 2), 423f.; zu den Auseinandersetzungen zwischen den Fürstäbten und den Bischöfen von Augsburg und Konstanz, deren Diözesen das Stiftsgebiet diesseits und jenseits der Iller zugeteilt war, ebd. 425ff. und 438ff.

12 ROTTENKOLBER, Stift Kempten (wie Anm. 5), 54; MOLITOR, Rechtsgeschichte II (s. Anm. 1), 423f.

13 MOLITOR, Rechtsgeschichte II (wie Anm. 2), 424.

1631 schon auf 900 Dukaten, die üblichen Geschenke an den Nuntius nicht miteingerechnet. Wesentlich höher lag die Taxe im 17. und 18. Jahrhundert. Während Fürstabt Heinrich von Ulm bei seiner Wahl im Jahre 1607 noch 3200 Gulden entrichtete, mußte Engelbert von Syrgenstein Mitte des 18. Jahrhunderts mehr als 5000 Gulden aufbringen. Im Gegenzug hat Rom die Wahlentscheidungen des Kemptener Konvents stets anerkannt[14].

Für die Reformgeschichte der Abtei ist die Exemtion des Klosters von der bischöflichen Jurisdiktionsgewalt von weittragender Bedeutung. Das Privileg unterstellte den Abt und seine Untergebenen der direkten Aufsicht durch die römische Kurie und die päpstlichen Nuntien. Die Verwaltung der inneren Klosterangelegenheiten stand einzig und allein dem Abt zu. Jede Einmischungsmöglichkeit seitens der Diözesangewalt war ausgeschlossen. Das Privileg entzog somit das Stift der Visitation, dem Interdikt und der Exkommunikation durch benachbarte Bischöfe. Schließlich machte es die Gültigkeit der Abtswahl, deren Konfirmation nun allein dem Papst zustand, von der Zustimmung des Diözesanbischofs unabhängig. Andererseits trugen die römische Kurie und die päpstlichen Nuntien nicht zuletzt wegen der kirchenrechtlichen Exemtion der Abtei für die Aufrechterhaltung der monastischen Ordnung in besonderem Maße die Verantwortung. Von ihnen mußten die entscheidenden Reformimpulse ausgehen. Denn daß der Geist der Erneuerung im Adelsstift selbst lebendig werden würde, war mehr als zweifelhaft.

2.

Über die ständische Zusammensetzung des Kemptener Konvents und die Herkunft der einzelnen Konventualen fehlen bis in die erste Hälfte des 13. Jahrhunderts alle Nachrichten. Man hat jedoch aus der Gründungsgeschichte, der reichsrechtlichen Stellung und den Herrschaftsfunktionen der Abtei sowie in Analogie zu den Reichsklöstern Reichenau, St. Gallen und Einsiedeln darauf geschlossen, daß Kempten im frühen und hohen Mittelalter vorzugsweise hochadeligen Familien offenstand[15]. Im Spätmittelalter bildete dann der niedere Adel eine neue Exklusivität aus. Kein einziger der seit 1269 namentlich bekannten Konventualen war bürgerlicher oder bäuerlicher Herkunft. Denn im Unterschied zu den Reformklöstern des ausgehenden Mittelalters paßte sich Kempten der gesellschaftlichen Umschichtung nicht an, die sich seit dem Erstarken des städtischen Bürgertums auch in den Benediktiner-Konventen vollzog[16]. Das Stift hielt bis zu seiner Auflösung durch die Säkularisation mit beispielloser Konsequenz am Adelsprivileg fest.

In diesem Zusammenhang spielt die Verflechtung mit dem heimischen schwäbischen Adel eine nicht unerhebliche Rolle. Rottenkolber hat in verdienstvoller Detailarbeit die Abkunft von 242 mit Namen bekannten Konventualen ermittelt und 147 Adelsfamilien geographisch

14 Vgl. H. Tüchle, Süddeutsche Klöster vor 500 Jahren, ihre Stellung in Reich und Gesellschaft (Bll. f. dt. Landesgeschichte 109), 1973, 109; M. Krebs, Die Annatenregister des Bistums Konstanz aus dem 15. Jahrhundert (Freiburger Diözesanarchiv 73/77), 1956/57, Anhang, 13f.; J. Rottenkolber, Die Abtswahlen im Stift Kempten (Heimgarten 15), 1930, Nr. 36.

15 A. Schulte, Der Adel und die deutsche Kirche im Mittelalter, [3]1958, 391f.

16 K. Schreiner, Sozial- und standesgeschichtliche Untersuchungen zu den Benediktinerkonventen im östlichen Schwarzwald, 1964; H. Hörger, Die oberbayerischen Benediktinerabteien in der Herrschaftswelt, Gesellschaft und geistig-religiösen Bewegung des 17. Jahrhunderts (StMOSB 82), 1971, 7–72.

lokalisiert[17]. Demnach hatte das Kloster den stärksten Zuzug aus dem heutigen Ostschwaben und aus Württemberg, einer Landschaft, der mehr als die Hälfte der Konventsherren entstammte. Trotz konkurrierender Abteien an Rhein und Bodensee, trotz der Konkurrenz von St. Gallen und Einsiedeln folgten die Schweiz mit einem Anteil von 17,7 %, dann Baden mit 9,1 %, Bayern mit 5,7 % und Österreich mit 3,3 %. Daneben finden sich Familien aus dem Elsaß, aus Franken und Hessen. In einem weiteren Sinne gehörte so der gesamte süddeutsche Raum zum Einzugsgebiet des Klosters, ohne daß deswegen die überaus enge Verflechtung des Kemptener Konvents mit dem schwäbischen Umland beeinträchtigt worden wäre[18].

Der heimische Adel hatte das Kloster durch Stiftungsgut, Schenkungen und die »Mitgift« der Novizen freigiebig ausgestattet. Es entsprach altem Recht und Herkommen, daß die Stiftsstellen seinen nachgeborenen Söhnen reserviert blieben. Bald wurden die Pfründen des Konvents, die man im übrigen von denen des Fürstabtes trennte, mehr als Standes- denn als Amtsversorgung aufgefaßt. Kempten ist in dieser Hinsicht kein Sonderfall. In allen Stiften, die wie Fulda und Murbach, Komburg und Ellwangen am Adelsprivileg festhielten, ganz besonders aber in den adeligen Domkapiteln der Bistümer, machten die Konventualen und Kapitulare ihren Anspruch auf standesgemäße Ausstattung und materielle Versorgung durch das geistliche Institut mit Nachdruck geltend[19].

Daß Kempten mit seinen verhältnismäßig reichen Einkünften das »Spital« des »niedergehenden« schwäbischen Adels schlechthin (so Rottenkolber) gewesen sei, ist eine Vorstellung, die die soziale Funktion des Klosters als Institut adeliger Standesversorgung weit überschätzt und durch die Gesamtzahl von kaum mehr als 300 Adeligen, die innerhalb von sechs Jahrhunderten im Kemptener Konvent Aufnahme fanden, erheblich relativiert wird. Gleichwohl hat der Topos seine Berechtigung. Denn er gehörte nicht nur zum festen Bestandteil des sozial- und kirchengeschichtlichen Vokabulars vom späten Mittelalter bis zur Aufklärung[20], die

17 J. ROTTENKOLBER, Das Stift Kempten und der Adel (Heimgarten 13), 1928, Nr. 15ff.

18 Herkunft der Kemptener Stiftsherren (nach ROTTENKOLBER):

Einzugsbereich	Ermittelte Adelsfamilien	Ermittelte Stiftsherren	In Prozent
1. Ostschwaben/Württemberg	49	91	37,6
2. Allgäu	25	42	17,4
3. Schweiz	22	43	17,7
4. Baden	11	22	9,1
5. Bayern	10	14	5,7
6. Österreich	8	8	3,3
7. Hessen	5	5	2,1
8. Franken	4	4	1,7
9. Übrige	13	13	5,4
Zusammen	147	242	100,0

19 Hierzu LEINWEBER, Fulda (wie Anm. 10), 267ff.; SCHMIDLIN, Religiös-kirchliche Verfassung (wie Anm. 9), 165; GATRIO, Murbach II (wie Anm. 4), 284ff.; R. JOOSS, Kloster Komburg im Mittelalter, 1971, 65 und 77; J. ZELLER, Die Umwandlung des Benediktinerklosters Ellwangen in ein weltliches Chorherrenstift und die kirchliche Verfassung des Stiftes, 1910, passim. Allgemein: H. FEINE, Die Besetzung der Reichsbistümer vom Westfälischen Frieden bis zur Säkularisation, 1921; M. DOMARUS, Der Reichsadel in den geistlichen Fürstentümern (Deutscher Adel 1555–1740. Büdinger Vorträge 1964. Hg. v. H. RÖSSLER), 1965, 147ff. und 184.

20 Vgl. SCHREINER, Sozial- und standesgeschichtliche Untersuchungen (wie Anm. 16), 10ff. und 108f.

Fürstabtei Kempten erfüllte als »Adelsspital« durchaus auch die Erwartungen der schwäbischen Ritterschaft.

Adelsprivileg und Ergänzung des Monasteriums durch Ritterbürtige ist freilich nur *ein* Aspekt der intensiven Verflechtung zwischen dem Reichskloster und der adelig ständischen Gesellschaft. Nicht allein im Chorgestühl der Stiftskirche, auch am Hofe des Prälaten, in den Vogteien und Pflegeämtern draußen auf dem Lande, in zahlreichen administrativen und diplomatischen Funktionen sind vorzugsweise Angehörige des schwäbischen Adels zu finden. Auch ihnen bot das geistliche Fürstentum ein hinreichendes und standesgemäßes Auskommen, ohne sie zum Ordenseintritt zu nötigen[21].

Tatsächlich spielten das Familieninteresse des schwäbischen Adels, Verwandtschaftsbeziehungen und Nepotismus bei der Aufnahme ins Kloster sowie bei der Vergabe der Konventspfründen, der Pflegeämter und Vogteien eine wesentliche Rolle. Den zur Würde des Fürstabtes Emporgestiegenen, auch einzelnen Offizialen, fiel es nicht schwer, versorgungsbedürftige Verwandte in stiftkemptischen Diensten unterzubringen. Brüder und Vettern der Äbte begegnen nicht selten in einflußreichen Stellungen am Hofe oder als Inhaber der Pflegeämter. Um nur einige Beispiele zu nennen: Allein in der dreizehnjährigen Amtszeit Johann Adam Renners von Allmendingen (1594–1607) lassen sich ein Kaspar Renner als Vogt zu Thingau, ein Johann Renner und ein Konrad Renner als Pfleger zu Sulzberg bzw. zu Falken nachweisen; Hans Werner, Bruder des Abtes Johann von Raitnau (1507–1523), war Vogt zu Hohentann; Abt Georg von Grafenegg (1557–1571) brachte seinen Bruder Ulrich als fürstlichen Rat am Hofe unter[22]. Die Beispiele ließen sich vermehren. Auch wenn die Vorarbeiten noch ausstehen, die das Ausmaß der mönchischen Versippung und der Verwandtschaftsbeziehungen innerhalb des in stiftkemptischen Diensten stehenden Laienadels durchsichtig und quantitativ faßbar machen, lassen die Konventslisten erkennen, daß einzelne Adelsfamilien ihre Söhne über Generationen hinweg im Stift unterbrachten. Nur wenige schwäbische Adelshäuser verstanden es nicht, aus der Verbindung mit dem Kloster Vorteil zu ziehen. Möglichkeiten dazu waren zahlreiche gegeben, und nicht zu Unrecht hieß es: »Kommt der Tag, so bringt der Tag das Leben von Gott und das Essen vom Hof«[23].

Die Ressourcen des Klosters waren freilich nicht unerschöpflich. Auch in Kempten kam es seit dem 15. Jahrhundert zu schweren ökonomischen Krisen, die durch die spätmittelalterliche Agrardepression, den Übergang von der Agrar- zur Geldwirtschaft, hauptsächlich aber durch die langjährigen Auseinandersetzungen mit der benachbarten Reichsstadt, durch den Bauernkrieg von 1525 und die Katastrophe des Dreißigjährigen Krieges, aber auch durch die Mißwirtschaft einzelner Äbte, das Besitzstreben der adeligen Insassen und Nutznießer des Klosters sowie durch die Aufteilung des Konventsgutes in einzelne Pfründen verursacht

21 In diesen Zusammenhang gehören auch die vier Hofämter der Fürstabtei, die vermutlich schon im 12. und 13. Jahrhundert als Dienstlehen an stiftische Ministeriale vergeben, seit dem 14. Jahrhundert als erbliche Ehrenämter von Fürsten und Grafen versehen wurden, wobei die praktische Amtsausübung (die sogenannten Unterämter) bei den darin seit alters erbberechtigten Familien des schwäbischen Adels verblieb; hierzu J. Rottenkolber, Die Hofämter beim Stift Kempten (Hochvogel 6), 1929, 22f., 26f. und 36f.; Ders., Stift Kempten (wie Anm. 5), 69f.

22 Rottenkolber, Kempten und der Adel (wie Anm. 17), Nr. 20. Zum Folgenden ebd., Nr. 16f.

23 Ebd.

wurden[24]. Reformation und wirtschaftlicher Niedergang des Klosters waren die Hauptursachen, daß sich die Zahl der Konventsherren kontinuierlich verringerte. Indes, der Konvent schmolz nicht nur aufgrund äußerer Einwirkungen zusammen. Adelige Abschließung und Verschärfung der Ahnenprobe trugen erheblich dazu bei, den Kreis der Privilegierten klein zu halten. Dies macht vor allem ein Vergleich mit denjenigen Benediktinerabteien deutlich, die sich den spätmittelalterlichen Reformbewegungen angeschlossen und mit der ständischen Exklusive gebrochen hatten. Ihre Konvente umfaßten vor der Reformation nicht selten bis zu drei Dutzend oder mehr Mitglieder. Das Chorgestühl von Blaubeuren hatte, um ein extremes Beispiel zu nennen, gegen Ende des 15. Jahrhunderts nicht weniger als 66 Sitze. Ottobeuren zählte 13 (1508), Weingarten 15 (1491), Irsee 15 (1525), St. Georgen im Schwarzwald 17 (1505), St. Blasien 33 (1493) und Hirsau 40 (1460/80) Konventualen[25]. Der Kemptener Konvent indes umfaßte zwischen 1451 und 1607 nur selten mehr als ein halbes Dutzend, zeitweise auch noch weniger Stiftsherren. So konnte zum Beispiel die Neuwahl der Äbte Gerwig von Sulmentingen (1451) und Johann von Wernau (1460) nur mit Hilfe fremder Wahlprüfer durchgeführt werden. Damals waren im Kloster nur jeweils vier Wahlberechtigte zugegen[26]. Bei der Abtswahl im Jahre 1481 waren es neun, 1523 sieben, 1524 nur drei[27]. Beim Tode Albrechts von Hohenegg (1587) bestand der Konvent aus dem Dekan Johann Erhard Blarer von Wartensee und dem Kustos Wolf-Dietrich von Erolzheim. Eilends wurde Johann Adam Renner von Allmendingen, der damals in Ottobeuren studierte, nach Kempten beordert, um den Konvent beschlußfähig zu machen[28]. Erst infolge der Klosterreform des 17. Jahrhunderts stieg die Zahl der Novizen auch in Kempten kontinuierlich an. 1639 hatte das Kloster acht, 1669 zwölf, 1678 dann 14 und 1747 schließlich 18 Konventualen. In der zweiten Hälfte des 18. Jahrhunderts erreichte der Konvent mit vorübergehend zwanzig Mitgliedern seinen absolut höchsten Stand.

Die adelige Abschließung – auch in Zeiten wirtschaftlicher Prosperität – gewährleistete denjenigen, die im Kloster Aufnahme fanden, eine einträgliche Pfründe. Zugleich hielt sie die Vergabe der Präbenden und die Möglichkeit, über die Wahl zum Abt bis in den Reichsfürstenstand aufzusteigen, streng in den Reihen des Adels. Die beharrliche Weigerung des Kemptener Konvents, Novizen bürgerlicher oder bäuerlicher Herkunft aufzunehmen, verhinderte andererseits über Jahrzehnte hinweg das Eindringen eines mehr auf innerweltliche Askese gerichteten Geistes sowie von Impulsen benediktinischer Erneuerung und sicherte so auch innerhalb der »Klostermauern« den Fortbestand adelig-ständischer Lebensform.

24 Rottenkolber, Stift Kempten (wie Anm. 5), 73–128 (Kap. 4: Das Jahrhundert des Niedergangs, 1523–1639); zur Geschichte des Bauernkriegs A. Weitnauer, Die Bauern des Stifts Kempten 1525/26 (Allgäuer Heimatbücher 39), 1949; G. Franz, Der deutsche Bauernkrieg, [10]1975, 113 ff.; P. Blickle, Die Revolution von 1525, [2]1981, 145 und passim; zur Reformation in Stift und Reichsstadt Kempten neuerdings W. Reinhard, Stadt und Stift im Zeichen des konfessionellen Gegensatzes (UniPress Augsburg), 1984, Heft 1, 4–11.

25 Angaben nach Tüchle, Süddeutsche Klöster (wie Anm. 14), 119.

26 HStA München, Fürststift Kempten, MB, Nr. 4a; dazu auch Rottenkolber, Stift Kempten (wie Anm. 5), 56 und 58.

27 Ebd., ferner Rottenkolber, Stift Kempten (wie Anm. 5), 60, 72 und 97.

28 Ebd., ferner Rottenkolber, Stift Kempten (wie Anm. 5), 98; zum Folgenden auch 198 und Ders., Kempten und der Adel (wie Anm. 17), Nr. 20.

3.

Das adelig-ständische Interesse der Konventualen trug spätestens seit dem ausgehenden 15. Jahrhundert wesentlich dazu bei, die monastische Verfassung schrittweise zu unterlaufen. Hauptsächlich die Entwertung der Abtsgewalt und die Verselbständigung des Konvents haben den Verfall der klösterlichen Disziplin und den Niedergang des monastischen Lebens begünstigt. Damit kam am Ende des Spätmittelalters in Kempten eine Entwicklung zum Abschluß, deren Ursprünge bis in das 10. Jahrhundert zurückreichen.

Das Fundament der benediktinischen Klosterverfassung ist das Leben in der Gemeinschaft nach der idealen Ordnung der »Regula«[29]. Den Mittelpunkt der klösterlichen Gemeinschaft bildet der Abt, der diese gesetzliche Ordnung den Verhältnissen der Zeit und der Umwelt entsprechend handhabt. Er hat die volle Leitungsgewalt über das Kloster und über jedes einzelne seiner Mitglieder: *Omnia temperet atque disponet qualiter et animae salventur* (Reg. c. 41). Letzter und tiefster Sinn seines kanonischen Amtes ist die Sorge um das Heil der ihm anvertrauten Seelen. Steht die Autorität des Abtes auch nicht in Frage, so trägt ihm die Regel doch auf, die gesamte Klostergemeinde zu hören, *quoties aliqua praecipua agenda sint* (Reg. c. 3), wenn wichtige Entscheidungen anstehen. Dann tritt die *congregatio* oder der Konvent dem quasi-monarchischen Abt als beratendes Gremium an die Seite.

Diese einfachen Grundprinzipien des innerklösterlichen Zusammenlebens erfuhren schon im hohen Mittelalter einschneidende Veränderungen. Analog zur verfassungsrechtlichen Entwicklung anderer geistlicher Kollegien (Domkapitel, Kardinalskollegium) wurde die Leitungsgewalt des Abtes durch ein immer weiter ausgelegtes Einspruchsrecht der monastischen Gemeinschaft eingeengt, die ihrerseits die Mitsprache von bestimmten Qualifikationen abhängig machte, die zugleich über die Aufnahme des einzelnen in das jeweilige »Kapitel« oder den »Konvent« entschieden. Doch blieb die Gewalt der Konventualen in der Regel darauf beschränkt, den Klostervorstand bei fehlendem Konsens in zustimmungsbedürftigen Fällen am Handeln zu hindern. Spätestens seit dem ausgehenden Mittelalter gingen die Kemptener Stiftsherren über diese Befugnis weit hinaus. Denn in Kempten gewann der Konvent vom 16. bis in die erste Hälfte des 17. Jahrhunderts mitentscheidenden Einfluß auf die Handhabung der disziplinären Gewalt, die Gestaltung des monastischen Lebens, die Nutzung des Stiftungsvermögens sowie die Regierung und Verwaltung der Abtei.

Die schrittweise Aushöhlung der Abtsgewalt wurde nicht unwesentlich durch die Mitwirkung der Klostergemeinde bei der Wahl ihres Oberen begünstigt. Zwar setzte die benediktinische Regel die Eignung des Kandidaten und die Kontrolle der Wahl durch eine außerklösterliche Autorität voraus, aber die Wahlprüfung, die sich Rom im Falle der exemten Fürstabtei selbst vorbehielt, entwickelte sich zu einem rein formalen Akt. Seit dem Ende des 14. Jahrhunderts bestätigte die Kurie ausnahmslos alle Kemptener Fürstäbte, deren Konfirmation erhebliche Taxen und den Mitgliedern der Konsistorialkongregation großzügige Geschenke einbrachte. Die Stiftsherren nutzten ihrerseits das Wahlrecht als eine Sonderform innerklösterlicher »Mitbestimmung«. Nach Beispiel der Domkapitel trafen sie vor der Wiederbesetzung der

29 Vgl. C. Butler, Benediktinisches Mönchtum, 1929; J. Herwegen, Sinn und Geist der Benediktusregel, 1944; B. Steidle, Die Benediktusregel, o. J.; B. Hegglin, Der benediktinische Abt in rechtsgeschichtlicher Entwicklung und geltendem Kirchenrecht, 1961; J. Jassmeier, Das Mitbestimmungsrecht der Untergebenen in den älteren Männerordensverbänden, 1954.

erledigten Prälatur mehr oder minder umfangreiche Wahlkapitulationen[30], um den künftigen Klostervorstand auf ihre Ansprüche zu verpflichten. Im Vordergrund dieser Vereinbarungen standen die Wahrung hergebrachter Rechte sowie die Sicherung gemeinsamer ständischer und materieller Interessen. Auf sie konnte sich das adelige Wahlgremium seiner sozialen Homogenität und des noch offenen Wahlausgangs wegen in der Regel relativ rasch einigen. Es wäre daher irreführend, a priori von einem Dualismus oder Konflikt zwischen Abt und Konvent auszugehen.

Wahlkapitulationen der Kemptener Stiftsherren sind erstmals aus dem Jahre 1481 überliefert, sodann aus den Wahljahren 1523, 1587, 1594, 1607, 1639 und 1668[31]. Sie hatten im wesentlichen die Mitregierung des Konvents in wichtigen Stiftsangelegenheiten, die Trennung zwischen Abts- und Konventsgut, die Verteilung der Konventsämter, Pfarrstellen und sonstigen Klosterpfründen unter den Stiftsherren, schließlich die Verwirklichung eines weitgehend säkularen und »standesgemäßen«, das heißt adeligen Lebensstils zum Inhalt. Am weitesten gingen die Kapitulationen von 1587 und 1594[32]. Damals zählte der Konvent, wie bereits erwähnt, nur jeweils drei stimmberechtigte Mitglieder. Diesen fiel es nicht schwer, Ämter und Pfründen unter sich aufzuteilen, die Ernennung und Entlassung stiftischer Räte und Amtsleute gemeinsam zu regeln sowie die gesamte Dienerschaft des Klosters nicht nur auf den Abt, sondern auch auf den Konvent zu vereidigen. Noch weniger war man kleinlich, als es darum ging, sich gegenseitig »Wohltaten« zu erweisen. Mit Ausnahme der Pfarrei St. Lorenz, die der Prälatur zukam, inkorporierten die Stiftsherren alle erledigten Klosterpfründen dem Konvent und verpflichteten den Abt zu wertvollen Geschenken an Geld, Geschirr, Schmuck und Pferden. Sie sicherten sich das Recht auf eigene Wohnung und Pferdehaltung, auf Lieferung von jährlich zehn Klaftern Brennholz, von wöchentlich elf Pfund Fleisch, von Bodensee- und Neckarwein nach Bedarf. In der Fastenzeit sollte jeder ein Anrecht auf täglich eine Maß Wein und zwei Hofbrote haben. Dem Abt sollte es freistehen, sein persönliches Vermögen und seine sonstige Hinterlassenschaft nach Gutdünken zu vererben. Und auch sieben Jahre später konnte die drohende Klostervisitation durch den päpstlichen Legaten Benalli die drei wahlfähigen Stiftsherren nicht veranlassen, hinter den »Errungenschaften« und Sicherungen von 1587 zurückzustehen.

Wenn es zutrifft, daß die theologische Verwirrung und die Verwilderung des katholischen Klerus in Süddeutschland nach dem Augsburger Religionsfrieden (auch gegenüber der Zeit vor der Reformation) ihren Höhepunkt erreichte, dann ist Kempten hierfür ein sprechendes Beispiel. Von klösterlicher Gemeinschaft und Verzicht auf Privateigentum, von Gehorsam, Armut und Klausur, mit einem Wort, von monastischer Observanz war keine Spur. Auch wer dem Einbau des Klosters in die deutsche Adelskirche, wer ständischem Denken und adeligem Lebensstil oder auch nur dem Verlangen nach »Versorgung« und »materieller Existenzsiche-

30 Zu den Wahlkapitulationen in geistlichen Fürstentümern vgl. im allgemeinen H. Feine, Kirchliche Rechtsgeschichte. Die katholische Kirche, [5]1972, 382; Ders., Besetzung der Reichsbistümer (wie Anm. 19), 330ff.; B. Walcher, Beiträge zur Geschichte der bayerischen Abtswahlen, 1930, 65ff.; R. Vierhaus, Wahlkapitulationen in den geistlichen Staaten des Reiches im 18. Jahrhundert (Herrschaftsverträge, Wahlkapitulationen, Fundamentalgesetze. Hg. v. R. Vierhaus = Veröffentlichungen des Max-Planck-Instituts für Geschichte 56), 1977, 205–219.

31 HStA München, Fürststift Kempten, MB, Nr. 4a, fol. 125f., 144f., 260f., 227f. und 298f. Dazu Rottenkolber, Stift Kempten (wie Anm. 5), passim.

32 HStA München, Fürststift Kempten, MB, Nr. 4a, fol. 144–146.

rung« Rechnung trägt, kann sich der kritischen Einsicht nicht verschließen, daß die spirituellen und karitativen Elemente aus dem klösterlichen Lebensraum zugunsten materieller Interessen vollkommen verdrängt waren[33]. »Die Lebensgewohnheiten eines seiner religiösen Aufgabe nicht mehr bewußten Stiftes, das Beispiel der adeligen Verwandten, der moralische Tiefstand der Zeit, das Fehlen jeglicher Autorität, die Rechenschaft fordern konnte, die Exemtion und Reichsunmittelbarkeit des Stiftes«, resümierte Hermann Tüchle, »ließen das Übel von Geschlecht zu Geschlecht weiterwuchern«[34]. Als sich aber dem Streben nach Versorgung, Eigentum und Macht, nach Verwirklichung individueller Lebensführung und säkularer Daseinsfreuden die Erneuerungskräfte der nachtridentinischen Zeit entgegenstellten, stand das Adelsstift Kempten vor der Alternative, sich selber aufzugeben oder aber sich der monastischen Reform nicht länger zu verschließen.

4.

Würde das Stift aus eigener Kraft und Initiative jemals wieder zum Bewußtsein seiner geistigen und religiösen Bestimmung gelangen? Die Voraussetzungen dazu waren denkbar schlecht. Anstoß und Hilfe mußten von außen kommen.

In der Geschichte des Benediktinerordens bedeutet das Konzil von Trient einen Markstein – trotz der Eile, mit der es sich in seiner letzten Sitzung am 3. und 4. Dezember 1563 der Ordensreform annahm[35]. Zwar gingen vom Konzil für die Wiederbelebung der benediktinischen Tradition keine neuen, fundamentalen Richtlinien aus. Aber die Dekrete des Konzils gaben der bereits wirksamen benediktinischen Erneuerungsbewegung eine nicht zu unterschätzende Absicherung[36]. Sie forderten nachdrücklich den Verzicht auf Privateigentum, schärften die strenge Einhaltung des Ordensgelübdes ein und erließen Bestimmungen im Hinblick auf die Sicherung und Verwaltung des Klostervermögens. Profeß sollte künftig erst nach Ablauf eines einjährigen Noviziats und nicht vor dem vollendeten 16. Lebensjahr abgelegt werden können. Darüber hinaus verpflichtete das Konzil, und dies war speziell für Kempten bedeutsam, alle exemten Klöster, sich zu Generalkapiteln oder Kongregationen zusammenzuschließen.

Im Zusammenhang mit der Ordensreform sollte der kanonischen Visitation eine Schlüsselfunktion zukommen. Diese konnte den päpstlichen Nuntien, den zuständigen Diözesanbischöfen oder dem Orden selbst übertragen sein. Ihr Erfolg setzte jedoch immer ein Entgegenkommen des Klosteroberen oder wenigstens eines Teils der Klosterinsassen voraus. An deren »geistiger Inspiration« hatte wiederum der Jesuitenorden entscheidenden Anteil. Alle diese Reformkräfte waren, freilich mit unterschiedlichem Gewicht, auch in Kempten wirksam.

Da war zunächst der Bischof von Konstanz, Kardinal Andreas von Österreich, Sohn Erzherzog Ferdinands und Philippine Welsers, der seine Diözese reformierte, sich aber auch

33 Vgl. SCHREINER, Sozial- und standesgeschichtliche Untersuchungen (wie Anm. 16), 136f.

34 TÜCHLE, Abtei Kempten (wie Anm. 5), 398.

35 Dazu die oben Anm. 2 genannte Literatur, ferner SCHMITZ/TSCHUDY, Benediktinerorden IV (wie Anm. 8), 9ff.; P. VOLK, Das Trienter Konzil und die deutschen Benediktiner (Das Weltkonzil von Trient. Sein Werden und Wirken II. Hg. v. G. SCHREIBER), 1951, 451–460.

36 Daß nicht in strengem Wortsinn, aber in chronologischer Hinsicht von »nachtridentinischer« Reform zu sprechen ist, betont REINHARDT, Auswirkungen der nachtridentinischen Kirchenreform (wie Anm. 3), 125f.

nicht uneigennützig um Kempten kümmerte[37]. Starken Rückhalts in Wien sicher, hätte er in den Jahren nach 1589 die Fürstabtei unter dem Vorwand der Reform nicht ungern der eigenen Herrschaft unterworfen. Der Widerstand des Adels und die Exemtion stellten für alle seine Versuche, in das innere Leben des Klosters einzugreifen, unüberbrückbare Hindernisse dar.

Da war der Einfluß des Jesuiten Julius Priscianensis aus Dillingen[38]. Als Professor für Moral- und Kontroverstheologie, für Scholastik und Bibelkunde sowie als Kanzler (1582–1607) und Rektor der Universität (1588/89, 1599–1603) zog er eine ganze Generation reformeifriger Benediktiner heran. Pater Julius hielt mit seinen Schülern auch nach dem Studium Kontakt, um mit ihnen gemeinsam die monastische Reform voranzutreiben[39]. Als er im Februar 1588 Kempten besuchte, hatten erst drei Konventsmitglieder in Dillingen studiert. Daß sich unter ihnen Johann Erhard Blarer von Wartensee, der soeben gewählte Abt, befand, mag ihn zur beschwerlichen Winterreise veranlaßt haben. Was Priscianensis jedoch an Eindrücken aus Kempten mitnahm, war wenig ermutigend. »Ich bin nicht derjenige«, schrieb er, »der jetzt an die Herstellung der klösterlichen Disziplin denken würde, sondern zunächst an die Beobachtung der zehn Gebote und des Evangeliums«[40]. Auch bei seinen erneuten Besuchen in den Jahren 1601 und 1602 dürfte er zu keinem anderen Ergebnis gekommen sein. Das Adelsstift widersetzte sich jeder strengen Regulierung, obwohl von den fünf Fürstäbten, die ihm zwischen 1571 und 1616 vorstanden, nicht weniger als vier in Dillingen studiert hatten[41].

Da war schließlich der Orden selbst. Von ihm hätte Hilfe kommen können. Aber als sich die oberschwäbischen Benediktinerabteien im Jahre 1568 zu einem lockeren Verband zusammenschlossen, fürchtete Kempten um den Verlust seiner Exemtion und trat der schwäbischen Benediktiner-Kongregation erst gar nicht bei[42]. Der spätere Versuch des Italieners Benalli, im Zusammenwirken mit dem Luzerner Nuntius die süddeutschen Benediktinerabteien nicht zuletzt zum Zweck der Reform zu einem deutschen Klosterverband zusammenzuschließen – eine Maßnahme, der sich auch Kempten nicht hätte entziehen können –, scheiterte bereits am

37 HStA München, Fürststift Kempten, MB, Nr. 4a, und NA, Nr. 1884, 9; ROTTENKOLBER, Reformversuche (wie Anm. 5), 4ff. und 13. Vgl. auch E. WIDMOSER, Kardinal Andreas von Österreich, 1558–1600 (Lebensbilder aus dem Bayerischen Schwaben IV), 1955, 249–259; zu den Versuchen Erzherzog Ferdinands, seinen Sohn standesgemäß zu versorgen, J. HIRN, Erzherzog Ferdinand II. von Tirol. Geschichte seiner Regierung und seiner Länder II, 1888, 389ff.; GATRIO, Murbach (wie Anm. 4), 253ff.

38 P. RUMMEL, P. Julius Priscianensis S.J. 1542–1607. Ein Beitrag zur katholischen Restauration der Klöster im Einflußbereich der ehemaligen Universität Dillingen, 1968; REINHARDT, Reformbestrebungen (wie Anm. 5), 90f. (zum Begriff der »jesuitischen Inspiration«) sowie DERS., Auswirkungen der nachtridentinischen Kirchenreform (wie Anm. 3), 128f.; Th. SPECHT, Geschichte der ehemaligen Universität Dillingen und der mit ihr verbundenen Lehr- und Erziehungsanstalten (1549–1804), 1902.

39 Dazu das Itinerar, RUMMEL, Priscianensis (wie Anm. 38), 229ff.

40 Ebd., 108ff., Zitat 109.

41 Immerhin studierten nach einem Verzeichnis aus dem Jahre 1602 fünf Kemptener Stiftsherren in Dillingen, ebd., 88. Die in Dillingen immatrikulierten Fürstäbte waren Eberhard von Stein (1551), Johann Erhard Blarer von Wartensee (1569), Johann Adam Renner von Allmendingen (1575) und Heinrich von Ulm (1589).

42 Unmittelbaren Anlaß für den Zusammenschluß der schwäbischen Benediktinerabteien gab die Konstanzer Diözesansynode von 1567, auf der auch Kempten vertreten war. Als Kardinal Mark Sittich von Hohenems die bischöfliche Visitation für alle Klöster ankündigte, die nicht von einem General- oder Provinzialkapitel des Ordens visitiert wurden, beschlossen die schwäbischen Reichsäbte am 25. Februar 1568, eine eigene Kongregation zu bilden. Dazu REINHARDT, Restauration (wie Anm. 3), 194; abweichend ROTTENKOLBER, Stift Kempten (wie Anm. 5), 95.

Widerstand der landsässigen Abteien, vor allem aber an dem Veto der Fürstbischöfe, denen wenig daran gelegen war, den Einfluß und die Macht der Abteien in ihren Diözesen wachsen zu sehen[43]. Da war schließlich die Wirksamkeit der Nuntien. Die Visitatoren der Kurie stellten in Kempten ohne Zweifel die konsequenteste und letztlich erfolgreiche Reformkraft dar. Am 7. September 1594 setzte der Luzerner Nuntius Hieronymus Graf Portia in Kempten Benallis Reformversuche mit ganz anderer Gründlichkeit fort[44]. Unter Androhung des Kirchenbannes forderte er die Erneuerung der monastischen Gemeinschaft, strenge Observanz, würdige Gestaltung des Gottesdienstes, sittlich einwandfreien Lebenswandel, Ergänzung des Konvents ohne Standesvorurteil, schließlich die Bildung eines geistlichen Kirchenrats. Zur Kontrolle kam er ein halbes Jahr später erneut nach Kempten. Von Besserung konnte noch nicht die Rede sein. Nun drängte Portia mit aller Härte auf die Durchführung seiner Anordnungen. Binnen vier Wochen sollte der Abt die Reformbereitschaft des Klosters verbindlich erklären und dann alle drei Monate über die erzielten Forschritte an die Kurie berichten. Ein Ausweichen schien nun nicht mehr möglich.

Doch auch jetzt noch konnte man sich in Kempten nicht entschließen, dem Beispiel der benachbarten schwäbischen Abteien zu folgen und zu strenger Observanz zurückzukehren. Der Prälat, seinen Konventualen gegenüber selbst nur Erster unter Gleichen und den ständischen Interessen wie diese verpflichtet, ersuchte die schwäbische Reichsritterschaft um Hilfe[45]. Diese wurde tatsächlich beim Kaiser energisch vorstellig, er möge ihre Privilegien schützen, die Klosterreform verhindern und dem Abt die Durchführung jeder weiteren Visitation grundsätzlich verbieten. Kaiser Rudolf II. zögerte. Auch wiederholte Klagen vermochten ihn nicht zum Eingreifen zu bewegen. Als schließlich Kardinal Andreas, der sich auf Kempten noch immer Hoffnungen machte, den Luzerner Nuntius ein drittes Mal entsandte, um den Widerstand des Stifts zu brechen, griff die Reichsritterschaft zur »Selbsthilfe« und schlug Anfang Februar 1598 die Umwandlung der Abtei in ein weltliches Säkularstift vor[46]. Jetzt erst intervenierte der Kaiser bei der Kurie. Er verbot rundweg alle künftigen Visitationen, damit die adeligen Stiftsherren »wider altes Herkommen in keiner Weise beschwert würden«[47].

Indes, die Zeit arbeitete für die Reform. Als Johann Euchar von Wolffurt (1616–1631), ein kirchenfrommer, zugleich diplomatisch versierter Mann, zum Abt gewählt wurde, verband Papst Paul V. die Bestätigung seiner Wahl mit der Auflage, das Stift zu reformieren. Aber erst die schwere finanzielle Notlage, in die der Böhmische Krieg die Reichsabtei brachte, dann eine eindringliche Mahnung Papst Gregors XV. veranlaßten den Abt im Jahre 1622, die Reform in

43 HStA München, Fürststift Kempten, NA, Nr. 1885, bes. 4 und 13; Nr. 1886, 1 und 1a; ROTTENKOLBER, Reformversuche (wie Anm. 5), 7ff.; zu Benallis Mission ausführlich MOLITOR, Rechtsgeschichte II (wie Anm. 2), 37ff., 46ff., 51f.

44 HStA München, Fürststift Kempten, NA, Nr. 1886, 8a; päpstliches Mandat des Nuntius Portia, 10. September 1594, ebd., 7a. Zu Portia: Helvetia Sacra I/1. Hg. v. A. BRUCKNER, 1972, 44.

45 HStA München, Fürststift Kempten, NA, Nr. 1886, 17 (Johann Adam Renner von Allmendingen an die Reichsritterschaft, 30. März 1595), 15 (Reichsritterschaft an Abt Johann Adam, 6. April 1595).

46 HStA München, Fürststift Kempten, NA, Nr. 1888, 13 (Reichsritterschaft an Kaiser Rudolf II., 12. August 1597), und Nr. 1890, 1.

47 HStA München, Fürststift Kempten, NA, Nr. 1890, 4 (Geheimer Rat von Freiberg an den Advokaten der Ritterschaft Anastasius Demler, 20. Februar 1598), vgl. ROTTENKOLBER, Reformversuche (wie Anm. 5), 32; Nr. 1886, 1b (Kaiser Rudolf II. an Abt Johann Adam, 6. April 1598), und Nr. 1890, 15.

die Wege zu leiten, freilich mit der Bitte, der Nuntius möge den »Handel nicht gar zu grob machen und zwischen einem Fürstentum des Reichs und einem gemeinen Kloster etwas Unterschied« halten, damit dem »adeligen collegio kein Nachteil entstehe«[48]. Im Sommer 1623 führte Nuntius Alessandro Scappi die Visitation durch[49]. Er legte einen umfassenden Statutenentwurf vor, der im wesentlichen die bereits bekannten Reformforderungen enthielt. Erneut erhob die schwäbische Reichsritterschaft heftigen Protest. Erst als die Kurie den älteren Kapitularen übergangsweise eine Pension auf Lebenszeit zugestand, schickte sich der schwäbische Adel in das Unvermeidliche. Abt Johann Euchar legte 1626 das Ordenskleid an.

Die Reform gelangte zum Durchbruch. Durch energische Unterstützung von außen, seitens der Kurie und der Nuntien, und innere Reformbereitschaft bei den jüngeren, jesuitisch erzogenen Mitgliedern des Konvents faßte die benediktinische Observanz auch in Kempten Fuß. Sie hat die monastische Gemeinschaft gefestigt und befähigt, das Unheil des Dreißigjährigen Krieges und die völlige Zerstörung von Kloster und Kirche im Jahre 1632 zu überleben. Als die Konventualen nach dem Tode Abt Johann Willibald Schenks von Kastell am 19. Mai 1639 zur Wahl schritten, standen sie noch unter dem Eindruck des »Gottesgerichts«, als das sie die Kriegskatastrophe empfanden. Die Wahlkapitulation verpflichtete den künftigen Oberen, darauf zu halten, »daß die Regel des hl. Benedikt observiert und alle, welche in das Stift aufgenommen werden, danach instruiert werden, oder im widrigen Falle die Kapitulare Macht haben, den Abt nicht allein zu ermahnen, sondern ihm alle Mittel und Wege so lange zu verschließen, bis er dieser Kapitulation Genüge tun werde«[50].

Vor Rückschlägen gesichert war das Reformwerk indes noch lange nicht. Abt Georg Wegelin von Weingarten hatte seinem Kemptener Amtsbruder einst nach Rat der Jesuiten empfohlen, den Adeligen bürgerliche und bäuerliche Novizen vorzuziehen, um die Reform zu beschleunigen und das Kloster mit religiösem Leben zu erfüllen[51]. In Kempten opponierte der Adel indes nach wie vor dagegen, »daß das Stift [...] den plebeis und anderen humilis conditionis hominibus eingeräumt würde«[52]. Auch dem energisch zupackenden Abt Roman Giel von Gielsberg (1639–1673) gelang es innerhalb einer mehr als dreißigjährigen Amtszeit nicht, die Adelsexklusive gegen den Widerstand der adeligen Kapitulare zu durchbrechen[53]. Gleichwohl kommt Abt Roman für die Weiterführung der monastischen Reform entscheidende Bedeutung zu. Es ist sein Verdienst, den Anschluß Kemptens zuerst an die lothringische, dann an die oberschwäbische Benediktiner-Kongregation gesucht, den Austausch von Ordensleuten ermöglicht, das Stift aus seiner Isolation gelöst und damit vor der in diesen Jahren stets gegenwärtigen Gefahr bewahrt zu haben, an die Habsburger als Kommende vergeben zu werden.

48 HStA München, Fürststift Kempten, NA, Nr. 1891, 4. Hierzu und im folgenden ROTTENKOLBER, Stift Kempten (wie Anm. 5), 112ff., 132ff. und 142ff.

49 Über A. Scappi vgl. Helvetia Sacra I/1 (wie Anm. 44), 45; ROTTENKOLBER, Stift Kempten (wie Anm. 5), 114.

50 HStA München, Fürststift Kempten, MB, Nr. 4a, fol. 275ff.

51 REINHARDT, Restauration (wie Anm. 3), 32.

52 HStA München, Fürststift Kempten, NA, Nr. 1890, 13; ROTTENKOLBER, Reformversuche (wie Anm. 5), 32.

53 Im Hinblick auf eine ausführlichere Darstellung der Reform der Fürstabtei Kempten, namentlich unter den Äbten Johann Euchar von Wolffurt, Roman Giel von Gielsberg und Bernhard Gustav von Baden sei hier vorläufig lediglich auf die Akten verwiesen in HStA München, Fürststift Kempten, NA, Nr. 1891–1917.

Aus der geistigen Kulturarbeit des ehemaligen Benediktinerklosters St. Mang zu Füssen: Wissenschaftliche Tätigkeit der Konventualen

von Franz-Rasso Böck

Vorbemerkung

Die während der Säkularisation 1802/03 an die Fürsten von Oettingen-Wallerstein als Teil der Entschädigung für den Verlust linksrheinischen Herrschaftsgebietes gefallenen fünf schwäbischen Klosterbibliotheken[1], darunter diejenige des Benediktinerklosters St. Mang in Füssen mit ca. 70000 Exemplaren, sind im Jahre 1980 als Bestandteil der vom Freistaat Bayern erworbenen fürstlichen Gesamtbibliothek in die Universitätsbibliothek Augsburg integriert worden. Der schwäbisch-bayerischen Landesgeschichte bietet sich bei der Auswertung der Oettingen-Wallerstein'schen Bibliothek eine Fülle von wissenschaftlichen Forschungsobjekten, die aufgrund ihrer Vielschichtigkeit und Größenordnung nur fächerübergreifend in Angriff genommen werden können – aber auch ein bestürzendes Maß an schrittweiser Kleinarbeit, die zur Bewältigung übergeordneter Forschungsaufgaben unerläßlich ist. In diesem Vorfeld haben erste Ansätze ihren Niederschlag u. a. in einer Reihe von Zulassungs- und Magisterarbeiten beim Lehrstuhl für bayerische Landesgeschichte der Universität Augsburg gefunden, unter denselben die Magisterarbeit vom Verfasser des vorliegenden Beitrags über die geistesgeschichtliche Entwicklung des ehemaligen Benediktinerklosters St. Mang zu Füssen[2]. In ihr ist der Schwerpunkt der Abhandlung auf die zeugnisablegende Bibliothek gesetzt worden, da eine solche stets (Zitat aus der genannten Magisterarbeit) »... als elementare Komponente der von den Klöstern im Rahmen ihres Kulturprogramms geleisteten Bildungs- und Wissenschaftsarbeit am ehesten die jeweiligen geistigen Interessen und Betätigungsfelder eines Klosters zu erhellen vermag«.

1 Außer dem Benediktinerkloster St. Mang (Füssen) die Benediktinerklöster Heiligkreuz (Donauwörth) und Mönchsdeggingen, das Minoritenkloster Maihingen (Ries) und das Zisterzienserinnenkloster Kirchheim (Ries).

2 Franz-Rasso Böck, Die Bibliothek des ehemaligen Benediktinerklosters St. Mang zu Füssen – ein Zeugnis seiner geistesgeschichtlichen Entwicklung, Magisterarbeit (masch.), Augsburg 1984. – Diese Magisterarbeit kann außer beim Verfasser auch bei den Herren Prof. Dr. Pankraz Fried (Lehrstuhl für bayerische Landesgeschichte) und Bibliotheksoberrat Dr. Paul-Berthold Rupp (beide Universität Augsburg) eingesehen werden. Die Arbeit wird – unwesentlich gekürzt – gedruckt erscheinen im Jahresband des Allgäuer Geschichtsfreundes (Kempten) 1985.

Wissenschaftliche Tätigkeit der Konventualen

An dieser Stelle wird aus dem Gesamtkomplex von historischer Entwicklung wie kultureller Würdigung der St. Manger Klosterbibliothek die wissenschaftliche Leistung nur einiger, d. h. beispielgebender Äbte und Mönche insoweit herausgehoben, als diese sich neben ihrem Wirken in den Schulen, in Schreibstube und Bibliothek vor allem durch eigene geistige Schöpfungen hervorgetan und damit aus dem Innern des Klosters heraus zur Bereicherung der von außerhalb erworbenen Werke beigetragen haben:

I. Äbte

Johannes VI. Heß (1458–1480)[3],

der den ersten beachtlichen Grundstock zu einer umfassenden Bibliothek schuf, schrieb:

- »Urbarium Abbatis Johannes Heß 1461«, eine Gesamtschau der klösterlichen Einkünfte und Besitzgüter;
- Fortsetzung der »Chronica Casinensis«, einer Papst- und Kaiserchronik, die mit der Erschaffung der Welt beginnt.

Benedikt Furtenbach (1480–1524)[4]

stand mit bedeutenden Gelehrten seiner Zeit, dem Prediger Geiler von Kaysersberg sowie den Humanisten Willibald Pirckheimer und Konrad Peutinger, in Verbindung und setzte die Bibliothekserweiterung fort; er verfaßte:

- »Urbarium Abbatis Benedicti Furtenbach« in zwei Bänden (die hierin enthaltenen Urkundenabschriften besitzen wegen Verlusts der Originale besonderen Wert);
- »Legenda Sancti Magni cum considerationibus«;
- »Consuetudines maiores monasterii Sancti Magni sub regimine Abbatis Benedicti Furtenbach anno 1520 renovatae et conscriptae«, von asketischem Geist erfüllte Klosterregeln.

Heinrich Ammann (1604–1611)[5],

Restaurator der Bibliothek im Jahre 1610, schrieb:

- »Chronicon Fiessense« von den Anfängen bis 1611, in zwei Bänden, eine unschätzbare Quelle zur Klostergeschichte;
- »Acta Abbatum«, eine Handchronik der Abtgeschichte;
- »De statu innocentiae ante peccatum primi hominis« (Zustand der Unschuld vor dem Sündenfall des ersten Menschen).

3 David Leistle, Die Äbte des St. Magnus-Stiftes von der Gründung bis 1524, in: SMOSB 39 (1918), S. 304ff. – Rudibert Ettelt, Geschichte der Stadt Füssen, Füssen [3]1978, S. 126ff. – Wilhelm Wattenbach, Geschichtliche Handschriften der fürstlich Oettingen-Wallersteinischen Bibliothek in Maihingen, in: NA 7 (1882), S. 174, 180–186.

4 David Leistle, Die Äbte des St. Magnus-Stiftes, in: SMOSB 40 (1920), S. 77f. – Ders., Die Bibliothek des St. Magnus-Stiftes in Füssen, in: SMOSB 31 (1910), S. 543.

5 Rudibert Ettelt, Geschichte, S. 148f.

Martin Stempfle (1614–1661)[6]

setzte sich – ungebrochen von den Schrecken des Dreißigjährigen Krieges – für die Ausbildung des Nachwuchses und das Anwachsen der Bibliothek ein; er war ein Vorbild an geistiger Schaffenskraft und verfaßte das umfangreiche zweibändige

– »Urbarium antiquissimum Monasterii St. Magni in Füssen« mit den Fortsetzungen »Liber actorum« und »Continuatio actorum«, das den langen Zeitraum seiner Abtschaft abdeckt und in Anlehnung an das »Chronicon Fiessence« von Abt Ammann die Klostergeschichte mit einer Reihe spezieller Ergänzungen beinhaltet, angefangen von kirchlichen und weltlichen Vorgängen bis zu meteorologischen Anmerkungen.

Zeugnis von seiner eher verinnerlichten denn streng kritischen Veranlagung legen ab:

– eine Lebensgeschichte des seligen Einsiedlers Ulrich von Pinswang;
– »Jesu Christi domini nostri amicitia secundam carmen et spiritum sacralissimae familiae salvatoris fraternitas«, Schongau 1634 (Jesu Christi leibliche und geistige Freundschaft und die Bruderschaft des Geschlechtes Jesu Christi);
– »Monile sponsarum Jesu Christi in quo devota exempla et documenta pro Sanctimonialibus autore Martino Abbate 1642«, eine Erbauungsschrift für Anhängerinnen Jesu Christi, d. h. für Klosterfrauen, mit Beispielen und Dokumenten der Frömmigkeit[7].

Als Verehrer des Klosterheiligen Magnus verfaßte er eine

– »Vita et miracula S. Magni apostoli Almangoviae, fundatoris et primi Abbatis monasterii Füssensis 1621« in lateinisch und deutsch, gedruckt 1655[8].

Abt Stempfle stand in Briefwechsel mit den Gelehrten P. Jodocus Metzler von St. Gallen und P. Karl Stengel von St. Ulrich und Afra in Augsburg; letzterer erhob Bedenken gegen die wissenschaftliche Gültigkeit der Stempfleschen Magnus-Vita; man könne »... weder annehmen, daß St. Magnus ein Schüler des Columban war, noch aus Irland stammte«[9].

Gallus Zeiler (1750–1755)[10],

vor Beginn seiner Abtschaft von 1729 bis 1736 als Organist sowie als Lehrer für Latein und Musik an der Klosterschule tätig gewesen, beschaffte für die Klosterkirche eine neue Orgel mit 34 Registern (von Andreas Jäger, Füssen). Unter ihm gelangte die Musikpflege, die bereits im 13. Jahrhundert unter Abt Hermann I. (1256–1262) als festes Ausbildungsfach in den Lehrplan der Klosterschule aufgenommen worden war, zu voller Entfaltung. Seine noch erhaltenen Kompositionen[11] wurden seinerzeit vom Augsburger Musikverlag Lotter und Leopold herausgegeben:

6 Ebd., S. 151.

7 Ebd., S. 151. – Johann Coloman FISCHER, Das Füssener Benediktinerkloster St. Mang in Barock, Rokoko und Aufklärung, Teil I: Die Äbte, in: AF (1981), S. 16. – David LEISTLE, Bibliothek St. Mang, S. 546f.

8 S. SCHMIDT, Die Lebensbeschreibung (Vita) des hl. Magnus durch Abt Martin Stempfle, in: AF 7 (1931), Nr. 5–6, o. S.

9 Zit. n. Anton VON STEICHELE, Das Bisthum Augsburg, historisch und statistisch beschrieben, Bd. 4, Augsburg 1883, S. 350.

10 Vgl. Adolf LAYER, Zur Musikpflege des Benediktinerklosters St. Mang in Füssen, in: JbVAB 6 (1972), S. 241–253.

11 Johann Coloman FISCHER, Äbte, S. 20. – David LEISTLE, Wissenschaftliche und künstlerische Strebsamkeit im St. Magnus-Stifte zu Füssen, in: SMOSB 18 (1897), S. 424. – P. Pirmin August LINDNER,

- »Dulia harmonica« (1732);
- »Canticum Marianum tripartitum, XII Magnificia complectens« (1737);
- »Responsoria ad lamentationes hebdomadae Sanctae«;
- »Latria musica Deo eucharistico sacra, complectens 20 Benedictiones pro Solemni octava corporis Christi« (1739).

II. Mönche

Gallus Knöringer (Anfang 16. Jh.),

Prior zur Zeit des Abtes Benedikt Furtenbach, pflegte Kontakt mit einer Reihe zeitgenössischer Gelehrter wie dem Ottobeurer Humanisten Nikolaus Ellenbog, dem Theologen Dr. Johannes Fabri (seit 1530 Bischof in Wien) und dem in Grammatik, Poesie, Rhetorik, Mathematik, Astrologie und Theologie gebildeten Benediktiner Veith Bild aus St. Ulrich und Afra/Augsburg. Letzterer war einer der ersten Gelehrten, die sich – zwecks Ausleihung mathematischer Bücher – für die Klosterbibliothek St. Mang näher interessierten. Aus dem regen Briefwechsel mit Knöringer[12] ist der wachsende Bekanntheitsgrad St. Mangs, dessen Bibliothek nach Erfindung des Buchdrucks eine beträchtliche Erweiterung erfahren hatte, zu ersehen. Knöringers vornehmliches Interesse galt der Geschichte seines Klosters, um die er sich mit etlichen Werken verdient machte[13]:
- »De perscrutatione Bibliothekae S. Mangensis et de S. Magno« (Nachforschungen über die Klosterbibliothek und den hl. Magnus);
- »Epistolae duae ad Abbatum Benedictum«;
- Chronikalische und andere Aufzeichnungen aus den Jahren 1510 bis 1529;
- Notizen und Regesten zur Geschichte des Klosters St. Mang aus den Jahren 1390, 1517 bis 1525 (v. a. zum Bauernkrieg);
- »Commentarius in regulam S. Benedicti 1522«;
- Fortsetzung der Annalen Konrad Peutingers 1515 bis 1531, teilweise in lateinisch und deutsch.

Benedikt Zimmermann (1727–1806),

Theologieprofessor des Klosters, hinterläßt 11 Handschriften[14] (bei Leistle nicht näher bezeichnet), die hauptsächlich anonym erscheinen und sich gegen die im Aufklärungszeitalter erhobenen Forderungen nach Oberhoheit des Staates über die Kirche richten.

Leopold Natterer (1732–1806)

widmet sich neben seinem Amt als Küchen- und Kellermeister hauptsächlich der Botanik und sammelt aus der Gegend um Füssen/Reutte sowie im Allgäu nicht weniger als 2000 Pflanzengat-

Die Schriftsteller der Benediktinerabtei St. Magnus in Füssen, in: Die Schriftsteller und die um Wissenschaft und Kunst verdienten Mönche des Benediktinerordens im heutigen Königreich Bayern vom Jahre 1750 bis zur Gegenwart, Bd. 2, Regensburg 1880, S. 61.

12 Vgl. Alfred Schröder, Der Humanist Veit Bild, Mönch bei St. Ulrich. Sein Leben und sein Briefwechsel, in: ZHVS 20 (1893), S. 199ff., Nr. 79, 95, 96, 98, 100, 104.

13 Anton von Steichele, Bisthum Augsburg 4, S. 401. – David Leistle, Bibliothek St. Mang, S. 545f.

14 David Leistle, Strebsamkeit, in: SMOSB 18 (1879), S. 424.

tungen, die er nach dem System von Linné ordnet; des weiteren legt er eine Sammlung von über 200 mineralogischen Funden an (seine Leistungen wurden von den Botanischen Gesellschaften in Erlangen und Ingolstadt gewürdigt)[15].

Bernhard Weiher (1734–1801),

Prior und Archivar; ihm ist die mustergültige Neuordnung des Klosterarchivs und die Erstellung eines Findbuch-Breviariums mit Urkundenregesten zu danken[16], das leider bisher in der Literatur nur wenig Beachtung gefunden hat:
- »Breviarium seu Summarium archivi Faucensis. Tomus unicus, 1801«;
- »Breviarium Archivi Faucensis alphabeticum, in 4 tomos distributum«;
- »Breviarium Archivi Faucensis Tomus specialis: De privilegiis et actis tyrolensibus«[17].

Basil Sinner (1745–1827),

laut Steichele »...menschlich wie wissenschaftlich eine der interessantesten Gestalten aus den letzten Jahrzehnten des Klosters«[18]. Mit Abt Gerhard Ott, dem Vorgänger Abt Hafners, weilte er längere Zeit zur Ausbildung in Wien, wo er mit radikalen Vertretern der Aufklärung (Joseph Frhr. von Sonnenfels, Joseph Valentin Eybel) in Berührung kommt und auch aus eigener Überzeugung den bisherigen Formen des Klosterlebens skeptisch gegenübersteht. Er wirkt zunächst als Professor der Philosophie, Theologie und orientalischen Sprachen in Salzburg und anschließend am Klostergymnasium in Füssen, wo er in Mathematik, Naturgeschichte und Theologie unterrichtet; im Kloster bekleidet er das Amt des Bibliothekars. Wegen recht gewagter Thesen, die er in den nach festen Regeln abgehaltenen Gelehrten-Disputationen in Sankt Mang vorbringt und die den Einfluß der Lehren vom Staatskirchentum erkennen lassen, muß er nicht selten scharf gerügt werden und zeitweise sogar den Konvent verlassen. Zusätzlich beschäftigt sich Pater Sinner noch mit Physik, Mechanik, Optik, Statik, Hydraulik, Aerometrie, Geographie, Logik, Astronomie, Musik und erfindet (unabhängig von dem Franzosen Claude Chappe) den Telegraphen: Ein Prototyp des Aufklärungsgeistes und ein beispielhafter Vertreter des universal-genialischen Klostergelehrten und -forschers, der aus dem Kloster St. Mang als einziger auch weithin bekannt geworden ist.

Von ihm sind erhalten
an gedruckten Schriften:
- Übersicht des erstjährigen Unterrichts in der Mathematik am Gymnasium zu St. Mang, Ottobeuren 1790;
- Übersicht des halbjährigen Unterrichts aus der Naturlehre und angewandter Mathematik, 1792;
- Beschreibung des Telegraphen, den P. Basil Sinner in der Bibliothek des Klosters aufgestellt hat, Füssen 1795;

an Manuskripten:

15 P. Pirmin August LINDNER, Schriftsteller, S. 63. – David LEISTLE, Strebsamkeit, in: SMOSB 18 (1897), S. 591.

16 Franz-Rasso BÖCK, Bibliothek St. Mang, S. 54.

17 P. Pirmin August LINDNER, Schriftsteller, S. 62f. – David LEISTLE, Strebsamkeit, in: SMOSB 18 (1897), S. 590.

18 Anton VON STEICHELE, Bisthum Augsburg 4, S. 417ff.

- »Catalogus monumentorum typographicorum bibliothecae S. Magni in Füssen«;
- »Catalogus codicum manuscriptorum bibliothecae Sanctmangensis 1780«;
- »Commentarius grammaticus in difficiliora libri genesis loca textus originalis hebraici«;
- »Idea tentaminis ex institutionibus linguae hebraicae«, 1789[19].

Magnus Placidus Keller (1754–1831),

am Klostergymnasium tätig als Professor für Moral- und Pastoraltheologie, Lehrer in Grammatik, Rhetorik und Poesie, Novizenmeister, Prior von 1801 bis 1803. Er betreibt insbesondere Forschungen zur Klostergeschichte.
Gedruckte Schriften:
- Lebensgeschichte des hl. Abtes Magnus mit kritischen Anmerkungen, Ottobeuren 1789;
- »Positiones selectae ex theologia morali et virtutibus theologicis«, Füssen 1797;
- Kurze Chronik des ehemaligen Benediktinerklosters St. Mang in Füssen, Füssen 1807.

Manuskripte:
- »Annales Faucenses seu chronicon monasterii ad S. Magnum in Faucibus a fundato monasterii usque ad annum 1666«, 1796;
- »Chronicon monasterii S. Magni ad Fauces Julias a prima fundatione usque ad exstinctionem«, 1818 (beigebunden: Vita Sancti Magni Abbatis);
- Der St. Magnusstab und seine Geschichte, 1822;
- Übersetzung ins Deutsche: P. Fr. Neumayr, SJ: Theatrum asceticum[20].

Joseph Maria Helmschrott (1759–1836),

ein Schüler Sinners, Unterbibliothekar und Leiter der Klosterschule, später von Abt Hafner zum Direktor und Professor des neugegründeten Gymnasiums berufen. In Verfolg der zu seiner Zeit von gelehrten Gesellschaften an die Klöster und Stifte gerichteten Aufforderung zur Meldung der Bibliotheksschätze beschreibt und veröffentlicht er die Inkunabeln seiner Klosterbibliothek.
Gedruckte Schriften[21]:
- Verzeichnis alter Druckdenkmale der Bibliothek des uralten Benediktinerstiftes zum hl. Magnus in Füssen. Mit literarischen Anmerkungen, Ulm 1790;
- Entwurf der Gegenstände zur öffentlichen Prüfung der niederen Schulen im Benediktinerstifte zu St. Mang in Füssen nebst einer Abhandlung über das Sittenverderbnis bei der jetzigen studierenden Jugend. Füssen 1793;
- 7 Jahresberichte des Klostergymnasiums mit Abdruck der Themen der öffentlichen Prüfungen (1794–1797, 1799, 1801);
- Der gerechte Fürst. Ode auf Kurfürst Clemens Wenzeslaus von Trier und Bischof von Augsburg, 1795[22];

19 David LEISTLE, Strebsamkeit, in: SMOSB 18 (1897), S. 594f. – P. Pirmin August LINDNER, Schriftsteller, S. 65f.
20 David LEISTLE, Strebsamkeit, in: SMOSB 18 (1897), S. 595f. – P. Pirmin August LINDNER, Schriftsteller, S. 66.
21 Ebd., S. 67f.
22 Walther KLEMM, Benediktinisches Barocktheater in Südbayern, in: SMOSB 55 (1937), S. 290.

- Joseph, der Unterkönig in Ägypten von seinen Brüdern erkannt. Ein Singspiel, 1795[23];
- Ode auf den Gedächtnistag, an dem der Hochwürdige Herr Aemilian, regierender Abt des Benediktinerstiftes St. Mang in Füssen, dem Allerheiligsten sein erstes heiliges Meßopfer darbrachte, 1799[24].

Schlußfolgerung

Von ihrem Anbeginn bis zur Säkularisation sind die Klöster im ehemals ostschwäbischen Raum Keimzelle, Hort und tragende Säulen von Kultur und Wissenschaft gewesen und haben gerade in der 2. Hälfte des 18. Jahrhunderts, als ein intolerantes wie unsachliches Pauschalurteil sie zu »Brutstätten der Faulenzerei und des Aberglaubens«[25] abstempelte, der Gedankenwelt der Aufklärung in wissenschaftlicher Hinsicht durchaus positiv und aufgeschlossen gegenübergestanden. Es muß eingeräumt werden, daß im Falle des Klosters St. Mang zu Füssen – wie aus den vorbezeichneten Beispielen wissenschaftlicher Tätigkeit seiner profilierten Konventualen ersichtlich – die Beschäftigung mit der eigenen Klostergeschichte den Vorrang gegenüber den Naturwissenschaften besaß und daß letztlich die spezifisch aufklärerische Literatur, von den Arbeiten des Universalgelehrten Basil Sinner abgesehen, eine untergeordnete Rolle gespielt zu haben scheint. Um unter diesem Blickwinkel ein mehr differenziertes Bild bzw. ein konkretes Ergebnis für das Kloster St. Mang gewinnen zu können, wäre der jetzt als Kopie in Augsburg befindliche zwölfbändige Füssener Bibliothekskatalog aus den Jahren 1799 bis 1801 vom Verfasser dieses Beitrages zumindest teilweise auszuwerten. Doch wird das Katalogwerk hinsichtlich seiner Aussagekraft von Herrn Bibliotheksoberrat Dr. Paul Berthold Rupp, zuständig für die Oettingen-Wallerstein-Bibliothek an der Universität Augsburg, eher skeptisch beurteilt[26], da in dem Katalog zwar die Titel der Werke, aber weder eine Gliederung nach Bibliotheksnummern noch sonstige nähere Bezeichnungen aufgeführt sind. Im Vergleich zu Füssen liegen die Aspekte wesentlich günstiger für das Kloster Heiligkreuz in Donauwörth, in dessen Bibliotheksbeständen Arnold Schromm (vgl. Beitrag in diesem Band) aufgrund der durchführbaren Auswertung eines gut gegliederten Kataloges das beachtliche Vorkommen naturwissenschaftlicher und aufklärerischer Werke nachweisen konnte.

Das Erschließungswerk der Universität Augsburg hat begonnen, die ersten Türen zum weiten Betätigungs- und Forschungsraum sind aufgestoßen. Ob nun die Rekonstruktion der Buchbestände als vordringliche Aufgabe in Angriff genommen wird, ob an eine Darstellung der Klosterbibliotheken in Bayerisch-Schwaben gedacht oder ein Werk über dessen Geistesgeschichte angestrebt wird: es steht – und in diesem Zusammenhang möge man sich zurückerinnern an die Leistungen der Mönche des Mittelalters – eine zeitraubende und mühevolle Arbeit bevor, die neben allem Forschungseifer und Erkenntnisdrang gleichfalls nur mit einem gewissen Idealismus bewältigt werden kann ... ad gloriam regionis sive patriae.

23 Ebd., S. 290.
24 Ebd., S. 290.
25 Josef Deisser, Die Säkularisation des Klosters St. Mang in Füssen, in: AF 7 (1931), Nr. 15–24, o. S.
26 Franz-Rasso Böck, Bibliothek St. Mang, S. 99.

ABKÜRZUNGEN

AF	= Alt-Füssen, Organ des Vereins »Alt-Füssen«, Beilage zum Füssener Blatt, 1925ff. (seit 1974 Jahresbände).
JbVAB	= Jahrbuch des Vereins für Augsburger Bistumsgeschichte.
NA	= Neues Archiv der Gesellschaft für ältere deutsche Geschichtskunde.
SMOSB	= Studien und Mitteilungen des Benediktinerordens.
ZHVS	= Zeitschrift des Historischen Vereins für Schwaben.

Aufklärungsliteratur in der ehemaligen Stiftsbibliothek Heilig-Kreuz zu Donauwörth

von Arnold Schromm

Manchem Leser wird es fast als ein Paradoxon, als ein Widerspruch in sich selbst erscheinen, betrachtet er die in der Überschrift zu diesem Artikel in Verbindung gesetzten Begriffe. ›Aufklärungsliteratur‹ und ›Stiftsbibliothek‹ – das mag irgendwie nicht zusammenstimmen! Muß eine diesbezüglich angesetzte Untersuchung nicht von vornherein auf ein Negativergebnis hinauslaufen? Stehen sich hier nicht zwei ›Feinde‹ gegenüber? Sind denn nicht die fast ausnahmslos antimonastisch gepolten Aufklärungsliteraten, die das Kloster als eine Heimstatt funktionslos-untätiger und damit völlig überflüssiger Gesellschafts-Schmarotzer gezeichnet haben[1], Schuld an dem mehr oder weniger düsteren Bild, das sich mit dem ›Kloster‹ des ausgehenden 18. Jahrhunderts bis heute verbindet? Und mußte auf der anderen Seite das Programm der Aufklärung, zumindest in Teilbereichen, von den Klöstern nicht als höchst gefährlich, weil zersetzend, und damit als verwerflich angesehen werden[2]?

Daß beide Begriffe dennoch, ja sogar in enge wechselseitige Beziehung treten können, hat als e i n wichtiges Ergebnis ein von Pankraz Fried angeregtes und vom Verfasser unternommenes Forschungsprojekt zur Klosterbibliothek Heilig-Kreuz Donauwörth im Rahmen der Forschungen zur Oettingen-Wallerstein-Bibliothek der Universität Augsburg ergeben[3]. Die folgenden Seiten sollen dazu dienen, dieses Ergebnis in der Kürze möglichst umfassend und anschaulich darzulegen.

Mit Abt Amandus Röls (1691–1748), der auch den bezeichnenden Beinamen »Zweiter« oder »Neuer Stifter« trägt[4], sollte das glanzvollste Kapitel in der mehr als 700jährigen Geschichte des Benediktinerklosters Heilig-Kreuz zu Donauwörth beginnen. Ihm war es endlich gelungen, die harten, dürren Zeiten nach dem »Großen«, dem Dreißigjährigen Krieg nachhaltig zu überwinden. Während der folgenden gut 100 Jahre bis zur Aufhebung des Klosters durch die Säkularisation im Jahre 1803 erlebte Heilig-Kreuz nun eine prachtvolle

1 Siehe hierzu z. B. Bonifaz Wöhrmüller, Literarische Sturmzeichen vor der Säkularisation, Studien und Mitteilungen zur Geschichte des Benediktiner-Ordens, Bd. 45 (1927), S. 12–44 (im folgenden zitiert als Wöhrmüller).

2 Siehe hierzu z. B. Cölestin Königsdorfer, Geschichte des Klosters zum Heil. Kreutz in Donauwörth, Bd. III, Abt. 1, S. 465 f. (im folgenden zitiert als Königsdorfer).

3 Angekündigt bei Pankraz Fried, Die Oettingen-Wallerstein-Bibliothek der Universität Augsburg als Gegenstand landesgeschichtlicher Forschung, in: Rieser Kulturtage. Eine Landschaft stellt sich vor, Bd. 4 (1982), S. 426–443. (im folgenden zitiert als Fried, Forschung).

4 Siehe z. B. Anton Steichele, Das Bisthum Augsburg, historisch und statistisch beschrieben, Bd. 3, Augsburg 1872, S. 872 f. Oder: Königdorfer, Bd. III, Abt. 1, S. 436.

Aufschwungsphase. Auf der Basis wirtschaftlicher Prosperität gelangten Kunst und Wissenschaft zu höchster Blüte.

Das seit dem Mittelalter kaum veränderte, jetzt baufällig gewordene Klostergebäude wich einem großzügigen Neubau im barocken Stil. Im Zuge dieser Neu- und Umbauaktionen wurde um das Jahr 1700 ein neuer Bibliotheksraum eingerichtet, um dem ansteigenden Buchbestand Platz zu schaffen.

In der Regierungszeit des Abtes Cölestin I. Högenauer (1748–1776) nahmen Bildung und Wissenschaftspflege auf der Grundlage wachsenden Wohlstands eine anhaltend positive Entwicklung. Der Bücherschatz wuchs an, und mit P. Korbinian Hipper (von 1751 [Profeß] bis 1785 [†] in Heilig-Kreuz) finden wir zum ersten Mal das Amt eines Bibliothekars belegt[5].

Einen beinahe rasant zu nennenden Zuwachs – den eindeutig umfangreichsten in ihrer langen Geschichte – erhielt die Bibliothek schließlich unter Abt Gallus Hammerl (1776–1793). Unter ihm erreichte das Kloster seinen entwicklungsmäßigen Gipfelpunkt. Abt Gallus war der große Förderer von Wissenschaft und Kunst. Nach und nach ließ der kunstsinnige und dazu äußerst liberale Prälat für viele tausend Gulden Bücher und wissenschaftliche Werkzeuge anschaffen[6]. Johann Michael Sailer spricht in seiner Trauerrede auf den Abt von 8000 Gulden für Bücher[7]. Rechnet man diese angegebene Summe auf die 17jährige Amtszeit des Abtes um, so ergibt das einen jährlichen Ausgabenschnitt von ca. 500 Gulden für Bücheranschaffungen – ein enorm hoher Betrag, bedenkt man, daß zur gleichen Zeit der Anschaffungsetat der Universität Ingolstadt »nur« 400 Gulden betrug und die Etatspitze in (Alt-)Bayern mit 1300 Gulden in deutlichem Abstand zu allen anderen Bibliotheken von Kloster Polling gehalten wurde[8]. Zusehends vergrößerte sich daher die heilig-kreuzsche Büchersammlung, so daß noch in den ersten Regierungsjahren des Abtes der Bau eines neuen Bibliotheksraumes notwendig geworden ist. Um das Jahr 1780 wurde dieser großzügige Büchersaal im dominierend klassizistischen Stil vollendet. Auch ein neues physikalisch-mathematisches Armarium, wohl hervorgegangen aus dem unter Abt Amandus gegründeten Kunst- und Naturalienkabinett, erhielt Platz in dieser Zeit[9].

Widrige äußere Umstände[10] hemmten unter dem hochgelehrten und tätigen Abt Cölestin II. Königsdorfer (1794–1803) zunächst den weiteren Aufstieg und setzten schließlich einen Schlußpunkt unter die ereignisreiche Geschichte des Donauwörther Benediktinerklosters, einen Schlußpunkt auch unter die Entwicklung der Stiftsbibliothek.

Wichtig für den Werdegang der Stiftsbibliothek Heilig-Kreuz war es sicherlich, daß das

5 P. Lindner und J. Traber, Verzeichnis der Äbte und Mönche des ehemaligen Benediktiner-Stiftes Heilig-Kreuz in Donauwörth, Mitteilungen des Historischen Vereins für Donauwörth und Umgegend, Jg. 2 (1905), S. 26, Nr. 48 »Korbinian Hipper« (im folgenden zitiert als Lindner–Traber).

6 Königsdorfer, Bd. III, Abt. 1, S. 462.

7 Johann Michael Sailer, Christliche Reden an's Christenvolk, Bd. 1, München 1801, S. 108–130 »Trauerrede auf den würdigen Vorsteher des Benediktinerklosters zum Hl. Kreuze in Donauwörth, Abt Gallus, gehalten am dreyssigsten Tage nach seiner Begräbniß 1793«, S. 120.

8 Siehe hierzu Alois Schmid, Die Rolle der bayerischen Klosterbibliotheken im wissenschaftlichen Leben des 17. und 18. Jahrhunderts, in: Öffentliche und private Bibliotheken im 17. und 18. Jahrhundert. Raritätenkammern, Forschungsinstrumente oder Bildungsstätten?, Wolfenbüttler Forschungen, Bd. 2, Wolfenbüttel 1977, S. 149 (im folgenden zitiert als Alois Schmid).

9 Siehe Königsdorfer, Bd. III, Abt. 1, S. 462 und 431.

10 Genauer siehe hierzu Königsdorfer, Bd. III, Abt. 1, S. 498 ff.: Wirtschaftliche Rezension, Kriegseinwirkungen, Säkularisation.

Kloster im 18. Jahrhundert eine ganze Reihe gelehrter und wissenschaftlich qualifizierter Männer in seinen Mauern beherbergt hat. Es seien hier die Namen der Patres Michael Krazer, Joseph Nadernhürn, Ildephons Rimmele, Bonifacius Bronner und besonders der Name Beda Mayr genannt, die uns auch z. T. durch handschriftliche Besitzkennzeichnungen ihrer Privatexemplare in der Oettingen-Wallerstein-Bibliothek immer wieder begegnen[11]. Unter ihrem tatkräftigen Wirken gelang es, die heilig-kreuzsche Klosterbibliothek zu einer »modern« zu nennenden wissenschaftlichen Büchersammlung auszubauen.

Wenige Jahre nach dem Umzug der Bibliothek in die neue Räumlichkeit mußte man sich in Heilig-Kreuz an die Schaffung eines neuen Bibliothekskatalogs machen, um die wachsende Büchermenge ordnerisch im Griff zu behalten. So entstand ein von Klosterbibliothekar P. Bernhard Stocker, dem späteren Verfasser einer »Diplomatischen Geschichte« seines Klosters[12], erstelltes Katalogkompendium (datiert 1785/1792)[13], das bis zur Aufhebung des Stiftes in Gebrauch geblieben und durch laufenden Nachtrag von Neuzugängen auf dem aktuellen Stand gehalten worden ist. Dieser dreibändige, handschriftlich vorliegende Katalog, der als bisher einzig bekannte direkte Quelle zur Stiftsbibliothek Heilig-Kreuz erhalten geblieben ist, gewährt uns heute Zugang zu den 1803 nahezu unversehrt in die Fürstliche Bibliothek des Hauses Oettingen-Wallerstein eingeflossenen Buchbestände[14].

Die Existenz dieses umfangreichen, mit sehr viel Sachverstand als Findbuch angelegten Katalogwerkes – sowohl in der signaturlosen, fachbezogenen Aufstellungsordnung der Werke als auch in der gewählten Einteilung der Wissenschaftsklassen zeigt sich dabei der Einfluß der modernen Polyhistorie des 18. Jahrhunderts[15] – erweist deutlich, daß es um das Wissenschafts- und Bibliothekswesen in Bayerns und besonders Schwabens Klöstern im Fall Heilig-Kreuz sicher nicht so übel bestellt war, wie das die antimonastische Literatur der Aufklärungszeit generell wahrhaben wollte[16]. Immerhin haben sich unter den Beständen der Klosterbibliothek neben anderen auch die bibliothekswissenschaftlichen Werke eines Denis oder Stockhausen befunden, von denen beispielsweise letzterer in seinem »Chritische[n] Entwurf« zur Funktion und Wirkung einer Bibliothek schreibt:

> »Bibliotheken sind Vorrathskammern der Seele, darinn die anerschaffene Wißbegierde des Geistes immer befriediget, immer geschärfet und niemals gesättiget wird: Der Geist erkennet sie für seine Wohnung und glaubt in ihnen zu Hause zu seyn. Es sind wohlangelegte Gärten, wo uns bey jedem Schritte neue Blumen aufsprießen, die die Gegend verschönern, und das Vergnügen von sich duften«[17],

11 Zu den persönlichen Daten dieser Männer siehe LINDNER-TRABER, S. 24ff.

12 Bernhard STOCKER, Diplomatische Geschichte des Klosters und der Stadt Donauwörth, 1795. Handschrift in der Bibliothek des Cassianeum Donauwörth.

13 Bibliothekskatalog des ehemaligen Benediktinerklosters Heilig-Kreuz Donauwörth, 3 Bde., 1785/1792. Handschrift in den Fürstlich Oettingen-Wallerstein'schen Sammlungen Schloß Harburg. Sig.: Oe. B. VI 6 fol. 15 a–c.

14 Anders als bei der durch das Kurfürstentum Bayern durchgeführten Säkularisation wurden die Bücherbestände komplett in die Hofbibliothek übernommen. Durch den späteren Verkauf von Bücherdubletten und die teilweise Verauktionierung von wertvollem Material entstanden vergleichsweise geringe Verluste.

15 Siehe hierzu Ladislaus BUZAS, Deutsche Bibliotheksgeschichte der Neuzeit (1500–1800), Wiesbaden 1976, S. 137.

16 WÖHRMÜLLER, S. 36.

17 Renate SCHUSKY, Empfehlungen für die Einrichtung von Bibliotheken, in: Buch und Sammler. Private

während Michael Denis die Bibliotheken als »die wahren Musentempel«, als »Rüsthäuser der menschlichen Kenntnisse« und »Dämme wider den Einbruch der Unwissenheit«[18] klassifiziert.

Mit der Frage, ob Maximen dieser Art immer auch verinnerlicht wurden, ja überhaupt gelesen und bekannt waren, sind wir bei einem Hauptproblem bibliotheks- und geisteswissenschaftlicher historischer Untersuchungen. Niemals konnten alle Patres des Klosters alle vorhandenen Schriften gelesen haben. Bestimmte Werke sind nach ihrem Kauf vielleicht nie mehr geöffnet worden. Selbst der Besitz eines Buches muß noch nichts über das Interesse an diesem aussagen. Es kann zufällig und ungewollt Aufnahme in den klösterlichen Bücherschränken gefunden haben. Setzt man die Bekanntschaft der Inhalte voraus, können letztendlich immer noch keine genauen Aussagen über die Stellung, die persönliche Haltung der Mönche zu den einzelnen Werken gemacht werden. Wurde eine Schrift positiv oder negativ aufgenommen? – Das kann in den seltensten Fällen eindeutig gesagt werden[19].

Hier gilt es, allein anhand der Masse des vorliegenden Materials Erscheinungen und Tendenzen vorsichtig aufzuzeigen. Das Faktum der Anschaffung, des Vorhandenseins bestimmter Literatur, bestimmter Literatursparten muß dabei grundsätzlich zur Annahme des Interesses und zumindest der partiellen Auseinandersetzung mit diesen Literaturbereichen berechtigen.

Besehen wir uns den Bestand unserer Bibliothek, so dürfen wir nie vergessen, daß wir es mit einer ›Klosterbibliothek‹ zu tun haben. Alois Schmid hat in seinem Aufsatz zur »Rolle der bayerischen Klosterbibliotheken im wissenschaftlichen Leben des 17. und 18. Jahrhunderts«[20] eine Charakteristik dieses Bibliothekstypus gegeben: »Ihre [der Klosterbibliotheken] eigentliche Aufgabe war religiöser Natur: Sie sollten die Erkenntnis Gottes bestärken. [...] Und selbst die Pflege der Profanwissenschaften entsprach im Grunde einem religiösen Antrieb: Die Mönche erforschten Geschichte und Umwelt deswegen so gründlich, um die Weisheit und Allmacht Gottes tiefer zu begreifen und das Wunder göttlicher Weltordnung den staunenden Mitmenschen aufzeigen zu können. Alle Wissenschaft war im Grunde Exegese der Bibel [...]«[21]. Noch gegen Ende des 18. Jahrhunderts haben wir in der für ihre Zeit wohl fortschrittlichsten bayerischen Klosterbibliothek Polling einen Anteil an theologischen Werken von 40 Prozent[22].

Um so erstaunlicher erscheint es, wenn wir für das doch relativ kleine Kloster Heilig-Kreuz in der fachlichen Bestandszusammensetzung, Stand 1803, einen zumindest ähnlich hohen Anteil der Profanwissenschaften feststellen können. Eine statistische Auswertung des Autoren-

und öffentliche Bibliotheken im 18. Jahrhundert, Beiträge zur Geschichte der Literatur und Kunst des 18. Jahrhunderts, Bd. 3, hg. Arbeitsstelle Achtzehntes Jahrhundert, Gesamthochschule Wuppertal, Heidelberg 1979, S. 135.

18 Ebd., S. 136, Anm. 42: Zitat aus »Einleitung in die Bücherkunde« von Michael Denis.

19 Fridolin Dressler, Bayerische Bibliotheksgeschichte. Anmerkungen zum Forschungsstand, in: Land und Reich – Stamm und Nation. Probleme und Perspektiven bayerischer Geschichte. Festgabe für Max Spindler zum 90. Geburtstag, im Auftrag der Kommission für Bayerische Landesgeschichte, hg. von Andreas Kraus, Bd. 1, München 1984, Schriftenreihe zur Bayerischen Landesgeschichte Bd. 78, S. 169. Zum Stichwort »Wirkungsgeschichte«.

20 Alois Schmid (wie Anm. 8).

21 Ebd., S. 169 f.

22 Ebd.

teils (Bibliothekskatalog Heilig-Kreuz), bei der von den Klassifizierungen[23] ausgegangen wurde, die von Bibliothekar Bernhard Stocker selbst stammen, ergab auf eine – wie ich meine – repräsentative Anzahl von ca. 5200 Einzeltitel-Angaben[24] folgende Verteilung:

›Theologia‹:	*33,7 %*
›Historia‹:	*24,5 %*
›Philologia‹:	*18,0 %*
›Philosophia‹:	*16,3 %*
›Jurisprudentia‹:	*7,5 %*

Selbst wenn man die Bestände der Kirchengeschichte (*8,1 %*, jetzt bei ›Historia‹) oder sogar noch der Kanonistik (*3 %*, jetzt bei ›Jurisprudentia‹) entgegen der Zuordnungssystematik des Bibliothekskatalogs[25] der Theologie zurechnet, verbessert sich deren Ergebnis allerhöchstens auf *44,8 %*. Bezöge man allerdings den Dissertationenkatalog (Autorenteil)[26] in die Statistik mit ein, so würde das dort herrschende deutliche Übergewicht der Philosophie beziehungsweise der Naturwissenschaften, denn um diese handelt es sich dabei meist, das Ergebnis weiterhin zu Ungunsten der Theologie verändern.

Eine Ursache für den relativ starken Anteil an philologischem und philosophischem (hierin eingeschlossen die Naturwissenschaften und Mathematik [Math.: *2,7 %*]), aber auch an historischem Schriftgut und die Zurückdrängung der Theologie ist sicher aus den Bedürfnissen der klösterlichen Schulen von Heilig-Kreuz zu erklären. Andererseits jedoch läßt das Gesamtergebnis[27] berechtigte Schlußfolgerungen auf die Fortschrittlichkeit und Aufgeschlossenheit der Donauwörther Mönche zu.

Werfen wir nun einen Blick auf die konkreten Inhalte der Bücherschränke unserer Stiftsbibliothek.

Mit den in Heilig-Kreuz vorhandenen deutschen Autoren Pufendorf, Leibniz und besonders Thomasius, dem Förderer der deutschen Sprache, treten wir bereits in den von uns zu untersuchenden Bereich der Aufklärungsliteratur ein.

Selbstverständlich finden wir die obligatorische Theologie vertreten. Hier fallen die Namen

23 Siehe Bibliothekskatalog des ehemaligen Benediktinerklosters Heilig-Kreuz Donauwörth, Bd. 3 »Catalogus Auctorum Bibliothecae Monasterii S. Crucis O. S. B. Werdeae ad Danubium«, Angabe der fachlichen Zugehörigkeit jeweils in der letzten Spalte nach der Titelangabe.

24 Geht man von den ca. 5200 Einzeltitel-Angaben des Autorenkatalogs aus, mit denen man sicher mehr als die Hälfte des Fachbestandes erfassen und abdecken kann, berücksichtigt man die im Autorenkatalog nicht auftauchenden Anonyma und Periodika und bezieht man in die Rechnung auch die Mehrbändigkeit besonders bei Angaben wie »opera omnia« mit ein – eingedenk des Usus, daß sich häufig mehrere Schriften in einem Band zusammengebunden finden –, ist der Gesamtbestand Heilig-Kreuz vorerst auf ca. 15000 bis 20000 Buchbände zu veranschlagen. Heilig-Kreuz gehört damit in die Kategorie von Klosterbibliotheken mittlerer Größe.

25 Siehe Bibliothekskatalog des ehemaligen Benediktinerklosters Heilig-Kreuz Donauwörth, Lose Beilage Nr. 1 zu Bd. 1 »Ordo Scriniorum atque Classium. Bibliotheca Monasterii S. Crucis Werdeae ad Danubium«.

26 Ebd., Bd. 2 »Dissertationum Catalogus secundum Nomina Auctorum«.

27 Dieses Ergebnis wird kaum durch den Umstand gemindert, daß die mittelalterlichen Bücherschätze des Klosters bei einer großen Plünderungsaktion 1546 im Schmalkaldischen Krieg fast vollständig vernichtet worden sind, da einerseits im ausgehenden 16. Jahrhundert nachweislich für Ersatz gesorgt worden ist, zum anderen naturgemäß die während des 18. Jahrhunderts angeschafften Büchermengen die Bestände des Mittelalters an Zahl bei weitem übertreffen, letztere statistisch also ohnehin kaum ins Gewicht fallen.

der Neologen Semler, Michaelis, Spalding, Teller, Töllner, Jerusalem und Ernesti auf[28]. Für die Geschichtsschreibung wären vor allem die Namen Pufendorf, der die Statistik für die Geschichtswissenschaft entdeckt, Montesquieu, der die Entwicklung zur Kultur- und Sozialgeschichte mit psychologisierender Tendenz eingeleitet hat, und ebenso die Autoren Stephan Pütter und Christoph Gatterer zu nennen, von denen ersterer wie andere seiner Zeitgenossen Geschichte und Staatsrecht in enge Verbindung gesetzt, letzterer die ›Geschichte‹ schon zur selbständigen Wissenschaft erhoben hat. Ganz im Sinne der Aufklärung, »dieser geistigen Bewegung, die auf der Grundlage menschlicher Vernunft und im optimistischen Vertrauen auf diese und die Rationalität der Welt alle Kulturgebiete ergriff«[29], ist in den Werken dieser Männer die Suche nach den »Gesetzen der Geschichte«[30] zu spüren, ist der Versuch zu spüren, die Zukunft aufgrund historischer Gesetzmäßigkeiten vorauszubestimmen, die Geschichte also als exakte Wissenschaft aufzufassen. Ein klassischer Vertreter dieser Richtung ist August Schlözer. Das Kloster war im Besitz seiner »Vorstellung einer Universalhistorie«.

Als politischer Denker tritt Jean-Jacques Rousseau hervor, der mit seiner bahnbrechenden, für die Aufklärung in typischer Weise stark pädagogisch geprägten Kulturkritik der wichtigste Wegbahner der Idee der Volkssouveränität und des modernen Staatsabsolutismus gewesen ist. Sowohl der »Contrat social« als auch der »Émile« befanden sich unter der Rousseau-Sammlung des Hauses.

Folgerichtig kümmerte man sich jetzt auch um die Naturwissenschaften. Werke aus den Bereichen Astronomie, Kosmologie, Physik, Chemie, Optik, Akustik, Meteorologie, Geographie, Botanik, Zoologie (Biologie), Mechanik und auch im besonderen aus dem Bereich der Mathematik gelangen jetzt in die Bücherschränke von Heilig-Kreuz. Namen wie zum Beispiel Descartes, Newton, Kant, Athanasius Kircher, Leonhard Euler, Anton Büsching, James Cook, Albert Haller und Johannes Blumenbach – beide wichtig für die aufkommende wissenschaftlich fundierte Menschenkunde –, aber auch Montgolfier gehörten zum Repertoire.

Aus dem Bereich der Philosophie besaß das Kloster Werke von Voltaire, dem wohl größten und bekanntesten Schriftsteller der Aufklärung, und Schriften der Engländer Locke, Shaftesbury und David Hume. Selbstverständlich durfte da der auf den Gedanken von Leibniz aufbauende deutsche Philosophie-Papst Christian Wolff, der Begründer der eigentlichen Aufklärungsphilosophie in Deutschland, in der Bibliothek Heilig-Kreuz nicht fehlen – obwohl wir hier von ihm hauptsächlich mathematische Schriften sehen. Neben Christian Thomasius, der vor allem durch seinen Kampf gegen den Aberglauben, speziell den Hexenwahn, Bekanntheit erlangt hat – sein Werk »Vom Verbrechen der Zauber und Hexerei« gehörte zum Bestand Heilig-Kreuz –, stoßen wir auch auf den Spätaufklärer Immanuel Kant, der in seinen Schriften, basierend auf Wolff, den Schritt zur Loslösung der Wissenschaft von der Metaphysik und der Religion gewagt hat, der das Wesen der Aufklärung als »den Ausgang des Menschen aus seiner selbst verschuldeten Unmündigkeit«[31] definiert und den Zeitgenossen sein »sapere

28 Siehe hierzu z. B. Hans-Joachim SCHOEPS, Deutsche Geistesgeschichte der Neuzeit, Bd. III: Von der Aufklärung zur Romantik, Mainz 1978, S. 101 (im folgenden zitiert als SCHOEPS).

29 Ebd., S. 91.

30 Ebd., S. 38.

31 Immanuel Kant, Beantwortung der Frage: was ist Aufklärung? (1784), Immanuel Kants Werke, Hg. von Artur BUCHENAU und Ernst CASSIRER, Bd. IV, Hildesheim 1973 (Neudruck der Ausgabe Berlin 1913), S. 169.

aude«, sein »Habe Mut, dich deines Verstandes zu bedienen!«[32] zugerufen hat. Sowohl die »Kritik der reinen Vernunft« (1781) als auch die »Grundlegung zur Metaphysik der Sitten« (1785) und ebenso »Die Religion innerhalb der Grenzen der bloßen Vernunft« (1793) finden wir im Katalog aufgelistet. Interessant und bemerkenswert ist es, daß wir auch den Literaten Moses Mendelsohn, einen der bedeutendsten Schüler Wolffs, in der Sammlung Heilig-Kreuz antreffen. Er war es, der die erste jüdische Religionsphilosophie der Neuzeit entwickelt hat, und es spricht für einen hohen Grad an Toleranz, wenn wir gleich mehrere Werke dieses Philosophen eingetragen sehen. Weiterhin finden wir die Namen Mathias Claudius und Friedrich Heinrich Jacobi. Beide weist ihr christlich irrationaler Protest gegen die atheistische Linie der Aufklärung aus, der bei ihnen in eine Art Glaubensphilosophie mündet. Ebenso wie der in Heilig-Kreuz vorhandene Herder (»Ideen zur Philosophie der Geschichte der Menschheit« 1784–1791) gehören sie schon zu den Überwindern der Aufklärung in der Philosophie, aber auch in Sprache und Dichtung. Sie weisen in Richtung Neuhumanismus und Sturm und Drang. Werke des großen Aufklärungsliteraten und Hauptwegbereiters der deutschen Nationalliteratur, Gotthold Ephraim Lessing, runden das Bild ab (Hoher Stellenwert der protestantischen Literatur!).

Mit Lessing, dem wohl bekanntesten und hervorragendsten deutschen Dichter der Aufklärung, der seine Berühmtheit im wesentlichen dieser seiner dichterischen Tätigkeit zu verdanken hat, haben wir die Brücke zur deutschen Belletristik dieser Zeit geschlagen. Wichtig war die Aufklärung vor allem auch für die deutsche Muttersprache, die sich seit Thomasius endlich zur Schrift- und Gelehrtensprache emanzipieren konnte. Eine breite Palette bietet der Bibliothekskatalog auch für diesen Bereich an. Wir lesen zum Beispiel die Namen der gelehrten Frühaufklärer Morhof und Omeis, die Namen von Christian Felix Weiße, Christian Fürchtegott Gellert, natürlich Gottsched, auch Haller, Rabener, Wieland, der Anakreontiker Gleim und Uz und schließlich, hinüberreichend in die Empfindsamkeit, die Namen von Klopstock, Lavater und Salomon Geßner, dem großen Idyllendichter. Interessanterweise taucht die Eintragung des für seine Zeit bewegenden Aufklärungsromans »Das Leben und die Meinungen des Herrn Magister Sebaldus Nothanker« (1773–1776) von Christoph Friedrich Wilhelm Nicolai, der die Leiden und Verfolgungen eines aufgeklärten Geistlichen schildert, unter dem Namen »Nothanker Seb.«[33] auf. Bibliothekar Bernhard Stocker ist hier offenbar von den etwas unklaren Angaben des Titelblatts ausgegangen, auf dem der Autor nur als Verleger (»Berlin und Stettin 1774 bey Friedrich Nicolai«) auftritt[34], und hat den Titelhelden irrtümlich zum Verfasser gemacht.

Daß gerade das Drama des 17. und 18. Jahrhunderts eifrig rezipiert worden ist und gewirkt hat – die bestimmende Bedeutung des jesuitischen Schuldramas ist hier auf keinen Fall zu vergessen –, sehen wir nicht nur an dem Umstand, daß in der Regierungszeit Abt Cölestins I. eine eigene Theaterbühne im Kloster installiert wird. In die Bücherschränke der Abtei hatten Werke der großen und oft ins Deutsche übertragenen Vertreter der französischen Klassik Corneille, Racine und Molière Aufnahme gefunden. Aus der nach seinem Tod in die

32 Ebd.

33 Siehe Bibliothekskatalog des ehemaligen Benediktinerklosters Heilig-Kreuz Donauwörth, Bd. 3, p. 102 ver.

34 Das Originalexemplar von 1774 aus der Oettingen-Wallerstein-Bibliothek wurde in den 1930er Jahren bei Karl und Faber verauktioniert (siehe Repertorium Oe. W. B.). Ein Faksimile des Titelblatts zu Bd. 1 der Ausgabe von 1774 siehe bei Gustav SICHELSCHMIDT, Friedrich Nicolai. Geschichte seines Lebens, Herford 1971, S. 87.

Stiftsbibliothek eingegangenen und heute an den charakteristischen Einbänden leicht erkennbaren Privatsammlung P. Ildephons Rimmeles († 1777) stechen eine Reihe von Schauspielsammlungen wie zum Beispiel die Bände der »Deutschen Schaubühne zu Wien«[35] heraus, in denen wir unter anderem auch Gottscheds Aufklärungsdrama »Sterbender Cato« (1731) finden. Und in P. Beda Mayr († 1794), Professor an der Klosterschule, dem Vorgänger Bernhard Stockers im Amt des Bibliothekars und Autor einer Anzahl von theologischen und historischen Schriften, die nach dem kritischen Urteil Pirmin Lindners »vom Geiste der damaligen Aufklärung durchweht«[36] sind, präsentiert sich uns sogar der Verfasser einer langen Liste von durchwegs deutschsprachigen Theaterstücken, bestimmt für das klösterliche Schultheater, deren Titel wie zum Beispiel »Die gebesserten Verschwender und der bestrafte Geiz« (1781) oder »Aus Schaden wird man klug« (1789)[37] deutlich die Nähe zum Lustspiel der Aufklärung verraten. In dem Titel »Der junge Freygeist« (1785)[38] schließlich glaubt man gar eine Kompilation aus den Lessing-Stücken »Der Freygeist« (1749) und »Der junge Gelehrte« (1747) vor sich zu haben. Der Einfluß der Aufklärungsliteratur wird direkt nachweisbar! Wie groß dieser Einfluß war, zeigt sich vielleicht am deutlichsten in der Person Franz Xaver Bronners, der während seiner Zeit in Heilig-Kreuz als P. Bonifazius nachweislich Unmengen von Literatur, vornehmlich aus dem Bereich der deutschen Dichtung, verschlungen, als aufgeklärter Geist das Kloster heimlich verlassen und als Idyllendichter (»Fischergedichte und Erzählungen« 1787) und Verfasser einer Autobiographie (»Franz Xaver Bronners Leben. Von ihm selbst beschrieben« 1795–1797) mäßige Berühmtheit erlangt hat[39]. Kurz vor seiner Flucht im Sommer des Jahres 1785 verkaufte Bronner, um Geld für sein Unternehmen zusammenzubekommen, seine bis zu diesem Zeitpunkt angesammelte Privatbibliothek an den Abt beziehungsweise an das Kloster, und so ist gerade auch durch ihn ein nicht unbeträchtlicher Posten an Aufklärungsliteratur in die Stiftsbibliothek gelangt[40].

Mit Lessing können wir schließlich aber auch eine Brücke zur Pädagogik schlagen. Gerade diese Disziplin ist es, die die Aufklärung in allen ihren Bereichen wie ein roter Faden durchzogen hat – ist die Aufklärung einer ihrer Hauptintentionen nach doch eine pädagogisch orientierte Bewegung gewesen. »Kein Werk der deutschen Aufklärung ist wohltätiger gewesen, keines hat so ungeteilte Anerkennung bei der Nachwelt gefunden wie gerade die Reform der Erziehung«[41], schreibt Hans Joachim Schoeps in seiner »Deutsche[n] Geistesgeschichte der Neuzeit«. Daß der Bereich Erziehung für Heilig-Kreuz mit seiner blühenden Klosterschule

35 Oettingen-Wallerstein-Bibliothek, Sig.: III, 8, 8°, 88, 1. »Deutsche Schauspiele welche in Wienn auf dem Kayserl. Königl. privilegierten Stadt-Theater aufgeführt worden«, Wien 1750.

36 Pirmin LINDNER, Die Schriftsteller und die um Wissenschaft und Kunst verdienten Mitglieder des Benediktiner-Ordens im heutigen Königreich Bayern vom Jahre 1750 bis zur Gegenwart, Bd. 1, Regensburg 1880, S. 138 (im folgenden zitiert als LINDNER B).

37 Siehe hierzu Walther KLEMM, Benediktinisches Barocktheater in Südbayern. Liste der Aufführungen, Studien und Mitteilungen zur Geschichte des Benediktiner-Ordens, Bd. 55 (1937), S. 288 ff.: Auflistung der unter Abt Gallus Hammerl in Heilig-Kreuz aufgeführten Theaterstücke.

38 Ebd.

39 Siehe hierzu Franz Xaver BRONNER, Ein Mönchsleben aus der empfindsamen Zeit. Von ihm selbst erzählt, hg. von Oskar LANG, 2 Bde., gekürzte Ausgabe, Stuttgart 1912 (Titel der Originalausgabe: Franz Xaver Bronners Leben. Von ihm selbst beschrieben, 3 Bde., Zürich 1795–1797) (im folgenden zitiert als BRONNER).

40 Ebd., S. 316 ff.

41 SCHOEPS, S. 51.

eine wichtige Rolle gespielt hat, dürfte selbstverständlich sein. So ist man in Donauwörth auch mit den sogenannten Philantropisten Johann Bernhard Basedow, Christian Gotthilf Salzmann und Joachim Heinrich Campe umgegangen.

Mit den für Heilig-Kreuz zahlreich zu verbuchenden Werken des bedeutenden Schulreformers und Förderers der deutschen Sprache, Heinrich Braun, wenden wir uns abschließend noch speziell dem Raum Bayern zu. Leider haben sich die Hoffnungen, die Privatbibliothek dieses Mannes – Cölestin Königsdorfer schreibt in seiner Klostergeschichte ausdrücklich vom Kauf dieser Bibliothek durch Heilig-Kreuz[42] – in den Beständen der Oettingen-Wallerstein-Bibliothek nachzuweisen, vorerst zerschlagen. Als sicher kann jedoch ein intensiver Gedankenaustausch zwischen Braun und Donauwörther Mönchen, im speziellen P. Beda Mayr, angenommen werden[43].

Bei weiterer Durchsicht des Katalogs begegnen uns aus allen Bereichen von Wissenschaft und Kunst die Namen zum Beispiel der drei der Frühaufklärung angehörenden Jesuiten Ignaz Schwarz, Josef Mangold und Berthold Hauser, die Namen Fronhofer und Westenrieder, Joseph Milbiller, Johann Pezzl, Johann Heinrich Lambert, Franz von Paula Schrank, Joseph Spitzenberger, Sebastian Mutschelle, Wiguläus Kreittmayr und natürlich Johann Michael Sailer – um nur die wichtigsten zu nennen[44].

Von großer Bedeutung für die Aufklärung in Bayern, die dort zu jeder Zeit stark auf die Komponente Wissenschaftsförderung fixiert war und wo vor der Jahrhundertmitte auch kein typischer Vertreter der Aufklärung auszumachen ist, war die Gründung der Bayerischen Akademie der Wissenschaften 1759. Sie bringt die Wissenschaftsentwicklung einen großen Schritt nach vorn. Elf der 88 Gründungsmitglieder waren Angehörige des Benediktinerordens, zum Sekretär wurde der Benediktiner Ildephons Kennedy aus dem Schottenkloster zu Regensburg ernannt[45]. So mündeten die seit den zwanziger Jahren aufgekommenen ordensinternen Akademiebestrebungen[46] in das kurfürstliche Sammelbecken. Wertvolle Arbeit des Ordens war, angeregt durch die Mauriner, vor allem auf dem Gebiet der historischen Forschung schon vor 1759 geleistet worden. Der Katalog nennt zum Beispiel Werke der Autoren Ziegelbauer, Bernhard Pez, Cölestin Leuthner, Meichelbeck, Hansiz. Auch eine Anzahl Vertreter der gemäßigten katholischen Aufklärungsphilosphie sind anzutreffen; darunter die Benediktiner Berthold Vogel, Gregor Rothfischer, Peter Osterwald und Ildephons Kennedy. Werke von mindestens sechs der elf benediktinischen Gründungsmitglieder hatte man in Heilig-Kreuz zur Verfügung. Wir lesen die Namen von Ulrich Weiß, Gregor Zallwein, Michael Lory, Ildephons Kennedy, Anselm Desing und Hermann Scholliner. An sonstigen Mitgliedern der frühen Akademie finden wir zum Beispiel die Benediktiner Anselm Ellinger,

42 Königsdorfer, Bd. III, Abt. 1, S. 462f. und Anm. *.

43 Siehe Lindner B, S. 138f. oder Ludwig Wolfram, Heinrich Braun. Geboren 1732, gestorben 1792. Ein Beitrag zur Geschichte der Aufklärungsepoche in Bayern, Historische Abhandlungen aus dem Münchner Seminar III, München, Bamberg, Leipzig 1892, S. 76 und Anm. 28.

44 Zu diesen Schriftstellern siehe im besonderen Andreas Kraus, Geschichte Bayerns. Von den Anfängen bis zur Gegenwart, München 1983 (im folgenden zitiert als Kraus). Oder Ludwig Hammermayer, Die Aufklärung in Wissenschaft und Gesellschaft, in: Spindler, Handbuch der Bayerischen Geschichte, II, München 1966, S. 985–1033.

45 Ludwig Hammermayer, Die Benediktiner und die Akademiebewegung im katholischen Deutschland (1720–1770), Studien und Mitteilungen zur Geschichte des Benediktiner-Ordens, Bd. 60 (1959), S. 103.

46 Ebd., S. 45–92.

Angelus März, den Theatiner Ferdinand Sterzinger, den Mathematiker Lambert oder den verdienstvollen Pfeffel, den Herausgeber der ersten zehn Bände der »Monumenta Boica«.

Schließlich müssen wir zu guter Letzt auch nicht auf den Ingolstädter Kirchenrechtler Johann Adam Weishaupt verzichten, der einer der glühendsten Aufklärer Bayerns, ja Deutschlands genannt werden kann. Er war der Gründer des 1784 in Bayern verbotenen Illuminatenordens, dessen Programm schon durch die Namensgebung veranschaulicht wird und zu dessen Mitgliedern man Herder, wahrscheinlich auch Goethe zu zählen hat[47]. Neben regulär eingetragenen Werken des Autors lesen wir sogar die Sammelbezeichnung »Weishauptiana. de Illuminatismo«[48], was auf eine entsprechend umfangreiche Sammlung zu diesem Themenbereich schließen läßt. Da mag es gewiß nicht verwundern, wenn wir auch sichere Nachricht von der Mitgliedschaft zumindest eines Donauwörther Mönchs in diesem Geheimorden haben[49].

Der hohe Anteil an nicht-theologischen Werken, der große Umfang an aufgefundenen Schriften der Aufklärung und die in Heilig-Kreuz offensichtlich praktizierte Freizügigkeit im literarischen Bereich – besonders unter Abt Gallus[50] – stellen dem Donauwörther Benediktinerkloster ein ausgesprochen günstiges Urteil aus. Nicht einmal annähernd kommen hier die Vorwürfe der Klosterpolemik zum Tragen, welche auf dem Wissenschafts- und Bildungssektor bemängelt hat: »Unter den bayerischen Klosterbibliotheken z. B. seien nur wenige gute, in Schwaben sei es noch schlechter. Küchen- und Bräumeister würden zu Bibliothekaren bestellt, keine Kataloge angelegt, Bücher nur selten angeschafft und dann fast nur wertlose, die Bibliotheken als Lagerräume, Wurstkammern und dergleichen benützt«[51]. Angesichts der Tatsachen könnte man diese Vorwürfe geradezu als bösartig bezeichnen. Alois Schmids Feststellung über die bayerischen Klosterbibliotheken des 18. Jahrhunderts bewahrheitet sich auch für Heilig-Kreuz/Donauwörth: »Wo immer aber ein genauer Blick in eine dieser Klosterbibliotheken versucht wurde, ergab sich ein deutlicher Widerspruch zum vom Kirchenhaß diktierten Urteil der Aufklärer«[52].

Auch in Heilig-Kreuz hat man sich – bemüht, auf dem schwierigen Pfad zwischen Tradition und Fortschritt die »in tausendjähriger Bewährung erprobten Ideale nicht preiszugeben«[53] – der »säkularisierten Welt des 17. und 18. Jahrhunderts erschlossen«[54]. In Heilig-Kreuz hat es in dieser Zeit kein ›finsteres Mittelalter‹ gegeben. Man hat sich geöffnet und hat teilgenommen an der modernen Wissenschaftspflege des 18. Jahrhunderts. Die Grobanalyse des geistigen Hauptorgans der ehemaligen Stiftsbibliothek Heilig Kreuz zu Donauwörth hat hierfür – wie ich meine – den Beweis erbracht.

47 Kraus, S. 349. Zum Illuminatenorden ebd., S. 348 ff.
48 Siehe Bibliothekskatalog des ehemaligen Benediktinerklosters Heilig-Kreuz Donauwörth, Bd. 3, p. 160 ver.
49 Bronner, S. 270 ff.
50 Königsdorfer, Bd. III, Abt. 1, S. 465 f.
51 Wöhrmüller, S. 36. Dort sind Ansichten der Klosterpolemik zusammengefaßt.
52 Alois Schmid, S. 144.
53 Ebd.
54 Ebd.

Fürstbischöfliche Amts- und Staatsführung im Hochstift Augsburg unter Clemens Wenzeslaus (1768–1803)

von Wolfgang Wüst

1. Das Idealbild des Herrschers in der Aufklärung

Der letzte Fürstbischof im Hochstift Augsburg[1] ist zweifelsohne sowohl seiner Abstammung nach als jüngster Sohn des polnischen Königs und sächsischen Kurfürsten Friedrich August III. und seiner Gattin Maria Josepha, der ältesten Tochter des habsburgischen Kaisers Joseph I., als auch seinen Titeln entsprechend als Erzbischof und Kurfürst von Trier, als zeitweiliger Bischof

1 An biographischer Literatur zu Clemens Wenzeslaus ist an erster Stelle zu nennen: Heribert Raab, Clemens Wenzeslaus von Sachsen und seine Zeit (1739–1812), Bd. 1, Freiburg/Basel/Wien 1962. – Der erste Band dieser grundlegenden Biographie mit dem Untertitel »Dynastie, Kirche und Reich im 18. Jahrhundert« endet mit dem Jahr 1771 und läßt die Jahre der späteren Augsburger Residenzzeit unbearbeitet. Ein vom Verfasser für 1963 angekündigter zweiter Band ist bis heute noch nicht erschienen. Ferner befaßten sich mit biographischen Fragestellungen: Hildebrand Troll, Kurfürst Klemens Wenzeslaus Fürstbischof von Augsburg (Lebensbilder aus dem Bayer. Schwaben 2, hg. v. Götz Frhr. v. Pölnitz), München 1953, S. 302–325; Dorothea Wachter, Degen und Krummstab, Kempten 1978; Hans Wolfgang Kuhn, Die Liquidation der kurtrierischen Hofhaltung in Augsburg 1812/13. Das Testament des Trierer Kurfürsten Klemens Wenzeslaus von Sachsen (Rheinische Vierteljahresblätter 41), 1977, S. 249–283; Otto Schneider, Die Finanzpolitik des Kurfürsten Klemens Wenzeslaus von Trier (Finanzwissenschaftliche Forschungsarbeiten NF 19) Berlin 1958; Alexander Dominicus, Coblenz unter dem letzten Kurfürsten von Trier Clemens Wenzeslaus 1768–1794, Koblenz 1869; Franz Xaver Kraus, Clemens Wenzeslaus (ADB 4), Leipzig 1876, S. 309–314. – Die Forschung setzte in den letzten Jahrzehnten im Bereich der biographischen Studien den Schwerpunkt auf die Epoche der kurtrierischen Hofhaltung unter Vernachlässigung der Augsburger Statthalterschaft und der Residenzjahre zu Augsburg, Dillingen und Marktoberdorf. Eine der wenigen Ausnahmen bilden: Adolf Layer, Musikpflege am Hofe des letzten Augsburger Fürstbischofs, des Kurfürsten Clemens Wenzeslaus 1768 bis 1812 (Jahrbuch des Vereins für Augsburger Bistumsgeschichte 17), 1983, S. 155–169; Hildebrand Dussler, Die Allgäuer Unruhen von 1796/97, eine neue Auflage der Trierer Unruhen 1785/91. Ein Beitrag zur Geschichte der letzten Regierungsjahre des Trierer Kurfürsten und Augsburger Fürstbischofs Klemens Wenzeslaus, in: Kurtrierisches Jahrbuch 8 (1968), S. 228–240; Placidus Braun, Geschichte der Bischöfe von Augsburg, Bd. 4, Augsburg 1815, S. 498–602. – Das personelle Umfeld des Bischofs in der geistlichen und weltlichen Verwaltung sowie die persönlichen Impulse von Clemens Wenzeslaus auf die zentralen und regionalen Ämter in den Jahrzehnten vor der Säkularisation blieben bislang allerdings völlig unerforscht – eine »terra incognita«, die *cum grano salis* für den gesamten Zeitraum der frühneuzeitlichen Hochstiftsgeschichte zu konstatieren ist.

von Augsburg, Freising und Regensburg[2] und schließlich als Fürstpropst zu Ellwangen[3] der europäischen Führungselite des Ancien Régime zuzurechnen. Die Frage, wie sich modernes Gedankengut seiner Epoche, der Ära des Aufgeklärten Absolutismus, auf den Inhaber der *cathedra Udalrici*[4] niederschlug, ist deshalb von großer Bedeutung, da Clemens Wenzeslaus im Kurstaat Trier direkt an das benachbarte revolutionäre Frankreich grenzte und daher als ein dem reichsreformerischen Gedankengut aufgeschlossener Staatsmann im Hochstift Augsburg als dem größten ostschwäbischen Territorium[5] eher alle jene notwendigen rationalen Staatsreformen, wie sie unter Friedrich II. in Brandenburg/Preußen[6] und unter Joseph II. in Österreich[7] durchgeführt wurden, in die Tat umsetzen konnte, als dies zum Beispiel kleineren schwäbischen Reichsritterschaften mit ihren begrenzten finanziellen Mitteln vergönnt war. Die Forschung billigte Clemens Wenzeslaus bislang aufklärerisches Engagement eher im weltlichen als im geistlichen Bereich zu. Dafür spricht, daß aus seiner Regierungszeit eine Reihe von Gesetzesinitiativen zur Förderung des Bildungswesens und der wirtschaftlichen Infrastruktur stammen, bis hin zu dem radikalen Vorschlag, die Zünfte aufzuheben, um einen freien Handel einzuführen. Im kirchlichen Bereich entzündete sich dagegen Kritik an der unentschlossenen Haltung gegenüber dem Trierer Weihbischof Johann Nikolaus von Hontheim, der in seiner

2 Die Bistümer Freising und Regensburg, die er seit 1763 verwaltete, mußte Clemens Wenzeslaus auf päpstliches Geheiß nach dem Regierungsantritt in Augsburg 1768 aufgeben. Vgl. außerdem zum allgemeinen Prinzip der höfischen Amtsführung und Aufgabenhäufung: August BUCK u.a. (Hg.), Europäische Hofkultur im 16. und 17. Jahrhundert (Wolfenbütteler Arbeiten zur Barockforschung 10), Hamburg 1981; Norbert ELIAS, Die höfische Gesellschaft. Untersuchungen zur Soziologie des Königtums und der höfischen Aristokratie mit einer Einleitung: Soziologie und Geschichtswissenschaft, Neuwied/ Berlin 1969.

3 Vgl. zur Ellwanger Hofhaltung: Albert VOGELMANN, Besuch des letzten Fürstpropstes von Ellwangen in dieser seiner Residenz im Jahre 1793 (Diöcesanarchiv von Schwaben 16), Stuttgart 1898, S. 4–9, 20–23; Otto HÄCKER, Klemens Wenzeslaus, der letzte Fürstpropst von Ellwangen. Zum hundertsten Gedenktag seines Todes, 27. Juli 1812 (Ellwanger Jahrbuch 3), 1912/13, S. 1–29.

4 Der Bistumsheilige St. Ulrich war auch Schutzpatron des Hochstifts Augsburg.

5 Der fürstbischöfliche Staat umfaßte ca. 54 deutsche Quadratmeilen, erstreckte sich in der Nord-Süd-Achse entlang des Lechs in einer Distanz von 18 Meilen und wies um 1800 einen Bevölkerungsstand von schätzungsweise 100000 Personen auf. Vgl. Alfons SCHLEGLMANN, Geschichte der Säkularisation im rechtsrheinischen Bayern 3/1, Regensburg 1906, S. 142; Volker DOTTERWEICH, Herrschafts- und Vermögenssäkularisation in Bayerisch-Schwaben. Politische, soziale und wirtschaftliche Aspekte, in: Probleme der Integration Ostschwabens in den bayerischen Staat, hg. v. Pankraz FRIED, Sigmaringen 1982, S. 114–153.

6 Hatten nachbarliche Kontakte zu Brandenburg-Preußen und zum 1742 preußisch gewordenen Schlesien überwiegend Einfluß auf seinen Werdegang als nachgeborener sächsischer und polnischer Prinz, so tangierten die Reformen unter Maria Theresia und Joseph II. ihn unmittelbar als regierenden Fürst, da sich das Hochstift Augsburg im Süden und Westen Tiroler und vorderösterreichischen Territorialansprüchen zu stellen hatte.

7 Grundlegend zur allgemeinen Problematik: Die österreichische Zentralverwaltung. II. Abteilung. Von der Vereinigung der österreichischen und böhmischen Hofkanzlei bis zur Einrichtung der Ministerialverfassung (1749–1848): Bd. 1/1: Die Geschichte der österreichischen Zentralverwaltung in der Zeit Maria Theresias (1740–1780), bearb. v. Friedrich WALTER, Wien 1938. – Bd. 1/2, Teil 1: Die Zeit Josephs II. und Leopolds II. (1780–1792), bearb. v. Friedrich WALTER, Wien 1950. – Zur Auseinandersetzung mit den österreichischen Nachbarländern vgl. außerdem: BayHStA, Hochstift Augsburg, NA (= Neuburger Abgabe), Akt. 695, 696 (= Differenzen mit dem Ober Amte Günzburg puncto jurisdictionis zu Dinkelscherben, Ebershausen, Klosterbeuren, Walkertshofen und Zusmarshausen); Robert STEIN, Klemens Wenzeslaus gegen Josefs II. Übergriffe (Mittelrheinische Geschichtsblätter 6), 1926, S. 2–4.

1763 unter dem Pseudonym Justinus Febronius erschienenen Schrift »De statu ecclesiae deque legitima potestate Romani Ponitificis«[8] dem Papsttum eine eigene Rechtsgewalt in Abrede stellte, und am nachträglichen Rücktritt von den Emser Punktuationen, die für die Erzbischöfe von Köln, Mainz, Salzburg und eben Trier den neuen febronianischen Zeitgeist erstmals kirchenrechtlich festsetzten. Dies führte zu einer ernsthaften Krise mit der Kurie in Rom, da Hontheim bereits geraume Zeit vor seinem öffentlichen Widerruf 1778 als Verfasser dieser Schrift in Trierer und Koblenzer Hofkreisen entlarvt war.

Im Hochstift Augsburg blieb seine Kirchenpolitik noch traditioneller ausgerichtet, stand er doch hier unter dem Einfluß des Exjesuiten und Generalvikars Franz Heinrich Beck, dem das energische Einschreiten des Fürstbischofs gegen die Aufklärer an der Universität Dillingen zuzuschreiben ist. Davon zeugen die Repressalien gegen den Dillinger Theologiestudenten und späteren Hochschullehrer Professor Jakob Salat, der 1803 im Gegenzug ein Buch mit dem polemischen Titel veröffentlichte: »Die Aufklärung in Baiern im Kontraste mit der Verfinsterung im ehemaligen Hochstift Augsburg«[9]. Es stellt sich daher einleitend die Frage, welchen Stellenwert das persönliche Regiment des Fürstbischofs angesichts einer doppelten Aufgabenstellung als Kirchen- und Staatsoberhaupt im System des hochstiftisch-augsburgischen Ämterwesens einnahm. Konnte Clemens Wenzeslaus in seiner schwäbischen Sekundogenitur, die er bis 1793/94 nur sporadisch besuchte, überhaupt die hochgestellten Erwartungen, die bis an die Grenzen des physischen und geistigen Leistungsvermögens des Herrschers reichten, im Sinne eines »despotisme éclairé«[10] erfüllen? Konnte er in Schwaben ein ähnliches Reformprogramm verwirklichen, wie es ihm im Kurfürstentum Trier[11] weitgehend gelungen war? Um diesen Fragen, die in den biographischen Publikationen[12] unberücksichtigt blieben, näher zu kommen, müssen wir zunächst klären, inwieweit die geistlichen Verpflichtungen des Bischofs seine weltliche Schaffenskraft einengten.

2. *Die geistlichen Verpflichtungen des Bischofs*

Weilte der Fürstbischof seit seiner Amtsübernahme im August des Jahres 1768 in der Pfalz zu Augsburg, so brachte das Kirchenjahr für die weltlichen Amtsgeschäfte eine stete und sicher oft unliebsame Unterbrechung. Zu allen wichtigeren Hof- und Kirchenfesten erwartete das Domkapitel und die Hofetikette das Erscheinen des Kirchenfürsten. Jener Reigen begann

8 Johann Nikolaus von HONTHEIM, De statu ecclesiae: Et legitima potestate Romani pontificis liber singularis, ad reuniendos dissidentes in religione christianos compositus, 4 Bde., Bullioni/Evrardus 1765–1773; Otto MEJER, Weihbischof Johann Nikolaus von Hontheim und sein Widerruf, Tübingen 1885.

9 Die Schrift erschien ursprünglich anonym. Vgl. StaA (= Stadtarchiv) Augsburg, Historischer Verein, HP 95.

10 Georges LEFÈBVRE, Der aufgeklärte Despotismus, in: Der Aufgeklärte Absolutismus, hg. v. Karl Otmar FRHR. VON ARETIN (Neue Wissenschaftliche Bibliothek 67), Köln 1974, S. 77–88.

11 Vgl. Franz Rudolf REICHERT, Trierer Seminar- und Studienreform im Zeichen der Aufklärung, 1780–1785 (Archiv für mittelrheinische Kirchengeschichte 27), 1975, S. 131–202; Guido GROSS, Trierer Geistesleben unter dem Einfluß von Aufklärung und Romantik 1750 bis 1850, Trier 1956. – Für den hochstiftisch-augsburgischen Bereich konzentrierte sich die ältere Forschung einseitig auf den geistlichen Bereich: Anton GULIELMINETTI, Klemens Wenzeslaus, der letzte Fürstbischof von Augsburg, und die religiös-kirchliche Reformbewegung (Archiv für die Geschichte des Hochstiftes Augsburg 1), Dillingen 1909, S. 493–598.

12 Sowohl Heribert RAAB als auch Hildebrand TROLL setzten andere Schwerpunkte.

eindrucksvoll mit dem Neujahrsfest, an dem der Hofstaat zu Augsburg allerdings den allmorgendlichen Kanonendonner von der kurfürstlichen Festung Ehrenbreitstein aus den Jahren der Residenzhaltung zu Koblenz mißte[13]. Nach dem Pontifikalamt im Augsburger Dom hatte sich die gesamte Beamtenschaft aus den Zentralämtern und der Hofstaat zu versammeln, um als symbolischer Huldigungsgeste »von Ihro Churfürstl. Durchlaucht zum Handkuß gnådigst (vor)gelassen zu werden«. Messen mit sakramentaler Segenspendung, ambrosianischen Lobgesängen oder musikalisch verbrämter Seelentrauer sowie morgendliche bzw. abendliche Andachten, die der Bischof selbst auszuführen hatte, verteilten sich künftig mit großer Regelmäßigkeit auf das beginnende Kalenderjahr: Hierzu zählten in der ersten Jahreshälfte Kirchenfeste wie der Dreikönigstag (6. Januar), Lichtmeß (2. Februar), der Tag der bischöflichen Inthronisation (10. Februar), das Fest des Apostels Matthias (24. Februar), Mariä Verkündigung, der Josephstag (17. März), die neun hohen Kirchentage zur Fasten- und Osterzeit (Aschermittwoch, Palmsonntag, Mittwoch in der Karwoche bis einschließlich Osterdienstag), Christi Himmelfahrt, die Pfingsttage, der Dreifaltigkeitstag, ferner die volle »Oktav« nach dem Fronleichnamsfest, das Fest des hl. Blasius sowie Peter und Paul (29. Juni). In der zweiten Jahreshälfte folgten zunächst im »Heumonat« Mariä Heimsuchung (2. Juli) und der Ulrichstag zu Ehren des Schutzheiligen im augsburgischen Kirchensprengel (4. Juli), dann Mariä Himmelfahrt (15. August), Mariä Geburt (8. September), das Fest des hl. Lambert als Patron der bischöflichen Hofkapelle (18. September), das Fest des Erzengels Michael (29. September), das Requiem am Todestag des Vaters von Clemens Wenzeslaus, des polnischen Königs Friedrich August III. von Sachsen (5. Oktober), der Kirchweihtag, Allerheiligen und Allerseelen (1./2. November), das Requiem am Sterbetag der Königin Maria Josepha von Österreich als der bischöflichen Mutter (17. November), das Fest der hl. Cäcilia (22. November)[14], der Namenstag des Bischofs (23. November) und schließlich im »Christmonat« Mariä Empfängnis (8. Dezember)[15], der dritte Adventsonntag als Erntedank und das Geburtsfest Jesu Christi (25. Dezember). Das alte Jahr ließ man außerdem mit der obligatorischen musikalischen Litanei und dem »Te Deum« nach dem abendlichen Dankgottesdienst in der Hofkapelle ausklingen.

Festliche Prozessionen riefen außerdem den Bischof am Sebastiantag (20. Januar) und am Fronleichnamsfest auf den Plan. Beschränkte sich die Prozession mit den Sebastianreliquien um die kleinere Pfarrkirche St. Johann unmittelbar neben dem Dom, so absolvierte der Bischof den »feyerliche(n) Umgang« an Fronleichnam »unter dem von 6 Herren Kämmerern getragenen Thronhimmel« in Anwesenheit des gesamten, in Gala-Livree gekleideten Hofstaates in jenem weitläufigen Rahmen zwischen Domkirche und Ulrichsmünster[16].

Die weltlichen Regierungsgeschäfte des Fürstbischofs mußten angesichts dieses gedrängten Terminkalenders zu einem wesentlichen Teil auf Verwaltungs- und Regierungsbehörden verlagert werden. Die hochstiftische Landesregierung mit dem bischöflichen Statthalter,

13 LA (= Landesarchiv) Koblenz, Abteilung V 3 (= »Des hohen Ertz-Stifts und Churfürstenthums Trier Hof- Staats- und Stands-Calender«), Trier 1769.

14 Der 22. November wurde wahrscheinlich nach dem Regierungsantritt Clemens Wenzeslaus' in Andenken an das Todesjahr (1757) seiner Mutter aus dem Hoffestkalender gestrichen.

15 Während der Augsburger Residenzzeit entfiel der Barbaratag (4. Dezember) als der Patronatstag der Burg Ehrenbreitstein über Koblenz.

16 StaBi (= Stadt- und Staatsbibliothek) Augsburg, Augustana 8° HV 1024 (= »Fuerstlich-Augsburgischer Hof- und Staats-Kalender auf das Jahr Christi«, 1802).

Dompropst und Regierungspräsidenten Freiherrn Johann Nepomuk von Ungelter[17], Vizepräsident Freiherrn Marquard von Hornstein[18], dem Kanzler Joseph Franz Xaver Epplen von Haertenstein und einem zehnköpfigen Gremium aus Geheimen Hof- und Regierungsräten an ihrer Spitze erhielt somit eine weitgehend autonome Position. Der Kreis der Hof- und Geheimräte ließ sich außerdem jederzeit um fünf weitere Stellen erweitern, die in den Jahren vor der Säkularisation unter der Verwaltungsrubrik »wirkliche aber dermal nicht frequentirende Råthe«[19] rangierten.

Es stellt sich die Frage, ob Kurfürst Clemens Wenzeslaus in den wenigen Jahren seiner Augsburger, Dillinger und Marktoberdorfer Residenzzeit zumindest an den Tagen ohne zeitraubende kirchlich-pastorale Verpflichtung den weltlichen Amtsgeschäften nachkam und inwieweit er sich dem Ideal des aufgeklärten Herrschers verpflichtet fühlte, der durch gründliches Aktenstudium und regelmäßige Kontakte mit seinen leitenden Staatsministern persönliche Impulse zum Wohle des Staatswesens vermittelte[20]. Ein Blick auf den bischöflichen Alltag bringt uns dieser Fragestellung näher.

3. *Der bischöfliche Alltag*

Als nach der Ankunft des Fürstbischofs Ende Mai 1773 nach einem mehrwöchigen Staatsbesuch in Schloß Nymphenburg das an der Augsburger Stadtgrenze zur Begrüßung angetretene, blaurot uniformierte Korps »Augsburger Dragoner« wieder abgezogen wurde und der gesamte Stadtmagistrat seine Reverenz erwiesen hatte, kehrte in der bischöflichen Pfalz der Alltag ein. Während des ersten Teils seines Aufenthalts in Augsburg, der vom 27. Mai bis zum 12. Juni dauerte, widmete sich in der Folgezeit Clemens Wenzeslaus zwei volle Tage und acht weitere Vormittage den weltlichen Amtsgeschäften. Die Nachmittagsgestaltung reichte von touristisch informativen Programmen wie der Besichtigung der von Schüle'schen Kattunfabrik bis zu Ausritten in die nähere Umgebung Augsburgs (Friedberg, Göggingen, Hochablaß, Gersthofen). Am Abend traf sich der Hof schließlich mit großer Regelmäßigkeit zum Souper oder zu Kammerkonzerten, die meist in den städtischen Residenzen der Domkapitulare stattfanden[21]. Die Führung der morgendlichen Amtsgeschäfte wurde allerdings durch Spaziergänge, Meßbesuche oder Audienzen unterbrochen, so daß im bischöflichen Tagesprogramm, das sich in der Regel von 5 Uhr morgens bis 11 Uhr abends erstreckte, nicht mehr als 3 bis 4 Stunden auf die Ordnung der Staatsgeschäfte entfielen.

17 Johann Nepomuk Ungelter von Deissenhausen entstammte, im Gegensatz zu jenem am Hofe Clemens Wenzeslaus' so zahlreich vertretenen kurtrierisch-rheinischen Beamtenadel, dem schwäbischen Adelskreis. So steuerten die Ungelter in ihrer Herrschaft Oberstotzingen (Lkr. Heidenheim) z. B. zum Ritterschaftskanton Donau, dessen Gebiet den nördlichen Teil des Hochstifts teilweise überlagerte.

18 Eduard Frhr. v. Hornstein, Die Freiherren von Hornstein und Hertenstein, Konstanz 1911.

19 StaBi Augsburg, Augustana 8° HV 1024, S. 107f.; BA (= Bistumsarchiv) Trier, Abteilung 50, 52 Nr. 18/1 (= »Betrachtungen über die Verfassung deß churfürstlich trierischen Hofraths Colegii in Trier«). – Das Hofratskollegium konnte sogar wie im Falle der kurtrierischen Hofhaltung in Konkurrenz zur Landesregierung treten: »... daß es auch in dringenden regierungs Vorfällen, wo keine Zeit zu einem recours an die regierung nach Coblenz übrig ist, hand einschlage und mittel schaffe...«.

20 Vgl. Einleitung zu: Karl Otmar Frhr. v. Aretin (Hg.), Der Aufgeklärte Absolutismus, S. 14–17, 36–39.

21 LA Koblenz, Bestand 1 C, Nr. 327, fol. 5–11.

4. Diplomatie als politischer Führungsstil

Nicht zu unterschätzen sind jedoch die persönlichen Kontakte des Kurfürsten mit hohen Repräsentanten der hochstiftischen Verwaltung und mit schwäbisch-bayerischen Staatsmännern. Im Sommer 1773 besuchte der Fürstbischof abwechselnd vier Empfänge bei Dompropst Freiherrn von Ungelter und je drei bei Domcellarius Freiherrn von Greiffenklau und bei Erzdekan Freiherrn von Roth. Johann Nepomuk August Ungelter von Deissenhausen und Maximilian Christoph Augustin von Roth hatten in ihrer Doppelfunktion als Mitglieder des infulierten Domkapitels und als Geheime Räte Zugang sowohl zur weltlichen als auch zur geistlichen Amtsführung im Domkapitel und Hochstift[22]. Im gleichen Zeitraum empfing der bischöfliche Hof in der Augsburger Pfalz den Augsburger Magistrat, das bayerische Kurfürstenehepaar Max III. Joseph und Maria Anna von Sachsen, eine der älteren Schwestern von Clemens Wenzeslaus[23], den kurbayerischen Kronprinzen und Pfalzgrafen bei Rhein Karl Theodor »mit einem gefolg von Hof Dames« und die Markgräfin von Baden-Baden. Alleine der zweitägige Aufenthalt des Münchner Hofes bei Clemens Wenzeslaus fand eine derartige Resonanz unter der anwesenden Augsburger Bevölkerung, daß »so gar das Thor an der residenz aus der angel gehoben wordten und der eindringenden menge kein wiederstand« mehr entgegengesetzt werden konnte, bis »der räumliche Vorplatz vor dem bischöflichen palais, als (auch) dieses selbsten in allen gängen (...) angefüllet war«[24]. Außerdem gewährte man Hofaudienzen für den akkreditierten Minister des Schwäbischen Reichskreises[25], der »mit einem besonderen Creditio von Ihro Kays. König. May. an Ihro Churfürst. Dhlt. als bischoffen zu Augsburg versehen war«, zweimal für den Herzog Clemens von Bayern und schließlich für den Fürstbischof von Salzburg, der sich auf einer Reise zum wittelsbachischen Hof befand[26]. Sieht man von den häufigen Kontakten zum Hause Wittelsbach in jenen Jahren ab, da sie zumindest teilweise auf die engen verwandtschaftlichen Bande zurückgingen, so zeugt vor allem der Kontakt zum schwäbischen Kreisabgeordneten von politischem Fingerspitzengefühl. Das Hochstift wurde schließlich seit dem 14. Jahrhundert in eine Pufferstaatsfunktion zwischen dem habsburgisch-vorderösterreichischen Territorium im Westen und dem wittelsbachischen Stammesgebiet östlich des Lechs gedrängt, das eine ausgleichende bischöfliche Politik zwischen Kaiserkrone und bayerischer Kurfürstenwürde wünschenswert erscheinen ließ. Der politische Kontakt zum Reich lief darüber hinaus auch über die auswärtigen »Agenten und Procuratores« im Hochstift. So korrespondierten Freiherr Ignaz Anton von Oexle als Gesandter beim immerwährenden Reichstag zu Regensburg, die Hofräte Ferner von Fernau und Můller von Můlleck als Beobachter beim Reichshofrat in Wien, der Jurist Damian Ferdinand Haas beim

22 StudBi (= Studienbibliothek) Dillingen, XVIII 1301 (= »Hochfürstlich-Augsburgischer Kirchen- und Hof-Calender von 1773«).

23 Heribert Raab, Clemens Wenzeslaus von Sachsen und seine Zeit, S. 47.

24 LA Koblenz, Bestand 1 C, Nr. 327, fol. 7'.

25 Zum 18. Jahrhundert vgl.: Fritz Kallenberg, Spätzeit und Ende des Schwäbischen Kreises (Jahrbuch für Geschichte der oberdeutschen Reichsstädte 14), 1968, S. 61–93.

26 LA Koblenz, Bestand 1 C, Nr. 327, fol. 12', 13, 18; Vgl. als ergänzende Studie zum Regierungsstil der Salzburger Kirchenfürsten: Franz Martin, Salzburgs Fürsten in der Barockzeit, Salzburg 1949.

Reichskammergericht in Wetzlar und der hochstiftische Agent[27] in Innsbruck bei der Tiroler[28] Landesregierung und am habsburgischen Hof regelmäßig mit der bischöflichen Kanzlei und den Koblenzer bzw. Dillinger Regierungsbehörden[29].

Neben den festlichen diplomatischen Anlässen am Hof, die Clemens Wenzeslaus aufgrund seiner hochadeligen Herkunft und langjähriger staatsmännischer Erfahrung mit Bravour zu meistern schien, muß sich sein Führungsstil aber auch an den Maßstäben des Verwaltungssystems und der »inneren« Struktur des hochstiftischen Territoriums messen lassen.

5. Der Bischof und das hochstiftische Ämterwesen

Die Zentralbehörden

In Augsburg unterstanden ursprünglich die hochstiftisch-städtischen Angelegenheiten dem Oberburggrafenamt, das zeitweise in Personalunion mit dem Bischofsamt stand und nach der Verlegung der hochstiftischen Regierung[30] nach Dillingen im 15. Jahrhundert politisch bedeutungslos geworden war. So verblieb dieser städtischen Hofbehörde eine rein fiskalische Bedeutung, die vom Rentmeisteramt betreut wurde[31] und deren Aufgabenstellung meist, wenn auch nicht durchgängig, vom Rentmeister selbst versehen werden konnte. So betreute 1773 der Geheime Rat und »Religions-Agent« Johann Lorenz Edler von Heinisch das Amt, während die Rentmeisterstelle Johann Nepomuk Kraft von Festenburg auf Frohnberg verwaltete[32]. Als mit der Intensivierung der Augsburgaufenthalte im Gefolge des ersten und zweiten Koalitionskrieges mit Frankreich und des Verlustes des Trierer Kurstaates nach 1793/94[33] die Verwaltungsaufgaben im Bereich des Burggrafenamts stiegen, stellte sich die Frage, ob der Bischof als Inhaber des obersten Burggrafenamts die Aufgabenvielfalt in der städtischen Zentralverwaltung selbst bewerkstelligen konnte.

27 1773 war die Stelle unbesetzt.

28 Eine gemeinsame Regierungsbehörde für Tirol und Vorderösterreich bestand bis 1752. Nach den theresianischen Reformen für die Regierungsbehörden beschränkten sich die Innsbrucker Stellen auf das Land Tirol. Vgl. Wolfgang WÜST, Günzburg (Historischer Atlas von Bayern, Teil Schwaben I/13), München 1983, S. 79f.

29 BayHStA, Hochstift Augsburg, MüB (= Münchener Bestand), Lit. 281, 283 (Lit. 281 = Schriftwechsel der Geheimen Kanzlei des Hochstifts mit auswärtigen Höfen in politischen und persönlichen Angelegenheiten, 1740–1757). Der Personalstand der Gesandten bezieht sich auf das Stichjahr 1773.

30 Sie umfaßte den Lehenhof, die Hofkammer und die Finanzverwaltung.

31 Zu den nachgeordneten Dienststellen zählen außer dem Rentmeisteramt (4 Personen) das Hofkastenamt (2 Kornmesser), das Waag- und Fronzollamt (1 Amtmann, 1 Gegenschreiber), ein Marktzolleinnehmer, der Pfalzpropst, der Zöllner auf der Wertacher Brücke und der Steuerkassier.

32 Die von Gerhart NEBINGER ausgewerteten hochstiftischen Dienerbücher vermitteln nur ein sehr unvollständiges Bild über den Augsburger Hofstaat – so klafft alleine für das Burggrafenamt im 17. und 18. Jahrhundert zwischen den Amtsinhabern T. Schiller († 1617), H. J. C. Preuer († 1712) und H. A. von Pflummern († 1795) eine Lücke von ca. einem Jahrhundert! Vgl. Gerhart NEBINGER, Ein Hochstift Augsburgisches Dienerbuch (Blätter des bayer. Landesvereins für Familienkunde XIV/12), 1983, S. 440. Vgl. StudBi Dillingen, XVIII 1301.

33 Am 9. August 1794 wurden Trier und am 29. Oktober desselben Jahres Koblenz von den französischen Revolutionstruppen besetzt. Clemens Wenzeslaus verließ seinen Kurstaat bereits am 5. Oktober. Vgl. Franz-Josef HEYEN, Clemens Wenzeslaus von Sachsen (Personen und Wirkungen. Biographische Essays), Mainz 1979, S. 81–85. Hermann BRUNNER, Geschichte des kurtrierischen Rumpfstaates 1794–1802, Phil. Diss., Gießen 1929.

Die Entscheidungsinstanzen in der Pfalz zu Augsburg

Aufschluß über diese Frage gibt die Lebensbeschreibung Joseph von Ahorners[34], der sich als Mitglied der medizinischen Fakultät an der Universität Wien am Hofe Clemens Wenzeslaus' um die bischöfliche Leibarztposition bemühte, und dessen Memoiren tiefe Einblicke in das Augsburger und Marktoberdorfer Hofleben der Jahre 1793 bis 1812 gewähren. Ahorner vermittelt das Bild eines von Intrigen und persönlicher Gewinnsucht der hohen Beamtenschaft verderbten Hoflebens, in dem der Fürstbischof allenfalls eine sehr zurückgezogene Stellung einnahm. Das Hofgeschehen wurde statt dessen von dem k.k. wirkl. Geheimrat und kurtrierischen Staats- und Kabinettsminister, Freiherrn Ferdinand von Duminique, diktiert, der offensichtlich nach der Flucht des Koblenzer Hofes seit 1793/94 auch in der Pfalz zu Augsburg seine Stellung als Vertrauter des Bischofs behaupten konnte und die alteingesessene Augsburger Beamtenschaft einschließlich des infulierten Dompropsts und bischöflichen Statthalters, Freiherrn Johann Nepomuk August Ungelter von Deissenhausen[35], überspielte. Ahorners Bericht zufolge war Duminique ein »stolzer, höchst eigensinniger und am Hofe allgemein gefürchteter Mann, welcher den guten Churfürsten zu manchem Schritte verleitet hatte, der ihm eben so viel Verdruß als Nachtheil verursacht hat«[36]. Obwohl Ahorner, als er im März 1793 in der bischöflichen Residenz vorstellig wurde, auf ein Empfehlungsschreiben des Wiener Kardinals Christoph Anton von Migazzi zurückgreifen konnte, setzte man seinen Gesprächstermin mit Duminique fünfmal ab, und bis zum Zeitpunkt der Audienz beim Kurfürsten vergingen weitere fünf Wochen. Der Kurfürst selbst erschien als patriarchalisch gesinnter, liebenswürdiger Landesherr, der sich zwar durch seine sprichwörtliche »Titusgüte« auszeichnete, der aber offenbar »gewohnt (war), nichts für sich allein zu thun (zu entscheiden)«.

Weil »I.re Kurfürstl. Durchlaucht (...) sich dermalen nicht entschliessen (konnte), Jemanden zu diplomatisieren«[37], wenn sie offenbar den mißgünstigen Ratschlägen der konkurrenzneidigen etablierten Dienerschaft folgte, sollte sich Ahorners beruflicher Aufstieg bis zum Jahr 1812 verzögern. Fehlende fachliche Qualifikation Ahorners dürften als Grund für die inaktive Rolle des Kurfürsten kaum in Betracht kommen, da Clemens Wenzeslaus in seinem Todesjahr ihn als einfachen »Consistorialarzt« in den erlauchten Kreis der aus verschiedenen Höfen herbeigerufenen Leibärzte aufnahm und ihm in Anerkennung seiner Dienste am Krankenlager in der Marktoberdorfer Residenz als Extravergütung eine »goldene, 22 Kronen schwere Tabatiere (Tabaksdose) mit 20 Louis d'or darinn« überreichte[38].

34 Joseph Ahorner von Ahornrain (1764–1839) promovierte 1790 zum Dr. med. und wurde 1793 als zweiter Arzt in das Augsburger Consistorium berufen. Als er am 31. August 1813 seine bischöfliche Hofbeschreibung abschloß, fiel er mit erst 49 Jahren noch nicht unter die von Clemens Wenzeslaus testamentarisch festgelegten Versorgungsleistungen des übrigen Hofstaates. – StaA Augsburg, Historischer Verein, H. 361 (= »Ahorners Schicksale am kurfürstlichen Trier'schen Hofe in Augsburg«); Hans Wolfgang KUHN, Die Liquidation der kurtrierischen Hofhaltung, S. 252; Wolfgang WÜST, Die fürstbischöfliche Residenz zu Augsburg. Ein Beitrag zum hochstiftischen Hof- und Verwaltungswesen im 17. und 18. Jahrhundert, in: ZBLG 48 (1985), S. 353–367.

35 Albert HAEMMERLE, Die Canoniker des hohen Domstifts Augsburg bis zur Säkularisation, Zürich 1935, S. 178. Ungelter erkrankte im übrigen und verstarb am 26. Februar 1804 in Augsburg.

36 StaA Augsburg, Historischer Verein, H. 361, fol. 2.

37 Ebd., fol. 3.

38 Ebd., fol. 27.

Clemens Wenzeslaus scheint demnach in den Jahren nach der Enttäuschung über den Verlust des Trierer Kurstaates auch der hochstiftisch-augsburgischen Personalpolitik ein großes Maß an Desinteresse entgegengebracht zu haben, wofür auch die Tatsache spricht, daß Spitzenpositionen in der Zentralverwaltung häufig für geraume Zeit unbesetzt blieben[39].

Daß Clemens Wenzeslaus dem weltlichen Treiben in der Augsburger Residenz allerdings nicht völlig tatenlos gegenüberstand, zeigt die Versetzung des Freiherrn von Duminique in die Pflegamtstelle nach Sonthofen 1796, die er bis zu seinem Tode am 14. März 1802 innehatte. Die Motive für die Entscheidung des Fürstbischofs, den einflußreichen Minister in das entlegene Allgäuer Außenamt zu delegieren, lassen sich nicht eindeutig klären, doch liegen persönliche Motive nahe, da nach 1796 Duminiques Kontakt zum Fürstbischof abriß. Clemens Wenzeslaus besuchte das Allgäu als Landesfürst nur nach 1799 und 1801/02, wobei er überwiegend in seiner Sommerresidenz zu Marktoberdorf in Umgebung des dortigen Pflegers und bischöflichen Oberjägermeisters Freiherrn Christoph Reichlin von Meldegg bzw. dessen Stellvertreter Hofrat Anton Stapf[40] verweilte. Mit den genannten Aufenthalten im Allgäu stellt sich außerdem die Frage, wie intensiv der Bischof die Verwaltung der hochstiftischen Außenämter beeinflußte.

Die Mittelbehörden

Der unmittelbare Einfluß des regierenden Fürstbischofs auf die weltlichen Amtsgeschäfte in den Hofämtern, in der Regierung und in den Stadtämtern zu Augsburg und Dillingen erwies sich als schwierig, weil häufige Absenzen als Folge einer barocken Titel- und Verpflichtungsvielfalt und eine Überlastung durch geistliche und säkulare Funktionen eine regelmäßige Akteneinsicht unmöglich machten. Es stellt sich daher die Frage, ob direkte bischöfliche Einflußnahme auf die Mittel- und Unterbehörden, die naturgemäß die Zentralbehörden zahlenmäßig weit übertrafen und deren Visitation im größten ostschwäbischen Flächenstaat geistlichen Herrschaftstypus'[41] mitunter sehr zeitraubend sein konnte, überhaupt möglich war. Zu den Außenämtern zählten im übrigen auch so entfernte Verwaltungssitze wie das Südtiroler Propstamt Bozen und das Zollamt zu Chur. Vernachlässigen konnte man die Kontrolle über die 19 Landämter aber auf keinen Fall, waren sie doch zum Beispiel 1798 mit 41125 fl. 53 Kr. in der Jahresbilanz des Hofzahlamts nach den sogenannten Dikasterien, also den geistlichen und weltlichen Zentralbehörden ohne die Hofämter, der kostenintensivste Posten. Die Ausgaben für die Landämter beliefen sich im gleichen Rechnungsjahr immerhin auf 24 Prozent der gesamten Besoldungsausgaben von 172215 fl. 11 Kr. »ex aerario camerali«»[42]. Die fürstbischöfliche Observationspflicht mußte also zum einen aus fiskalischen Gründen und zum anderen aus

39 Für das Jahr 1802 trug der Hofkalender z. B. für die beiden Präsidentenstellen in der Landesregierung und der Hofkammer, für die Oberforstmeister- und die Oberhofmeisterstelle den Vermerk »Vacat«. – Mit der Hofmusik scheint es aber auch nicht zum besten gestellt gewesen zu sein, da das Orchester ohne Kapell- und Konzertmeister allenfalls das alt-eingeübte überkommene Repertoire darbieten konnte. StaBi Augsburg, Augustana 8° HV 1024, S. 100–110.

40 Martin DÖMLING, Heimatbuch. Geschichte, Land und Leute von Markt Oberdorf im Allgäu, Markt Oberdorf 1952, S. 112–137; AB (= Archiv des Bistums) Augsburg, Handschrift 72b/3, S. 276–279.

41 Wolfgang WÜST, Geistliche und weltliche Staatlichkeit in Ostschwaben – Ergebnisse der historischen Atlasforschung (Festschrift für Max Spindler zum 90. Geburtstag, hg. v. Andreas KRAUS), Bd. 1, München 1984, S. 55–68.

42 AB Augsburg, Handschrift 72b/1 (= »Status Summarius« der Jahresbilanz der bischöflichen Kameralverwaltung von 1798).

der Notwendigkeit des absolutistischen Staatsprinzips zu einheitlichen Verwaltungsstrukturen gewahrt bleiben. Ein wichtiges, den Fürstbischof wesentlich entlastendes Moment spielte dabei die Besetzungspraxis in den Pflegämtern. Die Verantwortung in den Außenstellen trugen sogenannte »Absentpfleger«, die aufgrund ihres hohen adeligen Gesellschaftsstandes und ihrer zusätzlichen Positionen innerhalb der Hierarchie des Hofstaates oder hochstiftischer Oberbehörden häufigen Kontakt mit dem Bischof hatten. Alle Leiter der Pflegamtstellen hatten demzufolge Aufgaben zu erfüllen, deren Erledigung sie regelmäßig nach Dillingen oder Augsburg führte. Die häufigste Verbindung zu Clemens Wenzeslaus aus den Pflegämtern ergab sich über die fünf Erbämter (Marschall, Kämmerer, Truchseß und Kuchelmeister), die bischöflichen Kammerjunker und den Geheimen Rat[43]. Die Amtsgeschäfte in den größeren Mittelbehörden[44] führten deshalb die den Absentpflegern nachgeordneten Pflegverwalter, die mit ihrem Diensteid direkt dem Bischof unterstanden und vom Absentpfleger als dem verlängerten Arm der bischöflichen Kanzlei auch jederzeit kontrolliert werden konnten. Sie waren meist bürgerlichen Standes und blieben besoldungsmäßig schlechter gestellt[45], obwohl sie die Hauptlast der täglichen Amtsgeschäfte zu erledigen hatten. Wie der bischöfliche Einfluß sich auf die Führung der Pflegämter niederschlug, läßt sich insbesondere im Sanktionsfall gegen nachlässige Amtsführung der Pfleger aufzeigen. Als zum Beispiel im Pflegamt Buchloe sich aktenkundig seit 1772 die Klagen gegen den dortigen Pfleger Federle mehren, ist Clemens Wenzeslaus über seine Absentpfleger und sogar über den bischöflichen Statthalter über die Vorgänge informiert. Jedoch erst 1798/99 wurde Hofrat Maximilian von Frech, der spätere Nachfolger Federles, mit der Visitation des Pflegamtes betraut. Es entsprach dem abwartenden weltlichen Regierungsstil des Bischofs, daß eine »Cassation« des Amts zu einem früheren Zeitpunkt peinlichst vermieden wurde und daß man trotz fehlender Hypotheken-, Gemeinderechnungs-, Heiligenpfleger- und Deportiertenbücher sowie unlauterer Vermengung privater und hochstiftischer Einnahmens- und Ausgabensbilanzen in den Pflegamtsprotokollen[46] den

43 Alle sieben kurfürstlichen Kammerjunker betreuten unter Clemens Wenzeslaus mindestens auch ein Pflegamt. Der Personalstand der Jahre 1802/03: a) Anton Frhr. v. St. Vincent: Pfleger zu Pfaffenhausen und Schönegg, wirkl. augsbg. Hofrat, kurtrier. Kämmerer. b) Ignaz Frhr. v. Freyberg-Unterknöringen: Pfleger zu Füssen, kurtrier. Kämmerer. c) Christoph Frhr. v. Winkelhofen: Pfleger zu Westendorf, kurtrier. Kämmerer, wirkl. augsbg. Hofrat. d) Ignaz Frhr. Schenk von Stauffenberg-Schweinsberg: Pfleger zu Leeder, kurtrier. Kämmerer. e) Karl Franz Joseph Frhr. vom Stain-Jettingen: Pfleger zu Zusmarshausen, kurtrier. Kämmerer. f) Johann Nepomuk Frhr. Reichlin von Meldegg: Pfleger zu Bobingen, kurtrier. Kämmerer, augsbg. Jagdjunker und Forstrat. g) Christoph Frhr. Reichlin von Meldegg: Pfleger zu (Markt)-Oberdorf, kurtrier. Kämmerer, augsbg. Geheimrat und Oberjägermeister. Vgl. hierzu: StaBi Augsburg, Augustana 8° HV 1024, S. 100f.

44 Hierzu zählten von den 17 Pflegen Aislingen, Bobingen, Buchloe, Füssen, Göggingen-Inningen, Leeder, Münsterhausen, Nesselwang, Oberdorf, Pfaffenhausen, Schönegg, Schwabmünchen, Sonthofen, Weisingen, Westendorf-Kühlenthal, Wittislingen, Zusmarshausen nur zwölf Stück.

45 So erhielt 1802 Frhr. v. Stain in seiner Eigenschaft als Absentpfleger von Zusmarshausen 600 fl., während dem Pflegverwalter Mayr vom Hofzahlamt nur 480 fl. 16 Kr. angewiesen wurden. Die Pflegverwalter verfügten aber über Nebeneinkünfte aus ihrem Wirkungskreis für die Landstände und die Gemeinde-, Kirchen- und Heiligenstiftungen, die sich für Zusmarshausen auf 5 fl. 15 Kr. (Landschaft) und auf 226 fl. 35 Kr. (Stiftungen) beliefen. Der Endgehalt des Pflegverwalters übertraf so mit 712 fl. 6 Kr. *realiter* den des Absentpflegers, da dieser weder für die Landschaft noch für die Stiftungen tätig wurde. Die Haupteinkommensquelle für die Absentpfleger lag naturgemäß aber auch außerhalb ihrer Pflege in den Hofämtern. AB Augsburg, Handschrift 72b/1, 2, Nr. 375, 376.

46 BayHStA, Hochstift Augsburg, NA, Akt. 2212.

Weg »gütlicher Übereinkunft« einschlug. Federle reichte schließlich am 22. Februar 1798 sein Rücktrittsgesuch ein: »Es zeigt sich das 35 te Amts Jahre bey mir, und mein durch ausgestanden harte halbjährige Krankheit geschwächtes Gedächtnis benimmt mir beynahe dessen ganze Übersehung (...)«. Der Fall Buchloe zeigt, daß trotz der günstigen, auf aktuellen Informationsfluß für die Zentralstellen angelegten Doppelbesetzungspraxis der hochstiftischen Außenstellen Amtsschlendrian über einen großen Zeitraum ungeahndet bleiben konnte. Die Vermutung, daß dies mitunter auch eine Konsequenz der wenig staatsförderlichen, selbstherrisch auftretenden bischöflichen Hofkamarilla war, erhärtet sich durch den Zusatz im Schreiben des zwar senilen, aber sehr amtserfahrenen Buchloer Pflegers, daß sein Entlassungsgesuch mit der gleichzeitigen Bitte um eine jährliche Beamtenpension »unmittelbar ad manus clementissimas gelangen« sollte[47].

6. Der fahrende Hof und die Regierungsgeschäfte

Die Reise von 1773

Zum Aufgabenkreis zählten aber außerdem Amtsvisitationen, die die Fürstbischöfe auf ihren Reisen zu den im Allgäu gelegenen Sommerresidenzen zu absolvieren hatten. Clemens Wenzeslaus schloß sich bei seiner mit fünfjähriger Verspätung 1773/74 durchgeführten Inthronisationsreise durch die schwäbische Kirchenprovinz hiervon nicht aus, wenn auch eingeschliffene barocke Repräsentationsgewohnheiten eine nicht zu unterschätzende Rolle spielten. Ziel der Reise konnte es aber nicht bleiben, nur die Beamten zu visitieren, sondern »jede hochstiftische Pflege (...) zu besuchen, und auf solche Weise (den...) Unterthanen insgesamt die Gelegenheit zu verschaffen, nicht nur die mildeste Gegenwart ihres gnädigsten Landsvaters, sondern auch den vertraulichsten Zutritt in voller Maß genießen zu können«. Das entsprach dem Ideal der neuen, aufgeklärten Zeit ebenso wie die ernstgemeinte Anweisung an die Unterämter, daß der Fürstbischof »alle kostspielige Ehren- und Freuden-Bezeigungen aus Landesväterlicher zärtlichsten Sorge und Liebe gegen höchst dero Landeskinder gänzlich eingestellt wissen« wollte[48]. Welchen Stellenwert die Amtsgeschäfte und der idealtypisch deklarierte direkte Kontakt des Kirchenfürsten zur hochstiftischen Bauernschaft auf den Reisen durch die schwäbischen Dominien einnahmen, verdeutlichen die Itinerare von 1773/74. Im Pflegamt Leeder, der ersten Station, in dem sich der Kurfürst für fünf Tage aufhielt, schrieb das Protokoll bereits am zweiten Tag »die erkundigung über die verwaltung der geist. und weltl. sach« vor. Mit den Amtsgeschäften setzte der Bischof sich auch an zwei weiteren Tagen auseinander. In Marktoberdorf, dem zweiten Aufenthaltsort, wurden zunächst nur umliegende Pfarreien visitiert. Intensiver gestaltet sich die Amtspflicht während des anschließenden zweiwöchigen Aufenthalts in Hindelang, Sonthofen und Oberstdorf. Neben Gemsen- und Rotwildjagden in den Allgäuer Bergen und zahlreichen Ausritten bzw. Spaziergängen zu

47 BayHStA, Hochstift Augsburg, MüB, Lit. 513 II, und NA, Akt. 2212 (= »Pfleg Buchloe Commissions-Acta und Amts-Visitationen«). Begünstigt wurden offenbar Amtsmißbräuche auch durch die Überalterung der hochstiftischen Beamtenschaft. Häufig fiel das Ende der Dienstzeit mit dem Ableben des Amtsträgers zusammen. So versah z. B. Geheimrat und Vizekanzler von Seitz die Amtsgeschäfte noch mit 72 Jahren († 5. 12. 1772) und der Dillinger Bauhofverwalter Hueber gar bis zum 76. Lebensjahr († 13. 4. 1770).

48 BayHStA, Hochstift Augsburg, MüB, Lit. 280.

regionalen Sehenswürdigkeiten findet der Bischof Zeit, drei Pfarreien zu visitieren, das Pflegamt und das Spital zu Sonthofen zu inspizieren, einen Gerichtstag einberufen zu lassen, die Registratur des hochstiftischen Landammanns zu prüfen, Interesse für technisch wirtschaftliche Faktoren in einer Hammerschmiede an der Iller und in den Eisenwerken zu Oberstdorf zu bekunden, repräsentative Verpflichtungen mit dem Domscholastiker Freiherrn von Hornstein und den Vertretern der benachbarten Grafschaft Rothenfels wahrzunehmen[49]. Die diplomatischen Aktivitäten setzen sich fort auf der Rückreise über die Pflegämter Pfaffenhausen, Schönegg, Füssen, Marktoberdorf, Buchloe nach Augsburg und anschließendem Aufenthalt in der Dillinger Residenz. So empfing er zu Marktoberdorf den in München akkreditierten französischen Gesandten, den Marquis de Folard, und in Buchloe für mehrere Tage den bayerischen Kurfürsten auf dessen Reise zum Landgericht in Türkheim[50]. Zuvor frischte er die Kontakte zu den Nachbarstaaten seiner Allgäuer Pflegämter auf: Der Fürstabt von Kempten dinierte im Marktoberdorfer Schloß; Clemens Wenzeslaus selbst unternahm Höflichkeitsbesuche u. a. auf der Tiroler Festung Ehrenberg bei Reutte, im exemten Benediktinerkloster zu St. Mang in Füssen, im wittelsbachischen Schloß Hohenschwangau und im reichsritterschaftlichen Kleinstaat Eisenberg der Freiherren von Freyberg[51]. Auf seiner Etappe von Buchloe nach Augsburg versäumte er es nicht, im domkapitlischen Amtsort Großaitingen seinem bischöflichen Statthalter in dessen Erholungsort die Aufwartung zu machen. Unterwegs wurden außerdem alle Pflegämter und Pfarreien in Augenschein genommen. Aber auch auf dieser Sommerreise des Jahres 1773 beeinflussen wieder rein geistliche Angelegenheiten den Alltag des weltlichen Souverän. In Pfaffenhausen zum Beispiel hatte die Besichtigung des Priesterseminars eindeutig protokollarischen Vorrang gegenüber der Pflegamtsvisitation. Auf nahezu allen Reisestationen verbrachte der Bischof die Ankunftstage mit der Besichtigung der Pfarrkirchen. Der Besuch bei den St. Manger Benediktinern hatte eine rein theologische Zielsetzung: Die Zelebration eines Pontifikalamtes mit anschließender Erteilung des Firmungssakramentes an die Aspiranten aus der näheren und weiteren Umgebung. Selbst eine Floßfahrt auf dem Lech von Füssen nach Lechbruck wurde nur inszeniert, um sich an der kunsthistorisch reizvollen Kirche im benachbarten Bernbeuren[52] zu laben. Alleine die Rückkehr zu Pferde von dort nach Füssen dauerte im übrigen über vier Stunden[53].

Die Reise von 1774

Läßt sich die Reise des Bischofs von 1773 insgesamt als eine Angelegenheit deklarieren, in der Clemens Wenzeslaus sich zwar barocken Lebensfreuden nicht verschloß, aber dabei die Regierungsgeschäfte und vor allem die bischöflich pastoralen Aufgaben nicht aus den Augen

49 LA Koblenz, Abteilung 1C, Nr. 327, fol. 22'–25'.

50 Türkheim erhielt für den Münchener Hof seine Bedeutung, als Herzog Maximilian Philipp nach der Beendigung der Vormundschaftsregierung über Max Emanuel sich dorthin zurückzog und im erweiterten Schloß eine Hofhaltung einrichtete. Konrad KRIEGER, Eine wittelsbachische Residenz im Schwabenland (Unser Bayern, Beilage d. Bayer. Staatszeitung, Jg. 7), München 1958.

51 LA Koblenz, Abteilung 1C, Nr. 327, fol. 25'–32'.

52 Zur Bernbeurer Kirche: Hugo SCHNELL, Bernbeuren im Allgäu, München ²1971; Georg DEHIO/Ernst GALL, Handbuch der deutschen Kunstdenkmäler, Bd. Oberbayern, München/Berlin ⁴1964, S. 273.

53 LA Koblenz, Abteilung 1C, Nr. 327, fol. 28; vgl. hierzu Wolfgang WÜST, Amts-, Hofstaats- und Postrouten im Hochstift und Domkapitel Augsburg um 1770, in: Historischer Atlas von Bayerisch-Schwaben, hg. v. Pankraz FRIED, 2. Lief., Augsburg ²1985.

verlor, so gewinnen wir bei der Analyse seiner Reise im folgenden Jahr zu denselben Orten ein gänzlich anderes Bild. Reduzierte 1773 Clemens Wenzeslaus seinen Hofstaat auf 70 Personen, so befanden sich 1774 über 160 Begleiter im Troß des Fürstbischofs von Augsburg und seiner Schwester Maria Kunigunde von Sachsen, der späteren Fürstäbtissin von Essen und Thorn. Der Charakter der Reise war bestimmt von den hochgesteckten aristokratischen Zielen der Jagdgesellschaft, in der die Pflegämter mißbraucht wurden als Notquartiere für die Hofgesellschaft, die in den kleineren bischöflichen Landschlößchen nicht mehr untergebracht werden konnte, und als Organisationsstellen für die Jagdfron und eine überdimensionierte Reiseplanung. So waren im Frühsommer 1774 dem doppelstöckigen Pfleghaus zu Leeder 12 Personen[54] zugeteilt, während der Hauptteil der Jagdgesellschaft im Schloß nächtigte. Trotzdem reichte der Platz noch nicht aus, so daß man auf weitere Notquartiere ausweichen mußte: Auf die Privathäuser des Schloßgärtners, des Hoffouriers, auf den Pfarrhof und den örtlichen Gasthof. Schließlich verwies man weitere 12 Personen in die herrschaftlichen Stallungen und weitere 2 Fuhrknechte in den Stall des Pflegamts, der mit 7 Pferden für den Dompropst und den hochstiftischen Kämmerer und dessen Leibgefolge ohnehin überfüllt war[55].

Selbst im fürstbischöflichen Schloß zu Marktoberdorf, das als Jagdschloß konzipiert und nach dem Erweiterungsbau von 1761 unter Clemens Wenzeslaus' Vorgänger Fürstbischof Josef, dem Landgraf von Hessen (1740 bis 1768), immerhin 72 Zimmer umfaßte[56], konnte die hohe Jagdgesellschaft von 1774 nicht gänzlich Aufnahme finden. Auch hier belegten die Logierungsbeamten das Pflegamt, das seit 1748 in ein eigenes Amtshaus am Marktplatz umgezogen war und das seit 1786 auch den persönlichen Wohnsitz des Pflegers beherbergte. Zuvor engten die Logierungspraktiken den persönlichen Bereich des Pflegers stark ein. So nächtigten Teile des Hofstaats nicht nur in den größeren Gemächern einschließlich »Billiard Zimmer«, sondern auch in der »Kuchel von Ursenbock (= Pfleger)«[57]. Die hochstiftischen Amtsleiter hatte der Bischof nach dem Tod des Oberpflegers, Graf Joseph von Ursenbeck-Massimi[58], aus Platzgründen aus dem Schloß ausquartiert. Vier Zimmer des Pflegamts mußten bischöflichen Junkern abgetreten werden, außerdem lähmte die Unterbringung der gesamten Leibgarde den täglichen Amtsbetrieb. Die Pflegämter bzw. die Privathäuser der Landbeamten dienten auch in den südlicheren Bezirken Füssen, Hindelang, Nesselwang und auf der Rückreise in Pfaffenhausen und Buchloe als Notquartiere. Fehlte es im Pflegamt an Platz, wich man auch gerne in die Maierhöfe[59] aus, die auf der ortsherrschaftlichen Ebene ja noch bischöfliche Verwaltungsfunktionen wahrzunehmen hatten. An Organisationsproblemen für

54 Dazu zählten Oberstallmeister Frhr. Zech auf Deubach mit zwei Bediensteten im ersten Stock, Dompropst Frhr. Ungelter von Deissenhausen, die Frhrr. von Hohenfeld, Wiltberg, der Geheimrat Epplen von Härtenstein, zwei Bedienstete und der Kammerdiener des Dompropstes sowie Leiblakaien für die anderen Freiherren im zweiten Stock.

55 BayHStA, Hochstift Augsburg, MüB, Lit. 603, S. 109 (= »Logierung in dem hochfürstl. schloss [und] dem pfleeghauß Leeder«).

56 StaBi München, Handschriftenabteilung, Fischeriana, Nr. 20 (= Nachlaß des königlichen Landrichters Ludwig Wilhelm Fischer, 1817–1890, der das Arbeitsbuch des 1813 verstorbenen bischöflichen Hofschreiners Josef Zink aus Marktoberdorf auswertete).

57 BayHStA, Hochstift Augsburg, MüB, Lit. 603, S. 110.

58 Martin DÖMLING, Heimatbuch, S. 112–115.

59 So z. B. in Pfaffenhausen. Vgl. BayHStA, Hochstift Augsburg, MüB, Lit. 603, S. 121; Georg GUGGEMOS, Das hochstiftisch-augsburgische Maieramt Hopfen (Sonderdruck aus Beilage »Alt Füssen« des »Füssener Blattes«), Füssen 1960.

die weltliche Beamtenschaft fielen neben der Quartierfrage wiederum die Einforderung der Jagdfronen als zusätzliche Belastung an. So geben verwaltungsinterne »Nota« Aufschluß über die Jagdvorbereitungen: Es waren allein in Hindelang 197 Pferde im Schloßhof vorzuführen, »sodann seyndt (...) Stud (Stute) vor Stud vorgeritten, undt von Herrn Obrist Stallmeister (...) vor die (...) Cavalliers, Räth undt Officianten ausgesucht worden (...) Jedem Cavallier wurde ein Billiet gegeben mit dem Nahmen von dem Bauren, welcher solchen mit seinem pferdt zu bedienen, in gleichen wurde dem Bauren eines gegeben mit dem Nahmen, wen er zu bedienen habe«[60]. Pfleger und Untervögte mußten aber auch selbst Hand anlegen: »die *pfleegämbter* sollen Jeden *bauren* seine *Politten* (Billetts) geben[61], zu was vor einen wagen *solche* angewiesen« worden waren und »die *unter Vögt* oder *gerichts diener* von Jedem *ambt* sollen mitkommen undt bey dem einspannen gegenwärthig seyn«[62]. Insgesamt erforderte die Reise des Hofstaats von Augsburg bis zu den Jagdgebieten im Allgäu nur für die Hinreise den Einsatz von mehr als 800 Pferden für die Bespannung herrschaftlicher Kutschen und Wagen[63], die Absonderung von Hunderten zusätzlicher Bauernwagen und ungezählter Frondienstleistender aus der Bauernschaft zur Betreuung der elf Relaisstationen[64] zwischen Augsburg und Oberstdorf. Lähmte die Reisetätigkeit des Fürstbischofs und seines Hofstaats entlang der Reiseroute die sommerliche Erntetätigkeit der hochstiftischen Bauernschaft nur für wenige Tage, so waren seine mehrwöchigen Aufenthalte in Allgäuer Sommerresidenzen mit einer kontinuierlichen Fronbelastung für die Bevölkerung kaum mit dem aufgeklärten Prinzip, »erster Diener seines Volkes zu sein«, zu vereinen. Als die Jagdgesellschaft im Hindelanger Schloß für längere Zeit Quartier bezog, in dem der dritte Stock mit Audienzzimmer und »Ante Chambre«, zwei Schlafgemächern, einem Tafelzimmer und zwei Kammerdienerräumen für Clemens Wenzeslaus und Prinzessin Maria Kunigunde persönlich reserviert war, stellte die Bevölkerung von nur drei Pflegämtern aus 130 unmittelbar hochstiftischen Höfen und Sölden[65] Reit- und Spannpferde, von denen ca. 120

60 BayHStA, Hochstift Augsburg, MüB, Lit. 603, S. 4, 15. Die Abgabe bäuerlicher Ackerpferde als herrschaftliche Kutsch- und Jagdbegleiter verlief sicherlich nicht immer problemlos. Das beweist die vorbeugende Kanzleivorschrift, daß es den »Bauren bey straff verbotten (ist), daß sie nicht wie schon geschehen, sich in denen Würtzhäußern verstecken, sondern auf ihre angewiesene stundt sollen sich alle mit Ihren pferden in der Residenz einfinden, damit die Wagen (...) eingespannt werden können«.

61 In Augsburg fand die Verteilung der Pferde beispielsweise an einem Samstag um 4 Uhr morgens statt.

62 BayHStA, Hochstift Augsburg, MüB, Lit. 603, S. 77.

63 Im fürstbischöflichen Fuhrpark befanden sich für die Allgäuer Reisen folgende Wagenmodelle: einsitzige »Peroutschen« und »Post-Chaisen«, viersitzige Chaisen, fünfsitzige Leibwagen (für den Fürstbischof reserviert), vier- bis sechssitzige Landauer und »Berliner« sowie sieben- bis achtsitzige »lange Würste«.

64 Für die Strecke Augsburg–Oberstdorf: Schwabmünchen – Buchloe – Kaufbeuren (= oberes Pflegamt Buchloe) – Marktoberdorf – Roßhaupten – Füssen – Nesselwang – »Chanzigs« (= Kranzegg) – Wertach (mit Zusatzgespann für den »Adlersberg«) – Hindelang – Oberstdorf.

65 Die hochstiftischen Grunduntertanen verteilten sich auf folgende Orte und Einöden:

Altstädten	13	Margarethen	4	Unterjoch	11
Berghofen	8	Oberjoch	2	Wagneritz	3
Binswangen	4	Oberstdorf	23	Winkel	2
Burgberg	19	Ortwang	1	Zell (Agatha- oder Rauhenzell)	2
Häuser	1	Reichenbach	6		
Hindelang	3	Rettenberg	2		
Hofen (bei Altstädten)	9	Schöllang	1	Summe	131
Ingberg (Imberg)	5	Sonthofen	12		

Stück als ständiges Jagdkontingent ihren Besitzern für Dauer entzogen blieben, während weitere 10 Pferde als »En Reserve«-Kontingent nur zum Einsatz kamen, wenn höfische Reitkünste das Durchhaltevermögen Allgäuer Ackergäule überstrapaziert hatten. Ferner stellte die Bauernschaft 22 Pferde und 11 Wagen, die nur für den Transport der Tische, Sessel und Stühle, der Zelte, der Küchen- und Kellereigeräteschaften sowie des Tafelsilbers und -zinns bestimmt blieben, die der fahrende Hof in Ergänzung zum festen Mobiliar der Landschlösser aus den Hauptresidenzen mitführte. Die Reise von 1774 stand somit in krassem Gegensatz zu der vom geistlichen und weltlichen Pflichtbewußtsein erfüllten Informations- und Kontrollfahrt des Vorsommers. Der Fürstbischof war bestrebt, seine Sekundogenitur dem auswärtigen Gast von ihrer Glanzseite zu präsentieren, die freilich im Zeitalter der anbrechenden Revolution auf der Grundlage des veralteten Instruments der Leib- und Fronherrschaft[66] erste Schatten vorauswerfen sollte. Diesen zweiten Typus monarchischer Reiselust, der mit abendlichen Hoffestlichkeiten bei Tanz und Feuerwerk, mit ausgedehnten Jagdaufenthalten und ihren »Divertissements« (Lustbarkeiten), nachmittäglichen Vogel- und Scheibenschießen, Konzerten der »Cammer Musique«, den farbenprächtigen Aufmärschen der Leibgarde und Garnisonen, den lautstarken und regelmäßigen Kanonaden zur Begrüßung, seinen täglichen Galadiners und -soupers die Verschuldung der Kleinstaaten des Ancien Régime vorantrieb, wiederholte Clemens Wenzeslaus bis zur Säkularisation seines Hochstifts mehrmals: So als er 1782 Papst Pius VI. auf dessen Heimreise von Augsburg nach Füssen begleitete und als zur Jahreswende 1795 die ehedem königliche Prinzessin von Frankreich und Tochter Ludwigs XVI., Marie Therese Charlotte, mit einem Gefolge von 70 Personen im Oberdorfer Schloß und in der Füssener Pflege weilte[67].

Für unsere Themenstellung ist es darüber hinaus wichtig, der Frage nachzugehen, ob die hochstiftische Regierung während der häufigen Absenzen des Fürstbischofs funktionsgerecht in Dillingen weiterarbeiten konnte ober ob die hochstiftische Beamtenelite gänzlich als Reisebegleitung für den Bischof agierte. Im Gefolge von Clemens Wenzeslaus befanden sich 1774 zahlreiche hohe weltliche und geistliche Würdenträger sowohl aus dem Kurfürstentum Trier als auch aus dem Hochstift Augsburg. Zu dem Augsburger Kontingent zählten neben Dompropst Ungelter, Hofkaplan Betzel und Oberstallmeister Zech auf Deubach vor allem Titular-Geheimräte aus dem Adelsstand. Die weltliche Regierung zu Dillingen, die sich bis zum Zusammenbruch des kurtrierischen Staates 1793 nur aus dem Präsidenten, dem Direktor und dem Kanzler mit jeweils einem Stellvertreter sowie aus sechs frequentierten und zehn nichtfrequentierten Hof- bzw. wirklichen Geheimratsstellen[68], zwei Regierungssekretären, acht Kanzlisten, zwei »Registratur Adjuncten« und je einem Kanzlei-Expeditor und »Criminal-Actuarius« zusammensetzte, entzog sich der Reisegesellschaft fast vollständig. Lediglich

66 Zur Bedeutung der Leibherrschaft in Schwaben u. a.: Peter und Renate BLICKLE, Schwaben von 1268 bis 1803 (Dokumente zur Geschichte von Staat und Gesellschaft in Bayern II/4), München 1979, S. 90–114; Wolfgang WÜST, Geistliche und weltliche Staatlichkeit, S. 60 ff. – Die Fronarbeit stieß auch im Hochstift Augsburg vermehrt auf Kritik. Das beweist z. B. der Abbruch der Arbeiten zur Abtragung sämtlicher Höhenzüge (!) für eine gerade verlaufende »Kurfürstenallee« in Marktoberdorf, die sich wider den topographischen Gegebenheiten der barocken Landschaftsgestaltung anpaßte. Schließlich hatte die Allee nach ihrer Fertigstellung 1780 in einer Länge von 1,9 Kilometern vier Geländeerhebungen zu überwinden. Vgl. StaBi (= Staatsbibliothek) München, Handschriftenabteilung, Fischeriana, Nr. 20, S. 16.

67 StABi München, Handschriftenabteilung, Fischeriana, Nr. 20, S. 42.

68 Der Zahlenstand bezieht sich für die Hofratsstellen auf das Jahr 1773.

Joseph Heinrich Freiherr Epplen von Haertenstein war mit von der Partie, aber wohl kaum zum Nachteil der Dillinger Regierungsbehörde, da seine Geheimratsstelle zur Kategorie der »dermahlen nicht frequentirende(n) Herren Räthe« zählte[69]. Zusammenfassend bleibt festzustellen, daß der weltliche Regierungsstil des Fürstbischofs, wenn er sich, wie zum Beispiel 1774, überwiegend an Repräsentation[70] und Luxus orientierte, zwar enorm an den finanziellen Reserven des Landes zehrte, daß aber die in Takt gebliebenen zentralen Verwaltungsstellen die politischen Verhältnisse, soweit sie nicht an das persönliche bischöfliche *placet* gebunden waren, auch in der Abwesenheit von Clemens Wenzeslaus unter Kontrolle halten konnten.

7. Die Gesetzgebung

Abschließend ist es unerläßlich, auch den Einfluß der bischöflichen Staatsführung auf die Gesetzgebung zu untersuchen. Clemens Wenzeslaus' ambivalentes Verhalten zu den politischen Reformprogrammen aufgeklärter weltlicher Souveräne spiegelt sich auch im jurisdiktionellen Bereich wider. Ganz auf der Linie der aufgeklärten Epoche liegt zunächst seine umfassende Bildungsreform mit dem Ziel, den niederen Bildungsstand im Bischofsstaat Augsburg zumindest an das Niveau des Trierer Kurstaates anzugleichen. 1774 beschloß der Bischof, die in Österreich gegründeten Normalschulen im Hochstift einzuführen – ein Prozeß, der offenbar jedoch bis 1783 noch nicht zum gewünschten Erfolg geführt hatte, da er in einem Hirtenbrief die Pfarrer eindringlich zur Förderung des Schulwesens durch den Bau weiterer Schulhäuser und die Einrichtung von Schulfonds ermahnte. Neben der Elementarbildung verlor er aber auch nicht die Reform auf der wissenschaftlichen Ebene an der Dillinger Landesuniversität aus den Augen. Den Anlaß bot die vom Papst verfügte Aufhebung des Jesuitenordens 1773. Der Bischof, der nun seine Jurisdiktionsgewalt über die Hochschule ausdehnen konnte, berief zusätzlich fünf weltliche Geistliche, begrenzte die dogmatische Theologie auf einen Lehrstuhl und systematisierte das Universitätscurriculum auf drei- bzw. zweijährige Lehrkurse. Auf der anderen Seite unterstrichen landesfürstliche Kabinettsverordnungen auch im universitären Bereich das Mißverhältnis zwischen Absolutismus und Aufklärung[71]. »Sittenlose, religionswidrige und gefährliche Lehrbücher (und) Theses« blieben aufs schärfste verboten, ebenso wie die Dillinger Studenten angehalten waren, »wenigstens viermal im Jahre (zu) beichten« sowie jeglichen »Umgang und alle Vertraulichkeit mit dem anderen Geschlecht, alle Betrunkenheit, alle Håndel, Spiele und nåchtliche Tånze, (...) alles Baden und Schwimmen (und) alle Maskerade« zu unterlassen. Außerdem war die »Verånderung ihrer Wohnung oder die Entfernung aus der Stadt« ohne vorherige Anzeige oder vor Bezahlung aller Schulden verboten[72].

69 StudBi Dillingen XVIII 1301.

70 Im geistlichen Bereich war Clemens Wenzeslaus eher bereit, auf repräsentative Zeremonien zu verzichten. Im Verlangen, die Gottesdienste »rein« und »erbaulich« zu gestalten, verbot er am 17. 11. 1774 u. a. die »theatralische Vorstellung der Verkůndigung Mariå bey den Engelmessen zur Adventszeit«, das »Herumfůhren eines Bildnisses Christi« auf einem hölzernen Esel am Palmsonntag oder die nächtlichen Karfreitagsprozessionen, »bey denen viele Unordnungen und Ausschweifungen begangen wurden«, um sie in eine »stille, bey Tage zu haltende Bet- und Bußprozession« zu verändern. Vgl. Placidus BRAUN, Geschichte der Bischöfe, Bd. 4, S. 514 f.; StaBi München, Handschriftenabteilung, Fischeriana, Nr. 20, S. 32.

71 Ernst WALDER, Aufgeklärter Absolutismus und Revolution, in: Der Aufgeklärte Absolutismus, S. 103–122.

72 Placidus BRAUN, Geschichte der Bischöfe, Bd. 4, S. 566 ff.

Auch außerhalb der Bildungsreform erwies sich Clemens Wenzeslaus bis zum Ausbruch der Revolutionskriege mit Frankreich aufgeklärten Reformvorhaben nicht abgeneigt. So akzeptierte er das Toleranzedikt von Joseph II. für die in Tirol und Vorderösterreich liegenden hochstiftischen Ämter[73], verschärfte das Prüfungswesen und die Ausbildungsanforderungen für den geistlichen Nachwuchs, vereinheitlichte weitgehend die Gesetzgebung[74] innerhalb des Bistums Augsburg, in dem bekanntlich mehrere Territorialherren landesherrliche Mandate rechtskräftig erlassen konnten. Er versuchte schließlich im Vorfeld der modernen Ökumene im Hirtenbrief 1780 die protestantischen Gläubigen der katholischen Amtskirche näher zu bringen, verurteilte den vor allem in Allgäuer Pflegen verwurzelten Aberglauben und Mystizismus[75] und schloß sich für den Kurstaat Trier sogar vorübergehend der antipäpstlich ausgerichteten Emser Punktuation an.

An gesetzgeberischen Initiativen bzw. an unterlassenen Reformen stehen demgegenüber aber auch restaurative Maßnahmen, die Clemens Wenzeslaus eher als barocken Kirchenfürsten als einen säkularisierten »Diener seines Volkes« ausweisen. So lehnte er energisch den von Joseph II. angestrebten Primat des Staates ab, indem er sich gegen das geforderte *placetum regium* für Bullen, Breven und andere kirchliche Verordnungen stellte. Um eine volle staatliche Autonomie für sein letztes Hochstift zu wahren, war er eher bereit, sich dem orthodoxen Kirchenoberhaupt zu beugen, als eine weltliche Kontrolle zuzulassen. So trat er am 20. Februar 1790 für den Kurstaat von den Emser Punktuationen zurück, die im Hochstift Augsburg ohnehin nie verwirklicht worden waren. Clemens Wenzeslaus setzte ein Zeichen »bey den gegenwärtigen sehr bedenklichen Zeiten auch nur den geringsten Anlaß zu einem Aergerniß zu vermeiden, und dem unsern Hirtenstabe untergebenen christlichen Volke ein Beyspiel der Unterwürfigkeit gegen die rechtmäßig Obrigkeit (= Papsttum) (...) zu geben«[76]. Außerdem ging er im Hochstift Augsburg rigoros gegen die Illuminaten vor. So mußten sich fortan alle hochstiftischen Beamten einem Eid unterwerfen, der bestätigte, daß sie »zu keiner Zeit weder in- noch ausser Lands der Illuminaten oder einer anderen wie immer genannten ähnlichen Secte beygepflichtet haben«[77].

8. Schlußbetrachtung

Clemens Wenzeslaus gehörte zu jenem kleinen Kreis Augsburger Bischöfe in der frühen Neuzeit, denen es, infolge einer langen Regentschaft, theoretisch vergönnt sein mußte, die Herrschaftsstrukturen im Hochstift nachhaltig zu beeinflussen. Nach Bischof Heinrich von Knöringen (1598–1646) und Alexander Sigmund von Pfalz-Neuburg (1690–1737) hatte Clemens Wenzeslaus mit 44 Jahren die bischöfliche Mitra am längsten getragen. Seine Regentschaft als weltlicher Kirchenfürst verkürzt sich allerdings um ein volles Jahrzehnt durch die Säkularisation, und seine Anwesenheit im Hochstift Augsburg sogar auf wenige Jahre.

73 Friedrich WALTER, Österreichische Verfassungs- und Verwaltungsgeschichte von 1500–1955 (Veröffentl. der Kommission für neuere Geschichte Österreichs 59), Graz/Köln/Wien 1972.

74 So z. B. in der Frage der Angleichung der hochstiftischen Festtage an die seit 1772 im kurbayerischen und österreichischen Reichskreis verringerte Anzahl an Feiertagen.

75 Der dem Mystizismus verhaftete Kanoniker M. Boos aus Grönenbach (Lkr. Unterallgäu) wurde durch das bischöfliche Vikariat 1797 vom Dienst suspendiert.

76 Placidus BRAUN, Geschichte der Bischöfe, Bd. 4, S. 549.

77 Vgl. die Mandate von 1795 und 1796: BayHStA, Hochstift Augsburg, MüB, Lit. 240.

Die kurze Zeit, die der Wettiner Kirchenfürst in Schwaben zubrachte, war zudem aus dem negativen Erfahrungsschatz des von der französischen Revolution amputierten Trierer »Rumpfstaates« überwiegend restaurativ geprägt. So bemerkte Joseph II. über den Charakter des Bischofs: »Sie essen das Brot der Kirche und protestieren gegen meine Neuerungen. Ich esse das Brot des Staates und verteidige daher seine Rechte.« Diese süffisante Sentenz Josephs II. erklärt sich nicht nur als Reaktion des habsburgischen Kaisers auf die Kritik des Augsburger Bischofs an der josephinischen Kirchenpolitik, sie kündigt vielmehr das zwiespältige Verhältnis von weltlichen und geistlichen Amtsführungen an, das auch in den katholischen Ländern zur Unterwerfung der Kirche unter den Primat des Staates führte. Clemens Wenzeslaus widersetzte sich diesem revolutionären Prinzip energisch, womit sich seine Nachlässigkeit in den weltlichen Staatsgeschäften erklären ließe. Die staatsmännische Bedeutung des letzten hochstiftischen Fürsten erscheint so in der bisherigen biographischen Forschung stark überbetont, denn Clemens Wenzeslaus setzte mit der Erneuerung der geistlichen Verwaltung im Zeitalter der Säkularisation auf eine wenig zeitkonforme Karte, die schließlich erst im späten 19. Jahrhundert unter völlig veränderten Vorzeichen wieder aktualisiert werden sollte.

Die »Erdbeschreibung des Herrn Abbten zu Sagan« nebst einer »Anmerkung« des J. N. v. Grossmann

Eine Beschreibung der Markgrafschaft Burgau aus dem 18. Jahrhundert

VON RICHARD MERZ

Für das 18. Jahrhundert ist eine Fülle von Beschreibungen und Statistiken über Vorderösterreich und speziell über die Markgrafschaft Burgau vorhanden.

Ein Grund für die Entstehung solcher Schriften dürfte in den Streitigkeiten mit den Insassen über die österreichische Landeshoheit in der Markgrafschaft Burgau[1] zu suchen sein. Es sei an dieser Stelle nur auf die von österreichischer Seite veranlaßte und gedruckte »Staatsgeschichte der Markgrafschaft Burgau auf die zwischen dem Erzhause Österreich und den Burgauischen Insassen obwaltenden Streitigkeiten« von Joseph Edler von Sartori[2] verwiesen und die Gegenschrift von insässischer Seite von Franz Anton von Chrismar »Notwendige Beleuchtung (...), welche unlängst Herr Joseph Edler von Sartori (...) herausgegeben hat«[3].

Neben diesen durch Streitigkeiten verursachten Beschreibungen ist eine andere Art zu erkennen, deren Funktion in einer Information für die oberste Behörde, die zahlreichen Mittelbehörden und die insässischen Herrschaften zu sehen ist. Sie dienten sozusagen als Nachschlagwerke, benutzbar wie ein Lexikon. Zu diesem Zweck wurden diese Beschreibungen oft voneinander oder von älteren abgeschrieben. Dies geht aus der Eingangsbemerkung zu der Beschreibung der Markgrafschaft Burgau aus dem Jahre 1721 hervor, wo vermerkt ist: »Volgende Beschreibung hat d(er) geweste Ambtschreiber von Deybach, Joseph Schmidt, für den auch gewesten burgau(ischen) Vogten zue Biburg, Franz Sigmund Mezger (seelig), abgeschrieben«[4]. Von dieser Beschreibung der Markgrafschaft Burgau sind weitere vier Abschriften vorhanden[5]. Die Funktion als Nachschlagwerke bekräftigen folgende Eigenschaften dieser Beschreibung: meist dicker, fester Einband und gut gebunden, die schönen Kanzleischriften und die übersichtliche Gliederung des Textes, die vornehmlich anhand von

1 Wichtigste Literatur: L. BRUNNER, Beiträge zur Geschichte der Markgrafschaft Burgau, in: Jahresbericht des Historischen Kreisvereins im Regierungsbezirk Schwaben und Neuburg 29/30 (1863/64), 1–116 (= 1. Abt.), und 31 (1865), 1–115 (= 2. Abt.) – G. NEBINGER, Entstehung und Entwicklung der Markgrafschaft Burgau, in: F. METZ (Hg.), Vorderösterreich. Eine geschichtliche Landeskunde, [2]1967, 753–772. – W. WÜST, Günzburg, 1983 (= Historischer Atlas von Bayern, Teil Schwaben 13).

2 J. v. SARTORI, Staatsgeschichte der Markgrafschaft Burgau in Bezug auf die zwischen dem Erzhause Oesterreich und den Burgauischen Innsaßen obwaltenden Streitigkeiten, 1788.

3 F. A. *v. Chrismar*, Nothwendige Beleuchtung und Nachtrag zu der Staatsgeschichte der Markgrafschaft Burgau, welche unlängst Herr Joseph Edler von Sartori, vormaliger fürstlich ellwangischer Hofrath herausgegeben hat, 1788.

4 Staatsarchiv Neuburg a. d. D. (StAN) Vorderösterreich Literalien 669.

5 StAN Vorderösterreich Literalien 670–673.

Überschriften, oft absichtlich an den linken Rand versetzt, wie z. B. »Gränzen«, »Größe«, deutlich wird[6]. Wie wichtig eine solche Beschreibung, sprich Nachschlagwerk, für die oberste Behörde, die Mittelbehörden und die insässischen Herrschaften war, berichtet die bereits oben zitierte Eingangsbemerkung: »weil aber diser (Vogt von Biburg) entzwischen verstorben, hat jener (Amtsschreiber Schmidt) solche Beschreibung hiehero pro 3 fl. anerbotten, welche dan, weil *es dann und wann dienen konnte*, eingenommen und also bezahlt worden. Bey Stüfft St. Stephan in Augsburg den 23. May 1739«[7].

1. Zur Entstehungsgeschichte der Beschreibung von Kolleffel

In die Kategorie der oben beschriebenen Nachschlagwerke ist auch die von R. Pfaud herausgegebene geographische und topographische Beschreibung der Markgrafschaft Burgau von Johann Lambert Kolleffel zu verweisen[8]. Neben dem Original im österreichischen Kriegsarchiv in Wien ruht eine Abschrift (um 1790) im Staatsarchiv Neuburg a. d. D.[9]. Ihre Entstehungsgeschichte soll kurz skizziert werden, da sie in der Edition fehlt.

In einer Resolution vom 25. Oktober 1749 aus Wien wird festgestellt, daß keine »Geographische Special Carten von Schwaebisch-Oesterreich« vorhanden sei. Die jeweiligen Oberämter werden dabei angewiesen, ältere Grenzbeschreibungen und Karten zur Errichtung einer neuen Karte zu eruieren, und aufgefordert, daß sie Johann Lambert Kolleffel »so guet, als möglich an handen gehen sollen«[10]. Aus einer Resolution vom 29. November desselben Jahres erfahren wir, daß dem Oberamt Burgau aufgetragen wurde, »daß die dem General Quartiermeister Lieutnant zum Wegweiser, Tragung deren Instrumenten und Abmessen beygegebenen Handlanger bey denen unverwaltende Umständen einstweilen und bis auf weiteren Bedarff entlassen« werden sollen[11]. Johann Lambert Kolleffel nahm also bereits zu Ende des Jahres 1749 die Arbeit in der Markgrafschaft Burgau auf. Nicht ohne Hindernisse von seiten der Insassen, die in der Vermessung der Markgrafschaft die Gefahr einer Beschneidung ihrer Rechte vermuteten, ging die Arbeit Kolleffels vor sich. Deswegen übermittelte das Oberamt Burgau im September des Jahres 1752 einen Bericht nach Wien mit dem Inhalt: »1. auf die von dem Ingeneur-Obrist Wachtmeister Kolleffel von denen Burgauischen Insassen wegen der in Aufnehmung der alldasigen Mappae Ihne gemachten Hindernuss praetendierte Schadenserzeu-

6 Haus-, Hof- und Staatsarchiv Wien (HHStAW) Österreichische Akten Vorderösterreich Faszikel 41, fol. 497 (= transkribierte Beschreibung des »Herrn Abbten zu Sagan«).

7 StAN Vorderösterreich Literalien 669 (Hervorhebung vom Autor).

8 J. L. Kolleffel, Schwäbische Städte und Dörfer um 1750, hg. v. R. Pfaud, 1974 (Kolleffel, Schwäbische Städte und Dörfer). Zu erwähnen ist auch die ebenfalls von R. Pfaud 1978 herausgegebene »Militarische Charte der Reichs Gefürsteten Marggraffschafft Burgau«.

9 StAN Vorderösterreich Literalien 697. Es handelt sich hierbei nur um die jeweiligen Ortspläne. Interessant ist bei dieser Abschrift die beigegebene Statistik »Verzeichnüß aller Herrschaften und Besizern, von denen in der Reichsgefürsteten Marggraffschafft Burgau befindlichen Orthschafften, und wieviel einem jeden von denenselbigen an Feurstätten zuständig seyn«, die in »Nahmen deren Besizer, Orthschafften, Cloester, Schloesser, Mühlen und Feuerstaette« aufgegliedert ist. – Unter siedlungsgeographischem Aspekt werteten P. Fried, Zur Geschichte der dörflichen Unterschichten in den ländlichen Siedlungen Bayerisch-Schwabens, und P. Lengle (Anlage) die Kolleffelsche Beschreibung aus, in: Zeitschrift des Historischen Vereins für Schwaben 71 (1977), 109–129.

10 StAN Vorderösterreich Akten B 1517, fol. 100.

11 StAN Vorderösterreich Akten B 1517, fol. 123.

gung oder Aufenthaltsköst en pr. 885 fl. 26 hl. und dann 2. auf die Restitution des ihme Kolleffel von dem Grafen Fugger zu Kirchheim abgenohmenen Compass – und Tisches«[12]. Sollte sich Graf Fugger von Kirchheim weiterhin weigern, Kolleffels Instrumente herauszugeben, zog man in Erwägung, ihm durch das Oberamt Burgau ein »Gnaden Jagen« einziehen zu lassen.

Eine von der Kaiserin Maria Theresia unterzeichnete Resolution vom 21. Juli 1753 an die Repräsentation und Kammer in Konstanz stellt den Abschluß der Beschreibung der Markgrafschaft Burgau fest: »Es hat auf unseren höchsten Befehl zu Aufnehmung einer accuraten militarischen Landcharte, auch verläßlichen geographischen und topographischen Beschreibung von der Markgrafschaft Burgau bereits anno 1749 dahin abgeschickte Oberst-Wachtmeister Kolleffel dieses Werk nunmehro zu Ende gebracht und jüngsthin allhier (= Wien) eingestellet«[13]. Im Anschluß daran gab man in Wien den Auftrag, die gleiche Beschreibung im Breisgau vorzunehmen. Am 14. September 1754 wurde die Kolleffelsche Beschreibung der Markgrafschaft Burgau an die Repräsentation und Kammer nach Konstanz geschickt mit dem Befehl, »daß Ihr solche dem Ober-Amt dasselbst zur behörigen verlässlichen Rectificirung zusenden und sodann seiner Zeit adjustivter mit Euren Erinnerungen zurückbegleiten sollet«[14].

2. *Zur »Erdbeschreibung des Herrn Abbten zu Sagan« und zur »Anmerkung« von Johann Nepomuk von Grossmann*

Während die Kolleffelsche Beschreibung einen Querschnitt für die Mitte des 18. Jahrhunderts bietet, vermittelt die »Erdbeschreibung des Herrn Abbten zu Sagan« chronologisch die Geschichte der Markgrafschaft Burgau; die »Anmerkung« des Johann Nepomuk von Grossmann macht sie interessant[15]. Da es sich bei den Quellen um Kopien[16] handelt, bestätigt sich der Charakter der Beschreibungen als Nachschlagwerk und Informationsmaterial.

Der Abt von Sagan (Kreis Sprottau, Niederschlesien), Johann Ignaz von Felbinger, der die von Maria Theresia gegründete Volksschule maßgeblich mitbestimmte, dürfte sich aufgrund dieser Bemühungen mit der Markgrafschaft Burgau beschäftigt haben, denn unter den Schulschriften wird eine »Anleitung zur Erdbeschreibung« aufgeführt, die auch Vorderösterreich beinhaltet[17]. Hier ist der Platz, die »Erdbeschreibung des Herrn Abbten zu Sagan« anzusiedeln.

Während Johann Ignaz von Felbinger, ohne Land und Leute zu kennen, seine »Erdbeschreibung« vornahm, konnte ihm Johann Nepomuk von Grossmann, von 1774 bis 1802 Oberamtsrat und Landrichter der Markgrafschaft Burgau[18], als unmittelbarer Kenner der

12 StAN Vorderösterreich Akten B 1520, fol. 246r.
13 StAN Vorderösterreich Akten B 1521, II.
14 StAN Vorderösterreich Akten B 1522, II.
15 HHStAW Österreichische Akten Vorderösterreich Faszikel 41, fol. 492–503.
16 Die Originale konnten nicht ausgemacht werden.
17 Siehe J. A. FRH. v. HELFERT, Die Gründung der österreichischen Volksschule durch Maria Theresia, 1860, 539f. (= Die Österreichische Volksschule. Geschichte – System – Statistik 1).
18 F. QUARTHAL/G. WIELAND/B. DÜRR, Die Behördenorganisation Vorderösterreichs von 1753 bis 1805 und die Beamten in Verwaltung, Justiz und Unterrichtswesen, 1977 (= Veröffentlichung des Alemannischen Instituts Freiburg i. Br. 43), 347.

Markgrafschaft seine »Anmerkung über die Erdbeschreibung des Herrn Abbten zu Sagan« ohne weiteres entgegensetzen. Da er selber mit der Bearbeitung der Geschichte der Markgrafschaft Burgau beschäftigt war, ging ihm diese Anmerkung sicherlich leicht von der Hand[19].

Erdbeschreibung des Herrn Abbten zu Sagan[20]

BURGAU

1. Nahmen und Ursprung

(fol. 492r) Die Marggrafschaft Burgau hat von einem Burgschloß an dem Mindelfluss den Nahmen bekommen, den es auch einer an dem Fuß des Berges erbauten kleinen Stadt mittheilet. Sie ware schon in ältere Zeiten und bald nach Kaiser Karl dem Großen ein in besondere Gränzen eingeschlossenes abgesondertes Land, welches anfänglich unter dem Nahmen einer Grafschaft seine besondere und eigene Besizere aus zerschiedenen gräfl(ichen) Familien hatte; hernach aber an das (fol. 492v) gräfliche Geschlecht deren von Roggenstein kame. Aus diesen hatte allschon im Jahr 1125 Graf Ulrich von Roggenstein unter den Titul eines Marggrafen das Land Burgau als regierender Landesherr im Besitz und einer seiner Nachkömlinge solle selbes von Kaiser Philipp aus dem Hauss Hohenstaufen um das Jahr 1206 zu Lehen erhalten haben. Um das Jahr 1301[21] hingegen hat Heinrich, der fünfte und lezte dieses Geschlechts, wegen seines sehr hohen und nachkömlingslosen Alters, die Marggrafschaft Burgau als ein ohnehin heimfälliges Reichslehen dem Kaiser (fol. 497r) Alberto I. und dem Reich abgetreten und ist solche sodann an besagtes Kaisers Sohn Herzogen Leopold und an das gesamte Hauß Österreich weiter verliehen worden, mithin auf diese Weise an das Hauß Österreich gelanget.

2. Gränzen

Sie liegt in Schwaben und in dem Bistum Augspurg zwischen der Donau und dem Lech, dann zwischen dem Wasser Leibin und der Wertach; sie hat zu Hauptangränzeren gegen Sonnen Aufgang die Stadt Augspurg, gegen Mittag die Grafschaft Mindelheim, gegen Niedergang Weissenhorn (fol. 497v) und Ulm, gegen Mitternacht aber Pfalz Neüburg und Dillingen und ist von allen Vorlanden Österreich am nächsten gelegen.

3. Größe

Sie haltet in ihrem Umfang 109 geometrische Stunden, in der Länge aber acht bis neün und in der Breite an mehresten Orten mehr dann 5 Meilen.

19 HHStAW Kleinere Reichsstände Vorderösterreich Faszikel 82, fol. 1–138. Es handelt sich hierbei um keine abgeschlossene Geschichte der Markgrafschaft Burgau, sondern nur um eine Materialsammlung.

20 Die Transkription des Textes erfolgte möglichst buchstabengetreu. Großschreibung und Interpunktion wurden dem heutigen Gebrauch angepaßt. Die Gliederung des Textes erfolgte getreu der Archivalienvorlage. Original-Überschriften und Überschriften als Randbemerkungen sind in den Text aufgenommen. Von dem Gebrauch neuer Überschriften wurde abgesehen.

21 Aus einer Urkunde vom 9. Oktober 1301, in der Abt Heinrich von Fulda den Söhnen des Königs Albrecht die Lehen gibt, die ehedem Heinrich, der Markgraf von Burgau, innehatte, können wir schließen, daß der Markgraf bereits zu dieser Zeit nicht mehr am Leben war. (J. RÜBSAM, Heinrich V. von Weilnau, Fürstabt von Fulda [1288–1313], nebst einem Excurs über die Quellen der Geschichte des Hochstifts, in: Zeitschrift des Vereins für hessische Geschichte und Landeskunde NF 9 [1822], 107). Erst am 2. Mai 1304 begegnen uns die Herzöge von Österreich urkundlich als Inhaber der Markgrafschaft (Monumenta Boica, 1841, 33a, Nr. 256).

Sie begreift (ohne die zugewadte Orte) in sich 13 Klöster und geistliche Communitaeten, wenn die neüere Stiftungen dazu gezehlet werden, vier Städte, 13 Margflecken, 76 Schlößer, 201 Dörfer und 71 Weiler.

4. Eintheilung

(fol. 498r) Sie ist in 5 Bezircke oder Vogteyen[22] eingetheilet und wird zumalen von sieben in die Donau sich ergiessenden kleinen Flüssen von Mittag gegen Norden durchströhmet und in so viele fruchtbare Thäler abgesöndert.

5. Natürliche Beschaffenheit

a) Fruchtbarkeiten

Sie hat weitschichtige und schöne landsfürstliche Förste, auch ansehnliche Gehölze und herrschaftliche Waldungen: die übrige Boden auf erhohten Fächen und an schiefen Abhängen ist Getraidt und Flachß Land, in Thälern aber ergiebigen Graß-Wachß, und Schaf-Halto ist daher zahlreich u(nd) nüzlich.

b) Handlung

(fol. 498v) Der Handel aber mit Getraidt, Gespünst und Leinwandt etc. noch viel beträchtlicher und kommet hiedurch das mehreste Geldt ins Land.

c) Mängel

Wovon jedoch für Salz, Eisen, und Wein etc. vieles wieder hinauß gehet, weil das Land weder mit Salzquällen und Erzgebürgen, ja nicht einmahl mit Steinbrüchen, noch mit Weinwachß versehen ist: die daselbst befindliche Gesundbäder aber weder den ohnmittelbahren Unterthanen noch dem aerario selbst einigen Nuzen bringen.

d) Einwohnern

Die Anzahl der Einwohneren ist eben nicht klein, dann sie belauft sich (fol. 499r) (mit Einbegriff der zugewandten Orthen) nur an collectablen Unterthanen über 5000 familien, die in dem Jahr 1774 zusamen 36248 Seelen zehlten.

6. Merkwürige Orte

Die Stadt Günzburg[23], inner der Donau, als der Hauptort an der Marggrafschaft Burgau und der Siz der Landes Verwaltung, die in einem Landvogten und dem kaiser(lich) königlichen) Oberamt bestehet, ist mit einem schonen landesfürstl(ichen) Schloß gezieret; sie hat auch ein Collegium der frommen Schuelen und ein Englisches Hauß für den Unterricht der Jugend beyderley geschlechts; (fol. 499v) sie ist zu malen schon seit längeren Jahren der Sammel Plaz für die im Reich angestellte kaiserliche Werbungen, die ihre dahin gebrachte Recrouten mit Vortheil und nach Gutfinden von Zeit zu Zeit entweder auf der Donau nach Österreich oder über Land nach Tyrol schicken; sie ist nebst deme wegen ihrer bequemen Lage an der schiffbaren Donau und an Haupt Landstrassen für einen guten Handels Plaz, auch zu allen Fabricken und Gewerben wohl gelegen und trefflich geeigenschaftet.

22 Die Markgrafschaft Burgau ist zu Beginn des 18. Jahrhunderts eingeteilt in fünf sog. Vogtsbezirke oder -distrikte, nämlich in den Burgauischen, Elzeeischen, Biburgischen, Buttenwiesischen und den Holzheimischen, neben zwei kleineren Vogteien Scheppach und Hochwang (R. MERZ, Die Markgrafschaft Burgau zu Beginn des 18. Jahrhunderts. Ein Beitrag zur Verwaltungs-, Verfassungs- und Wirtschaftsgeschichte unter besonderer Berücksichtigung des Vogteibezirkes Biburg, in: Jahresbericht des Heimatvereins für den Landkreis Augsburg [1982], 513).

23 Vgl. P. AUER, Geschichte der Stadt Günzburg, 1963.

e) Verwaltung

Die Verwaltung des kaiserl(ichen) königl(ichen) Oberamts aber (fol. 500r) befindet sich durch heimgefallene Lehen und eingelößte Pfandschaften stark vermahret und durch die Zutheilung der Grafsch- und Herrschaften Kirchberg, Weißenhorn, Wullenstetten, Marstetten und Pfaffenhofen, dann das Kloster Wiblingen, der Herrschaften Erbach, Donaurieden, Laupheim und der Stadt Ehingen samt Zugehörten dergestalten erweitert, daß ersagtes Oberamt hiedurch eines der grösten geworden[24].

7. Geschichte

f) Erste Belagerung des Schlosses Burgau[25]

Aus der Geschichte kommet hier weiter anzumercken, (fol. 500v) daß bald nach Gelangung der Marggrafschaft Burgau an das Hauß Österreich, nemlich schon im Jahr 1324 das Schloss Burgau von den Völkern des Kaisers Ludwig IV. aus dem Hauß Bayern, der mit Kaiser Fridrich dem Schönen, Kaisers Alberti I. Sohn, im Krieg verwickelt warn, hart belagert, von Burckart von Ellerbach aber mit seinen zwey Söhnen und 300 Reittteren in so lang tapfer verthaidiget worden, bis die Herzogen Leopold und Albert von Österreich mit Hilf Völckeren anlangten und selbes entsezten.

g) 2. Belagerung desselben

(fol. 501r) Die Bayern haben zwar im Jahr 1371 das Schloss abermal belageret und auch eingenohmen; wurden aber in kurzer Zeit darauf von den Grafen zu Teck und Wirtemberg angegriffen, überwunden und wieder aus dem Ort vertrieben.

h) Dreymalige Verpfändung der Marggrafschaft Burgau[26]

Die Marggrafschaft Burgau selbst hingegen ware dreymal und zwar an das Bistum Auspurg anfänglich 15, dann an das Herzogthum Bayern 9 und leztlich wieder an besagtes Bistum (fol. 501v) 61 Jahre verpfändet

i) Einraumung derselben an Marggraf Karl von Österreich[27]

und ward in folgender Zeit dem Marggraf Karl von Osterreich, Sohn des Erzherzoges Ferdinand des ersten, für sich und seine Nachkömmlinge eingeraumt, der sie also von 1608 bis 1618 in Besiz hatte, da er ohne Erben mit Todt abginng und in der Kirche des von ihm gestifteten Capuziner Klosters zu Günzburg beygesezt ward.

k) Zeit der beständigen Verbleibung desselben bey Österreich

Mit Ausnahm dieser kurzen Zwischenzeit von 10 Jahren ist die Marggrafschaft Burgau (fol. 502r) von der dritten Einlößung an, nemlich seit dem 1559, bisher unter beständiger eigenen Regierung des hohen Erzhaußes von Österreich verblieben.

l) Feyerlicher Actus[28]

Fast noch in Mitte des lezten Augspurgischen Pfandinhabung hat sich in derselben ein feyrlicher und sehr merkwürdiger Actus ergeben denn, weil das hohe Erzhauß Österreich das vorzügliche Privilegium allschon von Kaiser Friderich dem ersten im Jahre 1156 erhalten hat, daß ein Herzog von Östereich zu Empfahung der von (fol. 502r) dem Reich rührenden Lehen nicht schuldig noch gehalten seyn, außerhalb seinen eigenen

24 Vgl. A. Layer, Die habsburgischen Besitzungen, in: M. Spindler (Hg.), Handbuch der bayerischen Geschichte 3 (1971), 983.

25 Vgl. A. W. Andrian, Die Belagerung von Burgau durch König Ludwig den Baiern im Winter 1324/25, in: Das obere Schwaben 3 (1965), 206–218.

26 Vgl. W. Färber, Das österreichisch Burgau. Beiträge zur Geschichte der Markgrafschaft Burgau unter Ferdinand I., Diss. masch. 1949, 1–10.

27 Vgl. E. Widmoser, Markgraf Karl von Burgau, in: Lebensbilder aus dem Bayerischen Schwaben 3 (1954), 269–284.

28 Vgl. J. Jahn, Zur Geschichte der Herrschaft Wellenburg von der Mitte des 14. bis zum Ende des 16. Jahrhunderts, in: Jahresbericht des Heimatvereins für den Landkreis Augsburg (1978/79), 168.

Erblanden dem kaiserlichen Hof nach zuweisen, sondern daß demselben die tragende Reichslehen in diesem seinem eigenen öster(reichischen) Lande von dem Römischen Kaiser verliehen werden sollen: auch daß der Herzog bey solcher Belehnung zu Pferdt sizend in fürstlicher Kleidung mit dem Herzog Hut bedecket seyn solle.

So hat Kaiser Karl der 5. um alle besondere Vorzüge in würcklicher Ausübung (fol. 503r) zu bestättigen, den 5. Sept(ember) 1530 sich von Augspurg eigends in die Marggrafschaft Burgau erheben und daselbst unter dem Schloss Wellenburg seinen Bruder König Ferdinand als Erzherzogen zu Östereich zu Belehnung über alle besizende Reichslehen mit denen in dem Lehen-brief beschriebenen besonderen Feyrlichkeiten in Gegenwart der versamleten Churfürsten und Reichsständen, auch in persönlichen Beysein des Bischofen Christophen von Augspurg, damaligen Pfand Inhabers der Marg-(fol. 503v)grafschaft Burgau, ertheilet

m) Zum Beweißthum der östr(eichischen) Hoheit über (dieselbe)

zum überzeigenden Beweißthum, daß diese Marggrafschaft als ein dem Erzhauß Östereich zugethanenes Fürstenthum und als ein wahres appertinens Archiducatus Austriae damal von jedermann wie vorher geachtet und anerkannt worden, folgbar noch ist.

Anmerkung über die Erdbeschreibung des Herrn Abbten zu Sagan

(fol. 493r) Die Marggrafschaft Burgau trägt ihren Namen von der Stadt Burgau an der Mindel gelegen.

Sie hatte ehemalen ihre besondere Landesherrn, wovon Marggraf Heinrich den 5. aus dem Roggensteinischen Geschlechte der letztere ware. In wenig Jahren nach dem großen Interregno ist diese Marggrafschaft an Österreich gekommen.

Selbe ligt zwischen der Donau und dem Lech und strecket sich bis nahe an die Reichsstadt Augspurg.

Sie ist 8 Meilen lang und eben so breit, schließt in sich 9 Klöster, 4 Städt, 13 Markflecken, auch gegen 300 Dörfer und Weiler.

Gränzt an Pfalz Neuburg, Bayren und an zerschidene Reichsstände, wie dann mehrere Chur- und Fürsten, (fol. 493v) Prälaten, Grafen, Ritter und Städte in der Marggrafschaft Burgau geseßen und begütert sind. Uber den ganzen Bezirk behauptet das durchleuchtigste Erzhauß von Österreich die Landeshoheit, ist auch im Besitz von stattlichsten Vorrechten und Herlichkeiten, wogegen die Insaßen mit zerschidenen Freyheiten und Gerichtbarkeiten durch die östereich(ischen) Landes Regenten begnädiget worden[29].

Aus welcher Vermischung und Zusamenstoßung der beidseitigen Gerechtsamen viele Irrungen stäts hinzu entstehen pflegen.

Diese Marggrafschaft war zu zweymalen allbereit ein ganzes Jahrhundert an das Hochstift Augspurg pfandschaftlich erlaßen; bey welcher Gelegenheit vieles zu Nachtheil der burgauischen Gerechtsamen (fol. 494r) vorgegangen.

Erzherzog Carolus, ein Enkel Kaisers Ferdinand des I. und Sohn des Erzherzogen Ferdinani von der schönen Philippina aus dem adelichen Geschlecht deren Welser in Augsburg, ist sohin als Marggraf von Burgau besonders angestellet worden, hat zu Günzburg residirt, ligt auch in der von ihme allda erbauten Capuziner Kirche, nebst seiner Gemahlin begraben.

In dieser Marggrafschaft hat sich jene besonderste Feyerlichkeit ergeben, so in denen Geschichten des Röm(ischen) Reichs und des durchleuchtigsten Erzhauses von Österreich ihres gleichen nicht hat.

Denn, da dieses Erzhause das sonderheitliche Privilegium besitzet, daß ein zeitlicher Lehensher desselben die innhabende Reichslehen nicht anderst, als in den eigenen österr(eichischen) Landen von denen

29 Hierbei handelt es sich um den sog. Freiheitsbrief, auch Privilegium Maximilianum genannt, in dem König Maximilian 1492 den Prälaten, dem Adel, den Städten und Gerichten für eine bewilligte »Steuer«, den Feuerstattgulden (vgl. N. SCHUSTER/G. NEBINGER, Das Burgauer Feuerstattguldenregister, in: Das Obere Schwaben 7 [1963], 77–124) zur Wiedereinlösung der Markgrafschaft Burgau von Bayern, besondere Freiheiten bestätigt und verleiht und um die sog. Interimsmittel (1653), in denen sich der Bischof von Augsburg, die Insassen und Begüterten in der Markgrafschaft Burgau mit Erzherzog Ferdinand Karl von Österreich über die Abgrenzung der gegenseitigen Rechte verglichen. (P. u. R. BLICKLE, Schwaben von 1268 bis 1803, 1979, Dokumente zur Geschichte von Staat und Gesellschaft in Bayern, Abt. II, Bd. 4, K. BOSL [Hg.], 244f., 457–464).

Römischen Kaiseren zu empfangen schuldig; so hat sich höchstgned(igster) Kaiser Karl der um dieses österreich(isches) Vorrecht wesentlich auszuüben, von der Stadt Augspurg allwo das kaiserl(iche) Hoflager und zugleich der Reichstag gewesen, in die Marggrafschaft Burgau erhoben, und allda mit dem im Lehenbrief enthaltenen, auf das vorberührte österreich(ische) Privilegium sich beziehenden Austruck: *in unser Marggrafschaft Burgau unter dem Schloß Wellenburg bey der Stadt Augspurg,* dero hl. Bruder König Ferdinand, als Erzherzogen von Österreich und namentlich als Marggrafen von Burgau, welcher zu Pferd mit erzherzoglich-königlich und kaiserl(ichen) Ehrenzeichen gezieret aufgeritten und allen österreich(ischen) Fürstenthumen und Landen offentlich mit großen Ge-(fol. 495r)präng in Gegenwart so vieler Chur- und Fürsten im Jahr 1530 belehet.

Der gesamte Strich ist zimlich fruchtbar an Getraid von allen Gattungen, hält auch gute Vieh- und Pferdzucht.

Jedoch findet sich allda kein Weinwachs noch Erzgebürge, wohl aber einige Gesundheitsbrunnen.

Die alleinige zu Österreich collectable Orte, in Cameral- und zugewandten Herrschaften bestehend, halten über 5000 Feuerstädte. Benebst sind noch viele Herrschaften und Orte, welche von der Marggrafschaft Burgau zu Lehen rühren. In der Stadt Günzburg, allwo ein anschauliches Schloß, befindet sich die Verwaltung der ganzen Marggrafschaft in einem Landvogt- und Oberamt bestehend, ingleichen ist eine österreich(ische) Münzstadt allda vor (fol. 495v) wenig Jahren errichtet, auch der Sammelplatz von allen im Röm(ischen) Reich angestelten kaiserl(ichen) Werbung da selbst angelegt worden, von woaus auf dem vorüberflüßenden Donau Strom starke Transport von Leuten und Waaren durch eigene Flöße und Schife nach Österreich und Wien befordert werden.

den 1. Oktober 1776 J. N. v. Grossmann

Ludwig August Riedinger (1809–1879)
Techniker, Industriegründer und sozialer Unternehmer

Mit einem autobiographischen Anhang

VON PETER FASSL

In der bayerischen und Augsburger Wirtschaftsgeschichte des 19. Jahrhunderts nimmt das Werk Ludwig August Riedingers in mehrfacher Beziehung einen besonderen Rang ein. Als Techniker und Industriegründer hatte er in den 1850er Jahren wesentlichen Anteil am Aufschwung der bayerischen Textilindustrie, als Fabrikdirektor wurden seine sozialen Einrichtungen normgebend für Bayern, als Unternehmer betrieb er eine Maschinenfabrik, eine Spinnerei und eine Weberei und errichtete Gasfabriken in ganz Europa. Auf der Höhe des Erfolgs blieb er ein Mann des Volkes mit biederen und treuherzigen Moralvorstellungen, die eher der Geisteswelt des Handwerks als der Mentalität der besseren Gesellschaft entsprachen. Sein Werk und seine autobiographischen Aufzeichnungen sind ohne Parallele in der bayerischen Wirtschaftsgeschichte des 19. Jahrhunderts[1].

1. Der Aufstieg zum technischen Direktor der SWA

Ludwig August Rüdinger – er selbst schrieb sich später Riedinger – wurde am 18. November 1809 in Schwaigern, Oberamt Brackenheim (Württemberg), als jüngster von vier Brüdern geboren. Sein Vater war Schneider und hatte eine kleine Landwirtschaft. In der Schule erkannte man bald sein zeichnerisches und technisches Talent und wollte ihn auf Empfehlung des Stadtpfarrers zu einem Baumeister in die Ausbildung geben. Doch fehlte nach dem frühen Tod des Vaters (23. 1. 1823) und der Mutter (3. 5. 1824) das Geld, und so begann er mit 14 Jahren eine Schreinerlehre in Güglingen. Riedinger verließ nach drei Wochen seinen Meister, da er nur von 4 Uhr bis 8 Uhr morgens in der Werkstätte arbeitete und die übrige Zeit »Feldarbeit«[2] verrichten mußte. Der Waisenrat von Schwaigern übernahm daraufhin das Lehrgeld, und Riedinger ging zu einem Schreinermeister nach Öhringen. Nach der Lehrzeit (1824–1827) verbrachte er sein Gesellenjahr (1827/28) in Ludwigsburg und wurde Ende 1829 in der

1 Die wichtigsten Quellen für die Biographie Riedingers sind sein 1862 diktierter Lebenslauf (Friedrich HASSLER, Ludwig August Riedinger. Zur 150. Wiederkehr seines Geburtstages, in: Zeitschrift für die gesamte Textilindustrie 61 [1959], S. 959–961) und seine autobiographischen Aufzeichnungen (Deutsches Museum München, Urkundensammlung, Nr. 8107); zur Literatur siehe bes. Friedrich HASSLER, Geschichte der L A. Riedinger Maschinen- und Bronzewarenfabrik, Aktiengesellschaft Augsburg, Augsburg 1828; Wolfgang ZORN, Ludwig August und August Riedinger (1809–1879 und 1845–1919), in: Lebensbilder aus dem Bayerischen Schwaben 4 (1955), S. 384–407.

2 Riedinger, Autobiographie.

Baumwollspinnerei der Gebrüder Hartmann in Heidenheim als Modellschreiner mit einem Jahresverdienst von 160 Gulden (32 Kr./T.) eingestellt.

Riedinger war geschickt, zeigte »Talent, Fleiß und Ausdauer«, verbesserte »manche damals noch unvollkommene Maschine«[3] und erhielt nach drei Jahren die Stelle eines Werkmeisters in der neuerbauten Spinnerei im nahegelegenen Herbrechtingen.

Am 13. Mai 1833 heiratete er in Heidenheim die Chirurgentochter Wilhelmine Spellenberg (1813–1865). Die glückliche Ehe war mit drei Töchtern und drei Söhnen gesegnet, aus seiner zweiten 1867 geschlossenen Ehe mit Margarethe Friederike Fretscher aus Kempten entstammte ein weiterer Sohn.

Riedingers Spezialgebiet war die Spinnereitechnik. 1837 verlieh ihm die Zentralstelle des landwirtschaftlichen Vereins in Stuttgart die silberne Medaille verbunden mit einer Geldsumme von 20 Dukaten für Verbesserungen an einer Vorspinnmaschine. Die führenden Nationen in der Textiltechnik und der Herstellung von Textilmaschinen waren England, Frankreich (Elsaß) und die Schweiz. Im Gebiet des deutschen Bundes gab es lediglich in Sachsen einige kleinere Spinnmaschinenfabriken. Als eine der Hauptschwierigkeiten beim Aufbau der Textilindustrie erwies sich daher die Frage des Technologietransfers, einmal von theoretischem Wissen und praktischer Erfahrung, zum andern von modernen Maschinen.

Auf Riedingers Fähigkeiten waren 1837 Augsburger Kapitalkreise aufmerksam geworden. Hier hatten Anfang des Jahres Industrielle und Bankiers eine Aktiengesellschaft zur Errichtung einer mechanischen Baumwollspinnerei und Weberei (SWA) mit einem Kapital von 1,2 Millionen Gulden gegründet. Der Plan für die Fabrik war von J. Risler, dem Teilhaber der elsässischen Maschinenfabrik von Andre Köchlin & Cie in Mühlhausen[4], auf Anregung des Kattunfabrikanten Karl Forster[5] ausgearbeitet worden. Die gesamte technische Ausstattung kam aus dem Elsaß, die Mehrzahl der Facharbeiter und Meister waren Franzosen, Elsässer und Schweizer, die Leiter der Spinnerei und Weberei waren zwei hochbezahlte Franzosen (3500 fl./J.). Nichts lag also näher, als im Sinne einer langfristigen Personalpolitik begabte (und billigere) »einheimische« Kräfte heranzuziehen.

Die Direktion der SWA bot Riedinger 1838 die Stelle eines ersten Karderiemeisters an und ging auf dessen Gehaltsforderung von 1200 Gulden nebst freier Wohnung – in Herbrechtingen verdiente Riedinger 312 fl. – unter der Bedingung ein, »daß er auf seine Kosten ein paar Monate in den Spinnereien im Elsaß« zubringe, um sich für die zukünftige Aufgabe eines »Spinnereidirektors ... vorzubereiten«[6]. Riedinger begleitete zunächst als »Sachverständiger«[7] eine

3 Ebd.

4 Zur Wirtschaftsgeschichte Augsburgs im 19. Jahrhundert siehe Josef GRASSMANN, Die Entwicklung der Augsburger Industrie im 19. Jahrhundert. Eine gewerbliche Studie, Augsburg 1894; Wolfgang ZORN, Handels- und Industriegeschichte Bayerisch-Schwabens 1648–1870. Wirtschafts-, Sozial- und Kulturgeschichte des schwäbischen Unternehmertums, Augsburg 1961, S. 119–175; Peter FASSL, Wirtschaftsgeschichte 1800–1914, in: Gunther GOTTLIEB u. a. (Hg.), Geschichte der Stadt Augsburg von der Römerzeit bis zur Gegenwart, Stuttgart 1984, S. 592–607; zur SWA siehe Friedrich HASSLER, Hundert Jahre Mechanische Baumwollspinnerei und Weberei in Augsburg, Augsburg 1937.

5 Siehe Peter FASSL, Karl Ludwig Forster (1788–1877) – ein Pionier der Augsburger Textilindustrie, in: Rainer A. MÜLLER (Hg.), Unternehmer – Arbeitnehmer. Lebensbilder aus der Frühzeit der Industrialisierung in Bayern, München 1985.

6 SWAA, Direktionsprotokoll v. 16. 11. 1838; zum folgenden siehe SWAA, Direktionsprotokolle 1837–1852, Aufsichtsratsprotokolle 1840–1852, Protokolle der Generalversammlungen 1838–1852.

7 Riedinger, Lebenslauf.

Kommission der SWA bei der Besichtigung von Spinnereien in der Schweiz und im Elsaß, arbeitete anschließend eine Zeitlang im Elsaß und übersiedelte 1839 nach Augsburg. Bereits nach drei Jahren hatte er sich so weit eingearbeitet, daß die Leitung der SWA ihn Ende 1842 zum technischen Direktor ernannte. Die Probleme, vor denen Riedinger stand, waren enorm. Das Unternehmen hatte im ersten Betriebsjahr mit Verlust gearbeitet, 1841 und 1842 nur geringe Gewinne erwirtschaftet (5,49 %, 3,71 %), so daß man kaum in der Lage war, den statutenmäßig zugesicherten Aktienzins von 5 % auszuzahlen. Die Amortisation unterblieb in den ersten drei Betriebsjahren. Wegen der hohen Betriebskosten mußte bereits 1841 eine Hypothek von 200000 fl. aufgenommen werden, 1843 folgte eine weitere von 150000 fl. In der Fabrik liefen 1842 nur 24000 von 30000 Spindeln und 600 der 800 Webstühle, der Aktienkurs stand bei 70 bis 80 %, und in der Öffentlichkeit wurden Bedenken über den Fortgang des Unternehmens laut[8].

Riedinger bekam binnen kurzer Zeit die Schwierigkeiten in den Griff und leitete den dauerhaften Aufschwung des Unternehmens ein. 1843 liefen erstmals alle Spindeln, 1845 alle Webstühle, die Produktion stieg sprunghaft an, die Herstellungskosten konnten drastisch gesenkt werden[9].

	Garnproduktion			Tuchproduktion		
Jahr	kg	Lohn/kg	Kosten/kg	Stück (50 m)	Lohn/St.	Kosten/St.
1841	219942	16,5	46,5	44013	95	190
1843	314870	12	37,33	85982	61,75	115
1845	443497	10,53	29,75	97204	61,68	114,5
1850	498004	10,16	25,20	166933	68,60	69,09

1845 kaufte die SWA auf seine Anregung eine Dampfmaschine als alternative Antriebskraft für den Betrieb bei Kanalablässen und im Winter bei Eisgang. 1844 hatte man einen jährlichen Arbeitsausfall von 20½ Tagen. Grundlage des Erfolgs war, daß es ihm gelang, einen tüchtigen Stamm von Facharbeitern heranzubilden und so von den ausländischen Fachkräften unabhängig zu werden und die Arbeitsleistung durch ein vermutlich damals eingeführtes, raffiniertes Prämiensystem zu steigern. Durch die Produktionssteigerung erhöhte sich auch das Lohnniveau (Akkordlohn), ein geschickter SWA-Arbeiter verdiente mehr als ein kleiner (alleinarbeitender) Handwerksmeister. Die SWA machte im ersten Jahr von Riedingers Direktion einen Gewinn von 8,51 %, hatte 1846 ein Erfolgsjahr mit 20,26 % und konnte selbst im Revolutionsjahr 1848 dank Entlassung sämtlicher ausländischer Arbeiter eine Dividende von 6 % zahlen[10].

Riedinger stand mit seinen Arbeitern in einem vertrauten Verhältnis. Er besorgte in den Teuerungsjahren 1845 bis 1857 auf Fabrikkosten die Verteilung von verbilligtem Brot und Holz, errichtete 1849 einen Kranken- und Pensionsverein und eine Sparkasse – den Einlegern wurde 4½ % Zins zugesichert, 1 % mehr, als die Stadtsparkasse gewährte – und regte den Kauf der Gastwirtschaft Stiftsgarten an, die als Hausmeisterei und Arbeiterwohnhaus eingerichtet wurde. Er selbst beteiligte sich an dem Projekt mit 3000 Gulden. Bürgermeister Carron du Val hob in den Generalversammlungen 1844 und 1846 den »Eifer« und die »kluge Einwirkung«

8 Ebd.; Die Mechanische Baumwoll-Spinnerei und Weberei in Augsburg, Augsburg 1890.

9 Die Mechanische Baumwoll-Spinnerei und Weberei; SWAA, Unkosten der Spinnerei und Weberei 1841–1880.

10 Die Mechanische Baumwoll-Spinnerei und Weberei.

Riedingers auf die Arbeiter hervor, die Polizeibehörde sah den »Geist der Ordnung« und das »gesetzliche Verhalten« der Arbeiter in den Revolutionsjahren »vorzüglich« in seinem »großen Einfluß« begründet[11]. Riedinger berichtete später, daß die Gerichte, die Polizei und die Geistlichkeit bei »Klagen über Arbeiter, dieselben schriftlich & mündlich« ihm übergaben. Sein »Wunsch« galt den Arbeitern »als Befehl«, Riedinger war der »Vater seiner Arbeiter«[12]. Man wählte ihn zum Vorstand des Kranken- und Pensionsvereins, druckte Gedenkblätter und widmete ihm Huldigungsgedichte in der Augsburger Lokalpresse[13].

Der Edle
*R*eicht die Hand uns Segen spendend
*I*n der schwer bedrückten Zeit
*E*rleidet Schmerz und bringt Hilfe:
*D*azu ist er stets bereit.
*I*ammer stillt er und Klagen
*N*icht durch leerer Worte Schall –
*G*roß ist seine Handlungsweise,
*E*delmuth seine Losung
*R*echt und Wohltun sein Panier!

König Max II., der sich unter dem Einfluß der Schriften von Wilhelm Heinrich Riehl, der auch zu seinen persönlichen Beratern zählte, um eine »konservative Sozialpolitik« bemühte, 1849 die in ganz Deutschland Aufmerksamkeit und Anerkennung findende Preisfrage »durch welche Mittel kann der materiellen Noth der unteren Klassen der Bevölkerung Deutschlands und insonderheit Bayerns am zweckmäßigsten und nachhaltigsten abgeholfen werden« stellte (1. Preis: 100 Dukaten), empfing Anfang 1850 bei seinem Aufenthalt in Augsburg Riedinger zu einer Audienz, ließ sich die sozialen Einrichtungen erläutern und vor Ort die technischen Einrichtungen und die Arbeitsplätze zeigen[14].

Der König war von Riedingers sozialem Einsatz und dessen Wirkung beeindruckt. An das Innenministerium und das Handelsministerium erging folgender Erlaß: »Ich hörte jüngsthin ... von der bereits erprobten Zweckmäßigkeit und Nützlichkeit der zum Frommen der Fabrikarbeiter zu Augsburg ... ins Leben gerufenen Institute von Spar- und Leihkassen, von Anstalten für die Krankenpflege, Unterstützung und Versorgung dienstunfähiger Arbeiter ... und erachte es als sehr wünschenswerth, daß diesem ... Beyspiele auch Seitens unserer andern Fabrikanten nachgestrebt ... [werde] ... Ich empfehle diese wichtige Aufgabe Ihrer besonderen Bedachtnahme und sehe der seinerzeitigen Anzeige des dießfalls Verfügten entgegen«[15].

Das Innenministerium versandte darauf an die Kreisregierungen die Krankenkassenstatuten der SWA und der Augsburger Kammgarnspinnerei mit dem Auftrag, »zur Errichtung ähnlicher Maßnahmen anzueifern«[16]. Erfolg hatte dieses Vorgehen allerdings nicht, so daß Max II. auf Anregung von Riedinger die dem Handelsministerium zustehende Verleihung der Fabrik-

11 SWAA, Protokolle der Generalversammlungen 1844, 1846, 1849.
12 Riedinger, Autobiographie.
13 Augsburger Anzeigeblatt, Nr. 126 v. 8. 5. 1847; MANA, Bestand Riedinger, K. 1.
14 HStAM, MH 6106, 52837, MInn 44273; Riedinger, Autobiographie.
15 HStAM, MInn 52743, Handschreiben v. 9. 5. 1851.
16 Ebd.

konzession u. a. von der Errichtung einer Unterstützungskasse für Arbeiter abhängig machte. Möglicherweise führte diese in der Folge auch tatsächlich durchgeführte Vergabepraxis, die in den anderen Bundesstaaten keine Parallele hatte, in Bayern zu einer weniger scharfen Ausprägung der sozialen Gegensätze in den Industriestädten.

Der König verlieh Riedinger im April 1850 die goldene Verdienstmedaille der bayerischen Krone, die ihm von Bürgermeister Heinrich vor der versammelten Belegschaft überreicht wurde. Von der Stadt Augsburg erhielt er im August »in Anerkennung seiner ausgezeichneten Leistungen sowohl im Gebiet der Technik als auch für das Wohl der Fabrikarbeiter« das Ehrenbürgerrecht[17].

Überraschenderweise bildete gerade Riedingers vielfältige und erfolgreiche Tätigkeit den Grund für seine Ablehnung in den führenden Wirtschaftskreisen Augsburgs: Man war neidisch auf den Erfolg und die Anerkennung dieses homo novus, der vor wenigen Jahren als Fabrikmeister angefangen hatte und nun, unter Mißachtung der eingesessenen Industrie- und Bankenwelt, als Repräsentant der Augsburger Industrie vom König empfangen wurde. Der (kaufmännische) Direktor der SWA, Gustav Frommel, beschwerte sich bei der Regierung über die Ordensverleihung – »das wäre eine Standesverwechslung« –, der große alte Mann der Augsburger Industrie, Karl Forster (1788–1877), versuchte ihn bei der SWA auszubooten[18]. Schließlich fürchtete man seine starke Stellung bei den Arbeitern, zumal Riedinger sich stets bemühte, »das Loos der Arbeiterklasse zu verbessern..., das Interesse der Fabrikherren mit dem der Arbeiter in Harmonie zu bringen«, und sich nicht wie Frommel als Vertreter des Kapitals verstand[19]. Es begann eine kleinliche und kurzsichtige Obstruktionspolitik gegen Riedinger.

Man verzögerte die Genehmigung des Kranken- und Pensionsvereins, da Riedinger zu dessen Vorstand von den Arbeitern gewählt worden war, versuchte die Reise zur Weltausstellung nach London nicht zu genehmigen, obwohl die Kenntnis des neuesten Standes der Textiltechnik die notwendige Voraussetzung für die wirtschaftliche Prosperität des Unternehmens darstellte. Als Riedinger nach seiner Rückkehr aus England den Bau einer modernen Spinnerei empfahl – die SWA hatte von 1846 bis 1850 800193 kg Garn für ihre Weberei zukaufen müssen, 33,6 % der eigenen Produktion –, befürchtete Karl Forster eine Überlastung der technischen Direktion (also Riedingers), und Frommel sprach von einer »Zersplitterung der Aufmerksamkeit und Kräfte«[20] – erst 1888/89 errichtete die SWA unter neuer Leitung wegen »Garnmangel« die Spinnerei Aumühle.

Noch aus einem anderen, allerdings nicht ganz unverständlichen Grund suchte man seine Aktivitäten zu bremsen. Riedinger wollte bereits 1845 ein Grundstück am Senkelbach mit Wasserkraft kaufen, um eine »Handweberei fabrikmäßig« zu betreiben. Der Aufsichtsratsvorsitzende Friedrich Schmid befürchtete, daß Riedinger »am Ende uns selbst noch Concurrenz« machen könnte, und drohte ihm mit der Kündigung. Riedinger bekam als Trostpflaster zu seinem Grundgehalt von 1800 fl. eine jährliche Aufbesserung (1845–1847) von 1000 fl. Als die

17 StAA, AK 3, Nr. 57; Familienbogen L. A. Riedinger.
18 Riedinger, Autobiographie.
19 StAA, AK 3, Nr. 57, Schreiben Riedingers v. 30. 11. 1850.
20 Riedinger, Autobiographie; SWAA, Protokoll der Generalversammlung v. 1852.

Direktion 1847 mit ihm einen neuen Zehnjahresvertrag abschließen wollte, bestand er nun auf einer einjährigen Kündigung. Er erhielt nun 2400 fl. und 1 % vom Reingewinn[21].

Im Oktober 1850 kaufte er von den Messingfabrikanten Karl und Joseph Anton Freiherrn von Beck für 22000 fl. die Hammerschmiede am Senkelbach (Lit. I 318, 319) mit einer Wasserkraft von 230 PS. Der Kauf war zunächst eine »Spekulation«, um sich im industriellen Gründungsboom eine billige Antriebskraft zu verschaffen[22]. Wiederum griff die SWA ein. Sie erinnerte ihn, daß er vertragsgemäß seine Zeit »ganz ausschließlich« dem Unternehmen zu widmen habe und daß es als Kündigung betrachtet werde, wenn auf seinem Grundstück »irgend ein Geschäft« betrieben werde. Zuletzt verbot man ihm, sich an einem »andern Geschäft« auch nur zu beteiligen und eine Beschäftigung »außerhalb« der Firma anzunehmen[23].

Nicht nur in der SWA, sondern auch bei sämtlichen anderen Initiativen warf man ihm Knüppel in den Weg. Nachdem die Erweiterung der SWA abgelehnt worden war, wollte Riedinger mit Unterstützung des Grafen Fugger auf seinem eigenen Anwesen eine Baumwollspinnerei errichten. Der Fabrikant Friedrich Peter Chur aus Schwäbisch Hall, der seit 1846/48 eine eigene Spinnerei am Senkelbach betrieb, bot sich als Teilhaber an (200000 fl.). Riedinger nahm an und erklärte ihm den Plan. Daraufhin kaufte Chur das aus Platzgründen zum Bau notwendige angrenzende Grundstück (Lit. I 317) und baute eine eigene kleine Spinnerei – Riedingers Projekt war vereitelt, das Grundstück für den Bau eines Textilbetriebs ungeeignet geworden. Riedinger wandte sich nun an den Tabakfabrikanten und Gründer der Sander/Reichenbach'schen Maschinenfabrik (1840/44) Ludwig Sander, der ihm bereits früher eine Wasserkraft am Stadtbach angeboten hatte. Sander sagte zu, wollte aber erst nach der Gründung der Aktiengesellschaft an ihn verkaufen. Das Bankhaus Friedrich Schmid & Co. legte im November 1851 sein Programm für eine Baumwollspinnerei (30000 Spindeln) mit einem Kapital von 900000 fl. auf. Das Kapital war innerhalb kurzer Zeit gezeichnet, Riedinger und seinen Förderer Graf Fugger schalteten G. Frommel, K. Forster und dessen Schwiegersohn, der Bankier Fr. Schmid, durch einen billigen Trick bei der Zeichnung der Aktien aus. Nach der Konstituierung der Gesellschaft verkaufte Sander direkt an die Firma, sein Sohn Theodor wurde erster Aufsichtsratsvorsitzender, Hugo Frommel, der Bruder von Gustav Frommel, wurde Direktor – Riedinger war wieder einmal der Betrogene.

Ein anderer hätte sich nach diesen Rückschlägen wohl mit seiner Stelle bei der SWA begnügt, anders Riedinger. Sein rastloser Tätigkeitsdrang und sein Selbstvertrauen waren ungebrochen. Im Juli 1852 schied er bei der SWA aus, die Enge der Stadt konnte ihn nicht mehr halten: »Dabei war der Vorsatz, ich ziehe in die Welt, verdiene mir einige Hunderttausend und kehre dann zurück, um es in Augsburg zu verwenden«[24].

21 SWAA, Direktionsprotokolle 1842–1847. Riedinger erhielt bis 1842 1200 fl. im Jahr. Nach seiner Ernennung zum technischen Direktor erhöhte man sein Gehalt alljährlich (1600 fl./1843, 1700 fl./1844, 1800 fl./1845); für 1842 erhielt er nachträglich eine Zulage von 200 fl., 1843 eine Gratifikation von 20 Napoleon d'or.

22 SWAA, Direktionsprotokoll v. 6. 11. 1850; vgl. Anton Werner, Die Wasserkräfte der Stadt Augsburg im Dienst von Industrie und Gewerbe, Augsburg 1905, S. 121–122. Bei der Stadt gab Riedinger folgendes zu Protokoll: »Daß der fragliche Eisenhammer nicht gekauft wurde, um ihn in seinen gegenwärtigen Zustande zu benützen, versteht sich von selbst; derselbe wird vielmehr bedeutende Verbesserungen, wenn nicht gar eine völlige Umgestaltung zu einem andern Zweck erleiden« (StAA, AK 5, Nr. 821).

23 SWAA Direktionsprotokolle v. 5. 9. und 6. 11. 1850.

24 Riedinger, Autobiographie.

2. Der Unternehmer

Riedinger war als technischer Direktor der SWA auch für die dortige Gasbeleuchtung und -heizung zuständig. 1849 führte er auf Vermittlung von Dr. Emil Dingler, dem Herausgeber des polytechnischen Journals (der führenden deutschsprachigen technologischen Zeitschrift), in der SWA die von Max Pettenkofer entwickelte Herstellung von Holzgas erstmals mit Erfolg ein. Im Januar 1851 schloß er dann mit Professor Pettenkofer, dem Vorstand der Eisenbahnkommission, Oberbaurat Pauli, dem Eisenbahnbauingenieur Ruland und dem Fabrikanten Riemerschmid einen Gesellschaftsvertrag zur »nutzbaren Ausbeutung des Privilegiums«[25]. Riedinger wurde wegen seiner praktischen Erfahrung 25 % des Reingewinns zugestanden. Noch im selben Jahr war die Beleuchtung des Münchener Bahnhofs fertiggestellt, die Einrichtung hatte zum Teil die MAN geliefert[26].

1852/53 errichtete er unter Beteiligung der Augsburger Kaufleute Johann und Julius Schürer die Gaswerke in Bayreuth, deren erster Direktor er auch wurde. Den Bayreuther Wirtschaftskreisen waren Riedingers Erfolge bei der SWA natürlich bekannt, und so forderte man ihn auf, »auch eine andere Industrie[27]« zu begründen. Er legte 1853 den Plan für eine Spinnerei mit englischen Maschinen (30000 Spindeln) vor. Der Andrang zur Gesellschaft war so groß, daß das Aktienkapital von 950000 fl. um 765000 fl. überzeichnet wurde. Das Handelsministerium erteilte Anfang 1854 ohne Umstände die Konzession, da von der »Erfahrung ... Riedinger[s] ein umsichtiger und entsprechender Betrieb mit Zuversicht«[28] erwartet werden konnte. Nach Einrichtung der Spinnerei erhielt er ein sehr großzügiges Angebot zur Übernahme der Leitung des Betriebs. Riedinger lehnte ab und zog 1855 nach Bamberg, wo er unter den gleichen Voraussetzungen die Gasbeleuchtung der Stadt und eine große Spinnweberei (1200 Webstühle, 54000 Spindeln) erstellte (1855/58). Wiederum bewältigte der »durch mehrfache gelungene industrielle und gemeinnützige Unternehmungen rühmlich bekannt[e]« Unternehmer in kurzer Zeit alle technischen und administrativen Schwierigkeiten[29]. Auf ähnliche Weise gehen auf ihn die Planung der Baumwollfeinspinnerei in Augsburg (1853), der Württembergischen Baumwollspinnerei und Weberei in Esslingen (1856/57), der Baumwollspinnereien Kolbermoor (1860), Erlangen, Kulmbach, Köln, der Wollgarnspinnerei in Worms und der Brauerei (!) in Coburg zurück[30].

Riedingers engster Mitarbeiter in diesen Jahren war der Ingenieur Theodor Haßler. Die beiden kannten sich aus dem technischen Verein in Augsburg und waren 1851 zusammen auf der Weltausstellung in London. Haßler begleitete ihn im Auftrag der MAN, besorgte dessen Bestellungen (Transmissionen, Turbinen, Dampfmaschinen) und überwachte die Aufstellung der Maschinen. Die Lieferungen der MAN hatten Ende der 60er (?) Jahre einen Umfang von 1,5 Millionen Gulden. 1857 wurde Haßler Oberingenieur in Riedingers Maschinenfabrik,

25 HASSLER, Riedinger Maschinen- und Bronzewarenfabrik, S. 143.
26 MANA, Akt 121/6.
27 Riedinger, Autobiographie.
28 HStAM, MH 5685, Antrag des Handelsministeriums an den König v. 6. 1. 1854.
29 HStAM, MH 5684, Antrag des Handelsministeriums an den König v. 1. 11. 1856; vgl. Friedrich HASSLER, Ludwig August Riedinger und die Gründung der Mechanischen Baumwoll-Spinnerei und Weberei Bamberg. Ein Beitrag zur Geschichte der oberfränkischen Textilindustrie, in: Melliand Textilberichte 40 (1959), S. 1345–1349.
30 Riedinger, Lebenslauf; MANA, Akt 121/6.

später Direktor der Baumwollspinnerei Kolbermoor (1862) und der Spinnerei am Stadtbach (1867)[31].

Parallel dazu wurde die Errichtung von Gasanstalten fortgesetzt. Bis zu seinem Tod erstellte Riedinger die Gasbeleuchtung von 25 Städten in Bayern und weiteren 42 in Deutschland und ganz Europa[32]. Daneben wurden mindestens ebensoviele Gaswerke für Fabriken, Bahnhöfe, Hotels, öffentliche Gebäude ... errichtet. Bereits 1862 erforderten seine 29 Gasfabriken einen Kapitalaufwand von 8 500 000 fl., seine übrigen Gründungen 9 000 000 fl.[33]. 1863 wurden zwölf noch in seinem Besitz befindliche Gasanstalten in eine Aktiengesellschaft mit einem Kapital von 2 Millionen Gulden übergeführt. Riedinger gab für zehn Jahre eine Zinsgarantie von 5 %. Die übrigen Gaswerke waren teils kommunales Eigentum, teils Aktiengesellschaften, deren Aufsichtsratsvorsitz zumeist Riedinger innehatte (Kempten, Regensburg, Passau, Straubing, Schwäbisch Gmünd, Reutlingen, Chur, Freiburg i. Ü., Luzern, Solothurn, Klagenfurth, Mantua, Laibach). Diese Unternehmen waren ein sicheres Geschäft ohne jedes Risiko, die Gewinnspanne (5–20 %) hing von der Art des Vertrages mit der jeweiligen Gemeinde ab. Nach Ablauf der Vertragsfrist (meist 25 Jahre) wurden die Betriebe normalerweise von den Kommunen übernommen[34].

Wie war dieser phänomenale Aufstieg überhaupt möglich? Riedinger hatte 1851 ein Vermögen von 25 000 fl., mit dem allein diese weitgespannte Tätigkeit nicht hätte finanziert werden können. Entscheidend war, daß er durch seine Integrität und seine Kenntnisse einen so guten Ruf hatte, daß man ihm »ohne jedes Pfand« Geld in »großen Summen« zur Verfügung stellte[35]. Wer waren die Geldgeber? Riedinger mußte sie »in Augsburg geheim«[36] halten, d. h., es waren Augsburger Geschäftsleute. In seinen Aufzeichnungen werden der Graf Fugger und Carl Buz, der Direktor der MAN, erwähnt. Bekannt sind außerdem die Gebrüder Schürer. Sein Hauptgeldgeber dürfte aber das jüdische Bankhaus J. J. Obermayer gewesen sein, das maßgeblich bei der Finanzierung der Spinnerei und Weberei Bamberg, der Baumwollspinnerei Kolbermoor und der Gesellschaft für Gasindustrie beteiligt war. Da Buz und Obermayer auch mit der übrigen Augsburger Textilindustrie enge Geschäftsverbindungen hatten, wäre die Geheimhaltung verständlich. Riedinger hatte unterdessen seine Augsburger Pläne nicht aus dem Auge verloren. Im Februar 1855 kaufte er zur Erweiterung seines Anwesens ein Grundstück für 8500 fl (Pl. Nr. 3889) und beantragte am 5. Dezember 1856 die Konzession für eine »Mechanische Werkstätte«, um die »Bestandtheile zur Gasfabrikation und zur Beleuch-

31 Friedrich HASSLER, Theodor Ritter von Haßler (1828–1901), in: Lebensbilder aus dem Bayerischen Schwaben 9 (1966), S. 352–383.

32 GRASSMANN, Entwicklung, S. 138; HASSLER, Riedinger Maschinen- und Bronzewarenfabrik, S. 158–160; Riedinger, Lebenslauf. Namentlich bekannt sind Bayreuth (1852), Darmstadt, Würzburg, Koburg (1854), Bamberg (1855), Gießen, Zürch (1856), St. Gallen, Ulm, Regensburg, Schweinfurt, Kempten (1857), Fürth, Erlangen, Luzern, Aarau, Landshut (1858), Chur, Salzburg, Innsbruck, Trient (1859), Reutlingen, Helsingfors, Ancona, Solothurn, Passau (1860), Schwäbisch Gmünd, Bozen, Laibach, Freiburg i. Ü., Sigmaringen, Brescia (1861), Schwäbisch Hall, Hersfeld, Eisenach, Straubing, Thun, Klagenfurth, Memmingen, Ingolstadt (1862), Biberach, Kulmbach, Augsburg-Filiale, Reichenhall, Zagreb, Donauwörth (1863), Kaufbeuren, Debrezin, Mantua, Lindau, Wilna, Lugano, Weilheim (1864), Freising, Odessa, Asch, Szegedin (1865), Steyr (1866), Kaschau (1869), Foggia (1870).

33 Riedinger, Lebenslauf.

34 Augsburger Anzeigeblatt, Nr. 353 v. 24. 12. 1865, Nr. 359 v. 31. 12. 1866, Nr. 177 v. 30. 6. 1867.

35 Riedinger, Autobiographie.

36 Ebd.

tung« selbst herzustellen[37]. Die Regierung erteilte am 9. April 1857 die Genehmigung. Hergestellt wurde mit der wachsenden Ausdehnung des Betriebs alles, was man für die Gasbeleuchtung und -heizung benötigte, von Lüstern, Kandelabern, Laternen, Bronzewaren, Gasapparaten bis zu Öfen, Pumpen, Dampfmaschinen und Turbinen. Das zweite Bein der Produktion waren Brauereieinrichtungen. Daneben wurden Exotika wie die Einrichtung von Pulverfabriken und Metallpatronenhülsen u. a. nach Bedarf und Wunsch hergestellt. Das Unternehmen nahm einen steilen Aufschwung und hatte bei Riedingers Tod einen Wert von 2341351 M.[38].

Jahr	Arbeiter	Umsatz (in Mark)
1857	30	
1860	181	
1865	350	769500
1869	390	1026000
1874	535	1684000
1878	458	2174000

Aus der Beschäftigung mit Gasapparaten ergab sich der Versuch, in Augsburg eine chemische Industrie zu begründen, der allerdings auf den Widerstand der Bevölkerung stieß, die wegen einer bestialisch stinkenden Kunstguanofabrik in der Lokalpresse gegen das Projekt einen Sturm entfachte. Die Regierung verweigerte schließlich in, wirtschaftlich gesehen, kurzsichtiger Weise die Konzession, »da die Ausdehnung des Wirkungskreises derartiger Fabriken durch die mit jedem Tag sich steigernden Fortschritte und sich mehrenden Erfindungen geradezu unberechenbar sei und die Fabrik Leben und Gesundheit der Arbeiter und der Umgebung bedrohe«[39]. Die Begründung ante festum wirkt angesichts des sonstigen sozialen Desinteresses bei wirtschaftlichen Fragen gekünstelt, und man darf eher annehmen, daß Riedingers Gegner hinter der Ablehnung standen.

Doch Riedinger hatte bereits neue Pläne. Die günstige Entwicklung seiner Gasfabriken erlaubte ihm 1857 die Beteiligung an der in eine Aktiengesellschaft übergeführten Reichenbach'schen Maschinenfabrik (90000 fl.) und 1860 an der Baumwollspinnerei Kolbermoor (55000 fl.). In beiden Unternehmen wurde er in den Aufsichtsrat gewählt. Nachdem er bereits 1857 die Rändelmühle am Senkelbach für 18840 fl. gekauft hatte (Lit. I 315[b]), erwarb er aus dem Verkaufserlös seiner Gasanstalten (1863) im Jahre 1864 die dortige Leim- und Stärkefabrik (100000 fl./Lit. I 315[a]) und errichtete 1865 auf ihrem Areal eine Weberei. Der Betrieb wurde später auf Buntgewebe umgestellt und um eine Spinnerei (10000 Spindeln) und eine Färberei erweitert. Das Unternehmen hatte 1880 einen Wert von 2,2 Millionen Mark[40].

37 Ebd.
38 MANA, Bestand Riedinger, K. 1; GRASSMANN, Entwicklung, S. 106–114; StAA, AK 11, Nr. 370; Jahresbericht der Handels- und Gewerbekammer 1869, Tab. II.
39 Zitiert nach: HASSLER, Riedinger Maschinen- und Bronzewarenfabrik, S. 36.
40 GRASSMANN, Entwicklung, S. 51, 53, 65; StAA, AK 5, Nr. 674.

Jahr	Arbeiter	Webstühle	Tuche	Garn (kg)
1865/66	89	200	19538	
1869	578	430	61603	544000
1873	745	572	90763	533800

Der letzte Triumph über seine Augsburger Gegner bildete 1869 die Übernahme des Besitzes seines ungeliebten Konkurrenten Chur (196897 fl./Lit. I 317), mit dem er jahrelang wegen der Kanalbenutzung in Streit gelebt hatte. 1878 schließlich erwarb er noch das Hotel »Drei Mohren«, das erste Haus der Stadt[41]. Der Gesamtwert seiner Gründungen, einschließlich der mitgeplanten oder initiierten Unternehmen, dürfte an die 50 Millionen Gulden betragen. Die Ausdehnung und die organisatorische und technische Vielfalt seiner Tätigkeit verweisen auf eine ungeheuere Arbeitskraft und die seltene Fähigkeit, mehrere Wirtschaftszweige zu beherrschen. Seine Söhne Gustav (1844–1915) und August (1845–1919), die seit 1868 bzw. 1877 Teilhaber waren, konnten nach seinem Tod das Werk nicht halten. Beide Betriebe gingen in Aktiengesellschaften über.

Trotz dieses Aufstiegs zum Großindustriellen blieb Riedinger in engem und unmittelbarem Kontakt zu seinen Arbeitern. Bei allen Gründungen wurden Krankenkassen eingerichtet, zu denen die Firma alljährlich 2 bis 4 % der Lohnsumme einzahlte. In den eigenen Betrieben gründete er daneben eine Sparkasse (5 % Zins) und baute eine Hausmeisterei. Die Buntweberei verteilte Dienstaltersprämien, in der Maschinenfabrik dotierte er 1877, zur Erinnerung an das Verlassen seiner Heimat vor 50 Jahren, einen Pensionsfond mit 100000 fl., das evangelische Waisenhaus wurde mit 10000 fl. bedacht. In den Arbeiterhäusern wohnten bereits 1864 300 Personen (22 Wohnungen)[42].

Riedingers »Grundsatz« war es, »einen Stamm solider Arbeiter herbeizuziehen, welche nicht nur als solche brauchbar und tüchtig sind, sondern auch in ihrem Privatleben sich solid und gut betragen und durch eine gute Behandlung von unserer Seite die Überzeugung gewinnen, bei uns eine bleibende, ihnen auch für die Zukunft gesicherte Stelle und ordentlichen Verdienst gefunden zu haben«[43]. Der Arbeiter durfte, wie es in der ansonsten (zeitgemäß) drakonisch strengen Fabrikordnung hieß, »den Schutz und die väterliche Sorgfalt ... [der] Vorgesetzten erwarten«[44]. Dies waren keine leeren Worte. Riedinger betrachtete seine Arbeiter nicht als seine »Untergebene, sondern als seine Mitarbeiter und Freunde«[45]. Jeder hatte in der

41 M. Leher, Kurze Geschichte des Gasthofes zu den »Drei Mohren« in Augsburg, Augsburg 1916. Das Hotel wurde 1891 von Gustav und August Riedinger für 318000 M. verkauft (StAA, Familienbogen Gustav Riedinger).

42 StAA, AK 5, Nr. 865; E. v. Hoyer, Der Technische Verein und die Bestrebungen für das Wohl der gewerblichen Arbeiter in Augsburg, Augsburg 1890, S. 27–28; Anton Werner, Die örtlichen Stiftungen für die Zwecke des Unterrichts und der Wohltätigkeit in der Stadt Augsburg, Augsburg 1899, S. 138–139.

43 StAA, AK 11, Nr. 370, Schreiben Riedingers an den Magistrat v. 2. 3. 1858.

44 StAA, AK 10, Nr. 3386. Einen ähnlichen Tenor hatte die Schlußbemerkung in der Fabrikordnung der Maschinenfabrik: »Jeder wohlgesinnte Arbeiter wird leicht erkennen, daß die Fabrikordnung keineswegs zur Beengung seiner Freiheit oder zu seinem Schaden, sondern bloß zur Aufrechterhaltung der notwendigen Disziplin und Ordnung sowie auch zur Beförderung seines eigenen Vortheils und Wohls erlassen ist...« (StAA, AK 5, Nr. 674).

45 Theodor Hassler, Leichenrede, zitiert nach: M. Fuchs, Finanzrath L. A. Riedinger der Unvergeßliche. Sein Leben, Wirken und Streben, Augsburg 1879, S. 17.

Fabrik zu ihm »ungehinderten Zutritt«[46]. Er verkehrte gern in der bei der Fabrik 1865 errichteten Wirtschaft »Eisenhammer« und war auch bereit, bei Konflikten nachzugeben. Als es im September 1869 in der Weberei wegen des Prämiensystems zu einer Arbeitseinstellung kam, wurde die »Differenz« nach den Vorschlägen einer Arbeiterdeputation beseitigt. Auch seine Stellungnahme zu der Forderung um Arbeitszeitverkürzung einer Augsburger Arbeiterpetition an den König unterschied sich wohltuend von dem z. T. zynischen und selbstgefälligen Ton mancher anderer Fabrikanten: Bei einer allgemeinen Arbeitszeitverkürzung »bin auch ich gern bereit, dem Arbeiterstand diese gewünschte Erleichterung zu gewähren«[47].

Riedinger blieb Zeit seines Lebens »der Mann aus dem Volke«[48]. Stolz auf seine Herkunft, sein Emporkommen aus eigener Kraft, waren ihm »Treu und Glauben ... die Grundpfeiler der menschlichen Gesellschaft«[49]. Glaubte er sich im Recht, so verfolgte er sein Ziel hartnäckig, ja, wie seine Auseinandersetzungen mit Chur und dem Stadtmagistrat in Wasserrechtsfragen zeigten, geradezu halsstarrig. Durch und durch konservativ, hielt er sich wie manch andere Augsburger Industrielle angesichts eines dominierenden »fortschrittlich« liberalen Bürgertums politisch zurück.

Seine Tätigkeit war alles in allem nicht in erster Linie auf den Gewinn ausgerichtet. Bei vielen der von ihm geplanten und aufgebauten Unternehmen verzichtete er auf eine Vergütung und lehnte lukrative Stellen ab, wenn er sie aus Zeitmangel nicht voll ausfüllen konnte (Sitze im Aufsichtsrat) oder wenn sie ihn an der Weiterarbeit hinderten. War der Grund gelegt, der Aufbau beendet, so wandte er sich neuen Projekten zu.

Über die inneren Gründe seiner rastlosen Arbeit gibt er uns in dem 1875 von Ferdinand Wagner gemalten Portrait Auskunft. Riedinger steht vor einem Kartentisch mit den Plänen der Gaswerke von Koburg und Mantua – beide Städte verliehen ihm das Ehrenbürgerrecht –, im Hintergrund sieht man zwei Bücher mit den Titeln »Die Schule des Lebens« und »Ueber Wissenschaft und Arbeit als Quelle des Wohlstands für Alle«[50]. Riedinger hatte die Nöte und Mühen des kleinen Mannes am eigenen Leib verspürt, er sah seine Arbeit als eine Pflicht, seinen Aufstieg als Ansporn und Aufgabe und sein Schaffen letztlich als Dienst am Fortschritt und damit am Menschen.

Für seine vielfältigen Verdienste erhielt Riedinger das Ehrenbürgerrecht der Städte Augsburg (1850), Koburg (1854) und Ancona (1861), die bayerische Verdienstmedaille (1850), das Ritterkreuz vom hl. Michael II. (1856) und I. Klasse (1877), den sächsisch-ernestinischen Hausorden (1854) und das Ritterkreuz (1877) und wurde Ritter des belgischen Leopoldsordens (1860)[51].

Der vitale und bis zuletzt energiesprühende Mann wurde am 20. April 1879 nach einem Schlaganfall mitten aus seiner Arbeit gerissen. Die ganze Stadt trauerte, 10000 Menschen begleiteten den Leichnam von seiner Wohnung zum protestantischen Friedhof. Es kamen Abordnungen der städtischen und königlichen Behörden, der Generalität, des hohen Offizierscorps, des Domkapitels und des Benediktinerklosters St. Stephan, der protestantischen Geist-

46 Fuchs, Riedinger, S. 9.
47 StAA, AK 5, Nr. 674, Schreiben v. 23. 12. 1865.
48 StAA, AK 3, Nr. 57, Schreiben v. 30. 11. 1850.
49 Riedinger, Autobiographie.
50 Das Bild befindet sich im Hotel »Drei Mohren«.
51 HStAM, Ordensakten 9806, 14329, 15397.

lichkeit und des Rabbinats... Seine »dankbaren Arbeiter« widmeten ihm ein sentimentales Gedicht (»Frühlingsblümchen«), im Nachruf des führenden Lokalblatts hieß es: »... so von der Liebe seines Volkes gesegnet zu Grabe geleitet wird sonst nur der allgeliebte Fürst eines glücklichen Landes. Nun, der edle Mann war ein Fürst, ein Fürst der Arbeit und der Menschlichkeit«[52]. Kein anderer Augsburger Wirtschaftsführer genoß im 19. Jahrhundert beim einfachen Arbeiter so ein Ansehen. Sein wirtschaftliches Werk mutet eher »amerikanisch« an und blieb in dieser Spannweite in Bayern einmalig.

ANHANG

Die autobiographischen Aufzeichnungen

Riedinger hatte bereits 1862 seinem Sekretär in Kurzform einen gleichsam offiziellen Lebenslauf diktiert. Gegen Ende seines Lebens schrieb er die im folgenden wiedergegebenen autobiographischen Aufzeichnungen, möglicherweise als eine Vorarbeit für eine ausführliche Biographie. Riedingers Notizen sind bruchstückhaft und zum Teil assoziativ geschrieben. Sie behandeln hauptsächlich seine ersten Jahre in Augsburg (1839–1852). Gerade das, was er in seinem offiziellen Lebenslauf übergeht, wird hier ausführlich geschildert: der Neid und die Feindschaft der führenden Augsburger Wirtschaftskreise, der erbitterte Konkurrenzkampf beim Aufbau der Industrie und die Machtkonzentration in den Händen einiger weniger Familien. Für Riedinger erhielt diese Zeit im Rückblick einen alptraumartigen Charakter. Obwohl die Ausführungen unvermittelt enden und viele Aspekte seiner Tätigkeit nur angedeutet werden, geben sie in ihrer Kürze doch ein treffendes und so bisher nicht gekanntes Bild der besseren Gesellschaft in Augsburg wieder, und zwar, da sich Riedinger zeitlebens als ein Mann des Volkes fühlte, in gewissem Sinne aus der Sicht des kleinen Mannes.

Am besten charakterisiert Riedingers Persönlichkeit der kleine Tugend- und Lasterkatalog, den er seinem 1875 von Ferdinand Wagner gemalten Portrait in Form eines aufgeschlagenen Buches beigeben wollte.

Zum Text ist zu bemerken: Riedingers Aufzeichnungen liegen heute im Deutschen Museum in München (Urkundensammlung, Nr. 8107). Sie sind mit Bleistift geschrieben, z. T. verblaßt und verschmiert und nicht immer leicht zu lesen. Riedinger formulierte kurz und gedrängt, fiel oft von der indirekten in die direkte Rede, schrieb, gleichsam von der Erinnerung fortgerissen, häufig im Gedankenfluß, als Satzzeichen verwendete er vor allem Kommas. Der Haupttext wurde in der Regel auf die linke Seite des Tagebuchs geschrieben (S. 1, 3, 5 usw.), die rechte Seite diente Einschüben oder blieb frei. Folgende Reihenfolge erschien sinnvoll: S. 1–3, 5, 7, 8, 9, 11, 13, 15, 19, 21, 23, 25, 27 1. Hälfte, 26, 28, 32, 34, 27 2. Hälfte, 29, 31 1. Hälfte, 30, 31 2. Hälfte, 33, 35, 37, 39, 41, 43, 45, 44, 36, 38, 48, 48, 50, 52, 54, 56, 58, 60, 62, 64, 68, 47, 49, 51, 53, 55, 57, 59. Der Tugend- und Lasterkatalog befindet sich auf den Seiten 4 und 6 und ist hier am Ende der autobiographischen Aufzeichnungen wiedergegeben. Die Seiten 10, 12, 20, 22, 61, 63, 65–67 blieben frei. Die Interpunktion wurde, soweit nötig, der heutigen Zeichensetzung angepaßt.

52 Augsburger Neueste Nachrichten, Nr. 94 v. 23. 4. 1879, Nr. 95. v. 24. 4. 1879.

Versuch, die Verhältnisse, wie selbe für L. A. Riedinger sich entwickelt haben, richtig darzustellen

1824 war ich 14½ Jahre alt, erhielt eine gedruckte Prophezeihung: Der Steinbock Saturnus.

Mißtrauen Sie den Leuten, welche Ihnen schmeicheln, es ist Ihnen darum zu thun, Sie zu betrügen; man wird Ihnen etwas stehlen, was Sie aber in der Folge wieder erhalten werden. Das Schicksal ist Ihnen günstig, weil Absichten immer lobenswert sind, darum kündigt Ihnen Ihre Nativität auch den Sieg an: besonders aber werden Sie den Sieg über das vollkommenste Vergnügen davon tragen. Glücklich, wer unter Ihren Gesetzen steht. Sie haben im Sinn etwas zu thun, was Sie aber erst in einiger Zeit und mit vieler Mühe ausführen können; dann werden Sie zufrieden sein, mehr als Sie bis jetzt waren.

Antwort.

Sie haben Ihren Theil Ungemach ausgestanden, aber nun ist es vorbei. Sie werden das Vergnügen haben, Ihre Feinde gedemüthigt zu sehen und ungeachtet Sie beneidet werden, so werden Sie ohne Jemands Hilfe Ihre Geschäfte machen. Durch ein unerwartetes Ereignis, welches Sie zum größten Glück führen wird, machen Sie eine Bekanntschaft, welche Ihnen Vergnügen machen wird, und Sie werden sicher sein, in Zukunft eine vollkommene Geselligkeit zu genießen, und alle Ihre Unternehmungen werden glücken.

10. 6. 50

10. Dezember 1874, Fuchs[53].
Leicht ist's Ehr und Wohlstand erben,
aber schwer, sie zu erwerben.
Ein behagliches Genießen
mag ererbtem Gut entsprießen,
und der Ahnen lange Reihe
stolz die Brust der Enkel heben;
doch dem Leben rechte Weihe
kann nur eignes Schaffen geben.

Nachdem ich bei Herrn Commerzienrath L. Hartmann in Heidenheim an der Brenz elf Jahre Werkmeister einer Baumwollspinnerei war, wurde ich im Jahre 1838 von der in der Gründung begriffenen ersten BwollSpin & Weberei Gesellschaft veranlaßt, nach Augsburg zu übersiedeln[54]. Ich war damals 29 Jahre alt, erhielt in Württemberg im Jahre 1837 für die Erfindung einer Vorspin-Maschine eine silberne Medaille und 20 Dukaten. Die Spin & Weberei in Augsburg wurde von Mühlhausen im Elsaß aus erstellt, daher auch die Fabrikdirektoren & Meister und viele Arbeiter von dem Hause Köchlin hergeschickt wurden[55].

Um mehr Sicherheit zu haben, mit den fremden Leuten auszukommen und von denselben nicht unterdrückt zu werden, reiste ich im Jahr 1839 auf einige Monate nach Elsaß, wo ich in einer Fabrik an jeder einzelnen Maschine arbeitete, um ein richtiger Dirigent gegenüber den von dort herkommenden Leute[n] sein zu können.

Ich war nun in der Lage, nach meinen Grundsätzen zu handeln, und fing an, die Arbeiter & Meister richtiger zu behandeln, daher belehrend & fürsorgend einzugreifen, allerlei Einrichtungen zu treffen zu Gunsten der Arbeiter, in Folge dessen die besten Arbeiter ständig da blieben und von außen her die Leute herankamen, welche leistungsfähiger waren.

53 Max FUCHS war Redakteur des Augsburger Stadtfraubas (Klatschzeitung) und verfaßte auf Riedinger kurz nach dessen Tod eine kleine Gedenkschrift (Finanzrath L. Riedinger der Unvergeßliche. Sein Leben, Wirken und Streben, Augsburg 1879).

54 Die SWA wurde 1837 auf Anregung und mit Unterstützung des Kattunfabrikanten Karl Ludwig Forster und des Bankiers Ferdinand Benedikt Freiherrn von Schaezler als eine Aktiengesellschaft mit einem Kapital von 1,2 Millionen Gulden gegründet. Sie beschäftigte bei ihrer Inbetriebnahme 1840 bereits über 700 Arbeiter und Arbeiterinnen und war zusammen mit der 1836 gegründeten Spinnerei und Weberei Ettlingen einer der größten Betriebe des Zollvereins.

55 Die beiden Leiter der Spinnerei und Weberei waren Franzosen, die Aufstellung der Maschinen besorgten die Elsässer Gaspard Dollfus und Jeremie Risler. Noch 1848 beschäftigte die SWA ca. 120 ausländische Arbeiter (8,5 %).

So kam es, daß die Produktion der Weberei um 90 %, die der Spinnerei um 66 % sich steigerte, dabei dennoch billiger produzirt wurde. Als ich die Stelle antrat, kostete die Fasson eines Stückes 3,12 fl. und später 1,54 fl. Die Elsässer Arbeiter gingen bis auf wenige fort; in Folge des Wohlstandes und der Fürsorge in moralischer Beziehung waren sämtliche Arbeiter an die Fabrik & mich so getreu & anhänglich, daß selbe schon bei den Bier-Crawallen 1846 sich nicht betheiligten, & 1848/49 waren es meine Arbeiter, welche bei jeder Gelegenheit zum Schutz der Ordnung thatkräftig beitrugen, in Folge dessen die Gerichte, die Polizei, die Geistlichkeit bei Gelegenheit von Klagen über Arbeiter die selben schriftlich & mündlich mir übertrugen.

Als endlich die Leute laut beiliegendem Statut pensionirt wurden & überall in Achtung standen, so wurde durch Herrn Präsident von Welden[56] auch Sr. Majestät König Max in Kennntis gesetzt, welcher sich sehr für die Verhältnisse interessierte; er besuchte mit der Königin die Fabrik, ließ sich von mir die Maschinen zeigen und wußte bereits die vielen, von ihm für richtig gehaltenen Anordnungen zur Pflege für deren Wohl, welches auch das Glück für die Fabrik selbst ausmachte.

Sr. Majestät sagte, er habe mit mir noch extra was zu sprechen; wir giengen aus dem Lärmen der Maschinen, und [dann] sagte mir S. Majestät: Ich möchte gerne Beschäftigungsanstalten in allen größeren Städten gründen, das wäre besser, als Almosen geben. In München sollte die Musteranstalt errichtet werden, da muß ich einen Mann dazu finden, der seinen Beruf so von ganzem Herzen erfüllt so wie Sie; solche edle Handlungen kann man nicht bezahlen, könnten Sie mir Niemand empfehlen? Ich sagte, Majestät, ich will mich umsehen u.s.w., fand aber Niemand, welcher denselben Leistungen sich unterziehen mochte.

Er schenkte 200 fl. in die Kasse für Unterstützungen, in Folge dessen sahen sich die Leute, welche einen Liederkranz bildeten, veranlaßt, Sr. Majestät ein Ständchen zu bringen. Sr. Majestät ordnete an, daß dies in Schloß Berg geschehe. Dort sprach er beinahe mit jedem Einzelnen, belobte sie für ihren Ordnungssinn und sprach von mir; ließ selbe bewirthen und sagte beim Abschied: ich werde euch nie vergessen, was ihr in der verhängnisvollen Zeit geleistet habt.

Sr. Majestät ordnete an, daß die von mir eingeführte Fürsorge für die Arbeiter, namentlich die Cassen, in allen Fabriken eingeführt werden, und wurden die königl. Regierungen veranlaßt, die Fabrikanten zusammenzuberufen, damit selbe es annehmen und einführen. Dieser Versuch mißglückte, indem die Betreffenden sagten, man solle die Arbeiter, wenn sie arbeitsunfähig seien, in Pfründen und Armenhäuser thun u.s.w.

Sr. M. addressirte sich an mich, was jetzt zu thun sei; ich gab den Rath, Sr. M. möge anordnen, daß so oft Jemand die Konzession zu einer Fabrik verlange, die Statuten ähnlich wie die hießigen mit beigelegt werden müssen, was seit 1850 auch wirklich geschehen ist und namentlich in den Fabriken, welche ihre Entstehung mir verdanken, eingeführt wurde.

1850 besuchte Sr. M. zum ersten Mal als König die Stadt Augsburg. Herr Bürgermeister Forndran[57] kam zu mir und sagte, ich solle morgen früh um 9 Uhr in die Residenz kommen: »der König will Sie sprechen.« Hr. Präsident von Welden stellte mich dem König vor als Direktor der grossen Spin & Weberei: er ist aber nicht nur der Direktor, er ist der Vater seiner Arbeiter. Sr. M. erkundigte sich nach all den Einrichtungen und war sichtlich erfreut über die Verhältnisse. Ich suchte in meiner Freude über den Antheil, welchen Sr. Majestät an solchen Dingen [nahm], anderen Herren, welche an der Spitze der hießigen Industrie stehen, zu erzählen, fand aber sofort, daß man kein Wohlgefallen daran findet und hatte keinen Begriff warum. Als ich aber die Erfahrung machte, daß alle meine Unternehmungen zu verhindern gesucht werden, weil selbe in meinem Kopf gewachsen sind, fragte ich den mir vorgesetzten kaufmännischen Direktor[58], was das sei, daß mich ein gewisser Herr Fo[rster][59] seit einiger Zeit nicht mehr kennt, der mir doch vor und anno 48/49 so befreundet war; erhielt ich zur Antwort: dieser Herr F[orster] ist auf Sie nicht gut zu sprechen, denn er sagt: »Die Leute sagen, bis jetzt habe *er* die Augsburger Industrie repräsentirt, und auf einmal wird Herr Riedinger zum König gerufen!«

Ich sagte, »wenn sonst nichts ist wie das, da frage ich nichts darnach, ich muß doch gehen, wenn man mich

56 Carl Freiherr von Welden (1801–1857), Regierungspräsident von Schwaben (1849–1857).

57 Georg Forndran (1807–1866), 1. Bürgermeister von Augsburg (1847–1866).

58 Gustav Frommel (1808–1877), erster Direktor der SWA (1838–1872), stammte aus einer angesehenen Augsburger Kaufmanns- und Bankiersfamilie.

59 Karl Ludwig Forster (1788–1877), Kattunfabrikant, vgl. Peter FASSL, Karl Ludwig Forster (1788–1877) – ein Pionier der Augsburger Textilindustrie, in: Rainer A. MÜLLER (Hg.), Unternehmer – Arbeitnehmer. Lebensbilder aus der Frühzeit der Industrialisierung in Bayern, München 1985.

ruft.« [Er]: »Setzen Sie sich nicht so darüber weg, das hat eine größere Tragweite, wie Sie glauben; man macht *mir* Vorwürfe, ich sei schuld, daß es so weit kam, daß der König mit Ihnen spricht; ich bin längst beauftragt, Sie wieder zurückzuführen in Ihre alten Verhältnisse; man sagt mir, Sie sollen keine Ehre haben, man brauche in der Stadt nicht zu wissen, daß ein Riedinger da sei, nur in der Fabrikthür drinnen soll man Sie kennen. Ich habe bis jetzt keinen Gebrauch gemacht, weil Sie mich aber befragen, muß ich es Ihnen doch mittheilen.«

So wußte ich nun, von welcher Seite es kam, daß alle meine Ideen auszuführen, soweit möglich verhindert wurden, obwohl selbe aus meiner 24jährigen Praxis hervorgingen und niemals wegen Vortheile für mich, sondern einzig und allein zum Nutzen der Industrie & der Arbeiter bezweckt wurden. Ich einigte mich sofort mit Herrn F[rommel] in Arbeitsteilung, woraus hervorgehen soll, daß F[rommel] mir solche Arbeiten abnehme, wo er glaubt, daß er damit Ehre erreiche. Nun war mir klar, warum die Statuten des Pensionsvereins so lange in der Regierung stecken blieben. Ich war nemlich Vorstand im Statut genannt, Frommel & Forster haben sich in solange nichts um den Verein bekümmert, bis sie wußten, daß der König, die Regierung & Magistrat viel darauf halten; solang als ich von der Regierung nichts erfuhr, wußte ich nichts von dem entstandenen Neid.

An einem Sonntag 1850 traf ich im Eisenbahncoupe Herrn Grafen Pappenheim, welcher mich als Direktor grüßte. Ein 2ter Herr, mir unbekannt, sagte, sind Sie vielleicht der Direktor Riedinger? Ich sagte ja. Er: dann muß ich Ihnen doch auch etwas erzählen, fieng an; bei der venezianischen Flotte ist eine Revolte ausgebrochen. Der Commandant sandte eine[n] Bothen nach Venedig zum Dogen, bat um Verhaltungsmaßregeln; ehe aber der Bothe zurückkam, sandte der Commandant schon den 2ten Bothen mit der Nachricht, die Revolte sei beendet, alles wieder in bester Ordnung; man habe dies einem Hauptmann zu danken, welcher seine[n] Einfluß auf die Mannschaft zur Geltung brachte; er möchte vom Dogen wissen, auf welche Weise dem edlen Manne eine Anerkennung zu Theil werden soll. Der Doge sagte, man solle ihn ins Wasser werfen, indem ein Hauptmann soviel Geltung nicht haben soll.

Ich sagte; die Sache ist interessant, aber ich möchte doch wissen, warum erzählen Sie mir dies? Er sagte: das kann ich Ihnen heute nicht sagen, aber in kurzer Zeit werden Sie eine Erfahrung machen und dann wissen, warum ich Ihnen dies erzählt habe. Ich fragte: mit wem habe ich die Ehre zu sprechen; er sagte: seit einigen Wochen bin ich in der Regierung, und nachdem meine Revision beendet, reise ich zurück nach München. Kurze Zeit nachher sagte Frommel, die Regierung habe gesagt, er solle sich zum ersten Vorstand der Pensionscasse mit einem absoluten Veto machen lassen, denn in solange Riedinger bleibe wie jetzt, sei alles recht, wenn aber der Mann sich je ändern würde, sei alles in Gefahr; ich fragte, ob er denn ebenso wie ich sich ändern könne, worauf er sagte, daß dies nur bei mir vorausgesetzt sei, weil ich der technische Direktor sei, während er die Aktiengesellschaft vertrete.

Frommel wurde durch meine Fürsprache mit Vorstand, aber ohne entscheidende Stimme.

Später erfuhr ich von Herrn Präsident von Welden, daß Fo[rster] damals in der Regierung gesagt habe, wie es oben bereits steht, er sagte noch, Riedingers Einfluß sei so groß, daß sein Wunsch den Leuten schon als Befehl gelte.

Ich verabredete mit Frommel, daß solche Handlungen, deren Erfolg die Achtung hervorbrachten, *er* übernehme, was aber in der Ausführung nicht gieng, und es entstanden Verhältnisse, die in Folge der erwähnten Grundsätze mir meine Stelle entleideten, indem die freudige und uneigennützige Wirksamkeit beschädigt war.

Ich trug im April 1852 dem Herrn Bürgermeister Forndran die Verhältnisse vor, ersuchte ihn um Rath; wie muß ich es machen, den Herrn F[orster] zu überzeugen, daß er Unrecht hat; worauf dieser sagte: mein lieber Herr Riedinger, das gibt es nicht. Wenn ein Mann, der Geld hat und sonst in solchen Verhältnissen lebt wie Jener, so hat er keinen Wunsch mehr, als alle Ehre für sich in Anspruch zu nehmen und thut alles, um dies zu erreichen; wenn aber Jemand, der die Ehre wirklich verdient, Ehre selber erhält, das betrachtet er für einen solchen Fehler, daß er dem nicht verzeihen kann; das bleibt, bis der Tod scheidet. Ich war sehr unangenehm überrascht, indem ich mit so großer Anhänglichkeit an den schönen Verhältnissen, welche in Beziehung auf Rentabilität & Arbeiter & verschiedene Technische Einrichtungen bestanden, hing. Ich sagte, wenn ich wüßte, daß ich nicht verderbe, gieng ich weg. Herr F[orndran] sagte mit großer Überzeugung: »Ein Riedinger verdirbt nicht.«

Das Selbstvertrauen erwachte, und ich kündigte, ehe noch zu wissen, was ich beginne. Als mir zugesprochen wurde, ich solle bleiben, es sei beschlossen, mich zu verbessern, sagte ich dem Vorstande der

Gesellschaft Herrn F[rommel]: ich danke. Ich will nicht mehr, das, was ich will, das ist meine bisherige freudige Wirksamkeit, und diese lasse ich mir nicht abkaufen. Dazu ist Ihr Geld kalt, eiskalt.

Weil man meine Leistungen achtete, der Erfolg meines Fleißes mir Freunde brachte und ich überall geachtet dastand und ich die Ehre nicht gesucht hatte, sondern ich wollte, soviel ich kann nach allen Seiten, soweit mein Wissen & Erfahrung reicht, mich nützlich machen, so war, als dieser Neid so tiefgehende Handlungen gegen mich veranlaßt, ich sehr beleidigt, und ich hatte eher den Muth, selbst Etwas für mich zu unternehmen als nochmals solche Erfahrungen zu machen.

Ich wußte, daß München & Augsburg kurz vor mit Gas beleuchtet wurde[n] und daß der Unternehmer, ein Banquier in der Schweiz, einen großen Nutzen sich gemacht hatte. Er suchte Aktienzeichnungen zu bekommen, welche er theilweise erhielt, indem auf dem Programm 10 bis 15 % Rente in Aussicht gestellt war[en]; doch hatte es sich bis zum Jahre 52 gezeigt, daß man gar keinen Zins bekam[60]. Ich hielt dies für Unrecht und kam auf den Gedanken, wenn ich Gaswerke, vielleicht 20, baue & keinen Banquier & Associe nehme, kein Geld in Form von Aktien *suche*, sondern auf eigene Rechnung baue, wenn die Fabrik in Betrieb ist, dann erst Aktien ausgebe in der Höhe, wie das Erträgnis zu 5 % aus dem Betrieb sich herausstellt, ich die 5 % garantire, so sei dies ein ehrlich Geschäft.

Nachdem ich wußte, daß man in der Industriellen Welt eine gute Meinung von mir hatte, konnte ich auf Geldvorschuß rechnen; so war es auch; ich hatte mir blos die Aufgabe zu stellen, in Augsburg geheim zu halten, woher die Mittel kommen, welche ich ohne jedes Pfand in großen Summen erhielt. Dabei war der Vorsatz, ich ziehe in die Welt, verdiene mir einige Hunderttausend und kehre dann zurück, um es in Augsburg zu verwenden, wo ich seit 1850 eine Wasserkraft hatte, welche verpachtet war[61].

Nach Umfluß von 4 Jahren, als ich 8 Städte mit Gas beleuchtet hatte, stellte sich heraus, daß ich nie mit der Qualität der Waaren nicht zufrieden sein konnte, welche ich für die Unternehmungen brauchte; in Folge dessen ich die Bestandtheile zur Gasfabrikation und zur Beleuchtung selbst zu machen mich entschlossen hatte, was sich gut bewährt hat.

In den Städten, wo man mir die Konzession zu Gasbeleuchtungen zutheilte, gab man sich der Hoffnung hin, wenn Riedinger hier her kommt, könnte man denselben dazu bestimmen, daß er auch eine andere Industrie gründet; so kam es, weil man wußte, daß ich mit gutem Erfolg so lange Zeit in der BwollIndustrie thätig war; die Magistrate z. B. Bayreuth & Bamberg brachten es dahin, daß ich mich entschloß, es zu unternehmen[62]. Gelder wurden angeboten mit der Bedingung, wenn ich Direktor werde; das wollte ich aber nicht.

Als nun in dem Augenblick, wo die Spinnerei in Bayreuth 1854/55 deshalb nicht zu Stand kam, Herr Präsident von Welden nach Bayreuth kam, mir zusprach und ich ihm sagte, daß ich wegen den Augsburger Intriguen kein Direktor mehr werden will, sagte er mir, er wisse es; als ich im Jahre 1852 gekündigt hätte, kam F[rommel] zu mir, brachte die Nachricht, Riedinger hat gekündigt und bat mich, ich solle mit ihnen (sc. der Augsburger Industrie) zusammenhalten, denn Sie müssen Alles zu verhindern suchen, was Riedinger hier nach auswärts unternimmt, sonst verlieren wir die besten Arbeitskräfte; er fragte, ob ich denn Leute von Augsburg brauche, wenn ich die Spinnerei hier unternehme; ich sagte, das sei gar nicht möglich, in Bayreuth ist Alles billiger, zudem haben die Leute in Augsburg Pensionen, welche selbe beim Weggehen verlieren. [Er:] Drum, ich habe das für eine Intrige gehalten, so wurden übrigens noch mehr Dinge geschaffen. Als ich Sie dem König vorstellte, kam nachher Herr F[rommel], sagte, er habe gehört, Riedinger solle einen Orden erhalten und machte aufmerksam, Riedinger sei als Direktor der Spinnerei nur als 1ter Arbeiter zu betrachten, ein[en] Orden könne nur der kaufmännische Garant erhalten; das wäre eine Standesverwechslung, das hätte er so nicht aufgefaßt.

Riedinger erhielt eine goldene Medaille; und wurde ich aber gleich gewahr, daß von jener Seite es nicht gern gesehen wurde, denn die Feindseligkeit wurde größer – das war 1850.

Nach der Audienz fühlte ich, daß solche Anträge meinerseits, welche ich Frommel mittheilte, welche größere[n] Verbesserungen in der BwollIndustrie zu machen wären, immer auf Hindernisse stoßen; im

60 Die Bankiers August von Eichthal aus Augsburg und C. F. Kohler aus Genf hatten 1848/50 in Augsburg und München die Gasbeleuchtung eingerichtet.

61 Riedinger hatte am 24. 10. 1850 von den Messingfabrikanten Karl und Joseph Anton Freiherrn von Beck das Eisenhammerwerk Lit. I 318 und 319 gekauft.

62 Riedinger errichtete 1852/54 in Bayreuth die Gasbeleuchtung und eine Spinnerei, in Bamberg 1855/58 ebenfalls die Gasbeleuchtung und eine Spinnweberei.

Jahre 1851 verlangte ich, auf die Londoner Ausstellung zu gehen[63]; Frommel sagte, er getraue sich nicht, im Ausschuß den Antrag zu stellen, die Herren werden mir das Verlangen sehr übel nehmen; ich sagte, er sollte den Antrag stellen, daß ich auf meine Kosten nach England wolle, und wenn es die Herren ablehnen, dann werde ich mich darnach zu richten wissen. In der Sitzung wurde gegen den Willen Frommels beschlossen, ich solle auf Kosten der Fabrik hin gehen.

In der Weltausstellung habe ich sämtliche im Gang befindliche[n] BwollSpinnerei & Webereien angesehen, bei denen, welche ich als besten hielt, stieg ich über das Seil; ein Ingenieur schickte den mir nachgekommenen Policeman zurück, ich sah die Maschine näher an und hörte nun die Firma heißt Platt, der Ingenieur Spencer; ich erhielt Empfehlungen nach Oldham & Manchester, sah dort Maschinenfabriken, Spinn & Webereien und überzeugte mich, daß die deutschen Zeitungen eine falsche Meldung über England verbreiteten, als nehmen die Engländer die beste Bwolle uns weg, spinnen deshalb bessere Garne; sie spinnen billiger, weil die Arbeiter schlechter bezahlt werden, welche ganz abgemagert seien & dergl. mehr. Die Engländer machen aus *weniger guter* Bwolle *gute* Garne, weil die *Maschinen* weit besser sind; die Arbeiter sind per ℔ geringer bezahlt als hier, *leisten aber weit mehr;* auf 1000 Spindeln sind bei uns 13 Arbeiter, dort von 3 bis 7. Die Arbeiter verdienen das Doppelte, sind gesund, reinlich und gut genährt. Zu meiner Überraschung fand ich, daß meine Anordnungen – Art der Bezahlung der Arbeiter, Vereine zum Wohl der Arbeiter, Einfluß auf Reinlichkeit, Nahrung & Spahrsamkeit – ganz so angestrebt wurde[n], wie es dort ausgebildet ist.

Ich kam mit dem Gedanken zurück, eine englische Muster Spinnerei zu gründen, besaß damals schon ein Jahr meine Wasserkraft am Eisenhammer, bot aber meiner Gesellschaft der Spin & Weberei an, sie solle an die sogenannte Stiefmutter ein Filialwerk zu errichten; es wurde hierfür 1851 eine außerordentliche Generalversammlung einberufen, in der namentlich Herr Forster mit vieler Rednergabe hervorhob, es sei unmöglich, die Spinnerei zu vergrößern, indem gerade die technische Direktion (also ich) so sehr überladen sei mit Arbeit, und brachte die Ablehnung zu Stand.

Dann wollte ich meinen Hammer dazu nehmen und kaufte vor allem das Schmidt'sche Anwesen von Herrn Paul von Stetten[64], welcher in bestimmter Weise erklärte, daß er sein Wort halte und protokolliren lasse, sobald ich die Gesellschaft beisammen habe, er betheilige sich auch. Hier muß ich beifügen, daß Hårr v. Stetten dem Schmidt ein Kapital geliehen hatte von 6000 fl. [für die] 2. Hypothek, nach 6000 fl. [für die] erste Hypothek. Schmidt kam in Gant, v. Stetten übernahm das Anwesen, ich glaube 1849; er bat mich, ehe er es übernahm, es einzusehen und es dann zu beaufsichtigen & zu unterhalten; ich übernahm die Schlüssel und 2 Aktenstücke. Paul v. Stetten kommt sehr oft zu mir, plante mit mir, was man daraus machen könne, bot mir es an zum Kauf.

Als 1850 Herr Anton von Be[c]k[65] die Prozesse mit Schmidt einige Jahre verloren hatte, bot er mir den Hammer an um 22 000 fl.; ich kaufte denselben mit 6000 fl. Anzahlung, den Rest 4½ % 10 Jahr unkündbar. Während dieser Zeit kam die Audienz 1850, die Reise nach England 1851. Das Projekt der englischen Musterspinnerei, wozu nun diese 2 Werke verwendet werden sollten.

Als bei mir Herr v. Bally & Graf Fugger eine Besprechung hatten wegen ihrer Betheiligung, kam Chur[66] mit seinem Schwager Leicht von Cannstadt, sagte: ich habe gehört, Du willst auf deinem Hammer eine Spinnerei bauen; mein Schwager hat sich von seinem Geschäft zurückgezogen und wünscht sein Vermögen mit 200 000 fl. in Spinnerei anzulegen, & ersuchen wir dich, die Betheiligung anzunehmen, und möchte einer von uns in [den] Ausschuß kommen; ich nahm dies an; er fragte, ob ich das Anwesen von Stetten dazu nehme; ich sagte ja, es sei schon gekauft um 22 000 fl., was er sehr belobte, damit die zwei Wasserkräfte wieder vereinigt seien; lud mich für selben Abend zum Essen ein, sagte zu Leicht: gelt ich habs gewußt, Freund Riedinger hat ein Herz für mich.

Ich sagte sofort den 2 Herren, daß Chur 200 000 fl. von Leicht dazu gebe, welchen es recht war; es war

63 Weltausstellung 1851 in London.

64 Johann Paul von Stetten (1790–1872) entstammte einer der angesehensten Augsburger Patrizierfamilien, war seit 1827 Teilhaber der J. G. W. v. Halderbank seines Onkels Friedrich von Halder; 1832 übernahm er für 300 000 fl. das Geschäft und führte es unter dem Namen Paul von Stetten.

65 Siehe Anm. 9.

66 Friedrich Peter Chur (1808–1880) war Teilhaber einer Spinnerei und Weberei in Schwäbisch-Hall, erwarb 1846 die Papiermühle am Senkelbach (Lit. I 12, 13) und errichtete auf dem Anwesen eine Spinnerei, die in erster Linie an die SWA lieferte. 1877 ging der Betrieb in Konkurs.

dies um 11½ Uhr. Um 12¾ Uhr kam Chur mit Leicht wieder, redete mich also an: Freund Riedinger, wir kommen und wollen uns als gute Nachbarn empfehlen; weißt, mein Schwager Leicht will hier her ziehen, und haben wir den Stetten gekauft; zeigte die Schlüssel, sagte: wir wollen eben jetzt hinunter und wollen es in Empfang nehmen & wollen wir gute Nachbarn bleiben. Ich sagte zu Leicht: Sie wollen in das Grillenhäusle hineinziehen, Sie haben ja so ein schönes Haus in Cannstadt; er sagte: ja, man richts halt ein bisle her, für uns 2 Leute ists schon recht. Ich sagte: adieu Chur!

Die Musterspinnerei war also zum 2ten Mal durch Intriguen verhindert. Ich ging sofort zu Paul von Stetten, sagte ihm, daß durch sein Benehmen die Spinnerei verhindert wurde. Er soll es nicht protokoliren lassen. Stetten sagte: Chur kam und sagte, er komme soeben *von Ihnen*, er baue *mit* Ihnen die Spinnerei, er soll das Anwesen um 22000 fl. in Empfang nehmen, & da hab ich ihm gleich die Schlüssel gegeben, die kann ich nicht wieder retour nehmen!

Chur verlangte später Aktenstücke & die Schlüssel; v. Stetten hatte selbe einige Monate vorher bei mir durch seinen Ausgeher holen lassen, erhielt selbe samt zwei Aktenstücke in einem Säckchen, in welchem ich diese Sachen von ihm Jahr und Tag vorher im Schmidt'schen Wohnhaus erhielt; er konnte es nicht finden, mußte aber doch wissen, daß er es hat holen lassen, um so mehr als er Chur die Schlüssel gab, die in demselben Säckchen an ihn kamen; von Stetten machte einen Prozeß auf Herausgabe der Schlüssel und Akten, welchen er verloren hatte.

8 Tage vor dem schlechten Streich von Chur kam Carl Buz[67]; Sander[68] läßt mir durch ihn seine Wasserkraft anbieten, wozu er 4 Jahr vorher das Gefäll baute; Buz sagte, Sander wolle meinen Hammer, der mich 22000 fl. kostete, um 12000 fl. übernehmen, er wolle seine Tabakmühle daher verlegen und die Tabakmühle der Kammgarnspinnerei geben; er will für seine Wasserkraft 40000 fl., dann solle ich die 10000 fl. vom Hammer auf die 40000 fl. schlagen und der Gesellschaft selbe zu 50000 fl. anrechnen; dies lehnte ich ab. Ging aber von Stetten aus sofort mit Buz zu Sander, ihm sagend: Sie haben mir Ihre Wasserkraft anbieten lassen, ich lehnte es vor 8 Tagen ab, wäre aber jetzt in der Lage, dies von Ihnen zu kaufen; er sagte: nicht wahr, der Chur hat Ihnen einen Streich gespielt; ich sagte: wissen Sie das schon; er: Herr v. Stetten hat mirs gesagt. [Ich:] was kostet selbe; er: wollen Sie mir den Hammer geben; ich: den möchte ich jetzt nicht weggeben, ich möchte die böse Absicht von Chur aushalten; er: 45000 fl. werden nicht zu viel sein, ich habe dann nichts dagegen, wenn sie selbe zu 50000 fl. in die Gesellschaft geben; ich: es ist mir recht, wir wollen das schriftlich machen; er: es bleibt dabei, machen Sie nur die Gesellschaft, setzen es ins Programm ein; ich: geben Sie mir es schriftlich. Buz: a laß gut sein, wenn Herr Sander was sagt, ist [es] so wie protokollirt; ich: werden Sie für die Summe von 45000 fl. Aktien nehmen?, er: Aktien nehme ich keine, es ist mir lieber, wenn Sie die Gesellschaft beisammen haben, geben Sie mir das Geld; ich & er geben sich die Hand; also es bleibt dabei.

Ich machte nun mein Programm, setzte hinein *mit den besten englischen Maschinen*, zeigte es Herrn Gustav Frommel[69], welchem Alles recht war, nur die Worte mit den besten englischen Maschinen soll ich weglassen, man wisse ja schon, daß dies eine Spinnerei mit englischen Maschinen werde. Ich redete mit Herrn Friedrich Schmid[70], er möge die Zeichnungen entgegennehmen, das Programm auflegen. Herr Schmid sagte, er müsse eine Sitzung halten; wenn man das neue Etablissement nicht für ein Concurrenzgeschäft halte, wolle er es gegen ½ % der Summe thun, was auch geschehen ist; ich erzählte ihm den Kauf von Sander, er fand es ganz recht, daß für die Wasserkraft & Platz 45000 fl. [ge]zahlt wurden & ich solle 50000 fl. erhalten.

67 Carl Buz (1803–1870), Ingenieur und Leiter (1844–1864) der Reichenbach'schen Maschinenfabrik, seit 1857 Maschinenfabrik Augsburg AG, später (1898) MAN, vgl. Erich von Kurzel-Runtscheiner, Heinrich Ritter von Buz, in: Lebensbilder aus dem Bayerischen Schwaben 10 (1973), S. 319–334.

68 Ludwig Sander (1790–1877) aus Sprendlingen (Hessen) übernahm 1812 in Augsburg die Leitung der Tabakfabrik seines Schwiegervaters Lotzbeck, errichtete 1840 mit Hilfe des Technikers G. Dollfus eine Maschinenfabrik, die spätere MAN, und schuf durch Kanalbauten am Stadtbach 1846 die Voraussetzung (Antriebskraft) für die Errichtung einer Baumwollspinnerei. Sander war an mehreren Aktiengesellschaften beteiligt.

69 Siehe Anm. 6.

70 Jakob Friedrich Benedikt Schmid (1807–1853), Bankier und Aufsichtsratsvorsitzender der SWA, vgl. Peter Fassl, Die Bankiersfamilie Schmid – Finanziers der Augsburger Industrie im 19. Jahrhundert, in: Rainer A. Müller (Hg.), Unternehmer – Arbeitnehmer.

Das Programm wurde nun gedruckt; Herr Schmid fragte, wie viel ich mich betheiligte; ich sagte, mit 25000 fl., was ich besitze; er sagte, er wolle mir zu 4½ % 25000 fl. leihen, ich soll mich mit 50000 fl. betheiligen, was ich angenommen habe. Nach einigen Tagen war die Zeichnung bei Schmid; Herr Gwinner[71] sagte mir: haben sie schon gezeichnet; ich sagte nein: ich werde doch nicht wie ein andrer zeichnen, Herr Schmid hat ja Alles, wie oben gesagt, mit mir ausgemacht; er: ich rate Ihnen, nehmen Sie die 2500, daher die 5 %, und gehen Sie gleich hinein; als ich wissen wollte warum, sagte er: es geht was vor, mehr kann ich Ihnen nicht sagen; auf das hin nahm ich 1250 fl. und zeichnete blos 25000 fl., weil ich mißtrauisch wurde, ohne zu wissen was vorgeht.

Im Comptoir von Schmid sah ich die Liste ein, es waren etwa 260000 fl. gezeichnet; ich gab 1250 fl. und schrieb 25000 fl. ein. Herr Schmid fragte nicht, warum ich nicht 50000 fl. schreibe, zudem er nicht wissen konnte, was Gwinner mir sagte. Da ich der Meinung war, daß Schmid die Summe vom Herrn Fürsten[72] vormerke, fragte ich: wie ists mit diesem. Schmid sagte: v. Balli war noch nicht da; zog einen Zettel aus der Westentasche, ohne ihn zu zeigen, rechnete mit dem Bleystift & sagte: er habe nicht mehr viel für Herrn Balli.

Ich ging sofort zu Herrn Balli, welcher abwesend war, und zwar, wie man mir sagte, bei Herrn von Stetten, welche[r] so schnell als möglich die Spinnerei in Kempten anbot, um die in Augsburg zu verhindern? V. Balli sagte, C. Forster habe ihm versprochen, daß er das Programm zuerst erhalte; es müßte noch nicht gedruckt sein, weil er keines bekam; ich sagte ihm, selbe seien seit 3 Tagen fertig; er ging mit zu Schmid und wollte 100000 fl. für den Fürsten und weiß nicht wie viel für den Grafen und für sich. Schmid sagte, er habe nur mehr 35000 fl., v. Balli schimpfte darüber und sagte, Sie haben mit mir die Summe ausgemacht; Schmid sagte: Sie waren noch nicht bei mir. V. Balli nahm 30000 fl. für den Fürsten & 5000 für ihn. Nachmittag kam Schmid zu Frommel, erzählte, daß v. Balli so geschimpft habe, weil er seinen Antheil nicht erhielt. Frommel sagte, Schmid hätte sollen v. Balli eine Vollmacht verlangen und bis er diese brachte, sollte er sagen, jetzt habe er gar nichts mehr: »Man hätte die Leute nicht drin gebraucht.«

... In Bayreuth bot man mir 100000 fl. an, wenn ich Direktor werde zu einer Spinnerei; dies und Herrn von Welden sein Zuspruch veranlaßte[n] mich, in der Eigenschaft eines ständigen Ausschußmitgliedes das Unternehmen zu machen, doch muß Jedermann wie ich in der Sache uneigennützig bleiben. Mein Gründungsvertrag war, ich erhalte aus dem Netto-Nutzen 2 %, worauf ich später deshalb verzichtete, weil die großen Ausdehnungen meiner Unternehmungen nicht gestatteten, in Bayreuth zu wohnen.

Herr Bürgermeister Forndran und Herr Präsident von Welden hatten Recht, denn auch die Spinnerei Bayreuth sollte von Augsburg verhindert werden. Als die Gesellschaft constituirt war, schrieb man von Augsburg dorthin, man solle sich ja nicht einlassen, mir Vertrauen zu schenken, denn meine Rechnungen seien falsch. Riedinger hat zur Stadtbachspinnerei[73] das Programm aufgelegt und sich so verrechnet, daß man 300000 fl. Geld aufnehmen mußte, und dort wird es auch so kommen, und in Bayreuth gelte noch das preußische Landrecht, wo jeder Aktionär haftbar sei für die Schulden der Gesellschaft. Dies wurde auch nach Hamburg geschrieben, wo große Summen gezeichnet waren; als die Hamburger Aktionäre zu einer außerordentlichen Generalversammlung kommen, um die Fabrik zu unterdrücken, überzeugten sie sich eines Besseren und wurde diese Intrigue nicht berücksichtigt und der Bau bestimmt und mein guter Wille sehr anerkannt.

Als diese Intriguen nicht gelangen, so sollte ich durch einen Aktionär in Frankfurt auf gütlichem Wege veranlaßt werden, aus dem Verwaltungsrath zu treten und mich einer Wahl zu unterwerfen, indem ich, so wie es im Statut steht, oktroirt wäre. Da aber die Bayreuther bis dahin sich überzeugt hatten, daß das auch seinen Ursprung in Augsburg hatte, so wurde die Sache sofort als Unrecht erklärt, denn man wußte ja, daß ich das Etablissement nur zum Nutzen & Frommen der Stadt selbst unternommen hatte.

Bei Gründung solcher Etablissements, welche als englische Musterspinnereien zum Vortheil der

71 Jakob Heinrich Gwinner (1801–1888) entstammte einer Augsburger Kaufmannsfamilie und war Kontrolleur (1840–1852) und Aufsichtsratsmitglied (1839–1872) der SWA.

72 Gemeint ist wohl Fürst Fugger.

73 Die Baumwollspinnerei am Stadtbach wurde 1851 mit einem Kapital von 900000 fl. gegründet, 1854 mußte man ein Hypothekanlehen in Höhe von 300000 fl. aufnehmen, 1857 wurde das Aktienkapital auf 2 Millionen fl. erhöht. Ob sich Riedinger 1851 bei seinem Programm tatsächlich verrechnet hatte oder ob die Mehrausgaben unvorhersehbar waren und auf der anderen Ausführung – statt englischer Maschinen wurden Schweizer und französische gekauft – beruhten, läßt sich nicht mehr feststellen.

betreffenden Orten & auf Veranlassung der Magistrate durch mich entstanden sind, war von meiner Seite bedungen, daß alle Lieferungen, soweit solche in Augsburg gemacht werden, von da ohne andere Concurrenz bezogen werden müssen, und zwar zu solchen Preisen, wie die betreffenden Fabriken in Augsburg zur Zeit sich anderswohin zahlen lassen. Die Folge war, daß mir von Augsburg geschrieben wurde, mir 5 % von all diesen Beträgen gutzuschreiben; ich lehnte dieses Anerbieten ab, weil ich mir zum Grundsatz gemacht habe, den Gedanken, mich den betreffenden Städten nützlich zu machen, ohne solchen Nutzen zu suchen; glaubte, das sei nicht ehrlich.

Als ich aber von derselben Fabrik, einer hiesigen Fabrik, vor 3 Jahren unartig behandelt wurde, habe ich die Summen zusammengestellt, welche die Leute, also ein hiesiges Etablissement, ohne Concurrenz zu liefern hatte[n], und stellte es sich heraus, da selbe, sofern ich akzeptirt hätte, 75 000 fl. an mich zu zahlen gehabt hätten.

Als die Spinn & Weberei in Bamberg fertig war, hatten meine Herrn Collegen im Ausschuß bestimmt, mir eine Prämie für meine vielen persönlichen Bemühungen von 15 000 fl. zu zahlen, welche ich ebenfalls ablehnte, indem ich nicht bezahlt sein wollte und mir lieber ist, heute noch in freundschaftlicher Beziehung zu stehen.

Die sämtlichen Etablissements – *(hier bricht das Tagebuch ab).*

1875
1stes Buch: Die Schule des Lebens
2tes Buch: Ueber Wissenschaft & Arbeit als Pflege des Wohlstands für Alle.

In das offene Buch sollte geschrieben werden, was Wagner nicht zu machen fähig war.

Treu und Glauben sind die Grundpfeiler der menschlichen Gesellschaft, durch sie besteht Freundschaft, Ehre, Handel & Wandel. Man untergrabe diese, und Alles wankt und fällt auseinander.

Wer diese aufrichtig pflegt, dem eilt ein guter Ruf voraus und öffnet ihm die Pforten. Verdienste zu haben ist schön, aber eben so schön ists, selbe an Andern zu ehren.

Bist du des Rechts dir bewußt, so verachte die Verleumdung, denn wer Niemand beleidigt und doch Feinde hat, muß kein alltäglicher Mensch sein; dem können Feind sein, die die Wahrheit fürchten, das Recht verdrehen, der Tugend fern sind und Ehre nicht verdienen.

Abkürzungen

HStAM	Hauptstaatsarchiv München	StAA	Stadtarchiv Augsburg
MANA	Archiv der MAN	SWAA	Archiv der SWA

Johann Nepomuk von Raiser und die Vorgeschichte des Historischen Vereins für Schwaben

von Walter Grabert

Der Historische Verein für Schwaben begeht im Jahr 1984 die 150. Wiederkehr seiner Gründung[1]. Zu diesem Anlaß wendet sich das Interesse der Konstituierung des Historischen Vereins des Oberdonau-Kreises, wie der damalige Name lautete, zu. Zwar wurde schon vor dieser Zeit in Ostschwaben Geschichtsforschung betrieben, doch sie hat durch die Gründung dieser Gesellschaft erst eine feste und im ganzen Königreich gleichartige Organisationsform erhalten, wie es auch der damalige König, Ludwig I. (1825–1848), gewünscht hatte. Allerdings haben bis zu diesem Zeitpunkt nicht nur Einzelpersonen schwäbische Historiographie betrieben; es bestanden im bayerischen Schwaben bereits sehr früh Institutionen, die sich der Pflege des historischen Erbes annahmen. Hier sind das »Antiquarium Romanum« und das »Historische und Altertums-Bureau« zu nennen, die beide ihre Entstehung engagierten Einzelpersönlichkeiten verdankten. Johann Nepomuk von Raiser und Fürst Ludwig von Oettingen-Wallerstein sind in einem Atemzug mit diesen Einrichtungen zu nennen. Beide stehen aber wieder in der langen Tradition Augsburger Historiographen, wobei der Bogen der Betrachtung nicht gleich bis zu Konrad Peutinger oder Markus Welser gespannt werden soll, wiewohl an geeigneter Stelle auf sie eingegangen wird, dafür aber die unmittelbaren Vorläufer Wallersteins und Raisers, der ältere und der jüngere Paul von Stetten, und ein im historischen Fach berühmter Zeitgenosse, der Benediktiner Placidus Braun, Erwähnung finden müssen. Im Zusammenhang mit dem Historischen Verein ist freilich Johann Nepomuk von Raiser die wichtigste Persönlichkeit, die man aber nicht isoliert von ihrem geistigen Umfeld betrachten sollte.

Das Antiquarium Romanum, das schon lange vor dem Verein ins Leben trat, wird ebenfalls beschrieben werden, da es später in die Obhut eben dieses Vereins kam und weil viele Exponate aus der damaligen Sammlung bis heute zu den schönsten Stücken aus Augsburgs und Schwabens römischer Vergangenheit gehören. Handelte es sich beim Antiquarium noch um eine reine Privatinitiative, so stellte das einige Jahre später begründete historische und Altertumsbureau bereits den Versuch dar, die Boden- und Baudenkmäler bei einer Regierungsstelle systematisch zu erfassen. Beide Institutionen konnten ihre Wirksamkeit nur durch den Einsatz Johann Nepomuk von Raisers entfalten. Und er war es auch, der nach längerem Zögern den

1 Das Manuskript diente teilweise als Vorlage für einen Beitrag von J. Bellot in der Zeitschrift des Historischen Vereins für Schwaben, Sonderband zum 150jährigen Bestehen (1984), S. 9–21. Der Verfasser dankt dem Historischen Verein für die Gewährung eines kleinen Stipendiums.

Historischen Verein des Oberdonau-Kreises begründete. Die vielseitigen Vorgänge bis zur Konstituierung des Vereins werden ebenfalls noch Gegenstand der Betrachtung sein.

1. Geschichtsschreibung in der Endphase der Reichsfreiheit Augsburgs

Wie bereits angedeutet, ist es durchaus empfehlenswert, die Historiographie des 18. Jahrhunderts kurz zu beleuchten, einer Zeit, in der Geschichte von Einzelpersonen geschrieben wurde. Erster in dieser Reihe ist Paul von Stetten der Ältere.

Paul von Stetten der Ältere (1705–1786)[2]

Im Alter von 18 Jahren immatrikulierte sich Paul von Stetten an der Universität Altdorf bei Nürnberg, um dort das Studium der Rechte aufzunehmen. Nach einer sechsmonatigen, zeitüblichen Bildungsreise, die seine vierjährige Studienzeit beschließt, kehrt er nach Augsburg zurück und bereitet sich auf seine Tätigkeit in der städtischen Administration vor. Im Laufe der kommenden Jahre bekleidet er in Augsburg wichtige Ämter.

Er ist im schulischen, sozialen und administrativen Bereich tätig, seit 1739 gehört er dem Rat der Stadt an. In der Zeit, als Paul von Stetten die Aufsicht über die Stadtbibliothek hat (1750–1754), können deren Bestände deutlich vermehrt werden. Während seines langjährigen Wirkens im Finanzwesen Augsburgs versuchte er unablässig, eine Konsolidierung der pekuniären Situation zu erreichen, allein sein Kampf gegen den städtischen »Filz« blieb erfolglos. Ohne positives Ergebnis verlief auch eine diplomatische Mission an den kaiserlichen Hof nach Wien (1762), wo er wegen Problemen mit dem angrenzenden Kurbayern vorstellig wurde. Wie sehr er auch immer versucht hatte, sich durch herausragende Leistungen im Verwaltungsdienst bleibenden Ruhm zu erwerben, so ist doch sein Verdienst für die Geschichtsschreibung seiner Heimatstadt weitaus höher einzuschätzen. Er verfügte über eine umfangreiche Bibliothek, und durch sein intensives Quellenstudium hatte er genügend Fakten angesammelt, die dann in seine »Geschichte des Heiligen Römischen Reiches Freyen Stadt Augspurg«[3] Eingang fanden. Die beiden Bände behandeln die Zeitabschnitte von den Anfängen der Stadt bis 1627 und von 1628 bis 1649. Die Bedeutung, die der Dreißigjährige Krieg für Augsburg durch seine noch immer aktuellen Auswirkungen für die Bürgerschaft (Parität) hatte, war für von Stetten der Grund, diese Epoche sehr stark herauszustellen. Ein dritter Teil, der bis an die Gegenwart heranreichen sollte, kam nicht zur Ausführung. Paul von Stetten d. Ä. hatte zwar schon genügend Unterlagen dafür zusammengetragen und hielt diese Sammlung auch immer auf dem neuesten Stand, jedoch ließen ihn Bedenken wegen der möglichen politischen Brisanz seines Werks von einer Veröffentlichung Abstand nehmen.

Seine Geschichte Augsburgs, in Form einer Chronik abgefaßt, ist trotz ihrer trockenen Darstellung wegen der akribischen Bearbeitung großer Quellenbestände bis heute unentbehrlich[4]. Besonders interessant sind jeweils die einleitenden Kapitel der beiden Bände, in denen das Quellenmaterial vorgestellt wird und früher erschienene Werke anderer Autoren kurz bewertet werden.

2 Lebensbilder aus dem Bayerischen Schwaben, Bd. 3, München 1954, S. 314–326 (zitiert: LBS); ADB 36, S. 127f.

3 Zwei Bände, Augsburg 1743 und 1758.

4 LBS 3, S. 321.

Paul von Stetten der Jüngere (1731–1808)[5]

Auch der jüngere von Stetten studiert Jura, um später in den Verwaltungsdienst eintreten zu können. Genf und Altdorf sind die Stationen seiner Ausbildung, die er, wie sein Vater, mit der zeitüblichen Bildungsreise beschließt. Nach der Rückkehr in seine Heimat widmet er sich, ebenfalls nach Vorbild des Vaters, der gründliche Kenntnis der Territorialgeschichte für einen Staatsmann als unerläßlich erachtete[6], eingehenden Archivstudien. Dabei entstanden Supplementbände und Register zu den Herwartschen Urkundensammlungen[7]. Sein Leben fiel in die letzte Phase der Reichsfreiheit Augsburgs. Das ausgehende 18. Jahrhundert mit seinen politischen und wirtschaftlichen Umwälzungen sieht von Stetten an der ersten Stelle Augsburgs stehen. Nach seiner Wahl zum Stadtpfleger im Jahre 1792 versuchte er, durch umsichtige Reformen zunächst einmal die finanzielle Situation seiner Vaterstadt zu verbessern. Seine erfolgversprechenden Vorschläge können aber nicht darüber hinwegtäuschen, daß alle Bemühungen angesichts der anbrechenden neuen Zeit zum Scheitern verurteilt waren.

Der Weberaufstand und die Koalitionskriege mit ihren Einquartierungen leiteten das Ende der Augsburger Reichsfreiheit ein. Am 4. März 1806 fiel Augsburg an das junge Königreich Bayern, und noch im gleichen Jahr nahm Paul von Stetten d. J. seinen Abschied von den Verwaltungsgeschäften. Neben seinen vielfältigen Amtsgeschäften fand er noch Zeit, sich der Musik, Malerei, der schönen Literatur und eben der Geschichtsschreibung zu widmen. Die auf Quellen beruhenden historischen Darstellungen begründen seinen Ruf als Historiograph, wobei er über die abgesicherte Darstellung und Analyse geschichtlicher Vorgänge hinaus noch einen weiteren, mehr pädagogischen Zweck verfolgte. Durch die Beschreibung alter Tugenden, so dachte er, müßten diese doch wieder mit Leben erfüllt und Augsburg wieder zu alter Größe zurückgeführt werden können. Deshalb liegt der Schwerpunkt seiner Werke häufig in der Beschreibung vornehmer Familien und in der Wirtschaftsgeschichte.

Placidus Braun (1756–1829)[8]

Die beiden Paul von Stetten hatten bei ihrer Geschichtsdarstellung mehr den weltlichen Bereich in den Mittelpunkt gerückt; der Mann, von dem noch kurz gehandelt wird, war, nach Herkunft und Ausbildung, wie kein anderer dazu geeignet, das geistlich-religiöse Leben Augsburgs zu repräsentieren.

Placidus Braun kam 1768 als Chorknabe bei St. Ulrich nach Augsburg. Nach Absolvierung des Gymnasiums bei den Jesuiten trat er 1775 in das Benediktinerkloster St. Ulrich ein und wurde vier Jahre später zum Priester geweiht. Seine erste Aufgabe im klösterlichen Betrieb fand er in der, zunächst vertretungsweisen, Verwaltung der Bibliothek, in die er sich so gut einarbeitete, daß er seit 1885 die Bibliothekarsstelle dauernd innehatte und ihn der Abt mit der Erstellung eines Gesamtkatalogs beauftragte, der zwei Jahre später handschriftlich vorlag. Aus diesen Vorarbeiten entstanden ein zweibändiger Katalog der Wiegendrucke (1797) und

5 LBS 3, S. 327–345.; ADB 36, S. 127 f.; Siegfried MERATH, Paul von Stetten der Jüngere. Ein Augsburger Patrizier am Ende der reichsstädtischen Zeit, Augsburg 1961.

6 ADB 36, S. 127.

7 Hans Georg Herwart d. Ä. (1553–1622), u. a. Verfasser von Handschriftenkatalogen.

8 ADB 3, S. 272–274; LBS 8, S. 349–376.

zwischen 1791 und 1796 ein sechsbändiger Handschriftenkatalog. Seine Verdienste um die Bibliothek brachten ihm bald darauf das Amt des Archivars ein.

Durch die umfassende Kenntnis der Besitzverhältnisse des Klosters, die er sich aus Urkunden, Salbüchern usw. erworben hatte, erschien Placidus Braun dazu prädestiniert, die gesamte Wirtschaftsverwaltung des Klosters zu übernehmen (1796). Wie Paul von Stetten d. J. im städtischen Bereich, so erlebte Placidus Braun an verantwortungsvoller Stelle das Ende klösterlichen Lebens bei St. Ulrich. Nach Aufhebung des Klosters, die am 12. Dezember 1802 Wirklichkeit wurde, verlegte sich Placidus Braun – er arbeitete jetzt beruflich mit einigen seiner Mitbrüder in der Pfarrseelsorge von St. Ulrich – auf die Geschichtsschreibung und Urkundenedition. Die »Geschichte der Bischöfe von Augsburg«[9], die »Geschichte der Kirche und des Stiftes der Heiligen Ulrich und Afra in Augsburg«[10] und sein Werk über die »Geschichte des Kollegiums der Jesuiten in Augsburg«[11] seien hier genannt. Von ganz besonderer Bedeutung ist seine Herausgabe aller Urkunden des Klosters St. Ulrich und Afra in zwei Bänden der Monumenta Boica[12]. Placidus Braun war seit 5. August 1808[13] ordentliches auswärtiges Mitglied der königlich-baierischen Akademie der Wissenschaften und hatte damit besseren Zugang zu den staatlichen Archiven.

Die drei Männer, von denen bisher die Rede war, zeichnen sich durch eine Reihe von Gemeinsamkeiten aus. Alle waren sie zunächst keine »Fachleute« auf dem Gebiet der historischen Forschung, sondern Staatsmänner bzw. Kleriker. Das ist zunächst nicht verwunderlich, stehen wir doch am Ausgang einer Epoche, »in der die Historiker vielfach aus dem Kreis der Staatsmänner zu kommen pflegten«[14]. Weiter arbeiteten sie für sich allein, waren nicht Mitglied eines Kollegiums von Gleichrangigen, die ein gemeinsames Interesse verfolgten, was ebenfalls dem Bild der Zeit entspricht. Die umfangreiche Verwendung historischer Quellen ist ebenfalls ein Charakteristikum ihrer Tätigkeit. Zeitlich gesehen ist es zwar nicht mehr weit bis zur straffen Organisation der Lokalforschung durch König Ludwig I.; daß im bayerischen Schwaben schon vorher Anstrengungen unternommen wurden, die Überreste der Vergangenheit zu bewahren, wird sich im folgenden zeigen.

2. *Johann Nepomu(c)k von Raiser (1768–1853)* *Vorläufer und Wegbereiter des Historischen Vereins*[15]

Am 25. September 1768 wurde im damals österreichischen Freiburg im Breisgau Johann Nepomuk Franz Anton Raiser geboren. In seiner Vaterstadt besuchte er das Gymnasium und schloß dort 1790 auch sein Studium der Rechte ab. Im Jahr 1792 wurde er zum Doctor Juris utriusque promoviert. Wie sehr seine Ausbildung vom Ideengut der Aufklärung und dem Eindruck der Französischen Revolution geprägt war, kann man aus seiner Dissertation

9 Vier Bände, Augsburg 1813–1815.

10 Augsburg 1817.

11 München 1822.

12 Band 22 und 23, 1814 und 1815.

13 LBS 8, S. 365.

14 Merath, Paul von Stetten der Jüngere, a. a. O., S. 165. Vgl. A. Kraus, Bayerische Geschichtswissenschaft in drei Jahrhunderten, München 1979, S. 106ff.

15 Taschenbuch für die vaterländische Geschichte XXIX (= XI NF), Stuttgart 1840, S. 224–241; ADB 27, S. 188; 19. JbHVSchw (1853), S. III–XXIV.

erkennen: »Sätze aus allen Teilen der Rechtsgelehrtheit und aus den politischen Wissenschaften, welche zur Erhaltung der Doktorwürde öffentlich verteidigen wird Johann Nepomuk Raiser, der Rechte Kandidat. 1792«[16]. Darin plädiert von Raiser z. B. auch für die konstitutionelle Monarchie als beste Staatsform und verurteilt an anderer Stelle den Tyrannenmord. Bei einer ganzen Reihe von Sätzen, die sich unter zwölf Oberbegriffe fassen lassen, führt er historische Beispiele und urkundliche Belege als Beweismittel an, eine Arbeitsweise, die ihn direkt zu seinen späteren Geschichtsforschungen hinführt. Ganz besonders interessant sind die Stellen im Kapitel V, wo von Raiser den Wahrheitsgehalt der Konstantinschen und der Pippinschen Schenkung untersucht.

Im Februar 1795 wurde von Raiser K. K. Oberamtsrat in Stockach, in der damaligen Landgrafschaft Nellenburg. Im gleichen Jahr heiratete er Josephine Schill, Tochter des K. K. Rats und Professors der Klinik an der Hochschule in Freiburg, Dr. Markus Schill. Von 1797 bis 1799 war er dann noch Sperrkommissär gegen die Schweiz. Am 24. April 1798 wurde in Stockach sein einziges Kind, Ludwig Raiser, geboren.

In einer Zeit zersplitterter Herrschaftsgebiete und herrschaftlich-politischer Umwälzungen, die erst mit dem Wiener Kongreß 1815 ihr Ende fand, war es notwendig, sich auf Urkunden, Salbücher und Urbare zu stützen, wenn fremde Besitzansprüche abgewiesen oder eigene bekräftigt werden sollten. Diese Aufgabe hatte Johann Nepomuk von Raiser übernommen, er beschaffte sich dazu aus staatlichen, klösterlichen und privaten Archiven in Südschwaben, Vorderösterreich, der Schweiz und im nachmaligen königlich bayerischen Oberdonau-Kreis das entsprechende Quellenmaterial. Der Weg zur aktiven Geschichtsforschung war damit beschritten.

Im Jahre 1802 wurde von Raiser K. K. Oberamtsrat und Kreisrat der Markgrafschaft Burgau in Günzburg und 1803 als jüngster wirklicher Rat bei der dortigen Regierung zum Appellationsrat befördert. Alle Artikel in biographischen Lexika und die Nachrufe auf von Raiser rühmen sein diplomatisches Geschick bei allen ihm übertragenen Aufgaben. Als durch den Preßburger Frieden (26. Dezember 1805) die Markgrafschaft Burgau an Bayern fällt, tritt er in die Dienste des bayerischen Königs. Was ihn dazu bewogen hat, ist nicht festzustellen. Das »Taschenbuch für vaterländische Geschichte«[17] schreibt zwar, er habe sich aus »Wahl und Neigung« dazu entschlossen, obwohl ihm auch von österreichischer Seite gute Angebote gemacht worden sein sollen. Daß im jungen Königreich Bayern vielleicht bessere Aufstiegsmöglichkeiten bestanden haben dürften, könnte den Ausschlag gegeben haben. Jedenfalls ist er im Juli 1806 Oberjustizrat für Schwaben und Tirol und seit August des gleichen Jahres auch Rat der staatsrechtlichen Deputation der bayerischen Landesdirektion in Ulm. Dort hatte von Raiser u. a. die Aufgabe erhalten, die Besitzverhältnisse der mediatisierten Fürsten in Schwaben zu ermitteln[18]. Seine Beförderung zum Kreisdirektor erfolgte am 30. August 1808. Als Ulm zwei Jahre später an Württemberg abgetreten werden muß, bekleidet er die gleiche Position in Eichstätt.

Mit der Ernennung zum Regierungsdirektor bei der Kammer des Inneren der Regierung des Oberdonau-Kreises kommt Raiser im Jahre 1817 mit seiner Familie nach Augsburg. Diese Stelle hatte er dann bis zu seiner Pensionierung am 11. Mai 1836 inne. Während seiner Augsburger

16 Stadtarchiv Augsburg (StAA), Bestand 98 H. R.
17 Bd. XXIX (= XI NF), Stuttgart 1840, S. 232.
18 Ordensgesuch von Gravenreuths vom 24. September 1818, HStA, Ordensakten 12068.

Zeit war er auch acht Jahre stellvertretender Generalkommissär und Regierungspräsident. Am 14. Mai 1853 ist er im Alter von »64 Jahren und acht Monaten an Altersschwäche«[19] gestorben. Er wurde drei Tage später auf dem katholischen Friedhof beigesetzt[20].

Die Grabstätte bestand nach Auskunft der Friedhofsverwaltung noch bis zum Jahre 1958, wurde dann aber aufgelöst und neu belegt[21]. Es ist bedauerlich, daß diesem Mann, der sich wie nur wenige andere um die Geschichtsforschung in Augsburg und Bayerisch-Schwaben verdient gemacht hat, kein Ehrengrab zuteil geworden ist.

Eine seiner Aufgaben bei der Regierung bestand in der Erhebung und Verarbeitung statistischer Daten, die in sogenannten Administrativ-Jahresberichten niedergelegt wurden[22]. Diese überaus interessanten Statistiken enthalten (in Auswahl) standesamtliche Mitteilungen, Angaben zum Viehbestand und zu Bodenschätzen, Schrannenumsätze und Berichte verschiedener Behörden.

Bald nach seinem Amtsantritt ist Johann Nepomuk von Raiser bei einer Gruppe von Altertumsfreunden zu finden, die es sich zur Aufgabe gemacht hatte, römische Inschriften zu sammeln und zu beschreiben. Die daraus gewonnenen Erkenntnisse legte er 1820 in einem Buch nieder[23]. Eine geplante Sammlung und Aufstellung aller Römermonumente (Antiquarium Romanum) konnte dann im Jahr 1822 verwirklicht werden[24], wofür von Raiser einen »Katalog« lieferte[25].

Am 16. Oktober 1820 war Johann Nepomuk von Raiser mit dem Zivil-Verdienstorden der Bayerischen Krone ausgezeichnet worden[26]. Der später in den Grafenstand erhobene Karl Ernst von Gravenreuth hatte Raiser in einem Schreiben für die Verleihung vorgeschlagen. Für Untertanen des bayerischen Königs war mit der Eintragung in die Klasse der Ritter des Verdienstordens auch der persönliche Adel verbunden. Zu seinen bereits geschilderten Aufgaben hatte von Raiser damals noch die Redaktion des Intelligenzblattes des Oberdonau-Kreises, eines Mitteilungsorgans für amtliche Nachrichten, übernommen[27]. Darin publizierte er zunächst auch neue Fundgegenstände, die dem Antiquarium überlassen wurden, bis dem Intelligenzblatt 1829 eine besondere Beilage für Historisches, die »Beiträge für Kunst und Altertum im Oberdonau-Kreis«, angefügt wurde. Besonderes Augenmerk verwandte von Raiser auf die Münzen, die er als leidenschaftlicher Münzsammler in einer ausführlichen Beschreibung vorstellte. Auch Neuzugänge zu seinen eigenen Beständen fanden dabei Erwähnung. 1830 übernahm von Raiser die Leitung des Historischen und Altertums-Bureaus mit

19 Sonntagsbeilage zum Augsburger Anzeigeblatt, Nr. 21, 22. Mai 1853.

20 Augsburger Anzeigeblatt Nr. 134 v. 17. 5. 1853 (Todesanzeige); Nr. 137 v. 20. 5. 1853 (Grabrede und Danksagung); Augsburger Tagblatt Nr. 134 v. 17. 5. 1853 (Todesanzeige und kurze Meldung); Nr. 136 v. 19. 5. 1853 (Nekrolog); Nr. 137 v. 19. 5. 1853 (Danksagung).

21 Eine Abbildung der Grabstelle befindet sich in: ZHVS 51 (1934).

22 Acht Jahrgänge erhalten: StAA, AHVSchwA, Nr. 324.

23 Johann Nepomuk von Raiser, Die römischen Altertümer zu Augsburg und andere Denkwürdigkeiten des Oberdonau-Kreises, Augsburg 1820.

24 Siehe unten.

25 Johann Nepomuk von Raiser, Guntia und andere merkwürdigere Ereignisse der Donau-Stadt Günzburg, in der Umgegend und in der Markgrafschaft Burgau; Beschreibung des römischen Antiquariums zu Augsburg und neue Funde römischer und deutscher Altertümer in Augsburg und in der Nachbarschaft, Augsburg 1823.

26 HStA, Ordensakten 12068.

27 Vorgänger des heutigen Amtsblatts der Regierung von Schwaben.

seinen vielfältigen Aufgaben. Die schriftstellerische Tätigkeit hat er dabei niemals vernachlässigt. Zwischen 1821 und 1834 erschienen acht Titel, die sich mit der römischen Herrschaft in Schwaben beschäftigten, umfangreiche Ortsgeschichten darboten oder auch wappenkundliche Studien enthielten. Aus den benachbarten Kreisen[28] und dem außerbayerischen Ausland erreichten ihn Abhandlungen, zu denen er um Abgabe von Stellungnahmen oder um Überprüfung gebeten wurde. Seit 1824 erschienen im Königreich Württemberg Oberamtsbeschreibungen, die als Gegenstück zum geplanten, aber leider nie ausgeführten historisch-topographischen Lexikon für Bayern angesehen werden können. Mit einigen führenden Bearbeitern dieses Unternehmens stand er in regem Gedankenaustausch; in einigen Ausgaben wird ganz besonders auf wertvolle Unterstützung von Raisers hingewiesen.

Als 1834 auf Befehl des Königs auch im Oberdonau-Kreis ein Historischer Verein gegründet wurde, wählten die Mitglieder mit 422 Stimmen Johann Nepomuk von Raiser zum 2. Vorstand (Geschäftsführung); diese Aufgabe hat er noch bis wenige Jahre vor seinem Tod wahrgenommen. Zwar hatte er zunächst versucht, die Konstituierung eines solchen Vereins zu verhindern, um sein eigenes historisches Büro nicht zu gefährden[29]. Er wurde aber dann doch zum Motor des neuen Vereins. Mit den Jahresberichten, die seit 1835 erschienen und die er bis 1848 selbst redigierte, setzte er die begonnene Reihe der »Beiträge für Kunst und Altertum« fort.

Betrachtet man den umfangreichen von Raiser'schen Manuskriptbestand und die mit winziger Schrift beschriebenen Seiten, deren Zahl in die Tausende geht, so stellt sich die Frage, wann der königliche Regierungsdirektor überhaupt die Zeit fand, ein solches Œuvre zu schaffen. Auf verschiedene Belobigungen eingehend, schreibt er 1823, daß er seine Publikationstätigkeit fortzusetzen gedenke, »so schwer auch solche Dilettantenarbeit an und für sich ist (difficile est, historiam scribere), und noch schwerer für einen im höheren Staatsdienst stehenden Geschäftsmann wird, wenn derselbe unterbrochen hierzu nur bei gewöhnlich schon ermattetem Geiste die zumal bei voranschreitenden Jahren zur Erholung erforderlichen Abendstunden verwenden und oft nur nach längerer Unterbrechung die Feder wieder ergreifen kann«[30].

Wie lange er unter solchen Bedingungen seine historischen Werke verfassen konnte, ist nicht genau zu ermitteln. Aus den Bemerkungen zum dreijährigen Verwaltungsbericht vom 27. Januar 1831[31] ist zu erfahren, daß es ihm »ohne die seit vier Monaten eingetretene temporäre Enthebung von einigen gewöhnlichen Referatsmaterien, (...) unmöglich gewesen wäre, in diesem historischen Referatsfache auch mit Aufopferung *aller* Ruhestunden bei meinem schon höheren Alter alles das zu leisten, was ich wirklich geleistet habe«. Man darf wohl annehmen, daß ihm spätestens seit 1826, als erste denkmalpflegerische Anstöße von München ausgingen, Freistellungen vom täglichen Dienstbetrieb gewährt wurden.

Wie man im Innenministerium über von Raisers Tätigkeit urteilte, kann man aus einem Bericht des Ministers Eduard von Schenk erkennen, der dem König zugeleitet wurde[32].

28 Heute: Regierungsbezirke.

29 S. Stetter, Die Entwicklung der historischen Vereine in Bayern bis zur Mitte des 19. Jahrhunderts, o. O. 1963.

30 Im Vorwort zu: J. N. v. Raiser, Guntia, a. a. O.

31 StAA, AHVSchwA, Nr. 78.

32 Bericht über historische Vereine, Erhaltung historischer Überreste etc. (5. 2. 1831), StAA, AHV-SchwA, Nr. 78.

Zunächst wird darin auf den Vorsprung auf dem Gebiet der Denkmalpflege hingewiesen, den der Oberdonau-Kreis durch von Raisers Bemühungen bereits erreicht hat, und dann heißt es: »Diese Raiserschen Elaborate sind in der Tat eine reiche Fundgrube unbekannter Aufschlüsse und lassen nichts zu wünschen übrig als etwa eine schärfere Sonderung der römischen und der mittelalterlichen Daten, deren Vermengung der Deutlichkeit des Überblicks und dem logischen Zusammenhang einigen Eintrag tut.« In allen späteren Veröffentlichungen und bis in die Gegenwart hinein wird von Raisers Schaffen positiv beurteilt. Friedrich Vollmer bemängelt zwar die epigraphischen Artikel[33], M. Th. Contzen schätzte ihn dafür als einen Mann ein, »welcher aus und in sich allein die Wirksamkeit eines ganzen Historischen Vereins repräsentierte«[34].

Für seine rastlose Tätigkeit im Dienste der Geschichte und Denkmalpflege ist Johann Nepomuk von Raiser mehrmals offiziell belobigt, mit Orden ausgezeichnet und von vielen historischen Gesellschaften zum Ehrenmitglied ernannt worden. So wird er am 17. Januar 1823 als korrespondierendes Mitglied bei der Bayerischen Akademie der Wissenschaften aufgenommen[35]. Seine Unterstützung bei der Abfassung der württembergischen Oberamtsbeschreibungen fand am 8. September 1834 offizielle Anerkennung: Von Raiser wurde für seine »ausgezeichneten Verdienste um die Geschichte und Altertumskunde überhaupt und der Bereitwilligkeit insbesondere, womit Sie bisher die Arbeiten des hiesigen statistisch-topographischen Bureau unterstützt haben, das Ritterkreuz des königl. Ordens der Württembergischen Krone«[36] verliehen. Er fragte am 16. September des gleichen Jahres bei König Ludwig I. um Erlaubnis der Annahme nach[37], was ihm am 12. Oktober auch bewilligt wurde[38]. Anläßlich seines Abschieds aus dem aktiven Dienst bei der schwäbischen Regierung verlieh ihm Ludwig I. am 28. April 1838 das Kommandeurskreuz des königlichen Verdienstordens vom heiligen Michael[39].

3. Das »Antiquarium Romanum«

Johann Nepomuk von Raiser war 1817 zum Regierungsdirektor befördert und nach Augsburg versetzt worden. Der Geschichte dieser Stadt und ihres Einzugsbereichs galt fortan sein Hauptaugenmerk. In Augsburg gab es, was die Beschäftigung mit epigraphischen Zeugnissen anlangte, zwei große Vorbilder: Konrad Peutinger und Markus Welser. 1505 erschienen in Augsburg die 22 vom Humanisten und Stadtschreiber Konrad Peutinger verfaßten Beschreibungen von Inschriften aus Augsburg[40], denen 15 Jahre später eine erweiterte Fassung folgte[41]. Der Gelehrte Markus Welser, der sich mit bayerischer und Augsburger Geschichte befaßte, hat sich ebenfalls mit Inschriften aus römischer Zeit beschäftigt.

So lag es für von Raiser nahe, die früher beschriebenen »Steininschriften« aufzusuchen und,

33 Friedrich Vollmer, Über Fürsorge und Verständnis für römische Inschriften in Bayern, München 1913, S. 17f.
34 M. Th. Contzen, Geschichte Bayerns, Münster 1853, S. 96.
35 HStA, Personalakte, MInn 35578.
36 HStA, Ordensakten 15393.
37 Ebd.
38 Ebd.
39 HStA, Ordensakten 14245.
40 Konrad Peutinger, Romanae vetustatis Fragmenta in Augusta Vindelicorum, et eius Dioecesi, Augsburg 1505.
41 Ders., Inscriptiones vetustae romanae, et earum Fragmenta in Augusta Vindelicorum, Augsburg 1520.

wenn notwendig, über ihren Verbleib Nachforschungen anzustellen. Hierfür wandte er sich an Bedienstete der Verwaltung und an Augsburger Gelehrte: Es waren dies der königliche Regierungsrat und Stadtkommissär Wirschinger, der Benediktiner und Geschichtsschreiber Placidus Braun, der Stadtbibliothekar und Rektor des St. Anna-Gymnasiums Daniel Eberhard Beyschlag[42], die beiden königlichen Bauinspektoren Bürgel und Voit und der städtische Baurat von Hößlin[43]. Eine andere Quelle nennt noch den ersten Bürgermeister von Caspar[44]. Diese Männer gingen nun daran, die von Peutinger und Welser und später entdeckten, von anderen Autoren beschriebenen Inschriften, Reliefs und Statuenfragmente zu inventarisieren. Im September 1819[45] führten sie dieses Vorhaben durch. Die Ergebnisse legte von Raiser in einer Veröffentlichung nieder, die den Titel trug: »Die römischen Altertümer zu Augsburg und andere Denkwürdigkeiten des Oberdonau-Kreises[46]. Dieses Werk wurde übrigens in Einzellieferungen dem Kreisintelligenzblatt beigegeben.

Man teilte die Inschriften in vier Kategorien ein: 1. Tempel- und Weiheinschriften, 2. Bau- und Ehreninschriften, 3. Grabinschriften, 4. Fragmente und fälschlich als römisch angesehene Stücke. Von Raiser gibt den Text wieder, löst Abkürzungen und Ligaturen[47] auf, bietet eine Übersetzung und überprüft Maßangaben und macht, wenn möglich, Angaben zur Fundstelle und zum damaligen Aufbewahrungsort. Zusätzlich werden Erläuterungen antiker Bezeichnungen und verschiedener Darstellungsdetails gegeben. Außerdem zitiert er alle Stellen, an denen das betreffende Stück bereits behandelt wurde, und setzt sich dabei gegebenenfalls mit den abweichenden Auflösungsvorschlägen auseinander. Auch auf die inzwischen verschollenen Steine geht von Raiser ausführlich ein, um vielleicht durch die Leser noch den einen oder anderen Hinweis über den Verbleib zu bekommen. Insgesamt sind es 61 Inschriftentafeln, die von Raiser so beschrieben hat. Hinzu kommen noch Exkurse über die Münzsammlungen von Augsburger Bürgern und über die bedeutendsten Einzelfunde im Stadtgebiet. Den Abschluß bilden zehn Tafeln und drei beigelegte Blätter mit Kupferstichen der behandelten Gegenstände.

Daß es sich nicht um eine bloße Dokumentation handeln sollte, ersieht man aus dem Vorwort, wo es heißt, die beteiligten Herren hätten »höheren Orts Einleitungen getroffen«, für die erwähnten Denkmäler einen geeigneten Aufbewahrungsort einzurichten. Joseph Ritter von Stichaner (1769–1856), der von 1810 bis 1813 Kommissär der Stadt Augsburg gewesen war, hatte sich schon früher mit römischen Inschriften[48] beschäftigt. Wähend seiner Amtszeit regte er an, in der Sakristei der ehemaligen St. Katharinenkirche einen Sammelplatz für geschichtliche Überreste zu schaffen. Wegen von Stichaners Versetzung in den Illerkreis kam das Vorhaben nicht zur Ausführung. Zwar schreibt von Raiser[49], daß die Stadt bei der Kreisregierung einen

42 Richard SCHMIDBAUER, Die Augsburger Stadtbibliothekare durch vier Jahrhunderte, Augsburg o. J., S. 219–230.

43 J. N. v. RAISER, Die römischen Altertümer zu Augsburg und andere Denkwürdigkeiten des Oberdonau-Kreises, Augsburg 1820, S. 14, Anm. 31.

44 Intelligenzblatt des königl.-Bayer. Oberdonau-Kreises Nr. 44 (1828), Sp. 254, Anm.

45 J. N. v. RAISER, Römische Altertümer, a. a. O., Vorwort.

46 Siehe Anm. 43.

47 Zur Platzersparnis ineinandergestellte Buchstaben.

48 Sammlung Römischer Denkmäler in Baiern, hg. v. d. königl. Akademie der Wissenschaften zu München, Erste Abhandlung über die Römischen Denkmäler in Baiern von Joseph v. Stichaner, München 1808.

49 J. N. v. RAISER, Römische Altertümer, a. a. O., S. 14, Anm. 32.

Plan eingereicht habe, nach dem die Gebäude zu einer alle Bereiche der bildenden Kunst umfassenden Sammlung verwendet werden sollten, da aber dieses Projekt in den nächsten Jahren nicht verwirklicht werden konnte, beschlossen die erwähnten Geschichtsfreunde, ein römisches Antiquarium als eigenständige Einrichtung ins Leben treten zu lassen.

Als Standort war ein Raum des damaligen Vordergebäudes des St. Anna-Kollegiums[50] vorgesehen. Daniel Eberhard Beyschlag hatte sich am 20. September 1820 als Rektor von St. Anna in den Ruhestand versetzen lassen (Stadtbibliothekar blieb er bis zu seinem Tod im Jahr 1835). Sein Nachfolger am St. Anna-Gymnasium wurde Dr. Lorenz Heinrich Wagner (1774–1841). An ihn wandten sich von Raiser und die anderen Altertumsfreunde. Am 28. Februar 1821 richtete er an den »hochlöblichen Magistrat der königlichen Stadt Augsburg« ein Schreiben, »die Errichtung eines Antiquariums in dem hiesigen sogenannten Kollegium betreffend«[51]. In sieben Punkten erläuterte Wagner die Notwendigkeit und Bedeutung einer solchen Sammlung für den Schulunterricht und den Besuch von Fremden. Außerdem sei es an der Zeit, die steinernen Zeugnisse vor der endgültigen Zerstörung zu bewahren, und sicherlich wäre das Antiquarium ein nicht geringer Anreiz für Privatpersonen, aus ihren Sammlungen hin und wieder größere Geschenke zu machen. Der dafür vorgesehene Raum sei auch fast leer und könne mit »leichten Kosten« instandgesetzt werden. Der Magistrat zeigte sich zu einer Zusammenarbeit bereit und leitete die Anregung an die königliche Regierung weiter. Im nun folgenden Briefwechsel[52] geht es hauptsächlich um die Finanzierung des Vorhabens. Es wird in Vorschlag gebracht, die Kosten aus dem Gewinn, der jährlich mit dem Verkauf des Kreisintelligenzblattes erzielt wird, zu bestreiten. Mit dem Ausbau wurde im Sommer 1821 begonnen; beendet waren die Arbeiten im Juli des folgenden Jahres. Die Aufstellung der Monumente erfolgte unter Aufsicht der k. Kreis-Bauinspektoren Voit und Bischof[53]. Die Gesamtkosten beliefen sich am Ende auf 1045 Gulden und 48 Kreuzer[54]. Durch ein königliches Reskript vom 5. Dezember 1822 war bewilligt worden, den Verkaufserlös des Intelligenzblattes für diesen Zweck zu verwenden[55]. Es ging ja nicht allein um die Renovierung des Ausstellungsraumes und den Transport und die Aufstellung der Inschriften. Vielfach waren die Objekte in Hauswänden eingemauert, so daß die bei der Entfernung entstandenen Schäden wieder beseitigt werden mußten.

Zu Konservatoren des Antiquariums wurden der Rektor des St. Anna-Gymnasiums Dr. Wagner und sein Vorgänger Daniel Eberhard Beyschlag bestellt. Letzterer führte »mit einer rühmlichen Bereitwiligkeit jeden Inländer und Fremden« durch die Sammlung und erteilte »jede gewünschte Auskunft und Belehrung«[56]. Wie Johann Nepomuk von Raiser am 8. Februar 1835[57] im Besucherbuch vermerkte, konnte Beyschlag seine Erläuterungen in drei Sprachen vortragen[58]. Am 16. Juli 1822, einem Dienstag, verzeichnet dieses Buch den ersten Besucher: Herrn A. G. Brucchius, Doktor der Philosophie aus Jever.

50 Haus-Nr. D 221, heute zerstört.
51 StAA, Bestand 18, Nr. 627.
52 StAA, Bestand 18, Nr. 627.
53 J. N. v. Raiser, Guntia und merkwürdigere Ereignisse der Donaustadt Günzburg, Augsburg 1823, S. 61, Anm. 4.
54 J. N. v. Raiser, Guntia, a. a. O., S. 59, Anm. 1.
55 Siehe Anm. 54.
56 Siehe Anm. 53.
57 Beyschlags Todestag.
58 StAA, AHVSchwA, Nr. 90.

Exkurs: Beschreibung des Antiquarium Romanum

Der Raum hatte eine Ausdehnung von etwa 13 auf 10 Meter. Das Kreuzgewölbe, das sich auf zwei freistehende Säulen stützte, erreichte eine Höhe von nahezu 5,50 Meter. Die Gestaltung des Gewölbes brachte es mit sich, daß jede Längswand durch vier und jede Querwand durch zwei Bögen gegliedert wurde. Durch vier halbkreisförmige Fenster mit etwas weniger als 3 Meter Breite, die man in die Querwände gebrochen hatte, fiel Licht auf die ausgestellten Gegenstände. Die Gewölbegurte waren mit Kassetten nach römischem Vorbild in verschiedenen Grautönen bemalt. Betrat man das Antiquarium durch die große zweiflügelige Tür in der einen Querwand, so waren zur rechten Seite Weiheinschriften und Reliefs von Göttern zu sehen, die linke Seite war Grabdenkmälern von Privatleuten vorbehalten. In den Fensternischen gegenüber dem Eingang hatten je eine Vitrine für Keramikscherben etc. und für die 650 Stücke umfassende Münzsammlung Platz gefunden. Auf zwei Tischen lagen das Inventar sowie Kupferstiche und Beschreibungen der ausgestellten Gegenstände. Johann Nepomuk von Raiser brachte um die Jahreswende 1823/24 eine Beschreibung des Antiquariums heraus[59], die für die zahlreichen Besucher gedacht war. Im Februar 1824 richtete er ein Schreiben an den Magistrat der Stadt Augsburg, in dem er für die Einrichtung der bereits vielbeachteten Sammlung seinen Dank ausspricht. Er legte gleichzeitig mehrere Exemplare seines Ausstellungsführers bei, mit der Bitte, sie an verschiedene städtische Beamte weiterzuleiten. Private Leihgeber, mit denen Rektor Dr. Wagner gerechnet hatte, blieben auch nicht aus; immer wieder finden sich in den Akten Unterlagen über Einsendungen von Fundgegenständen und Bestätigungen von Leihgaben. An den Eintragungen im bereits erwähnten Besucherbuch ist leicht abzulesen, welche große Anziehungskraft die neue Sammlung in den ersten Jahren ihres Bestehens, vor allem auf Auswärtige, hatte. In den Jahren 1823 bis 1827 sind jeweils mehr als 200 Namen aufgeführt, und das, obwohl es bis 1840 keine geregelten Öffnungszeiten gab. Interessenten mußten sich beim Stadtbibliothekar anmelden. Darum gehörten wohl alle Besucher einer bildungsmäßig höherstehenden Gesellschaftsschicht an, wie man auch den Angaben im Besucherbuch entnehmen kann. Es sind z.B. eingetragen ein »Lieutenant in der k.b. Pontonier-Compagnie« (10. 11. 1824) und ein »Capitaine de la Marine Royale Anglaise« (1. 10. 1825). Zum »Cand. Theol. aus Pfersee« (2. 10. 1824) gesellt sich »Reverend James Dean, Derbyshire/England« (23. 9. 1825), zu den »drei Gymnasiasten aus Augsburg« (21. 9. 1825) ein »Professor aus Rom« (24. 12. 1827). Am 11. Mai 1835 wurde das Antiquarium an den Historischen Verein des Oberdonau-Kreises übergeben[60].

4. Das Historische und Altertumsbureau

Die Konstituierung des Historischen und Altertumsbureaus bei der Regierung des Oberdonau-Kreises durch den Regierungspräsidenten Fürst Ludwig von Oettingen-Wallerstein legt Eduard Gebele[61] in das Jahr 1823. Auch Gertrud Stetter[62] übernimmt diese Jahresangabe, die aber zu früh angesetzt ist.

59 J. N. v. Raiser, Guntia, a. a. O., S. 59–84, mit acht Tafeln im Anhang.
60 StAA, AHVSchwA, Nr. 4a und 20.
61 Eduard Gebele, 100 Jahre Historischer Verein, in: ZHVS 51 (1934), S. 12.
62 Gertrud Stetter, Die Entstehung der historischen Vereine in Bayern, o. O. 1963, S. 21.

Fürst Ludwig von Oettingen-Wallerstein (1791–1870) hatte 1823 die Tochter seines Hofgärtners geheiratet. Diese nicht standesgemäße Ehe hatte zur Folge, daß Ludwig die Primogenitur an seinen Bruder Friedrich abtreten mußte[63] und auch das Amt des Kronoberst-hofmeisters verlor[64]. Aus langjähriger Freundschaft mit dem bayerischen Kronprinzen Ludwig setzte dieser aber Fürst Oettingen-Wallerstein am 31. 12. 1825 wieder in das Kronamt ein[65], und als König ernannte er ihn am 14. April 1828 (!) zum Regierungspräsidenten des Oberdonau-Kreises[66]. Einen weiteren Hinweis für die Gründung erhält man aus einem »Extrakt aus den Bemerkungen zum dreijährigen (!) Verwaltungsbericht«[67], den Johann Nepomuk von Raiser verfaßt hat. Datiert ist das Schreiben vom 27. Januar 1831 (!). Darin wird zwar kein genaues Gründungsdatum angegeben, der Aufschwung in der Sammlung und Beschreibung von Altertümern aber mit der Übernahme des Regierungspräsidentenamtes durch Ludwig von Oettingen-Wallerstein (wenn auch etwas überschwenglich) in Zusammenhang gebracht. Damit kann die Existenz einer solchen Behörde vor 1828 ausgeschlossen werden.

Fürst Oettingen-Wallerstein handelte aber nicht aus eigenem Antrieb, als er das Altertumsbureau einrichtete. Am 29. Mai 1827 erließ König Ludwig I. in der Villa Colombella bei Perugia einen Kabinettsbefehl, »Die Erhaltung der im Königreiche zerstreuten architektonischen, plastischen und andern Denkmale der Vorzeit betreffend«[68]. Dieser Befehl gilt heute als die »Geburtsurkunde der Historischen Vereine im Königreich Bayern«[69], obwohl darin nicht ausdrücklich auf einen Verein hingewiesen wird, vielmehr auch die Möglichkeit zur Schaffung einer Unterabteilung einer staatlichen Behörde offenblieb. Daß der Fürst, den eine langjährige Freundschaft mit seinem König verband und dem er viel zu verdanken hatte, den Anweisungen aus der Villa Colombella sofort nachkam, ist anzunehmen. Damit war im Oberdonau-Kreis für alle behördlichen und privaten Zuschriften, historische Sachverhalte betreffend, eine kompetente Anlaufstelle geschaffen worden, die durch ihre unmittelbare Verbindung zur Regierung eine nicht geringe Autorität besessen haben dürfte.

Der oben erwähnte Verwaltungsbericht bietet eine Reihe von Nachrichten über die Arbeitsweise des Altertumsbureaus. Durch Aufrufe im Oberdonau-Kreis-Intelligenzblatt[70] und durch Mitwirkung des Augsburger Bischofs und der Geistlichkeit gelang es, eine große Menge von historisch relevantem Material für die neue Dienststelle zu bekommen. Dort waren Schreibkräfte und Zeichner damit beschäftigt, die einlaufenden Informationen, gemäß einer vom Fürsten Oettingen-Wallerstein entworfenen Instruktion, in 48 historische Kataster nach der gleichen Zahl der Distriktspolizeibehörden des Kreises einzutragen. Die Anweisung sah folgende Gliederung der Mitteilungen vor[71]:

63 Karl-Heinz ZUBER, Der »Fürst-Proletarier« Ludwig von Oettingen-Wallerstein (1791–1870), München 1978, S. 60.
64 Walter SCHÄRL, Die Zusammensetzung der bayerischen Beamtenschaft, Kallmütz 1955, S. 105, Nr. 45.
65 Siehe Anm. 63.
66 K.-H. ZUBER, »Fürst-Proletarier«, a. a. O., S. 71.
67 StAA, AHVSchwA, Nr. 78.
68 StAA, AHVSchwA, Nr. 78.
69 G. STETTER, Historische Vereine, a. a. O., S. 28.
70 Oberdonaukreis-Intelligenzblatt vom 10. 11., 20. 11., 18. 12. und 20. 12. 1828.
71 Rundschreiben an die Distriktspolizeibehörden vom 14. Oktober 1833, StAA, AHVSchwA, Nr. 12a.

I. Sagen und ungewisse Zeit
II. Das Urkundlich-Geschichtliche
a) aus der Römerzeit
b) aus der vormittelalterlichen Zeit
c) aus dem von Karl dem Großen bis auf Kaiser Maximilian I. bestimmten Mittelalter
III. Das historisch Merkwürdige aus der neueren Zeit

Einem jeden Kataster war als Einleitung eine Darstellung der »izigen territorialen und iurisdiktionellen Gestaltung für den betreffenden Bezirk«[72] beigegeben, die der Regierungsdirektor Ritter von Raiser erarbeitet hatte. Ihm übertrug man auch im Januar 1830 die Direktion dieses Historischen und Altertumsbureaus. Er prüfte und redigierte das einlaufende Material und unterzog alle Ortsgeschichten einer kritischen Überarbeitung. So konnten bis zum Januar 1831 etwa 500 Ortsmonographien, die manchmal bis zu zehn Seiten Umfang hatten, in den Katastern eingetragen werden. Zusätzlich sammelte man Zeichnungen und Abbildungen (Wappen, Karten), die gesondert aufbewahrt wurden. Von Raiser zog nicht ohne Stolz Bilanz über das Bildmaterial: 50 Abbildungen von römischen und germanischen Grabhügeln (bzw. was man dafür hielt) und von darin befindlichen Gegenständen, 65 bildliche Darstellungen von Altären und anderen sakralen Gegenständen und 14 Tafeln mit Burgen, Schanzen, Ruinen und Burgställen. Dazu kamen noch über 300 Illustrationen aus von Raisers früheren Publikationen.

Weiterhin wurden in dem Bureau Urkunden abgeschrieben und zu codices diplomatici zusammengebunden. Von nahezu 300 Abschriften wird berichtet. Auch die Eintragung archäologischer Fundplätze in Karten wurde nicht vergessen. So dürfte die Karte mit der Lage römischer Militärlager und Straßen im Oberdonau-Kreis die erste ihrer Art gewesen sein. Ein Teil davon ist in Kupfer gestochen und veröffentlicht worden[73].

Mit all diesem Material, so von Raiser, sei es möglich, die noch fehlenden Ortsbeschreibungen zu erstellen und die vollständigen, soweit sie noch nicht im Druck erschienen seien, mit Urkundenbeilagen und Abbildungen zu versehen. Abgedruckt wurden diese lokalgeschichtlichen Artikel in den »Beiträgen für Kunst und Altertum im Oberdonau-Kreis«, die seit 1829 dem Kreisintelligenzblatt beigegeben wurden.

Belege über die Tätigkeit des Historischen und Altertumsbureaus in den nächsten Jahren gibt es nicht. Die angesprochenen 48 Kataster befinden sich heute bei den Akten des Historischen Vereins im Augsburger Stadtarchiv; der Verein für den Oberdonau-Kreis hatte nämlich am 25. Februar 1835 das gesamte Inventar dieser Behörde übernommen[74].

5. *Abwehr einer Vereinsgründung im Oberdonau-Kreis*

Im ostschwäbischen Raum waren wichtige denkmalpflegerische Aufgaben bereits erledigt, als der bayerische König für alle Kreise die Erhaltung historischer Überreste anordnete. Die Kreisregierungen wandten sich mit unterschiedlichem Zeitabstand an die Öffentlichkeit, und

72 StAA, AHVSchwA, Nr. 78.
73 J. N. v. Raiser, Antiquarische Reise von AVGVSTA nach VIACA, Augsburg 1829, Taf. I; Ders., Der Ober-Donau-Kreis des Königreichs Bayern unter den Römern, I. Abt., Augsburg 1830, Taf. I.
74 StAA, AHVSchwA, Nr. 79.

überall, außer im Oberdonau-Kreis, wurden Interessenten dazu aufgerufen, sich für die Mitwirkung in einer geschichtsforschenden Gesellschaft bereitzuerklären. Schrittmacherdienste übernahm dabei der Rezat-Kreis, dessen Regierungspräsident Karl Heinrich Ritter von Lang um die Jahreswende 1829/30 den ersten Geschichtsverein gründete. Als Wirkungsbereich bestimmte er den Amtsbezirk der Kreisregierung, was auch in den anderen Kreisen nachvollzogen wurde und den Vereinen einen »halbamtlichen Charakter«[75] verlieh, worüber von Lang später nicht sehr glücklich war.

Die Idee, die Geschichtsforschung und Denkmalpflege auf Vereinsbasis zu organisieren, wird in München erfreut aufgenommen und das fränkische Modell allen übrigen Kreisen empfohlen. Am 13. Mai 1830 richtete das bayerische Innenministerium an alle Kreisregierungen eine Anfrage, ob im jeweiligen Bezirk ein Historischer Verein gegründet werden könne[76]. Während im Rheinkreis, im Regenkreis, im Isarkreis, im Unterdonaukreis sowie im Ober- und Untermainkreis im Laufe der Zeit Historische Vereine entstanden, kam es im Oberdonau-Kreis zu einer anderen Entwicklung bzw. zu einer Verzögerung um einige Jahre.

Die obige Anfrage wurde auch dem Regierungspräsidenten in Augsburg, Fürst Ludwig von Oettingen-Wallerstein, vorgelegt, der sie, mit der Bitte um ein Gutachten, an Johann Nepomuk von Raiser, seit kurzem Leiter des Altertumsbureaus, weiterleitete. Von Raiser verglich in seiner Erwiderung die Vorhaben des Historischen Vereins für den Rezatkreis mit den Ergebnissen der seit zwei Jahren bestehenden schwäbischen Regierungsbehörde. Die umfangreiche Gegenüberstellung[77] kommt zu dem Schluß, daß im Oberdonau-Kreis »bereits alles dasjenige schon geschehen und ins Leben getreten oder in voller Wirksamkeit begriffen (ist), was in anderen Kreisen durch die historischen Vereine (...) erst geschehen und erreicht werden soll«. Fürst Oettingen-Wallerstein antwortet dem Innenministerium am 4. Juli 1830[78] unter Beifügung der von Raiserschen Äußerungen, daß es in Ermangelung einer größeren Anzahl ausgebildeter Leute nicht zur Gründung eines solchen Vereins kommen könne. Dafür schlägt er kleinere Gesellschaften mit lokalem Wirkungsbereich vor, was vom Innenminister von Schenk auch eingesehen wurde[79], der die Förderung von Lokalvereinen empfahl[80].

6. Durchsetzung der Vereinsgründung

Im Jahr 1833 wurde die Gründung eines Historischen Vereins im Oberdonau-Kreis wieder akut. Auf die erneute Aufforderung, datiert vom 17. Juni 1833[81], antwortete Regierungspräsident Arnold von Linck unter Hinweis auf seine fortgesetzte Unterstützung der Lokalvereine ablehnend[82]. Die übrigen Kreise des Königreichs Bayern konnten schon seit längerer Zeit Historische Vereine vorweisen[83]. Nun sollte auch in Schwaben diese anderswo bereits bewährte

75 G. Stetter, Historische Vereine, a. a. O., S. 29.
76 StAA, AHVSchwA, Nr. 12a.
77 Datiert: 25. Juni 1830; StAA, AHVSchwA, Nr. 12a.
78 StAA, AHVSchwA, Nr. 12a.
79 Ministerialentschließung vom 16. Juli 1830, StAA, AHVSchwA, Nr. 12a.
80 Lokalvereine entstanden: 1828 Buchloe, 1831 Dillingen, 1831 Günzburg, 1832 Aichach, 1832 Roggenburg, 1832 Donauwörth, 1833 Neuburg (nach Gebele).
81 Stetter, Vereine, a. a. O., S. 39; nicht bei den Akten des HV.
82 Stetter, Vereine, a. a. O., S. 39f.; nicht bei den Akten des HV.
83 Stetter, Vereine, a. a. O., S. 28–38.

Form der Organisation eingeführt werden. Der Versuch, die Vereinsgründung wiederum abzuwenden, hatte diesmal keinen Erfolg. Seit 1. Januar 1832 bekleidete Fürst Ludwig von Oettingen-Wallerstein das Amt des bayerischen Innenministers. Ihm, der seinen Wiederaufstieg vor allem dem König verdankte, blieb nun keine andere Wahl mehr, als die Etablierung eines Historischen Vereins im Oberdonau-Kreis anzuordnen. Eine kurze Ministerialentschließung vom 17. Juli 1833[84] verlangte von der Kreisregierung, »alsbald« nach dem Vorbild der anderen Kreise einen Historischen Verein zu begründen. Innerhalb von 2 Monaten erwartete man in München Bericht über die eingeleiteten Maßnahmen. Am 14. Oktober 1833 erging an alle Distriktspolizeibehörden eine lithographierte Ausschreibung, die u. a. auch der Beitrittswerbung diente[85]. Darin wurde ausführlich die Entwicklung der letzten Jahre geschildert, und daraus mußte jedermann klar sein, von welcher Seite die Forcierung der Vereinsidee ausging. Eine »schwäbische Extratour« würde keine Billigung finden. Es kam dem König darauf an, das geschichtliche Bewußtsein auf eine breite öffentliche Basis zu stellen.

7. Ausschreibung und Urwahl

Mit der bereits angesprochenen Ausschreibung vom 14. Oktober 1833 war die Aufforderung an die Distriktspolizeibehörden ergangen, den Gedanken einer Vereinsgründung an bekannte Geschichts- und Altertumsfreunde heranzutragen. Schulen und »literarische Anstalten«, Gutsbesitzer und Pfarrer sollten ebenfalls gesonderte Einladungen erhalten. Über das Zustandekommen einer »Urversammlung« war man sich in Augsburg bereits einig: Aus den Mitgliedern, die in Augsburg oder der nächsten Umgebung wohnten, und die auf einer Liste verzeichnet werden würden, sollten alle Teilnehmer zwölf Männer auswählen, deren Aufgabe in der Ausarbeitung der Vereinsstatuten bestünde.

Die Rückmeldungen an die Polizeibehörden sind nicht erhalten, doch muß die Resonanz sehr groß gewesen sein. In der Aufforderung zur Wahl der Teilnehmer an der Konstituierenden Versammlung[86] heißt es, daß bereits 1065 Männer ihre Bereitschaft zum Beitritt kundgetan hätten. Mit solchen Zahlen konnten die übrigen bayerischen Kreise nicht aufwarten.

Worauf dieser Erfolg zurückzuführen ist, kann nur vermutet werden. Ganz sicher haben sich aber Johann Nepomuk von Raisers Schaffen, dessen Früchte ja auch an die Öffentlichkeit gelangten, und das Antiquarium Romanum, das eine beachtliche Anziehungskraft entwickelt hatte, sehr positiv auf das Vereinsvorhaben ausgewirkt. Schwaben bzw. der Oberdonau-Kreis zeichnete sich nicht nur durch die frühen Anstöße zur Denkmalpflege und zur systematischen Geschichtsforschung aus, sondern auch durch das große allgemeine historische Interesse. Die Sonderrolle, die das bayerisch-schwäbische Gebiet bisher für sich beansprucht hatte, wurde durch dieses hervorragende Ergebnis, das dem Verein eine Spitzenposition unter den anderen bayerischen Geschichtsvereinen sicherte, nachträglich gewissermaßen gerechtfertigt.

Der Wahlaufforderung war eine Liste von 150 Männern aus Augsburg oder der unmittelbaren Umgebung beigegeben worden. Jedes Mitglied hatte zwölf Stimmen zu vergeben. Vorgesehen war die namentliche Nennung auf einem vom Wähler unterzeichneten Wahlzettel oder die Rücksendung des lithographierten Verzeichnisses, auf dem die gewählten Personen

84 StAA, AHVSchwA, Nr. 12a.
85 StAA, AHVSchwA, Nr. 12a.
86 Datiert vom 10. April 1834; StAA, AHVSchwA, Nr. 12a.

kenntlich gemacht worden waren. Auch hier wurde die Unterschrift des Wählers verlangt. Die Wahl war also nicht geheim, und es ist heute noch interessant zu sehen, wer den damaligen Regierungspräsidenten Arnold von Linck nicht in der ersten Versammlung sehen wollte[87].

Nach Auszählung der Stimmen ergab sich folgende Reihenfolge in der »Wählergunst«[88]:

– Johann Nepomuk von Raiser, Regierungsdirektor	422 Stimmen
– von Ahorner, K. Rat und Regierungsassessor	366 Stimmen
– Arnold von Linck, Regierungspräsident	366 Stimmen
– Daniel Eberhard Beyschlag, Bibliothekar	310 Stimmen
– Reichsrat von Riegg, Bischof von Augsburg	283 Stimmen
– Friedrich Beyschlag, Regierungs- und Kreisbaurat	265 Stimmen
– Dr. Fischer, Regierungsrat	210 Stimmen
– Dr. von Ahorner, Hofrat	201 Stimmen
– Dr. Egger, Domkapitular	186 Stimmen
– Joseph Aigner, Studienrektor	147 Stimmen
– Augustin Stark, Domkapitular	135 Stimmen
– Voit, k. Bauinspektor	130 Stimmen
– Christoph Schmidt, Domkapitular	125 Stimmen
– David von Stetten, Gutsbesitzer	113 Stimmen

Warum die Anzahl der Ausschußmitglieder auf vierzehn erhöht worden war, was auch durch die später beschlossenen Statuten festgeschrieben wurde, ist nirgends belegt. Die Aussicht, daß für die personelle Ausstattung der demnächst zu bildenden Komitees nicht genügend Leute zur Verfügung stehen würden, dürfte wohl diesen Schritt veranlaßt haben.

Am 11. September 1834 beriet man die Satzungen des Historischen Vereins, welche am 24. Dezember 1834 vom bayerischen Innenministerium genehmigt wurden. Wenige Tage später, am 8. Januar 1835, fand dann die Eröffnung und erste Sitzung des Historischen Vereins für den Oberdonau-Kreis statt[89].

87 Wahlzettel in StAA, AHVSchwA, Nr. 5.
88 Veröffentlicht im Oberdonaukreis-Intelligenzblatt Nr. 1 vom 5. Januar 1835.
89 Protokoll in StAA, AHVSchwA, Nr. 214.

Marquard Barth (1809–1885) – ein Vorkämpfer der deutschen Einheit in Freiheit aus Bayerisch Schwaben

Zum 100. Todestag am 23. Mai 1985

von Helmut Steinsdorfer

Der Augsburger Bürgermeister Ludwig (v.) Fischer schrieb am 21. Juni 1885 an seinen Kaufbeurer Amtskollegen Friedrich Bachschmid: »M. Barth steht doch in gutem Andenken«[1]. – Das stand Marquard Barth in Kaufbeuren damals sicher noch – aber heute? Keine Straße erinnert in Kaufbeuren an den einstmals bekannten bayerischen und deutschen Politiker, der mit dieser Stadt einmal so eng verbunden war. Der hundertste Todestag am 23. Mai 1985 soll Anlaß sein, die politische Lebensarbeit dieses Mannes, besonders deren Bezug auf Bayerisch Schwaben, zu würdigen.

Marquard Barth[2] wurde am 1. September 1809 in Eichstätt geboren. Er entstammte väterlicher- und mütterlicherseits einer Beamtenfamilie. So war sein Vater rechtskundiger Bürgermeister von Augsburg gewesen, der Großvater väterlicherseits bekleidete das Amt eines Geh. Finanzrates des Altmühlkreises, jener mütterlicherseits das eines Hofgerichtsrates in Eichstätt. In Augsburg (dem Dienstort des Vaters) ging Marquard Barth aufs Gymnasium. Das Jurastudium in München schloß er 1832 – also schon mit 23 Jahren – mit der Promotion über das Thema »Beiträge zur Lehre vom Haupteid im Zivilprozeß vom Standpunkt der Philosophie und Legislation, des römischen und heutigen gemeinen Rechtes« ab. Danach betätigte er sich freiberuflich als juristischer Schriftsteller. So gab er im Auftrage der Augsburger v. Jenisch und Stageschen Buchhandlung in den Jahren 1835 bis 1839 in vier Bänden juristische Universitätsschriften und Dissertationen heraus; 1837 schloß sich ein weiteres juristisches Sammelwerk an. Auch in späteren Jahren, als er schon aktiv im politischen Leben stand, war er publizistisch tätig, u. a. als juristischer Mitarbeiter der »Preußischen Jahrbücher«[3]; 1869/71 erschien sein »Kommentar zur neuen Zivilprozeßordnung des Königreiches Baiern«, ein

1 Stadtarchiv Kaufbeuren Sign. A 1439 (ungedruckt).

2 Lit. über M. Barth: Allgemeine Deutsche Biographie (im folgenden ADB abgekürzt) 46 (1902), 220 f. [K. Th. v. Heigel]; Neue Deutsche Biographie (im folgenden NDB abgekürzt) 1 (1953), 605 [H. Gollwitzer]; Kurt v. Raumer, Das Jahr 1859 und die deutsche Einheitsbewegung, in: Quellen zur Geschichte der deutschen Burschenschaft 8 (1925), 273–327, hier: unveränderter Neudruck ²1966; Ders., Karl Brater und die Anfänge einer nationaldeutschen Bewegung in Bayern 1859–1862 (Diss. München 1925); Theodor Schieder, Die Kleindeutsche Partei in Bayern in den Kämpfen um die nationale Einheit 1863–1871, in: Münchener Historische Abhandlungen, 1. Reihe, H. 12 (1936) [= Diss. München 1933].

3 Schieder, a. a. O., 3 (Anm. 6), nennt folgende Aufsätze M. Barths: »Zehn Jahre bayerisches Verfassungsleben«, Bd. 3 (1859), 194 ff. u. 325 ff., u. »Bayerisches Verfassungsleben während der Jahre 1859–1863«, Bd. 12 (1863), 567 ff.

damals »einflußreiches«[4] juristisches Standardwerk; seinen Plan, zur neuen Reichsgerichts- und Zivilprozeßordnung von 1872 einen Kommentar zu schreiben[5], konnte er – vermutlich altersbedingt – nicht mehr verwirklichen. – 1837 hatte sich Marquard Barth als Rechtsanwalt in Kaufbeuren niedergelassen; er blieb dort ein Menschenalter tätig. 1847 heiratete er in München Katharina Moralt (1829–1895); aus dieser Ehe gingen mehrere Kinder hervor. – 1871 wurde Marquard Barth im Alter von bereits 62 Jahren Reichs-Oberhandelsgerichtsrat am neu geschaffenen Reichsoberhandelsgericht in Leipzig; erst 1879 trat er 70jährig in den Ruhestand und zog nach Würzburg; dort starb er am 23. Mai 1885 – ein ausgefülltes Juristenleben endete im 76. Altersjahr. Dennoch: »der Politiker lief dem Gelehrten den Rang ab«[6]. Marquard Barth gehörte nämlich insgesamt vier parlamentarischen Versammlungen an: der Paulskirche, dem Bayer. Landtag, dem Zollparlament und dem Deutschen Reichstag.

1848 kandidierte Marquard Barth im heimatlichen Wahlkreis Kaufbeuren für die Wahlen zur Deutschen Nationalversammlung und wurde zu seiner eigenen großen Überraschung als – wie er später in seiner Autobiographie selbstironisch bemerkte[7] – »anerkanntes lumen mundi« gewählt; »der Jubel war groß«, wie er ebenda hinzufügte[8]; die Stimmung, die ihn damals trug, faßte er in jener Autobiographie selbstironisch und zugleich bildungsgesättigt zusammen: »und obwohl mit sehr konfusen Ideen über das, was in Frankfurt zu tun sei, fuhr doch der Erwählte mit großem Selbstvertrauen und mit verschränkten Armen wie Cäsar in sein Glück auf dem Vorderdeck stehend von Würzburg den Main hinab zur alten Kaiserstadt«[9]. – Marquard Barth war am 18. Mai 1848, dem denkwürdigen Eröffnungstage der ersten Deutschen Nationalversammlung, dabei – von 71 bayer. Abgeordneten waren an diesem Tage nur 36 anwesend – und schritt unter Glockengeläute aller Kirchen Frankfurts, Salutschüssen und unbeschreiblichem Jubel des Volkes unter den über 600 Abgeordneten, die in Dreierreihen zur Paulskirche zogen. – Er schloß sich in der Paulskirche dem linksstehenden »Württemberger Hof« an (die Paulskirche kannte noch keine Parteien, sondern Gleichgesinnte fanden sich in den Gasthöfen zusammen, wo sie logierten, und nach denen die Fraktionen genannt wurden); er beteiligte sich an der Sezession der Gemäßigten zusammen mit seinen engeren bayer. Freunden v. Raumer, v. Zerzog und Wilhelm Stahl, dem »vierblättrigen Kleeblatt«[10], die zur Gründung des

4 So E. WEIS, in: Max SPINDLER, Handbuch der bayerischen Geschichte 4/2 (1975), 1053.

5 Deutscher Liberalismus im Zeitalter Bismarcks. Eine politische Briefsammlung 1 (1925); 2 (1926) eingel. u. hg. von Julius HEYDERHOFF u. Paul WENTZCKE (im folgenden DL abgekürzt) 2/93f. M. Barth an Heinrich Marquardsen, Leipzig, 1. Dezember 1873.

6 ADB 46/220.

7 SCHIEDER, a. a. O., 9.

8 Diesen »Jubel« gestaltete der Kaufbeurer Bilder-Chronist Andreas Schropp in zwei kolorierten Zeichnungen: auf die Rückseite der ersten, die das Hissen der deutschen Nationalfahne auf dem Kaufbeurer Rathaus zum Gegenstand hat, schrieb er: »Die deutsche Nationalfahne auf dem Rathause stund nur einige Wochen«, Sign. B 119, S. 242 (unveröffentlicht), und auf die zweite, die M. Barths Wahl vom 28. April 1848 zum Gegenstand hat, schrieb er ebenfalls auf die Rückeite: »Darstellung der am 28. April aus 120 Wahlmännern abgehaltenen Wahl zur Deutschen Volksvertretung in Franckfurt a. M. wurde erwählt Herr Doktor Barth in Kaufbeuren«, Sign. B 119, S. 243 (unveröffentlicht), Bilder-Chronik im Stadtarchiv Kaufbeuren.

9 Wie Anm. 7.

10 August PRIESACK, Die bayerischen Abgeordneten in der Frankfurter Nationalversammlung mit besonderer Berücksichtigung ihrer Stellung zur deutschen Frage und ihres Verhältnisses zu König Max II. Ein Beitrag zur Geschichte des deutschen Parlamentarismus (Diss. München 1930), 23.

»Augsburger Hofes« führte. – Zu jener Frage, welche die Paulskirche am stärksten bewegte, der Frage der deutschen Einheit, nahm Marquard Barth in seiner Rede vom 19. Januar 1849 entschieden Stellung[11]; er forderte darin den Ausschluß Österreichs aus Deutschland und die preußische Spitze, also das kleindeutsche Programm. Am 28. März 1849 stimmte er für den preußischen Erbkaiser und gehörte zu den 32 Abgeordneten der »Kaiser-Deputation«, die Friedrich Wilhelm IV. in Berlin die Kaiserkrone anbot (der König lehnte bekanntlich jene Krone als Ausfluß der Volkssouveränität ab). – Am 24. Mai 1849 legte Marquard Barth – die meisten Staaten hatten inzwischen ihre Abgeordneten zur Rückkehr aufgefordert – sein Mandat nieder; er zog also nicht mit den Radikalen ins Rumpfparlament nach Stuttgart, wie es der Vertreter des Nachbarwahlkreises Kempten, Johann Baptist Haggenmüller, tat, der dafür auch starken Repressionen seitens der Regierung ausgesetzt war... Seiner vorsichtig-berechnenden Natur gemäß[12], exponierte sich Marquard Barth nie bis zum äußersten.

Es trat nunmehr bei Marquard Barth eine politische Pause ein. Denn erst 1855 wählten ihn die Wahlmänner des Wahlkreises Lindau in den Bayer. Landtag – im gleichen Jahre gelangte auch sein enger Freund Dr. Joseph Völk in den Landtag; 1859 bis 1869 vertrat Marquard Barth dann Kaufbeuren und 1870 bis 1871 Dinkelsbühl im Landtag.

Seit seinem Eintritt in das politische Leben als Abgeordneter der Paulskirche im Jahre 1848 ist Marquard Barths Name mit Kaufbeuren, mit Schwaben, verbunden – so wird er schon in der Paulskirche in seiner maiden speech vom 29. August 1848[13] als »Barth von Kaufbeuren« aufgerufen. Kurt von Raumer erkannte als erster, daß bei Marquard Barth, obwohl herkunftsmäßig ein Franke, eine Identifikation mit dem Schwäbischen eingetreten ist, seit dieser sich 1837 im Alter von 28 Jahren in Kaufbeuren niedergelassen hat. So spricht v. Raumer davon: Marquard Barth »wuchs ganz in das bayrische Schwaben hinein, dessen beste Wesenszüge er annahm«, und er »wurde dessen treuester Sprecher durch viele Jahre seines Lebens«[14], so daß er, wie es bei v. Raumer an anderer Stelle heißt, seinen Zeitgenossen als »echter Schwabenkopf« erschienen ist[15]. Denn wie v. Raumer hervorhebt[16], »erscheint« Marquard Barth, seit er sich 1837 in Kaufbeuren als Rechtsanwalt niederließ, »mit dem oberschwäbischen Boden so untrennbar verbunden wie dieser mit ihm. Überall ist er der Vertreter des Allgäus, und überall bewähren sich in ihm die besten und charakteristischen Züge seiner Bewohner. Es ist, als wenn sich in ihm der ganze rührig-politische Sinn dieses schweiznachbarlichen Landes, wie er seit den Tagen der Appenzeller und Kempter Zwiste nie ganz eingeschlafen war, mit dem freiheitlichen Geist vereint hätte, der in seinen alten Reichsstädten je und je zu Hause war.«

Die Schwaben Marquard Barth und Joseph Völk und der Franke Karl Brater bildeten im Landtag in den 1850er und 1860er Jahren den Kern einer kleinen Gruppe entschieden kleindeutsch-gesinnter Liberaler, welche die Regierung unentwegt drängte, durch innere

11 Stenographischer Bericht über die Verhandlungen der deutschen constituirenden Nationalversammlung zu Frankfurt a. M. (im folgenden Nat.vers. abgekürzt), 4755ff., vgl. PRIESACK, a. a. O., 86f./90, u. SCHIEDER, a. a. O., 9.

12 Diesbezügliche Hinweise: DL 1/423, 2/8f., 25; SCHIEDER, a. a. O., 8, u. SPINDLER, Handbuch ..., a. a. O., 4/1 (1974), 294 [D. ALBRECHT]; vgl. Anm. 53.

13 Nat.vers. 1752.

14 v. RAUMER, Das Jahr 1859 ..., a. a. O., 310.

15 v. RAUMER, Brater ..., a. a. O., 81.

16 v. RAUMER, Das Jahr 1859 ..., a. a. O., 310f., u. DERS., Brater ..., a. a. O., 81.

Reformen im liberalen Sinne Bayern ein Gewand anzuziehen, in welchem es am großen Tage der Einigung der deutschen Staaten »anständig« würde erscheinen können, wie sich Marquard Barth einmal[17] ausgedrückt hatte. Daher waren die drängenden Reformer Brater, Völk und Marquard Barth den bayerischen Ministern, die eine eher gemächliche Gangart vorzogen[18], im Landtag nicht unbedingt erwünscht. Diesen Sachverhalt vor Augen, schrieb Marquard Barth einmal dem Freunde Völk: »Wie ich höre, wollen die Kempter Dich, Brater und mich als Abgeordnete, ...« und vielsagend, mit Blick auf die Minister, fügte er hinzu: »Wenn wir ›unvermeidlichen Drei‹ wieder in die Kammer kommen, so ist doch dafür gesorgt, daß den Herren von der Bremser Gesellschaft das Blut nicht ins Stocken kommt, es mag im Übrigen gehen, wie es will«[19].

Zu den Landtagswahlen von 1863 gelang es dann jener relativ kleinen Gruppe, eine feste parteipolitische Organisation zu schaffen durch Gründung der Bayer. Fortschrittspartei in Nürnberg, deren Programm weitgehend[20] auf Brater zurückging. Noch Michael Doeberl findet für den Idealismus der Fortschrittspartei in jener Zeit Worte höchster Anerkennung, wenn er schreibt: »Die Männer der Fortschrittspartei ... waren getragen von einer Reinheit des Ideals und einer Aktivität des Staatsgedankens, wie sie wenige Perioden in einem solchen Maße aufweisen«[21]. Die aus den folgenden Wahlen immer gestärkter hervorgegangene neue Partei schuf dann die bayerische Sozialgesetzgebung der Jahre 1867 bis 1870: die Gewerbeordnung von 1868, das Gesetz über Heimat, Verehelichung und Aufenthalt aus dem gleichen Jahre, die Regelung der Armen- und Krankenpflege und die Gemeindeordnung aus dem Jahre 1869. Auch die Heeresreform von 1867/68, die das militärische Malaise, das sich 1866 besonders gezeigt hatte, überwand, schuf eine neue schlagkräftige bayer. Armee nach preußischem Vorbild, aber unter Beibehaltung bayer. Eigenarten – dazu bildete der Privat-Entwurf der Abgeordneten Melchior Stenglein und Marquard Barth die reformerische Grundlage[22]. – Marquard Barth, der übrigens 1855 bis 1865 Sekretär und 1865/66 Vorstand des Gesetzgebungsausschusses gewesen war (dieses Gremium hatte alle Gesetzesvorlagen für den Landtag vorzuberaten), nahm an diesen Reformen starken Anteil vor allem durch Ausschußarbeit, aber auch durch überlegtes Eingreifen im Plenum, wobei er jedoch nur dann das Wort ergriff, wenn es unbedingt nötig war; denn »er sprach selten und ungern«[23] – bekannte er doch selbst dem Freunde Völk gegenüber[24],

17 Schieder, a.a.O., 6/93.

18 M. Barth bezeichnete in einem Brief vom 6. November 1872 an H. Marquardsen die bayerischen Minister als Herren, die »à tout prix sich auf ihren Posten erhalten wollen«; er fügte dann ein Wort Minister v. Ringelmanns hinzu: »... der alte Ringelmann pflegte zu sagen, ein bayerischer Minister müsse eine Rhinozeroshaut haben«. DL 2/64.

19 Kaufbeuren, 9. April 1863, Nachlaß Völk: Stadtarchiv Augsburg (ungedruckt).

20 Vgl. Briefe von Karl Brater an M. Barth, Völk und Crämer vom 3. März 1863 und an Völk vom 9. 3. 1863, in: Nachlaß Völk: Stadtarchiv Augsburg (ungedruckt), und an seine Ehefrau Pauline Brater (auf März 1863 datierbar), abgedruckt in: Agnes Sapper, Frau Pauline Brater... (^{4}1910), 148f. [ex 1908] – über Karl Brater (1819–1869) vgl. das soeben genannte Buch seiner Tochter A. Sapper und Dies., Lebensläufe aus Franken 1 (1919), 25–38; ADB 3 (1876), 261ff. [Frensdorff]; NDB 2 (1955), 538 [Th. Schieder].

21 Entwicklungsgeschichte Bayerns 3 (1931), 464, hg. von M. Spindler.

22 Max Leyh, Die bayerische Heeresreform unter König Ludwig II. 1866–1870, in: Darstellungen aus der Bayerischen Kriegs- und Heeresgeschichte, H. 23 (1923), 1–96, hier: 52ff. Helmut Steinsdorfer, Franz Freiherr Schenk von Stauffenberg... (Diss. München 1959), 25ff.

23 Schieder, a.a.O., 8.

24 Kaufbeuren, 4. April 1863, Nachlaß Völk, Stadtarchiv Augsburg (ungedruckt).

als es darum ging, zu einer Parteiversammlung nach Nürnberg zu fahren und er dazu aus beruflichen Gründen nicht in der Lage war: »Ich muß es daher diesmal schon Dir überlassen, nach Nürnberg zu pilgern und dort die Ehre Schwabens zu retten. Meine Beredsamkeit ist ohnedem nicht so weit her, um sie bis Nürnberg zu tragen.« – Jedoch ging es Marquard Barth nie um ein partout Reformieren. So betonte er ausdrücklich einmal im Landtag: »Nun, meine Herren, gehöre ich zwar zu jener Partei, die so oft hier wegen ihres Eifers für den Fortschritt angegriffen wird; ich habe aber doch den Grundsatz, es sei im Staatswesen gut: quieta non movere, d. h. man soll da, wo es nicht notwendig ist, keine Veränderungen vornehmen. Es sind ohnedem bei uns so viele Veränderungen notwendig, daß wir nie um ein Objekt in Verlegenheit sein werden, wenn wir Lust zu verändern haben«[25].

Besonders beachtlich erscheint noch heute Marquard Barths stetes Eintreten für die Sicherung der gemeindlichen Selbstverwaltung, wobei er diese Frage sowohl praktisch als auch grundsätzlich, in gesamtdeutschen wie in zukunftsweisenden Perspektiven anging. So meinte er, die gemeindliche Selbstverwaltung erfordere größere Gemeinden, aber auch den Zusammenschluß kleinerer; denn es sei wesentlich, daß eine »Gemeinde gleich anfänglich richtig gebildet werde«[26]. So beklagte er es auch, daß der jahrhundertelang lastende Druck des Absolutismus[27] »einen Mangel an Empfänglichkeit für Selbstregierung, einen Mangel an Fähigkeit hierzu auch in unserem deutschen Volk zurückgelassen« habe; es sei daher »nur langsam Stufe für Stufe« möglich, zur »Realisierung« der Selbstverwaltung zu gelangen. Bezugnehmend auf die zu schaffende deutsche Einheit, befürwortete er eine durchgehende Föderalisierung Deutschlands: »Will man aber ein föderiertes Deutschland, meine Herren, so muß man nicht bloß die einzelnen Staaten föderieren, die Föderation muß durchgehen durch alle Glieder. Wie die Einzelstaaten Autonomie haben sollen, mit Unterordnung unter die Zentralgewalt, so sollen die einzelnen Provinzen Autonomie haben mit Unterordnung unter die Einzelstaaten, zu denen sie gehören, und so hinunter bis zur Lokalgemeinde.« Humanistisch gebildet, wie er war, fügte er noch eine antikisierende Wendung hinzu: »Auf diesem Felde müssen wir arbeiten, bis uns die Götter guten Wind verleihen, daß wir wieder zurückkehren können zu der Arbeit für die Spitze.« Und am 1. Juli 1865 fand er jene grundlegenden Worte: »Auf den Gemeinden ... ruht der Staat, und wenn diese gesund und gut dotiert sind, so steht der Staat auf einer festen Grundlage; auf Individuen kann er sich nicht stützen. Die Gemeinden sind da gewesen, ehe die gegenwärtigen Staatsbildungen vorhanden waren, und sie werden die gegenwärtigen Staatsbildungen wahrscheinlich auch überleben«[28].

Dürfen wir in diesen Gedankengängen nicht ein Vermächtnis Marquard Barths sehen, das uns kostbar erscheinen muß, um so mehr nach all den totalitären Verheerungen Deutschlands, Europas? Denn die Gemeindefreiheit ist die Wurzel jeder auf Dauer berechneten Staatlichkeit[29].

25 22. Juni 1865, Stenographische Berichte über die Verhandlungen des Bayer. Landtages (im folgenden LT abgekürzt) 3, (1863/65) 7.
26 17. Sept. 1863, LT 1 (1863), 368 f.
27 2. Juli 1863, LT 1 (1863), 19.
28 LT 2 (1863/65), 130.
29 Darüber grundlegend Adolf GASSER, Gemeindefreiheit als Rettung Europas (1943).

Die Frage der deutschen Einheit, die Frage, wie aus den vielen Einzelstaaten ein einiges Reich entstehen sollte, war für Marquard Barth zweifellos die bewegendste Thematik seiner langjährigen politischen Tätigkeit. Sie bewegte ihn bereits in seiner denkwürdigen Paulskirchen-Rede vom 19. Januar 1849 (vgl. S. 193 des Textes)[30]. In dieser sah er sein Hauptanliegen, daß die deutsche Einheit in Freiheit machtmäßig abgesichert werden müßte, damit sie von Dauer sein könnte: »Das Volk hat uns hierher gesendet, um ihm die wieder errungene Freiheit sicher zu stellen für alle Zukunft... Um aber der Nation die Freiheit zu sichern, müssen wir sie umgeben mit Macht, denn Freiheit ohne Macht ist ein leerer Schein. ... Macht ist es, ... was die Nation von uns verlangt, und als Mittel zur Macht die Einheit, aber nicht jene ideale Einheit, welche sich als loses Band um eine große Ländermasse schlingt, sondern eine organische, eine wahre, eine praktische Einheit.« Wohl kaum ein Abgeordneter der Paulskirche sah die Einheits- und Freiheitsfrage so klar als eine Machtfrage, bewies so ausgeprägten Realitätssinn wie Marquard Barth. Und gerade als königstreuer und katholischer Bayer, wie er sich ausdrücklich in dieser Rede apostrophierte, forderte er die kleindeutsche Einheit als einzig gangbaren Weg zur Lösung der deutschen Frage. – An diesem kleindeutschen Programm hielt er auch nach dem Scheitern der Paulskirche fest, auch in jenem drückenden Jahrzehnt der deutschen Reaktion.

Das Jahr 1859 gab der deutschen Nationalbewegung neue Impulse: der 100. Geburtstag Schillers und die sich anbahnende nationale Einheit Italiens, in der die deutschen Patrioten eine Vorbildfunktion sahen, führte zur Gründung des kleindeutschen »Nationalvereins« – Marquard Barth trat ihm bei – und noch im gleichen Jahr 1859 zur großdeutschen Gegengründung, dem »Reformverein«. Beide Vereine warben intensiv für ihr nationales Programm.

In diesem Epochenjahr 1859 nahm Marquard Barth im Landtag mit seiner Rede vom 25. Juli 1859[31] wieder zur deutschen Frage Stellung. Gleich eingangs ging er auf die damals allgemein verbreitete Mißstimmung gegen Preußen ein, weil es dem Kaiserstaat in Italien nicht militärisch beigestanden habe; dabei negierte er dieses Verhalten Preußens keineswegs, fand vielmehr deutliche Worte dafür. Kritisch merkte er besonders an: »Preußen scheint nicht zu begreifen, daß man die Hingebung einer Nation nur durch eine frische mutige Tat erlange. Endlich ist es eine schmerzliche Wahrnehmung, daß man in Preußen vielfach glaubt, nur Deutschland bedürfe Preußens, und daß man dort nicht einsehen will, daß Preußen Deutschlands ebenfalls und sehr notwendig bedarf.« Jedoch bemühte er sich, Preußens Passivität zu verstehen, indem er eine Fülle von Argumenten dafür ausbreitete. Zugleich bedauerte er ausdrücklich »unsere Zersplitterung«, wobei er unmittelbar hinzufügte: »Eines fehlt uns Deutschen, der engere Anschluß, eine Organisation, wie sie allein einem Volke zur Kraftentwicklung nach Außen verhilft.« Daran schloß er den Wunsch an: »Gäbe Gott, daß es möglich wäre, Deutschland zu einem starken Bundesstaate umzugestalten, dadurch allein könnte unsere Zukunft gesichert werden.« Abschließend sprach er die Hoffnung aus, die Deutschen möchten »in dem Streben nach Einigung aller deutschen Stämme nicht ermüden, und nur, wenn die Vorsehung es fügt, daß wir dazu gelangen, ehe die letzte Stunde schlägt, werden wir ein neues politisches Leben gewinnen. Wenn nicht, wird man von Deutschland sagen: es

30 Nat.vers. 4755ff., vgl. PRIESACK, a.a.O., 86f./23, 121; SCHIEDER, a.a.O., 9.

31 LT1 (1859/61), 16f., vgl. v. RAUMER, Brater..., a.a.O., 82f.

war.« Im Schlußteil dieser Rede anerkannte Marquard Barth durchaus die geistig-kulturelle Blüte, die das deutsche Volk trotz fehlender nationaler Einheit errungen habe, und verglich diesen Tatbestand mit der Lage im klassischen Griechenland, wobei er die seinen Zeitgenossen vertraute Parallele des Kampfes zwischen Athen und Sparta um die Hegemonie in Hellas zog und sie mit dem deutschen Dualismus zwischen Österreich und Preußen verglich. Und so lautete sein pessimistisches Fazit: »Es ist in den deutschen Verhältnissen viel Ähnlichkeit mit denen der alten Griechen, die man auch das Volk der Philosophen genannt hat. Auch Griechenland ist dadurch, daß es in mehrere Staaten geteilt war, auf jene geistige Stufe gekommen, auf der es in der Geschichte glänzt. Aber auch in Griechenland haben zwei Staaten vor den übrigen durch ihre Macht sich hervorgetan, haben einen langen Kampf der Eifersucht gekämpft, und an den Folgen dieses Kampfes, der seine besten Kräfte lähmte, ist das Volk der Hellenen untergegangen. Gott gebe, daß nicht das gleiche Schicksal uns ereile.«

Um zwischen den national gesinnten Politikern eine engere Verbindung zu schaffen, traten in den Jahren 1862 bis 1870 Abgeordneten-Tage, meist in Frankfurt, zusammen, an denen Marquard Barth rege teilnahm, und an denen er wiederholt präsidierte; auch gehörte er dem 1863 gebildeten 36er-Ausschuß an, der zwischen den Abgeordneten-Tagen die laufenden Geschäfte führte bzw. die Einberufungen besorgte. Und so schien es, als ob die alte Kaiserstadt, der Sitz des Deutschen Bundes von 1815, der Paulskirche von 1848/49, der neue nationale Mittelpunkt, die Hauptstadt des geeinten Deutschlands werden würde, oder wie sich Marquard Barth ausgedrückt hat: »man gewöhnt sich je länger je mehr daran, es (= Frankfurt) als unser deutsches Washington zu betrachten«[32].

Kaiser Franz Josephs Einberufung eines Deutschen Fürstentages 1863 nach Frankfurt und die Vorlage eines großdeutschen Bundes-Reform-Planes brachte neue Bewegung in die nationale Frage (an der Weigerung Preußens, daran teilzunehmen, versandete schließlich dieses großdeutsche Unternehmen); zur gleichen Zeit tagte ein Abgeordneten-Tag ebenfalls in Frankfurt, an dem Marquard Barth teilnahm und wo er zum stellvertretenden Präsidenten gewählt wurde. Zu konkreten Ergebnissen konnte die Tagung naturgemäß nicht gelangen. Am 2. Juli 1863 nahm Marquard Barth im Landtag zur erneut aktualisierten deutschen Frage Stellung[33]. Er begann seine Rede mit einem resignierten Rückblick auf die Arbeit in der Paulskirche, wenn er sagte: »Aber der frische Mut, mit welchem wir einst vor 15 Jahren in die Paulskirche einzogen, er ist dahin, und mit jedem Jahre, um welches wir an Erfahrungen reicher werden, wächst die Überzeugung, daß es sich nicht um eine Frucht handelt, die man leichthin vom Weihnachtsbaum bricht, sondern um eine lange mühevolle Arbeit, deren Früchte nicht wir, sondern unsere Kinder ernten werden.« Nachdrücklich betonte er: »Wir werden lange Geduld brauchen.« Den deutschen Dualismus zwischen Österreich und Preußen nannte er »das größte unserer Übel« und meinte, »es ist unser Unglück, daß dieser Dualismus nicht gelöst werden kann.« Zu dem in Frankfurt vorgelegten österreichischen Delegierten-Projekt (Öster-

32 An J. C. Bluntschli, Kaufbeuren, 1. August 1862, Familienarchiv Bluntschli, Zentralbibliothek Zürich, Sign. 1, Nr. 37 (ungedruckt).

33 LT 1 (1863), 17ff., vgl. SCHIEDER, a. a. O., 29f.; ähnlich resigniert wie M. Barth äußerte sich L. A. Jordan am 12. Februar 1866 in einem Brief an Völk, wenn er schrieb: »Ich habe keine gute Meinung von der nächsten deutschen Zukunft.« Nachlaß Völk, Stadtarchiv Augsburg (ungedruckt), vgl. auch A. SAPPER, a. a. O., 164.

reich hatte eine Art Parlament aus Delegierten der einzelstaatlichen Landtage vorgeschlagen) äußerte er sich zwar zunächst positiv, schränkte aber ein, daß es keine Dauerlösung sei, da es zu einem Parlament aus Volks- und Staatenhaus kommen müsse, denn die deutsche Volksvertretung habe die Nation zu repräsentieren. Bei aller Hinneigung zu Preußen übte er eine starke Kritik an der Berliner Regierung im damals bereits seit zwei Jahren andauernden Verfassungskonflikt, wenn er ihn einen »Kampf des feudalen Junkertums gegen das Bürgertum« bezeichnete und davon sprach, daß »es die Aufgabe des preußischen Volkes ist, diesen Kampf zu kämpfen, es seine Aufgabe ist, das Junkertum niederzuschmettern, es seine Aufgabe ist, dann ein wahrhaft konstitutionelles Leben zu begründen«. Erst dann werde Preußen »uns Bayern ebenbürtig«, wie er mit berechtigtem Stolz auf ein fast halbes Jahrhundert bayerisches Verfassungsleben sagte.

Als sich im Juni 1866 der Konflikt zwischen Preußen und Österreich zuspitzte und Preußen schließlich das Bundesrecht brach, geriet der kleindeutsch gesinnte Marquard Barth in eine Zwangslage. Er sah keine Möglichkeit mehr eines Anschlusses an Preußen. Zum Adreßentwurf der Landtagsmehrheit verfaßte er einen Minderheitsentwurf[34], worin er auf Einberufung eines deutschen Parlaments drang, im Satz 9 allerdings betonte, Bayern müsse gerüstet und verteidigungsfähig sein, da die »Absichten« der österreichischen wie der preußischen Politik genauso wenig »Vertrauen einflößen«. Bei der zweitägigen Adreß-Debatte am 8. und 9. Juni 1866 ergriff er nicht das Wort. Am 9. Juni wurde Marquard Barths Minderheitsentwurf mit 44 gegen 97 Stimmen abgelehnt; der Mehrheitsentwurf der Liberalen Mittelpartei, der jede Stellungnahme pro klein- oder großdeutsch vermied, fand mit 96 gegen 45 Stimmen Zustimmung[35].

Am 18. Juni 1866 stimmte der Landtag mit 135 Stimmen ohne Gegenstimme – also einstimmig – für die außerordentlichen Heereskredite und ermächtigte zugleich die Regierung, jene Finanzoperationen durchzuführen, die sie für nötig hielt[36] – auch Marquard Barth stimmte dafür, gab zuvor nur eine von ihm verfaßte Erklärung der Linken[37] ab. So traten die bayerischen Kleindeutschen im ausbrechenden Deutschen Bruderkrieg von 1866 auf die Seite Österreichs... – Der preußische Sieg von Königgrätz am 3. Juli 1866 führte dann zur Auflösung des Deutschen Bundes, zum Ausscheiden Österreichs aus Deutschland, brachte den Sieg des kleindeutschen Gedankens. So war eine völlig neue Lage entstanden, aber für den deutschen Süden eine völlig unklare, da Bismarck mit Rücksicht auf Frankreich die »Mainlinie« nicht überschritt, wodurch die Gefahr bestehen blieb, daß sich ein Südbund bilden und sich zu Frankreich und Österreich hinwenden würde. – Marquard Barth beantragte daher zusammen mit Völk im Landtag den Verzicht auf den Südbund, den Erhalt des Zollvereins und den engen Anschluß an Preußen. Am 30. August 1866 hielt er dann im Landtag eine längere Rede[38]. Dabei stellte er zunächst einen sachlichen Rückblick auf die groß- und kleindeutsche Partei an, seinem »Verständnis für die Mentalität Andersdenkender« gemäß[39]. »Beide Parteien« seien, sagte er, zu »achten«; denn jede habe »einen Gesichtspunkt« vertreten, der bei der Reichsverfassungsfrage »wohl zu erwägen« gewesen sei; er bedauere, daß der Kampf »nicht auf friedlichem Wege

34 LT 1 (1866/67), 74f.
35 LT 1 (1866/67), 63.
36 LT 1 (1866/67), 86.
37 *Schieder*, a. a. O., 115ff.
38 LT 1 (1866/67), 139–142.
39 So: v. RAUMER, Brater..., a. a. O., 81.

zum Abschluß gebracht« worden sei. Ausdrücklich verwies er darauf, daß er schon in der Paulskirche »offen« kleindeutsch gewesen sei. Sofort fügte er jedoch hinzu: »Ich habe nie verkannt, daß wir auf beiden Seiten gute Gründe für unsere Ansichten hatten.« Jedoch seien seiner Meinung nach die kleindeutschen Gründe »die durchschlagenden« gewesen. Während er nur so nebenhin sagte, mit Österreich müsse eine nationale Verbindung erhalten bleiben, betonte er mit Nachdruck, daß in der preußischen Spitze eine »gewisse providentielle Fügung« liege, Preußen der »Kristallisationspunkt« in Deutschland geworden sei. Der Südbund, fügte er hinzu, habe wohl kaum Aussichten, verwirklicht zu werden. Er schlug dann vor, seinen Antrag mit einem ähnlich formulierten der Liberalen Mittelpartei zu verbinden – in einer solchen Kompromißform fand dieser dann Annahme[40].

Januar 1867 bahnte sich eine Wende im Hinblick auf die deutsche Frage an, als König Ludwig II. den Fürsten Chlodwig Hohenlohe-Schillingsfürst – ein Mitglied einer weitverzweigten, ehemals reichsunmittelbaren Fürstenfamilie, zugleich ein gemäßigter Liberaler kleindeutscher Observanz – zum Ministerpräsidenten berief. Dieser nahm enge Verbindung mit der Bayer. Fortschrittspartei, besonders mit Marquard Barth[41], auf, um sein inneres (vgl. S. 194 des Textes) und äußeres Reformprogramm durchzuführen. – Als der Fürst jedoch keine Initiative in der deutschen Frage zeigte, brachte die Bayer. Fortschrittspartei am 14. Januar 1867 einen von Marquard Barth verfaßten Adreß-Antrag ein[42], um ihn zur Stellungnahme zu zwingen. Die Antwort des Fürsten vom 19. und 23. Januar 1867 war ein so entschiedenes Bekenntnis zur Verbindung mit Preußen und eine klare Ablehnung eines Südbundes, daß Marquard Barth den Antrag namens der Fraktion zurückzog[43]. Dem Landtag konnte zudem auch nicht bekannt sein, daß Bayern mit Preußen – wie die übrigen süddeutschen Staaten Baden, Württemberg und Hessen-Darmstadt – bereits seit Dezember 1866 durch das Geheime Schutz- und Trutz-Bündnis verbunden, also die »Main-Linie« de facto bereits überschritten war (in der Luxemburg-Krise 1867 veröffentlichte Bismarck diese Geheimverträge). – Das vorsichtige Taktieren des Fürsten Hohenlohe-Schillingsfürst in der deutschen Frage entsprach allerdings nicht dem ungestümen Drängen der Bayer. Fortschrittspartei auf Eintritt Bayerns in den 1867 von Bismarck geschaffenen Norddeutschen Bund. So zog Marquard Barth in seiner Landtagsrede vom 21. Oktober 1867[44], bei aller Anerkenntnis der nationalen Politik des Fürsten, doch auch wieder eine scharfe Grenze zu ihr: »Wir von der linken Seite des Hauses stehen in diesem Punkt, der das Endziel aller Bestrebungen in der deutschen Frage betrifft, nicht auf dem Standpunkt des Herrn Ministerpräsidenten, wir haben es vielmehr zu jeder Zeit offen bekannt, wir erkennen nur in dem Eintritt des Südens in den Norddeutschen Bund und in der dadurch bewirkten Erweiterung dieses Bundes zu einem deutschen den endgültigen Abschluß dieser Bewegung.« Nun kleidete er die Stellung seiner Partei zur Politik des Fürsten in Frageform: »Wie kommt es nun, meine Herren, daß wir demungeachtet im Januar dem Herrn Ministerpräsidenten unser

40 LT 1 (1866/67), 161, vgl. Schieder, a. a. O., 131.

41 Denkwürdigkeiten des Fürsten Chlodwig Hohenlohe-Schillingsfürst, hg. von Friedrich Curtius 1 (1907), 158/416, über Fürst Hohenlohe-Schillingsfürst (1819–1901), vgl. Lebensläufe aus Franken 2 (1922), 215–228 [F. Rachfahl]; NDB 9 (1972), 487 ff. [G. Richter].

42 LT 1 (1866/67), 189.

43 LT 1 (1866/67), 175 f., 186, 188, vgl. M. Barth an Hermann Baumgarten, München, 26. Januar 1867, DL 1/365 ff., u. Schieder, a. a. O., 142 ff.

44 LT 2 (1866/68), 55 ff., vgl. Schieder, a. a. O., 159 f.

Vertrauen entgegengetragen haben, und wie kommt es, daß wir auch heute erklären können, wir haben nicht die Absicht, dem gegenwärtigen Leiter unserer auswärtigen Politik prinzipielle Opposition zu machen?« Die Antwort gab er zunächst mit einem Bild, das er dann konkretisierte: »Die Sache scheint seltsam, ist aber demungeachtet sehr einfach. Wenn zwei zu gleicher Zeit auf der Eisenbahn von hier abreisen, der eine will nach Leipzig, der andere nach Lindau, so haben sie sehr verschiedene Endziele, sie können aber doch ganz gemütlich und ohne Umweg die Reise bis Augsburg miteinander machen. Ohne Gleichnis, die deutsche Frage wird nur schrittweise gelöst, verständige Politiker fassen aber nur die nächsten Schritte ins Auge, wenn sie Stellung zur Regierung nehmen. Wir fragen nicht, wie der Herr Ministerpräsident sich das Endziel der Gestaltung der deutschen Dinge denkt, wir fragen nur, wie er denkt bezüglich der Punkte, deren Realisierung uns zunächst not zu tun scheint, und da nun der Herr Ministerpräsident in Beziehung auf diese Punkte nicht so weit von unseren Anschauungen entfernt ist als bezüglich des Endziels, so richtet sich auch hiernach unser Urteil über seine Politik.«

Um die süddeutschen Staaten mit dem Norden auch wirtschaftspolitisch enger zu verbinden, schuf Bismarck dann 1868 das Zollparlament als weitere Etappe zur deutschen Einheit. In dieses hatten die süddeutschen Staaten nach allgemeinem und gleichem Wahlrecht ihre Abgeordneten zu wählen. Dazu entfachten die Preußengegner in Bayern, die sich in der großdeutsch und betont bayerisch-konservativ gesinnten Bayer. Patriotenpartei zusammengefunden hatten und an deren Spitze der Allgäuer Joseph Edmund Jörg[45], eine überragende Politikergestalt von seltener Konsequenz und geistiger Spannweite, stand – auch Marquard Barths jüngerer Bruder Dr. jur. Karl Barth (1811–1886), Rechtsanwalt in Augsburg, gehörte zu ihren führenden Männern –, einen beispiellosen Wahlkampf. – Marquard Barth kandidierte im Wahlkreis Kaufbeuren, den er schon seit 1859 im Landtag vertreten hatte. So erschien am 13. Januar 1868 im »Kaufbeurer Anzeigeblatt« zunächst eine kurze Notiz, in der seine mögliche Kandidatur angedeutet wurde[46], am Tage darauf bereits ein Aufruf zu seinen Gunsten[47]. Am 19. Januar fand dann im »Gasthof zum Hirsch« in Kaufbeuren eine Versammlung statt[48], die Bürgermeister Haffner leitete und in der er Marquard Barth als Kandidaten empfahl; die Anwesenden stellten ihn fast einstimmig auf. Da Marquard Barth wegen Erkrankung an der Versammlung nicht teilnehmen konnte, verlas der Bürgermeister dessen Brief vom 18. Januar 1868[49]. – Einleitend schreibt darin Marquard Barth: »Was meine politischen Anschauungen betrifft, so glaube ich zwar, daß dieselben hinreichend aus meiner Tätigkeit früher im Parlament zu Frankfurt und später in unserm Landtag sowie bei verschiedenen Abgeordnetenversammlungen in Frankfurt, Stuttgart etc. bekannt sein dürften, will aber gleichwohl nicht unterlassen, hier noch besonders Farbe zu bekennen.« Sofort geht er unmittelbar zur Frage der deutschen Einheit über: »Wie schon 1848 in Frankfurt meine Meinung war, und wie ich es seitdem zu aller Zeit trotz der lange Jahre damit verbundenen Unannehmlichkeiten gepredigt habe, so bin ich noch überzeugt, daß ein parlamentarisch geordnetes Deutschland ohne Österreich, aber mit diesem durch Verträge möglichst eng

45 Über Joseph Edmund Jörg (1819–1901) vgl. H. STEINSDORFER, Jos. Ed. Jörg..., in: »Allgäuer Geschichtsfreund«, NF 70 (1970), 17–30.

46 6. Jahrg., Nr. 10, S. 39.

47 6. Jahrg., Nr. 11, S. 118.

48 6. Jahrg., Nr. 17, 21. Januar 1868, S. 68.

49 Wortlaut in 6. Jahrg., Nr. 16, 20. Januar 1868, nach S. 66 beigefügt, vgl. SCHIEDER, a. a. O., 174, Anm. 2.

verbunden, die einzige Form ist, in welcher unser Vaterland gedeihen kann. Innerhalb dieses außerösterreichischen Deutschland bietet sich die Krone Preußen von selbst als das Subjekt der diplomatischen und militärischen Führung dar. Hätte man diesen Grundsätzen, die ich bereits 1848 in Frankfurt mit aufstellen half, in Deutschland früher Rechnung getragen, so wäre uns das Jahr 1866 erspart worden und wir würden die Einheit mit mehr Freiheit, als es für den Augenblick der Fall ist, erlangt haben.« Weiter legt er dar: zwar stehe im Augenblick die Einheitsfrage im Vordergrund, jedoch »halte er es für die Pflicht jedes Parlamentsmitglieds, über die Einheit die Freiheit nicht zu vergessen«. Dann setzt er sich für die Vereinigung Süddeutschlands mit dem Norden ein, jedoch mit dem für ihn charakteristischen Vorbehalt: »den einzelnen Staaten innerhalb des Bundes« sei »in ihren inneren Angelegenheiten die vollste Autonomie« zu gewähren; diesen verstärkt er noch im weiteren Verlauf seines Briefes. So heißt es dann in sehr persönlicher Färbung: »Auch kennen mich diejenigen nicht, welche meinen, weil ich für die preußische Spitze bin, sei es meine Meinung, man solle bedingungslos von seiten Bayerns in den norddeutschen Bund eintreten, vielmehr betrachte ich es als ganz selbstverständlich, daß, wenn es einmal zu solchem Eintritt kommen soll, die Bedingungen unserer Existenz, namentlich in finanzieller Beziehung vor allem gewahrt werden müssen, halte mich aber auch überzeugt, daß man in dieser Beziehung jenseits des Mains mit sich wohl würde reden lassen.« Abschließend verbindet er sein bayerisches mit seinem deutschen Bekenntnis: »Ich erlaube mir schließlich, auf meine zwölfjährige Tätigkeit in der bayerischen Kammer Bezug zu nehmen, und sehe mit Beruhigung dem Urteile entgegen, ob ich in dieser langen Zeit nicht mit Fleiß und Aufopferung unsere bayerischen Zustände in einer Weise zu verbessern gesucht habe, wie es mir wohl nicht möglich gewesen wäre, wenn ich nicht ein Herz für Bayern hätte. Aber ich glaube, um gut bayerisch zu sein, muß man zugleich auch gut deutsch sein. Der einseitige Partikularismus führt zum Verderben nicht bloß für das Ganze, sondern auch für seine Teile.« Und er schließt mit der persönlichen Bitte, diesen Brief der Versammlung bekannt zu geben und sie von ihm zu grüßen. – Am 4. Februar 1868 brachte das »Kaufbeurer Anzeigeblatt« dann noch eine Wahlempfehlung für Marquard Barth[50].

Die Zollparlamentswahlen vom 10. Februar 1868 brachten in Bayern – auch in Württemberg – eine große Überraschung: von den 48 Sitzen gewannen die Patrioten 26; im Landtag hatten sie bei der letzten Landtagswahl von 1863 nur 14 Mandate errungen, also nach dem Landtagssitzstand hätten sie höchstens 4 bis 5 Mandate erhalten dürfen; dazu kam noch ein großdeutscher Demokrat. An die Liberalen fielen 21 Sitze, davon 12 an die Bayer. Fortschrittspartei (sie besaß im Landtag 16 Sitze) und nur mehr 9 an die Liberale Mittelpartei, welche im Landtag über die absolute Mehrheit verfügte. In katholischen Gegenden Altbayerns, aber auch im katholischen Unterfranken gewannen die Patrioten sehr stark, brachen auch in den schwäbischen Raum ein. – Marquard Barth erlitt in Kaufbeuren eine vernichtende Niederlage: er gewann 3119, sein patriotischer Gegenkandidat, Oberzollinspektor Dr. jur. Jakob Miller (1822–1884) aus Pfronten, ein geborener Münchner, 8702 Stimmen. Marquard Barths Bruder, Karl Barth, setzte sich dagegen für die Patrioten in Augsburg durch. – Eine Doppelwahl eines fränkischen Parteifreundes ermöglichte es dann Marquard Barth, im Wahlkreis Rothenburg ob der Tauber März 1868 in einer Nachwahl doch noch ins Zollparlament zu gelangen. – Das »Kaufbeurer Anzeigeblatt«

50 6. Jahrg., Nr. 29, nach S. 118.

teilte diese Nachricht seinen Lesern voll Freude mit und brachte zugleich einen »Juchhe-Schrei eines schwäbischen Fortschrittsmannes« in Gedichtform[51].

Im Zollparlament – Marquard Barth leitete die national gesinnte süddeutsche Fraktion »Zur Mainbrücke« – hielten sich die Bayern zunächst sehr zurück. Erst am 18. Mai 1868 – genau zwanzig Jahre nach Eröffnung der Paulskirche – gelang Völk ein großer rhetorischer Durchbruch mit seiner »Frühlingsrede«[52], die einen Jubel sondergleichen in ganz Deutschland hervorrief und ihn schlagartig zu einer nationalen Berühmtheit machte. Einen solchen Begeisterungstaumel zu erregen, dazu war der nüchterne Marquard Barth nicht fähig; aber am 20. Mai, nur zwei Tage danach – vielleicht aus einem gewissen ungestillten Ehrgeiz[53] –, hielt er ebenfalls eine Rede für die werdende deutsche Einheit[54]. Darin sagte er: »... ich will die Sicherheit haben, daß das Zollparlament im nächsten Jahr wieder zusammenkommt ... daß diese Verbindung zwischen den Vertretern der sämtlichen deutschen Länder, welche dem Zollverein angehören, so schwach sie auch sein mag, unterhalten werde, daß wir hier die Amalgamierung fortsetzen, daß wir hier die langsame Art der Verständigung fortsetzen...« – In jener Zeit konkretisierte sich bei Marquard Barth die Konzeption der Aufnahmebedingungen Bayerns in das zu schaffende kleindeutsche Reich. So war er davon überzeugt[55], daß der Norden bei einer Bundeserweiterung, »soweit es die Sache leidet«, Bayern »eine exzeptionelle Stellung« geben müßte, »wie sie bei einem Staate von 5 Mill. wohl gerechtfertigt wäre und wie sie auch König Heinrich der Vogler seinerzeit dem Herzog Arnulf gegeben hat, ohne daß das Reich davon zu Grunde gegangen ist«. Ausdrücklich fügte er in diesem Briefe noch als persönliche Versicherung hinzu: »Ich brauche Ihnen nicht zu sagen, daß ich persönlich auf solche Exzeptionen nicht dringen würde, aber um der Schwachen im Lande willen wären sie

51 Die Nachricht hat folgenden gekürzten Wortlaut: »Die Freude über dieses Wahlergebnis bei allen Wählern des Wahlkreises Kaufbeuren, welche Herrn Dr. Barth ihre Stimme gegeben und für seine Wahl gewirkt haben, ist überaus groß ... alle (= Vaterlandsfreunde) waren vom Anfang an darüber einig, daß es eine Ehrensache für unser Vaterland ist, einen seiner bewährtesten Volksmänner auch im Zollparlamente als Abgeordneten zu haben.« – 6. Jahrg., Nr. 63, 14. März 1868, S. 251 f. – In dem »Ein Juchhe-Schrei eines schwäbischen Fortschrittsmannes« heißt es u. a.:

»Du, Volk der Franken! lebe hoch!
Du kennst den wackern Barth jetzt doch,
Wir sind vor Freude trunken.
Du, Volk der Schwaben! schäme dich!«

Ebd., S. 254.

52 In dieser »Frühlingsrede« vom 18. Mai 1868 sagte Völk u. a.: »Wir haben dafür zu sorgen, daß das deutsche Einigungswerk nicht stocke. Ich bin der Überzeugung, daß die deutsche Nation in allen ihren Bestandteilen eine so entwicklungsfähige, eine so große, so edle, so zukunftsreiche ist, daß sie ihrer Größe entgegengeht.« Völk schloß sie, das Wort eines anderen Abgeordneten abwandelnd, mit dem Satz: »Jetzt ist Frühling geworden in Deutschland!« Zit. nach H. Steinsdorfer, Dr. Joseph Völk..., in: »Allgäuer Geschichtsfreund«, NF 69 (1969), 17; über Joseph Völk (1819–1882) vgl. ebd., S. 15, Anm. 2 u. 3 genannte Lit., vgl. vom selben Verf., in: Heimatbuch des Landkreises Schwabmünchen (1974), 309–313.

53 Bezeichnend erscheint folgende Bemerkung M. Barths: zur Rüge, daß Ministerpräsident Hohenlohe-Schillingsfürst mit ihm noch keine Verbindung aufgenommen habe, fügt er noch den Satz hinzu: »Mich hat er noch nicht aufgesucht, obwohl ich der bekannte Führer der Linken bin.« An H. Baumgarten, München, 26. Januar 1867, DL 1/365, vgl. auch Anm. 12.

54 Im Wortlaut abgedruckt in: »Kaufbeurer Anzeigeblatt«, 6. Jahrg., Nr. 120, 23. Mai 1868, S. 493 f., vgl. Schieder, a. a. O., 189 ff.

55 An H. Baumgarten, München, 26. Januar 1867, DL 1/366.

gut.« In seinem Brief an die Kaufbeurer Kandidatenversammlung griff er diesen Gedanken wieder auf (vgl. S. 201 des Textes). In der Fraktionssitzung der »Mainbrücke« vom 10. Mai 1868 konkretisierte er ihn folgendermaßen: »... daß für Bayern ein Präcipuum gewährt werden müsse, nämlich a) ein selbständiges Gesandtenrecht und b) ein selbständiges Heer. In allem anderen könnte Bayern sich dem Norddeutschen Bunde unterordnen. Wären wir erst so weit, die Schwaben würden uns nicht aufhalten. Es ist auf Dezentralisation der Verwaltung zu dringen. Die provinzielle Autonomie macht es den anderen deutschen Ländern möglich, sich einzufügen. Nur die Politik muß straff im Zentrum geleitet und die Rechtsgemeinschaft über ganz Deutschland ausgebreitet werden«[56].

In seiner Rede vom 8. Februar 1870 bei der Landtagsdebatte über das patriotische Mißtrauensvotum gegen Ministerpräsident Fürst Hohenlohe-Schillingsfürst entwickelte Marquard Barth[57] ein nationales Zukunftsprogramm verbunden mit einer erneuten Formulierung der Eintrittsbedingungen Bayerns in den Norddeutschen Bund. Dabei sagte er: »Wir wollen aber nicht unbedingten Eintritt in den Norddeutschen Bund, wir wollen aber, daß man durch Unterhandlungen eine solche Organisation, eine solche Revision der Verfassung dieses Bundes herbeiführe, daß wir mit Anstand, mit Aufrechterhaltung unserer berechtigten Selbständigkeit und mit Aufrechterhaltung der Würde der bayerischen Krone diese Bedingungen annehmen können. Sie sehen hieraus, wir sind keine Schwärmer für den Norddeutschen Bund, uns wäre auch eine andere Einrichtung, wenn sie möglich wäre, im bayerischen Interesse lieber, aber wir halten keine andere für möglich, wir glauben nicht an die Möglichkeit eines weiteren deutschen Bundes neben dem Norddeutschen und wir glauben, daß dadurch die Schwierigkeit nur mehr vermehrt würde, daß die Komplikation zu groß würde. Darum möchten wir es lieber versuchen, mit der Umgestaltung des Norddeutschen Bundes zu einem deutschen Bunde durch eine Revision seiner Verfassung, die unsere innere Selbständigkeit und die Freiheit der Entwicklung bestehen läßt.« Für eine solche Revision schlug er drei Punkte vor:

1. Die Mängel der norddeutschen Verfassung müßten durch Errichtung verantwortlicher Ministerien, durch uneingeschränktes Budgetrecht des Reichstages beseitigt werden.
2. Der Unterschied zwischen Klein- und Mittelstaaten müßte berücksichtigt werden.
3. Eine Verfassungsänderung dürfte nur mit Zustimmung sämtlicher Einzelstaaten möglich sein.
4. Die spezifisch bayerischen Verhältnisse müßten beachtet werden.

Mit Nachdruck hob er am Schluß seiner Rede hervor: »Mir liegt daran, daß der Staat Bayern erhalten werde. Ich will nicht auf so kühne Experimente mich einlassen, mir ist lieber, wir haben einen gesicherten Staatenbund mit möglichst selbständigen Einzelstaaten, als wir haben einen Einheitsstaat, von dem ich noch nicht weiß, ob er zentralisiert oder nicht zentralisiert wird...« – Der Patriotenführer Jörg, der unmittelbar nach Marquard Barth sprach, ging[58] positiv darauf ein und nannte sie eine »ausgezeichnete Rede«. – Allerdings stemmten sich Marquard Barth und die übrigen liberalen Sprecher vergeblich gegen das patriotische Mißtrauensvotum. Denn am gleichen Tage, am 8. Februar 1870, erzwangen die Patrioten – sie besaßen seit 1869 die absolute

56 Johann Caspar BLUNTSCHLI, Denkwürdiges aus meinen Leben 3 (1884), 212.
57 LT 1 (1870), 205–216, hier: 214, 216, vgl. SCHIEDER, a. a. O., 233.
58 LT 1 (1870), 216.

Mehrheit im Landtag – durch seine Annahme mit 77 gegen 62 Stimmen den Rücktritt des Fürsten Hohenlohe-Schillingsfürst; Marquard Barth hatte selbstverständlich dagegen gestimmt. Die Reichsrätekammer hatte dem Fürsten bereits am 28. Januar 1870 das Vertrauen entzogen. Mit dem Ausscheiden des national gesinnten Fürsten[59] aus der Regierung trat natürlich wieder eine Stagnation in den nationalen Bestrebungen in Bayern ein.

Den entscheidenden nationalen Durchbruch brachte jedoch bereits der Deutsch-Französische Krieg von 1870/71. Der Besondere Ausschuß des Bayer. Landtages, der zur Prüfung des casus foederis gemäß dem Schutz- und Trutz-Bündnis eingesetzt worden war (er bestand aus 6 Patrioten und 3 Liberalen, zu ihnen gehörte Marquard Barth; Jörg war sein Referent), verkündete am 19. Juli 1870, dem Tage der französischen Kriegserklärung, unter atemloser Spannung – das Haus war vollbesetzt, die Zuschauertribüne überfüllt – den mit 6 zu 3 Stimmen gefaßten Beschluß auf bewaffnete Neutralität. Es setzte nun eine heftige Landtagsdebatte ein. Marquard Barth hielt dabei nur eine kurze Rede[60], worin er betonte, daß er es für eine »Notwendigkeit« halte, daß »Bayern dem Norddeutschen Bunde in diesem Kriege zur Seite kämpfe«, »in Erfüllung unserer Pflicht«, gemäß den Verträgen und der nationalen Verbindung; denn es gehe darum, »die Ehre und Würde des bayerischen Staates in diesen Tagen zu wahren«. – Die Redeschlacht tobte hin und her. Jörg stemmte sich bis zuletzt gegen den Kriegseintritt Bayerns. Die Wendung brachte der Patriot Prof. Johann Nepomuk Sepp[61], der überraschend für den Kriegseintritt plädierte. Bei der Abstimmung fiel der Ausschußantrag, ebenso ein vermittelnder Antrag[62]. Mit 101 gegen 47 Stimmen nahm der Landtag den Antrag auf Kriegseintritt Bayerns an[63]; 32 Patrioten hatten, angeführt von Prof. Sepp – u. a. auch Marquard Barths Bruder Karl Barth –, mit den Liberalen dafür gestimmt. Die gemäß der bayer. Verfassung von 1818 (Titel X § 7) hierfür notwendige Zweidrittelmehrheit war somit nur knapp erreicht worden. – Für Marquard Barth verstand es sich von selbst, daß dieser Krieg die nationale Einheit bringen werde. So schrieb er schon am 23. Juli 1870 an einen Parteifreund[64]: »Der Krieg wird m. E. um die Frage geführt, ob Deutschland die Freiheit seiner Konstituierung haben soll oder nicht, und wenn wir siegen, wird diese Konstituierung sicher nicht ausbleiben.«

Es setzten nun in den folgenden Monaten vielseitige Sondierungen, vor allem zwischen Berlin und München, ein, um Bayerns Eintritt in das zu schaffende Reich zu ermöglichen. Die norddeutschen nationalliberalen Parlamentarier Rudolph von Bennigsen, Max von Forckenbeck und Eduard Lasker, ebenso der Chef des Bundeskanzleramtes, Rudolph (von) Delbrück, letzterer im Auftrag Bismarcks, fuhren im Herbst 1870 nach München und in die übrigen süddeutschen Hauptstädte, um mit Gesinnungsfreunden und Regierungsvertretern zu verhandeln. Marquard Barth nahm an diesen Gesprächen wiederholt teil und dürfte dabei seine Vorstellungen über eine Sonderstellung Bayerns nachdrücklich dargelegt haben[65]. Zu dieser

59 Schieder, a. a. O., 234.
60 LT 3 (1870), 403 f., vgl. Hermann Oncken, Rudolph von Bennigsen ... 2 (1910), 172–175, u. Bernhard Fürst von Bülow, Denkwürdigkeiten 4 (1931), 161.
61 LT 3 (1870), 888 f., vgl. über J. N. Sepp (1816–1909) H. Steinsdorfer, Ein bayerischer Politiker mit deutscher Staatsgesinnung ..., in: »Tölzer Kurier«, Nr. 186 (6./7. August 1966), 17.
62 LT 3 (1870), 407.
63 LT 3 (1870), 409.
64 An L. A. Jordan; Schieder, a. a. O., 261 f.
65 Vgl. Oncken, a. a. O., 2/178, 181, 186 ff.

Zeit entwarf er eine »Deutsche Verfassungsskizze«[66]. in welcher er, in 15 §§ gegliedert, die von Bayern zu fordernden Reservatrechte detailliert festhielt; diese unterbreitete er auch dem neuen bayerischen Ministerpräsidenten Graf Bray auf dessen Verlangen. Es schien sogar der Eintritt Marquard Barths ins Ministerium im Bereich des Möglichen zu liegen[67], eine Chance, die allerdings auch 1871 wieder vorüberging[68]. In den Verhandlungen mit Berlin dürfte Marquard Barths Dokument als eine Art Arbeitsgrundlage gedient haben. Die bayerischen Reservat- (Separat- oder Sonder-)rechte, die im bayerischen Versailler Vertrag vom 23. November 1870 festgelegt worden waren, hielten sich auf jener von Marquard Barth gezogenen Linie: eigene Post- und Eisenbahnhoheit, Finanz- und Gerichtshoheit in den Grundzügen, eigene Armee in Friedenszeiten, beschränkte diplomatische Vertretung nach außen, Mitspracherecht in der Außenpolitik durch den ständigen Vorsitz im auswärtigen Ausschuß des Bundesrates. – Diese Zugeständnisse an Bayern erregten im Norddeutschen Reichstag, dem der bayerische Vertrag vorgelegt werden mußte, großen Unwillen, so daß dessen Ablehnung drohte. Daher reiste Marquard Barth Ende November eigens nach Berlin, um für die Annahme zu wirken – diese erfolgte dann doch, wenn auch widerwillig.

Dezember 1870 legte die bayerische Regierung den Vertrag dem Landtag vor. Nun war der Zeitpunkt gekommen, den Marquard Barth schon 1868 so umschrieben hatte: »... wir Nationalen in der bayerischen Abgeordnetenkammer ... reden wohl von dem Eintritt Bayerns, aber wir beantragen ihn nicht früher, als er durchzusetzen ist«[69]. – Der Landtag bildete wieder wie im Juli 1870 einen Besonderen Ausschuß, diesmal von 15 Mitgliedern; er bestand aus 11 Patrioten und einem mit ihnen liierten Demokraten und aus 3 Liberalen, unter ihnen Marquard Barth; Jörg war wieder Referent. Dieser Ausschuß faßte nach Prüfung der Vorlage den Beschluß, auf Ablehnung des Vertrages und Aufnahme von neuen Verhandlungen beim Landtag zu beantragen. Vom 11. bis 21. Januar 1871 dauerte im Plenum jene denkwürdige zehntägige Redeschlacht. Bei Theodor Schieder heißt es[70]: »Es war die letzte Episode in dem Ablauf der Einheitsgeschichte des preußisch-deutschen Reiches, zugleich auch der letzte Moment einer selbständigen staatlichen Geschichte Bayerns.« Auch spricht er in diesem Zusammenhang vom »Selbstgefühl eines Stammes mit einer politischen Tradition, dem aber eine staatliche Machtbildung großen Ausmaßes nicht gelungen war«. Während Jörg, der die Debatte eröffnete und schloß[71], bis zuletzt gegen den Eintritt Bayerns ins Reich kämpfte, sprach Marquard Barth bereits am 11. Januar als Referent der Ausschuß-Minderheit, die sich für Annahme des Vertrages ausgesprochen hatte, in einer längeren Rede[72], in der er sich mit dem Eingangsreferat Jörgs vor allem auseinandersetzte. Sein Fazit lautete: »Die Macht der inneren Notwendigkeit, die in den Dingen liegt, werde zur deutschen Einheit führen.« In dieser

66 Abgedruckt bei Michael DOEBERL, Bayern und die Bismarcksche Reichsgründung (1925), 245 ff.
67 Hohenlohe, Denkw., a. a. O., 2 (1902), 22.
68 Hohenlohe, Denkw., a. a. O., 2/54.
69 An H. Baumgarten, München, 12. Oktober 1868, DL 1/427 = 329; ähnlich urteilte Heinrich Marquardsen am 5. Juni 1868, DL 1/423, über Marquardsen (1826–1897), vgl. ADB 52 (1906), 216 ff. [H. REHM], u. Biogr. JB 2 (1897), 411 ff. [H. REHM].
70 SCHIEDER, a. a. O., 283.
71 11. Januar 1871, LT 4 (1870/71), 108–113, 21. Januar 1871, ebd., 356–361.
72 LT 4 (1870/71), 115–123, vgl. SCHIEDER, a. a. O., 286 ff.

Debatte, in der die Gefühlswogen hochgingen, war es eine fast zu nüchtern-sachliche Rede, von der kein belebendes Wort ausstrahlte. – Am 21. Januar war der letzte Tag der Debatte; ein Schlußantrag war durchgegangen. Marquard Barth hätte als Referent der Minderheit noch das Recht besessen, das Wort auch danach noch zu ergreifen. Er verzichtete darauf mit folgenden Sätzen[73]: »Sie haben zehn Tage lang viele Propheten gehört, und wenn Sie diesen nicht glauben, werden Sie auch mir nicht glauben. Jeder wird sein Votum bereits gebildet haben. Ich habe keine Hoffnung, durch das, was ich noch vorbringen könnte, irgend einen Einfluß auf Ihre Abstimmung zu üben.« Er blieb sich eben auch in jener spannungsgeladenen Atmosphäre bis zuletzt seiner nüchternen, realistischen, illusionslosen Art treu. Auch hatte er das voraussichtliche Ergebnis der Abstimmung schon am 23. Dezember 1870 klar vorausgesehen[74]: »Ich verzweifle noch nicht daran, daß wir die nötige Zweidrittelmehrheit erhalten, ... Unsere gegenwärtigen Herrn Gegner in der Kammer haben bereits im Juli bewiesen, daß sie zwar viel bösen Willen, aber im kritischen Moment wenig Courage haben, und darauf setze ich meine Hoffnung.« – Bei der Abstimmung vom 21. Januar 1871 wurde der bayer. Versailler Vertrag mit 102 zu 48 Stimmen angenommen, wodurch die auch hier von der Verfassung vorgeschriebene Zweidrittelmehrheit – wie schon 1870 (vgl. S. 204 des Textes) – knapp erreicht wurde[75]. Marquard Barth sagte Ja zum Eintritt Bayerns in das Reich, ebenso sein patriotischer Bruder Karl Barth und die reichsfreundlichen Patrioten. Jörg und seine Anhänger verließen sofort nach der Abstimmung noch vor Sitzungsschluß das Plenum; es wäre die Aufgabe von Jörg als Referenten der Ausschußmehrheit gewesen, den Beschluß vorzulesen – diese Aufgabe fiel nun Marquard Barth als Referenten der Ausschußminderheit zu[76]. Schieder urteilt[77]: »Es war recht eigentlich der Abschluß der großen politischen Tätigkeit des Führers der Fortschrittspartei, der ... das Endstadium der Einheitspolitik in Bayern entscheidend beeinflußt hatte.«

Somit war Bayern als letzter Staat ins Deutsche Reich eingetreten, ein Faktum, das Marquard Barth schon vor langer Zeit vorausgesehen hatte, wie er am 12. Oktober 1868 dem Historiker Hermann Baumgarten schrieb: »Ich habe schon im Jahre 1849 gesagt, Bayern werde zum Reiche kommen, aber es werde der letzte Staat sein, der beitritt. Diese Meinung habe ich auch heute noch, und wenn Sie die Dinge menschlich nehmen, wenn Sie die relative Größe Bayerns, seine Lage gegen Österreich, seine Stammesgenossenschaft mit diesem und den fast ausschließlichen Katholizismus seiner Urprovinzen nehmen, so werden Sie das begreiflich finden«[78].

Aber das deutsche Kaiserreich der Hohenzollern war schon am 18. Januar 1871 im Spiegelsaal des Schlosses von Versailles, am preußischen Krönungstag von 1701, proklamiert worden – es war streng verfassungsmäßig die Entscheidung Bayerns ignoriert worden... Diesen Sachverhalt traf ein bayerischer Liberaler haarscharf, als er am 16. Januar 1871 im Landtag nüchtern feststellte: »Das Deutsche Reich ist perfekt, ob wir heute, morgen oder übermorgen Ja oder Nein sagen ... das Deutsche Reich als solches wird proklamiert werden, es

73 LT 4 (1870/71), 353.
74 An H. Baumgarten: Oncken, a. a. O., 2/208, Anm. 1.
75 LT 4 (1870/71), 374 f.
76 LT 4 (1870/71), 375.
77 Schieder, a. a. O., 293.
78 DL 1/427.

wird mit oder ohne uns ins Leben treten«[79]. – Als der Bayerische Landtag am 20. Mai 1949 das Bonner Grundgesetz – als einziger der westdeutschen Landtage – mit 101 gegen 63 Stimmen ablehnte[80], wurde es durch das Diktat der westlichen Besatzungsmächte, da mehr als zwei Drittel der Volksvertretungen der Länder zugestimmt hatten, in Bayern dennoch eingeführt...

Marquard Barth war zweifellos zutiefst erfüllt von diesem historischen Augenblick der Reichsgründung, von dem er am 5. Dezember 1870 erwartungsvoll an v. Bennigsen geschrieben hatte: »Es mag das eine Schwäche von mir sein, aber ich kann nicht leugnen, es kitzelt mich doch gewaltig, unsrer bis dato Geschichte diesen Abschluß gegeben zu sehen. Die Auflösung des Reichs war die capitis deminutio unsrer Nation, und seine Wiederherstellung muß sie empfinden wie eine restitutio honoris. Daß das neue Reich besser werde, als das alte zuletzt lange genug war, dafür wollen wir sorgen«[81].

1920 gingen die Reservatrechte, die zur Absicherung der Eigenstaatlichkeit Bayerns im Kaiserreich dienten und für deren Gestaltung Marquard Barth sich stark eingesetzt hatte, endgültig verloren. Bayern blieb jedoch erhalten, wenn auch durch diesen Verlust geschmälert in seiner politischen Stellung in der ausgeprägt zentralistisch ausgerichteten Weimarer Republik. Nach dem Dritten Reich ist Bayern als Staat wiedererstanden und behauptet sich als solcher innerhalb der relativ föderalistisch strukturierten Bundesrepublik. Der bayerische Staatsgedanke ist eben die in langer Zeit gewachsene Grundlage der bayerischen Eigenart, Tradition, Kultur. Bei Michael Doeberl, dem Altmeister der bayerischen Geschichtsschreibung, heißt es 1931[82]: »Die wichtigste Vorbedingung für die Erhaltung dieser Eigenart aber ist und bleibt die Staatlichkeit. Wer von Bayern Verzicht auf diesen Staat verlangt, fordert Verzicht auf vierzehnhundert Jahre bayerischer Überlieferung.« Sein Schüler Max Spindler, der Nestor der gegenwärtigen bayerischen Geschichtsschreibung, fügte 1946 hinzu[83]: »Man kann nicht in einem Atemzug ja und nein sagen: Man kann nicht den Reichtum der Kulturerscheinungen in Bayern schwärmerisch bewundern, für ihre Erhaltung sich eifrig einsetzen und vom Staat ihre vermehrte Pflege leidenschaftlich fordern – und gleichzeitig den durch die Jahrhunderte hindurch behaupteten, sich immer wieder durchsetzenden Willen Bayerns zur Staatlichkeit belächeln und ablehnen. Man kann nicht die Blüten lieben – und die Wurzeln verachten. Man kann nicht den ehrlichen Willen besitzen, das Haus seiner Väter sich zu bewahren und an ihm weiter zu bauen – und gleichzeitig das Verfügungsrecht über die Mittel zum Bau aus der Hand geben.«

Der kleindeutsche Weg war natürlich mit einer schweren Hypothek erkauft: mit der Trennung von Millionen Deutschen in Österreich ... dies war Marquard Barth in seiner betont verstandesmäßigen Art von Anfang an nicht verborgen geblieben. Schon in seiner denkwürdigen Paulskirchen-Rede vom 19. Januar 1849 schnitt er[84] das österreichische Problem an. Sein Kerngedanke war: »Was Österreich betrifft, so war ich immer der Meinung, Österreich dürfe

79 Franz Freiherr Schenk von Stauffenberg (1834–1901), LT 4 (1870/71), 219, vgl. H. Steinsdorfer, Stauffenberg..., a.a.O., 62.
80 LT 4 (1948/49), 174.
81 Oncken, a.a.O., 2/205.
82 Entwicklungsgeschichte Bayerns, a.a.O., 3/385.
83 Die Grundlagen der Kulturentwicklung in Bayern (1946), 37f.
84 Nat.vers. 4756.

sein Recht auf Deutschland und Deutschland sein Recht auf Österreich nicht aufgeben.« Über die zeitlichen Modalitäten des Eintritts Österreichs in die zu schaffende deutsche Einheit sagte er: »Wenn Österreich in den deutschen Bundesstaat heute, nach zehn Jahren, nach einem Jahrhunderte eintreten will, so muß es seine Stelle im Reiche offen finden, und nur willkommen sein.« Jedoch dachte er sogar an den schon damals durchaus möglichen Zusammenbruch Österreichs (der Kaiserstaat kämpfte 1848/49 bekanntlich um sein Überleben), wenn er sachlich-nüchtern schlußfolgerte: »Ich will aber auch den anderen Fall setzen, den wir nicht wünschen, nicht erwarten, wenn die Österreicher ihre Mission nicht mehr erfüllen könnten, wenn der Kaiserstaat selbst je einmal aus den Fugen gehen sollte, dann hat Deutschland ein Recht auf seine deutsch-österreichischen Provinzen, es wird sie vindizieren, und die Deutschen in Österreich werden sein Recht nicht negieren.« In seiner Landtagsrede vom 30. August 1866 – also schon nach Königgrätz gehalten – meinte er[85]: mit Österreich müsse eine nationale Verbindung erhalten bleiben. In seinem Bekenntnisbrief vom 12. Oktober 1868 schrieb er[86]: »Österreich anlangend glaube ich, daß wir Süddeutsche namentlich, die wir am meisten darunter zu leiden haben, daß Deutsch-Österreich nicht zu uns gehört, wünschen müssen, es möge zwischen dem Norddeutschen Bund und Österreich ein den Frieden sicherndes Verhältnis bestehen; dieses Verhältnis kann aber Bayern nicht herbeiführen, die beiden Großmächte müssen es selber fertig bringen... Um nicht mißverstanden zu werden, will ich noch beifügen, daß das Verhältnis zu Österreich, von welchem ich als wünschenswertem gesprochen habe, meines Erachtens nur ein internationales, kein staatsrechtliches, kein organisches sein darf, ja nicht einmal sein kann, wie man gleich findet, wenn man nur anfängt, sich einen solchen Organismus zu konstruieren.« Zuletzt nahm er den Gedanken eines deutsch-österreichischen Bündnisses in seiner Landtagsrede vom 11. Januar 1871 nochmals auf: »Österreich und das Reich sind die natürlichen Verbündeten. Das war meine Meinung von je«[87]. – Es ist anzunehmen, daß der deutsch-österreichische Zweibund von 1879 Marquard Barths Vorstellungen entsprochen hat – diesbezügliche Äußerungen von ihm liegen nicht vor.

1918 brachen die Mittelmächte zusammen: das Reich verlor seine monarchische Spitze und Gebiete an den Rändern; der Kaiserstaat »ging aus den Fugen«, um mit Marquard Barth zu sprechen; seine Deutschen blieben in einem ungeliebten Kleinstaat oder fielen als Minderheiten an nichtdeutsche Staaten, blieben dort ohne den schützenden Rückhalt einer Großmacht, und so erwuchsen neue Probleme... Auch war es 1919 der ausdrückliche Wunsch des deutsch-österreichischen Reststaates gewesen, sich dem Deutschen Reich anschließen zu dürfen, was alliierte Kurzsichtigkeit vereitelte, ebenso wie den deutsch-österreichischen Zollunionsplan von 1931 als Vorstufe eines legalen Anschlusses. Diese Formen eines Anschlusses Deutsch-Österreichs an das Reich dürften im Sinne von Marquard Barths Gedanken in der Paulskirche durchaus gewesen sein, kaum jedoch Hitlers Abenteuer eines gewaltsamen Anschlusses im März 1938, eines ephemeren Erfolges, den allerdings die Appeasement-Politik der Westmächte und die Anschlußbereitschaft vieler Österreicher an NS-Deutschland möglich machte.

85 LT1 (1866/67), 141, vgl. SCHIEDER, a.a.O., 130ff.
86 DL1/428f., vgl. dazu M. Barths offener Brief v. 18. Jan. 1868 (S. 202 des Textes).
87 LT4 (1870/71), 121.

Die kleindeutsche Lösung der deutschen Frage war nach Franz Schnabel[88] »auf kurze Sicht angelegt«, eine großdeutsch-mitteleuropäische Lösung wäre »in den tatsächlichen Verhältnissen gut begründet«, vermutlich dauerhafter gewesen. Die Schaffung des preußisch-deutschen Militärstaates von 1871 bedeutete keine Dauerlösung der deutschen Frage, einer Frage, die sich immer wieder jeder Generation zu stellen scheint.

In seiner schon mehrmals genannten Paulskirchen-Rede vom 19. Januar 1849 drückte Marquard Barth auch die Hoffnung aus[89], daß die Dynastie der Wittelsbacher wie in der Vergangenheit so »auch künftig wieder eine bedeutende Stellung im Reiche einnehmen wird, wie sie ihr gebührt«. Und ebenso versicherte er: die Stämme Bayerns »stimmen zusammen in der Liebe zu ihrer Dynastie, und darum liebe ich sie«[90]. Ob Marquard Barth hierin unbewußt den Gedanken aussprach, daß einmal eine Lage für Bayern kommen könnte, sich unter dem Hause Wittelsbach von Deutschland zu trennen und den Weg völliger Selbständigkeit, zumindest zeitweise, zu gehen – diesbezügliche Pläne bestanden am Ende von Weimar und kurz nach 1945 –, ist schwer zu entscheiden. – Es sei nur daran erinnert, was Wilhelm Hausenstein, dieser vielseitig gebildete Literat, nach einem Besuch bei Kronprinz Rupprecht am 21. November 1945 notiert hat[91]: »So wie er lebt, ist dieser Prinz viel mehr und ganz anders, als sich ausdrücken läßt, ein Faktor in der Konstruktion des allgemeinen Daseins. Die bloße Gegenwart im Lande, in Leutstetten, ist genug. Wahrscheinlich ist dies heute überhaupt die beste Form, König zu sein, die wahrste, insofern auch realste und wirksamste – obwohl es meines Erachtens an sich nicht einmal praktisch unmöglich wäre, daß Bayern wie Dänemark, Belgien, Holland, Norwegen, Schweden ein Königreich etwa mit sozialdemokratischen und christlich-sozialen Ministern würde. Dies dann freilich wohl bloß in absoluter Selbständigkeit wie Österreich, außerhalb des Reichs, dessen Tradition ohnehin gründlich zerschlissen ist.«

Marquard Barth erbrachte seine politische Leistung ein Vierteljahrhundert, vor allem im Bayer. Landtag – und so wurde er im Laufe der Jahre eine »parlamentarische Autorität«[92]. Der Pfälzer Liberale L. A. Jordan bat einmal Völk in einem Brief[93], an Marquard Barth den Dank für dessen »herzstärkenden« Brief weiterzuleiten, und er fügte dann noch folgende Worte über beider Landtagsarbeit hinzu: »Ich folge Euren Arbeiten mit vieler Teilnahme und denke oft daran, wie Ihr patriotisch und aufopfernd Eure schweren Pflichten erfüllt. Möchten Eure Arbeiten segenbringend sein und Euch ein Denkmal stiften für alle Zukunft.« – Aus dieser parlamentarischen Arbeit lassen sich noch weitere Züge Marquard Barths aufzeigen, die denkwürdig sein werden. So zeichnete ihn immer als Volksvertreter eine verantwortungsvolle Sparsamkeit gegenüber der ihm anvertrauten Verwendung von Steuergeldern aus. So sagte er im Landtag am 16. Oktober 1861[94]: »... in einer Zeit, wo der Staat leider nur zu häufig darauf

88 Das Problem Bismarck, in: »Hochland« 42 (1949), 22/20.
89 Nat.vers. 4756.
90 Ignaz v. Döllinger (1799–1890) schrieb zur gleichen Zeit am 6. Nov. 1848 an König Max II. Joseph: »Freilich ist Bayern noch dasjenige Land, in welchem glücklicher Weise die Anhänglichkeit an die angestammte Dynastie noch am festesten gewurzelt ist.« Zit. nach PRIESACK, a. a. O., 129.
91 Liebe zu München (^{5}1967), 270.
92 Hohenlohe, Denkw. 2/72 [Eintragung vom 30. Okt. 1871].
93 Deidesheim, 12. Febr. 1866, Nachlaß Völk, Stadtarchiv Augsburg (ungedruckt), über Ludwig Andreas Jordan (1811–1883) vgl. ADB 55 (1910), 509f. [B.].
94 LT 3 (1859/61), 439f.

angewiesen ist, Schulden zu machen, wird man sehr gut tun, wenn man fleißig nachsieht, ob sich nicht etwas für den Tilgungsfonds ersparen läßt.« Am 27. Mai 1865 warnte er davor[95]: »übernehmen wir aber auch nicht zu viel auf den Staat.« Einige Tage später verstärkte er diese Warnung[96]: »wo kommen wir denn hin, wenn wir immerfort alles in den Kreis des Staates ziehen, wo wird das enden?« Wohlfahrtsstaatliches Anspruchsdenken unserer Zeit vorausahnend, fügte er in der gleichen Rede wenig später hinzu[97]: »wenn wir den Staat nach allen Seiten hin zu einer Pensionsanstalt machen, so führen wir ihn dem Verderben entgegen.« Jedoch ein rigoroses Vermehren der Staatseinnahmen nach dem Grundsatz des »non olet« stand Marquard Barth fern – dies zeigte sich besonders darin, wenn er entschieden und natürlich vergeblich auf Abschaffung der Lotterie drang. So sagte er am 22. Oktober 1861[98]: »Wir wissen nicht, was wir in der nächsten Zukunft vielleicht brauchen werden, aber noch weit notwendiger als die (Millionen, brauchen wir die moralische Kraft. Entledigen Sie sich heute um jeden Preis einer Pest, die an der Moralität und Wirtschaftlichkeit unseres Volkes zehrt.« Hier erscheint mir der ethische Rigorismus des sparsamen Schwaben bedenkenswert, um so mehr, nachdem der heutige Staat nahezu alle Formen des Glücksspiels erlaubt – und besteuert. – Wo volkswirtschaftlich notwendig, trat Marquard Barth jedoch auch dafür ein, daß der Staat – auch durch finanzielle Leistungen – jene Rahmenbedingungen schaffe, um wirtschaftlichen Fortschritt zu ermöglichen; das hieß zu seiner Zeit Förderung des Ausbaus des Eisenbahnnetzes, worauf besonders im Eisenbahn-Jubiläumsjahr 1985 hingewiesen werden soll. So sagte er am 6. Juli 1861 bei Beratung des Gesetzentwurfes über die Vervollständigung der bayerischen Staatsbahnen[99]: »Wenn einmal die Italiener und die Schweizer mit vereinten Kräften es dahin gebracht haben werden, daß von Genua bis an das Südufer des Bodensees eine Eisenbahnverbindung stattfindet, ... dann bekommt die Bahn Kempten–Ulm hohe kommerzielle Wichtigkeit.« Ebenso sprach er in der gleichen Rede den Wunsch nach Bau einer Linie von Füssen nach Kaufbeuren aus – diese Strecke wurde ebenfalls gebaut; jedoch zu der von ihm vorgeschlagenen Verbindungsstrecke von Tirol nach Füssen, wovon er sich sehr viel versprach, kam es nicht. Aber die von ihm gleichfalls geforderte Streckenführung »von Kaufbeuren nach Norden in der geradesten Richtung«, also über den Eisenbahnknotenpunkt Buchloe hinaus, kam zustande. Marquard Barth sah darin, nicht zu Unrecht, »eine Linie für den Weltverkehr« – denn ist es nicht großartig, heute von Hamburg-Altona, ja von Kopenhagen über Kreiensen–Buchloe bis Oberstdorf in einem Zug ohne Umsteigen fahren zu können? – Aber Marquard Barth sprach die künftige Problematik der Eisenbahn bereits an, wenn er am 31. Mai 1865 im Landtag die Frage stellte[100]: »Werden unsere Eisenbahnen immer so rentieren?«

Als ein weiterer charakteristischer Zug erscheint mir bei Marquard Barth sein verfassungstreues Denken und Handeln. Denn Marquard Barth sah es immer als seine Aufgabe an, über die Beachtung der Verfassung zu wachen, und zwar gerade dann, wenn es ihn nicht persönlich, sondern andere, die Allgemeinheit, betraf. So dünkt mich z. B. nur ein Satz bezeichnend[101]: »Es

95 LT 2 (1863/65), 241.
96 31. Mai 1865, LT 2 (1863/65), 255.
97 LT 2 (1863/65), 256.
98 LT 4 (1859/61), 58.
99 LT 2 (1859/61), 112.
100 LT 2 (1863/65), 255.
101 23. Juni 1865, LT 3 (1863/65), 45.

scheint mir, daß Herrn von Hofmann das Wort nicht entzogen werden könne, ohne erst zu hören, was er vorbringen wolle.« Er setzt sich damit für die Redefreiheit ein, in einem konkreten Fall. So sieht er die Aufgabe des neuen Polizeistrafgesetzbuches darin, wie er am 18. Mai 1865 betont[102]: »die Freiheit des Individuums gegen unberechtigte Angriffe der öffentlichen Gewalt zu schützen.« Nur zwei Tage darauf, am 20. Mai 1865, besteht sein Votum aus folgenden Worten[103]: »Ich möchte nur dem Herrn Föckerer bemerken, daß es keineswegs nur darauf ankomme, daß nicht von einem Ministerium auf das andere die Überschüsse übertragen werden, sondern daß wir ebenso darauf dringen müssen, daß auch innerhalb desselben Ministeriums die Fonds nur für den Zweck verwendet werden, für den sie bewilligt sind; denn es liegt im Interesse der Kammern und des Landes, daß die größte Spezialität beim Budget beobachtet werde.« So war auch dem Privatentwurf Barth-Stenglein, welcher dem bayerischen Heeresreform-Gesetz zu Grunde lag, ein Kontingentgesetz eingefügt, das die Bestimmung der Heeresstärke durch den Landtag festlegte. Dem Landtag gelang es erst nach harten Auseinandersetzungen mit der Regierung, dieses Gesetz durchzudrücken – das Hauptverdienst daran gebührt Marquard Barth und Freiherrn Schenk von Staufberg, die durch ihren entschiedenen Einsatz hier das parlamentarische Budgetrecht sicherten[104] (vgl. auch S. 194 des Textes). Wachsamkeit in konstitutionellen Fragen war für Marquard Barth oberstes Gebot: »Wo es sich um die Wahrung unserer konstitutionellen Rechte handelt, da müssen wir vorsichtig sein«, sagte er einmal im Landtag[105].

Die Reichsgründung ermöglichte Marquard Barth die Wiederaufnahme seiner 1849 abgebrochenen gesamtdeutschen parlamentarischen Tätigkeit. Bei der ersten Reichstagswahl vom 3. März 1871 wurde er in Rothenburg ob der Tauber bereits im ersten Wahlgang mit großer Mehrheit in den Reichstag gewählt; er gehörte zu den Mitbegründern der Liberalen Reichspartei; diese gemäßigt liberale Partei brachte es auf 31 von 382 Sitzen, darunter 15 Bayern, u. a. sein Freund Völk, der Augsburger Bürgermeister (v.) Fischer, Fürst Hohenlohe-Schillingsfürst... Im Reichstags-Plenum trat Marquard Barth rednerisch kaum mehr in Erscheinung. Fleißig arbeitete er in der Budget-Kommission mit; bei der Ausgestaltung der deutschen Goldwährung trat er durch Stellung von Anträgen hervor, ohne jedoch im Plenum das Wort zu ergreifen; so geht z. B. das heute noch bestehende Zwei-Mark-Stück auf seinen 1873 hart umkämpften Antrag zurück[106] (viele, vor allem norddeutsche Abgeordnete befürchteten damals, wie die

102 LT 2 (1863/65), 186.
103 LT 2 (1863/65), 190.
104 Leyh, a. a. O., 52 ff., u. Steinsdorfer, Stauffenberg..., a. a. O., 25 ff.
105 6. Juli 1861, LT 2 (1859/61), 113.
106 Bei der 2. Beratung des Münzgesetzes wurde der Antrag M. Barth am 22. April 1873 in namentlicher Abstimmung nur knapp mit 98 gegen 94 Stimmen angenommen. Stenographische Berichte über die Verhandlungen des Deutschen Reichstages (im folgenden RT abgekürzt), I. Leg.per., 4. Sess. 1873, 1. Bd., S. 261 f., vgl. dazu die Tagebucheintragung von M. Barths Fraktionskollegen Rudolph Schleiden (1815–1895), in: Schleiden, TB, Bd. 24, S. 310 [23. April 1873], Nachlaß Schleiden, Schleswig-Holsteinische Landesbibliothek Kiel (ungedruckt) – in der abschließenden 3. Beratung des Münzgesetzes am 6. Mai 1873 wurde in einer erneuten namentlichen Abstimmung mit vergrößerter Mehrheit von 130 gegen 102 Stimmen dann das Zwei-Mark-Stück endgültig durchgesetzt, wobei die Rede R. Schleidens vom gleichen Tage den Ausschlag dafür gegeben hatte. RT I. Leg.per., 4. Sess. 1873, 1. Bd., S. 533 f., 535, vgl. dazu Schleiden, TB, Bd. 24, S. 321 [6. Mai 1873], Nachlaß Schleiden... (ungedruckt); über Schleiden vgl. ADB 54 (1908), 33–41 [J. Rösing].

weitere Entwicklung zeigen sollte, jedoch völlig zu Unrecht, daß durch das Zwei-Mark-Stück der bisherige süddeutsche Gulden als eine Art Parallel-Währung erhalten bleiben und damit die neue Mark-Währung gefährden würde). – Beachtlich ist Marquard Barths Rede vom 3. April 1871[107] gleich bei Beginn der 1. Session, worin er den Antrag des Zentrums auf Übernahme der kirchenrechtlichen Bestimmungen der preußischen Verfassung in die Reichsverfassung zurückwies. Er legte dar, daß das Verhältnis von Kirche und Staat nicht Reichssache sei, und er hoffe, Bayern könne sein geordnetes Staatskirchenrecht bewahren. Abschließend trat er für die Bewahrung des religiösen Friedens ein, wofür auch Rom seinen Beitrag zu leisten habe, indem es von Machtansprüchen gegenüber der weltlichen Gewalt abstrahiere, sich der Duldsamkeit befleißige, die Mischehenpraxis nicht störe und die deutsche Wissenschaft höher als die römische Scholastik schätze. Diese verhältnismäßig zurückhaltenden Formulierungen im beginnenden Kulturkampf entsprachen seiner bedächtigen Art, frei von Gefühlsimpulsen: »Gefühlspolitik, wenn sie zu weit getrieben wird, ist eine falsche Politik«, sagte er einmal im Landtag[108], und dort wenig später[109]: »Ich wünsche sehr, daß der religiöse Friede erhalten bleibt.« – Kulturkämpferische Scharfmacherei, wovon z. B. sein Freund Völk keineswegs frei war[110], stand seiner kühlen, ruhigen Art fern; vielleicht war Marquard Barth zu jener Zeit auch schon etwas müde, abgekämpft. – Jedoch sah Marquard Barth, der sich schon in der Paulskirche ausdrücklich[111] als Katholik bekannt hatte, in der religiösen Freiheit einen Grundwert, für den er in seiner ersten Paulskirchen-Rede vom 29. August 1848[112], seiner maiden speech, eingetreten war. Dabei betonte er, daß diese religiöse Freiheit auch für die Juden gelten müsse; zugleich tadelte er in diesem Zusammenhang die Untergerichte, die in ihrer Urteilssprechung »namentlich auf dem Lande sich häufig vom Judenhasse nicht freigemacht haben«, und er fügte hinzu: »ich glaube, wir haben unseren israelitischen Mitbürgern, die volle Gleichberechtigung ... schon so lange und auf eine so harte Weise entzogen, daß wir schuldig sind, dafür zu sorgen, daß sie sie nun gleich und ganz erhalten.« – Im Gegensatz zu vielen seiner Zeitgenossen war Marquard Barth jegliche Form von Antisemitismus fremd.

Jenes von Zeitgenossen übereinstimmend an Marquard Barth festgestellte Vorherrschen des rationalen Elements vermochte ihm bei Parlamentskollegen unterschiedlicher Couleur, weniger im Volke beliebt zu machen. So rühmte seine unparteiliche Sachlichkeit Karl Brater schon 1859 öffentlich im Landtag[113], wenn er unwidersprochen Marquard Barth ausdrücklich als einen »Mann« bezeichnete, »auf dessen unbefangenes, ruhiges und sorgfältig erwogenes Urteil jedes Mitglied der ganzen Kammer vertraut«. Der Historiker Karl Theodor von Heigel trifft gut Marquard Barths Wesen, wenn er 1902 urteilt[114]: »Er war nicht ein glänzender Redner; seine parlamentarischen Vorträge waren immer einfach und rein sachlich, übten aber trotzdem, weil darin tiefes Rechtsgefühl, volle Wahrhaftigkeit, ernstes Streben nach Fortschritt ohne Überei-

107 RT I. Leg.per., 1. Sess. 1871, 1. Bd., S. 123f.
108 27. Mai 1865, LT 2 (1863/65), 240.
109 31. Mai 1865, LT 2 (1863/65), 256.
110 Vgl. H. Steinsdorfer, Dr. Joseph Völk (1819–1882) – sein kulturkämpferisches Engagement im Deutschen Reichstag, in: »Internationale Kirchliche Zeitschrift«, 74. Jahrg., H. 4 (1984), 203–232.
111 19. Januar 1849, Nat.vers. 4756.
112 Nat.vers. 1752f.
113 15. Febr. 1859, LT (1859) 39, darauf verwies zuerst v. Raumer, Brater..., a. a. O., 81.
114 ADB 46 (1902), 221, vgl. DL 1/423, H. Marquardsen an Lasker, 5. Juni 1868.

lung zum Ausdruck kamen, insbesondere im Kreise der Abgeordneten selbst starke Wirkung; er war in Bayern nicht eine so volkstümliche Persönlichkeit wie z. B. Völk, genoß aber als scharfsinniger und unermüdlicher Arbeiter vielleicht noch höheres Ansehen bei Parteigenossen und Gegnern.« Fürst Chlodwig Hohenlohe-Schillingsfürst – der bayerische Ministerpräsident der Jahre 1867 bis 1870 und spätere Reichskanzler von 1894 bis 1900 – war 1871 als Mitglied der Reichstagsfraktion der Liberalen Reichspartei Marquard Barths Fraktionskollege geworden; am 12. Juni 1871 hielt der Fürst auf einem Fraktions-Diner der Liberalen Reichspartei eine Rede, in welcher er Marquard Barth als Vorstandsmitglied der Reichstagsfraktion feierte und diesen ausdrücklich als einen »Mann« hochhielt, »der stets für Freiheit und Recht gekämpft und stets das nationale Banner hochgehalten habe«[115]. Mit diesen Worten traf Fürst Hohenlohe-Schillingsfürst die lebenslangen Konstanten des Politikers Marquard Barth. Am 2. Juni 1885 trug Rudolph Schleiden – 1867 bis 1873 MdR, davon drei Jahre Fraktionskollege Marquard Barths in der Liberalen Reichspartei – in sein Tagebuch ein: »Ich hätte schon neulich erwähnen sollen, daß der Tod wieder einen guten Bekannten von mir, meinen ehemaligen Fraktionsgenossen in der Liberalen Reichspartei, den Reichshandelsgerichtsrat a. D. Dr. Marquard Barth abgerufen hat. Er ist am 23. Mai in Würzburg im 76ten Jahre gestorben. Gemütlich haben wir uns nicht näher gestanden, aber er war ein braver und tüchtiger Mann«[116].

In unserer Zeit, in der wir erleben müssen, wie sehr die Wellen des Emotionellen in den Parlamenten überborden, gewinnen wir vielleicht wieder mehr Verständnis für einen Politiker vom Schlage eines Marquard Barth, der zu seiner Zeit durch beharrliche Arbeit vieles für unsere engere und weitere Heimat zu erreichen vermocht hat, das noch heute in vielfältiger Weise nachwirkt.

115 Hohenlohe, Denkw., a. a. O., 2/61.
116 Schleiden, TB, Bd. 31, S. 95 (ungedruckt). Vgl. Anm. 106.

Geschichte des Bayerischen Kreistagsverbandes (1919–1933)

von Bernhard Hagel

Quellenlage und Quellenanalyse

Kommunale Spitzenverbände sind Gegenstand zahlreicher Untersuchungen. Obwohl vor allem die preußischen Selbstverwaltungsorganisationen in der Literatur Beachtung finden, wurden bisher auch Aufbau und Wirkungsweise des Bayerischen Städteverbandes, des Bayerischen Gemeindetages und des Landkreisverbandes Bayern erforscht[1].

Ganz anders sieht es mit dem Verband Bayerischer Kreistage (heute: Bezirke) aus, da hierüber keinerlei Primärliteratur existiert. Ein kurzer Hinweis findet sich lediglich in einer Jubiläumsschrift des Bayerischen Städteverbandes, wo im Zusammenhang mit dem Selbstverwaltungsgesetz vom 22. Mai 1919 angenommen wird, daß anscheinend »unmittelbar nach dem Inkrafttreten des Selbstverwaltungsgesetzes« der Verband der Bayerischen Kreistage gegründet wurde[2]. Namentlich erwähnt wird der Verband auch in der Abhandlung von Thomas Wich über den Kreistag von Schwaben und Neuburg 1919 bis 1938[3]. Hier ist jedoch nur gesagt, daß Aktenmaterial über den Verband im Hauptstaatsarchiv München lagert. Ich war also bei meiner Arbeit vollständig auf das zur Verfügung stehende Quellenmaterial angewiesen.

Die bereits von Thomas Wich angesprochenen Archivalien im Hauptstaatsarchiv München setzen sich aus zum größten Teil gedruckten und einigen handschriftlichen Aktenstücken zusammen[4]. Der Gesamtakt war vom Kultusministerium angelegt worden und beinhaltet teils vollständige Protokolle über Sitzungen des Verbandes, teils Tagesordnungspunkte ohne dazugehörige Sitzungsprotokolle, Einladungen des Verbandes an Vertreter des Kultusministeriums zu einzelnen Sitzungen und einige Referate, die vor allem über die Bereiche Schul- und Fürsorgewesen handeln. Diese Unterlage, für sich allein betrachtet, bietet jedoch nur ein sehr unvollständiges Bild, da die Protokolle lückenhaft sind und zudem mehrere Seiten aus dem Akt gerissen waren.

1 Vgl. statt vieler: Hans Albert Berkenhoff, Der Deutsche Städtebund, Bonn 1970. – Der Kreis: Ein Handbuch in 3 Bänden, hg. vom Verein für Geschichte der Deutschen Landkreise, Köln 1976. – Otto Ziebill, Handbuch der kommunalen Wissenschaft und Praxis, hg. von Günter Püttner, Berlin, Heidelberg, New-York, 6 Bde., 1981–1984.

2 Heinz Jobst, 60 Jahre Bayerischer Städteverband, S. 13, Sonderdruck aus: »Der Bayerische Bürgermeister«, Heft 6/7, 1956.

3 Thomas Wich, Der Kreistag von Schwaben und Neuburg 1919–1938 und der Bezirksverband Schwaben 1938–1954, Materialien zur Geschichte des Bayerischen Schwaben, Heft 3, Augsburg 1983, S. 1.

4 Bayerisches Hauptstaatsarchiv München, MK 36 938.

Eine wesentliche Ergänzung dazu stellt das Quellenmaterial im Staatsarchiv Nürnberg dar[5]. Die Akten enthalten neben der Korrespondenz des Kreistages und der Kreisregierung von Mittelfranken mit dem Verband auch einige in den Münchener Beständen nicht enthaltene Sitzungsprotokolle. Besonders wichtig sind die Aufzeichnungen über die Gründungssitzung vom 6. 9. 1919 und die Satzungen vom 26. 10. 1923.

Einige interessante Quellen konnte ich auch im Staatsarchiv Neuburg/Donau ausfindig machen, darunter eine Qualifizierung führender Verbandsmitglieder aus der Sicht der Regierung von Oberbayern vom 10. Oktober 1925 und ein Referat des damaligen Oberbürgermeisters von Kempten, Dr. Merkt, über »Öffentliche Fürsorge und Unfruchtbarmachung« von 1932[6]. Zu erwähnen wären noch einzelne relevante Aktennotizen, die im Archiv des Bayerischen Staatsministeriums des Innern[7] und im Stadtarchiv Kempten, »Nachlaß Dr. Merkt«[8], zu finden sind. Diese Quellen beschäftigen sich jedoch fast ausschließlich mit dem Bereich des Fürsorgewesens und hier vor allem mit der Beratung einzelner Prüfungsordnungen für das Pflegepersonal. Damit sind diese Akten nur am Rande von Interesse. Alle weiteren Nachforschungen bei den Staatsarchiven und einzelnen Stadtarchiven sowie die Einsicht von Zeitungen blieben bisher erfolglos. Dagegen konnten die Stadtarchive Ingolstadt, Weiden i. d. Opf., Bamberg und Aschaffenburg biographische Daten über den Geschäftsführer des Verbandes Dr. Knorr und über die 1. Vorsitzenden Kroher, Dr. Wächter und Dr. Matt liefern. Insgesamt läßt sich sagen, daß das Quellenmaterial unvollständig und über verschiedene Archive verstreut ist. Ein zusammenhängender Akt über die Arbeit des Bayerischen Kreistagsverbandes existiert nicht. Dennoch ist es möglich – bei Berücksichtigung aller Quellenfunde – die Arbeit und die Probleme, mit denen sich der Verband konfrontiert sah, nachzuvollziehen. So kann ein Bild von dem Wirken dieser kommunalen Spitzenorganisation aufgezeigt werden.

Geschichte des Bayerischen Kreistagsverbandes

Dauer und organisatorische Grundlagen des Bayerischen Kreistagsverbandes

Entstehung und Zielsetzungen

Am 22. Mai 1919 trat das neue Selbstverwaltungsgesetz in Kraft, welches das alte »Gesetz, die Landräthe betreffend« vom 28. Mai 1852 ablöste. Das neue Selbstverwaltungsgesetz führte nach dem Vorbild der Landtagswahlen die unmittelbare Wahl des Kreistages durch das Volk ein und erklärte die Kreise zu »Körperschaften des öffentlichen Rechts mit dem Recht der Selbstverwaltung nach Maßgabe der Gesetze«[9]. Die Aufgaben waren allerdings auf die bereits dem »Landrath« zugewiesenen Bereiche beschränkt.

Bereits einige Monate später, am 16. September, erfolgte in München der einstimmige Zusammenschluß der einzelnen Kreistage zum Bayerischen Kreistagsverband. Nach der auf der

5 Staatsarchiv Nürnberg, Regierung, Kammer des Innern; Ib, Nr. 78; Ib, Nr. 1251; Ib, Nr. 1305.

6 Staatsarchiv Neuburg/Donau, Bestand Regierung, Nr. 18057, und Bestand Regierung, Nr. 18056.

7 Bayer. Staatsministerium des Innern, Bd. I, Fach 5180, 3010–20, Fach 5239a, 3010–20.

8 Staatsarchiv Kempten, »Nachlaß Dr. Merkt«, Akten noch nicht registriert.

9 Gesetz- und Verordnungsblatt für den Freistaat Bayern (= GVBl), 1919, Gesetz über die Selbstverwaltung, Art. 12, S. 242.

Gründungssitzung beschlossenen provisorischen Satzung war der Zweck des Verbandes »der notwendige Ausbau der Verfassung und Verwaltung der bayerischen Kreise und gemeinsame Richtlinien für die Verwaltung ihrer Anstalten«[10]. Im Kreisamtsblatt von Oberbayern ist die Zielsetzung des Verbandes noch deutlicher ausgesprochen. Hier wird als Hauptaufgabe neben dem Schutz des Selbstverwaltungsrechts u. a. auch der Schutz der wirtschaftlichen Existenzmöglichkeit der Kreise »gegenüber der Steuerpolitik des Reiches« genannt[11]. Die Arbeit des Verbandes sollte dann auch – wie später noch aufgezeigt wird – von dem Kampf um das wirtschaftliche Überleben der Kreise geprägt sein.

Diese noch recht allgemein gehaltenen Vorstellungen wurden am 26. Oktober 1923 präzisiert. Der im Rathaus zu München zusammengetretene Landesausschuß verabschiedete an diesem Tag einstimmig die endgültige Satzung des Bayer. Kreistagsverbandes. Der Zweck des Verbandes war in I § 2 so beschrieben:

»Der Bayerische Kreistagsverband bezweckt unter Ausschluß parteilicher Bestrebungen die Wahrung und Vertretung der gemeinsamen Interessen der bayerischen Kreisgemeinden und Kreistage. Zur Erfüllung dieses Zweckes erstrebt der Bayerische Kreistagsverband

1. enge Fühlungnahme mit der Volksvertretung, der Staatsregierung, den Staatsbehörden, der Presse und, soweit nötig, mit den übrigen gemeindlichen Spitzenorganisationen,
2. Mitarbeit an der Aufstellung aller Entwürfe von Gesetzen, Verordnungen und wichtigen Vollzugserlassen, die die bayerischen Kreistage berühren, sowie Stellungnahme hierzu.
3. Schaffung von zweckförderlichen Einrichtungen (Geschäftsstelle, Abordnungen, Berichtsdienst durch Rundschreiben)«[12].

Als wichtige Möglichkeit »zur Wahrung ... der gemeinsamen Interessen« wird also die Einflußnahme auf Gesetze angegeben, welche die Belange der Kreise betreffen. Bereits am 27. Oktober 1919 hatte das bayerische Innenministerium durch Entschließung dem Verband mitgeteilt, daß es »bestrebt sei, bei der im Gange befindlichen reichsrechtlichen Finanzgesetzgebung« den Verband, »soweit es irgend möglich ist«, zu hören[13]. Der Verband hatte sich in der Zwischenzeit immer wieder um eine Reform der Steuerverteilung zwischen Staat und Kreisen bemüht. Diese Einwirkungsmöglichkeit auf den Bereich der Gesetzgebung wurde nun ausdrücklich in der Satzung festgeschrieben.

Auf die Zusammenarbeit zwischen Verband, Staatsregierung und auch den anderen kommunalen Spitzenverbänden will ich allerdings aus systematischen Gründen erst an anderer Stelle eingehen.

Organisatorische Grundlagen

a) Mitgliedschaft

Im Bayerischen Kreistagsverband waren alle acht Kreise vertreten. Die Mitgliedschaft war jedoch freiwillig. Kein Kreis konnte gezwungen werden, dem Verband beizutreten. Dies ist keinesfalls so selbstverständlich, wenn man an die spätere Zwangsmitgliedschaft im Deutschen

10 Provisorische Satzung vom 6. 9. 1919, Staatsarchiv Nürnberg, Tit. Ib, Nr. 78.
11 Kreisamtsblatt von Oberbayern, Seperat-Nummer 1919, S. 14f.
12 Satzung des Bayerischen Kreistagsverbandes vom 26. 10. 1923, I § 2, Staatsarchiv Nürnberg, Tit. Ib, Nr. 1305.
13 Kreisamtsblatt von Oberbayern, Seperat-Nummer 1919, S. 15.

Gemeindetag während der nationalsozialistischen Diktatur denkt. Jeder Kreis hatte die Möglichkeit, seinen Austritt während des »1. Monats des Jahres« zu erklären, wobei die Rechtsgültigkeit dieses Schrittes erst »zum Schlusse des Rechnungsjahres« wirksam werden sollte[14]. Im Falle eines Austritts hätte der jeweilige Kreistag »für die Erfüllung der während der Dauer der Mitgliedschaft eingegangenen Verbindlichkeiten ... bis zur vollständigen Abwicklung« haften müssen[15]. Kein Kreis nahm jedoch die Möglichkeit des Austritts in Anspruch.

Das Stimmenverhältnis innerhalb des Verbandes wurde durch die provisorische Satzung von 1919 geregelt. Jedem Kreis standen drei Stimmen zu, wobei die Anzahl der jeweiligen Vertreter Sache der einzelnen Kreise war. Diese Bestimmungen blieben bis zur Auflösung des Verbandes rechtsgültig[16]. Die Mitgliedschaft im Verband bayerischer Kreistage war, ebenso wie die Mitgliedschaft in den Kreistagen selbst, ehrenamtlich. Den Kreisvertretern stand lediglich eine Aufwandsentschädigung zu, die sich aus Reise- und Verpflegungskosten zusammensetzte. Diese Spesen hatte die Kreisgemeinde zu zahlen, von denen die jeweiligen Vertreter abgeordnet waren[17]. Die Mitarbeiter der ständigen Geschäftsstelle in München waren dagegen fest besoldet.

b) Organe

Bei der Gründungssitzung im Jahre 1919 war nur von einem Ausschuß die Rede, den jeder Kreis mit einem Mitglied besetzen konnte und der vor allem die Verbandsvorsitzenden wählen sollte[18]. Man wollte anscheinend die anfallenden Aufgaben ohne weitere Arbeitsgremien in den Verbandssitzungen allein lösen. So fanden auch von 1919 bis Oktober 1924 nur Verbandssitzungen statt. Mitglieder dieser Sitzungen waren die Präsidenten der jeweiligen Kreistage sowie – soweit dies zu rekonstruieren ist – ca. 20 weitere gewählte Kreistagsvertreter.

Die immer dringlicheren Finanzprobleme der Kreise und die Diskussion im Landtag über eine neue Kreisordnung führten jedoch zur Bildung neuer spezifischer Arbeitsgremien. Die Satzung des Bayerischen Kreistagsverbandes von 1923 nennt bereits als weitere Organe den Landesausschuß, die von diesem besonders bestellten Unterausschüsse, den ständigen Arbeitsausschuß und den Vorstand mit Geschäftsstelle.

Der Landesausschuß

III §§ 13, 14, 15 der Satzung von 1923 regelt Zusammensetzung und Kompetenzen des Landesausschusses wie folgt:

§ 13: »Der Landesausschuß besteht aus je 4 Vertretern jedes Kreistages. Er wird nach Bedarf, insbesondere zur Stellungnahme zu wichtigen gesetzgeberischen und organisatorischen Maßnahmen durch die Vorsitzenden des Vorstandes einberufen, wenigstens alle 3 Jahre. Der Landesausschuß muß zu außerordentlichen Tagungen einberufen werden, wenn wenigstens 3 Kreisgemeinden unter Angabe der Tagesordnung und Benennung der Berichter darauf antragen.

14 Satzung des Bayerischen Kreistagsverbandes vom 26. 10. 1923, II § 4, Staatsarchiv Nürnberg, Tit. Ib, Nr. 1305 (= Satzung 1923).

15 Ebd., II § 5.

16 Provisorische Satzung vom 6. 9. 1919, Staatsarchiv Nürnberg, Tit. Ib, Nr. 8 (= Prov. Satzung 1919).

17 Satzung 1923, III § 9.

18 Prov. Satzung 1919.

Die Abordnung in den Landesausschuß erfolgt durch die einzelnen Kreisgemeinden. Dem Landesausschuß obliegt

1. die Wahl der Mitglieder des Arbeitsausschusses,
2. die Beschlußfassung über Satzungsänderung und Auflösung des Verbandes,
3. Behandlung der an den Landesausschuß gestellten Anträge, soweit sie vom Arbeitsausschuß zugelassen sind.

Jeder Abgeordnete zum Landesausschuß hat 1 Stimme, kann jedoch auf Grund besonderer schriftlicher Vollmacht seiner Kreisgemeinde auch mehrere Stimmen vertreten.«

§ 14: »Der Landesausschuß wird vom Vorsitzenden des Vorstandes berufen und geleitet. Bei Abstimmungen und Wahlen entscheidet die absolute Mehrheit der vertretenen Stimmen, soweit in der Satzung nichts anderes vorgesehen ist. Wahlen werden auf besonderen Antrag durch schriftliche Abstimmung vorgenommen.«

§ 15: »Über die Verhandlungen der Ausschüsse werden Niederschriften angefertigt und den Kreistagsvorsitzenden übersendet«[19].

Der Landesausschuß wurde in den Jahren 1924 bis 1927 durch seine Kompetenz »zur Stellungnahme zu wichtigen gesetzgeberischen ... Maßnahmen« zum wichtigsten Organ des Verbandes. In diesen Jahren diskutierte der Landtag neben der Reform der Steuergesetzgebung auch eine Reform des Selbstverwaltungsgesetzes. Die Mitglieder des Landesausschusses – meist Juristen – versuchten, durch zahlreiche Gegenvorschläge, Proteste und Petitionen die Interessen der Kreise gegenüber den staatlichen Stellen zu wahren. Der Kampf des Landesausschusses um Berücksichtigung der eigenen Vorstellungen wurde dabei sehr engagiert geführt[20].

Vom 15. Oktober 1924 bis zum 1./2. März 1926 fanden nur die 5 Sitzungen des Landesausschusses statt. Mit dem Inkrafttreten der neuen Kreisordnung vom 17. Oktober 1927 war das häufige Zusammentreten dieses Gremiums nicht mehr notwendig. Es tagte dann nur noch insgesamt viermal. Der Landesausschuß sprach hier vor allem Empfehlungen für eine Reform des Reichsrahmengesetzes und des damit verbundenen innerbayerischen Finanzausgleichs aus.

Der Arbeitsausschuß:

Die dringenden Finanzprobleme, welche immer neue Sparmaßnahmen erforderten, machten nun eine Verlagerung der Tätigkeiten auf den Arbeitsausschuß notwendig. III § 11 der Satzung von 1923 bestimmt Zusammensetzung und Aufgaben des Arbeitsausschusses wie folgt:

»Der ständige Arbeitsausschuß besteht aus den Mitgliedern des Vorstandes und deren Stellvertretern sowie 4 weiteren Kreistagsvertretern; jeder Kreis hat im Arbeitsausschuß einen Vertreter; die Gewählten können für den einzelnen Verhinderungsfall einen Stellvertreter bestimmen. Der Arbeitsausschuß ist grundsätzlich zur beschlußmäßigen Erledigung aller Angelegenheiten des Verbandes berufen, soweit sie nicht ausdrücklich dem Landesausschuß vorbehalten sind«[21].

19 Satzung 1923, III §§ 13, 14, 15.

20 Vgl. dazu u. a. die Auseinandersetzung um die Verteilung der Reichseinkommenssteuer und Körperschaftssteuer.

21 Satzung 1923, III § 11.

Der Arbeitsausschuß mußte seit 1926 immer häufiger zusammentreten, um vor allem gemeinsame Richtlinien bei der Sparpolitik zu finden. Er tagte vom 4. Juli 1927 bis zum 14. Oktober 1932 insgesamt siebzehnmal, während Landesausschußsitzungen in diesem Zeitraum nur noch viermal und die Verbandssitzungen nur noch zweimal stattfanden.

Die Verbandssitzungen bekamen in diesen letzten Jahren im Vergleich zu den Zusammenkünften des Arbeitsausschusses einen mehr übergeordneten und repräsentativen Charakter. Eine Verbandssitzung trat am 4. und 5. November 1927 in Weiden zusammen, um die Auswirkungen des neuen Reichsrahmengesetzes auf die bayerischen Kreise zu beraten. Leider sind die Niederschriften zu diesem Tagesordnungspunkt nicht mehr auffindbar. Die Sitzung vom 16. bis 18. Februar 1928 in München hatte das Ergebnis der kurz zuvor wieder stattgefundenen Kreistagswahlen zum Thema[22].

Es könnte nun der Eindruck entstehen, daß die einzelnen Ausschüsse mit verschiedenen Kreisräten besetzt waren. Eine Auswertung des Personalbestandes der verschiedenen Ausschüsse ergab jedoch, daß ca. 75% aller Mitglieder sowohl dem Landes- als auch dem Arbeitsausschuß angehörten. Bedenkt man, daß die Arbeit ehrenamtlich geleistet wurde, zeigt sich das Ausmaß des Engagements für die Kreisangelegenheiten.

Zusammenfassend läßt sich die Arbeit der Organe des Bayerischen Kreistagsverbandes in drei Phasen unterteilen. Von 1920 bis 1924 fanden meist die Verbandssitzungen statt. Die für die Kreisbelange wichtigen Gesetzesberatungen im Landtag machten zwischen 1924 und 1927 vor allem eine konzentrierte Arbeit des Landesausschusses notwendig. Die Jahre 1927 bis 1932 waren besonders durch das Ringen um konkrete Sparbeschlüsse geprägt. Dies fiel meist in den Aufgabenbereich des Arbeitsausschusses.

Die Verwaltung:

Die einzelnen Aufgaben machten bald eine zentrale Koordinierung notwendig. Der Gedanke, eine ständige Geschäftsstelle zu errichten, taucht zum ersten Mal auf der 4. Tagung des Verbandes am 8. November 1920 auf. Hier wird von einer Häufung der Arbeit gesprochen, welche eine Geschäftsstelle unumgänglich mache[23]. Als Möglichkeiten wurden Arbeitsgemeinschaften mit dem Städteverband, mit dem Landesverband Bayerischer Bezirke (heute: Landkreisverband Bayern) und mit dem Kreistag von Oberbayern in Erwägung gezogen. Die meisten Kreisräte sprachen sich gegen eine Arbeitsgemeinschaft mit dem Landesverband Bayerischer Bezirke aus, da »die Finanzverhältnisse und deren künftige Gestaltung zu vielen Kollisionen führen könnten«[24]. Die Verbandsleitung nahm daraufhin Kontakt mit dem Bayerischen Städteverband und dem Kreistag von Oberbayern auf. Beide hatten ihren Sitz in München, was für eine schnelle Fühlungnahme mit der Staatsregierung von Bedeutung war.

Auf der 5. Tagung des Verbandes, am 15. Januar 1921, gab der Vorsitzende Kroher das Ergebnis der Verhandlungen bekannt. Der Kreisausschuß von Oberbayern hatte eine Übernahme der Verwaltungslasten abgelehnt. Die Geschäftsstelle des Bayerischen Städteverbandes

22 Von 1919 bis 1928 hatten keine Kreistagswahlen stattgefunden, da man zuerst die Neuregelung der Kreisordnung abwarten wollte. Im Gesetz vom 6. November 1924 wurde die Verlängerung der Amtsdauer geregelt (GVbl 1924, S. 211).

23 4. ordentliche Tagung des Verbandes der Bayerischen Kreistage am 8. 11. 1920, Staatsarchiv Nürnberg, Tit. Ib, Nr. 78.

24 Ebd.

war dagegen bereit, auch die Geschäftsstelle des Bayerischen Kreistagsverbandes mit zu übernehmen »gegen eine jährliche Entschädigung von 24000 RM, insoweit und insofern die Angelegenheiten des Kreistagsverbandes sich nicht gegen die Interessen der Städte und Gemeinden und damit des Städteverbandes wenden«[25]. Die Aufwandsentschädigung für den Bayerischen Städteverband scheint jedoch in weiteren Verhandlungen drastisch gesenkt worden zu sein. So listet ein an die Kreistagsvorsitzenden gerichtetes Rundschreiben vom Mai 1926 für dieses Rechnungsjahr einen Unkostenbetrag von insgesamt 9000 RM Verwaltungskosten auf[26]. Der Geschäftsführer des Bayerischen Kreistagsverbandes war somit auch der Geschäftsführer des Bayerischen Städteverbandes. Diese Funktion nahm von 1921 bis 1933 der Oberbürgermeister von Weiden, Dr. Knorr, wahr.

Die Leitung:

Die Zusammensetzung und Funktion des Vorstandes – nicht der Geschäftsstelle – wurde in III § 10 der Satzung von 1923 folgendermaßen geregelt:

»Der Vorstand besteht aus einem Vorsitzenden und einem Schriftführer, für die je ein Stellvertreter bestellt wird. Der Vorstand ist das geschäftsführende Organ des Verbandes und ist in dringenden Fällen zur selbständigen Vertretung der Interessen der Kreisgemeinden nach eigenem pflichtgemäßen Ermessen berufen. Der Vorstand wird vom Arbeitsausschuß gewählt«[27].

Die Wahl der Vorsitzenden scheint alle fünf Jahre im Turnus der Kreistagswahlen stattgefunden zu haben[28]. Dies läßt sich aus dem Wechsel im Vorsitz von Kroher (1919–1925) zu Dr. Wächter (1925–1928) schließen[29]. Dr. Wächter wurde bei den Kommunalwahlen von 1928 als Präsident des Kreistages von Oberfranken abgewählt. Der Verband verabschiedete ihn als »einen Mann, der nach der Kraft seiner Persönlichkeit, Sachkenntnis und Verwaltungserfahrung in hervorragender Weise berufen war, die Gesamtheit der Kreise nach außen zu repräsentieren«[30]. Seine Nachfolge trat Dr. Matt an.

c) Eigenfinanzierung

Der Bayerische Kreistagsverband verbrauchte finanzielle Mittel für »Drucksachen, Porto, Materialverbrauch, Beitrag zur Arbeitsgemeinschaft mit den Preußischen Provinzen, Entschädigung des Städtebundes für Bereitstellung des Personals und der Räume samt Beheizung, Beleuchtung und Reinigung«[31]. Diese Kosten beliefen sich im Rechnungsjahr 1926 auf insgesamt 9000 RM, im Rechnungsjahr 1930 auf 12000 RM. Weitere Rechnungsbelege sind

25 Verhandlungen des Verbandes Bayerischer Kreistage am 6./7. 5. 1921 in München, Hauptstaatsarchiv München, MK 36 938.

26 Unkostenbeitrag zum Kreistagsverband, Schreiben vom 27. 5. 1926, Staatsarchiv Nürnberg, Tit. Ib, Nr. 1305.

27 Satzung 1923, III § 10.

28 Vgl. dazu auch GVBl 1919, Gesetz über die Selbstverwaltung, Art. 5, S. 240.

29 Die Bestimmungen über die Wahldauer traten von 1920 an in Kraft, 1928 wurden Kreistagswahlen abgehalten, vgl. dazu auch Anm. 24.

30 Niederschrift über die 1. Sitzung des Landesausschusses nach den Kreistagswahlen von 1928, am 29. 10. 1928, Hauptstaatsarchiv München, MK 36 938.

31 Unkostenbeitrag zum Kreistagsverband für das Rechnungsjahr 1926, Schreiben vom 27. 5. 1926, Staatsarchiv Nürnberg, Tit. Ib, Nr. 1305.

nicht überliefert. Um einen Eindruck von der finanziellen Belastung der einzelnen Kreise zu geben, will ich die Beitragsanteile für das Rechnungsjahr 1930 aufschlüsseln[32]:

Oberbayern	2760,30 RM	Oberfranken	1232,30 RM
Niederbayern	1227,15 RM	Mittelfranken	1604,70 RM
Pfalz	1500,60 RM	Unterfranken	1246,35 RM
Oberpfalz	1023,30 RM	Schwaben	1405,30 RM

Die Kosten verteilten sich nach der Bevölkerungszahl der einzelnen Kreise.

Zwangsauflösung

Die Satzung von 1923 hatte noch hinsichtlich der Auflösung folgendes geregelt:

»Zur Beschlußfassung über die Auflösung des Verbandes ist die Zustimmung von ¾ der sämtlichen Stimmen des Landesausschusses erforderlich. Der Antrag muß drei Wochen vor Beginn der Versammlung allen Mitgliedern zugeleitet und begründet sein. Im Falle der Auflösung ist für die Abwicklung der eingegangenen Verbindlichkeiten Sorge zu tragen und über den danach verbleibenden Rest des Vermögens sowie den Bestand an Akten und Material zu verfügen«[33].

Die Auflösung sollte jedoch nicht durch die Verbandsmitglieder selbst, sondern von außen herbeigeführt werden.

Das Ende der Weimarer Republik bedeutete auch das Ende der kommunalen Selbstverwaltung in Deutschland. Im Zuge der allgemeinen Gleichschaltung wurden vom 1. August 1933 an die »Geschäftsstelle der bisherigen vier kommunalen Spitzenverbände Bayerns (Städtebund, Landgemeindeverband, Landesverband bayer. Bezirke und Kreistagsverband) in der einheitlichen Geschäftsstelle des Bayerischen Gemeindetages, München, Prannerstraße 8/II, zusammengelegt«[34]. Dieser Gleichschaltung konnten sich keine Gemeinde und kein Verband entziehen, da nun Zwangsmitgliedschaft bestand.

Zum »Führer des Deutschen Gemeindetages« wurde der Oberbürgermeister von München, Fiehler, ernannt, zum »Führer des Bayerischen Gemeindetages« der Oberbürgermeister von Nürnberg, Liebel. Der ehemalige Geschäftsführer des Bayerischen Kreistagsverbandes, Dr. Knorr, avancierte nun zum Geschäftsführer des Bayerischen Gemeindetages. Ihn zeichnete dafür u. a. – nach Auffassung der damaligen Machthaber – seine Mitgliedschaft in einem Freikorps während der Räteherrschaft in München im Jahre 1919 und die Mitbegründung des akademischen Wehrsports aus[35].

32 Unkostenbeitrag zum Kreistagsverband für das Rechnungsjahr 1930, Schreiben vom 24. 6. 1930, Staatsarchiv Nürnberg, Tit. Ib, Nr. 1305.

33 Satzung 1923, IV § 19.

34 Der Bayerische Bürgermeister, München 1933, S. 173.

35 Ebd., S. 171.

Das Wirken des Bayerischen Kreistagsverbandes

Mitwirkung bei der Gesetzgebung

Eine seiner Hauptaufgaben bestand in der Mitwirkung bei Gesetzen, welche Kreisangelegenheiten betrafen. Der Verband versuchte durch Eingaben, Gegenentwürfe und manchmal auch massive Proteste die eigenen Vorstellungen in die Gesetzesberatung einzubringen. Sein Wirken läßt sich dabei grob in die Bemühungen um eine Reform des Selbstverwaltungsgesetzes von 1919 und eine Reform der Steuerverteilung zwischen Staat und Kreisen untergliedern.

Ich will aus systematischen Gründen diese zwei Themenbereiche getrennt beschreiben. Dabei darf jedoch nicht übersehen werden, daß sich die Beratungen zu diesen Gegenständen teilweise zeitlich und sachlich überschnitten. So ist die negative Reaktion auf das Selbstverwaltungsgesetz von 1919 sicherlich auch eine Konsequenz der mißlichen finanziellen Lage, denen sich die Kreise nach der Finanzreform Erzbergers gegenübersahen.

Eine effektivere Selbstverwaltung beinhaltete nach den Vorstellungen der Kreisräte auch eine Reform der Steuergesetzgebung und damit eine Sanierung der Kreisfinanzen.

a) Stellungnahmen zu dem Selbstverwaltungsgesetz vom 22. Mai 1919

Die Arbeit der Kreistage hatte ihre juristische Grundlage im Selbstverwaltungsgesetz vom 22. Mai 1919. Art. 12 des Selbstverwaltungsgesetzes ernannte die »Gemeinden, Bezirke und Kreise zu Körperschaften des öffentlichen Rechts mit dem Rechte der Selbstverwaltung nach Maßgabe der Gesetze«[36]. Von grundlegender Bedeutung gegenüber dem »Gesetz, die Landräthe betreffend« vom 28. Mai 1852 war die Neuregelung des Wahlmodus. Die Kreisräte wurden nun, nach dem Wahlgesetz für Gemeinde-, Bezirks- und Kreiswahlen vom 15. April 1919, in allgemeiner, gleicher, geheimer und direkter Wahl bestellt[37].

Das neue Selbstverwaltungsgesetz löste sofort heftige Diskussionen im Bayerischen Kreistagsverband aus. Als großer Mangel wurde empfunden, daß den Kreisen das Recht der Beamtenernennung und der selbständigen Stellenbesetzung vorenthalten blieb. Man argumentierte, daß die Kreise zwar die Anstalten finanzieren dürften, jedoch bei der Personalpolitik kein adäquates Mitspracherecht hätten. Einige Verbandsmitglieder vertraten daher die Ansicht, der Ausdruck »Selbstverwaltungsrecht der Kreise« sei damit nur noch ein leeres Schlagwort[38].

Dies führte bereits im Jahre 1920 zu Konflikten mit der Staatsregierung. Der Kreistagspräsident von Schwaben und Oberbürgermeister von Kempten, Dr. Merkt, berichtete, daß an einer »Kreisirrenanstalt die Direktorstelle neu zu besetzen gewesen sei. Neun Monate habe hier der Kreisausschuß auf § 12 (Kreise als Körperschaften des öffentlichen Rechts, d. V.) gepocht, und es sei die Stelle unbesetzt geblieben, bis letzten Endes das Staatsministerium erklärte, es wolle ja denselben Herrn wie der Kreisausschuß«[39]. Solche Reibungen ergaben sich vor allem bei der Besetzung vakanter höherer Posten. So weigerte sich der Kreis

36 GVBl 1919, Gesetz über die Selbstverwaltung, Art. 12, S. 242.
37 GVBl 1919, Wahlgesetz für Gemeinden, Bezirke und Kreise, Seite 171.
38 4. ordentliche Tagung des Verbandes der Bayerischen Kreistage am 8. 11. 1920, Staatsarchiv Nürnberg, Tit. Ib, Nr. 78.
39 Ebd.

Oberfranken, eine neue Stelle für einen Kreisschulrat finanziell zu tragen, da der gewünschte Kandidat von staatlicher Seite nicht berücksichtigt wurde[40].

Scharfe Kritik wurde auch an dem neuen Wahlmodus geübt. Einige Redner meinten, die Wahl der Kreisräte würde wohl zu einer parteipolitischen Zersplitterung des Volkes und zu einer Negativauslese führen[41]. Sie sprachen sich für eine berufsständische Vertretung aus. Hauptvertreter dieser Richtung war Dr. Merkt, der in einem Referat forderte, daß »jeder Staatsbürger in einer Berufsorganisation seine Standesvertretung finden muß und daß Abgeordnete dieser Standesvertretung nach Maßgabe des Anteils ihres Standes an der Gesamtbevölkerung die Verwaltung der Gemeinden, des Kreises, des Landes als Selbstverwaltungskörper bilden«[42]. Die Gegenposition wurde besonders vom Kreistagspräsidenten von Oberfranken und Oberbürgermeister von Bamberg, Dr. Wächter, vertreten. Er sah in der »Auflösung unseres Volkes in einzelne Interessengruppen – Berufsstände – eine furchtbare Gefahr für die Zukunft unseres Volkes«[43].

Die Diskussion um das Für und Wider der direkten Wahl der Kreisvertreter mutet heute vielleicht seltsam an. Man darf jedoch nicht übersehen, daß die Kreistage die direkten Nachfolger der in der Monarchie entstandenen »Landräthe« waren. Die meisten Kreisräte hatten zudem bereits dem »Landrath« angehört. Dieser setzte sich zusammen aus den Vertretern der Distriktsgemeinden, der unmittelbaren Städte, der größeren Grundbesitzer sowie aus drei Vertretern der unmittelbaren Pfarrer[44]. »Den Berufsbezeichnungen nach zu urteilen, handelte es sich vorwiegend um Gastwirte mit Brauereibesitzungen, Handwerker aller Sparten, Kaufleute, Gutsbesitzer und die Bürgermeister der unmittelbaren Städte. Man würde die Landräthe in der heutigen Terminologie wohl als Vertreter des lokalen Establishments bezeichnen«[45].

Diese berufsständische politische Vergangenheit der Kreisräte, die mehr aus traditionell konservativen Schichten stammten, war sicherlich ein wichtiger Grund für die Ablehnung der direkten Wahl. Hinzu kommt, daß die meisten Verbandsmitglieder den Zusammenbruch der Monarchie mit der Abschaffung ihrer bewährten Einrichtungen schmerzlich empfanden und den Organisationen des jungen Freistaates Bayern skeptisch gegenüberstanden.

b) Die Mitwirkung bei der Fassung der »Neuen Kreisordnung« vom 17. Oktober 1927

Die meisten Verbandsmitglieder begrüßten aus diesen Gründen den Gedanken einer Reform des Selbstverwaltungsgesetzes. Sie hofften, durch rechtzeitige Stellungnahmen Einfluß auf den Inhalt des Gesetzes ausüben zu können, was bei dem Selbstverwaltungsgesetz von 1919 noch nicht möglich gewesen war. So wurde bereits 1920 gefordert, »daß den Kreisen der Entwurf des

40 Ebd.

41 Ebd.

42 Ausführungen des Verbandsmitgliedes rechtskundigen Bürgermeisters Dr. Merkt, Beilage zur Niederschrift über die Tagung des Bayerischen Kreistags-Verbandes in Würzburg am 8. November 1920, Stadtarchiv Kempten, »Sammlung Dr. Merkt«, nicht registriert.

43 4. ordentliche Tagung des Verbandes der Bayerischen Kreistage am 8. 11. 1920, Staatsarchiv Nürnberg, Tit. Ib, Nr. 78.

44 Intelligenzblatt von Schwaben und Neuburg 1852, Gesetz, die Landräthe betreffend, Art. 28, S. 433 f.

45 Bernhard HAGEL, Der Landrath von Schwaben und Neuburg, 1852–1919, Materialien zur Geschichte des Bayerischen Schwaben, Augsburg 1982, S. 55.

neuen Selbstverwaltungsgesetzes umgehend zugestellt werde, damit diese zu demselben noch rechtzeitig, d. i. vor Beratung im Landtag, Stellung nehmen können«[46].

Der dem Verband zugeleitete Entwurf war das Hauptthema der Verhandlungen am 6. und 7. Mai 1921. Er beinhaltete eine Reihe von wesentlichen Neuerungen. Ministerialreferent Hofrat Mahla fiel die Aufgabe zu, das Regierungspapier den Verbandsmitgliedern vorzustellen. Das verwaltende Organ sollte nun nicht mehr der jeweilige Kreistag, sondern der Kreisausschuß werden. Den Mitgliedern des Kreisausschusses wurde die Beamteneigenschaft übertragen. Damit war aber wahrscheinlich keine Verbeamtung mit sich daraus ergebenden regelmäßigen Gehaltsbezügen gemeint, sondern nur eine beamtenrechtlich verankerte Loyalitätsbeziehung zwischen Regierung und Kreisräten. Eine Veränderung war auch hinsichtlich der Zusammensetzung des Kreisausschusses vorgesehen. Vorsitzender sollte nun neben dem gewählten Kreistagspräsidenten auch der »Regierungsdirektor der Kammer des Innern« sein. Das Aufsichtsrecht über die Kreise verlagerte sich vom Ministerium zur Kreisregierung. Die Kreisregierung sollte damit die erste Instanz werden »bei verwaltungsrechtlichen Streitigkeiten, an denen die Kreisgemeinde beteiligt ist«[47].

An die Ausführungen des Ministerialreferenten schloß sich eine heftige Diskussion an, wobei der »besprochene Gesetzentwurf einer fast vernichtenden Kritik unterzogen wurde«[48]. Das Ergebnisprotokoll der Sitzung berichtet, daß »die Hoffnungen, die man auf den Entwurf in bezug auf die Stärkung der Selbstverwaltung der Kreise gesetzt hatte, vollständig enttäuscht worden seien. Insbesondere wurden die Bestimmungen über die Zusammensetzung des Kreisausschusses als rückschrittlich und unannehmbar bezeichnet; ebenso abfällig werden die Bestimmungen über die Übertragung der Beamteneigenschaft an die Mitglieder des Kreisausschusses beurteilt«[49].

Der Verband beschloß, einen eigenen Ausschuß aufzustellen, um dort alle Einzelheiten des Entwurfes noch einmal gründlich zu beraten und Gegenvorstellungen zu formulieren. Als Sachreferent gegenüber der Regierung wurde Dr. Merkt ernannt. Leider sind die einzelnen Vorschläge des Ausschusses nicht auffindbar. Sie lassen sich jedoch in ihren Grundzügen indirekt rekonstruieren aus internen Schreiben der Regierungen von Oberbayern und Schwaben an das bayerische Innenministerium. Der Ausschuß hatte sich wahrscheinlich, wie bereits vorher auf der Verbandssitzung, gegen die Mitbestimmung des Regierungsdirektors im Vorsitz des Kreisausschusses und gegen die Übertragung der Beamteneigenschaft an dessen Mitglieder ausgesprochen.

Eine ausführliche Begründung für die Ablehnung der Beamteneigenschaft an die Kreisausschußmitglieder findet sich im Protokoll einer Sitzung des Landesausschusses vom September 1921. Es wurde befürchtet, daß »die Beamteneigenschaft der Kreisvertreter im Zusammenhang mit dem Disziplinarrecht für die freie Meinungsäußerung schwer hinderlich ist; gerade mit Rücksicht auf das gesetzliche Mandat der Kreisregierung müssen oft Dinge zur Sprache gebracht werden und müssen die mit dem Vollzug der Kreisbeschlüsse betrauten Staatsbehör-

46 4. ordentliche Tagung des Verbandes der Bayerischen Kreistage am 8. 11. 1920, Staatsarchiv Nürnberg, Tit. Ib, Nr. 78.

47 Verhandlungen des Verbandes der Bayerischen Kreistage am 6. /7. Mai 1921 in München, Tagesordnungspunkt 13, MK 36 938.

48 Ebd.

49 Ebd.

den einer Kritik unterzogen werden, die durch die drohende Disziplinierung geradezu unmöglich gemacht wird«[50]. Der Ausschuß wollte außerdem den Kreistagen eine kontrollierende Funktion gegenüber der Verwaltung durch die Kreisregierung zugestehen. Die Regierung sollte nur noch befugt sein, die Geschäfte des Verbandes nach Maßgabe der Beschlüsse des Kreisausschusses und des Kreistages zu führen[51].

Diese Vorschläge wurden in den Regierungspapieren scharf kritisiert. Im Schreiben der Regierung von Schwaben wird davon gesprochen, daß ein Machtzuwachs zugunsten der Kreistage auf »Kosten des Ansehens der staatlichen Behörden gehe«. Die Führung der Geschäfte solle ausschließlich der Kreisregierung zustehen. Die Regierungsbeamten müßten zudem von der Regierung entlohnt werden, da »die bisher übliche Entlohnung durch den Kreis dazu führt, daß die Beamten in ein für die Regierung nicht wünschenswertes Abhängigkeitsverhältnis zum Kreistagsvorsitzenden kommen«[52]. Außerdem lehnte die Regierung von Schwaben die bereits bestehende direkte Wahl des Kreistages ab, da diesem so »die förmliche Rolle des Parlaments gegenüber der Kreisregierung zufalle« und als Folge der »Kreistag sich den Landtag zum Vorbild nimmt ... und in die Geschäfte der Kreisregierung hineinreden wird«[53].

Das Schreiben der Regierung von Oberbayern macht das gespannte Verhältnis zwischen Kreisregierung und Kreistag noch deutlicher. Hier wird nicht nur vor einem Machtzuwachs der Kreistage auf Kosten staatlicher Macht gewarnt, auch der Bayerische Kreistagsverband selbst wird scharf angegriffen. Der Referent schreibt: »Was der Verband der Kreistage wünscht, ist klar. Es entspricht der Tatsache, daß die mehr oder weniger bedeutenden Stadt-Größen, die infolge des starken Mangels an Intelligenz und an führenden Persönlichkeiten in den Kreisen dort die führende Rolle an sich gebracht haben, diese Rolle auch in den Verband der Kreistage führen. Bei diesen Persönlichkeiten steht die Befriedigung ihrer Eitelkeit und ihres Machtkitzels sehr stark im Vordergrund. Obwohl das Wirken der Staatsaufsicht gegenüber den mittelbaren Städten und ihren Organen wirklich nur dem Säuseln des Zephirs gleichkommt, so empfinden doch viele, ja die meisten rechtskundigen Bürgermeister und Stadträte allein die Tatsache, daß überhaupt noch eine Aufsicht ... über ihnen steht, sehr unangenehm, sie sind deshalb zweifellos bis zu einem gewissen Grade gegensätzlich gegen die Regierung eingestellt und möchten ihre Zuständigkeit möglichst eingeschränkt oder ganz beseitigt wissen«[54]. Berücksichtigt man, daß es sich hier um ein amtliches, wenn auch vertrauliches Schreiben handelt, wird das Ausmaß der Spannungen noch offensichtlicher.

Die verschiedenen Reibungen zwischen der Regierung und dem Bayerischen Kreistagsverband sowie die noch nicht abgeschlossene Reform der Steuergesetzgebung führten zunächst zu

50 Niederschrift über die Sitzung des Landesausschusses des Bayerischen Kreistagsverbandes vom 21. September 1925 zu Augsburg, S. 3, Staatsarchiv Nürnberg, Tit. Ib, Nr. 1305.

51 Präsidium der Regierung von Oberbayern, An das Staatsministerium des Inneren, Betreff: Kreis-, Bezirks- und Gemeindeordnung, Schreiben vom 10. 10. 1925, Staatsarchiv Neuburg/Donau, Regierung, Nr. 18057.

52 Präsidium der Regierung von Schwaben und Neuburg, An das Staatsministerium des Inneren, Betreff: Bezirksordnung und Kreisordnung, Schreiben vom 3. 10. 1924, Staatsarchiv Neuburg/Donau, Regierung, Nr. 18057.

53 Ebd.

54 Präsidium der Regierung von Oberbayern, An das Staatsministerium des Inneren, Betreff: Kreis-, Bezirks- und Gemeindeordnung, Schreiben vom 10. 10. 1925, Staatsarchiv Neuburg/Donau, Regierung, Nr. 18057.

einem »Waffenstillstand.« Die Novellierung der Kreisordnung wurde zurückgestellt, »bis feststeht, über welche Steueranteile die Kreise in Zukunft verfügen werden«[55]. Man wollte also zuerst die Beschlüsse über die zukünftige finanzielle Regelung der Kreisfinanzen abwarten.

An dieser Stelle, im August 1925, brechen die Verbandsprotokolle über dieses Thema ab. Es ist jedoch anzunehmen, daß noch weitere Verhandlungen zwischen August 1925 und der Ausfertigung des Gesetzes am 17. Oktober 1927 stattgefunden haben. Das Resultat läßt sich aus der Kreisordnung selbst ablesen. Von einer Beamteneigenschaft der Kreisausschußmitglieder und einer Mitbeteiligung des »Regierungsdirektors der Kammer des Inneren« ist nun keine Rede mehr.

Die Mitglieder des Kreisausschusses sollten vielmehr wie bisher, bei Anspruch auf Vergütung der Reise- und Aufwandskosten, ihren Dienst ehrenamtlich versehen[56]. Der Vorsitz im Kreisausschuß stand allein dem Kreistagspräsidenten zu. Sein Stellvertreter wurde vom Kreisausschuß gewählt[57]. Die Kreisregierung hatte lediglich das Recht, Beamte zu den Sitzungen des Kreisausschusses abzuordnen[58]. Die Verwaltung hatte sich vom Kreistag auf den Kreisausschuß verlagert. Der Kreisregierung als Staatsbehörde stand jedoch das Recht zu, die Geschäfte des Kreises zu führen[59] und den Kreis im Rechtsverkehr zu vertreten[60]. »Damit war dem Aufbau einer kreiseigenen Verwaltung, die angesichts der Beschränkung des sachlichen Wirkungsfeldes der Kreise auf einzeln festgelegte, durch die geschichtliche Entwicklung bestimmte Hauptaufgaben, nicht für notwendig erachtet wurde, ein Riegel vorgeschoben«[61].

Die Tagesordnung des Kreisausschusses mußte der Kreisregierung mindestens drei Tage vor der Sitzung mitgeteilt werden. Andere Gegenstände konnten nur verhandelt werden, wenn vorher die Kreisregierung verständigt worden war[62]. Die Kreisregierung hatte außerdem das Recht, »in dringenden Fällen, wenn die sofortige Berufung des Kreisausschusses unmöglich ist und der Kreistagspräsident (bei seiner Verhinderung sein Stellvertreter) sein Einverständnis erklärt«, selbständig einzelne Maßnahmen zu ergreifen[63].

Wichtiger als diese Bestimmungen ist jedoch die verstärkte Finanzaufsicht des Staates über die Kreise. So durften die Kreise ohne Genehmigung der Staatsaufsichtsbehörden keine »Erwerbsunternehmungen« errichten, betreiben oder sich daran beteiligen[64]. Der Kreis war außerdem erst nach Erfüllung der fünf im Gesetz aufgelisteten Pflichtaufgaben berechtigt, freiwillige Leistungen zu erfüllen[65]. Die wichtigste Pflichtaufgabe bestand in der Herstellung,

55 Bericht des Referenten, Bürgermeisters Dr. Merkt – Kempten, zum Referentenentwurfe der Kreisordnung vom August 1925, S. 1, Stadtarchiv Kempten, »Nachlaß Dr. Merkt«, nicht registriert.

56 GVBl 1927, Kreisordnung, Art. 16, I, S. 338.

57 Ebd., Art. 23, I, S. 339.

58 Ebd., Art. 21, I, S. 339.

59 Ebd., Art. 5, I, S. 335.

60 Ebd., Art. 7, S. 336.

61 Die Entwicklung der bayerischen Bezirke im Spannungsfeld zentralstaatlicher und regionalistischer Kräfte und Strömungen, in: Europäischer Regionalismus und die Bayerischen Bezirke, München 1980, S. 4.

62 GVBl 1927, Kreisordnung, Art. 21, II, S. 339.

63 Ebd., Art. 6, II, S. 336.

64 Ebd., Art. 36, II, S. 342.

65 Ebd., Art. 3, S. 335.

Unterhaltung und Betreibung der Heil- und Pflegeanstalten, die auch die meisten finanziellen Mittel beanspruchten. Für freiwillige Leistungen blieben damit nur noch selten Rücklagen übrig.

Die neue Kreisordnung legte jedoch nicht fest, woher die notwendigen Gelder zur Bestreitung der Pflichtaufgaben kommen sollten. Der Bayerische Kreistagsverband versuchte, diese Frage im Rahmen einer Reform der Steuergesetzgebung zu klären. Das Problem der Finanzierung der Kreisaufgaben stand dann auch im Vordergrund der Debatten um eine Neuverteilung der Steuern zwischen Staat und Kreisen.

Zusammenfassend läßt sich die Beratung der Kreisordnung von 1927 als hartes Ringen zwischen Regierung und Kreistagsverband um Machtanteile beschreiben. Der Verband versuchte immer wieder durch Proteste, aber auch durch fundierte Gegenvorschläge, die Interessen der Kreise durchzusetzen. Er konnte zwar in Einzelfragen – wie der Ablehnung der Beamteneigenschaft für die Kreisausschußmitglieder oder der Wahrung des alleinigen Vorstandes für den Kreistagspräsidenten – seine Vorstellungen verwirklichen. Letztlich gelang es jedoch trotzdem der Staatsregierung, vor allem über den Umweg einer verstärkten Finanzaufsicht, mehr Einfluß auf die Kreise auszuüben.

Der Kampf um die Finanzierbarkeit der Kreislasten

Der Bayerische Kreistagsverband versuchte nicht nur, eine angemessene politische Vertretung zu erreichen, sondern auch die Solidität der Kreisfinanzen sicherzustellen. Dies geschah zum einen durch Lastenausscheidung, zum anderen durch die Auseinandersetzungen um die Höhe der Steueranteile zwischen bayerischem Freistaat und den Kreisen. Die damaligen Vorgänge werden allerdings erst vor ihrem wirtschaftspolitischen Hintergrund richtig verständlich. Ich will daher die wichtigsten Fakten in aller gebotenen Kürze skizzieren.

Der in der Monarchie entstandene »Landrath« hatte noch das Recht, selbständig Kreisumlagen zu erheben, war aber gleichzeitig von der königlichen Genehmigung seiner Voranschläge abhängig[66]. Diese Genehmigung wurde aber praktisch nie versagt.

Der verlorene Weltkrieg und der Zusammenbruch der Monarchien schufen dann eine vollkommen veränderte Ausgangslage. Deutschland wurden im Versailler Vertrag Reparationszahlungen auferlegt, die sich schließlich auf 132 Milliarden Mark bezifferten. Der neue Finanzminister Erzberger (Zentrum) sah sich wegen der »ungeheuren Schulden und Verpflichtungen, die sich für den Staatshaushalt nach innen und außen aus Krieg und Niederlage ergaben«[67], zu einer tiefgreifenden Finanzreform gezwungen.

Im Wilhelminischen Deutschland war das Reich in erheblichem Umfang auf die Matrikularbeiträge der Länder angewiesen gewesen. Das Reich war damit, um mit Bismarck zu sprechen, »Kostgänger der Länder«. Erzbergers Finanzreform, die auf eine zentrale Schuldentilgung abzielte, kehrte dieses Verhältnis um. Das Reich hatte jetzt die Verfügungsgewalt über die wichtigsten Steuern und brachte so die Länder in seine finanzielle Abhängigkeit. Diese Festigung der Zentralgewalt mußte im traditionell selbstbewußten und auf Eigenständigkeit bedachten Bayern auf Widerstand stoßen.

66 Intelligenzblatt von Schwaben und Neuburg 1852, Gesetz, die Landräthe betreffend, Art. 18, S. 437.
67 Karl Dietrich ERDMANN, Die Weimarer Republik, in: GEBHARDT, Handbuch der deutschen Geschichte, Bd. 19, München 1980, S. 135.

Die Kreise betraf dabei die neue Finanzreform in doppeltem Maße. Sie waren nämlich bei der Zuweisung der erforderlichen Mittel abhängig von einem System der Dotation durch Reich und Länder zugleich. Dieses System war so gestaltet, daß die Zuweisung der Reichsbeiträge an die Kreise und Gemeinden praktisch in weitem Maße der Entscheidung der Länderregierungen überlassen blieb und diese damit indirekt wesentlichen Einfluß auf die Beschlüsse der Gemeinden und Kreise gewinnen konnten[68]. Da die Länder jedoch selbst zu wenig Finanzmittel hatten, befanden sich die von ihnen abhängigen Kreise in einer Situation permanenter Geldnot. Der Bayerische Kreistagsverband versuchte nun im Rahmen seiner Möglichkeiten, diese Zustände, welche die wirtschaftliche Existenz der Kreise bedrohten, zu verbessern.

a) Der Versuch, die Kreisfinanzen durch Lastenausscheidung zu sanieren

Die Finanzierung der Kreise war im einzelnen durch das »Bayerische Vollzugsgesetz zum Landessteuergesetz« vom 30. März 1920 geregelt. Das Gesetz wurde im Kreistagsverband folgendermaßen charakterisiert:

»§ 1 des Landessteuergesetzes bestimmt, daß innerhalb der gezogenen Schranken die Steuern nach Landesrecht zu erheben seien. ... Es werden außer für die politischen Gemeinden und Bezirke auch für die Kreise die zulässigen steuerlichen Einnahmen nach Art und Umfang festgelegt. Damit ist den sogenannten Selbstverwaltungskörpern eine ihre freie wirtschaftliche und kulturelle Betätigung einengende und hemmende Schranke gezogen, wenn nicht gar ihre Weiterexistenz gefährdet. Letzteres wenigstens insolange, als nicht ihr Betätigungsfeld genau abgegrenzt und so eingeengt ist, daß sie mit den ihnen nunmehr nach dem Landessteuerausführungsgesetz äußerstens zustehenden steuerlichen Einnahmen ihre Aufgabe auch finanziell erfüllen können«[69].

Vor einer möglichen Auflösung der Kreise, als »Zwischenglied zwischen Gemeinden und Staat«[70], hatte der Kreistagsverband bereits im Jahre 1920 gewarnt. Er forderte zunächst mehr allgemein, daß »die Kreisgemeinden in Bayern umgehend auf eine freiere Grundlage mit finanzieller Bewegungsfreiheit« gestellt würden[71].

Die finanzielle Lage spitzte sich aber dramatisch zu, als die bayerischen Kreise es für unmöglich hielten, die Kreisvoranschläge für 1921/22 abzugleichen[72]. Es wurde daher vom Kreistagsverband eine Sonderversammlung aller acht Ausschüsse der bayerischen Kreistage für 1921 nach Nürnberg einberufen. Das Protokoll dieser in der Verbandsgeschichte einmaligen außerordentlichen Sitzung, die von »2–½8 Uhr« dauerte, läßt die verzweifelte Stimmung der Anwesenden erahnen. Man war der Ansicht, »daß die Schicksalstunde für eine mehr als 100jährige Einrichtung des bayerischen Staates« geschlagen habe. Die Frage der Weiterexistenz

68 Vgl. dazu auch: Hans Herzfeld, Demokratie und Selbstverwaltung in der Weimarer Epoche, in: Schriftenreihe des Vereins zur Pflege kommunalwissenschaftlicher Aufgaben e. V., Berlin, Bd. 2, Hechingen 1957.

69 Niederschrift über die V. ordentliche Tagung des Verbandes der Bayerischen Kreistage am 15. 1. 1921 in München, Staatsarchiv Nürnberg, Tit. Ib, Nr. 78.

70 4. ordentliche Tagung des Verbandes der Bayerischen Kreistage am 8. 11. 1920, Staatsarchiv Nürnberg, Tit. Ib, Nr. 78.

71 Ebd.

72 Verhandlungen des Verbandes der Bayerischen Kreistage am 6./7. 5. 1921 in München, Tagesordnungspunkt 3: Aufstellung der Voranschläge für das Jahr 1921, Hauptstaatsarchiv München, MK 36 938.

sei »für die acht Kreisgemeinden Bayerns in ein akutes Stadium getreten«[73]. Der im Auftrag der Staatsregierung anwesende Ministerialrat Schmidt wurde beauftragt, im Landtag nachprüfen zu lassen, ob eine »Weiterexistenz der Kreisgemeinden überhaupt noch als notwendig erachtet werde«[74].

Im Kreisverband selbst war man sich über »die Notwendigkeit einer dezentralisierten Verwaltung ... in Provinzverbänden« einig[75]. Insgesamt gebe es aber nur zwei Wege, um die Kreistage zu retten. Der Weg einer Revision der Reichssteuergesetzgebung und die Rückkehr zum Recht des Landrathes, Umlagen zu erheben, wurden als unrealistisch verworfen. Es blieb somit nur der Weg einer Reduzierung der Aufgabenbereiche.

Dr. Knorr, Geschäftsführer des Verbandes, zählte die einzelnen Ausgabeposten auf und zog eine »scharfe Grenze zwischen den Ausgaben für kreiseigene Zwecke, Anstalten, Verwaltungen, wirtschaftliche Einrichtungen ... und den Ausgaben für kreisfremde Zwecke, nämlich für staatliche Zwecke (Volksschulen und Mittelschulen, weibliches Bildungswesen), für gemeindliche und bezirksgemeindliche Zwecke (Zuschuß für den Sachbedarf der Volksschulen, für Fortbildungs- und Fachschulen, höhere Mädchenschulen, Zuschuß für Straßen-, Brücken- und Wasserbauten), Ausgaben für berufsständische Zwecke (gewerblichen und landwirtschaftlichen Unterricht, für Förderung von Handel, Gewerbe und Industrie und Landwirtschaft) und schließlich für Armenfürsorge und Wohlfahrtszwecke. Hier erfüllen die Kreise staatliche und gemeindliche Zwecke«[76]. Eine Sicherung des Fortbestandes der Kreisgemeinden sei angesichts dieser Fülle kreisfremder Aufgaben nur durch eine Reduzierung auf den eigenen Wirkungskreis gewährleistet. Konkret könne dies nur erreicht werden, wenn

»1. weitgehendste Sparsamkeit geübt wird;

2. vom 1. April 1921 ab die Kreisausgaben für reine Staatsanstalten und Einrichtungen auf den Staat übernommen werden, nämlich die Personallasten für das Volksschulwesen, einschließlich der Pensionslasten für das Volksschullehrpersonal, die Zuschüsse zu den Berufsfortbildungsschulen, ferner die Ausgaben für das gesamte höhere Schulwesen, wenn ferner der Anteil der Kreisgemeinden an den Kulturbauunternehmungen gemindert und insbesondere der gesamte Personalaufwand für den staatlich organisierten Kulturbaudienst auf den Staat übernommen wird und wenn der nach Art. 64 des Unterstützungswohnsitzgesetzes für die Landarmenlasten der Kreise festgesetzte staatliche Zuschuß bedeutend erhöht wird

3. der den Kreisgemeinden nach dem jetzigen Recht zustehende Anteil an der Reichseinkommens- und Körperschaftssteuer auch nach Abnahme der vorbezeichneten Lasten an den Staat nicht gekürzt wird und die nach dem 10. März 1920 beschlossenen Erhöhungen der Kreisumlagen für 1919 und I. Vierteljahr 1920 bei Berechnung der Garantiesumme berücksichtigt werden und wenn die Möglichkeit der Erhebung höherer Kreisumlagen, als sie im Vollzugsgesetz zum Landessteuergesetz vorgesehen sind, ausnahmsweise wenigstens in der Übergangszeit zugelassen wird«[77].

73 Tagung der Kreistagsausschüsse Bayerns am 8. 7. 1921 in Nürnberg, Hauptstaatsarchiv München, MK 36 938.
74 Ebd.
75 Ebd.
76 Ebd.
77 Ebd.

Dieser lange Katalog zielt also in seinen Kernpunkten auf eine Übernahme der Kreisschullasten durch den Staat ab, wobei die staatlichen Finanzzuschüsse mindestens stabil bleiben sollten. Die außerordentliche Versammlung der acht Kreistagsausschüsse blieb nicht ohne Folgen.

Der Landtag beschäftigte sich mit ihren Forderungen und bestätigte die Notwendigkeit der Kreise als Selbstverwaltungskörper[78]. Die finanziellen Probleme der Kreise dagegen sollten durch das »Gesetz über Notmaßnahmen für die Kreisgemeinden« vom 28. März 1924 abgemildert werden. Der Staat verpflichtete sich ab 1. April 1924 zur Übernahme des »persönlichen und sächlichen Bedarfs für Oberrealschulen, Realschulen, Progymnasien und Lateinschulen, deren etatmäßige Beamte bisher von den Kreisen besoldet wurden«[79].

Von wesentlicher Bedeutung war auch die staatliche Übernahme des gesamten Aufwands »für die Versorgungsbezüge der vor dem 1. Januar 1920 aus dem Dienst geschiedenen Volksschullehrer und ihrer Hinterbliebenen sowie für die Versorgungsbezüge der vor dem 1. April 1920 aus dem Dienst geschiedenen Kreisschulaufsichtsbeamten und ihrer Hinterbliebenen, soweit dieser Aufwand bisher von den Kreisen zu leisten war«[80].

Der Staat gewährte die Übernahme der Schulen und der Versorgungsbezüge jedoch nicht ohne gravierende Gegenleistungen. Die Deckung des Mehraufwands sollte vielmehr durch »Änderung der Verteilung der Reichseinkommensteuer und Körperschaftsteuer zu Lasten der Kreise« erfolgen[81]. Außerdem wurden ab 1. April 1924 die »Vorschüsse des Staates für die Ausgaben der Kreise« gestrichen. Zum Ausgleich erhielten sie für das Jahr 1924 »einen Betriebsvorschuß von insgesamt 1 Million Mark«[82]. Rechtsanspruch auf Vorschüsse für die weiteren Jahre bestand nicht. Die »Änderung der Verteilung der Reichseinkommensteuer und Körperschaftsteuer zu Lasten der Kreise« wurde zum Thema heftiger Kontroversen zwischen Kreistagsverband und Staatsregierung. Dies führt zu einem neuen Kapitel in dem Wirken des Bayerischen Kreistagsverbandes.

b) Der Kampf um höhere Steueranteile für die Kreise

Bereits vor der Ausfertigung des »Gesetzes über Notmaßnahmen für die Kreisgemeinden« stießen die gegensätzlichen Meinungen von Staatsregierung und Kreistagsverband über die Höhe der Steueranteile aufeinander.

Der Kreistagsverband hatte im Auftrag der acht bayerischen Kreise Einspruch erhoben gegen die im Referentenentwurf vorgeschlagene staatliche Übernahme von 60% der Reichsteueranteile, die bisher den Kreisen zugefallen waren. Die Empfehlung des Kreistagsverbandes sah dagegen vor, »zum Ausgleich der auf den Staat durch das Kreisnotgesetz übergegangenen Kreisaufgaben 40 % des Anteils an der Reichseinkommen- und Körperschaftsteuer« abzutreten. Dies sei nur »recht und billig und durchaus loyal«, da »die auf den Staat abgewälzten Ausgaben durchschnittlich nur 28 bis 30 % der Reichsteueranteile ausmachen«.

78 Rede vor dem Bayerischen Kreistagsverband, nicht datiert (wahrscheinlich 1924/1925), S. 1, Staatsarchiv Nürnberg, Tit. Ib, Nr. 1251.
79 GVBl 1924, Gesetz über Notmaßnahmen für die Kreisgemeinden, Art. 2, S. 116.
80 Ebd., Art. 3, S. 116.
81 Ebd., Art. 4, S. 116.
82 Ebd., Art. 5, S. 116.

Man wolle aber fairerweise auch die Lasten ausgleichen, die der Staat von den Gemeinden übernommen habe[83].

Die vom Kreistagsverband vorgeschlagene Kürzungsquote von 40 % wurde jedoch nicht bei der Ausfertigung des Gesetzes berücksichtigt. Das Finanzministerium beharrte vielmehr auf die bereits im Referentenentwurf geforderten 60 %. Dabei scheint das Finanzministerium im Alleingang ohne Absprache mit dem Innenministerium die 60 % Steueranteile für den Staat durchgesetzt zu haben. Dies läßt sich jedenfalls aus einem Schreiben des Kreistages von Oberfranken an den Kreistagsverband ableiten. Dort wird auf die »Ungesetzlichkeit des Vorgehens des Finanzministeriums ... bei der Durchführung des Abzuges ohne Zustimmung des Ministeriums des Innern« hingewiesen. Dies stelle »eine Ungeheuerlichkeit« dar[84]. Damit waren Auseinandersetzungen zwischen Bayerischem Kreistagsverband und Staatsregierung vorprogrammiert.

Für das Jahr 1925 liegen zwar keine negativen Aussagen des Kreistagsverbandes zu der Steueranteilkürzung vor. Dies muß nicht unbedingt auf fehlendes Aktenmaterial zurückzuführen sein, sondern kann auch als Folge eines kurzfristigen Ansteigens des Gesamtsteueraufkommens durch den Wirtschaftsaufschwung gedeutet werden. Das Jahr 1926 war jedoch mit der Verschlechterung der allgemeinen Wirtschaftslage bereits geprägt von den Bemühungen um eine Erhöhung der Steueranteile zugunsten der Kreise.

Der Kreistagsverband strebte zunächst eine Kompromißlösung auf der Basis von 50 % an. Das Finanzministerium beharrte aber auf einem staatlichen Anteil von 60 % und schlug dagegen den Kreisen vor, »ihre Tätigkeit auf dem Gebiete des Fortbildungsschulwesens und auf dem Gebiet der Förderung des Wohnungsbaus einfach einzustellen«[85]. Damit hätte z. B. der Kreis Schwaben 370 000 Mark oder 10 % seines Gesamtetats eingespart. Die Kreise hielten aber diese Posten für so wichtig, »daß gerade sie unter keinen Umständen aus dem Etat gestrichen werden dürften«[86].

Inzwischen hatte sich aber die finanzielle Lage so zugespitzt, daß am 1. März 1926 der Kreistagsverband im Auftrag der acht Kreistagsvorsitzenden ein Dringlichkeitstelegramm an den bayerischen Ministerpräsidenten, Dr. Held, richtete. Der Text lautet: »Finanzverhältnisse der Kreise unhaltbar, Etataufstellung unmöglich, erbitten dringendst endlich Beschlußfassung des Ministerrats über den vor Monaten gestellten Antrag in Sachen Lastenausgleich nach Vermittlungsvorschlag Wächter« (Dr. Wächter war 1926 Präsident des Verbandes Bayerischer Kreistage, d. V.). »Kreistagsverband und Kreistagsvorsitzende: Kroher, Sittler, Beyersdörfer, Günther, Wächter, Treu, Matt, Merkt«[87]. Aber auch dieses Telegramm blieb ohne Folgen. Jetzt entschloß sich der Kreistagsverband, als letzten Schritt den Staatsgerichtshof anzurufen. Leider sind keine Protokolle über die betreffende Sitzung des Landesausschusses vorhanden.

83 Rede vor dem Bayerischen Kreistagsverband, nicht datiert (wahrscheinlich 1924/25), S. 3, Staatsarchiv Nürnberg, Tit. Ib, Nr. 1251.

84 Schreiben des Kreistages von Oberfranken vom 15. 2. 1926, An die Geschäftsstelle des Bayerischen Kreistagsverbandes, betrifft: Kürzung der Steueranteile, Hauptstaatsarchiv München, MK 36 938.

85 Schreiben der Kreistagsfraktion der Bayerischen Volkspartei vom 23. 2. 1926, An Kultusminister Matt, Hauptstaatsarchiv München, MK 36 938.

86 Ebd.

87 Schreiben des bayerischen Kreistagsverbandes vom 1. 3. 1926, An die Staatsregierung, Hauptstaatsarchiv München, MK 36 938.

Tagesordnungspunkt 2 der Verhandlungen vom 10./11. Dezember 1926 sieht jedoch vor: »Bericht über den Vollzug des Beschlusses betreffend Anrufung des Staatsgerichtshofes in Sachen Kürzung der Kreissteueranteile durch das bayerische Finanzministerium«[88].

Zu einer Verhandlung dieser Sache vor dem Staatsgerichtshof scheint es jedoch nicht gekommen zu sein. Ein Protokoll aus dem Jahre 1932 berichtet von einem rechtzeitigen Nachgeben des Finanzministeriums[89]. Dies wird auch durch ein Schreiben des Kreistagsverbandes vom März 1927 an die Kreistagspräsidenten bestätigt. Hier wird dazu aufgerufen, »den Streit zwischen dem Staat und den acht Kreisen über Kürzung der Reichssteueranteile raschestens zu beseitigen«[90].

Der Kreistagsverband schlug nun ein Kompromißangebot über eine Kürzung von 55 % der den Kreisen zustehenden Steueranteile vor, falls »der Staat an den von den Kreisen zu tragenden Fehlbeträgen der acht Landesfürsorgeverbände ⅓« übernehme[91]. Dieses Kompromißangebot wurde teilweise akzeptiert, denn im Gesetz- und Verordnungsblatt für 1927 werden die Kreissteueranteile wie folgt neu geregelt: »Der Anteil jedes Kreises an der Einkommens- und Körperschaftssteuer wird zu Gunsten des Staates um 55 vom Hundert ohne Rücksicht auf einen höheren Aufwand des Staates für die übernommenen Kreislasten gekürzt«[92].

Eine staatliche Übernahme der Fehlbeträge der Landesfürsorgeverbände zu ⅓ wurde jedoch abgelehnt. Gerade diese Finanzierungshilfe hätte aber eine wesentliche Entlastung der Kreisausgaben bedeutet.

Mit dem teilweisen Einlenken des Staates war allerdings keine zufriedenstellende Sanierung der Kreisfinanzen verbunden. Die Geldnot zwang den Bayerischen Kreistagsverband im Jahre 1932 erneut, den Landtag und die Staatsregierung um eine weitere Kürzung ihrer Steueranteile von 55 % auf 40 % zu bitten[93]. Der Sieg Hitlers und die allgemeine Gleichschaltung machten dann jedoch diesen Vorstoß gegenstandslos.

Zusammenfassend läßt sich sagen, daß die Kreise durch die Erzbergersche Finanzreform und dem daraus resultierenden »Bayerischen Vollzugsgesetz zum Landessteuergesetz« besonders benachteiligt waren. Der Bayerische Kreistagsverband versuchte als Ausweg, die Kreisausgaben zu senken, indem er die Ausscheidung aller kreisfremden Aufgaben forderte.

Eine Lastenausscheidung wurde auch im »Gesetz über Notmaßnahmen für die Kreisgemeinden« vom 28. März 1924 gewährt. Das Gesetz war trotzdem eine große Enttäuschung für die Kreise, da jetzt ihre Steueranteile aus Einkommens- und Körperschaftssteuern zu 60 % an den Staat übergingen. Es entwickelte sich nun ein zähes Ringen zwischen Kreistagsverband und Finanzministerium um höhere Steueranteile. Die ablehnende Haltung des Finanzministeriums

88 Einladung zur Landesausschußsitzung des Bayerischen Kreistagsverbandes am 10. und 11. Dezember 1926, Schreiben vom 2. 12. 1926, Hauptstaatsarchiv München, MK 36 938.

89 Niederschrift über die Arbeitsausschußsitzung des Bayerischen Kreistagsverbandes am 8. 2. 1932 in München, Staatsarchiv Nürnberg, Tit. Ib, Nr. 1305.

90 Schreiben der Geschäftsstelle des Bayerischen Kreistagsverbandes vom 26. 3. 1927, An die Kreistagspräsidenten, Staatsarchiv Nürnberg, Tit. Ib, Nr. 1305.

91 Ebd.

92 GVBl 1927, Bekanntmachung zum Vollzug des Gesetzes vom 28. März 1924 über Notmaßnahmen für die Kreisgemeinden, S. 27.

93 Niederschrift über die Arbeitsausschußsitzung des Bayer. Kreistagsverbandes am 8. 2. 1932 in München, S. 5, Staatsarchiv Nürnberg, Tit. Ib, Nr. 1305.

führte schließlich auf dem Höhepunkt der Auseinandersetzungen zur Anrufung des Staatsgerichtshofes durch den Kreistagsverband. Obwohl die Klage zurückgenommen wurde, setzte sich letztlich der Kreistagsverband mit einer Erhöhung von 5 % der eigenen Steueranteile durch. Die Kreise erhielten nun 45 % statt wie bisher 40 % der Steueranteile, dem Staat standen 55 % zu. Eine zufriedenstellende Sanierung der Kreisfinanzen konnte damit allerdings nicht erreicht werden.

Die Arbeit auf dem Gebiet des Fürsorgewesens

Die Tätigkeit im Bereich des Fürsorgewesens gehörte bereits zu den Hauptaufgaben des Landrathes. Diese Verpflichtung ging auch an den Kreistag als seinem Rechtsnachfolger über. Bereits auf der Gründungssitzung des Bayerischen Kreistagsverbandes am 6. September 1919 wurde daher beschlossen, eine ständige Kommission einzuberufen, welche gemeinsame Richtlinien für die Arbeit im Fürsorgebereich aufstellen sollte. Die Kommission bestand aus sieben Kreisvertretern und sieben Angestellten sowie drei Direktoren der Kreisanstalten[94].

Die Kreisordnung vom 17. Oktober 1927 bestätigte den Vorrang des Fürsorgewesens. Hier wird an erster Stelle die Verpflichtung der Kreise für die Herstellung, Unterhaltung und Betreibung der »Heil- und Pflegeanstalten, Blinden- und Taubstummenanstalten« genannt[95]. Innerhalb des Fürsorgewesens beanspruchten die Heil- und Pflegeanstalten die meisten Gelder.

Die finanziellen Zwänge, in denen sich die Kreise durch die ungenügenden Finanzzuweisungen befanden, werden hier besonders deutlich. Ich möchte daher zuerst ein Bild von der Entwicklung der Kreisausgaben auf diesem Sektor aufzeigen.

a) Die Entwicklung der Kreisausgaben auf dem Gebiet des Fürsorgewesens 1919–1933

Die Betreuung des Fürsorgewesens erfolgte nach der Reichsfürsorgeverordnung vom 13. Februar 1924 durch die jeweiligen Landesfürsorgeverbände. Sie hatten im wesentlichen folgende Aufgaben:

- Die Fürsorge für »Landhilfsbedürftige«, d. h. Personen, die keinen festen Fürsorgewohnsitz hatten. Wanderer und Anstaltspfleglinge stellten hier das Hauptkontingent;
- Fürsorge für aus dem Ausland zurückgekommene Deutsche, staatenlose Personen deutscher Abkunft und im Ausland lebende Deutsche;
- Unterstützung »ortshilfsbedürftiger Gebrechlicher«. Diese Gruppe umfaßte vor allem die Patienten der Kreisheil- und Pflegeanstalten[96].

Für die Finanzierung der Fürsorgeverbände waren vor allem die Kreise und zu einem geringen Teil der Staat zuständig. In den Aufgabenbereich der Kreise fielen neben Fürsorgeerziehung und Ausländerfürsorge besonders auch die Kreisheil- und Pflegeanstalten und damit der Großteil der öffentlichen Landesfürsorge[97].

Durch Gesetz vom 14. März 1930 ging dann praktisch das gesamte Fürsorgewesen auf die

94 Provisorische Satzung 1919, Staatsarchiv Nürnberg, Tit. Ib, Nr. 78.
95 GVBl 1927, Kreisordnung, Art. 2, I 1, S. 335.
96 Vgl. dazu, Thomas WICH, Der Kreistag von Schwaben und Neuburg 1919–1938 und Der Bezirksverband Schwaben 1938–1954, Materialien zur Geschichte des Bayerischen Schwaben, Augsburg 1983, S. 58.
97 GVBl 1924, S. 126.

Kreise über. Dem Staat oblag jetzt nur noch die »Beteiligung« an gewissen Fürsorgeeinrichtungen, besonders an der Kriegsbeschädigten- und Kriegshinterbliebenenfürsorge[98].

Einige Zahlen sollen die damit verbundene finanzielle Belastung der Kreise verdeutlichen. So stiegen die Fürsorgelasten am Gesamthaushalt der Kreise von insgesamt 20 % im Jahre 1924 auf ca. 64 % im Jahre 1931 und über 90 % im Jahre 1932 an[99]. Der sprunghafte Anstieg der Fürsorgebedürftigen ist in erster Linie auf die große Weltwirtschaftskrise zwischen 1929 und 1932 zurückzuführen.

Den steigenden Ausgaben stand ein Rückgang der Einnahmen vor allem aus der Einkommens- und Körperschaftssteuer gegenüber. Nahmen die Kreise im Jahre 1924 noch 43 Millionen RM ein, verringerte sich der Betrag auf 30,8 Millionen RM im Jahre 1931. Davon flossen insgesamt 19 Millionen RM als Zuschüsse an die Landesfürsorgeverbände[100]. Eine Aufschlüsselung des Verhältnisses zwischen Gesamteinnahmen des Kreises und Ausgaben für den Landesfürsorgeverband ergibt z. B., bezogen auf Schwaben für die Jahre 1924 bis 1931, folgendes Bild[101]:

Jahr	Gesamteinnahmen an Reichssteuern und Umlagen RM	Zuschüsse für den L. F. V. RM	in % der Gesamteinnahmen
1924	3969740	1028800	26
1925	3104534	1307300	42
1926	3021888	1636400	54
1927	3249097	1675300	51
1928	3548412	1815800	51
1929	3540403	1903000	53
1930	3069021	2154068	70
1931	2197652	1980000	90

Die Statistik berücksichtigt jedoch noch nicht die weitere Entwicklung im Jahre 1932. Die finanzielle Lage hatte sich nun so zugespitzt, daß die Ausgaben für den Landesfürsorgeverband die Kreiseinnahmen überschritten. So übertraf der Bedarf des Landesfürsorgeverbandes in Schwaben die Gesamtkreiseinnahmen um ca. 270000 RM[102].

Diese Zahlenangaben mögen genügen, um die große finanzielle Belastung der Kreise zu veranschaulichen. Die Folge war, daß dringende Zuschüsse für andere Kreisausgaben drastisch gekürzt oder ganz eingestellt werden mußten. So ist aus einem Schreiben des schwäbischen

98 GVBl 1930, Bayerisches Ausführungsgesetz zur Reichsverordnung über die Fürsorgepflicht vom 14. März 1930, Art. 12,1, S. 38.

99 Niederschrift über die Arbeitsausschußsitzung vom 22. 4. 1931 in München, S. 3, Staatsarchiv Nürnberg, Tit. Ib, Nr. 1305.

100 Ebd.

101 Schreiben des Kreisausschusses von Schwaben und Neuburg vom 15. 6. 1932, An das Staatsministerium des Innern, S. 4. Staatsarchiv Nürnberg, Tit. Ib, Nr. 1305.

102 Ebd., S. 7.

Kreistages an den Kreistagsverband zu entnehmen, daß die Zuschüsse an die »Landesanstalt für krüppelhafte Kinder in München« völlig gestoppt worden seien, »obwohl man bei ihrem jugendlichen Alter durch geeignete Behandlung aus dem Krüppel einen Menschen machen könnte, der sich später selbst durchbringt«. In einem anderen Fall habe man einen Wildbach, der eine ganze Ortsflur versandet hatte, wegen fehlender Mittel »Wildbach sein lassen«[103]. Das Echo im Bayerischen Kreistagsverband spiegelt die damalige Stimmung wider. Man fühlte sich von der Staatsregierung im Stich gelassen und klagte sie an, »die Kreise als Selbstverwaltungskörper regelrecht aushungern zu wollen«[104]. Dies führt zu den im Kreistagsverband diskutierten bzw. beschlossenen Gegenmaßnahmen.

b) Maßnahmen zur Finanzierung des Fürsorgewesens

Die Maßnahmen zur Finanzierung der Kreislasten liefen in zwei Richtungen. Der Kreistagsverband forderte zum einen erhöhte Staatszuschüsse, zum anderen führte er teilweise rigorose Sparmaßnahmen im Fürsorgebereich selbst durch.

In den Jahren 1930 bis 1932 häufen sich die Anträge, in denen höhere staatliche Subventionen im Fürsorgebereich gefordert werden. Das Hauptanliegen war die staatliche »Übernahme von ⅓ der ungedeckten Ausgaben der Landesfürsorgeverbände«[105]. Dieser Wunsch, der bereits beim Ringen um die Steueranteile begegnete, sollte in den Jahren 1930 bis 1932 immer wieder erfolglos vorgebracht werden.

Abgelehnt wurden auch die Anträge, die Staatszuschüsse an die Landesfürsorgeverbände von 1,5 Millionen RM jährlich auf 4,5 Millionen RM zu erhöhen[106] und die Vorschußpflicht des Staates für die Kreisausgaben wiederherzustellen[107]. Die staatliche Vorschußpflicht war 1924 durch Art. 5 des Kreisnotgesetzes aufgehoben worden. Auch wiederholte Petitionen des Bayerischen Kreistagsverbandes an Landtag und Staatsregierung blieben erfolglos. Die Eingabe an die bayerische Staatsregierung vom 30. Juni 1932 demonstriert dabei recht anschaulich die finanzielle Zwangslage der Kreise: »Der Bayerische Kreistagsverband wiederholt die Eingabe vom 17. 3. 1932 an Landtag und Staatsregierung mit größtem Nachdruck und bittet dringend im Interesse der wichtigen provinziellen Interessen, aber auch im Hinblick auf das bayerische Staatsgefüge, der bayerische Staat wolle für 1932 im Zusammenhang mit der Landeshilfe für die überlasteten bayerischen Gemeinden auch für die acht Kreise eine außerordentliche Landeshilfe zum Ausgleich der durch die Fürsorge überlasteten Kreise in ausreichender Höhe bewilligen«[108].

Da aber vor allem keine höheren staatlichen Subventionen gewährt wurden, schlug man den anderen Weg ein und versuchte vorwiegend über Einsparungen im Fürsorgebereich die

103 Ebd.

104 Niederschrift über die Arbeitsausschußsitzung des Bayer. Kreistagsverbandes am 8. 2. 1932 in München, S. 6, Staatsarchiv Nürnberg, Tit. Ib, Nr. 1305.

105 Niederschrift über die Sitzung des Landesausschusses des Bayer. Kreistagsverbandes am 4. 12. 1930 in München, S. 11, Hauptstaatsarchiv München, MK 36 938.

106 Schreiben der Geschäftsstelle des Bayer. Kreistagsverbandes vom 26. 3. 1927, An die Kreistagspräsidenten, Staatsarchiv Nürnberg, Tit. Ib, Nr. 1305.

107 Niederschrift über die Arbeitsausschußsitzung des Bayer. Kreistagsverbandes am 8. 2. 1932 in München, S. 5, Staatsarchiv Nürnberg, Tit. Ib, Nr. 1305.

108 Schreiben des Bayer. Kreistagsverbandes vom 30. 6. 1932, An die Bayer. Staatsregierung, Staatsarchiv Nürnberg, Tit. Ib, Nr. 1305.

finanziellen Verpflichtungen zu erfüllen. Hier konnte der Bayerische Kreistagsverband ohne Genehmigung der Staatsregierung agieren, da das Fürsorgewesen zum eigenen Wirkungsbereich der Kreise gehörte.

Eine »Kommission für Einsparungen« arbeitete Richtlinien aus, die 1928 an den Kreistagsverband übermittelt wurden. Als Hauptmittel zur Senkung der Kosten im Bereich der Heil- und Pflegeanstalten wurde die »offene Fürsorge« empfohlen. Damit meinte man vor allem eine »frühzeitige Entlassung aller nicht unbedingt anstaltsbedürftigen Kranken«. Die Entlassung war im Zusammenwirken zwischen »Direktionen, Fürsorgeverbänden und kommunaler Fürsorge«[109] vorzunehmen. Die Patienten sollten dabei von »zuverlässigen Verwandten oder Bekannten aufgenommen und verpflegt werden«. Durch abgestufte Verpflegungssätze schuf man dafür einen finanziellen Anreiz. Die Tendenz ging also auf eine finanzielle Entlastung durch Reduzierung der Patientenzahl.

Neue Baumaßnahmen wollte die Kommission vermeiden durch »Zusammenlegung von Bazillenträgern in die Anstalten Haar, Ansbach und Klingenmünster«. Sie regte außerdem an, Maßnahmen zur Selbstversorgung der Anstalten zu fördern[110].

Die Kreise führten diese Vorschläge, wie aus einem Protokoll aus dem Jahre 1932 zu entnehmen ist, »auf der ganzen Linie durch«[111]. Über die Empfehlungen der Kommission hinaus kürzten sie zusätzlich die Verpflegungskostensätze der Patienten.

Neben diesen Sparmaßnahmen wurden jedoch auch bereits Forderungen erhoben, die später im »Dritten Reich« menschenverachtende Realität werden sollten. So warf auf einer Sitzung des Kreistagsverbandes im März 1932 der im Auftrag der Staatsregierung anwesende Ministerialrat Baumann die Frage auf, wie sich der verarmte Staat und die übrigen öffentlichen Fürsorgeträger den »Luxus leisten könnten, ca. 1267 Mark pro Pflegling im Jahr auszugeben, während 100 von gesunden Familien mit 500–600 RM im Jahr durchgefrettet werden«[112]. Wurde hier aber noch als Lösung gefordert, die Patienten in die Familien zurückzugeben, liefen andere Vorschläge auf eine Zwangssterilisierung hinaus. Hauptvertreter dieser Richtung war Dr. Merkt. Er forderte in einem Referat und auch bei Diskussionen, »Rassenhygiene zu treiben«, »das heißt Sterilisation der erblich Belasteten«[113].

Unterstützt wurde er in seiner Ansicht von Obermedizinalrat Dr. Ast, der als zugezogener Sachverständiger im Jahre 1931 einen Vortrag über die »Frage der Unfruchtbarmachung von Geisteskranken« hielt. Dr. Ast propagierte eine »Prophylaxe..., welche die ständige Weitervererbung krankhafter und minderwertiger Anlagen verhindert«. Als »einfaches und wirksames Mittel hierfür« empfahl er die »Unfruchtbarmachung Geisteskranker und Abnormer«. Zur Sicherung der rechtlichen Grundlagen forderte Dr. Ast »Bestimmungen im Strafgesetzbuch...,

109 Schreiben des Bayer. Kreistagsverbandes vom 18. 10. 1932, An die Mitglieder des Arbeitsausschusses, die Regierungen K. d. J., S. 4, Bayer. Staatsministerium des Innern, Fach 5 180, 3010–20.

110 Leitsätze der Kommission für Einsparungen im Irrenwesen, vom 24. 1. 1928, Staatsarchiv Nürnberg, Tit. Ib, Nr. 1305.

111 Niederschrift über die Arbeitsausschußsitzung des Bayer. Kreistagsverbandes am 8. 2. 1932 in München, S. 4, Staatsarchiv Nürnberg, Tit. Ib, Nr. 1305.

112 Niederschrift über die Arbeitsausschußsitzung des Bayer. Kreistagsverbandes am 18. 6. 1932 in München, S. 3, Staatsarchiv Nürnberg, Tit. Ib. Nr. 1305.

113 Referat Dr. Merkts vor dem Kreistagsverband vom 15. 11. 1932 zur Frage »Öffentliche Fürsorge und Unfruchtbarmachung«, Staatsarchiv Neuburg/Donau, Akt Regierung, 18056.

welche eine Sterilisation aus eugenischen Gründen vorsehen«[114]. Diese Ansicht blieb nicht unwidersprochen. Der Bürgermeister von Nürnberg, Treu, lehnte die Sterilisation ab, da »der Kern des Übels in der allgemeinen Wirtschaftsnot zu sehen ist, die im Vergleich zu den anderen Dingen weit stärker ist und die *wir* nicht beseitigen können«[115].

Zusammenfassend läßt sich sagen, daß die Arbeit des Bayerischen Kreistagsverbandes auf dem Gebiet des Fürsorgewesens von der permanenten Finanznot der Kreise geprägt war. Die laufend steigenden Zuschüsse für die Landesfürsorgeverbände beanspruchten bis zum Jahre 1932 fast die gesamten Kreiseinnahmen oder überstiegen sie sogar.

Im Kreistagsverband, der zentralen Koordinationsstelle aller acht bayerischen Kreistage, wurden die gemeinsamen Richtlinien zur Bewältigung der finanziellen Lasten diskutiert und beschlossen. Man versuchte, einerseits – vergeblich – höhere staatliche Subventionen zu erwirken, und führte andererseits eine einschneidende Sparpolitik in den Kreisheil- und Pflegeanstalten selbst durch. Dabei wurde vor allem im Zuge der offenen Fürsorge eine Reduzierung der Patientenzahl durch Rückführung in die Familien angewandt. Von 1931 an läßt sich auch nationalsozialistische »Rassenhygiene – Ideologie« mit der Forderung nach Zwangssterilisierung ausmachen. Diese Vorstellungen blieben jedoch nicht unwidersprochen. Genaue Zahlenverhältnisse zwischen Befürwortern und Gegnern einer Zwangssterilisierung lassen sich allerdings aus dem Aktenmaterial nicht mehr ableiten.

Hinweise auf den Rechtsstatus des Bayerischen Kreistagsverbandes

Es empfiehlt sich, diesen Punkt erst hier zu behandeln und nicht, wie man vielleicht aus systematischen Gründen annehmen könnte, schon im Kapitel »Organisatorische Grundlagen«. Da jedoch bisher keine Akten auffindbar waren, in denen die Rechtsform direkt bezeichnet wird, ist es notwendig, sie aus dem bisher Geschilderten abzuleiten. Dabei soll ein »Indizienbeweis« versucht werden, mit dem Ziel einer schlüssigen Folgerung.

Mit Sicherheit läßt sich sagen, daß der Bayerische Kreistagsverband kein eingetragener Verein war. Diesbezügliche Unterlagen hätten beim Vereinsregister in München oder im Vereinsbuch des Staatsarchives München auffindbar sein müssen.

Welchen Rechtsstatus hatte aber der Bayerische Kreistagsverband? Sehen wir uns als erstes Indiz seine organisatorischen Grundlagen an. Der Bayerische Kreistagsverband hatte sich im Jahre 1923 eine feste Satzung gegeben, die von allen Mitgliedern einstimmig angenommen worden war und in der Zweck, Aufbau und Organisation genau beschrieben werden. So setzte der Verband als Organe den Landes- und Arbeitsausschuß fest, für die er Mitgliedschaft, Wahlmodus und Kompetenzen regelte. Eine ständige Geschäftsstelle war mit der Verwaltung des Verbandes betraut. Diese Aufgabe wurde aus Kostengründen – wir befinden uns in der Zeit der Wirtschaftskrisen während der Weimarer Republik – gegen eine feste Besoldung vom Büro des Bayerischen Städtebundes mitübernommen. Der Syndikus des Bayerischen Städtebundes

114 Niederschrift über die Arbeitsausschußsitzung des Bayer. Kreistagsverbandes am 8.2.1932 in München, S. 11, Staatsarchiv Nürnberg, Tit. Ib, Nr. 1305.
115 Ebd.

war in Personalunion zugleich auch der Syndikus des Bayerischen Kreistagsverbandes. In der Zusammenarbeit zwischen diesen beiden Verbänden weist der Tenor aller diesbezüglichen Akten nicht nur auf weitgehende Interessenidentität, sondern auch auf Gleichrangigkeit hin. Nichts läßt auf die Vorrangstellung eines Verbandes schließen. Der Bayerische Städtebund aber war eine Körperschaft des öffentlichen Rechts.

Als nächstes Indiz soll in aller Kürze das Wirken des Bayerischen Kreistagsverbandes betrachtet werden. Sein Hauptzweck war »die Wahrung und Vertretung der gemeinsamen Interessen der Bayerischen Kreisgemeinden und Kreistage«. Dies sollte unter anderem erreicht werden durch »Mitarbeit an der Aufstellung aller Entwürfe von Gesetzen, Verordnungen und wichtigen Vollzugserlassen, die die bayerischen Kreistage berühren, sowie Stellungnahme hiezu«[116]. Das Recht, bereits im Stadium der Gesetzesberatung gehört zu werden und Gegenentwürfe einzubringen, die auch von den jeweiligen staatlichen Gremien eingesehen werden mußten, war bereits in einer Erklärung der Staatsregierung vom 27. Oktober 1919 garantiert worden. Dort heißt es, daß das Staatsministerium des Innern bestrebt sei, »bei der im Gange befindlichen reichsrechtlichen Finanzgesetzgebung die Interessen der Gemeinden, Bezirke und Kreise nachdrücklich zu wahren. Soweit es irgend möglich ist, soll auch der Verband der Kreistage zu diesen Fragen gehört werden«[117].

Eine der Hauptaufgaben des Bayerischen Kreistagsverbandes lag dann auch in der Mitwirkung bei der Gesetzgebung. So legte er Gegenentwürfe vor für das Kreisnotgesetz vom 28. März 1924 und für die Kreisordnung vom 17. Oktober 1927, die als Reform des Selbstverwaltungsgesetzes vom 22. Mai 1919 gedacht war.

Das Kreisnotgesetz von 1924 mit der Berücksichtigung der im Kreistagsverband geforderten Kreislastenausscheidung, die Modifizierung hinsichtlich einer für die Kreise günstigeren Steuerverteilung sowie die Kreisordnung von 1927 bewiesen dann auch, daß die Vorschläge des Kreistagsverbandes mindestens teilweise berücksichtigt wurden. In der Kreisordnung von 1927 hatte der Verband erfolgreich gegen verstärkte staatliche Mitbestimmung in Kreisangelegenheit interveniert. Der Bayerische Kreistagsverband übte also auf dem Gebiet der Gesetzgebung eine durchaus öffentlich-rechtliche Funktion aus.

Eine weitere wichtige öffentliche Aufgabe war die koordinierende Tätigkeit auf dem Sektor des Fürsorgewesens. Im Verband wurden alle wichtigen Entscheidungen bezüglich der Kreisheil- und Pflegeanstalten diskutiert und beschlossen, um dann in den einzelnen Kreisen einheitlich durchgeführt zu werden.

Es läßt sich also zusammenfassend feststellen, daß der Bayerische Kreistagsverband über Merkmale verfügte wie öffentlich-rechtliche Betätigung auf dem Gebiet der Gesetzgebung und des Fürsorgewesens, verbunden mit öffentlich-rechtlicher Anerkennung, Recht der Selbstverwaltung, einer schriftlich fixierten Satzung und Gleichrangigkeit mit anderen Verbänden. Dies sind aber auch die Merkmale einer Körperschaft des öffentlichen Rechts[118]. Man kann also folgern, daß der Bayerische Kreistagsverband, da er Funktionen einer Körperschaft des öffentlichen Rechts aufwies, auch diesen Rechtsstatus besessen haben wird.

116 Satzung des Bayerischen Kreistagsverbandes vom 26. 10. 1923, I § 22.
117 Kreisamtsblatt von Oberbayern, 1919, Niederschrift über die Eröffnung des Kreistages, S. 15.
118 Carl CREIFELDS, Rechtswörterbuch, München 1981, S. 636.

Der Bayerische Kreistagsverband und seine Zusammenarbeit mit den anderen kommunalen Spitzenverbänden

Der Bayerische Kreistagsverband war neben Städtebund, Landgemeindeverband und Landesverband der Bezirke einer der vier kommunalen Spitzenverbände in Bayern.

Es stellt sich hier die Frage nach einer übergeordneten Zusammenarbeit dieser Verbände. Leider sind aus den Akten des Kreistagsverbandes bzw. aus den Akten über den Kreistagsverband nur spärliche Hinweise zu entnehmen.

Das Verhältnis zwischen dem Kreistagsverband und dem Städtebund war sehr gut. Dies läßt sich insbesondere aus der gemeinsamen Geschäftsstelle und dem gemeinsamen Geschäftsvorstand schließen. Es gibt keine Anhaltspunkte, daß der Kreistagsverband wegen Interessenkollisionen die gemeinsame Geschäftsstelle aufkündigen wollte. Dr. Knorr, der Syndikus beider Verbände, hatte vielmehr die Sache des Kreistagsverbandes zu seiner eigenen gemacht und zum Teil auch vehement gegen die Staatsregierung vertreten. Ein wichtiger Grund für das entstandene Bild einer »de facto-Interessenidentität« ist sicherlich auch in der vielfachen personellen Verflechtung zwischen Städtebund und Kreistagsverband zu suchen. Im Kreistagsverband saßen viele Bürgermeister, die in dieser Funktion auch Mitglieder des Bayerischen Städtebundes waren. Alle Vorsitzenden des Bayerischen Kreistagsverbandes hatten außerdem die Bürgermeisterwürde in Städten mit Sitz der Kreisregierung inne (Kreishauptstädte).

Über eine Zusammenarbeit des Bayerischen Kreistagsverbandes mit dem Bayerischen Landgemeindetag und dem Verband Bayerischer Bezirke läßt sich kaum etwas aussagen. Akten über eine schriftliche Kommunikation zwischen den Verbänden waren bisher nicht auffindbar. Das heißt jedoch nicht, daß keine gemeinsamen Aktivitäten durchgeführt wurden. Es existierte sicher das Interesse nach einer geschlossenen Repräsentation gegenüber der Öffentlichkeit. Dies läßt sich aus der Errichtung einer gemeinsamen Pressestelle aller bayerischen Spitzenverbände im Jahre 1932 schließen. Der Kreistagsverband genehmigte für den Unterhalt der Pressestelle einen Jahresbeitrag von 300 RM. Als finanzielle Hauptträger sind die Bayerische Gemeindebank, Sparkassen- und Giroverband, Städtebund und Verband der Landgemeinden aufgeführt[119].

Publikationen dieser Pressestelle konnten bisher nicht ausfindig gemacht werden. Es ist auch fraglich, ob die Pressestelle überhaupt in dem kurzen Zeitraum bis zur Gleichschaltung der Verbände am 1. August 1933 eine nennenswerte Tätigkeit entfalten konnte.

Dagegen fand eine Zusammenarbeit kommunaler Selbstverwaltungsorganisationen auf Reichsebene statt. Der Bayerische Kreistagsverband als Vertreter der acht bayerischen Kreise stand mit den preußischen Provinzen in Verbindung. Die preußischen Provinzen können trotz einiger Unterschiede als Pendant der bayerischen Kreise bezeichnet werden. Das gemeinsame Interesse für Erfahrungsaustausch fand seine organisatorischen Grundlagen in einer »Arbeitsgemeinschaft zwischen den preußischen Provinzen und den bayerischen Kreisen«, die wahrscheinlich 1925 gegründet wurde[120].

Die Arbeitsgemeinschaft wurde wohl vor allem auf dem Gebiet des Fürsorgewesens tätig.

119 Niederschrift über die Arbeitsausschußsitzung des Bayer. Kreistagsverbandes am 8. 2. 1932 in München, S. 2, Staatsarchiv Nürnberg, Tit. Ib, Nr. 1305.

120 Niederschrift über die Landesausschußsitzung des Bayer. Kreistagsverbandes am 12. 6. 1925 in Speyer, Tagesordnungspunkt 5, Hauptstaatsarchiv München, MK 36 938.

Dies läßt sich jedenfalls aus dem Themenkatalog der ersten gemeinsamen Tagung am 16. bis 18. Februar 1928 in München schließen. Alle Tagesordnungspunkte beschäftigten sich mit Problemen der Heil- und Pflegeanstalten. Dabei wurden von bayerischer Seite die »Einsparungen im Irrenwesen« und »Außenfürsorge in Bayern« vorgestellt, von preußischer Seite Bericht erstattet über »Pflegerlose Abteilungen« und »Nachwuchs und Ausbildung der Anstaltsärzte vom Standpunkt der preußischen Heil- und Pflegeanstalten«.

Man wollte aber auch durch die Zusammenkunft die »Tragfähigkeit der Arbeitsgemeinschaft nach außen beweisen«[121]. Der Bayerische Kreistagsverband war dabei auch außerhalb der Sitzungen bemüht, seinen Gästen »etwas zu bieten«. Die Palette reichte von offiziellen Empfängen bis zu einer Zusammenkunft im Hofbräuhaus, einer Fahrt nach Garmisch-Partenkirchen und einer Teilnahme am Münchner Karnevalszug[122]. Obwohl keine weiteren diesbezüglichen Aktivitäten aus dem Quellenmaterial hervorgehen, wird hier doch der Versuch einer über die Landesgrenzen hinausreichenden Repräsentation der Selbstverwaltungskörper auf der Mittelstufe der Verwaltung deutlich.

Seine Zusammenarbeit mit der bayerischen Staatsregierung

Hauptansprechpartner des Bayerischen Kreistagsverbandes auf staatlicher Ebene war die Staatsregierung und hier wieder besonders das Innen- und Finanzministerium. Betrachtet man die Beziehung zwischen Kreistagsverband und Staatsregierung bzw. Ministerien, fällt das gespannte Verhältnis auf.

Der Kreistagsverband fühlte sich von der Staatsregierung, besonders in finanzieller Hinsicht, im Stich gelassen, während die Regierung ihrerseits einen Autoritätsverlust durch ein Anwachsen der Macht der Kreise befürchtete. Als Beispiele wären das verbitterte Ringen um die Steueranteile, das bis zur Anrufung des Staatsgerichtshofes führte, oder die Befürchtungen und abqualifizierenden Äußerungen der Regierungen von Oberbayern und Schwaben zu nennen. Als weiteres Indiz für das gespannte Verhältnis zwischen Kreistagsverband und Staatsregierung mag auch das Fehlen von Referenten der einzelnen Ministerien an einigen Verbandssitzungen gelten. Der Kreistagsverband versäumte es bei diesen Gelegenheiten nicht, auf die vorhergegangene Einladung hinzuweisen und sein »besonderes Befremden« auszudrücken[123].

Es läßt sich trotzdem feststellen, daß die Zusammenarbeit zwischen Kreistagsverband und Staatsregierung nicht ohne Erfolg blieb. Der Kreistagsverband nahm sehr engagiert sein Recht wahr, bereits im Stadium der Gesetzesberatung gehört zu werden. Er kritisierte einzelne Punkte der Referentenentwürfe und reichte detaillierte Gegenentwürfe ein, die in einzelnen Punkten auch berücksichtigt wurden. Es sei in diesem Zusammenhang nur an die Modifizierung des Kreisnotgesetzes von 1924 durch die Neuverteilung der Steuern oder an die Beratung der Kreisordnung von 1927 erinnert.

121 Schreiben der Geschäftsstelle des Bayer. Kreistagsverbandes an die Kreistagspräsidenten vom 1. 2. 1928, Betreff: Letzte Tagung des Bayer. Kreistagsverbandes in der laufenden Wahlperiode, Staatsarchiv Nürnberg, Tit. Ib, Nr. 1305.
122 Ebd.
123 Verhandlungen des Verbandes der Bayerischen Kreistage am 6./7. 5. 1921 in München, Hauptstaatsarchiv München, MK 36 938.

Es soll an dieser Stelle nicht die Geschichte des Bayerischen Kreistagsverbandes wiederholt werden. Eine knappe Zusammenfassung seiner Tätigkeit in den einzelnen Arbeitsbereichen findet sich am Ende jedes Kapitels. Dagegen lohnt es sich, einige allgemeine Gedanken über das Wirken dieses kommunalen Spitzenverbandes anzustellen.

Der Bayerische Kreistagsverband entstand in einer Zeit, die vom verlorenen Ersten Weltkrieg und den Nachkriegswirren geprägt war, und existierte in einem Zeitraum, der von wirtschaftlicher Not überschattet war. Diese Gegebenheiten, besonders die schlechte wirtschaftliche Lage der Länder und der damit verbundene schmerzliche Geldmangel der Kreise, beeinflußten entscheidend die Arbeit des Verbandes. Er versuchte als zentrales Sprachrohr und Koordinationsorgan der acht bayerischen Kreise die allgemeine Finanznot so weit als möglich zu lindern. Diese Finanznot hatte für die Kreise katastrophale Ausmaße angenommen und drohte sie in ihrer Funktion als Selbstverwaltungskörper in Frage zu stellen. Es sei in diesem Zusammenhang nur an die steigenden Fürsorgelasten erinnert, denen konstante oder gar sinkende Kreiseinnahmen gegenüberstanden. Der Bayerische Kreistagsverband war daher gezwungen, mit allem Nachdruck auf eine Erhöhung der staatlichen Subventionen zu dringen. Die Länder waren aber durch die Erzbergersche Finanzreform zu »Kostgängern des Reiches« geworden, das wegen der hohen Reparationsverpflichtungen nur relativ geringe Zahlungen leisten konnte. Dies mußte zu Konflikten zwischen dem Kreistagsverband als dem Vertreter der finanziell bedrängten Kreise und der Staatsregierung führen. Ein besonders gespanntes Verhältnis bestand auch typischerweise zum Finanzministerium.

Eng verbunden mit dem Kampf um höhere staatliche Zuschüsse waren auch die Bemühungen, die auf eine adäquate politische Vertretung abzielten. Die Auseinandersetzungen entzündeten sich hier vor allem bei der Abfassung der Kreisordnung von 1927, die als Reform des Selbstverwaltungsgesetzes von 1919 gedacht war.

Der Bayerische Kreistagsverband mußte bei den Gesetzesberatungen staatlichen Vorstellungen entgegentreten, die zu einer verstärkten Staatsaufsicht tendierten. An dem Ergebnis läßt sich der Erfolg wie auch die Grenzen seiner Tätigkeit ablesen. Dem Kreistagsverband gelang es, die direkte staatliche Überwachung der Kreistage abzuwehren.

So wurde den Mitgliedern der Kreisausschüsse nicht der Beamtenstatus verliehen, der sie in eine beamtenrechtlich verankerte Loyalitätsbeziehung zur Staatsregierung gebracht hätte, und der Vorsitz im Kreisausschuß blieb unter Ausschluß des geforderten Regierungsvertreters allein dem Kreistagspräsidenten vorbehalten.

Dagegen wurde die finanzielle Abhängigkeit der Kreise vom Staat über den Umweg der Finanzaufsicht ausgebaut. Es ist trotzdem anzunehmen, daß die Kreise für sich allein – ohne zentrale Interessenvertretung – kaum diese Zugeständnisse erreicht hätten.

Eine wichtige Funktion des Bayerischen Kreistagsverbandes bestand in der Verabschiedung von Beschlüssen, die für alle Kreise wirksam wurden. Damit schuf er eine gewisse Vereinheitlichung bei der Verwaltung der Kreisangelegenheiten. Die zu knapp bemessenen Finanzmittel hatten allerdings zur Folge, daß vor allem gemeinsame Sparmaßnahmen durchgeführt wurden.

Der Bayerische Kreistagsverband, dessen Arbeit so deutlich von der allgemeinen Finanznot geprägt war, sollte jedoch das Abflauen der Weltwirtschaftskrise und eine Konsolidierung der Finanzverhältnisse nicht mehr erleben. Eine weitere Entfaltung seiner Tätigkeit wurde durch die nationalsozialistische Machtübernahme und die Zwangsauflösung aller kommunalen Selbstverwaltungsverbände verhindert.

Das Ereignis im Otterwald am 11. Januar 1611

Eine Weichenstellung in der schwäbischen Bildungsgeschichte*

VON PANKRAZ FRIED

Denkmäler der Bildungsgeschichte begegnen uns für gewöhnlich nicht in dunklen Wäldern, sondern in Universitäts- und Gymnasialstädten, in Stiftern, Klöstern und Residenzen. Es sind dies die historischen Gebäude, die Aulen und Bibliothekssäle der hohen Schulen, aber auch die Grabdenkmäler berühmter Gelehrter in den Universitätskirchen, die vom einstigen Wirken gelehrten Geistes zeugen. Nichts von alledem begegnet hier im Otterwald. Und doch trug sich in diesem Wald am 11. Januar 1611 ein Ereignis zu, das für die ostschwäbische Bildungsgeschichte weitreichende Folgen haben sollte.

Das Ereignis selbst hat zunächst sehr wenig mit hoher Bildung und Gelehrsamkeit zu tun. Im Gegenteil: es ist gekennzeichnet von der Rivalität zweier hoher geistlicher Reichsfürsten, dem Fürstbischof von Augsburg und dem Reichsabt von Ottobeuren, die schließlich in einem Gewaltakt im Otterwald ihren Höhepunkt finden sollte. Im Grunde ging es dabei um das Ringen des Prälaten von Ottobeuren um die staatliche Unabhängigkeit vom Bischof von Augsburg, dem seit 1359 die Vogtei und damit auch der Anspruch auf staatliche Rechte und Steuern zustand. Und wie jeder andere Reichsfürst der Renaissancezeit suchte der Bischof von Augsburg dieses Recht zur vollen Landeshoheit über das Kloster Ottobeuren und sein Territorium auszubauen. Die Reichsäbte von Ottobeuren, denen seit 1406 von Reichs wegen bereits die oberste Gerichtsbarkeit zustand, wehrten sich zäh und hinhaltend gegen die Ansprüche der Augsburger Fürstbischöfe, die es nicht selten auch auf Übergriffe ankommen ließen. Daß zur Erlangung der Herrschaft über Ottobeuren seit dem 16. Jahrhundert vom Hochstift ein langwieriger Prozeß vor den Reichsgerichten geführt wurde, war eine selbstverständliche und zeitgemäße Doppelstrategie, die nur nebenbei erwähnt sei. Doch Ottobeuren beugte sich nicht. Mochte sich der eine oder andere Reichsabt dem Augsburger Fürstbischof nachgiebig gezeigt und die Besteuerung Ottobeurer Untertanen geduldet haben, – es standen immer wieder aus schwäbisch-alemannischem Holz geschnitzte Prälaten in Ottobeuren auf, die den Augsburger Herrschaftsansprüchen die Stirn boten und die bischöflich-augsburgischen Steuereinnehmer aus dem Abteigebiet erfolgreich vertreiben ließen. Bei diesem jahrhundertelangen Streit vor Gericht und vor Ort mußte es durch Zufall oder auch zwangsläufig zu einem Aufeinanderprall kommen, als Bischof Heinrich von Knöringen in besonders schroffer Weise die Reichsunmittelbarkeit Ottobeurens bestritt. Und dieser fand in den Nachtstunden des

* Vortrag, gehalten am 31. 10. 1982 anläßlich der Enthüllung eines Denkmals in Otterwald.

11. Januar 1611 im Otterwald statt. Lassen wir hier den Klosterchronisten P. Maurus Feyerabend selbst zu Wort kommen[1], der uns dieses Ereignis anschaulich, wenn auch erst 200 Jahre später, schildert:

»Was Augspurg wider Ottenbeuren im Schilde führte, und wirklich auszuführen begann, war weniger nicht, als den Hrn Abt Alexander durch die mörspurgischen Truppen gefangen zu nehmen, den Gefangenen nach Dilingen abzuführen.

Es war der elfte Tag des Jäners, als der Herr Abt Alexander, welcher noch vor einigen Monaten ganz ruhig, und ahndungslos der bischöflichen Synode zu Augspurg beigewohnt hatte, sein kleines Gebiet, wie gewöhnlich, durchreisete, in Begleitung des nothwendigen Personals in dem Dorfe Niderrieden anlangte, dort die sogenannten Baudingsgefälle bezog, und Nachts sieben Uhr, ohne die aus 24 Musquetierern bestehende Ehrenbegleitung anzunehmen, welche die Dorfgemeinde Rieden nach dem damaligen Gebrauche aller übrigen Gebietsdorfschaften ihrem regierenden Herrn bis an den nächsten Ort anbot, von dort aufbrach, und sich durch den sogenannten Otterwald sammt seiner Begleitung in das vorbestimmte Nachtquartier nach Eck an der Günz begab.

Der ottenbeurische Marstaller, welcher dem Reisewagen seines Herrn Abtes voran ritt, stieß der Erste auf eine verdächtige Truppe bewaffneter Bauern, kehrte spornstreiches an den Wagen zurück, und erstattete hierüber Bericht. Vergebens rieth die Begleitung einstimmig dem Hrn. Prälaten, sich auf ein Reitpferd zu setzen, andere Wege einzuschlagen und so wohl sich, als die Begleitung aller Gefahr, und Unannehmlichkeit zu entziehen; Abt Alexander erschrack nicht; als er aber kaum eine Feldesstrecke voran rückte, sah er den Herrn Diepold von Gemmingen zu Pferde mit zwei Bauern am Schlag seines Wagens, welcher mit raschem Tone hinein rief: Herr Abt, Sie sind mein Gefangener. Plötzlich rissen die zwei Bauern den Kutscher von den Zugpferden herab, setzten sich selbst darauf, und galloppirten, nachdem auch die aus dem nahen Waldgebüsche hervor gerufenen Bauern, mehr als hundert an der Zahl, die gesammte Begleitung umgeben hatten, so, wie sie konnten, über Engishausen nach Schöneck, wo ein kurzes Abendessen bereit war, mit dem Gefangenen fort.

Rippenstösse aber, Maulschellen, und wechselseitige Hiebe gab es nicht wenige. In dem fürstlichen Schlosse waren für die Aufnahme der Gefangenen zwei Zimmer, eines für den Abt, und dessen Kammerdiener, welches mit einer Militairwache besetzt war, und das andere für den geistlichen Kastenherrn, und den Stiftskanzler bestimmt; für beide ward durch die Absonderung jede gemeinschäftliche Unterredung unmöglich gemacht, beiden wurden alle Schreibmaterialien versagt... Hieher (nach Ottobeuren) kam die erste Nachricht von der Gefangennehmung des Hrn. Abtes schon in der ersten Nacht vom elften auf den zwölften Jäner durch zwei eigens abgeordnete Eilboten, welche die Dorfgemeinde Eck abgeschickt hatte. Der von dem Schlafe geweckte Prior, Gall Sandholzer, verlor über die traurige Anzeige seine Geistesgegenwart nicht, belehrte so gleich das Volk über die wichtigen Ursachen seiner Allarmirung, und nun hätte man sehen sollen, wie weit man es bei dem gemeinen Mann durch Herablassung, Liebe, Wohlthätigkeit, Mässigung, und besonders durch eine drucklose Regierung zu bringen

1 Des ehem. Reichsstifts Ottobeuren... sämtliche Jahrbücher, 3. Bd., Ottenbeuren 1815.

vermag. Jeder Einzelne, und alle zusammen boten sich an, Blut und Leben für ihren Herrn zu geben, dem sie mit so vieler Anhänglichkeit zugethan waren.

Zu Dilingen nahm zwar der Herr Fürstbischof die reichsständischen Abgeordneten, wie die Landesdeputirten sehr gütig, und gnädig auf; die nachgesuchte Freilassung des Herrn Abtes aber forderte eine längere Zeit, und die Unterhandlungen dehnten sich bis auf den Monat März aus.«

Soweit der Bericht des Ottobeurer Klosterchronisten. Am 6. März 1611 wurde der hohe Gefangene schließlich wieder entlassen; er kehrte sofort nach Ottobeuren zurück.

Reichsabt Alexander Sauter hat nach seiner Freilassung diesen Gewaltakt seines geistlichen Oberhirten in keiner Weise, wie es scheint, öffentlich gerügt oder dagegen geklagt. Aber er muß ihn innerlich tief getroffen haben. Und er hat vor allem Konsequenzen daraus gezogen.

Abt Alexander war nun fest entschlossen, keinen Kleriker seines Klosters mehr an die fürstbischöfliche Universität in Dillingen zu schicken, wo bisher diese zahlreich als Studierende vertreten waren, er zuletzt allerdings als Gefangener eingesessen hatte.

Dabei hatte die Abtei Ottobeuren zunächst die Dillinger Universitätsgründung großzügig gefördert: sie war ja mehr oder weniger auch vom Kloster selbst angestoßen worden. Aus der humanistischen Geistestradition eines P. Nikolaus Ellenbog heraus war es in Ottobeuren 1543 zur Gründung einer schwäbischen Benediktiner-Universität gekommen. Die Wirren des Schmalkaldischen Krieges machten jedoch schon bald ihre Verlegung ins Kloster Elchingen bei Ulm nötig, wo sie 1546 ihren Betrieb endgültig einstellen mußte. Die schwäbischen Reichsabteien waren durch die Kriegsverheerungen nicht mehr in der Lage, die Lasten für eine Hochschule weiter zu tragen. Die benediktinische Hochschulinitiative, die erste in Ostschwaben überhaupt, wurde vom damaligen Bischof von Augsburg, Kardinal Otto Truchseß von Waldburg, wenig später aufgenommen. Sie führte schließlich 1549/51 zur Gründung der hochstiftisch augsburgischen Universität in Dillingen. Sie wurde von Anfang an von den Jesuiten getragen, denen sie später ganz anvertraut wurde. Von 1551–1610 studierten nicht weniger als 40 Ottobeurer Benediktiner an der Dillinger Universität, wie P. Aegid Kolb in seiner einschlägigen Studie festgestellt hat[2]. Der Geist der Dillinger Neugründung wirkte sich in wissenschaftlicher und geistlich-religiöser Hinsicht segensreich auf das Kloster aus, wenngleich die Jesuitenbildung für die Bedürfnisse eines Reichsklosters bisweilen als zu theoretisch und schulmäßig empfunden wurde. Das Ereignis von 1611 wurde hier zur Wende und sollte Ottobeuren die Möglichkeit zu eigener wissenschaftlicher Betätigung eröffnen.

Man erinnerte sich nach dem Überfall der zahlreichen Akademiker, die in Dillingen ihre Diplome erworben hatten und im Kloster tätig waren, ohne daß sie entsprechend ihrer Bildung eingesetzt werden konnten. Abt Alexander begründete deswegen eine hausinterne Hochschule, an der die Ottobeurer Kleriker anstatt in Dillingen ihre Philosophie und Theologie studieren konnten. Als 1612 Abt Alexander Sauter abdankte, begann die Hochschule unter dem neuen Abt Gregor Reubi, einem geborenen Sonthofener, sich erst richtig zu entfalten. Daß aber nicht Ottobeuren, sondern die Abtei St. Peter in Salzburg zum Sitz der Benediktineruniversität werden sollte, hatte folgende Gründe:

2 Ottobeuren und Salzburg. Festschrift 1200-Jahrfeier, 1964, S. 269–303.

Die Erzbischöfe von Salzburg waren, in der Ausführung der Beschlüsse des Konzils von Trient, seit der zweiten Hälfte des 16. Jahrhunderts bemüht, wie anderswo durch Errichtung von Seminarien und Schulen den Bildungsstand des Klerus zu heben. Zugleich war es ihnen ein Anliegen, durch eine hohe Schule Rang und Ansehen ihrer Residenzstadt zu heben. Die allseits aufblühenden Studienanstalten der Jesuiten waren Vorbild und mächtiger Ansporn zugleich. Doch zerschlugen sich unter Erzbischof Wolf Dietrich von Raitenau 1612 zunächst alle Verhandlungen mit den Jesuiten. Nach dessen Tod im gleichen Jahr verfolgte sein Nachfolger und Neffe Marcus Sitticus von Hohenems, wie sein Oheim gleichfalls aus alemannisch-schwäbischem Adel gebürtig, die Pläne einer Universitätsgründung zielstrebig weiter. Nachdem wiederum die Verhandlungen mit den Jesuiten, aber auch mit den Franziskanern, Augustinereremiten und Augustinerchorherren gescheitert waren, befolgte Erzbischof Marcus den Rat seines Beichtvaters aus dem Kapuzinerorden, P. Silverius: »Von den Benediktinern, von denen doch Salzburg das erste Licht des Glaubens empfangen habe, könnte man Lehrkräfte für Schulen in Salzburg gewinnen. Sie seien auch heute noch in der Lage, es wieder zum Leuchten zu bringen.« Allerdings waren die Benediktinerklöster im großen geistlichen und im kleineren landesherrlichen Bereich des Fürstbischofs der Aufgabe, eine Universität zu tragen, nicht gewachsen, auch wenn im »Urkloster« St. Peter zu Salzburg ein vielversprechender Aufschwung seinen Anfang genommen hatte. Auf Anraten von P. Silverius richtete Fürsterzbischof Marcus deswegen seinen Blick nach Westen, auf die schwäbischen Reichsstifte. Da er selbst aus dem alemannisch-schwäbischen Raum gebürtig war wie sein Ratgeber und Beichtvater aus dem Bregenzer Wald, wußte er sehr wohl um ihre gut situierten Verhältnisse und um ihr Vermögen, eine Hochschule mitzutragen. In dieser Absicht könnte der Erzbischof noch bestärkt worden sein von zwei seiner Domherren, die gleichfalls von schwäbischem Adel waren: Markward von Schwendi und Markward von Freyberg. Auch der neue Abt von St. Peter in Salzburg, Joachim Buchauer, eine Professe von Wessobrunn, kannte wohl von seiner Heimat her die geistige und wirtschaftliche Kraft der schwäbischen Benediktinerabteien, die sich als Reichsklöster großer Unabhängigkeit erfreuen konnten.

Nach längeren Unterredungen hatten sich Erzbischof Marcus Sitticus und Abt Joachim von St. Peter 1617 geeinigt, eine Gymnasiums- und Universitätsgründung zu Salzburg ins Auge zu fassen und hierfür die schwäbischen Klöster zu gewinnen. Abt Joachim machte sich im erzbischöflichen Auftrag auf die Reise nach Schwaben. Es ist hier nicht möglich, die Beschwerlichkeit dieser Werbefahrt mit all ihren Hoffnungen und Plänen, aber auch mit ihren Enttäuschungen zu beschreiben. Schließlich schien der Mißerfolg unausweichlich zu sein: Alle schwäbischen Prälaten sagten ab oder gaben hinhaltende Antworten – bis auf den Reichsabt von Ottobeuren, Gregor Reubi. Er hatte in der Zwischenzeit wohl eingesehen, daß die klostereigene Hochschule sich nie zu einer richtigen Universität entwickeln würde, da die Strahlkraft des nahen Dillingen zu stark war und man nicht unbedingt auf die Unterstützung der schwäbischen Klöster für Ottobeuren hoffen konnte. Stand aber ein so mächtiger Reichsfürst wie der Erzbischof von Salzburg hinter dem Projekt einer Benediktineruniversität, so mußten die Aussichten günstig erscheinen. So war es die schicksalshafte Begegnung von Abt Joachim Buchenauer von St. Peter in Salzburg und Reichsabt Gregor Reubi, die 1617 endgültig die Weichen für Salzburg stellte. Reubi erklärte sich für alle Fälle bereit, an der Salzburger Universitätsgründung mitzuwirken, in der begründeten Hoffnung, daß dann die anderen schwäbischen Benediktinerklöster schon nachkommen würden. Man vereinbarte, daß Abt

Joachim sich in Salzburg dem Aufbau und der Organisation der hohen Schule widmen und die salzburgischen und österreichischen Benediktinerklöster hierfür gewinnen sollte. Abt Gregor von Ottobeuren fiel die Aufgabe zu, die wichtigsten schwäbischen und bayerischen Äbte für das Projekt zu erwärmen. Die Aufgabe Reubis war nicht leicht. Er mußte ja in seiner schwäbischen Heimat Interesse für eine Tätigkeit im »Ausland« wecken. Wir können hier nicht im einzelnen seine Reisen, Verhandlungen und Konferenzen schildern, mit denen er die schwäbischen Benediktineräbte für das Salzburger Universitätsprojekt zu gewinnen versuchte. Es gab Widerstand unter dem Motto: Wenn schon eine Hochschule, dann in Schwaben, aber nie in Salzburg. Schließlich kamen die Aktivitäten Reubis auch dem Bischof von Augsburg zu Ohr, der mit dem Abt von St. Ulrich und Afra beim Salzburger Erzbischof dagegen intervenierte, weil er den Abzug zahlreicher Benediktiner von der fürstbischöflich-augsburgischen Universität in Dillingen befürchten mußte. Die Äbtekonferenz in St. Gallen am 22. August 1617 sollte ein völliger Fehlschlag für Abt Gregor Reubi werden: die meisten Abteien sagten ab oder zauderten: Der Widerstand des Augsburger Bischofs und der Jesuiten hatten seine Wirkung getan. In Salzburg nahmen aber die Dinge, nicht zuletzt dank der unbedingten Zusage Ottobeurens, unaufhaltsam ihren Lauf. Er führte am 20. September 1617 zur Veröffentlichung der Gründungsurkunde der neuen Universität. Zum Rektor war P. Silvan Herzog aus Ottobeuren bestellt worden. Zusammen mit ihm zogen weitere sechs »Schwaben«, fünf Professoren aus Ottobeuren und ein Professor aus Irsee, nach Salzburg, wo sie am 23. Oktober 1617 unter großem Jubel der Bevölkerung in die Stadt und in das Kloster St. Peter geleitet wurden. Sie bildeten den Grundstock des Lehrkörpers der neuen hohen Schule, die am 6. November 1617 mit einem feierlichen Gottesdienst eröffnet wurde. Der mutige Anfang verfehlte seine Wirkung nicht: bereits zwei Jahre danach kam es zu einem Zusammenschluß der Salzburger und schwäbischen Benediktinerabteien zum Zwecke des Unterhalts der Salzburger Hohen Schule, die vom Salzburger Erzbischof ganz dem Orden überlassen worden war. Als Trägerschaft setzte man ein Direktorium ein, das aus einem Präsidenten und drei »Assistenten« bestand, ein ständiger für St. Peter in Salzburg, einer für die schwäbischen und ein weiterer für die Schweizer Abteien.

Erster Präsident wurde der unermüdliche Kämpfer und Streiter für Salzburg, Abt Gregor Reubi von Ottobeuren. Die Salzburger Benediktineruniversität war ins Leben gerufen. Sie sollte im 17. und 18. Jahrhundert zu einer der bedeutendsten deutschen Universitäten aufsteigen. Ihre benediktinische Geistigkeit hat tief in die Konvente der schwäbischen Benediktinerabteien ausgestrahlt und mit dazu beigetragen, daß das Land zu einer geistigen Terra Benedictina wurde. Ottobeuren selbst ist hierfür das anschaulichste Beispiel: die Fassade seiner Basilika erinnert ganz an den Dom zu Salzburg. Als unmittelbare Auswirkung setzte nach dem Überfall seinerzeit ein vertieftes Studium der Ottobeurer Urkunden ein, mit der Folge, daß man den Prozeß gegen das Hochstift Augsburg gewann.

Sicherlich war das Ereignis vom Otterwald im Jahre 1611 nicht die einzige Ursache für die Gründung der Benediktineruniversität Salzburg. Es hat aber doch, so darf man wohl zu Recht sagen, psychologisch entscheidend die Weichen dafür gestellt, daß sich Ottobeurens Abt Reubi so rückhaltlos für die Salzburger Sache einsetzte. – Das Denkmal, das heute als ein »Meilenstein« auf den oft verschlungenen Wegen schwäbischer Bildungsgeschichte eingeweiht wird, soll deswegen weniger an den Streit zweier geistlicher Reichsfürsten Schwabens erinnern als vielmehr an das Positive, das daraus hervorging: es soll künden vor allem von der entscheidenden Rolle Ottobeurens bei der Begründung der Universität Salzburg. Es soll das Andenken wachrufen und wachhalten an die Tatsache, daß Ottobeuren der Sitz der ersten Universität Ostschwabens war, die zwar in den Wirren des Schmalkaldischen Krieges ihren Betrieb einstellen mußte, aber doch irgendwie ideell den Anstoß zur Gründung der Dillinger Hochschule durch Fürstbischof Otto Truchseß von Waldburg 1549 war. So möge das Denkmal auch eine stete Erinnerung an die bedeutsame Rolle der Benediktinerabtei Ottobeuren als Anregerin und Mitbegründerin zweier Universitäten sein, die nach dem Zweiten Weltkrieg von neuem erblüht sind: an eine erneuerte Universität Salzburg und an die neue Universität Augsburg, deren Theologische und Philosophische Fakultäten die Tradition der alten Universität Dillingen fortsetzen.

BERICHTE

Lehrstuhl für Bayerische Landesgeschichte

Bericht über die Studienjahre 1982/83–1984/85
(WS 1982/83–SS 1985)[1]

I. Lehre

Vorlesungen:

- Bayern und Schwaben im Reich der sächsischen und staufischen Herrscher
- Bayern und Schwaben im Spätmittelalter
- Geschichte Bayerns und Schwabens im Spätmittelalter und in der frühen Neuzeit (SS 1984: Forschungs-SS)
- Bayern und Schwaben im Zeitalter der Gegenreformation
- Bayer. Geschichte im Zeitalter des Absolutismus u. Mongelas'

Hauptseminare:

- Bayer.-schwäbische Regional- und Siedlungsgeschichte am Beispiel ausgewählter Orte
- Die Herrschafts- und Verwaltungsorganisation in Ostschwaben
- Die Grundlegung des modernen Bayern in der Ära Montgelas'
- Stammesbildung und Verfassung: Die Herkunft der Bayern
- Die Beziehungen Augsburgs zu Italien und Rom (mit Exkursion)

Oberseminare:

- Probleme der Stadtentwicklung in Bayern und Schwaben (I)
- Stadtgeschichte Ostschwabens (II)
- Probleme der ländlichen und städtischen Unterschichten
- Probleme der wiss. Erschließung der Harburg-Bibliothek
- Probleme der Augsburger Stadtgeschichte

Proseminare (Fried/Wüst/Böck):

- Bayerische und schwäbische Bibliothekskataloge als Geschichtsquellen
- Die Gesellschaft an der Wende vom Agrar- zum Industriezeitalter in Bayern
- Der aufgeklärte Absolutismus im schwäbischen Reichskreis und in Altbayern
- Adel, Kirche und Bürger als Landesherren in Ostschwaben
- Einführung in die neuere Landesgeschichte
- Einführung in die mittelalterliche Landesgeschichte

Übungen (Dr. Wüst):

Einführung in die neuzeitliche Paläographie anhand bayerisch-schwäbischer Quellen
- Einführung in die frühneuzeitliche Paläographie
- Ebenso WS 1983/84–SS85

1 Fortsetzung der Berichte ABLG I, S. 201 ff. (1977), und II, S. 294 ff. (1982).

Übung (Dr. Lenk):

- Von den Landständen zum Parlament in Bayern 1669–1983 (WS 1983/84)
- Parlament und Gesellschaft in Bayern 1819–1933 (SS 1984)
- Bayerns Verfassung und Landtag unter Besatzungsrecht 1946–1955 (WS 1984/85)
- Regierung und Parlament in Bayern 1954–1978 (SS85)

Exkursionen:

WS 1982/83: 1. Gunzenlee (Kissing)-Mering; 2. Landgericht Rauenlechberg-Apfeldorf (gem. mit Prof. Filser)
SS 1983: 18. 8.: Donaustädte (Günzburg, Lauingen, Dillingen) und Nördlingen
WS 1983/84: 15. 12.: Historische Stadtführung München
23. 2. 1984: Welfenburg Kaufering, Wallfahrtskirche St. Leonhard, Besichtigung Fa. Hilti
SS 1985: Wiss. Exkursion Gunzenlee und nach Rom (geplant).
Regelmäßige historische Stadtführungen durch Augsburg, Archiv- und Museumsbesuche

II. Forschung

1. Publikationen:

Abgeschlossene siehe Jahrbuch der Universität Augsburg 1981–1984

2. Dissertationen:

Laufende und abgeschlossene siehe ZBLG Bd. 47, H. 3, S. 925 (Stand SS 1984)
Abgeschlossene: A. Huber, Die Ortsnamen des Landkreises Freising (1983)
F. Sessler, Die Auswirkungen von Reformation und Aufklärung auf die Nördlinger Lateinschule (1985)

3. Magisterarbeiten:

F. R. Böck, Bibliotheksgeschichte des Klosters St. Mang in Füssen (1984)
M. Nadler-Schad, Die Frauen der Fugger im 16. Jh. (1985)

4. Sonstige laufende Forschungsarbeiten sind im Jahrbuch der Historischen Forschung Bde. 1981–1983 verzeichnet

Größere Forschungsprojekte:
- Geschichte des Bezirks und Regierungsbezirks Schwaben
- Sammlung und Edition ländlicher Rechtsquellen und Urbare aus dem bayerischen Schwaben
- Historische Atlasforschung für Bayern und Schwaben

III. Wiss. Tagungen, Kolloquien, Vorträge

1. Tagungen, Seminare

a) Organisation der wiss. Veranstaltungen der Universität Augsburg bei den Rieser Kulturtagen 1984 (siehe Rieser Kulturtage – Dokumentationsband 1984)
b) Landesgeschichtliches Seminar in Ottobeuren vom 2.–4. 5. 1984, gemeinsam mit Prof. A. Kraus, Institut für bayerische Geschichte, München, zum Thema: Probleme der Klostergeschichte Schwabens und Altbayerns (siehe unten V)

2. Gastvortrag

12. 12. 1983 (gemeinsam mit dem Dekan der Theol. Fakultät Prof. Gessel): Erzabt Dr. Notker Wolf, St. Ottilien: 100 Jahre bayerische Mission in Ostafrika (Tansania)
22. 7. 1985 Prof. Dr. K. Schnith, Universität München: Die politische Rolle Augsburgs im Spätmittelalter

3. Sonstige Vorträge (Prof. Fried)

29. 1. 1984: Der Widerstand der kath. Arbeiterschaft um Johann Adlhoch gegen das NS-Regime
25. 6. bzw. 27. 7. 1984: Die Welfen am Lechrain (Festrede zur 950-Jahrfeier der Gemeinde Kaufering bzw. der Einweihung des Welfenbrunnens)
14. 11. 1984: Das Verhältnis von Kirche und Staat in Bayern in historischer Sicht (Kontaktstudienwoche Universität Augsburg)
5. 12. 1984: Die bayerisch-schwäbische Regionalforschung an der Universität Augsburg (Forschungsforum)
19. 1. 1985: Sind die Bayern Schwaben? (Württembergischer Geschichts- und Altertumsverein Stuttgart)
21. 6. 1985: Die Herkunft der Grafen von Dießen-Andechs (Renovierungsabschlußfestwoche Dießen)

IV. Personalverhältnisse

Am 14. 5. 1984 trat der bisherige Akad. Rat a. Z. Dr. Wolfgang Wüst in den staatlichen Archivdienst als Archivreferendar ein. Sein Nachfolger als wiss. Mitarbeiter ist seit 15. 8. 1984 Franz-Rasso Böck M. A. Er war seit 1. 2. 1982 als studentische Hilfskraft am Lehrstuhl tätig. – Im Auftrag des Bezirks Schwaben bearbeitet seit 1. 3. 1985 Stud.-Ass. Bernhard Hagel eine zusammenfassende Geschichte des Bezirks Schwaben.

Derzeitiger Personalstand (1. 3. 1985):

Prof. Dr. Pankraz Fried
Franz R. Böck M. A., Wiss. Mitarbeiter
Elfriede Morawetz, Verw.-Ang., Sekretariat
Stud.-Ass. Bernhard Hagel
Daniela Louden, stud. Hilfskraft
Gabriele v. Trauchburg, stud. Hilfskraft

V. Landesgeschichtliches Seminar in Ottobeuren 2.–4. Mai 1984

»Probleme der Klostergeschichte Schwabens und Altbayerns«

1. Vortrags-Programm

Prof. Dr. Pankraz *Fried*: Einführung in das Vortragsprogramm[2]
Oberarchivdirektor a. D. Dr. Hermann *Hoffmann*: Die Problematik des Urkundenbuchs Ottobeuren[3]
Prof. Dr. Wilhelm *Störmer*: Die Anfänge des Stiftes Reichersberg
Dr. Ludwig *Holzfurtner*: Grundlagen klösterlicher Grundherrschaft im südwestlichen Oberbayern
Akad. Oberrat Dr. Volker *Dotterweich*[4]: Adelsprivileg und monastische Reform. Zur Reformgeschichte der Fürstabtei Kempten im 16. u. 17. Jahrhundert
Akad. Rat Dr. Wolfgang *Wüst*[4]: Fürstbischöfliche Amts- und Staatsführung im Hochstift Augsburg unter Clemens Wenzeslaus (1768–1803)
Bibliotheksrat Dr. Wilhelm *Liebhart*[4]: Das Reichsstift St. Ulrich und Afra zu Augsburg. Herrschaft – Wirtschaft – Kultur

2 Gedruckt in Zeitschr. f. Württemberg. Landesgeschichte, 40. Jg., 1981, S. 418ff.: Zur Ausbildung der reichsunmittelbaren Klosterstaatlichkeit in Ostschwaben.
3 Einleitung des künftigen Urkundenbuches Ottobeuren.
4 In diesem Band gedruckt.

2. Einzelbericht

»Probleme der Klostergeschichte Schwabens und Altbayerns« standen im Mittelpunkt eines in Ottobeuren vom 2. bis 4. Mai 1984 unter der Leitung der Professoren Dr. Pankraz Fried (Lehrstuhl für bayerische Landesgeschichte an der Universität Augsburg) und Dr. Andreas Kraus (Lehrstuhl für bayerische Geschichte an der Universität München) abgehaltenen landesgeschichtlichen Seminars. Die Augsburger Landesgeschichte war damit bereits zum zweiten Mal Gast in Ottobeuren[5]. Besonders willkommen hieß Prof. Fried die Gastgeber vom Kloster und Markt Ottobeuren, denen er für die freundliche Aufnahme und großzügige Finanzierung (über die Vereinigung der Freunde der Abtei Ottobeuren) dankte: H. H. Abt Vitalis Maier OSB, H. H. Stiftsarchivar und -bibliothekar P. Aegidius Kolb OSB und Herrn Bürgermeister Frehner, der den Seminarteilnehmern am Abend des Eröffnungstages in anschaulichen Worten die Marktgemeinde Ottobeuren vorstellte.

Für die Landeshistoriker aus Augsburg und München, deren gesunde schwäbisch-altbayerische Rivalität spätestens dort aufhört, wo es um die übergeordnete Zusammenarbeit im landesgeschichtlichen Interesse geht, bot sich gleich in dreifacher Hinsicht die Möglichkeit zur weiteren Vertiefung bereits bestehender Kontakte bzw. zum gegenseitigen Kennenlernen, was besonders für die studentischen Seminarteilnehmer wichtig und nützlich war: Bei den wissenschaftlichen Vorträgen während der Vormittagsstunden, auf den Exkursionen an den Nachmittagen und nicht zuletzt im zwanglosen Gespräch beim gemütlichen Zusammensein am Abend.

Am Nachmittag des ersten Tages führte P. Aegidius Kolb durch die Räumlichkeiten des nach der Überlieferung 764 gegründeten Benediktinerklosters Ottobeuren. Dabei zeigte Pater Aegid seinen Besuchern nicht nur Glanzleistungen zeitgenössischer Kunst – wie den Bibliothekssaal und den Kaisersaal –, sondern gewährte darüber hinaus auch Einblick in jene Bereiche, die nicht auf dem Programm einer »normalen« Führung stehen, wie etwa in seine ganz persönlichen Wohn- und Arbeitsräume.

Die Exkursion am 2. Tag sah sich vor ein Mammutprogramm gestellt, das aber dann mit kleinen Abstrichen wie vorgesehen bewältigt werden konnte.

In der ehemaligen Freien Reichsstadt Kempten zeigte Stadtarchivar Dr. Wolfgang Haberl zunächst die evangelische Stadtpfarrkirche St. Mang (heutiger Bau spätgotisch, 1426) und im Anschluß daran die katholische Basilika St. Lorenz; Hausmeister Michael Linner führte durch die Prunkräume der ehemals fürstäbtlichen Residenz. Kirche und Benediktinerkloster, aus einer ersten Zelle 752 (nach der »Vita Sancti Magni« durch Theodor, den Gefährten des hl. Magnus) hervorgegangen und 1632 von den Schweden im Zusammenwirken mit den protestantischen Bürgern der Reichsstadt zerstört, wurden seit 1652 unter Fürstabt Roman Giel von Gielsberg (reg. 1639–1673) neu aufgebaut (Baumeister Michael Beer und Johann Serro) und stellen den ersten großen Barockbau in Süddeutschland nach dem Dreißigjährigen Krieg dar. Noch heute beherrscht trotz zahlreicher Neubauten die Lorenzkirche mit der Residenz in charakteristischer Weise das Stadtbild Kemptens.

Anders als Kempten gelang es weder dem Benediktinerkloster noch der Stadt Füssen, sich von der Obergewalt der Bischöfe von Augsburg zu befreien, die sich mit dem »Hohen Schloß zu Füssen« als Sommerresidenz – genau oberhalb der Klostergebäude gelegen – ein weithin sichtbares Symbol ihrer Macht über Kloster, Kirche und Stadt Füssen schufen. Ebenso wie Kempten aber ist das Kloster St. Mang auf eine St. Gallener Gründung zurückzuführen: Um 745 errichtete der hl. Magnus eine erste Zelle, die seit dem späten 8. Jahrhundert durch die Bischöfe von Augsburg zu einem Kloster ausgebaut wurde. Stud. phil. Franz-Rasso Böck, Verfasser einer Magisterarbeit über die Bibliotheksgeschichte des Klosters St. Mang, führte durch die seit 1701 unter den Äbten Gerhard Oberleitner (reg. 1697–1714) und Dominikus Dierling (reg. 1714–1738) neu erbaute barocke Klosteranlage (heute Rathaus der Stadt Füssen). Gerade im Bibliothekssaal mit seiner ovalen Halbkuppel war dem Baumeister Johann Jakob Herkomer, der in Italien studiert hatte, die Verschmelzung einheimischer mit venezianischen Baueinflüssen gelungen.

Dem weitreichenden Bekanntheitsgrad Pater Aegids auch in den etwas abgelegeneren Winkeln Schwabens war es zu danken, daß die Seminarteilnehmer noch mehr an Kunstgenüssen zu sehen bekamen: Er konnte den mit ihm befreundeten Mesner von St. Mang dazu bewegen, durch die ebenfalls mit maßgeblicher Mitwirkung Herkomers erbaute barocke St. Mang-Kirche zu führen und die unter dem

5 Siehe ABLG II, S. 298.

heutigen Ostchor gelegene Magnus-Krypta mit einem Fresko des Heiligen aus dem 10. Jahrhundert zu zeigen.

Die fortgeschrittene Zeit ermöglichte es auf der Rückfahrt (über Marktoberdorf/Kaufbeuren) nicht mehr, im ehemaligen Benediktinerkloster Irsee (heute Schwäbisches Bildungszentrum) eine größere Führung abzuhalten, doch konnte wenigstens ein kurzer Blick in die Klosterkirche geworfen werden.

Am Schlußtag des Seminars führte die Exkursionsroute die verbliebenen Teilnehmer in die nordöstlich von Memmingen gelegene ehemalige Karthause Buxheim (heute Salesianerkloster), wo Dr. P. Michael Müller das berühmte, jüngst aus England zurückgekaufte Chorgestühl des Ignaz Waibl und die von den Brüdern Dominikus und Johann Baptist Zimmermann erbaute und ausgestaltete St. Anna-Kapelle zeigte. Eine höchst interessante Führung im Bauernhausmuseum Illerbeuren durch Kreisheimatpfleger (Altlandkreis Memmingen) Hermann Zeller und seine Tochter setzte den Schlußpunkt unter ein landesgeschichtliches Seminar, das gerade durch die Kombination von Vorträgen und Exkursionen eine äußerst lebendige Gestaltung erfahren hatte. So war es nicht verwunderlich, daß für alle Teilnehmer schon längst vor einer herzhaften Brotzeit im Gromerhofstüble feststand, gerne wieder ein landesgeschichtliches Seminar im gastfreundlichen Ottobeuren mit seiner an Sehenswürdigkeiten reichen Umgebung zu veranstalten!

Franz-Rasso Böck

Schwäbische Forschungsgemeinschaft bei der Kommission für bayerische Landesgeschichte

1. Bericht über die Jahressitzung 1983 im Schwäbischen Bildungszentrum Irsee[6]

(Geschäftsjahr 1982)

Die Jahressitzung der Schwäbischen Forschungsgemeinschaft begann am Vorabend mit einer Vorstandssitzung, auf der die Tagungspunkte der Jahressitzung vorberaten und die Jahresrechnung geprüft und gebilligt wurde. Zu Beginn der Hauptsitzung konnte der Geschäftsführende Vorstand Prof. Dr. P. Fried den Bezirkstagspräsidenten von Schwaben, Dr. Georg Simnacher, und den 1. Vorsitzenden der Kommission für bayerische Landesgeschichte, Prof. Dr. Andreas Kraus, als Mitglieder der Schwäbischen Forschungsgemeinschaft begrüßen. Beide richteten Grußworte an die Mitglieder der Schwäbischen Forschungsgemeinschaft und dankten für die geleistete Arbeit. Der Geschäftsführende Vorstand begrüßte sodann als neues Mitglied Rechtsanwalt Horst Gaiser, Neu-Ulm, der in seiner Eigenschaft als Mitglied der Kommission für Baden-Württembergische Landesgeschichte künftig den Kontakt zur baden-württembergischen Nachbarkommission hält.

Die Versammlung gedachte anschließend des am 20. 11. 1982 im Alter von 79 Jahren verstorbenen Mitglieds, Staatsarchivdirektor i. R. Dr. J. Heider, Neuburg/Donau, der die Reihe 5a (Urbare u. ä.) der Veröffentlichungen geleitet hat.

Der Geschäftsführende Vorsitzende erinnerte sodann an die bevorstehenden Geburtstage und sprach dabei im voraus die Glückwünsche der Schwäbischen Forschungsgemeinschaft aus: Staatsarchivdirektor i. R. Dr. Sebastian Hiereth zum 80. Geburtstag (22. 9. 1983), Universitätsprof. Dr. Hermann Kellenbenz, Direktor des Fuggerarchivs und Herausgeber der Reihe 4 (Fuggerstudien), zum 70. Geburtstag (28. 8. 1983), Stiftsarchivar und -bibliothekar Pater Aegidius Kolb OSB, Hg. der Studien und Mitteilungen des Benediktinerordens in Bayern, zum 60. Geburtstag (13. 8. 1983).

Nach Eintritt in die Tagesordnung gab der Geschäftsführende Vorstand einen allgemeinen Bericht über die laufenden Arbeiten. Er konnte folgende Neuerscheinungen vorstellen:

Wolfgang Zorn, Historischer Atlas von Bayerisch-Schwaben, 2. Auflage, in Verbindung mit Wolfgang Zorn herausgegeben von H. Frei, P. Fried, F. Schaffer (Gesamtredaktion: P. Fried), 1. Lieferung (Redaktion: K.-L. Ay), 1983.

6 Fortsetzung der Berichte ABLG I, S. 211 ff. (1977), u. II, S. 299 ff. (1982), bes. S. 317.

Reihe 4 Band 19 (Studien zur Fugger-Geschichte)
Marion Tietz-Strödel, Die Fuggerei in Augsburg: Studien zur Entwicklung des sozialen Stiftungsbaus im 15. u. 16. Jahrhundert, Tübingen 1982.
Reihe 5b Band 1 (Schwäbische Rechtsquellen)
P. Fried (Hg.): Die ländlichen Rechtsquellen aus den pfalzneuburgischen Ämtern Höchstädt, Neuburg, Monheim und Reichertshofen vom Jahre 1585. Unter Mitarbeit von R. Heydenreuther, W. Liebhart, H. Schlosser, bearbeitet von Franz Genzinger, Sigmaringen 1983.
Reihe 7 Band 2 (Augsburger Beiträge zur Landesgeschichte Bayerisch-Schwabens)
P. Fried (Hg.): Probleme der Integration Ostschwabens in den bayerischen Staat. Wittelsbach und Bayern in Ostschwaben, Sigmaringen 1982.

Manuskripte werden demnächst erwartet für die Lebensbilder aus dem bayerischen Schwaben Band 13 (Hg. A. Layer) und für die Regesten der Bischöfe von Augsburg Band 1, Lieferung 4 mit Register (Bearbeiter: W. Volkert). Beide Manuskripte werden im ersten Vierteljahr des Jahres 1984 in Druck gegeben, nachdem die Finanzierung gesichert ist. Sie werden voraussichtlich Ende 1984 bzw. Anfang 1985 erscheinen. Ferner wird noch 1984 mit der Herstellung der 2. Lieferung der 2. Auflage des Zornschen Atlasses von Bayerisch-Schwaben begonnen; sie wird hauptsächlich archäologische Karten enthalten (Leitung: Dr. Krahe).

Der Geschäftsführende Vorstand wies sodann auf die prekäre Finanzlage der Schwäbischen Forschungsgemeinschaft hin, die durch Zuschußkürzungen und Druckkostenerhöhungen entstanden sei. Ebenso sei zu bedauern, daß die Editionstätigkeit seit längerer Zeit fast zum Stillstand gekommen ist. Des weiteren mache sich das Fehlen eines hauptamtlichen Mitarbeiters immer stärker bemerkbar. Nur durch die ehrenamtliche Unterstützung durch den Lehrstuhl für bayerische Landesgeschichte an der Universität Augsburg könnten die Probleme zunächst noch überbrückt werden, obgleich die steigende Studentenzahl sich auch hier immer mehr bemerkbar machte. Dennoch sei die Universität Augsburg dankbar, durch die Schwäbische Forschungsgemeinschaft eine »Drittmittelforschung« in ihre Mauern eingeworben zu haben, die in Forschungsprojekten und Finanzmitteln nicht unbedeutend ist.

Der Geschäftsführende Vorstand berichtete des weiteren über die Arbeiten am Lehrstuhl für bayerische Landesgeschichte, vor allem über die eben erschienene Dissertation von Dr. Wilhelm Liebhart über die Besitz- und Kulturgeschichte des Reichsstiftes St. Ulrich und Afra zu Augsburg sowie über die Geschichte des Schwäbischen Bezirkstags in der Reihe »Materialien zur Geschichte des bayerischen Schwaben«.

Erfreulich sei auch, daß die Kommission für bayerische Landesgeschichte in München die Editionen schwäbischer Publikationen fördere, wofür aufrichtiger Dank gesagt sei.

Ebenso widmeten sich an der Universität Augsburg in zunehmendem Maße andere Lehrstühle der schwäbischen Landesgeschichte im Rahmen eines Forschungsschwerpunkts »Historisch-geographische Regionalforschung in Schwaben« und einer »Arbeitsgruppe zur wissenschaftlichen Auswertung der Oettingen-Wallerstein-Bibliothek«.

Diese Aktivitäten sind erstmals in einem Veröffentlichungsverzeichnis der Schwäbischen Forschungsgemeinschaft und in einem Tätigkeitsbericht des Forschungsschwerpunkts verzeichnet; beides ist am Lehrstuhl für bayerische Landesgeschichte erhältlich.

Gefördert und unterstützt wurden sodann dialektgeographische Studien von Dr. Nübling, die Initiierung eines DFG-Projektes »Bayerisch-Schwäbischer Sprachatlas« in Zusammenarbeit mit dem Lehrstuhl für Neuere deutsche Sprachwissenschaft (Prof. Dr. Wellmann, Dr. König), die Veranstaltung einer wissenschaftlichen Tagung der DFG über »Die italischen Beziehungen der süddeutschen Stämme vom 7.–10. Jahrhundert« im Schwäbischen Bildungszentrum Irsee, ferner schließlich eine Gastprofessur von Prof. Manherz, Universität Budapest, im Sommersemester 1983 an der Universität Augsburg über donauschwäbische Mundart.

Der Lehrstuhl für bayerische Landesgeschichte betreute für die Schwäbische Forschungsgemeinschaft die schwäbische Redaktionsabteilung der ZBLG und den Teil Schwaben des Historischen Atlasses von Bayern (siehe Bericht Kommission). Im Druck ist der am Lehrstuhl für bayerische Landesgeschichte als Dissertation von Dr. Wolfgang Wüst bearbeitete Historische Atlas des Altlandkreises Günzburg.

Die Berichte und Anträge der Redaktoren und Leiter der einzelnen Reihen fanden im Beschluß über den Arbeitsplan für das laufende Jahr 1983 ihren Niederschlag:

Reihe 1 (Studien)
Förderung einer Studie von Dr. Nübling zur schwäbischen Mundartkunde. Beauftragung von Dr. Rupp mit der Edition schwäbischer Studienverzeichnisse. Unterstützung des DFG-Projektes »Bayerisch-schwäbischer Sprachatlas« der Universität Augsburg (Prof. Wellmann, Dr. König).

Reihe 2a (Urkunden und Regesten)
Fortsetzung der Urkundenbücher »Memmingen« (Frhr. von Andrian-Werbung) und »Ottobeuren« (Dr. Hofmann). Für letzteres ist eine Teilfinanzierung durch einen Zuschuß der Freunde der Abtei Ottobeuren erfolgt.
Fortführung der Bearbeitung des Urkundenbuchs »Oettingen« (Dr. Grünenwald).

Reihe 2b (Urkunden und Regesten)
Einleitung der Drucklegung der Augsburger Bischofsregesten, Bd. 1, Lieferung IV mit Register (Prof. Volkert).

Reihe 3 (Lebensbilder)
Planung der Drucklegung von Bd. 13 der »Lebensbilder aus dem bayerischen Schwaben« (Dr. A. Layer).

Reihe 4 (Studien zur Fuggergeschichte)
Abschluß des Manuskriptes »Die Fugger in Spanien und Portugal« (Prof. Kellenbenz).
Fortführung der Arbeiten am Schlußband der Anton Fugger-Biographie (Prof. Kellenbenz).
Fortsetzung der Editionsarbeiten an der »Fuggerschen Korrespondenz mit Spanien« (auf 3 Bände geplant. Ms. von Bd. 1, bearbeitet von Van den Driesch und G. Thomas, in Vorbereitung).
Abschluß des zweiten Teiles der Fugger-Stammtafeln (Nebinger).
Bearbeitung der Edition der Fugger-Testamente (Dr. Simnacher, Gräfin Dr. v. Preysing).

Reihe 5a (Urbare)
Derzeit kein Vorhaben.

Reihe 5b (Rechtsquellen)
Vorbereitung eines 2. Bandes (langfristig).

Reihe 6 (Reiseberichte)
Vorbereitung eines 3. Bandes der »Reiseberichte aus dem Bayerischen Schwaben« (Dr. Bellot) (Finanzierung ist weitgehend gesichert).

Reihe 7 (Augsburger Beiträge)
Langfristige Vorbereitung eines weiteren Bandes (3).

Historischer Atlas von Bayerisch-Schwaben
Vorbereitung der 2. Lieferung der 2. Auflage.

Auf Vorschlag der Vorstandschaft wurde der Fürstl. Archivdirektor Dr. Volker von Volckamer, Schloß Harburg, als neues Mitglied gewählt. *P. Fried*

2. Bericht über die Jahressitzung 1984

(Geschäftsjahr 1983)

Im Anschluß an den Bericht für das Geschäftsjahr 1982 ist festzustellen, daß die Manuskripte für Bd. 13 der Lebensbilder aus dem Bayerischen Schwaben und für die Regesten der Bischöfe von Augsburg vorliegen; letzteres Manuskript wurde bereits teilweise in den Satz gegeben. Für die 2. Lieferung der 2. Auflage des Zornschen Historischen Atlasses von Bayerisch-Schwaben, die schwerpunktartig archäologische Karten enthalten soll, liegen bisher 3 Kartenentwürfe vor. Die 2. Lieferung des Atlasses wie auch die Bischofsregesten sollen nach Möglichkeit zur 2000-Jahrfeier der Stadt Augsburg 1985 erscheinen.

Am Lehrstuhl für bayerische Landesgeschichte an der Universität Augsburg ist im Kommissionsverlag Schwäbische Forschungsgemeinschaft in der Reihe »Materialien zur Geschichte des Bayerischen Schwaben« als Bd. 3 der Geschichte des Bezirkstags Schwaben erschienen: Thomas Wich, Der Kreistag von Schwaben und Neuburg 1919–1938 und der Bezirksverband Schwaben 1938–1954, 140 S. In Bearbeitung ist neu Bd. 5, der eine Zusammenfassung der bisherigen Bände sowie Ergänzungen und Nachträge (bes. ab 1978) enthalten soll.

Die Jahressitzung 1984 fand am 7. 7. 1984 im Haus St. Ulrich in Augsburg statt. Von den insgesamt 38 Mitgliedern waren 29 erschienen. In seinem Tätigkeitsbericht gab der Geschäftsführende Vorsitzende einen Bericht über das abgelaufene Geschäftsjahr sowie einen Rückblick auf die auslaufende fünfjährige Amtsperiode. Die SFG ist räumlich und in Personalunion des Geschäftsführenden Vorstandes mit dem Lehrstuhlinhaber für bayerische Landesgeschichte fest an der Universität Augsburg verankert. Durch Herausgabe einer Reihe von Publikationen konnte sie ihre Leistungsfähigkeit unter Beweis stellen: Augsburger Beiträge zur Landesgeschichte Bd. 1 und 2; Schwäbische Rechtsquellen Bd. 1; 2. Auflage, 1. Lieferung des Zornschen Historischen Atlaswerkes von Bayerisch-Schwaben; Studien zur Fuggergeschichte Bd. 19. Durch das Entgegenkommen des Bezirks Schwaben ist es gelungen, ein jährliches Zuschußfixum von diesem garantiert zu erhalten (DM 15 000 allg. Druckkosten, DM 15 000 Sonderzuschuß für die Neubearbeitung des Historischen Atlasses von Bayerisch-Schwaben, DM 10 000 Zuschuß für Schreibkraft und Verwaltungsbedarf). Durch Einwerbung anderer Zuschüsse gelang es bisher, den Druck der anstehenden Manuskripte zu finanzieren. Der Etat 1983 konnte mit Einnahmen von DM 91 715,86 und Ausgaben von DM 90 819 abgeglichen werden. Für den Etat 1984 sind jährliche Einnahmen und Ausgaben in Höhe von ca. DM 73 000 geplant. Die enorme Steigerung der Druck- und Kartographiekosten wird angesichts der schmalen Zuschußdecke in den nächsten Jahren große Schwierigkeiten bereiten. Die Hauptsorge besteht jedoch darin, daß es trotz intensivster Bemühungen nicht gelungen sei, über die Akademie eine staatliche Dauerstelle für eine wissenschaftliche Hilfskraft zu erhalten, um den Geschäftsführenden Vorstand bei den Redaktions-, Verwaltungs- und Kartographiearbeiten zu unterstützen. Angesichts der immer noch steigenden universitären Lehrbelastung werde sich das Fehlen einer derartigen Stelle sehr negativ auf die Erhaltung des bisherigen Leistungsniveaus auswirken, geschweige denn, daß von einer Steigerung noch die Rede sein kann. Der Geschäftsführende Vorstand richtete den dringenden Appell, diese Notlage abzustellen bzw. durch geeignete Maßnahmen zu überbrücken.

Auf die Neubearbeitung des Zornschen Historischen Atlasses von Bayerisch-Schwaben eingehend, führte der erste Vorsitzende aus, daß die 1. Lieferung, nicht zuletzt aufgrund einer intensiven Prospektwerbung, einen relativ guten Verkaufserfolg aufzuweisen habe. Während die Finanzierung für die 2. Lieferung weitgehend gesichert sei, bereite die Bearbeitung und Gewinnung von Mitarbeitern Sorge. Dr. Ay hat sich dankenswerterweise bereit erklärt, wiederum ehrenamtlich die Redaktion zu übernehmen. Für die einzelnen Kartenabschnitte wurden auf einer Sitzung des Atlas-Ausschusses wiss. Betreuer bestellt.

Um die Bearbeitung des Urkundenregestenbandes Ottobeuren voranzutreiben, veranstaltete der Lehrstuhl für bayer. Landesgeschichte gemeinsam mit dem Institut für bayer. Geschichte an der Universität München (Lehrstuhl Prof. Kraus) auf Einladung der Freunde der Abtei Ottobeuren dort ein Seminar über »Probleme der Klostergeschichte Altbayerns und Schwabens«, auf dem der Bearbeiter des Ottobeurer Urkundenbuches über die bisherigen Arbeiten referierte.

Die Arbeiten in der Reihe 4 werden unter der wiss. Betreuung von Prof. Kellenbenz planmäßig fortgesetzt. Neu in die Planung wurde die Herausgabe eines 3. Bandes »Die Fugger und die Kunst« aufgenommen.

Der Geschäftsführende Vorstand wies schließlich noch auf die Bewilligung eines DFG-Projektes »Schwäbischer Sprachatlas« am Lehrstuhl für neuere deutsche Sprachwissenschaft an der Universität Augsburg unter Federführung von Dr. König hin, an dessen Zustandekommen die SFG durch Koordinierungsgespräche wesentlich beteiligt war.

Die Anregung des Geschäftsführenden Vorstands vom Vorjahr, auch die Geschichte des 19. und 20. Jahrhunderts zu berücksichtigen, wurde dieses Mal von Mitgliedern aufgegriffen und deren Berücksichtigung beantragt. Es soll ein Ausschuß berufen werden, der Möglichkeiten der Verwirklichung überprüft.

Schließlich gedachte der Geschäftsführende Vorstand des am 3. 4. 1984 überraschend verstorbenen Vorstandsmitglieds Dr. Adolf Layer, Dillingen, dessen Verdienste für die schwäbische Geschichtsforschung und Landeskunde von der Bayerischen Akademie der Wissenschaften mit der Verleihung der Medaille »Bene Merenti« gewürdigt worden waren. Im Handbuch der bayer. Geschichte, hg. von Max Spindler, habe Adolf Layer die erste zusammenfassende Geschichte Ostschwabens auf wissenschaftlicher Grundlage verfaßt. Für die SFG war er zuletzt als eifriger und sachkundiger Herausgeber der Lebensbilder aus dem bayerischen Schwaben tätig.

Als neugewähltes Mitglied konnte der fürstl. Bibliotheksdirektor Dr. Volker von Volckamer erstmals begrüßt werden. Als neue Mitglieder innerhalb des numerus clausus wurden auf Vorschlag der Vorstandschaft gewählt:

o. Prof. Dr. Karl Filser, Lehrstuhl für Didaktik der Geschichte an der Universität Augsburg;
Dr. Wolfgang Haberl, Archivdirektor, Kempten.

Außerhalb des numerus clausus wurde Pfarrer Ludwig Dorn, Legau, als neues Mitglied gewählt.

Da die Vorschrift der SFG-Satzung, daß mindestens 2 Mitglieder der Vorstandschaft jeweils Mitglieder der Kommission sein müssen, nicht erfüllt werden konnte, wurde einstimmig aufgrund eines Vorschlags der Vorstandschaft eine Satzungsänderung derart beschlossen, daß künftig mindestens 1 Vorstandsmitglied Kommissionsmitglied sein müsse. Unter dem Vorbehalt der Genehmigung dieser Satzungsänderung durch die Kommission wurde erstmals nach der neuen Satzung die Vorstandschaft wie folgt gewählt.:

Erster Vorsitzender:
o. Prof. Dr. Pankraz Fried, Universität Augsburg;
Zweiter Vorsitzender:
Bezirkstagspräsident und Landrat Dr. Georg Simnacher, Günzburg/Augsburg;
Vertreter für Nordschwaben:
Prof. Dr. Peter Rummel, Dillingen;
Vertreter für Mittelschwaben:
Bezirkskulturdirektor Dr. Hans Frei, Heimatpfleger von Schwaben, Augsburg (wie bisher);
Vertreter für Südschwaben:
Stiftsarchivar und -bibliothekar Pater Aegidius Kolb OSB, Ottobeuren (wie bisher).

Als Vertreter der bayer. Archivdirektion amtiert Archivdirektor Dr. Reinhard H. Seitz als Vorstandsmitglied weiter.

Per Akklamation wurden auf Vorschlag der Vorstandschaft Staats- und Stadtbibliotheksdirektor Dr. Josef Bellot zum Redaktor der Lebensbilder, Archivdirektor Dr. Reinhard H. Seitz zum Redaktor der Urbare u. ä. bestellt.

Der Geschäftsführende Vorsitzende gab abschließend bekannt, daß die SFG anläßlich der 2000-Jahrfeier der Stadt Augsburg mit einem Festvortrag ihres Mitglieds Prof. Dr. W. Hübener an die Öffentlichkeit treten werde.

Auf der Jahressitzung der Kommission für Bayer. Landesgeschichte in München, die am 20. 7. 1984 stattfand, wurden vorstehender Arbeitsbericht und nachstehender Arbeitsplan für 1985 ohne Einwände zur Kenntnis genommen. Die Satzungsänderung wurde genehmigt und die neugewählten Vorstandsmitglieder sowie die neu zugewählten Mitglieder bestätigt.

P. Fried

3. Bericht über die Jahressitzung 1985
(Geschäftsjahr 1984)

Der 1. Vorsitzende, Prof. Dr. Fried, konnte am 15. 6. 1985 29 der 40 Mitglieder der Schwäbischen Forschungsgemeinschaft im Gebäude des Bezirks Schwaben, Hafnerberg 10, zur Jahressitzung 1985 begrüßen.

Er dankte dem Bezirk, namentlich Bezirkstagspräsident Dr. Simnacher, für die Bereitstellung des Sitzungssaales und erinnerte an die 2000-Jahresfeier der Stadt Augsburg. Bezirkstagspräsident Dr. Simnacher, der zugleich auch 2. Vorsitzender der Forschungsgemeinschaft ist, begrüßte seinerseits als Hausherr die Anwesenden und würdigte die kulturelle Rolle der SFG, die nicht zuletzt auch zu einer Stärkung des Schwabenbewußtseins beitrage. Er versicherte, daß die notwendige finanzielle Unterstützung durch den Bezirk Schwaben zwar freiwillig, aber inzwischen selbstverständlich geworden sei und sogar mit Erhöhungen weiter gewährt werde.

Anschließend begrüßte Prof. Dr. Fried als neue Mitglieder die Herren Pfarrer Dorn, Prof. Dr. Filser und Dr. Haberl.

Er gratulierte außerdem Prof. Dr. Hübener zu seinem gelungenen Vortrag am Vorabend, Prof. Dr. Endrös zum 75. Geburtstag, Privatdozent Dr. Kießling zur Habilitation und zur Verleihung des Bezirksförderpreises für seine Habilitationsschrift sowie Pater Ägidius Kolb zur Verleihung des Bundesverdienstkreuzes.

I. Prof. Dr. Fried stellte in seinem zusammenfassenden Bericht als 1. Vorsitzender die zur Zeit laufenden bzw. kurz vor der Drucklegung stehenden Arbeiten vor.

1. *Projekte der SFG.* Die Regesten der Bischöfe und des Domkapitels von Augsburg, Bd. 1, 4. Lieferung (1132–1152), liegen im Umbruch vor und können noch in diesem Jahr erscheinen. Darüber hinaus ist ein Sammelband aller 4 Lieferungen als Festgabe an die Stadt Augsburg zu ihrem Jubiläum geplant. Ebenfalls im Satz liegen die Lebensbilder aus dem bayerischen Schwaben, Bd. 13, vor. Für nächstes Jahr ist eine Festschrift für Dr. Nübling anläßlich seines 80. Geburtstags geplant. Abgeschlossen im Manuskript ist Bd. 3 der »Augsburger Beiträge zur Landesgeschichte«. Dieser Band wird noch 1985 im Druck vorliegen. Weitgehend abgeschlossen ist die Herstellung der 2. Lieferung der 2. Auflage des Zorn'schen Historischen Atlas' von Bayerisch-Schwaben.

2. *Schwäbische Projekte der Kommission für bayerische Landesgeschichte in München.* Der Vorsitzende betreut als Redaktor den Historischen Atlas von Bayern, Teil Schwaben, hg. von der Kommission für bayerische Landesgeschichte. In der Reihe 1 dieses Grundlagenwerkes ist der Band über den Altlandkreis Augsburg erschienen, bearbeitet von J. Jahn, während das Landkreisheft über Marktoberdorf, bearbeitet von C. Eisinger-Schmidt, im Umbruch vorliegt. Für die Reihe 2 liegen die Korrekturfahnen der Grafschaft Oettingen-Wallerstein von D. Kudorfer vor. Das Quellen- und Traditionsbuch von St. Ulrich und Afra befindet sich im Druck.

Im Rahmen seiner Kommissionsgeschäfte betreut Prof. Dr. Fried auch die schwäbische Redaktionsabteilung der Zeitschrift für bayerische Landesgeschichte.

3. *Lehrstuhlprojekte an der Universität Augsburg.* Heft 4 der Materialien zur Geschichte des Bayerischen-Schwaben: »Der Bezirkstag Schwaben 1954–1978« von R. Haggenmüller wurde aus Mitteln der Forschungsgemeinschaft wieder aufgelegt. Ein abschließender Bd. 5 von B. Hagel wird vom Vorsitzenden wissenschaftlich betreut. Zum 100. Todesjahr König Ludwigs II. wird eine Bibliographie des Schrifttums über den bayerischen König herausgegeben, die von E. Hanslik und J. Wagner bearbeitet wurde. Der Vorsitzende war außerdem als Mitherausgeber an der »Geschichte der Stadt Augsburg« und an der wissenschaftlichen Auswertung der Oettingen-Wallersteinschen Bibliothek beteiligt (siehe Ausstellung anläßlich der Eröffnung des neuen Bibliotheksgebäudes).

Sonstige landesgeschichtliche Projekte an der Universität Augsburg können der Broschüre »Historisch-geographische Regionalforschung in Schwaben, 2. Kurzbericht, März 1985« entnommen werden.

4. Für die künftige Abwicklung der Verlagsgeschäfte wurde folgende Maßnahme getroffen: Die Auslieferung der Publikationen des Eigenverlags erfolgt wegen Arbeitsüberlastung nicht mehr wie früher über das Sekretariat des Lehrstuhls, sondern vom 1. 1. 1985 an aufgrund Vorstandsbeschlusses vertraglich durch den Anton-Konrad-Verlag, Weißenhorn.

5. Als wenig erfreulichen Zustand erwähnte der 1. Vorsitzende erneut die fehlende wissenschaftliche Mitarbeiterstelle zur redaktionellen Betreuung der einzelnen Schriftenreihen. Hier sei Schwaben klar gegenüber Altbayern und Franken benachteiligt, die über mehrere solcher Stellen verfügen. Bezirkstagspräsident Dr. Simnacher erklärte sich bereit, in dieser Sache an verantwortlicher Stelle tätig zu werden. Mehrere Initiativen zur Erlangung einer Stelle, u. U. auch über Abordnung, wurden vom 1. Vorsitzenden eingeleitet.

II. Es folgen die Berichte der Redaktoren über die in den Reihen erscheinenden Publikationen sowie über sonstige Unternehmungen

Reihe 1: *Studien zur Geschichte des bayerischen Schwabens* (Bericht Fried)
Prof. Dr. Fried wies darauf hin, daß sich einige Veränderungen in der Zusammenstellung der Aufsätze für die Festschrift zu Ehren von Dr. Nübling ergeben haben. Die einzelnen Beiträge stehen jetzt jedoch fest. Er machte ferner auf die Möglichkeit aufmerksam, die Habilitationsschrift von Dr. Kießling über Stadt-Land-Beziehungen im spätmittelalterlichen Schwaben wegen ihres einschlägigen thematischen Bezugs in dieser Reihe zu publizieren.

Reihe 2a: *Urkunden und Regesten staatlicher, städtischer, privater Archive* (Bericht: Hoffmann)
1. Urkundenbuch Ottobeuren (746–1460). Die Urkunden wurden bisher hinsichtlich der Orts- und Personennamen mit 3300 Zetteln dokumentiert. Die Einleitung stützt sich auf das im Stiftsarchiv

Ottobeuren lagernde Urkundenverzeichnis für die Jahre 1725–1731. Es wird mit einem im Hauptstaatsarchiv München lagernden Urkundenverzeichnis aus dem Jahre 1795 verglichen und wiedergegeben. Ein Vergleich der deutschen Übersetzung der »Goldenen Bulle«, die zur Zeit abgeschrieben wird, mit dem Trierer Original hat ergeben, daß dieses nicht als Vorlage in Ottobeuren benutzt wurde. Mit dem Manuskript ist im April 1986 zu rechnen.
2. Urkundenbuch Memmingen (1010–1350). Nach Überarbeitung der Regesten und einheitlicher Durchführung der Drucke und Regestenangaben in der Literatur sowie der Berichtigung der Archivsignaturen aufgrund der Provenienzbereinigung kam aus Memmingen die Nachricht, daß dort noch ca. 20 Urkunden in Frage kommen. Dr. Frhr. v. Andrian-Werburg stellt zur Zeit fest, ob es sich hier um Stücke handelt, die bisher noch nicht erfaßt waren.
3. Urkundenbuch Oettingen (1351–1400). Für diesen Zeitraum kommen etwa 650–700 Urkunden in Frage, mit deren Erfassung nun durch Frau Dr. Grünenwald begonnen wird.

Reihe 2b: *Die Regesten der Bischöfe und des Domkapitels von Augsburg* (Bericht: Volkert)
Bd. 1, 4. Lieferung, (1132–1152), liegt im Umbruch vor und kann noch im Herbst dieses Jahres erscheinen. Ein 2. Fortsetzungsband ist geplant. Hier erhebt sich jedoch die Schwierigkeit, einen jüngeren Archivar, der auch bereit wäre, die nötigen Überstunden zu leisten, zur Mitarbeit zu gewinnen.

Reihe 3: *Lebensbilder aus dem Bayerischen Schwaben* (Bericht Bellot)
Die Fahnen für Bd. 13 liegen vor. Der Redaktor hat die Quellen- und Literaturverzeichnisse überarbeitet und vereinheitlicht. Bd. 13 wird voraussichtlich Ende des Jahres erscheinen, Bd. 14 ist bereits in Planung. Dr. Bellot sprach sich abschließend für Richtlinien zur Auswahl der Biographien aus. Es sollten keine Biographien über Personen angefertigt werden, die erst in jüngerer Zeit verstorben sind, da sich hier noch kein abschließendes Urteil bilden läßt.

Reihe 4: *Studien zur Fugger-Geschichte* (Bericht: Kellenbenz)
1. Druckfertig ist die Darstellung der Tätigkeit der Fugger in Spanien und Portugal. Der Band soll auch in der Schriftenreihe der Philosophischen Fakultäten der Universität Augsburg erscheinen.
2. Ebenfalls druckfertig liegt der abschließende Band der Anton-Fugger-Biographie vor, der im Verlag Mohr-Siebeck erscheinen soll.
3. An der Edition der spanischen Fuggerkorrespondenz (1562-1596) wird noch gearbeitet (Bearbeiter: von den Driesch/Thomas).
4. Abgeschlossen für die Lebensbilder aus Bayerisch-Schwaben ist ein Beitrag über Markus Fugger (Bearbeiter: G. Lutz).
5. Bearbeitung der Edition der Fugger-Testamente (Gräfin v. Preysing)
6. Die Übersetzung des Werkes von Robert Mandrou »Die Fugger als Grundherren in Schwaben« ist gesichert. Sie wird mit je 3500 DM von der SFG und der Fuggerschen Stiftungsadministration getragen.
7. Der 2. Teil der Stammtafeln der Fugger befindet sich in Vorbereitung (Nebinger)
8. N. Lieb, Die Fugger und die Kunst, Bd. 3, ist in Planung.

Reihe 5a: *Urbar u. ä.* (Bericht: Fried [für R. Seitz])
Derzeit kein Vorhaben, jedoch Projekt für nächstes Jahr geplant. Am Lehrstuhl für bayerische Landesgeschichte sind eine Reihe ungedruckter schwäbischer Urbare mit Mitteln der Universität kopiert worden.

Reihe 5b: *Rechtsquellen* (Bericht: Fried)
Auf lange Sicht ist ein Bd. 2 der ländlichen Rechtsquellen geplant. Zur Zeit werden Rieser Weistümer transkribiert und Vergleiche zur württembergischen Edition Jakob Grimms angestellt.

Reihe 6: *Reiseberichte aus Bayerisch-Schwaben* (Bericht: Bellot)
Die Arbeiten am Bd. 3 sind zwar eingeleitet, machen jedoch nicht die gewünschten Fortschritte wegen allgemeiner Arbeitsüberlastung durch das Stadtjubiläum. Der Redaktor hofft, den Band nächstes Jahr vorlegen zu können.

Reihe 7: *Augsburger Beiträge zur Landesgeschichte Bayerisch-Schwabens* (Bericht: Fried)
Die Arbeiten am Bd. 3 sind abgeschlossen, geplant ist die Drucklegung noch dieses Jahr, um den Band als Festgabe zur 2000-Jahrfeier der Stadt Augsburg herauszubringen (s. Prospekt 1985/2 des Thorbecke-Verlags).

8. *Historischer Atlas von Bayerisch-Schwaben, 2. Auflage, 2. Lieferung* (Bericht: Fried)
Prof. Dr. Fried referierte als Vorsitzender des Atlas-Ausschusses über den bisherigen Stand der Arbeiten. Die Herausgabe hat sich durch Krankheit des Redaktors Dr. Ay und die Arbeitsüberlastung der Mitarbeiter des Landesamtes für Denkmalpflege, Außenstelle Augsburg, verzögert. Der Schwerpunkt des Kartenmaterials soll im archäologischen Bereich liegen, falls die Kartenentwürfe rechtzeitig fertiggestellt werden.

Folgende Karten mit Text liegen vor: 1. Cambodunum (Hübener) – 2. Augusta Vindelicum (Bakker) – 3. Reihengräberzeit (Babucke) – 4. Altkarte Augsburg – Die Beschreibung des Oberpostamtsdistrikts (Dr. Dalmayer) – 5. Hochstiftisch-augsburgische Post- und Reiserouten im 18. Jahrhundert (Wüst) – 6. Die Reichsland- und Straßvogtei Augsburg (Jahn) – 7. Klöster in Schwaben (1300–1500) (Hagel/Fried) – 8. Bevölkerungsverteilung nach den Erwerbszweigen und Wirtschaftsbereichen 1882–1967–1980 (Poschwatta/Schaffer) – 9. Industriestandorte 1960–1980 (Poschwatta/Schaffer) – 10. Naturräumliche Gliederung (K. Fischer).

Die römerzeitlichen Karten von Dr. Czysz sollen nach Möglichkeit noch berücksichtigt werden. Bereits jetzt laufen Vorbereitungen für die konzipierte 3. Lieferung.

III. Nach einer geringfügigen Satzungsänderung teilte der 1. Vorsitzende mit, daß auf Initiative von Herrn Staatsminister Jaumann und Unterstützung durch den Herrn Bezirkstagspräsidenten die Universität Augsburg (Federführung Lehrstuhl für bayerische Landesgeschichte) und das Alemannische Institut Freiburg/Tübingen eine Tagung über Probleme der gesamtalemannischen Geschichte planen, die im Herbst 1986 im Schwäbischen Bildungszentrum Irsee stattfinden soll. Dabei soll auch die Herausgabe einer Facsimile-Edition der Lex Alamannorum erörtert werden. Die Schwäbische Forschungsgemeinschaft beteiligt sich im Rahmen ihrer Möglichkeiten. Ferner wurde berichtet, daß das DFG–Projekt Ostschwäbischer Sprachatlas unter der Federführung von Akad. Oberrat Privatdozent Dr. Werner König, Universität Augsburg, angelaufen sei.

Schließlich gab der Vorsitzende bekannt, daß unter der Schirmherrschaft des Bezirks Schwaben an der Universität Augsburg eine Forschungsstelle zur Geschichte der Buchenlanddeutschen und der Universität Černowiž geplant sei.

Die nächste Jahressitzung (1986) findet voraussichtlich im Juni 1986 statt.

P. Fried

Mitglieder der Schwäbischen Forschungsgemeinschaft bei der Kommission für bayerische Landesgeschichte (Stand 1. Juni 1985)

Mitglieder außerhalb des n. c.

1. Dr. Kraus Andreas, 1979, o. Universitätsprofessor, 1. Vorsitzender der Kommission für bayerische Landesgeschichte, Marstallplatz 8, 8000 München 22
2. Dr. Bosl Karl, 1961, o. em. Universitätsprofessor, Donnersbergerstr. 9/III, 8000 München 19
3. Dr. Spindler Max, 1949, o. em. Universitätsprofessor, Schellenberger Weg 3, 8521 Neunkirchen am Brand
4. Dr. Blendinger Friedrich, 1957, Stadtarchivdirektor i. R., Thanellerstr. 3, 8900 Augsburg
5. Dorn Ludwig, 1984, Geistlicher Rat, Alpenstr. 23, 8945 Legau
6. Dr. Endrös Hermann, 1955, Honorarprofessor a. d. Universität Augsburg, Kreisheimatpfleger a. D., Peißenbergstr. 5, 8900 Augsburg
7. Gabler August, 1957, Regierungsschuldirektor i. R., Neuhäuserstr. 2, 8900 Augsburg
8. Dr. Geissler Paul, 1950, Bibliotheksdirektor i. R., Sparkassenaltenheim, Baumgartnerstr. 10, 8900 Augsburg
9. Dr. Hiereth Sebastian, 1980, Stadtarchivdirektor i. R., Kathreinerstr. 24, 8937 Bad Wörishofen
10. Dr. Hoffmann Hermann, 1962, Oberarchivdirektor i. R., Danzigerstr. 4, 8700 Würzburg
11. Dr. Hübener Wolfgang, 1957, o. Universitätsprofessor, Heckenweg 1c, 2057 Wentorf b. Hamburg
12. Dr. Kellenbenz Hermann, 1969, o. em. Universitätsprofessor, Direktor des Fugger-Archivs, 8151 Warngau
13. Dr. Lieb Norbert, 1949, o. em. Universitätsprofessor, Isoldenstraße 28, 8000 München 40
14. Nebinger Gerhart, 1949, Oberregierungsarchivrat i. R., Taxisstraße 6, 8858 Neuburg/Donau
15. Dr. Nübling Eduard, 1949, Stadtschulrat i. R., Röntgenstraße 11, 8900 Augsburg
16. Seitz Hermann Josef, 1962, Studiendirektor i. R., In der Laimgrube 5, 8882 Lauingen

Mitglieder innerhalb des n. c.

17. Dr. Fried Pankraz, 1974, 1. Vorsitzender, o. Universitätsprofessor, Paarstraße 6, 8901 Egling a. d. Paar, Heinrichshofen
18. Dr. Simnacher Georg, 1974, 2. Vorsitzender, Landrat, Bezirkstagspräsident, Stegerwaldstraße 4, 8870 Günzburg
19. Dr. Frei Hans, 1971, Vorstandsmitglied (Mittelschwaben), Kulturdirektor, Heimatpfleger des Bezirks Schwaben, Lehrbeauftragter an der Universität Augsburg, Hafnerberg 10, 8900 Augsburg
20. P. Kolb Aegidius O. S. B., 1966, Vorstandsmitglied (Südschwaben) Stiftsarchivar u. -bibliothekar, Benediktinerabtei, 8942 Ottobeuren
21. Dr. Rummel Peter, 1973, Vorstandsmitglied (Nordschwaben), Professor, Kath. Pfarramt, 8881 Donaualtheim
22. Dr. Seitz Reinhard H., 1977, Vorstandsmitglied (Staatl. Archivverwaltung), Archivdirektor Staatsarchiv Neuburg, 8858 Neuburg/Donau
23. Dr. Frhr. von Andrian-Werburg Klaus, 1967, Direktor des Staatsarchivs für München und Oberbayern, Schönfeldstr. 3, 8000 München 22
24. Dr. Baer Wolfram, 1981, Direktor des Stadtarchivs Augsburg, Fuggerstr. 12, 8900 Augsburg
25. Dr. Bellot Josef, 1966, Staats- und Stadtbibliotheksdirektor, Schaezlerstr. 25, 8900 Augsburg
26. Dr. Böck Karl, 1949, Ministerialdirektor a. D., Rabenkopfstr. 38, 8000 München 90
27. Dr. Bushart Bruno, 1969, Honorarprofessor a. d. Universität München, Direktor der städt. Kunstsammlungen Augsburg a. D., Burgkmairstr. 2, 8900 Augsburg
28. Dr. Filser Karl, 1984, o. Universitätsprofessor, Martinistr. 74a, 8900 Augsburg
29. Gaiser Horst, 1982, Rechtsanwalt, Marienstr. 1/I, 7910 Neu-Ulm
30. Dr. Grünenwald, Elisabeth, 1981, fürstl. Oberarchivrätin, Joh.-Weinberger-Str. 8, 8860 Nördlingen
31. Dr. Haberl Wolfgang, 1984, Archivdirektor des Stadtarchivs Kempten, Braut- und Bahrweg 14, 8960 Kempten

32. Dr. Kiessling Rolf, 1974, Oberstudienrat, Privatdozent an der Universität Augsburg, Vöstweg 1, 8901 Bonstetten
33. Dr. Krahe Günther, 1977, Landeskonservator bei der Abteilung Vor- und Frühgeschichte des Bayer. Landesamtes für Denkmalpflege, Außenstelle Augsburg, Prinzregentenstr. 11a, 8900 Augsburg
34. Dr. Schaffer Franz, 1977, o. Universitätsprofessor, Radaustr. 75, 8900 Augsburg
35. Dr. Steiner Thaddäus, 1974, Oberstudienrat, Wannental 24, 8990 Lindau
36. Dr. Troll Hildebrand, 1970, Direktor des Bayer. Hauptstaatsarchivs, Schönfeldstr. 3, 8000 München
37. Dr. Vogel Rudolf, 1977, Studiendirektor, Kalvarienbergstr. 80, 8970 Immenstadt
38. Dr. von Volckamer Volker, 1983, fürstl. Bibliotheks- und Archivdirektor, Schloß Harburg, 8856 Harburg
39. Dr. Volkert Wilhelm, 1962, o. Universitätsprofessor, Universitätsstraße 31, Universität Regensburg, 8400 Regensburg
40. Dr. Wohnhaas Theodor, 1974, Akad. Direktor, Hartmannstraße 89, 8520 Erlangen
41. Dr. Zorn Wolfgang, 1949, o. Universitätsprofessor, Beermahd 36, 8031 Seefeld-Hechendorf

Register

Orte und Personen

VON BERNHARD HAGEL

Vorbemerkung: Alle Personen wurden – soweit aus den Einzelbeiträgen ersichtlich – mit Familiennamen und Vornamen aufgeführt. Bei Namensgleichheit wurde zusätzlich nach Beruf bzw. jeweiliger Funktion differenziert. Näher bezeichnet sind auch hohe Herrschaftsträger wie Kaiser, Könige, Päpste und Bischöfe. Nicht extra aufgeführt sind folgende Begriffe, die sich durch alle Beiträge ziehen: Augsburg, Bayern (Herzogtum, Kurbayern, Königreich) und Schwaben (Ostschwaben, Bayerisch-Schwaben). Nicht durchgeführt wurde die Auswertung der Anmerkungsapparate, da sie sich vorwiegend auf die jeweilige Forschungsliteratur beziehen.

Im Register verwendete Abkürzungen: Abg. = Abgeordneter; By. = Bayern; Bf. = Bischof; Bgm. = Bürgermeister; dt. = D(d)eutsch(er); Fam. = Familie; Frhr(n). = Freiherr(en); Gf. = Graf; Hzg. = Herzog; Ks(in). = Kaiser(in); Kg(in). = König(in).

Aachen 53
Adalb(p)ero, Bf. v. Augsburg 12, 52, 57f.
Adelgoz III., Hochstiftsvogt v. Augsburg 28
Adelhalm, Abt v. St. Ulrich und Afra 54, 57, 60
Adelheid, dt. Ksin., Gattin Ottos I. 14
Adelmann, Bernhard 65
Adelmannsfelden, Adelmann v. 45
Adilbert 52
Afra, Hl. 10, 12, 44, 52
Ägidienkapelle 32
Agilolfinger 10
Ahorner, Joseph v., Arzt 136
–, v., K. Rat und Regierungsassessor 190
–, v., Hofrat 190
Aichach (Umgebung) 48
Aigner, Joseph 190
Albert 30
Alexander III., Papst 45
– Sigmund, Pfalzgf. bei Rhein 145
Algishausen, Siegfried v., Bf. v. Augsburg 30
Altdorf (Universität) 176f.
Altomünster (Kloster) 48
Ammann, Heinrich 112f.
Ammergau 36
Ancona 165
Andechser (Fam.) 47
Andreas, Österreich v., Bf. v. Konstanz, Kardinal 107, 109
Androna, Konrad v. 27
Anhausen 46
Aquino, Ladislao de 97f.
Aristoteles 51
Annobius der Jüngere 55
Arnulf, Hzg. v. By. 202
Aschaffenburg 216
Ast, Obermedizinalrat 237
Arzt (Fam.) 83
–, Ulrich, Bgm. v. Augsburg 64–67, 70f.
Athen 197
Augusta de (Fam.) 26
Augustin 58f.

Bachschmid, Friedrich 191
Baden 199
Baisweil, Swigger v. 27
Balzhausen, Swigger v. 32
Bamberg 45, 53, 161f.
Barth, Karl, Jurist, byr. Landtagsabg. 200f., 204, 206
–, Marquard, Jurist, Abg. in der Frankfurter Paulskirche, im byr. Landtag, im dt. Reichstag 191–213
Basedow, Bernhard 127
Basel (Bistum) 97
Bästler, Alexander 80
Baumann 237
Baumgarten, Hermann 206
Baumgartner (Fam.) 65, 68f., 78, 83
–, Hans, Kaufmann und Ratsherr in Augsburg 65
Bayreuth 161
Beck, Joseph Anton, Frhr. v., Messingfabrikant 160
–, Karl, Frhr. v., Messingfabrikant 160
Benalli, Petrus Paulus de 98, 106, 108f.
Benedikt, Hl. 44, 49, 110
Benediktbeuren (Kloster) 16, 35
Bennigsen, Rudolph v. 204, 207
Berg, Marquard v. 90

Berlin 198, 204f.
Bernbeuren 140
Berno 57
Berschwin W. 57
Betzel 143
Beyersdörfer 232
Beyschlag, Daniel Eberhard, Rektor des St. Anna-Gymnasiums in Augsburg 183f., 190
–, Friedrich, Regierungs- und Kreisbaurat 190
Biburg 147f.
Bild, Veit 65, 114
Bimmel, Anton 64f., 67f., 72–75, 78
Bischof 184
Bismarck, Otto Fürst v. 198, 200, 204, 228
Blaubeuren 104
Blaurer, Ambrosius 63, 79
Blumenbach, Johannes 124
Boethius 56
Bogner, Otto 24
Bonifazius 10
Bozen 40, 137
Brant, Sebastian 66
Brater, Carl 193f., 212
Braun, Heinrich, Schulreformer 127
–, Placidus, Kirchenhistoriker 46, 54, 175, 183
Bray 205
Bronner, Bonifacius 121, 126
Brucchius, A. G. 184
Bruno, Bf. v. Augsburg 14, 16, 44, 52
Bruschius, Kasper 46
Buccer, Martin 63, 66f., 74, 79–81
Buchauer, Joachim 246
Buchloe 138–141, 210
Burgau (Markgrafen) 31
– (vorderösterreichische Markgrafschaft) 49, 147–154, 179
Bürgel 183
Burggraf Friedrich Johannes 36
Bursfeld 45
Büsching, Anton 124
Buxheim 43
Buz, Carl 162

Cajetan 62, 65
Calhoh (Kadalhoh) 31
Campe, Joachim Heinrich 127
Canisius, Heinrich 46
–, Petrus, Domprediger in Augsburg, Gegenreformator 89
Caspar, Frhr. v. 183
Cassiodor 57
Chrismar, Franz Anton v. 147
Chur (Fürstbischöfliches Zollamt) 137
–, Friedrich Peter, Fabrikant 160, 164
Cicero 56f.
Claudius, Matthias 125
Cluny (Reformen von) 45, 59f.
Coburg 161, 165
Columban 113
Contzen, M. Th. 182
Cook, James 124
Corneille 125

DagobertI., Merowingerkg. 10
Delbrück, Rudolph v. 204
Denis, Michael 121f.
Descartes 124
Desing, Anselm 127
Deutschland 208
Deybach 147
Dillingen (Grafen von) 33, 54
– Fürstbfl. Residenz 89f., 133, 135, 138, 140
– Universität 46, 98, 144, 244–248
Dingler, Emil 161
Dinkelsbühl 193
Dionysius, Bf. von Augsburg
Disentis 98
Donauwörth 36, 119–128
Donnersberg, Marschälle von 16, 30
Duminique, Ferdinand Frhr. v. 136f.

Ebersberg 53
Eck (an der Günz) 244
Egger 190
Egino 45, 54, 58, 60
Ehem (Fam.) 65
–, Marx, Patrizier in Augsburg 82
Ehrenberg (Festung) 140
Eichstätt 191
Einsiedeln 97, 101
Eisenberg 140
Elchingen (Kloster) 43, 245
Ellenbog, Nikolaus 45, 114, 245
Ellinger, Anselm 127
Ellwangen 53
Embriko, Bf. v. Augsburg 16, 32
Engelberg 97
Erfurt 45
Erlangen 115, 161
Ernesti 124
Erolzheim, Wolf-Dietrich v. 104
Erzberger, Matthias 228, 233, 242
Esslingen 161
Euchar, Johann 110
Euler, Leonhard 124
Eybel, Valentin 115

Fabri, Johannes 114
Federle 139
Felbinger, Johann Ignaz v. 149
Ferdinand, Erzhzg. v. Österreich 107
Fernau, Ferner v. 134
Festenburg, Johann Nepomuk Kraft v. 135
Feuchtwangen 53
Feyerabend, Maurus 244
Fiehler 222
Fischer 190
–, Ludwig v. 191, 211
Fischingen 97
Föckerer 211
Folard, Marquis de 140
Forckenbeck, Max v. 204
Forster, Karl 156, 159f.
Frankfurt a.M. (Paulskirche) 192, 196–200, 202, 207–209, 212
Frankreich 40, 135, 145, 198
Franz Joseph, Ks. v. Österreich 197
Fraß, Heinrich 30f., 33
Frech, Maximilian v. 138
Freiburg im Breisgau 178f.
Freising (Bistum) 130
Fretscher, Margarethe Friederike 156
Freyberg, Frhrn. v. 140
Freyberg, Markward 246
Fridebold 53, 57
Friedrich I., Hzg. v. Schwaben 17, 28
– II., dt. Kg. und Ks. 29, 34
– II. (der Große), Kg. v. Preußen 130
– August I., Kg. v. Polen 129
– August III., Kurfürst von Sachsen 129
– Barbarossa, dt. Kg. und Ks. 19, 28, 54
– Wilhelm IV., Kg. v. Preußen 193
Frölich, Georg 78
Frommel, Gustav, Fabrikant 159f.
–, Hugo, Fabrikant 160
Fronhofen, Christina v. 38
Fronhofer 127
Frosch, Johann 65
Froumund 54, 56, 60
Fruttuaria 54
Fugger (Fam.) 64, 68f., 77f., 83, 160, 162
–, Jakob 65–67
– von Kirchberg-Weißenhorn 48
– von Kirchheim 149
Fulda 99
Fultenbach (Kloster) 46
Fundan, Konrad, Bürger in Augsburg 34
–, Agnes, seine Gattin 34
Furtenbach, Benedikt 112, 114
Füssen 17, 36, 111–118, 140f., 143, 210

Giovanni, Gabrieli 46
Gallus 128
Garmisch-Partenkirchen 241
Gatterer, Christoph 124
Gebehard, Bf. v. Konstanz 52–54
Gebele, Ludwig 185
Hl. Geist Hospital 38
Gellert, Christian Fürchtegott 125
Gemmingen, Diepold v. 244
Gemmingen, Johann Otto v., Bf. v. Augsburg 90
Genf 177
Genua 210
Gerhard 11–13, 57
Gershofer, Eberhard 34
Geßner, Salomon 125
Gielsberg, Roman Giel v. 110
Gleim 125
Goethe, Johann Wolfgang v. 128
Gorze (Klosterreform) 44, 53
Gossembrot, Sigmund 67
Gottsched 125f.
Grafenegg, Georg v., Fürstabt v. Kempten 103
–, Ulrich v., Fürstlicher Rat 103
Gravenreuth, Karl Ernst v. 180
Gregor I (der Große), Papst 59
– III., Papst 10
– IX., Papst 100
– XV., Papst 109
Greiffenklau, Frhr. v. 134
Griechenland 197
Großaitingen 140
Grossmann, Johann Nepomuk v. 149, 154
Güglingen 155
Günther 232
Günzburg 44, 179

Haas, Damian Ferdinand 134
Habsburger (Fam.) 72, 110
Haffner 200
Haggenmüller, Johann Baptist 193
Hagk, Johann 73, 78, 80
Haintzel, Anton, Patrizier in Augsburg 82
–, Hans, Bgm. von Augsburg 76, 78, 82f.
Haller, Albert 124f.
Hammerl, Gallus 120
Hansiz 127
Härtenstein, Joseph Franz Xaver Epplen v., Fürstbfl. Kanzler im Hochstift Augsburg 144
–, Joseph Heinrich v., Geheimrat im fürstbfl. Hochstift Augsburg 143
Hartmann (Gebrüder) 156
–, Bf. v. Augsburg 20, 27f., 34–36
Hauenstein, Dietrich v. 31
Haug, Marschalk 68

Hausenstein, Wilhelm 209
Hauser, Berthold 127
Heidenheim 156
Heigel, Karl Theodor v. 212
Heiligkreuz (Kloster in Donauwörth) 117, 119–128
Heinrich, Bgm. v. Augsburg 159
–, Fürstabt v. Kempten 101
– Heinrich I., dt. Kg. (= Heinrich der Vogler) 202
– II., dt. Kg. und Ks. 14, 44, 47, 53
– II., Bf. v. Augsburg 16
– IV., dt. Kg. und Ks. 17
– IV., Hzg. v. By. 14
– V. (v. Knöringen), Fürstbf. v. Augsburg 89, 145, 243
– VII., dt. Kg. 29
– XIII., Hzg. v. By. 36
Hel, Konrad 73
Held, byr. Ministerpräsident 232
Helmschrott, Joseph Maria 116
Herbrechtingen 156
Herbrot, Jakob 87
Herder 125, 128
Hermann, Bf. v. Augsburg 18, 54
– I., Abt v. St. Mang in Füssen 113
Hertfelder, Bernhard 46, 48f.
Herwart (Fam.) 65
–, Georg, Bgm. von Augsburg 74, 81f., 86, 177
Herzog, Silvan 247
Heß, Johannes 112
Hessen-Darmstadt 199
Hiltine, Bf. v. Augsburg 11
Hindelang 139, 142
Hipper, Korbinian 120
Hirsau (Klosterreform) 45, 49, 54, 59
– (Kloster) 104
Hitler, Adolf 208, 233
Höchstetter (Fam.) 65, 78
–, Ambrosius, patrizischer Ratsherr in Augsburg 65, 69
Hofmann v. 211
Högenauer, Cölestin I. 120
Hohenegg, Albrecht v. 104
Hohenems, Marcus Sitticus v., Erzbf. v. Salzburg 246
Hohenlohe, Gottfried v. 24
– -Schillingsfürst, Chlodwig Fürst v. 199, 204, 211–213
Hohenschwangau 140
Hohentann 103
Hohenzollern (Fam.) 206
Holzen (Kloster) 46
Honold, Hans, Patrizier in Augsburg 82
–, Dominikus, Patrizier in Augsburg 82
Hontheim, Nikolaus v., Weihbf. von Trier 130f.
Horaz 56
Hornstein, Marquard v. 133, 140
Hoser, Ludwig, Bgm. v. Augsburg 64f., 74, 77
–, Simprecht, Bgm. von Augsburg 74, 77, 81f., 84, 86
Hößlin v. 183
Hugo, Abt von Cluny 59
Hume, David 124
Hurlocher (Fam.) 29

Igling, Heinrich v. 36f.
Illerkreis 183
Imhof, Hieronymus 64f., 68, 70, 75f., 82
Ingolstadt 46, 115, 120, 216
Innsbruck 135
Irsee 43, 104
Isarkreis 188
Isengrim 59f.
Italien 14, 36, 40, 53, 196

Jacobi, Friedrich Heinrich 125
Jörg, Andreas 113
Jerusalem (Eigenname) 124
Johanneskapelle (in Augsburg) 27, 40
Johanneskirche (in Augsburg) 11, 14, 25–27, 40
Jordan, Ludwig Andreas 209
Jörg, Joseph Edmund 200, 205f.
Josef, Fürstbf. von Augsburg, Landgf. von Hessen 141
Joseph I., röm.-dt. Kg., Ks. 129
– II., röm.-dt. Kg., Ks. 130, 144–146
Jung, Ambrosius, Patrizier in Augsburg 82
–, Ulrich, Patrizier in Augsburg 82
Juvenal 56

Kaisersberg, Gay(ei)ler v. 67, 112
Kaisheim (Kloster) 31, 43
Kant, Immanuel 124
Karl der Große, fränkischer Kg. und Ks. 11
– V., Ks. 46
– Theodor, Kronprinz von Kurby., Pfalzgf. bei Rhein 134
Karolinger 10
Kastell, Johann Willibald Schenk v. 110
Kastl 45
Kaufbeuren 192f., 200, 203, 210
Keller, Magnus Placidus, Prior von St. Mang in Füssen 116
–, Michael, Zwinglianischer Prediger in Augsburg 68, 71, 74f., 80–82
Kemnat, Volkmar v. 30f.
Kempten 43f., 97–110, 156, 193, 210, 216, 223

Kennedy, Ildephons 127
Khamm, Korbinian 47, 54
Kirchberger (Fam.) 31
Kirchsiebnach 17
Kircher, Athanasius 124
Klopstock 125
Klotzinger, Hans 25
Knöringen, Johann Egolf v. 90
Knöringer, Gallus 114
Knorr 216, 221f., 230, 240
Koblenz 132
Köchlin, Andre 156
Kolbermoor 161–163
Kolleffel, Johann Lambert 148f.
Köln 20, 131, 161
Königgrätz 198, 208
Königsdorfer, Cölestin II. 122, 127
Köplin, Jakob 46, 48f.
Konrad II., dt. Kg. und Ks. 53
– III., dt. Kg. und Ks. 24
– IV., dt. Kg. 24
– v. Konstanz, Bf. v. Augsburg 57f.
Konradin, Hzg. von Schwaben 27f., 28, 34–36
Konstanz 100, 149
– (Konzil v.) 45
– (Bistum) 97
Konstantinopel 59
Kopenhagen 210
Kramer, Ulrich 25
Krazer, Michael 121
Kreittmayr, Wiguläus 127
Hl. Kreuz (Stift) 28
Kroher 216, 232
Kühbach (Kloster) 46
Kulmbach 161
Kunigunde, Ksin Gattin Heinrichs II. 53

Lambach 46
Lambert, Johann Heinrich 127f.
Landsberg 48
Lang, Karl Heinrich, Ritter v. 188
Langenmantel, Christoph, Kanoniker in Augsburg 65
–, Georg, Bgm. von Augsburg 64f.
Langnauer, Balthasar, Zwinglianer in Augsburg 73, 78
–, Johann, Zwinglianer in Augsburg 74
Lasker, Eduard 204
Lasso, Orlando di 46
Lau(g)inger (Fam.) 29
Lauginger, Augsburger Bürger 73f.
Lavater 125
Lechfeld 11
Leclercq, Jean 59
Leeder (Pflegamt) 139, 141
Leibnitz, Gottfried Wilhelm, Frhr. v. 123f.
Leipzig 200
Leitershofen, Adalbert v. 18
Lessing, Gotthold Ephraim 125
Leuthau 38
Leuthner, Cölestin 127
Leutstetten 209
Liebel 222
Linck, Arnold v. 188, 190
Lindau 43f., 193, 200
Liutold, Bf. v. Augsburg 52f.
Locke, John 124
London 159, 161
Lorsch (Kloster) 53
Lory, Michael 127
Lucilius 57
Ludwig der Fromme, fränkischer Ks. 100
– I., Kg. von By. 175, 178, 182, 186
– II., Kg. v. By. 199
– II., Hzg. v. By. 36f.
Ludwigsburg 155
Luitfrid, Johannes 25
Luther, Martin 62f., 65f.

Magnus, Hl. 52, 113, 116
Mahla 225
Mainz 11, 45, 131
Mangold, Josef 127
Mantua 165
Maria, Hl. 15
Maria Josepha (Gattin Friedrich Augusts III.) 129
– Stern (Kloster) 38
– Theresia, Ksin. v. Österreich 149
Marktoberdorf 133, 137, 139, 140f.
Marquard, welfischer Dienstmann 31
–, Kämmerer 18
Martin V., Papst 100
März, Angelus 128
Matt 216, 221, 232
Max II., Kg. v. By. 158
– III., Joseph Kurfürst v. By. 134
Mayr, Beda 121, 126f.
Mering 24, 36
Merkt, Otto 216, 223–225, 232, 237
Metten (Kloster) 46
Metzler, Jodocus 113
Mezger, Franz Sigmund 147
Michaelis 124
Migazzi, Christoph Anton v. 136
Milbiller, Joseph 127
Miller, Jakob 201
Meichelbeck 127
Meldegg, Christoph Rechlin, Frhr. v. 137

Melk (Reformen v.) 45, 49
Memmingen 44
Mendelsohn, Moses 125
Misbeck, Richardis 67
Moeller, B. 61
Molière 125
Montesquieu 124
Montgolfier 124
Moralt, Katharina 192
Morhof 125
Mülleck, Müller v. 134
München 166, 181, 188f., 191f., 204, 215–217, 220, 222, 236, 238, 241
Murach 99
Murbach 97f.
Muri 97
Muskulus, Wolfgang 74
Mutschelle, Sebastian 127

Nachtigall, Ottmar 67
Nadernhürn, Joseph 121
Natterer, Leopold 114
Neidhart, Sebastian 83
Neifen, Albert v. 30
Neresheim (Kloster) 46
Nesselwang 141
Neuburg/Donau 11, 148, 216
Newton 124
Nidker, Bischof v. Augsburg 52
Niederlande 40
Nürnberg 65f., 76, 80, 85, 194f., 216, 222, 229
Nymphenburg (Schloß) 133

Oberdonaukreis 175f., 176, 179, 181, 185–190
Obermainkreis 188
Obermayer, J. J. 162
Oberschönenfeld (Kloster) 30, 33
Oberstdorf 139f., 140, 142, 210
Öhringen 155
Oekolampadius 45
Omeis 125
Österreich 193, 196–200, 206–209
Oswald, Peter 127
Otloh 54, 57
Ott, Gerhard 115
Otterwald 243–248
Oettingen-Wallerstein (Bibliothek) 111, 119
– -Wallerstein, Friedrich Fürst v. 186
– –, Ludwig Fürst v., Regierungspräsident im Oberdonaukreis 175, 185f., 188f.
Otto, Bf. v. Freising, Chronist 54
– III., dt. Kg. und Ks. 14, 53
–, Burggf. in Augsburg 30
Ottobeuren 43f., 46, 59f., 104, 243–248
Ovid 57
Oexle, Ignaz Anton Frhr. v. 134

Paderborn 11
Padua, Rolandinus v. 29
Paula Schrank Franz v. 127
Pauli 161
Paulus 57
Peiting 24, 36
Pérgueux, Paulinus v. 55
Persius 56
Perugia 186
Pestenacker 35
Pettenkofer, Max 161
Peutinger, Claudius Pius, Stadtadvokat in Augsburg 74
–, K(C)onrad, Stadtsyndikus in Augsburg, Stadtschreiber 45, 65f., 73, 114, 175, 182f.
Pez, Bernhard 127
Pezzl, Johann 127
Pfaffenhausen 140f.
Pfalz-Neuburg 48f.
Pfaud, R. 148
Pfeffel 128
Pfronten 201
Philipp, dt. Kg. 28
Pinswang, Ulrich v. 113
Pirkheimer (Fam.) 45
–, Willibald, Gelehrter 112
Pittinger 25
Pius VI., Papst 143
Planitz, Hans 9
Polling (Kloster) 120, 122
Popp, Willibald 46f., 49
Porta de (Fam.) 27, 32, 34
–, Ebo de 24
–, Ulrich de 24
Portia, Hieronymus Gf. v. 98, 109f.
Portner (Fam.) 31
–, Konrad 25f.
Prechter (Fam.) 66
Preußen 196–200
Prewo, Heinrich 36
Priscianensis, Julius 108
Prudentius 55, 60
Pufendorf, Samuel, Frhr. v. 123f.
Pütter, Stephan 124

Rabener 125
Racine 125
Rader, Matthäus 46
Raiser, Johann Nepomuk v., Regierungsdirektor im Oberdonaukreis 175–190
–, Ludwig (Sohn Johann Nepomuks) 179

Raitenau, Wolf Dietrich, Erzbf. v. Salzburg 246
Raitnau, Johann v. 103
Ramminger, Adelheid v. 27
Ratold 68
Raumer, Kurt v. 192f.
Ravensburg 17
Rapoto, Pfalzgf. 17
Rechberg, Friedrich v. 28
Regenkreis 188
Regensburg 11, 13, 130
Reginbald 53–57, 59f.
Rehlinger, Bernhard, Patrizier in Augsburg 67f.
–, Hans, Kaiserl. Rat 78
–, Johann, Stadtsyndikus in Augsburg 73, 77
–, Ulrich, Bgm. v. Augsburg 64–83
–, Wolfgang, Bgm. v. Augsburg 75–78, 86
Reichenau (Kloster) 101
Reichenhall 14
Rem 73
Renner, Johann, Pfleger zu Sulzberg 103
–, Johann Adam (v. Allmendingen), Fürstabt v. Kempten 98, 103f.
–, Kaspar, Vogt zu Thingau 103
–, Konrad, Pfleger zu Falken 103
Reubi, Gregor, Fürstabt v. Ottobeuren 245–247
Rezatkreis 188
Rhegius Urbanus 71
Rheingau 97
Rheinkreis 188
Rieden 244
Riedlinger, August, Sohn des Ludwig August 164
–, Gustav, Sohn des Ludwig August 164
–, Ludwig August, schwäbischer Unternehmer 155–174
Riehl, Wilhelm Heinrich 158
Rimmele, Ildephons 121, 126
Risler, J. 156
Roggenburg 43
Röls, Amandus 119f.
Rom 90, 100, 105, 212
Roth, F. 62
–, Max. Christoph Augustin v. 134
Rothenburg ob der Tauber 211
Rothenfels (Gf.schaft) 140
Rothfischer, Gregor 127
Rousseau, Jean-Jacques 124
Rudolf, Gf. v. Habsburg, dt. Kg. 39
– II., Ks. 109
Ruland 161
Rupprecht, Kronprinz v. By. 209

Sachsen, Maria Anna v., Schwester des Wenzeslaus Clemens 134
–, Maria Kunigunde, Schwester des Wenzeslaus Clemens, Fürstäbtissin v. Essen und Thorn 141, 142
Sailer, Gereon, Stadtarzt in Augsburg 78
–, Johann Michael, kath. Theologe und Pädagoge, Bf. v. Regensburg 120, 127
Salat, Jakob 131
Sallust 56
Salomon 30
Salzburg 46, 115, 131, 245–248
Salzmann, Christian Gotthilf 127
Sander, Ludwig, schwäb. Unternehmer 160
–, Theodor, schwäb. Unternehmer 160
Sandholzer, Gall 244
Sartori, Joseph Edler v. 147
Sauter, Alexander, Fürstabt v. Ottobeuren 244f.
Scappi, Alessandro 110
Seefeld, Siboto v. 28
Seitz, Mang 74–76, 78–80, 84, 86
Seligenstadt 45
Seneca 57
Sepp, Johann Nepomuk 204
Shaftesbury 124
Siboto, Bf. v. Augsburg 29, 38
Siegfried, Bf. v. Augsburg 16f., 29, 31f.
Silverius 246
Sim(n)tpert, Bf. v. Augsburg 11, 44, 52
Sinner, Basil 115, 117
Sittler 232
Sixtus IV., Papst 100
Sonnenfels, Joseph Frhr. v. 115
Sonthofen 137, 140
Spannagel, Konrad 33
Sparta 197
Spellenberg, Wilhelmine 156
Speyer 54, 69
Spitzenberger, Joseph 127
St. Afra 14, 16f., 40
St. Ambrosius 11f.
St. Anna 46, 184
St. Blasien 45, 54, 97, 104
St. Emmeram 54f., 57
St. Gallen 54–56, 97, 101f., 113, 247
St. Georg (Stift in Augsburg) 28
– (Pfarrei in Augsburg) 37
St. Georgen 57, 104
St. Gertrud (Stift in Augsburg) 32
– (Kirche) 16
St. Jakob (Pfarrei) 37
St. Katharina auf dem Gries (Kloster) 38
St. Katharina (Kirche) 183
St. Klara an der Horbruck 38
St. Leonhardskapelle (in Augsburg) 27
St. Lorenzkapelle (in Augsburg) 17
St. Mang (Kloster in Füssen) 111–118, 140

St. Margareth 38
St. Maria 40
St. Martin (Kirche) 16, 31
– (Kloster) 38
St. Michael (Kirche) 17
St. Moritz (Stift) 16f., 32, 38, 41, 67
St. Nikolaus auf dem Gries (Kloster) 38
St. Peter am Perlach (Kirche in Augsburg) 17f., 28, 32f.
St. Peter (Abtei in Salzburg) 245–247
St. Servatius auf dem Gries (Leprosenspital) 38
St. Severin 37
St. Stephan (Damenstift in Augsburg) 12, 16
– (Pfarrei in Augsburg) 37
St. Ulrich (Kirche) 10, 14, 16, 28, 32, 67
– (Kloster) 18f., 19, 27f., 45–48, 57, 177f.
St. Ulrich und Afra 37, 40, 113f., 43–60, 247
St. Ursula (Kloster in Augsburg) 38
Stadion, Christoph v. 69
Stahl, Wilhelm 192
Stamham, Melchior 49
Stapf, Anton 137
Stark, Augustin 190
Staufen, Heinrich v. 30
Staufenberg, Schenk Frhr., v. 211
Staufer 33
Stempfle, Martin 113
Stengel, Karl 46, 113
Stenglein, Melchior 194, 211
Sterzinger, Ferdinand 128
Stetten, v. (Fam.) 83
–, Christoph v., reformatorisch gesinnter Kaufmann in Augsburg 83
–, David v., Gutsbesitzer 190
–, Paul v., d. Jüngere, Stadtpfleger in Augsburg, Historiograph 175, 177f.
–, Paul v., d. Ältere, Administrator in Augsburg, Historiograph 175–77
Stetter, Gertrud 185
Stichaner, Joseph Ritter v. 183
Stockach 179
Stocker, Bernhard 121, 123, 125f.
Stockhausen 121
Stolzhirsch, Liupold, Stadtvogt in Augsburg 35f.
–, Siboto, Stadtvogt in Augsburg 36
Straßburg 66f., 76, 78, 85
Straßlandschaft 28
Straßvogtei 36
Straubing 14
Sturm, Jakob 67
Stuttgart 156, 193, 200
Sulzberg 103
Sulzer, Ulrich 82
Syrgenstein, Engelbert v. 101
Schäftlarn (Kloster) 31
Schenk, Eduard v. 181, 188
Schill, Josephine, (Tochter des Markus) 179
–, Markus, K. K. Rat, Prof. in Freiburg 179
–, Friedrich 196
Schilling, Johannes 70
Schleiden, Rudolph 213
Schlözer, August 124
Schmid, byr. Ministerialrat 230
–, Friedrich, Aufsichtsratsvorsitzender der SWA 159
Schmidt Christoph, Domkapitular 190
–, Joseph, Amtsschreiber 147f.
Scholliner, Hermann 127
Schongau 36
Schönegg 140
Schongauer (Fam.) 29
Schongauer, Heinrich, Burggf. in Augsburg 25, 35
–, Hermann, Bürger in Augsburg 34
–, Johannes, Bürger in Augsburg 25
Schoeps, Hans Joachim 126
Schröder, Detlev 25
Schönfelder Hof 30
Schürer, Johann, Kaufmann in Augsburg 161f.
–, Julius, Kaufmann in Augsburg 161f.
Schwabegg (Burg) 28f., 36
Schwabegger, Hochstiftsvögte v. Augsburg 24, 27, 32
Schwäbisch-Hall 160
Schwabmünchen 24, 29
Schwaigern 155
Schwarz, Ignaz 127
Schwarzach 46
Schwendi, Markward v. 246

Tegernsee (Kloster) 53–56, 60
Thierhaupten (Kloster) 46
Thietmar, Bf. v. Merseburg 14, 26
Thingau 103
Thomasius, Christian 123–125
Todtenwies 53
Töller 124
Trauchberger 30
Treu 232, 238
Trient (Konzil von) 89f., 99, 107, 245
Trier (Kurfürstentum) 143–146
Türkheim 24, 140
Turso 77

Udalschalk 45, 49, 54, 58–60
Ulm 31, 66, 76, 80, 85, 90, 179, 210
Ulrich, Hl., Bf. v. Augsburg 11–15, 26, 32, 44, 52–55, 58

–, Archidiakon und Vizedom 38
–, Brückenaufseher 38
Ulstätt, Lukas 74
Ungelter, Johann Nepomuk Frhr. v. 133f., 136, 143
Unterdonaukreis 188
Untermainkreis 188
Ursberg 43
Ursenbeck-Massimi, Joseph Gf. v. 141
Ustersbach 29
Uz 125

Val Carron du 157
Venantius, Fortunatus 10, 52
Venedig 40
Vetter, Georg 64f., 68, 70, 75
Via Claudia 12
Villinger 77
Vogel, Bernhard 127
Voit 183f., 190
Vollmer, Friedrich 182
Voltaire 124
Vöhlin, Hans 82
Völk, Joseph 193f., 198, 202f., 209, 211–213

Wächter 216, 221, 224, 232
Wagner, Ferdinand, Porträtist 165f.
–, Lorenz Heinrich, Rektor am St. Anna-Gymn. in Augsburg 184f.
Waldburg, Otto Truchseß v., Bf. v. Augsburg, Kardinal 90, 245, 248
Walshouer, Anna 25
–, Werner 25
Wartensee, Johann Erhard Blarer v. 104, 108
Washington 197
Wegelin, Georg 98, 110
Weiden i. d. Oberpfalz 216, 220
Weiher, Bernhard 115
Weilheimer 29
Weimar(er) Republik 209, 222
Weingarten 46, 48, 60, 98, 104
Weinmair, Michael 79
Weiß, Ulrich 127
Weiße, Christian Felix 125
Weishaupt, Johann Adam 128
Welfen 27, 31, 47
Welf IV. 17
Wellenburg, v., Kämmerer 35
Welser (Fam.) 64
–, Hans, Bgm. v. Augsburg 74, 76, 78, 81, 83
–, Marc(k)us, Gelehrter, Chronist 46, 175, 182f.
–, Philippine, Gattin Erzhzg. Ferdinands 107
–, Ulrich, Patrizier in Augsburg 83
Wenzeslaus, Clemens, Kurfürst v. Trier, Fürstbf. v. Augsburg 116, 129–146
Wernau, Johann v. 104
Werner, Hans 103
Westenrieder 127
Wettenhausen 43f.
Wetzlar 135
Wibert v. Ravenna, Gegenpapst zu Gregor VII. 54
Wieland, Georg 68f., 125
Wien 108, 115, 136, 148f., 176
Wigolt 16f.
Wikterp (Wiggo), Bf. v. Augsburg 10f., 52
Winterstetten, v. 30
Wirschinger 183
Wittelsbacher (Fam.) 31, 208f.
Wittwer, Wilhelm 45, 48, 52, 54, 57
Wolfart, Bonifazius 74
Wolff, Christian 124f.
Wolffurt, Johann Euchar v. 109
Worms 11, 161
Württemberg (Königreich) 181, 199, 201
Würzburg 45, 192, 213

Zallwein, Gregor 127
Ziegelbauer 127
Zeiler, Gallus 113
Zerzog v. 192
Ziemetshausen 24
Zimmermann, Benedikt 114
Zollern, Friedrich v., Bf. v. Augsburg 67
Zürich 66
Zwingli, Ulrich 63, 65f.

Augsburger Beiträge zur Landesgeschichte Bayerisch-Schwabens

Die »Augsburger Beiträge zur Landesgeschichte Bayerisch-Schwabens« sind eine Schriftenreihe, die in Verbindung mit der Universität Augsburg als Reihe 7 der Veröffentlichungen der Schwäbischen Forschungsgemeinschaft erscheint. Ziel der Reihe ist es, Abhandlungen und Aufsätze zur historischen und vergleichenden Landesforschung des Bayerischen Schwabens, die insbesondere an der Universität Augsburg entstanden sind, herauszubringen. Jeder Band im Format 17 × 24 cm. Kartoniert.

Pankraz Fried (Hg.)

2 Probleme der Integration Ostschwabens in den bayerischen Staat

Bayern und Wittelsbach in Ostschwaben

Band 2 der Reihe 7 der Veröffentlichungen der Schwäbischen Forschungsgemeinschaft bei der Kommission für bayerische Landesgeschichte (in Verbindung mit dem Lehrstuhl für bayerische Landesgeschichte an der Universität Augsburg). 340 Seiten und 3 Tafeln.

Pankraz Fried: Bayern und Wittelsbach in Ostschwaben. Eine Einführung; Volker Press: Schwaben zwischen Bayern, Österreich und dem Reich 1486–1805; Wolfgang Zorn: Die Eingliederung Ostschwabens in den bayerischen Staat unter den ersten Königen Max I. und Ludwig I.; Rudolf Endres: Die Eingliederung Frankens in den neuen bayerischen Staat; Volker Dotterweich: Herrschafts- und Vermögenssäkularisation in Bayerisch-Schwaben. Politische, soziale und wirtschaftliche Aspekte; Gerhart Nebinger: Die Standesherren in Bayerisch-Schwaben; Gert Zang: Eine Region wird peripher. Stadt und Kreis Konstanz in der zweiten Hälfte des 19. Jhs.; Theo Stammen: Probleme der Integration aus politikwissenschaftlicher Sicht; Laetitia Boehm: »Usus Dilingae« – Modell oder Ärgernis? Eine Besinnung auf die Bedeutung der ehemaligen Universität Dillingen als Glückwunsch zum ersten Jubiläum der Universität Augsburg; *Diskussion; Berichte:* Peter Fassl: Literaturbericht: Augsburg; Lehrstuhl für bayerische Landesgeschichte – Bericht über die Studienjahre 1977/1978 bis 1980/1981; Schwäbische Forschungsgemeinschaft bei der Kommission für bayerische Landesgeschichte 1979/1981; Nachtrag zu den Berichten für das Jahr 1981/1982; Register.

»Der Tagungsband ist von übergreifendem Interesse, weil die Themen Fragen des historischen (nicht nur des sozialen) Wandels im 19. Jahrhundert auf vielfältige Weise vorwiegend an Beispielen Neubayerns angehen.«

Wilhelm Störmer in:
Zeitschrift für bayerische Landesgeschichte

»Der vorliegende Sammelband enthält nicht nur für den bayerischen Landes- und Kirchenhistoriker viele interessante Aspekte, die zur kritischen Auseinandersetzung und weiteren Beschäftigung mit der Integrationsproblematik Anstoß geben. Daß die einzelnen Beiträge von Franz Genzinger durch ein Register der Orte, Personen und Sachen sorgfältig aufgeschlüsselt wurden, sei dankbar angemerkt.«

Karl Hausberger in:
Rottenburger Jahrbuch für Kirchengeschichte